U0492793

并购重组与资本运营案例教程

BINGGOU CHONGZU YU ZIBEN YUNYING
ANLI JIAOCHENG

文宗瑜 ◎ 著

中国财经出版传媒集团

经济科学出版社
Economic Science Press

图书在版编目（CIP）数据

并购重组与资本运营案例教程 / 文宗瑜著. —北京：经济科学出版社，2017. 10

ISBN 978 -7 -5141 -8449 -5

Ⅰ. ①并… Ⅱ. ①文… Ⅲ. ①上市公司 - 企业兼并 - 研究 - 中国 Ⅳ. ①F279. 246

中国版本图书馆 CIP 数据核字（2017）第 230697 号

责任编辑：王金红
责任校对：郑淑艳
版式设计：高文悦
责任印制：李　鹏

并购重组与资本运营案例教程

文宗瑜　著

经济科学出版社出版、发行　新华书店经销

社址：北京市海淀区阜成路甲 28 号　邮编：100142

总编部电话：010 -88191217　发行部电话：010 -88191522

网址：www. esp. com. cn

电子邮件：esp@ esp. com. cn

天猫网店：经济科学出版社旗舰店

网址：http：//jjkxcbs. tmall. com

北京密兴印刷有限公司印装

787 ×1092　16 开　33. 5 印张　600000 字

2017 年 10 月第 1 版　2017 年 10 月第 1 次印刷

ISBN 978 -7 -5141 -8449 -5　定价：88. 00 元

（图书出现印装问题，本社负责调换。电话：010 -88191510）

前　　言

中国企业（公司）的资本运营进程基本上与中国 A 股证券市场发展相同步。20 世纪 90 年代中后期，清华大学、北京大学、浙江大学、上海交通大学等大学及社会培训机构的在职工商管理培训中就已经开设了资本运营或兼并收购及资产重组操作实务类的课程，培训对象主要是大型国有企业、大型民营企业及部分上市公司的高管，我从这时开始已经在这些大学及各家社会培训机构举办的各种工商管理在职培训班上做资本运营的讲座甚至开设课程；2005 年财政部财政科学研究所（现更名中国财政科学研究院）第一届在职 MPAcc 学位班招生，开设“并购重组与资本运营”课程，由我主讲这门课，从 2005 年到 2016 年我已经连续 12 年给 MPAcc 学位班学生讲授这门课程。从在各大学及各家社会培训机构的在职工商管理培训班做资本运营讲座到给财政部财政科学研究所 MPAcc 学位班学生讲授“并购重组与资本运营”课程，学生反映最多、要求最多的是希望能多讲一些案例，更希望讲一些中国企业（公司）的并购重组与资本运营案例，因此，多年之前，自己就开始着手收集中国 A 股证券市场上市公司的相关案例资料，希望在案例资料收集的基础上写一本相关的案例教程。现在正式出版的这本《并购重组与资本运营案例教程》，就是在近 10 年对中国 A 股证券市场上市公司相关案例资料收集基础上完成的。虽然是一本案例教程，但是，考虑研究生教学及研究生学习的系统性与专业性，采取了理论与操作实务相结合、专业知识与具体案例分析相结合的写作方法，前十二章是并购重组与资本运营的基本原理，后十章是并购重组与资本运营的具体案例，后十章的 10 个案例分析中，都运用了前十二章的基本原理。

作为一本系统性的案例教程，在案例选择上颇费周折。从国外的类似教程看，基本上都是上市公司案例，基于此，本书的案例也都是选自中国 A 股证券市场的上市公司。在 2005 年之前，中国 A 股证券市场表现为非流通的国有法人股与流通的社会公众股的股权分置，在此之前中国 A 股证券市场上市公司的并购重组与资本运营，大多带有很强的行政色彩，市场效应弱。2005年5月9日，中国A股证券市场股权分置改革启动，自此以后中国A股证券市场逐渐进入到一个股份全流通的时代，与此相适应，中国A股证券市场上市公司并购重组与资本运营的市场化程度大幅提高。因此，本书所选的案例都是中国A股证券市场股权分置改革后的上市公司案例。为了能更好地了解中国A股证券市场上市公司并购重组与资本运营操作的细节及难点问题解决的方法方式，在案例选择中，除了选择自己直接指导或参与上市公司操作的一些案例，还选择了一些自己担任上市公司独立董事的相关案例，当然，也选择了一些自己了解或熟悉的其他上市公司案例。可以说，这种选择案例的方式，更有利于掌握第一手的资料，也有利于在授课中进行案例的准确细致分析。

虽然是一本基于教学目的而完成的案例教程，但是，不排除也不反对并购重组与资本运营的从业人员及专业人士阅读这本案例教程。随着中国经济总量逼近80万亿元人民币及若干产业出现产能过剩，通过并购重组盘活存量、依托资本运营提高全社会资源配置效率的经济运行内在要求日益强烈，越来越多的企业（公司）依托资本市场进行并购投资、通过资本运营提升企业（公司）竞争力。从中国当下并购重组与资本运营的现状看，既不存在理论问题，也不存在政策问题，更多的是操作问题；在某种意义上，这本案例教程也可为从事并购重组与资本运营的从业人员及专业人士提供一些操作的实务指导。或许基于这一考虑，案例教程在写作中更重视经济学方法，强调基本原理对案例操作的指导性，坚持并购重组与资本运营的操作不偏离经济运行内在规律的思路。当下中国越来越多的企业（公司）过度运用并购重组手段及技巧、追逐资本运营的超额利润、无限放大企业（公司）财务风险，导致一些企业（公司）并购重组与资本运营操作走入误区。本案例教程从基本原理阐述到案例分析，在尝试着纠正当下中国企业（公司）并购重组与资本运营的若干错误认识，主张从事资本运营的从业人员及专业人士用基本原理指导实务操作，希望更多企业（公司）并购重组与资本运营的实务操作能回到正确的轨迹上。

从教学要求及设置课程的角度表述为并购重组与资本运营的案例教程，但全书二十二章都是围绕资本运营的基本原理及操作而展开的。资本运营是虚拟经济的范畴，但是，经济学理论及经济运行规律既不主张虚拟经济脱离实体经济，也不赞成虚拟经济“过度繁荣”。当下中国A股证券市场许多上市公司以投机性思维、投机性手段搞“所谓的资本运营”而追逐虚拟经济的超额利润，会进一步削弱中国的实体经济。针对资本运营的这种投机现象，本案例教程在基本原理阐述、基本原理与实务操作相结合的案例分析中，反复强调资本运营基本原理运用的重要性，用具体案例去说明遵循资本运营基本原理的意义及作用。因此，资本运营的一些基本原理一直贯穿全书的各章节，希望并购重组与资本运营的从业人员及专业人士、毕业后加入到资本运营队伍中的年轻学子在资本运营的具体操作中，能够自始至终地遵循资本运营的这些基本原理。

第一，资本运营本身不创造价值且要分割实体经济利润。

实体经济创造价值，虚拟经济不创造价值，但是，虚拟经济可以为实体经济的创造价值提供服务。资本运营作为虚拟经济的重要形式之一，也不创造价值；企业（公司）从事资本运营所产生的利润，不是来自其价值的创造，而是来自对实体经济利润的分割。因此，企业（公司）不能脱离实体经济而进行“空对空”的资本运营。当然，企业（公司）在资本运营中对实体经济利润的分割是通过证券市场而完成的，如果证券市场是成熟的且信息完全公开透明，利润分割会是均衡的；而所谓“空对空”的资本运营往往是利用证券市场的不成熟及信息不对称甚至虚假，借助所谓的资本运营技巧而操纵市场，过度分割实体经济利润而攫取超额利润。“空对空”的资本运营，是一种资本运营的投机行为，除了会损害实体经济并拖累实体经济发展，还会加剧资本运营主体公司与目标企业的财务风险。因此，资本运营应遵循市场内在规律，依照并购重组与资本运营的基本原理进行操作。资本运营的作用及意义，更多体现在其对实体经济发展的支持，通过更多企业（公司）的资本运营实现虚拟经济与实体经济的对接，提升实体经济创造价值的能力；与此相适应，资本运营从实体经济中分割合理的利润。可以说，资本运营在支持实体经济提升创造价值能力的前提条件下而合理分割实体经济利润，是虚拟经济与实体经济相互依存及均衡发展的内在要求。

第二，通过资本运营的重组重整可以改变资源配置方式而提高资源配置效率。

资本运营以兼并收购为内涵，以兼并收购过程中及其后的资产重组与股权重整为手段。资本运营的价值往往直接体现为重组重整效应。资产重组与股权重整贯穿资本运营的全过程，既涉及并购主体公司，也涉及并购目标企业，通过重组重整改变资源配置方式，盘活存量资产，注入资本增量技术增量管理增量，以存量支撑增量，用增量带动存量，从而实现要素的重新组合。从基本原理看，资本运营大多都是围绕实体经济开展，重组重整更多是针对实体经济的要素进行重新配置，提高实体经济创造价值的能力。在资本运营中，兼并收购是过程，重组重整是本质。资产重组与股权重整往往要持续很长时间，通过持续的重组重整而支持实体经济内生性动力恢复及提高。如果资本运营的重组重整不围绕实体经济开展，就会导致资本运营的空心化，助长资本运营的投机性。作为虚拟经济的重要形式之一，资本运营仅仅是为实体经济服务的手段；资本运营的重组重整改变了实体经济的资源配置方式，提高了实体经济的资源配置效率。在某种意义上，资本运营的重组重整是为了提高实体经济创造价值的能力。

第三，资本运营的着力点要落到支持产品创新与科技创新上。

资本运营会形成价值重新估值。无论是主体公司的价值重新估值，还是目标企业的价值重新估值，其直接表现是市值增长，其本质是产品创新能力与科技创新能力的大幅度提高。从资本运营的案例看，失败案例的主要原因是其没有把着力点落到支持产品创新与科技创新上；个别资本运营失败的案例，也一度出现市值的倍增，但其市值的增长无持续性。无论是从资本运营的基本原理看，还是从资本运营的实际案例看，资本运营自始至终应围绕产品创新与科技创新而展开，资本运营各种具体手段及技巧的着力点要落到产品创新与科技创新上。当然，产品创新与科技创新往往时间周期长，但是，产品创新与科技创新会为价值重新估值提供支撑。只有当越来越多企业（公司）围绕产品创新与科技创新开展资本运营时，实体经济竞争力才会不断提升，全社会的资源配置效率才能不断提高。

资本运营投机性问题的解决，除了依赖立法的不断完善及监管部门加大执法力度，也依靠资本运营的从业人员及专业人士对资本运营资本原理的坚持，更依靠更多的系统学习过资本运营专业知识及基本原理的年轻学子加入到资本运营的队伍中。历经近10年完成的这本案例教程，或许能够对资本运营的从业人员及专业人士、加入到资本运营队伍中的年轻学子更好更准确地理解资本运营及从事资本运营实务操作产生一定的指导作用。

文宗瑜

2017年7月

目 录

上 篇

兼并收购及资产重组

中 篇

以并购重组为核心的资本运营

下篇
并购重组与资本运营案例

上　篇

兼并收购及资产重组

兼并收购是指兼并（Merger）和收购（Acquisinion），一般统称为并购（M&As）。兼并收购大多是依托资本市场尤其是证券市场完成，为了维护资本市场尤其是证券市场的稳定，各个国家或地区均出台了兼并收购的一系列法律法规；因此，兼并收购必须依法操作。兼并收购可以改变资源的配置方式，为价值创造及利润增长创造条件；兼并收购有利于做大企业（公司）规模，尤其是新设合并、吸收合并、非上市公司对上市公司的并购、上市公司之间的相关并购等方式，可以短时间内迅速做大企业（公司）规模；相对于新设合并，吸收合并的市场化效应更强，市场发达体大企业（公司）之间、发展中国家上市公司之间的兼并收购，多采用吸收合并的方式；相对于非上市公司对上市公司的并购，上市公司之间的相互并购更能促进市场完善与竞争有序，包括中国在内的发展中国家更加重视并引导上市公司之间进行并购。

兼并收购既是资本运营最常见的形式，也是资本运营最主要的内容，其效应要通过资产重组而体现或反映。资产重组更多的是进行成本或利润要素的重新组合，以资源配置方式的改变而提高企业（公司）创造价值的能力并实现利润可持续增长。兼并收购及资产重组对成本或利润要素的重新组合，必须遵循会计制度及会计准则的规定，相对规范地把成本或利润要素重新组合的指标效应反映在报表中。因此，兼并收购及资产重组必须重视并依规做好相应的财务会计处理。

第一章
兼并收购概述及程序

并购是兼并收购的简称，在英文中简写为“M&A”。在兼并或收购的具体操作中，往往难以区分兼并与收购，兼并与收购的区别不明显。企业（公司）并购或是为了获取目标企业的控制权，或是为了获取目标企业的资产，均是为改变资源配置方式，通过资源配置效率的提高，改善财务指标而实现价值重新估值。就兼并收购主体与目标企业的产权价值而言，并购的本质是多个产权主或产权单位体的产权交易，涉及产权定价、产权支付等技术问题。为了提高兼并收购的效益，兼并收购主体要满足一定条件并尽量选择合适的时机，按照法律法规的要求进行兼并收购的操作。在兼并收购的操作中，难点是兼并收购后对目标企业的资产重组与股权重整的整合，重组重整往往跨多个财务年度，而且其效应要能够在财务报表上充分反映。只有提高重组重整的效应，才能实现兼并收购后的价值重新估值。

第一节　兼并收购的相关术语

兼并收购在具体操作中难以明确区分，通常称之为并购。兼并收购要依托资本市场尤其直接依托证券市场进行操作，其操作方式会随着证券市场不断成熟而创新，由此导致兼并收购方式不断衍生。在兼并收购的操作中，产生了一些约定俗成的相关术语，这些术语既反映了兼并收购的要求，也反映了兼并收购的方法。

一、与并购分类相关联的术语

兼并与收购是并购的基本形式，随着发展及创新，方式也不断变化，分类也不断增加，相关联的术语也逐渐增多。

1. 兼并

企业（公司）兼并是指两家或更多家企业（公司）的产权交易行为，其产权交易可用现金支付，也可用资产支付，还可用股权支付。按照兼并各方所在行业或领域的不同，可以将兼并分类为横向兼并、纵向兼并和混合兼并三种方式。

（1）横向兼并。横向兼并是指在同类产品（类似产品）或技术工艺相近产品的企业（公司）之间所进行的产权交易，如两个纺织厂之间的兼并，三个煤炭企业间的兼并；横向兼并更多地是为了扩大产能或市场份额，支持企业（公司）资产规模扩大，兼并后的整合相对容易，往往通过管理增量注入就能提升效益。在很多企业（公司）完成资本原始积累后的规模扩张初期，通常会选择横向兼并。

横向兼并的优点：①有利于降低某些或某几类固定成本。企业（公司）的固定成本如培训费用、专用设施、研发费用等不随着产量的增加而变化，横向兼并之后，企业（公司）单位固定成本会相应的下降。②有利于提高产品的市场份额。横向兼并后，新公司将拥有原有两个或多个企业（公司）的市场份额，其产品的市场占有率会大幅提升，对市场的控制力和影响力也会大幅提升。③有利于提高专业效应和复制效应。在企业（公司）规模大幅提升之后，企业（公司）可以实现生产或加工的更专业分工，提高效率并降低成本。除此之外，在兼并过程中，存在技术和管理优势的企业（公司）会将成熟管理复制到兼并后的企业（公司）中，企业（公司）整体技术管理水平得到大幅提升，企业（公司）的无形资产价值也因此放大。

横向兼并的缺点：①管理增量过大也会增加运行成本。企业（公司）规模越大，灵活性越差，管理层次越复杂，企业（公司）内部的信息传递和反馈控制成本越高，容易滋生官僚主义和本位主义，管理效率下降。②受经济周期波动的影响加大。企业（公司）所处行业有其自身周期，除此以外，行业周期也受经济周期波动影响，横向兼并后企业（公司）在某一或某些行业的投资会大幅增加，行业周期及经济周期对企业（公司）的影响也会随之增大，企业（公司）的系统性风险也因此被放大。

（2）纵向兼并。纵向兼并也称为垂直兼并，是指同处相同产业或行业上下游企业（公司）间的产权交易，如一个织布厂兼并上游的纺纱厂、兼并下游的印染厂、再兼并更下游的服装厂。纵向兼并会拉动产业链，提升产业链价值。

纵向兼并的优点：①大幅降低了议价成本。某个产业环节上的企业（公司）要进行采购或销售，在信息不完全对称的条件下，这往往需要耗费企业（公司）较大的财力、人力、物力去寻找交易方，纵向兼并之后，企业（公司）只需要在内部就可以完成，降低了企业（公司）的成本。②大幅降低了合作方的违约风险。采购或销售可借助合同防范违约行为，合同本身并不能杜绝违约行为，特别是在外部市场波动频繁时，违约行为也会频繁发生。纵向兼并之后，合作方的违约风险大幅降低，运营的确定性会大幅增强，企业（公司）风险也因此降低。③大幅提高了企业（公司）的竞争力。纵向兼并的产业拉升效应，更多体现在控制了重要原材料或销售渠道，从而形成较为明显的竞争优势。当然，有些纵向兼并竞争优势的提高并不显著，但是，为了防止竞争对手获得这种优势，往往也需进行此类兼并。

纵向兼并的缺点：①产业链拉升后运行成本会大幅上升。纵向兼并之后，企业（公司）处于产业链的多个环节，运行的衔接或对接加大了难度，企业（公司）内部运行效率会降低，运行成本会增加。②财务信息失真率加大。随着规模的扩大，企业（公司）的管理层级也不可避免的增加，自下而上的财务信息传递会受外力影响，导致财务信息失真率加大，会相应加大运营的监督成本。

（3）混合兼并。混合兼并指产品或产业相关性很小的两家或多家企业（公司）的产权交易，表现为跨行业、跨区域甚至跨国界的兼并。混合兼并或许是为了迅速扩大资产规模，或许是为了快速扩大市场影响，或许是为了加快多元化进程。

混合兼并的优点：①弱化企业（公司）的行业波动风险。行业上升或下行周期及受其他因素影响的波动，会导致景气与不景气的交替，受周期性影响较大的企业（公司）在混合兼并之后会显著降低自己的系统性风险，多行业的周期叠加会起到熨平收入波动、分散风险、提高盈利能力的作用。②扩大企业（公司）的影响力。混合兼并在扩大规模的同时，会扩大其影响力，表现在企业（公司）兼并后的品牌影响力与市场影响力会扩大到不同的行业中，从而提高企业（公司）品牌价值，降低综合运营成本。

混合兼并的缺点：①往往会弱化企业（公司）的主业竞争力。任何企业（公司）都有其“主营行业”及核心产品，体现为企业（公司）主营业务竞争力。在混合兼并之后，企业（公司）为了整合资源往往需要将资金及无形资产向跨行业的企业（公司）扩散，导致对原行业及产品的投入降低，弱化原主业竞争力。②往往会加大企业（公司）的财务风险。企业（公司）主业以外的多元经营往往需要更大的资金投入，企业（公司）无法依靠自身的现金流来实现，往往依赖放大财务杠杆实现更多融资，甚至在兼并整合的巨大压力下会高成本融资，一旦整合达不到预期，单向的巨大资金流流出，极易诱发资金链断裂的财务风险。因此，混合兼并要求企业（公司）要适时拓展融资通道，并加大财务风险管控。

2. 收购

收购是指一家企业（公司）购买另一家企业（公司）全部或部分资产、股份取得目标企业全部或部分产权，通过产权交易而控制目标企业。

（1）收购资产。通过现金或其他对价收购目标企业的全部或部分资产。一般来说，收购资产的范围较广，包括流动资产、非流动资产、无形资产、有形资产，也可以包括负债。如果是收购目标企业的所有资产，目标企业就需要办理注销手续。收购资产的优点：①有利于提升企业（公司）竞争力。进行资产收购一般都具有选择性，通过收购优质资产或与收购方有互补性的资产，提高资源配置效率及运营效率，提升竞争力。②有利于优化资产结构。在资产结构不合理如流动资产与非流动资产比率失衡时，通过购买资产可以实现优化配置的目标。当然，大多数情况下，收购资产往往与资产出售相配合。

（2）收购股份。收购方直接或间接购买目标企业的全部或部分股份，产权交易后，依据持股比例享有一定份额的所有者权益。收购股份往往在收购前要明确是参股收购，还是控股收购，或是全部收购。

收购资产与收购股份往往是同时进行的，当然，企业（公司）有时也会分开操作。二者有一定区别。

一是承担债务的区别。收购资产一般不涉及承担债务的问题；收购股份后，成为股东的买方公司需要承担相应比例的公司债务。

二是纳税方式的区别。收购资产后目标企业需要缴纳营业税和增值税，收购股份后由股东缴纳增值部分的个人所得税。

三是变更方式的区别。收购不动产需要办理过户；收购股份，双方要去工商行政管理部门办理变更手续。当然，如果收购方收购目标企业的全部资产，则需要办理相应的注销手续。

四是受影响客体的区别。收购资产行为，拥有该资产的相关权益人会受到影响，如专利人、抵押担保人等，资产转让必须经由相关权益人同意；收购股份行为，受影响最深的是目标企业的原股东。

3. 控股收购

控股收购是收购的一种形式，是通过收购股份的产权交易而实现对目标企业的控制，可分为相对控股收购与绝对控股收购。控股收购在会计处理时根据是否是同一控制人而有所区分，在同一控制下称为合并方与被合并方，在非同一控制下称为购买方与被购买方。控股收购的产权交易完成后，原来的双方各自依然以独立法人的身份从事生产经营活动。如果是绝对控股收购，收购主体获取目标企业一半以上的表决权，进而对其绝对控制；如果是相对控股收购，收购主体获取目标企业一半以下的表决权，对其相对控制，一般目标企业的股权结构相对分散，收购相对较少比例的股权就能够实现控股目的。

4. 全面收购

全面收购是指对目标企业收购股份达到一定比例（一般是30%）或超过一定比例（一般是超过30%）的股份收购。全面收购往往是特指对上市公司的股份收购。与全面收购相关联的是全面收购要约。所谓全面收购要约就是依照法律或监管条例规定向目标企业的股东发出购买其所持该公司股份的公开要约，并按照相关规定在其中明确收购条件、价格、期限及其他事项。全面要约收购的特点是在所有股东平等获得信息的基础上，由股东自主决策，符合市场化要求，可以有效防止内部交易，保护小股东权益。

全面收购要约对收购方有法律约束力。全面收购要约一旦发出，收购方必须严格遵守要约，但是，鉴于市场环境及收购过程的多变性，出现特定情况时，也给予收购方改变意图的可能性，如中国《证券法》第91条规定，在收购要约确定的承诺期限内，收购方不得撤销其收购要约；收购方需要变更收购要约的，必须事先向国务院证券监督管理机构及证券交易所提出报告，经批准后，予以公告。

5. 杠杆收购

杠杆收购（Leverage Buy-Out，简称LBO）是一种衍生收购方式，收购方可以举债，依托财务杠杆率放大，以较少的资本投入进行融资，通过收购及收购后的重组重整获取数倍的资金回报。杠杆收购往往以目标企业未来的现金流或收益作担保，更多是依赖并购债券的发行进行融资，有时也会依赖银行贷款或第三方融资。这是一种以小博大、高风险、高收益的收购方式，被形象地称为“蛇吞象”“小鱼吃大鱼”等。

杠杆收购的优点：（1）对资金要求相对较低。杠杆收购对收购方资金要求较小，一些现金流不充裕的企业（公司）也可以实行收购。（2）增加了收购方的盈利能力。杠杆收购的目标企业是实现利润较好的公司，收购方通过较少的资金支出获得目标企业的控制权，分享目标企业收益，是一种相对“更划算”的投资行为。

杠杆收购的缺点主要是收购操作的不确定性强。以小吃大的杠杆收购，往往是收购方对目标企业收购后的整合会遇到困难或障碍，体现在小公司管理大企业的不适应，管理冲突会降低收购后的整合效应。

6. 管理层收购

管理层收购（Management Buy-Out，简称 MBO），是指企业（公司）核心管理团队成员对目标企业实行所有权控制或实质性控制的一种收购行为；或是更大范围的更多管理团队成员利用自我出资或第三方融资收购本公司股权，实现对本公司的控股。管理层收购往往分几次或多次，持续多个会计年度，管理层收购的最大特点是收购主体来自于公司内部，大多是董事会成员经营班子成员、甚至还包括管理骨干与技术骨干等，收购资金大多通过私人借贷、信托计划、风险投资等多种方式借助第三方进行筹集。管理层收购的目的往往是获取企业（公司）控制权、改变企业（公司）所有者结构或股权结构等。管理层收购大多会得到企业（公司）股东尤其是大股东的默许认可。

管理层收购的优点：（1）当管理层持有一定数量的股份之后，企业（公司）的业绩与管理层的收益直接挂钩，这对管理层的激励作用较大，能有效激发管理层和核心人员的潜力和动力，有利于降低委托代理成本，减少经营决策的短视行为。（2）管理层收购后会实现部分资本所有权与企业（公司）经营权的合一，更容易提高企业（公司）的决策效率，降低企业（公司）的管理成本。（3）管理层收购中往往会引入财务投资者或战略投资者，这些外部股东会对企业（公司）的经营管理形成更加积极有效的监督。

管理层收购的缺点：（1）大多数管理层收购是发生在上市公司中，在中国往往发生在国有控股上市公司及国有企业中，信息不对称或信息披露不及时，容易损害小股东利益与国有股东利益。（2）管理层收购后往往要通过高分红率的方式减轻管理层偿债压力，容易形成企业（公司）现金流过多过大流出的经营压力。

7. 接管

接管是指依据法律判决或政府行政命令，指令一家企业（公司）接收另一家企业（公司）并实现全面管理。就被接管的企业（公司）而言，一旦被接管，其股东（大）会及董事会将被解散，企业（公司）的后续经营或重组重整由接管企业（公司）行使权力。企业（公司）被接管，往往是其外部性导致的，或是其产品或服务造成重大伤害，或是其运营即将带来较大的社会不稳性，或是其运营形成严重的生态环境破坏等。就接管的程序看，对于一些影响力较大的企业（公司），在其发生重大事件时，往往涉及数额较大的银行贷款和数量较大的就业，影响公众利益和社会稳定，大多由政府指令一家企业（公司）对目标企业接管，主要依靠行政指令来完成。如2004年中国国务院总理温家宝签署总理令，指令中国华融资产管理公司接管新疆德龙集团及其在全国各地的子（分）公司。除政府行政命令外，对影响力稍微小一些的企业，则可以依据司法程序，判令由其他企业（公司）来接管。

二、与并购操作相关联的术语

在并购操作中，有很多参与者，涉及主体公司、目标企业、投资银行、会计师事务所、律师事务所、咨询公司、风险投资公司等。并购主体公司与并购参与者之间的沟通及协调，必须要使用一些与并联操作相关联的术语。

1. 主体公司

主体公司也称为并购主体，是指发起兼并收购活动的发起方，主体公司是并购活动的推动方，其购买目标企业的股权或资产，通过并购的产权交易控制目标公司。一般来说，主体公司必须满足的基本条件如下：一是企业（公司）是自主经营、自负盈亏、自我发展、自我约束的法人实体，具有自身独立的经济利益，并承担相应的责任；二是企业（公司）享有独立的民事权利并承担民事义务。一般而言，主体公司经营状况较好，或是拥有充裕的现金流或具有较强的融资能力。当然，一些发展潜力较大或在市场中发展前景较好的企业（公司）可以以股票作价或通过其他非现金方式交易，完成并购支付。

2. 目标企业

目标企业是指被兼并收购的对象，并购操作的第一步通常就是寻找目标企业，如果一家从事并购的主体公司能找到适合自己并购的目标企业，并购成功的概率更高。有些目标企业具有较强的发展前景，有的具有特殊的技术或资源优势，有的短期陷入困境但长期发展势头较好。从广义上讲，任何企业（公司）都可能成为被并购的对象。

3. 重组

重组是指企业（公司）对资本、技术、管理、劳动、品牌等要素进行重新配置，构建新的生产经营模式，使其能够更加适应市场环境，保持竞争优势。企业（公司）重组包括：管理体制重组、业务重组、资产重组、债务重组、股权重组等。其中，管理体制重组是指通过管理流程优化、管理制度修订等方式，完善管理体制；业务重组是指重组企业（公司）对业务进行重新划分，并决定哪些业务发展成为新的主营业务，业务重组是企业（公司）重组的基础，许多企业（公司）在上市之前都需要对自身业务进行重新梳理，从而决定哪一部分业务进入上市公司；资产重组是指经营者对资产进行重新组合、调整、配置，或对资产结构进行重新配比；债务重组是指债权人与债务人就债权债务进行重配如债转股或就债权债务重置如债务豁免或打折等；股权重组一般也可以将其归类为资产重组，是指企业（公司）所有者对股权进行互换或重配的行为，股权重组往往与其重组方式相配合。

4. 置换

置换通常是在并购协议签订后，并购主体公司与目标企业进行的资产置换、股权置换，与置换相配合，还伴有资产收购、股权收购行为。资产置换是指并购主体公司以一定的资产置换目标企业资产的产权交易，通过资产置换，把目标企业的不良资产或低盈利资产转移出去，换回优质资产，保证了目标企业的盈利增长。股权置换是指并购双方以直接交换股权的方式进行关联公司的股权重新配置而提升目标企业的盈利能力。通过资产置换与股权置换，可以在短时间内改善业绩。

5. 重整

重整是指并购后而为了实现新组织的战略目标，将并购主体公司的文化、理念、制度等渗透到目标企业的组织中去，重整涉及发展战略、管理制度、组织结构、企业文化、人力资源及财务管理等内容，重整关系到并购成效与否，往往重整越及时、力度越大，并购后的重新估值成效越好。

6. 并购支付

在并购操作中，并购支付是产权交易完成的重要环节，关系到并购双方的切身利益。并购主体公司为了获得目标企业的资产或股权而给予原产权主体的价值补偿。无偿划拨支付是指政府通过行政手段将一家国有企业的股权无偿划给另一个国有企业，无须价值补偿。

7. 对价

对价是并购支付的另一表述。大标的额并购，难以用现金支付，往往大多是以资产或股权支付，用“对价”表述更妥贴。除此以外，并购往往是由大股东推动的，小股东无法充分行使权利，为保护小股东权利而实行的小股东权益补偿方式，也称之为对价。

三、与并购防御相关联的术语

只要有并购，就有反并购。目标企业往往会针对主体公司的并购采取一系列反并购的措施，由此，形成了一些与并购防御相关联的术语。

1. 善意并购

善意并购又称为友好并购，是指并购主体公司在并购操作前与目标企业进行协商，征得其同意并通过沟通达成并购意向的并购活动。善意并购的方式包括公开投票、磋商方式及“标购”等。善意并购一般由并购主体公司先确定目标企业，然后由双方高层管理者商讨并购事宜，商讨的内容包括并购条件、价格、支付方式及并购后企业法人是否注销及人员安排等，经过商讨，在双方都接受的条件下，按并购流程完成并购操作。

2. 恶意并购

恶意并购是指并购主体公司采取非协商的方式，依托其资金实力在证券市场上不断增持目标企业的股票，或是并购主体在目标企业无出售意向的情况下，强行向其开价或提出要约收购。恶意并购中，并购主体公司往往是为了控制目标企业以获取垄断地位或是为了实现其他意图而获得目标企业的资产或股权。

3. 毒丸政策

毒丸政策是指目标企业通过优先股发行及转普通股、增加举债条款等措施来抵御不情愿并购的形象表述。就优先股发行而言，当并购主体公司在并购启动后，且对目标企业股份收购达到一定份额（如10%～20%），目标企业就会启动优先股转普通股的计划，加大股份供给，加大并购主体公司的并购成本；就增加举债条款而言，目标企业可通过举债回购股份，或在贷款合同中增加一旦被并购就需要立刻偿债等条款，从而降低并购主体公司并购后的预期收益。如此类似的抵御并购的措施，都可称之为毒丸政策。

4. 拒鲨行动

拒鲨行动是指目标企业为防御恶意并购而通过预先召开股东大会修改公司章程，在公司章程设立一些条款，增加并购主体公司获得控制权的难度。就公司章程新设立的防御恶意并购条款而言，如交错选举董事条款，防御并购主体公司并购后对董事多数更换；再如增加董事任职资格条件，加大董事成员替换的难度；还如对股东大会作出特别决议增加条款，加大并购提案在股东大会通过的难度。拒鲨行动的相关公司章程条款，加大了收购主体公司对目标企业控制的难度。

5. 皇冠上的明珠

目标企业最有价值的资产如专利、商标、技术或某个部门或某个业务子公司等，往往被称为皇冠上的明珠。许多并购主体公司是基于这些“明珠”的价值估值而发起并购行为，为防御恶意并购，目标企业在并购主体公司启动并购行动时，可以将“皇冠上的明珠”出售或抵押，从而降低并购主体公司的兴趣，以达到阻止并购行为的效果。

6. “白衣骑士”

“白衣骑士”是指目标企业在面对恶意并购时，主动找到更理想或出价更高的第三者参与竞购，形成第三方与并购主体公司竞价收购目标企业的行为，被找来参与竞购的第三方被称为“白衣骑士”。一般而言，“白衣骑士”出价高于恶意并购主体公司的出价或给出更优惠条件，导致并购主体公司的并购行为终止。在实际操作中，目标企业管理层支持“白衣骑士”的并购行为，甚至某些目标企业的管理者通过机构投资者的支持，自己担当“白衣骑士”，实行管理层收购以抵御恶意并购。当然，在防御恶意并购过程中，并不是所有的目标企业都能够顺利找到“白衣骑士”。

第二节 兼并收购的条件及时机选择

兼并收购作为企业（公司）的扩张手段，既受到外部经济环境的制约，又受到内部管理水平与运营效率的限制。企业（公司）兼并收购要求内外的各方面条件都相对成熟。就兼并收购的客观条件而言，强调企业（公司）外部宏观条件的成熟，包括宏观经济发展水平及市场环境、资本市场发展阶段及是否成熟、国家政策扶植力度及企业所在行业的发展现状等；就兼并收购的主观条件而言，强调企业（公司）自身条件的完备，包括企业（公司）的投资管理能力、财务状况及文化整合能力等。

一、兼并收购的客观条件分析与判断

当一个国家经济发展水平比较高，资本市场相对成熟时，企业（公司）间的兼并收购活动会越来越多。与此相适应，在国家政策支持下，处于成长或高成长行业的企业（公司）会通过兼并收购加快发展。

1. 国家经济发展水平及市场环境

一国的经济发展水平是决定并购是否能够成功的重要外部条件。一般而言，在经济发展水平较低的情况下，市场环境和各种制度相对不完善，企业（公司）在进行并购的时候可能会遇到诸多阻力，如信息不对称下无法获取准确信息引发决策错误、制度不完善下产权交易成本增加、法制不健全下主体公司或目标企业的权益无法保障。除此之外，经济发展水平不高，企业的组织形式也相对简单，许多企业

（公司）还不是股份制公司，股份收购难以操作，谈判的时间成本大。可以说，兼并收购活动是随着经济发展水平的不断提高而日益频繁。

2. 资本市场发展阶段及是否成熟

资本市场是市场经济最重要的支撑要素之一，随着资本市场的日益发展，企业（公司）经济活动对资本市场的依赖性也越来越强。资本市场是兼并收购活动成功的重要条件，企业（公司）离不开相对成熟的资本市场。首先，资本市场为并购双方提供了完备的信息。资本市场具有信息汇集和信息反馈的功能，在兼并收购中，及时畅通的信息至关重要，只有资本市场才能够提供这些重要的信息。其次，资本市场为主体公司提供更多的融资。资本市场是资金筹集的场所，而兼并收购活动是否能够成功，资金的多少至关重要，主体公司既可以通过资本市场发行股票的方式完成兼并收购，也可以通过向资本市场中金融机构进行借贷的方式来完成兼并收购，或是在资本市场上通过与目标企业实行股权对价等方式来完成兼并收购，无论哪一种方式，资本市场都是重要的媒介。最后，资本市场的不断成熟要求经济活动主体的产权相对清晰，而兼并收购活动进行的前提也是要求并购双方的产权相对清晰，清晰的产权是保护并购双方权益并完成产权交易的基本条件。兼并收购依托相对成熟的资本市场，成熟的资本市场会促进企业（公司）间加快加大兼并收购。

3. 国家政策大力支持兼并收购

与资本市场成熟能够推动兼并收购活动相配套，国家支持兼并收购的政策更有利于并购的成功。国家支持政策是兼并收购能够顺利进行的另一重要因素，无论是在国际上，还是在中国国内，国家支持政策都对兼并收购发挥着关键的支持作用。国家政策支持主要包括几个方面：一是通过财政税收政策进行鼓励，如对兼并收购活动给予一定的财政补贴，这在国企并购过程中解决历史遗留问题时比较常见，或是对并购活动给予部分税收减免；二是通过放松审批来支持兼并收购，如缩减审批环节或放宽审批权限；三是通过金融政策支持兼并收购，对于符合国家政策要求的兼并收购活动给予低息资金或是提高资金支持比例。除此之外，在跨国兼并收购过程中，国家还会以外交措施支持和购汇用汇的便利进行支持等。

4. 所在行业的发展现状

兼并收购活动对并购主体有较高的要求，处于成长或高成长行业的企业（公司）更容易发起并购。一方面，处于成长或高成长的企业（公司）现金流更加充裕，成长或高成长意味着行业尚未实现饱和，行业的利润空间较大，因此，企业

（公司）盈利能力较强，其财务状况往往较好，适合进行并购。另一方面，处于成长或高成长行业的企业（公司）更有并购的动机，行业处于成长或高成长期，行业内竞争相对激烈，这是一个行业由散而多逐步向相对集中过渡的阶段，这一过程的实现途径之一就是兼并收购，兼并收购使行业内大企业（公司）加强其竞争优势，并使并购的目标企业获得管理增量技术增量资金增量注入，提高行业的资源配置效率。可以说，企业（公司）所处行业处于成长或高成长期是企业（公司）实施并购的有利条件之一。

二、兼并收购的主观条件分析判断

兼并收购除了受客观条件影响，还受企业（公司）自身的主观条件影响。一般而言，兼并收购能力强及并购后整合易见成效的企业（公司），往往兼具制度健全、投资管理能力较强、财务状况良好、风险防范能力和文化融合能力较强等诸多优点。

1. 并购主体的投资管理能力较强

投资管理能力是指一个企业（公司）是否具有率先发现投资机会、识别投资机会、抓住投资机会的能力，能够快速识别并牢牢把握投资机会的企业（公司）容易在兼并收购中抢得先机。投资管理能力体现为企业（公司）拥有良好的内控制度、拥有较健全的组织结构及建立了相对完善的并购流程。其中，在内控制度方面，企业（公司）包括财务风险控制的内控制度较为完善；在组织结构方面，企业（公司）可以设立专门的并购部门，专门进行并购活动；在并购流程方面，企业（公司）要进行并购规划、并购立项和并购效果分析等。

2. 并购主体的财务状况良好

兼并收购活动通常是以强吃弱（也有一些例外的蛇吞象案例），而主体公司相对目标企业的强主要体现在其财务状况良好上。财务状况良好包括财务制度健全、财务管理水平良好、资产负债合理及现金流充裕等内容；财务状况良好的企业（公司）负担较小，能够为兼并收购提供相对充裕的资金支持。除此之外，财务状况良好的企业（公司）更具有融资优势，兼并收购过程中主体公司往往需要支付一定额度的现金，许多企业（公司）需要通过外部融资来完成并购，外部融资成功与否的主要条件就是主体公司的财务状况。因此，主体公司的财务状况良好是其并购能够成功的关键。

3. 并购主体的文化整合能力较强

兼并收购不仅是一个购买资产或股份的行为，要达到兼并收购的预期及价值增值，就需要主体公司在并购后对目标企业进行有效的资源整合，资源整合既包括硬件整合也包括软件整合即企业文化整合。文化是公司兴旺的根基，文化整合要求主体公司自身文化建设较好，员工有着较强的认同感和一致的价值观，这样的企业（公司）更容易在并购后影响新的员工，唤起后者内心的认可，进而遵守各项制度和规范。如果主体公司不重视文化建设，那么并购后，目标企业容易出现人心涣散、各自为政。这样的话，再完备的制度和工具都无法发挥作用，最终导致兼并收购的失败。

第三节 兼并收购法律法规的遵守

兼并收购活动对主体公司与目标企业、行业发展、资本市场都会产生较大的影响，尤其并购双方涉及上市公司，会直接影响证券市场。一般而言，上市公司大标的额的兼并收购，往往导致证券市场指数大幅波动。因此，各国政府都重视并围绕证券市场的相关兼并收购加强立法，除了完善立法，还会随机出台政策条例对兼并收购进行监管。无论是何种形式的兼并收购，都要严格遵守相关法律法规的要求；否则，兼并收购的违法违规，会导致重大经济损失并受到处罚。

一、企业（公司）在国内兼并收购中应遵守的法律法规

国内涉及兼并收购的基本法律法规有：《公司法》《证券法》《上市公司收购管理办法》[①] 及《关于修改〈上市公司收购管理办法〉第六十二条和六十三条的决定》[②]《上市公司重大资产重组管理办法》[③] 等。

兼并收购关于完善法人治理结构的相关法律法规有：《公司法》《合同法》《上市公司治理准则》《上市公司股东大会规范意见》《上市公司章程指引》《关于在上市公司建立独立董事的指导意见》《公司登记管理条例》《公司登记管理若干问题的规定》等。

除此法律法规，国内还出台一系列相关政策条例，包括《财政部关于股份有限公司

---

① 证监会令第35号，2006年9月1日实施。

② 2008年8月27日实施。

③ 证监会令第53号，2008年5月18日实施。

国有股权管理工作有关问题的通知》[1]《国有股东转让所持上市公司股份管理暂行办法》[2]《上市公司并购重组财务顾问业务管理办法》[3]《亏损上市公司暂停上市和终止上市实施办法》[4]《最高人民法院关于冻结、拍卖上市公司国有股和社会法人股若干问题的规定》[5]《财政部关于上市公司国有股质押有关问题的通知》[6]《关于规范上市公司重大资产重组若干问题的规定》[7]《金融企业国有资产转让管理办法》[8]《企业国有产权转让管理暂行办法》[9]《国有企业清产核资办法》[10]《国务院办公厅转发国资委关于推进国有资本调整和国有企业重组指导意见的通知》《上市公司流通股协议转让业务办理暂行规则》[11]《上市公司非流通股股份转让业务办理实施细则》[12]《上市公司回购社会公众股份管理办法》[13]《国务院办公厅转发国资委关于推进国有资本调整和国有企业重组指导意见的通知》[14]《关于规范上市公司重大资产重组若干问题的规定》[15]《关于破产重整上市公司重大资产重组股份发行定价的补充规定》[16]《上市公司并购重组财务顾问业务管理办法》[17]《上市公司重大资产重组申报工作指引》[18]《关于规范国有股东与上市公司进行资产重组有关事项的通知》[19]《关于加强社会公众股股东权益保护的若干规定》《国务院关于促进企业兼并重组的意见》[20]《关于修改上市公司重大资产重组与配套融资相关规定的决定》[21]《中小企业板信息披露业务备忘录》[22]《创业板信息披露业

---

① 财管字［2000］200号，2000年7月1日起实施。
② 国务院国有资产监督管理委员会、中国证券监督管理委员会第19号令，2007年7月1日起施行。
③ 证监会令第54号，2008年8月4日起实施。
④ 证监会发布，2002年1月1日起施行。
⑤ 法释［2001］28号，2001年9月30日起施行。
⑥ 2001年10月25日，财企［2001］651号。
⑦ 证监会公告［2008］14号。
⑧ 财政部令第54号。
⑨ 国资委、财政部令第3号。
⑩ 国资委令［2003］第1号，2003年9月9日起实施。
⑪ 2006年8月14日起实施。
⑫ 2004年12月31日起实施。
⑬ 证监发［2005］51号，2005年6月16日起实施。
⑭ 国办发［2006］97号，2006年12月5日起实施。
⑮ 证监会公告［2008］14号。
⑯ 证监会公告［2008］44号，2008年11月12日起实施。
⑰ 证监会令第54号，2008年8月4日起实施。
⑱ 上市公司监管部，2008年5月20日起实施。
⑲ 国资发产权［2009］124号，2009年6月24日起实施。
⑳ 国发［2010］27号，2010年8月28日起实施。
㉑ 证监会令第73号，2011年9月1日起实施。
㉒ 深交所中小板公司管理部，2009年11月23日起实施。

务备忘录》[①] 等。

就兼并收购活动监督的不断细化而言，涉及兼并收购信息披露的法律法规包括：《关于进一步做好上市公司重大资产重组信息披露监管工作的通知》[②]《关于发布新修订的〈公开发行证券的公司信息披露内容与格式准则〉第 15 号至第 19 号的通知》[③]《关于公开发行〈证券的公司信息披露内容与格式准则〉第 26 号——上市公司重大资产重组申请文件》[④]《信息披露业务备忘录》[⑤]《上市公司重大资产重组信息披露工作备忘录》[⑥] 等。

涉及外商并购国内企业行为的法律法规包括 2002 年国务院修订的《外商投资产业指导目录》和《指导外商投资方向规定》，这两个文件是规范性文件，为外商进入中国市场提供了准入依据。除此之外，还有《关于外商投资企业合并与分立的规定》《关于向外商转让上市公司国有股和法人股有关问题的通知》[⑦]《合格境外机构投资者境内证券投资管理暂行办法》《上市公司收购管理办法》《上市公司股东持股变动信息披露管理办法》《利用外资改组国有企业暂行规定》《外国投资者并购境内企业暂行规定》《关于外国投资者并购境内企业的规定》[⑧] 等。

由于许多涉及兼并收购的法律法规内容对上市公司也有效，因此，兼并收购遵守法律法规要求的分析没有将上市公司相关规定从其中专门分离出来。

二、企业（公司）在国际并购中应遵守的相关法律法规[⑨]

中国企业（公司）从事境外的兼并收购，受到国际法、外国法和国内法等多重约束。目前，我国政府对境内企业海外并购行为的监管相对薄弱，现有立法主要集中在对海外投资的审批和批准方面，法律法规的颁布主体包括发改委、商务部及外管局等，还有一些地方性法规规章。

涉及国际兼并收购的主要法律法规是：《国民经济和社会发展“十一五”规划

① 深交所 2011 年颁布实施。
② 上市部函［2008］076 号 2008 年 5 月 16 日起实施。
③ 证监公司字［2006］156 号，2006 年 9 月 1 日起实施。
④ 证监会公告［2008］13 号，2008 年 5 月 18 日起实施。
⑤ 深圳证券交易所，2007 年 3 月 15 日起实施。
⑥ 上交所上市公司部，2008 年 5 月 20 日起实施。
⑦ 2002 年证监会、财政部和经贸委联合发布。
⑧ 商务部令 2009 年第 6 号，2009 年 6 月 22 日起实施。
⑨ 部分参考梁咏：《中国投资者海外投资法律保障与风险防范》，法律出版社，2010 年 6 月 1 日出版。

纲要》(2006)《国民经济和社会发展“十二五”规划纲要》(2010 年) 及国务院《关于鼓励和规范中国企业对外投资合作的意见》等一系列政策性文件。

涉及国际并购项目管理的法律法规包括:《国务院对确需保留的行政审批项目设定行政许可的决定》[①],其中明确境外投资管理部门的职能划分,发改委负责“境外资源开发类和大额用汇投资项目审批”和“境外投资用汇数额审批”,商务部负责“国内企业在疆外开办企业”核准,国家外汇管理局负责“境外投资外汇资金的来源与汇出审核及等级。”国务院于2004 年7 月16 日颁布《关于投资体制改革的决定》,规定3000 万美元及以上的对外投资和1000 万美元及以上的非资源性对外投资需要经由发改委审批。上述项目之外,中央管理企业投资项目报国家发改委、商务部备案,其他企业的投资项目由地方政府依法核准。随后,发改委于2004 年颁布《关于境外投资开办企业核准事项的规定》《境外投资项目的核准暂行管理办法》,细化了投资用汇审批明细。商务部和国家统计局联合颁布《对外直接投资统计制度》[②],商务部颁布《境外投资开办企业核准工作细则》[③]《境外投资开办企业核准工作细则》的解读、《境外投资管理办法》[④](简称《管理办法》),《管理办法》中指出下放境外投资审批权,简化审核流程,并对企业境外投资行为进行全面细致的规范。

涉及国际并购中外汇使用管理的法律法规包括:《关于简化境外投资外汇资金来源审查有关问题的通知》[⑤],指明对实物投资项目、援外项目等免除外汇资金来源审查;《关于调整部分境外投资外汇管理政策的通知》[⑥]指出“境内投资者到境外投资所需外汇,可使用自有外汇、人民币购汇及国内外汇贷款,自2006 年7 月1 日起,国家外汇管理局不再对各分局(外汇管理部)核定境外投资购汇额度”;《中华人民共和国外汇管理条例》[⑦],简化了国内主体对境外直接投资的外汇审批程序;《境内机构境外直接投资外汇管理规定》[⑧],扩展了境内机构可使用的外汇资金形势,对外汇登记、汇出等问题作出了详细的规定。

涉及国际并购的金融支持的法律法规包括:《关于对国家鼓励的境外投资重点

① 国务院令第412 号,2004 年6 月29 日发布,自2004 年7 月1 日起施行。
② 商合发[2006]684 号。
③ 商合发[2005]527 号。
④ 商务部令2009 年第5 号,自2009 年5 月1 日起施行。
⑤ 2003 年3 月19 日 汇发[2003]43 号。
⑥ 汇发[2006]27 号,2006 年6 月6 日下发。
⑦ 国令第532 条,2008 年8 月颁布。
⑧ 汇发[2009]30 号,2009 年7 月13 日颁布。

项目给予信贷支持政策的通知》[①]，强调建立境外投资信贷支持机制，安排专项贷款事宜；《关于进一步加强对境外投资重点项目融资支持有关问题的通知》[②]，要求发改委和国家开发银行合力安排资金，扶持境外重点项目扩大资本金并提高融资能力。

在企业（公司）的境外兼并收购中，国有企业占较大比重，为了防止国有资产流失，国家不断加强对国企的境外并购行为进行管理。目前，《企业国有资产法》是纲领性法律，基本规定了国有企业的产权配置状况，明确了各方责任和权益。早在1999年，财政部、外交部、外管局及海关总署联合颁布《境外国有资产管理暂行办法》[③]，规定了境外企业和境内投资者的报告义务，并明确了在境外投资中中方负责人的各项责任。《中央企业内部审计管理暂行办法》[④] 指明央企审计部门应加强对本级及下级子孙公司对外投资的审计。国资委于2005年颁布《关于印发2005年度中央境外子企业财务决算报表的通知》，之后又陆续颁布《关于印发2006年度中央境外子企业财务决算报表的通知》《关于印发2007年度中央境外子企业财务决算报表的通知》及《关于印发2008年度中央境外子企业财务决算报表的通知》《关于做好2009年度中央企业境外子企业财务决算报表编制工作的通知》《关于做好2010年度中央企业财务决算管理及报表编制工作的通知》等，加强对央企海外子公司的各项监管。除此之外，对于央企的重大投资项目，国资委更是严加监管，于2004年颁布《关于加强中央企业汇总大投资项目管理有关问题的通知》和《关于加强中央企业收购活动监管有关事项的通知》，前者规定需要报国务院及国务院有关部门批准的项目，后者对央企海外收购活动中出现的相关问题提出了具体意见。

其他较为重要的涉及境外并购的法律法规包括：商务部外交部于2004年开始陆续颁布的《对外投资国别产业导向目录》（1~3）；商务部于2004年10月1日颁布《关于境外投资开办企业核准事项的规定》；商务部与财政部等于2006年颁布的《境外投资产业指导政策》；商务部于2009年颁布的《中华人民共和国境外投资管理办法》（以下简称《办法》）等。

---

① 发改委、中国进出口银行，2004年10月27日颁布。

② 发改外资［2005］1838号，2005年9月25日颁布。

③ 财管字［1999］311号。

④ 国资委［2004］第8号。

第四节 兼并收购的程序及操作步骤

兼并收购包含着一系列复杂的程序和操作步骤，只有对这些程序和步骤进行有效的把握，才能保证兼并收购的顺利进行。企业（公司）的兼并收购要从其自身的并购能力评价开始，评估何类目标企业适合自己并购。在对自身并购能力评价与并购需求评估后，兼并收购的具体操作可分为并购意向协议的达成及签订、正式的并购协议达成及签订、资产重组方案的制定与实施、目标企业的形象修正与业绩提高等四个步骤进行，每个步骤又包含着相互联系的若干环节。

一、并购主体的并购能力评价与需求评估①

兼并收购首先是了解自我，即对并购主体的并购能力进行自我评价。只有正确把握了自身的实力和发展需求，才能在并购活动中有的放矢，提高并购的成功率。

1. 企业（公司）并购能力的评价

主体公司要实现对目标企业的并购，要以自身具备相应的实力为前提，在并购决策之前，必须对自身的财务实力、发展潜力和整合能力进行通盘考虑，进而谨慎地作出并购决策。

（1）主体公司要正确评价自身的财务实力。与生产经营中产生的资金需求不同，并购所需要的资金量的数额往往是十分巨大的，这就对自身的财务实力提出了相当高的要求，如果在并购过程中出现资金短缺或资金链条紧张，会导致并购无法顺利进行，甚至危及主体公司的自身发展。因此，主体公司要对自身财务实力进行充分的考虑，判断并购活动可能产生的资金需求数量及产生时间，进而根据资金需求合理安排融资计划，保证为并购活动提供充足的资金支持。

（2）主体公司要正确评价自身的发展潜力。从事并购的目的，不仅仅在于实现短期内的迅速发展，更在于提高自身的长期发展潜力，因此，主体公司在并购开始之前，要对经济运行态势和自身发展潜力进行综合考虑，判断未来的市场空间是否能够容纳自己扩大的生产能力，以及公司的产品或服务所处的发展阶段是否足以支持公司以扩大的规模进行长时期的生产和经营，只有对市场发展空间和公司产品发展前景作出积极判断的前提下，主体公司才应该通过并购实现规模的扩张。

---

① 文宗瑜：《企业战略与资本运营》，经济科学出版社 2007 年版。

（3）主体公司要正确评价自身的整合能力。并购的难点在于整合，如果仅仅完成产权交易过程而不能实现对目标企业的有效整合，主体公司的并购目标就难以实现，甚至会被目标企业所拖累，加大自身的经营风险。要成功地实现对目标企业的整合，要求具备较高的管理水平，拥有高素质的管理队伍，能够持续输出管理增量，在并购决策中，主体公司要对自身的整合能力进行客观估计，避免因为整合困难为公司带来经营风险。

2. 企业（公司）并购需求的评估

主体公司完成了对自身并购能力的评价，可以保证在并购活动中不脱离公司实际，但是，要保证并购的成功，公司不仅要知己，更要知彼，具体来讲，就是公司要清晰地判断并购的方向，把握并购活动的重点，评估并购需求。

（1）按发展战略评估并购需求。主体公司的并购行为，从其本质意义上来讲，就是为公司长期发展战略目标的实现凝聚所需的资源。如果公司本身缺乏明确的战略目标，那么，即使并购的具体组织实施等工作做得再出色，也可能因为缺乏清晰的指导思想而使公司陷入盲目并购的困境。因此，主体公司在并购开始之前，要形成明确的发展战略，为并购活动指明方向。

（2）按发展战略的实施评估并购需求。在资本市场上，并购的机会很多，要从这些并购机会中选择适合自身实际的并购项目，一方面需要主体公司提高对市场的把握能力，另一方面也需要主体公司根据发展战略的实施来确定并购需求。主体公司要着眼于长期发展，判断哪些资源是公司发展所必需的，而公司通过自身积累来获得又需要支付较高的时间成本和物质成本，着眼资源需求的满足在资本市场上寻找并购机会，可以使公司的并购行为支持发展战略实施，从而保证并购行为不偏离公司的战略目标，有效降低公司的并购风险。

二、并购意向性协议达成及签订

在完成并购能力评价与并购需求评估的前提条件下，主体公司的并购操作可分为并购意向性协议达成及签订、正式的并购协议达成及签订、资产重组方案的制定与实施、目标企业的形象修正与业绩提高四个步骤进行。并购意向性协议达成及签订是并购操作的第一个步骤，要完成多个环节的工作。

1. 目标企业的比较及选择

对目标企业的筛选过程，是并购的关键环节，选择的目标企业正确与否，将直接决定并购的成败。对目标企业的筛选，包括对目标企业所处行业的筛选和对目标企业本身的筛选。

（1）主体公司要对目标企业所处的行业进行筛选。公司的并购活动要能够支持其长期发展战略目标，在并购开始之前要对公司进入哪些行业、退出哪些行业形成清晰的统一的认识，从拟进入的行业中选择目标企业，在并购活动中，要尽量避免短期行为，不要因为眼前收益而偏离长期发展战略目标进而盲目进行并购。对目标企业所处行业进行评价，就是要判断该行业是否具有较大的增长空间，能否支持公司的长期发展，是否符合公司的长期发展战略目标。

（2）主体公司要对目标企业本身进行筛选。在确定拟通过并购进入的行业之后，企业就要在该行业中选择目标企业。对目标企业的评价标准，一是该企业是否拥有主体公司发展所必需的优势资源，能否与主体公司实现优势互补；二是该企业的经营状况、财务状况、增长潜力、经济负担、市场占有情况等，根据这些信息判断出对其进行并购所需要支付的成本和可能实现的未来收益。

2. 并购申请的提出及并购方案制定

主体公司确定目标企业后，应向目标企业管理层提交并购申请，在并购申请中，要充分说明并购的理由及并购方式，还要说明并购支付及并购后整合等问题。与此同时，主体公司还要根据长期发展战略加快设计具体的并购方案，以便推动下一步的工作。

并购方案内容应包括：（1）并购谈判的时间和地点；（2）并购谈判的方式；（3）并购的要求及控股比例；（4）并购的支付方式；（5）并购后的主业定位；（6）并购后的资产重组方式等。

3. 与目标企业董事会及大股东接洽谈判

在向目标企业提交并购申请之后，由主体公司的并购工作组与目标企业的董事会及大股东进行接洽谈判。在接洽谈判中，双方交流的内容大多围绕并购意愿、并购后如何推动目标企业改善经营等问题进行，双方也会就并购支付方式、支付金额等进行初步的交流。可以说，此轮洽谈是主体公司与目标企业的初步接触，也是主体公司缩小并购对象范围的重要环节。在与目标企业董事会接触的基础上，往往还要与大股东接洽交流，如果是国有控股公司，往往是与目标企业所在地的政府接洽交流。

4. 双方资产状况与资本信用的考察

对于主体公司而言，目标企业资产状况和资信状况关系着所收购资产的质量，因此，主体公司要对目标企业资产状况与资本信用进行考察，重点是资产状况。主体公司派出相对专业的人员进行考察，财务主管查阅经过注册会计师审计的财务报表，或实地考察资产等。为了防止主体公司借并购之名来获取目标企业的商业秘密，目标企业也会对主体公司的资产状况和资本信用进行初步了解如向主体公司的开户银行索取资信证明等。只有那些有实力进行善意并购的公司，才能被目标企业接纳并与其进行更深入的接洽谈判。

5. 双方法人实体合法性文件的出具及公证

在双方相互进行资产状况与资本信用考察后，双方还需要向对方出具法人实体合法性文件如企业（公司）营业执照、税务登记证、组织机构代码证、法定代表人身份证等，这些文件要各自委托的有执业资格的律师出具法律意见；如有必要，一方还可以要求另一方提供更加明确和具体的文件，如生产环节的证件包括生产许可证、质量检验合格证、原产地（地理标志）证明、商品检验检疫证明、商标权利证书、专利权利证书、质量认证体系证书、著名驰名商标认定证明、获奖证明、产品条形码使用证书等，再如销售环节的经销协议（合同）、授权委托书、经营实体（办事机构）合法登记证明、经营场地权利证明（租房合同、房租收据等）、销售许可证、广告审批文件、物价部门核价文件等，其中的一些文件往往也需要执业律师出具法律意见。

6. 定价及支付方式的谈判

并购的产权定价及产权交易支付在并购操作第一步中就涉及。并购的本质是产权交易，因此，主体公司与目标企业必然就价格讨价还价。从主体公司的角度来看，自然是价格越低越合理，且在支付方式上往往偏向于现金比例较低的支付方式；而目标企业则相反，要尽可能争取到较高的产权交易价格并要求尽可能以现金支付。如果双方所预期产权交易价格偏离较远，产权交易完成的概率就会降低；如果双方的预期价格区间存在重合或是相差不远，产权交易完成的概率就会大大提高，也就有了意向性协议的签订。

7. 意向性协议的签订

双方协商一致的基础上，草拟出并购意向性协议，也可称为《并购备忘录》。并购意向性协议是并购双方预先约定的文件，用来说明双方对并购事宜的初步意见。其作用在于：并购双方达成了初步协议，该协议可以作为继续磋商的基础，同时可依此推进下一步的操作。并购意向性协议是否有法律约束力，一般由双方在并购意向性协议的条款中明确约定。一般而言，意向性协议中的某些条款，往往会具有约束力，如保密条款、费用分摊条款、谈判期间目标企业不能再与第三方洽商并购条款等，而其他条款则不具约束力。并购意向性协议主要条款包括一般性条款、保障并购主体公司利益的条款、保障目标企业利益的条款、预付保证金条款、并购继续推进条款等。

签订“并购意向性协议”，标志着主体公司与目标企业有一个初步的谈判方案，意向性协议在经过进一步修改，逐步形成并购协议的底稿。同时，尽管意向性协议不具有法律约束力，但是在进一步的谈判过程中，能够形成一种道德约束，双方会积极按照意向性协议约定继续沟通及谈判，力促并购进程的推进。

三、正式的并购协议达成及签订

主体公司与目标企业就并购达成意向性协议后，操作进程向第二个步骤推进。作为正式的并购协议达成及签订的步骤，涉及目标企业的资产评估、目标企业尽职调查报告的形成、并购价格的正式谈判、并购协议的正式签订、全面收购要约豁免文件的审批等环节的工作。

1. 目标企业的资产评估

无论是并购资产，还是并购股权，都要进行资产评估。主体公司与目标企业要就目标企业资产评估的主要问题沟通协商，在此前提下由主体公司委托具备职业资质的会计师事务所或资产评估事务所完成目标企业评估。会计师事务所或资产评估事务所通过评估经备案或确认的资产价格，作为产权交易的基准价，并购的最终产权交易价格，由主体公司与目标企业讨价还价形成。

2. 目标企业尽职调查报告的形成

对目标企业做尽职调查报告有利于主体公司对并购标的的资产质量及产权交易定价作出更准确的评判。大多数情况下，对目标企业尽职调查工作是委托给投资银行等专业中介机构，或者是由主体公司相关人员与外部并购专家组成尽职调查工作组来完成该项工作。受托的专业中介机构或尽职调查工作组进驻目标企业的现场，对目标企业的经营管理、产品销售、客户关系、资产状况、财务状况、盈利能力、市场占有率、品牌影响力、知识产权等进行认真详细的调研，从而形成目标企业尽职调查报告。在形成的尽职调查报告中，要重点对目标企业财务管理水平、潜伏的财务风险等问题作重点分析。目标企业尽职调查报告为主体公司董事会推进下一步并购工作及并购标的价格谈判提供了决策依据。

3. 目标企业人力资源配置分析性报告的形成

受托的专业中介机构或尽职调查工作组在进驻目标企业的尽职调查中，往往还要单独完成目标企业人力资源配置分析性报告。人力资源配置直接影响着并购后的重组重整。目标企业人力资源配置分析性报告，要对目标企业员工现状、劳动效率、管理层的能力、管理团队核心成员的水平等作出分析，还要对并购后目标企业人力资源如何配置、管理团队是否调整及如何调整提出建议。除此以外，对并购后重整中是否大量分流员工等敏感问题也要提出具体建议。目标企业人力资源配置分析性报告对于并购后重组重整方案的设计及实施有重要支撑作用。

4. 并购价格的正式谈判

随着目标企业尽职调查报告与目标企业人力资源配置分析报告完成，主体公司与目标企业关于并购的正式谈判工作将展开，主体公司会根据尽职调查的情况进行谈判，谈判会涉及并购的若干问题，重点是并购定价及产权交易的价格，主体公司与目标企业要通过双方的讨价还价力求为自己争得更满意的价格，一些并购中止的案例表明，如果双方在价格上不让步，往往会导致谈判决裂。一般而言，主体公司在价格谈判中的主动让步，往往更容易促进双方达成谈判协议。在并购价格的正式谈判中，支付方式也是重要内容之一。

5. 并购协议的正式签订

经过主体公司与目标企业多轮谈判达成的协议，是正式协议，是对双方都有法律约束性协议。这一约束体现在主体公司向目标企业支付的并购保证金（或称定金），如果主体公司违约，中止并购，并购保证金将不被退回，如果目标企业违约，中止并购，目标公司将按协议约定的并购保证金倍数（如 3 ~ 5 倍）的金额向主体公司支付赔偿。在并购协议中，会涉及陈述条款、保证条款、保密条款、先决条件条款、转让对价、支付条款、补偿条款、争议解决条款、法律适用条款等。

6. 全面收购要约豁免文件的审批

主体公司对目标企业收购股份达到 30% 及以上比例或 50% 以下比例增持到 50% 及以上比例，称之为全面收购①。实行全面收购，主体公司需要向目标企业的所有股东发出全面收购要约。与其他并购方式相比，全面收购的程序较为复杂，收购成本较高。但是，全面收购往往更有利于之后的资产重组与股权重组，规范化和市场化程度高，有利于资源配置效率的提升。如果全面收购的目标企业是上市公司，全面收购要约往往要面对数以万计的股东，操作难度大，可选择全面收购要约

---

① 根据中国《证券法》，有规定任何人士持有上市公司的股份如由低于 30% 增持到超过 30%，或由低于 50% 增持到超过 50%，就有需要向其他股东提出全面收购的要约，收购的条件为该股在过去 52 周的最高收市价。

豁免的方式。根据中国目前的立法，有四种情况可以申请全面收购要约豁免：一是上市公司股份转让不涉及实际控制人的转变，且受让人承诺履行发起人义务的；二是上市公司面临严重的财务困难，收购主体为了对该公司进行资产重组而进行收购，且主体公司提出切实可行的重组方案，这种情况下重组方案至关重要，直接关系是否能够得到要约豁免；三是上市公司根据股东大会决议发行新股，导致收购人持有、控制该公司股份比例超过30%的；四是基于法院裁决申请办理股份转让手续，导致收购人持有、控制一个上市公司已发行股份超过30%的。主体公司在申请豁免时，应当在与作为目标企业的上市公司股东达成自收购协议之日起一定时限内编制上市公司收购报告书，书面向监督部门提出全面收购要约豁免的申请，在豁免申请被批准后，再推进下一步的工作。

四、资产重组方案的制定与实施

并购协议的正式签订，意味着并购第二个步骤完成。并购后的资产重组直接关系到财务指标的改善，因此，要推进并购的第三个步骤即资产重组方案的制定与实施工作。

1. 并购协议的公告及董事会改组

在并购协议正式签订后，如果目标企业是上市公司，需要将协议及相关事项向证券监管部门及证券交易所提交书面报告，公司董事会还要依据相关监管办法进行公告，让社会公众及时获知并购信息，对并购后的公司运营进行分析判断，调整其投资组合。与此同时，主体公司一方可以通过提议召开临时股东大会，根据股权变动情况，对公司章程进行修改，确定并购方的股东地位，明确其对目标企业的控制；由临时股东大会进行董事监事选举并改组董事会和监事会，在改组后董事会中，主体公司往往占有多数董事席位，董事长、法人代表及监事长也往往由并购方代表担任。在董事会改组后，由新董事会行使公司运营的控制权与监督权。

2. 目标企业名称的改变

主体公司并购目标企业后，随着董事会改组，还要对目标企业更名，通过更名，强化主体公司与目标企业无形资产的整合。如果仅仅是变更目标企业名称，则需要工商部门变更登记；从法律意义上说，并购只有在变更登记完成之后才能真正有效。与目标企业更名变更相同步，如果涉及目标企业的企业组织形式改变如独立法人变更为子公司或分公司，也一并变更登记。

3. 目标企业的财务整合与完善

随着对目标企业名称变更及其他登记变更完成，紧接着是对目标企业的财务整合。财务整合是指主体公司为了实现并购的协同效应，而对目标企业财务制度和财务管理进行的整合，旨在提高财务资源的配置效率，提升财务绩效。财务整合的内容较广，还根据目标企业的实际情况会有所区别，但是，较为全面的财务整合包括财务制度整合、税收政策整合、会计政策整合①等。财务制度整合主要包括投资管理整合、实物资产管理整合、货币资产管理整合、收益管理整合。税收整合是通过税收筹划实现公司在税收政策优惠上的资源共享，以达到节税或避税的目的，降低税收成本。会计政策整合包括会计政策统一、会计报表统一等。

4. 目标企业资产重组方案的制定

资产重组包括资产注入、资产置换、资产处置等，往往是着眼于主体公司与目标企业的资源互补进行资产重组。董事会在制定重组方案中，既会考虑短期利益，也会兼顾长远利益。是实行以管理增量注入为主导的资产重组，还是实行以技术增量为主导的资产重组，要根据目标企业具体情况而定。重组方案的制定要充分考虑如何改善目标企业的财务指标。

5. 主体公司与目标企业的被置换资产评估

主体公司与目标企业进行资产置换，把优质资产置换到目标企业中，能够较快地改善目标企业的财务指标。主体公司与目标企业置换的资产要进行资产评估，资产评估工作交由会计师事务所或资产评估事务所来完成，评估结果将以重大资产重组报告书的形式呈现。报告书内容通常包括：资产评估对象及评估范围、重要假设、评估方法及重要评估参数、评估结论、影响评估结论的重要因素等。在资产评估完成后，由主体公司与目标企业双方董事会签订资产置换协议。

6. 目标企业资产重组方案的讨论与公告

资产置换仅是资产重组的一项内容或一个环节，目标企业被并购后的经营根本性改善，依赖持续的资产重组，资产重组有可能会跨几个财务年度。因此，资产重组方案要反复论证、多次修改。如果目标企业是上市公司，重组方案讨论及修改完成后，需证券监督部门备案或审批，还要按照规定程序进行信息披露。在提交董事会通过资产重组议案时，还要同时向董事会提交重大资产重组报告书、独立财务顾问报告、法律意见书、审计报告以及审核过的盈利预测报告等。经董事会通过的资

① 张夕勇：《并购与整合》，中国财政经济出版社2011年版，第339页。

产重组议案，还要经过股东大会的批准。董事会通过、股东大会批准资产重组议案，都要及时公告。

7. 目标企业资产重组方案的实施

经董事会通过、股东大会批准的资产重组方案，实施的时间会持续较长，如果实施中有变更或较长延迟，还要提交董事会讨论、股东大会批准。资产重组方案实施过程中，要向证券主管部门及证券交易所提交书面报告。报告书应当包括以下内容：（1）资产重组方案的实施过程，相关资产过户或交付、相关债权债务处理以及证券发行登记等事宜的办理状况；（2）相关实际情况与此前披露的信息是否存在差异（包括相关资产的权属情况及历史财务数据是否如实披露、相关盈利预测或者管理层预计达到的目标是否实现等）；（3）重组方案实施过程中，是否发生上市公司资金、资产被实际控制人或其他关联人占用的情形，或上市公司为实际控制人及其关联人提供担保的情形；（4）相关协议及承诺的履行情况；（5）相关后续事项的合规性及风险等。

五、目标企业形象修正与业绩提高①

主体公司与目标企业并购后的资产重组，为目标企业财务指标改善创造条件。但是，在财务报表上反映出来的业绩增长与价值重新估值，还依赖第四个步骤的工作。在这一步骤中，以目标企业形象修正与业绩提高为主要内容的工作，包括目标企业的战略整合、银行贷款指标的申请与审批、价值观及文化整合，不良资产出售及法人治理完善等内容。

1. 目标企业的战略整合

战略整合是指主体公司为更好地发挥协同效应，根据并购双方的具体情况和外部环境，对目标企业的发展战略进行调整或重新定位，从而将目标企业纳入主体公司的整体战略体系。战略整合不仅要对目标企业的原有战略进行整合从而使其与主体公司保持一致，而且还需要对主体公司的原有战略进行适当调整及完善，以实现对目标企业最大程度的优化组合。并不是任何一项并购都要进行战略整合，是否需要对目标企业进行战略整合取决于并购目的。不同的并购目的和动机决定了战略整合的有无和整合的程度。如果主体公司进行并购的目的是为了追求资产上市套取现金或包装之后重新出售等短期效应，那么就没有再进行战略整合的必要，如果主体

① 文宗瑜著：《企业战略与资本运营》，经济科学出版社2007年版。

公司进行并购的目的是定位于对目标企业进行长期经营以达到协同效应，就需要对目标企业的战略进行整合。

2. 股票增发及银行贷款指标的申请与审批

在完成并购后，一项重要工作就是为目标企业注入增量资本，提高目标企业的抗风险能力。无论是规模扩张，还是技术升级，还是市场开拓，都需要充足的资金支持。通过资产重组使目标企业重新具备股票融资功能后，增发股票以增加资本金。随着股票增发，目标企业的财务杠杆率较大幅下降，可以通过银行贷款指标的申请与审批，实行贷款融资而进一步增加可用资金额度。通过股票增发与贷款，给目标企业注入更多增量资本，有利于其更好地运营。

3. 目标企业价值观及文化整合

企业价值观及文化是推动公司发展的精神因素，一旦形成就具有相对稳定性，当目标企业由于并购而受到外部价值观及文化的影响时，企业价值观及文化会产生自发的排斥力，员工的心态波动就是这种排斥力的外在表现。如果在整合过程中不能有效地抑制这种排斥力的消极作用，就很可能出现员工强烈反对、企业管理的困难加剧，最终导致整合失败。对目标企业的价值观及文化整合，主要体现在两个方面：首先是对目标企业员工进行企业价值观及文化培训。在整合过程中，要通过开展各种形式的培训、换岗交流等方式，使目标企业员工清晰地认识到文化的差距，从内心产生对主体公司价值观及文化的认同感，减少文化整合的阻力。其次是要实行长期的文化浸润。对目标企业的文化整合是潜移默化的过程，这一过程的时间跨度远远大于战略、制度和人事等其他方面的整合。要在目标企业文化不断发展创新的基础上，通过长期的业务往来和人员交流，进行价值观及文化浸润，推动转型。

4. 目标企业管理制度的不断完善

通过对目标企业管理制度的统一和规范、管理人员的培训和交流等手段，实现主体公司与目标企业管理的一体化，从而提高目标企业的整体运作效能。管理制度是企业管理思想和管理文化的具体化，包括从产权制度到企业内部制度等各个方面。由于企业文化的不同和员工适应能力的不同等因素，管理制度的摩擦和冲突是整合阶段最常见到的问题。在对目标企业进行整合的过程中，要根据具体情况，把主体公司已经运转成熟并且经过实践验证的管理制度循序渐进地移植到目标企业，同时，要通过管理人员之间的交流换岗和交流培训，使目标企业的管理人员尽快形成对主体公司的认同感，从而消除目标企业员工对新制度的抵触情绪，减少整合过程的摩擦。

5. 目标企业主业的定位与品牌整合

对目标企业并购的价值增长，集中体现在目标企业财务指标改善所实现的价值重新估值。主体公司并购之后，要做的重要工作就是对目标企业进行业务梳理和品牌管理，为财务指标改善创造条件。业务梳理要将主业和辅业区分开来，将营利业务和非营利业务区分开来，确定哪些业务是真正具有竞争力的业务，哪些业务会带来持续的营利。在确定好主业和营利业务之后，目标企业将着力于在主业和营利业务领域强化整合现有品牌，对影响力强且营利性较好的品牌加大投入，扩大其品牌优势。

6. 目标企业人力资源的优化配置

人力资源的优化配置是对目标企业所拥有的骨干人才队伍进行优化组合，从而使目标企业的人力资源得到合理配置。目标企业的管理技术骨干，是并购后经营稳定性和连续性的关键。如果并购后企业发生较大的人才流失，对目标企业的影响巨大。因此，在并购整合过程中，人力资源整合的重要目标就是要留住和用好企业的关键人才。在一般情况下，并购发生之后目标企业员工都会产生不同程度的心理变化，这些心理变化反映在行为上，就是许多不利于并购整合和企业正常经营的现象的出现，比如管理层与员工矛盾加剧、生产效率下降、员工生产积极性降低等。为了保证目标企业生产经营的连续性，主体公司要按照目标企业的人力资源特点进行人力资源的重新配置，重新调整相关的岗位设置，并设计合理的薪酬支付方式和激励方式，最大限度地留住管理技术骨干，实现人力资源价值的放大。

第二章
新设合并与吸收合并

并购往往有利于企业（公司）做大规模，新设合并的并购方式、吸收合并的并购方式会迅速做大企业（公司）规模，如果比较新设合并与吸收合并的做大企业（公司）规模效应，新设合并能在短时间内把企业（公司）规模放大几倍、几十倍乃至上百倍。新设合并又称创立合并或联合，是指两个以上的多家企业（公司）联合起来，在其上面设立一个总公司或集团公司，参与合并的企业转为总公司或集团公司的子（分）公司；吸收合并是指两个或两个以上企业（公司），在合并的过程中，其中一个企业（公司）因吸收了其他企业（公司）而成为存续企业（公司），合并后的存续企业（公司）仍然保持原有的名称和主体资格，获得被吸收企业（公司）的资产和债权，同时还要承担其债务，被吸收企业（公司）注销而不复存在。在并购的实际操作中，新设合并因能迅速扩大企业（公司）的资产规模及经营规模而广泛用于集团组建；吸收合并因操作较为简单且交易成本较低而广泛用于上市公司之间及上市公司与非上市公司之间的合并。新设合并与吸收合并的最大区别，是合并后的整合效应不同，新设合并后的整合效应弱，吸收合并的整合效应强。

第一节　新设合并的形式及特点

新设合并是企业（公司）并购的方式之一，根据合并方与被合并方所处行业领域的不同，新设合并主要分为纵向新设合并、横向新设合并和交叉新设合并。新设合并在发展中国家尤其中国使用较多。中国企业（公司）新设合并的原动力往往不是来源于企业自身发展需要，而是在政府和行政职能部门推动下完成的。多家企业

（公司）在新完成新设合并后，原有企业（公司）与新设立的总公司或集团公司之间转变为母子公司关系。新设合并可以用图 2－1 加以说明。

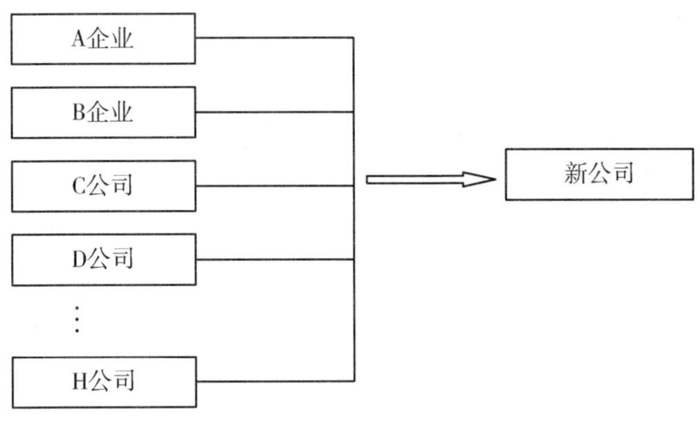

图 2－1　新设合并示意简图

一、新设合并的基本方式

根据合并对象的特点，新设合并的基本方式有以下三类：一是纵向的新设合并，其合并主体主要为同一产业链上下游业务相关联的企业（公司）；二是横向的新设合并，其合并主体主要为同一行业领域的企业（公司）；三是交叉的新设合并，其合并主体主要为不同行业领域的企业（公司）。

1. 纵向的新设合并

纵向的新设合并又称为垂直合并。在纵向的新设合并中，合并企业（公司）的多方之间有原料生产、供应和加工及销售等关系，分别处于生产和流通过程的不同阶段。纵向的新设合并是企业（公司）全面控制原料、生产、销售的各个环节及建立垂直结合控制体系的基本手段。在企业（公司）新设合并的实际操作中，纵向的新设合并一般都用于同一产业领域上游、中游及下游产业链各环节企业的合并。比如，A 企业是某类产品的生产企业，B 公司从事该类产品的技术研发工作，C 公司为专业销售公司，负责同类型产品的营销渠道建设与品牌运营，而 D 公司为物流公司，具备多个物流存储基地与直销的实力，E 公司为相关配套或有关联的公司。基于产品的同质性及经营优势的互补性，上述五家企业（公司）可以通过纵向新设合并的方式，设立一个集团公司，并将五家企业（公司）的资产、负债与业务等全部装入集团公司，进行集团公司的统一管理与资本运作，从而形成产品上中下游一体化的完整产业链，为企业（公司）成本消耗的降低、资源配置的优化及经营效率的提升创造有利条件。

2. 横向的新设合并

横向的新设合并又称为水平合并。在横向的新设合并中，合并企业（公司）的多方均属于同一个行业，生产同类产品。横向的新设合并有助于推动行业内资源的集中与整合，并在短时间内快速扩大规模，形成行业内具有龙头地位的企业（公司），从而以资产及经营规模的扩大，大幅提升合并后企业（公司）在行业内的影响力与号召力，进而扩大企业（公司）在行业内的竞争优势，使合并后的企业（公司）成为行业内具有绝对竞争优势的企业（公司）。基于横向新设合并对于企业（公司）规模化经营的作用与意义，在企业合并的实践中，横向的新设合并是企业之间进行合并的最常用方式，也是新设合并中最常见的合并方式。

3. 交叉的新设合并

交叉的新设合并又称为混合合并，指在企业合并的过程中，合并多方属于没有关联关系产业的企业（公司）即合并的多方处于不同的行业。交叉的新设合并，常常发生在某个行业的企业（公司）试图进入利润率较高的另一个行业，常与企业（公司）的多元化战略相联系，多为同一控制人下多家不同行业的企业（公司）之间的新设合并。虽然从理论上讲，交叉的新设合并可用于企业（公司）向行业外领域的横向拓展，但考虑到新设合并的成本等问题，大多数企业（公司）在进行行业外扩展的过程中，真正采用新设合并方式的案例并不多见，而是大多采取吸收合并的方式进行不同行业之间企业（公司）的合并。

二、新设合并的行政力量推动

企业（公司）并购作为一种市场经济下的产权交易行为、一种优化资源配置的手段，在市场经济发达国家已经司空见惯，仅美国从 1897 年到现在就已经经历了五次并购的浪潮。中国企业（公司）并购从 1984 年最初兴起至今也已有 30 多年的发展历史。由于中国政府既是国有资产的所有者又是社会经济的管理者，同时又存在企业（公司）并购制度短缺和市场制度功能缺位的双重约束，导致中国政府处于企业（公司）并购的主体地位[①]。政府介入甚至直接替代企业（公司）并购行为成为中国企业（公司）并购的一个突出特征。尤其是国有企业之间的新设合并，更需

① 童伟：《我国国有企业并购中的政府行为研究》，《当代经济》2010 年第 3 期。

要各级政府利用行政力量对合并事项实施有力推动与监督指导，在国有资产不流失的前提下，确保国有企业之间新设合并的顺利实施。此外，企业（公司）的行政主管部门也对下属国有企业的新设合并起着重要的推动作用，是国有企业新设合并的重要助推力量。

1. 中国各级政府用行政力量推动国有企业的新设合并

在市场经济条件下，市场是一种资源配置系统，政府也是一种资源配置系统，其中市场起基础性作用。包括新设合并在内的企业（公司）并购作为一种产权交易行为，也应尽可能通过市场本身的作用，由企业（公司）从自身利益出发进行决策，促使资源的合理流动，提高全社会的效率。从这个角度讲，政府不应进行过多的干预。但是，中国在从计划经济向市场经济转型的过程中，除了绝大多数企业是国有性质，企业规模都很小而且分散，中国政府希望通过政府介入或干预让国有企业在短时间内做大规模。如果中国政府运用经济、法律手段推动国有企业之间的并购，可产生几个方面的积极效应：一是政府行使产权流动的监督权和协调权；二是政府从优化产业结构出发对企业并购起着导向作用；三是政府在并购中发挥保护股东、债权人及企业（公司）职工等相关利益者的作用。或许是因为用经济、法律手段推动国有企业之间的并购，难以达到预期。中国政府采取了用行政力推动国有企业的合并。具体而言，就是把原某个行业或领域的国有企业行业主管部门撤销行政属性而转为总公司或集团公司；相应的，某个行业或某个领域原来的几百家甚至几千家国有企业转为子（分）公司。这种以政府行政力量推动的若干家国有企业的新设合并，大大减少了国有企业数量，并形成规模放大几倍、几十倍的大型国有企业。除了若干家国有企业的新设合并，中国政府往往还要每隔 3 ~ 5 年，用行政力量推动不同行业不同领域已经形成规模的几家大型国有总公司或国有集团再次新设合并。

2. 行政职能部门推动其下属国有企业的新设合并

各级政府借助行政力量推动国有企业的新设合并，多用于多家国有企业之间或几家大型国有企业之间的合并。由于多家国有企业之间或几家大型国有企业之间的合并涉及的人、财、物等问题较多，因此，需要由政府依靠行政力量介入国有企业的合并，以保证企业（公司）甚至是地区社会或经济的稳定。而对于同一政府级次的不同国有企业之间的新设合并除了需要政府行政力量介入外，还需要相关行政职能部门的推动。相关行政职能部门是其下属国有企业新设合并的直接推动者、具体实施的监督者与指导者。一般而言，同一政府级次的多家国有企业的合并是本级政府做大企业规模、优化资源配置与提升竞争力的行政要求，相应地，其行政职能部门是下属国有企业合并的推动者。此外，同一政府级次的不同国有企业之间的合并协议或合并方案需要经过本级政府审议批准方可实施，并由同一政府级次的行政职能部门对合并方案的实施进行监督与指导，以确保其下属国有企业的合并操作规范有序。在行政职能部门对下属国有企业新设合并的支持与推动下，下属国有企业新设合并的操作效率将更高并且操作周期较短，有利于其下属国有企业新设合并的顺利推进。

三、新设合并的特点

新设合并这种并购方式，使用最多的是中国企业。中国通过立法对新设合并加以规定。在中国正式的法律中首次出现新设合并，是 1993 年 12 月 29 日第八届全国人民代表大会常务委员会议通过的《中华人民共和国公司法》（以下简称《公司法》）。在该部法律中，专设“公司合并、分立”一章，并详细规定：“两个以上公司合并设立一个新的公司为新设合并，合并各方解散。”从中国《公司法》对新设合并含义的规定可以看出，与吸收合并等其他合并方式相比较，新设合并具有其自身的明显特征。当然，这些特征也与新设合并的法律要求相关联。

1. 新设合并完成后两家或多家被合并企业（公司）的法人资格将予以注销或变更

从新设合并完成后法人主体资格的变化上看，与吸收合并等其他合并方式相比较，新设合并最大的特点在于，多个法人变成一个新法人即新设企业，原合并各方法人资格或注销或变更。如果新设合并涉及的企业（公司）家数少，新设合并后整合力度大，原合并各方的法人资格会采取注销方式，如果新设合并涉及的企业（公司）数量多，新设合并后，原合并方中的某些企业（公司）也会采取变更法人资格，成为新设合并公司的子公司。一般而言，两家企业（公司）新设合并，在法律形式上表现为“甲企业 + 乙企业 = 丙企业”，丙企业为新设立的法人企业，具有新的企业名称，而甲乙企业则注销其原法人资格。比如，在 1996 年上海的两家证券公司申银证券公司和万国证券公司新设合并的案例中，申银证券公司和万国证券公司通过新设合并设立了一家新公司即申银万国证券股份有限公司，新设合并完成后，原申银证券公司和原万国证券公司的法人资格注销。但是，由政府用行政力量推动的几十家甚至几百家企业（公司）的新设合并，原合并企业（公司）的大多数往往采取变更法人资格的方式。

2. 新设合并完成后两家或多家被合并企业（公司）的资产负债等一般由新设公司承接

从新设合并完成后被合并企业（公司）资产、负债及人员等处置上看，新设合并的另一个主要特点表现为，新设合并完成后两家或多家被合并企业（公司）的资产、负债、人员等一般由新设公司承接。也就是说，重新设立的公司将获得被合并企业（公司）的全部资产并承担它们的全部债务及相应责任。由于新设合并后新设立的公司除了获得被合并企业（公司）的全部资产、负债、人员外，还承担被合并企业（公司）的相应责任，因此，采取新设合并的方式而合并两家或多家企业（公司），如果被合并企业（公司）的资产质量较好，往往由新设公司进行统一整合；如果被合并企业（公司）中，有的企业（公司）资产质量差、负债率高，往往在一段时间内还要保留这些企业（公司）的原法人资格，让其相对独立地运营。

3. 新设合并的操作程序相对简单但整合效应往往不明显

与吸收合并相比，新设合并可以在短时间内把两家或多家企业（公司）完成合并并设立新公司，其操作程序相对简单。在新设合并的过程中，要严格按照《公司法》等相关法律的规定设立一家新的公司，在新设公司时企业需要聘请资产评估机构对资产及负债等状况进行评估，要聘请验资机构对新公司的出资进行验资，还需要支付一定的工商注册登记等成本；两家或多家被合并企业（公司）在新公司设立后，还要依法完成原法人资格注销或变更，这些程序都是对涉及的多家被合并企业（公司）一并办理，操作中支付的成本并不大。从新设合并的多数案例看，涉及几十家甚至几百家企业（公司）的新设合并，往往侧重于新设合并后的资产规模做大，在新设合并中，大多数被合并企业（公司）往往只是完成了新设合并后的法人资格变更，统一的资产整合要么被无限推后，要么是走过场，从而导致多家企业（公司）新设合并后的整合效应很弱。

第二节　新设合并的规模效用

新设合并可用于两家企业（公司）间的并购，也可用于两家以上乃至几十家甚至几百上千家企业（公司）间的并购，能够在最短时间内催生出大企业大公司。可以说，新设合并与其他并购方式相比，具有相当强的规模效用。新设合并在中国的国有企业并购中经常使用，各级政府习惯使用新设合并减少国有企业数量并做大国有企业规模；很多资产规模几百亿元、几千亿元乃至上万亿元的国有大企业，大多是通过新设合并而形成。依托新设合并形成的大企业（公司）往往采用集团的组织形式，但集团往往还要继续新设合并。进入21世纪，在头10年，又出现了多家国有集团间的新设合并，通过把几家或多家国有集团间的新设合并，组建更大规模的国有集团。与新设合并的规模效用相伴随，新设合并后的整合效应往往不明显。

一、通过新设合并扩大规模的积极作用

新设合并作为企业（公司）间的并购方式之一，在企业（公司）的扩大规模中发挥着积极的作用。通过新设合并能够使企业（公司）的资产规模迅速扩大，为合并后大企业大公司的发展奠定规模基础；除此以外，通过新设合并能够将两家或多家企业（公司）的资源进行重新配置与整合，从而为合并后企业运营效率的提高提供资源配置基础；当然，一定程度上通过新设合并有利于实现被合并企业（公司）间的优势互补，进而为合并后的产业升级创造有利条件。

1. 通过新设合并能够为企业（公司）发展奠定规模基础

一定的资产规模是企业（公司）经营发展的基础，企业（公司）只有具备一定的存量资产才能为企业（公司）的经营发展提供资金与设备等资产支持，从而为企业（公司）的盈利能力及竞争力的提高创造条件。新设合并与其他合并方式一样，能够使合并后的企业（公司）资产规模快速扩大，为合并后企业（公司）的较快发展奠定规模基础。以中港集团与路桥集团新设合并设立中交集团的案例为例[①]，与新设合并之前中港集团与路桥集团的注册资金及资产规模相比，新设合并完成后新设立的中交集团注册资金就为45亿元，拥有35家全资子公司，20家控股公司和2家上市公司，集团设立之初的资产总额近700亿元，员工近7万名。中港集团与路桥集团通过新设合并，使合并后的中交集团在设立之初就实现了资产规模迅速扩大，为中交集团日后的战略重整与进一步的资产重组提供了有力的支持。

2. 通过新设合并有利于资源的优化配置及经营收入的大幅提升

企业（公司）的资源涵盖了资金、技术、市场、人才、品牌、客户群等各个方面。而资源的优化配置是企业（公司）得以高效运营的重要手段。在企业（公司）的实际经营中，绝大多数企业（公司）都把如何优化资源配置并有效提升资源配置效率作为企业（公司）经营的重要策略。进行企业（公司）之间的新设合并，是优化资源配置，提升资源配置效率的重要手段之一。企业（公司）之间往往会采取

① 中交集团案例分析，道客巴巴，http：//www. doc88. com/p－294365952522. html。

新设合并的方式，将两家或多家被合并企业（公司）现有的资金、技术、市场、人才、品牌、客户群等资源全部整合并入新设立的公司，进行资源的整合与重组，从而为合并后企业（公司）资源的优化配置与资源共享提供了更为广阔的空间。资源的优化配置及资源配置效率的提高，又是企业（公司）经营收入提升的基础，因此，企业（公司）通过新设合并优化资源配置的同时，也为其经营收入的提高提供了支持与支撑。

3. 通过新设合并有利于实现被合并企业（公司）的优势互补及产业升级

企业（公司）之间进行新设合并可以利用对方已有资源实现企业（公司）之间的优势互补，进行产品整合及产品结构调整，提升其对所在产业升级的影响力，为合并后企业（公司）的持续快速发展提供更为优化的产业运营模式。通过新设合并实现被合并企业（公司）的优势互补包括产品类型的互补、业务类型的互补、市场范围的互补、经营方式的互补、人才结构的互补等多种表现形式。以业务类型的互补为例，A 企业主要经营传统能源的开发与生产业务，B 公司主要经营风能、核能等新能源的开发与利用业务，那么 A 企业和 B 公司新设合并后的 C 公司，既经营传统业务，又使其经营范围拓展至新能源领域，从而在实现被合并企业（公司）优势互补的同时，为合并后 C 公司的产业结构调整及产业升级也奠定了基础。

二、通过新设合并扩大规模尤其过分扩大规模的负面效应

新设合并对企业（公司）运营的影响是双向的，它不仅仅能够给企业（公司）带来资产规模较快扩大、营业收入提高及产业升级等积极效应，还能够对企业（公司）的人员安置、文化融合、结构调整等方面造成更多影响。因此，着眼以新设合并扩大规模的同时，还要充分考虑新设合并后整合达不到预期的诸多负面效应，并尽可能在新设合并的实际操作中，把负面效应或负面损失降到最低。

1. 新设合并的资产规模扩大会使新设公司面临财务指标改善及员工安置等方面的压力

新设合并的一个重要的特点，是新设合并后两家或多家被合并企业（公司）的资产、负债及人员等均合并进入新设立的公司，由新设立的公司承接。新设合并后新设立的公司不仅要接收被合并企业（公司）的优质资产、债权，也必须承接被合并企业的不良资产、负债及人员。如果被合并的企业（公司）中经营困难企业（公司）数量多，新设合并很可能给新设合并后的公司带来更大的经营压力，使新设合并后公司经营面临的风险加大。首先，新设合并后新设公司面临来自承接不良

资产或承担较大金额负债的压力，两家或多家被合并企业（公司）原有的不良资产或较大规模的负债，会影响新设合并后新设公司的财务指标改善，在一定程度上加大新公司运营的风险。其次，新设合并后新设公司面临人员安置的更多压力。大多数的新设合并新公司在员工的安置与处置上，往往采取不减员的方式，但是冗员过大或闲置人员过多，不仅增加新公司的人力成本，而且不利于新公司管理效率的提高。

2. 新设合并的资产规模扩大会使新设公司面临组织架构调整及文化融合的更大压力

新设合并后的新设公司要进行组织架构的重组，对原多家企业（公司）的不同企业文化进行整合；与其他经营要素的重组与重整相比，组织重组与文化整合面临的阻力更大。就组织架构的重组而言，往往涉及企业（公司）高管及管理骨干技术骨干的个人利益，如果得不到其大多数的支持，重组往往难以顺利推进。新设合并后新公司还存在着不同企业文化融合的突出矛盾，被合并企业（公司）在新设合并前作为独立的法人，具有各自不同的经营理念与企业文化，尤其是企业文化作为企业（公司）多年推行的理念与行为准则，对企业（公司）员工的行为方式具有长久深远的影响，而新设合并后，不同企业（公司）文化的碰撞使新设公司在相当长的一段时间内很难形成自己的企业文化，从而使企业文化对员工行为的软约束作用难以得到有效发挥，甚至在一定阶段内会因企业文化的差异而使矛盾进一步激化。

三、通过新设合并而设立集团并迅速做大集团资产规模

集团是指以资本作为主要联结纽带以母子公司体系为组织形式，以集团章程为共同行为规范由母公司、子公司或分公司、参股公司及其他成员企业（公司）或机构共同组成的具有一定规模的企业法人联合体。根据国家工商局制定的《企业集团登记管理暂行规定》，企业集团应当具备下列条件：一是企业集团的母公司注册资本在5000万元人民币以上，并至少拥有五家子公司；二是母公司和其子公司的注册资本总和在1亿元人民币以上；三是集团成员单位均具有法人资格。由此可见，集团的设立需要较大的资金及资产额支持。新设合并能够使合并后的新设立公司在短期内快速达到集团的相关注册资本及资产要求，因此，在企业（公司）间的并购中尤其国有企业间并购实际操作中，新设合并的方式被经常使用，通过新设的方式而组建集团并做大集团。

1. 新设合并是企业（公司）规模快速扩大并设立集团的常用方式

集团可视为规模经济的有效体现，集团作为资产、资金、人员等要素的结合体，一旦设立就会形成较大的资产规模，并因其资产及资金的雄厚实力，在行业内具有较强的规模地位与规模优势。为了做大企业（公司）规模，实行两家或两家以上的多家企业（公司）的新设合并，使合并后企业（公司）的资产及资金规模快速扩大并达到集团的设立标准，新设合并成为设立集团的常用方式。在企业（公司）并购的实际操作中，新设合并往往成为国有集团设立的常用方式。在中国由计划经济向市场经济转变的20世纪八九十年代，国有企业数量由160万家减少到30余万家，与通过新设合并组建国有集团有很大的关联性，通过新设合并组建国有集团大大减少了国有企业的数量；进入21世纪的头10年，政府尤其国资管理部门继续推动国有集团间的新设合并，两家或两家以上的国有集团通过新设合并组建更大的国有集团，这些更大的国有集团的资产规模可达到几百亿元、几千亿元甚至上万亿元。

2. 新设合并后的集团要通过内部业务的整合与重组使集团进一步做强

两家或多家企业（公司）通过新设合并设立集团后，虽然集团的资产规模及经营规模迅速扩大，具备在行业内的一定规模实力。但是，通过新设合并做大集团想要进一步做强还必须要对被合并企业（公司）的业务与人员等进行整合与重组，从而优化资源配置，最大限度地发挥资源与资产等方面的优势。与此同时，大多数企业（公司）在新设合并后，集团还要重新进行战略定位与调整，按集团战略定位进行其主业定位以进一步提升集团的竞争优势。集团设立后的战略定位调整主要集中在两个方面：一是集团主导下的下属子（分）公司整合重组，集团下属子（分）公司整合重组的方式可以有多种方式，通过整合减少下属子（分）公司的个数，并完成业务整合；二是集团与其他企业（公司）进一步的整合重组，进一步扩大集团的规模，构建多元化的产品结构与资本结构，集团设立后还可以通过与其他企业（公司）的新设合并，进一步完成战略重组与业务整合，使集团的竞争优势与核心竞争力得到进一步的提升。

第三节　吸收合并的方案设计

吸收合并也是一种做大企业（公司）规模的并购方式，但是，往往更注重做强。吸收合并往往是同一行业中两家大企业（公司）之间的并购，吸收合并后不仅产生了具有更大竞争力的大企业（公司），而且会改变本行业的竞争格局。吸收合并的特点是强强联合，其主要依赖市场力量而推动，更重视吸收合并后的重组重整，整合效应往往更明显。当然，吸收合并的整合效应与吸收方案设计及具体操作有很大的关联性。为了保证吸收合并的顺利推进，要花时间花精力搞吸收合并的方案设计。

一、吸收合并的方案设计要考虑的问题

吸收合并是指两个或两个以上的企业（公司）合并中，一家企业（公司）吸收合并了另一家企业（公司）或两家以上的其他企业（公司），而成为存续企业（公司），被吸收合并的目标企业则予以注销的合并方式。主体公司在吸收合并后，加快做大进程。吸收合并作为大企业（公司）间并购的主要方式之一，在方案设计及实际操作中既要考虑吸收合并主体与吸收合并目标企业所在行业的特点，又要考虑吸收合并主体与吸收合并目标企业产品与市场的互补性，还要考虑吸收合并主体与吸收合并目标企业的小股东利益的补偿，以确保吸收合并的顺利推进并使吸收合并达到预期的效果。

1. 考虑吸收合并主体公司与吸收合并目标企业所在行业的特点

一般而言，企业（公司）在进行吸收合并方案设计时，首先应考虑吸收合并主体与吸收合并目标企业所在行业的特点，以判断吸收合并的必要性与可行性。比如，如果吸收合并主体公司或吸收合并目标企业处于产能严重过剩的行业，并且行业内原材料等资源价格持续上涨，则二者的吸收合并缺乏现实支撑；但是，如果吸收合并主体公司或吸收合并目标企业处于受国家政策支持的快速发展行业，则可以通过吸收合并扩大规模提升企业（公司）的盈利能力就显得尤为重要。此外，行业特点的不同也会对吸收合并的合并周期、合并时机等带来一定的影响，这就要求企业（公司）在进行吸收合并方案设计时，充分考虑行业特点，并从行业特点出发对合并方式等具体内容进行设计，以最大限度地达到吸收合并的目的与效果。

2. 考虑吸收合并主体公司与吸收合并目标企业产品与市场的互补性

产品互补性、市场的互补性，会得到吸收合并主体与吸收合并目标企业的董事会与股东大会的支持。一般而言，大多数企业（公司）在选择吸收合并目标企业时，都会从其产品及市场的角度考虑，力争通过吸收合并使存续企业（公司）达到产能增加、产品结构多元化或者市场范围快速扩大等目标与效果。因此，企业（公司）在进行吸收合并方案设计时，必须要考虑吸收合并主体公司与吸收合并目标企业产品与市场是否具有互补性，尽可能避免产品或市场同质化的吸收合并，保证吸

收合并对产品竞争力与市场占有率的提升作用。此外，在进行吸收合并方案设计时，还应从产品与市场的角度，对吸收合并方案进行细化细节设计，并充分估算吸收合并后存续企业（公司）的预计盈利与收益，以增强股东或公众投资者对吸收合并后存续企业（公司）业绩增长的信心。

3. 考虑吸收合并主体公司与吸收合并目标企业的小股东利益如何补偿

吸收合并作为企业（公司）间合并的主要方式之一，可用于非上市公司之间的吸收合并、上市公司之间的吸收合并以及上市公司与非上市公司之间的吸收合并。而在企业（公司）合并的实际操作中，上市公司之间或上市公司与非上市公司之间的吸收合并最为常见。绝大多数企业（公司）实施吸收合并，大多数都是由大股东推动的，无论是主体公司的小股东，还是目标企业的小股东，对吸收合并能否实施及具体方案几乎没有任何发言权。为了保护小股东尤其是上市公司小股东的利益，避免大股东以牺牲小股东的利益而在吸收合并中获取高额回报，在吸收合并方案设计时，必须根据相关法律法规的规定，明确小股东利益补偿的方法，以保护小股东的利益不受损失。企业（公司）在进行吸收合并的方案设计时，可以考虑通过换股吸收合并或向小股东提供现金选择权等方式，对小股东的利益进行有效的补偿与保护。更多的吸收合并案例中，往往是通过发行优先认股权证的方法，对小股东进行利益补偿。

二、吸收合并实施方案的具体设计

吸收合并实施方案与吸收合并的具体操作大致相同，因此，需要设计实施方案，根据实施方案逐步推进。涉及上市公司的吸收合并，要根据资本市场相关立法规定，满足信息披露的要求；就上市公司吸收合并的信息披露要求而言，往往是以吸收合并报告书的方式对实施方案进行信息披露。在某种意义上，吸收实施方案的精心设计，既有利于吸收合并操作的顺利推进，也有利于相关信息的真实披露。

1. 吸收合并实施方案的基本内容

吸收合并方案设计涉及内容众多，关于吸收合并的标的、对价、重要资产处置、人力资源配置、小股东利益保护等内容往往更受投资者关注。就满足信息披露要求的吸收合并报告书而言，吸收合并报告书的内容不仅要涵盖吸收合并的核心设计，而且还包括吸收合并后存续企业（公司）的整合重组及吸收合并风险的预测及警示等内容。以《沈阳东软软件股份有限公司换股吸收合并东软集团有限公司报告书》为例，该报告书框架的基本内容包括以下几个方面：第一，吸收合并主体公司与吸收合并目标企业的基本情况介绍，包括双方的基本信息、股份设立及历次股本变化情况、业务简介、董事与监事及高级管理人员的情况等内容；第二，吸收合并方案的核心设计，包括吸收合并的合并基准日与生效日及完成日的确定、换股股份的种类及面值、换股对象及换股价格的确定、现金选择权行权方法及限售期规定、非限售股股东的保护方法、资产与负债及股东权益的处置原则、对合并双方董事与高级管理人员及员工的安排、合并后经营管理重组的方案等内容；第三，吸收合并方案的操作程序，包括吸收合并的主要程序、吸收合并的批准及核准等内容；第四，其他内容包括吸收合并双方财务与业务技术分析、管理层对合并前景的分析与讨论、吸收合并对合并双方的影响、同业竞争与关联交易、合并双方的重大合同与担保事项、合并双方的诉讼和仲裁事项、中介机构结论性意见及备查文件等内容。此外，在吸收合并报告书正文前，还对吸收合并的概况及风险作出了警示与说明。

2. 吸收合并实施方案的核心设计

从吸收合并的大多数案例看，吸收合并实施方案的核心设计主要包括吸收合并方式的确定、吸收合并标的范围及数额、吸收合并对价及对价支付方式、吸收合并的相关承诺事项等内容。吸收合并的方式可以根据想要达到的效果与目的而有多种选择，目前国内企业的吸收合并较多采用资产收购或股权收购的方式。其中，资产收购既可以采取现金收购的方式，也可以采取资产置换的方式；股权收购既可以采取现金收购股权的方式，也可以采取换股的方式。由于换股吸收合并可以降低吸收合并主体的现金支付压力，降低收购成本，因此，国内大多数吸收合并案例中均采取了换股吸收合并的方式，比如，沈阳东软软件股份有限公司吸收合并东软集团有限公司、石家庄炼油化工股份有限公司吸收合并长江证券有限公司等案例都采用换股吸收合并的方式。吸收合并的对价包括现金、证券、资产等多种形式，而对价的支付也因对价的不同而有所区别。比如，以现金支付对价，可采取即时支付与延期支付的方式；以股份支付对价，可以采取定向或非公开发行股份的方式以新增股份支付对价等；无论以何种方式支付对价，都需要在吸收合并方案中明确标的的对价数额及价格确定的依据，并坚持有利于合并双方的原则，进行对价支付的具体设计。

三、吸收合并实施方案的具体步骤

根据《公司法》《证券法》及证券市场监管条例等相关法律法规的规定，吸收合并的操作要分步推进，实施方案分步骤完成：一是吸收合并协议的签署；二是吸收合并事项的审议通过；三是债权人通知和公告；四是编制资产负债表和财产清单及办理企业（公司）变更或注销登记的相关手续。

1. 吸收合并协议的签署

主体公司与目标企业经过接洽、尽职调查、谈判等，就吸收合并达成的一致意见要以协议形式作为保证。《公司法》中并没有就吸收合并协议的条款进行具体规定。但是，在起草吸收合并协议时，可参照国家商务部、国家工商行政管理局《关于外商投资企业合并与分立的规定》（以下简称《合并与分立规定》）第二十一条规定，结合其他相关法律法规要求，吸收合并协议中应包括以下内容：第一，吸收合并协议各方的名称、住所、法定代表人；第二，吸收合并后公司的名称、住所、法定代表人；第三，吸收合并后公司的投资总额和注册资本；第四，吸收合并形式；第五，吸收合并协议各方债权、债务的承继方案；第六，职工安置办法；第七，违约责任；第八，解决争议的方式；第九，签约日期、地点；第十，吸收合并协议各方认为需要规定的其他事项。当然，在吸收合并方案实施中，要根据案例所涉及企业（公司）的差异，对吸收合并协议的具体内容进行增减。

2. 吸收合并协议经双方股东（大）会及主管部门审批通过

吸收合并协议会导致公司资产重新配置，直接关系股东的权益，是公司的重大事项。因此，公司吸收合并的最终决定权不在董事会，而是在股东（大）会。参与合并的各个公司都必须经各自的股东（大）会以通过特别决议所需要的多数赞成票同意吸收合并协议。我国《公司法》第三十九条、第六十六条、第一百零六条分别规定了有限责任公司、国有独资公司和股份有限公司的合并事项须经股东（大）会特别决议通过。其中，有限责任公司股东会对公司合并的决议，必须经代表2/3以上表决权的股东通过；国有独资公司的合并应由国家授权投资的机构或者国家授权的部门决定；股份有限公司股东大会对公司合并作出决议，必须经出席会议的股东所持表决权的2/3以上通过。此外，涉及上市公司的吸收合并还须经中国证监会审议批准方可执行。

3. 通知债权人并公告及编制资产负债表和财产清单

吸收合并经过股东（大）会批准，虽然是股东权利的行使；但是，为了保护债权人的利益，吸收合并双方必须依据法律的规定就吸收合并事项通知债权人并履行公告职责。依据《公司法》第一百七十四条规定，公司应当自作出合并决议之日起十日内通知债权人，并于三十日内在报纸上公告。债权人自接到通知书之日起三十日内，未接到通知书的自公告之日起四十五日内，可以要求公司清偿债务或者提供相应的担保。就中国大多数企业（公司）而言，资产负债率过高，保护债权人利益在吸收合并方案实施中是很重要的环节。

4. 编制报表及办理企业（公司）变更或注销等手续

吸收合并双方应依据《公司法》第一百七十四条，编制资产负债表和财产清单，并聘请会计师事务所审计。依据《公司法》第一百七十五条及其他税务法规，将吸收合并双方进行账务合并，以被合并公司原资产、负债的审定数作为入账价值。两家企业（公司）吸收合并完成并进行账务合并后，还应由会计师事务所进行审计，并出具《验资报告》。

吸收合并完成后，吸收合并主体公司即存续企业（公司）因股东结构发生变化而进行工商注册变更登记。而吸收合并目标企业即被合并企业（公司），应依法办理相应的法人注销登记。工商变更登记完成后，吸收合并方案也正式实施完成。

第四节　吸收合并的风险防控

从吸收合并的案例看，吸收合并往往涉及的都是大企业（公司），而且方案实施的时间周期长，因此，吸收合并与其他并购方式相比，风险更大。常见的风险包括表外风险、诉讼风险、重组与重整不达预期的风险。要防控表外风险，主体公司应该尽可能细地了解目标企业情况，掌握其或有事项内容。要防控诉讼风险，主体公司一方面应聘请熟悉吸收合并相关法律法规的律师进行把关，另一方面应定期组织法律培训，使高管及相关操作人员能够熟悉相关法律。要防范重组与重整无法达到预期的风险，在方案设计过程中要进行全面的评估，在操作阶段全力推进方案。与此同时，定期进行信息披露，降低由于信息不对称而引发的市场波动风险。

一、防范表外会计（或有债务）集中爆发的风险

表外会计（或有债务）是吸收合并方案实施要重点防范的风险之一。一般而言，目标企业重要的经营信息都会在报表中有所体现，但是，财务报表并不是万能的，目标企业的一些经济活动无法在财务报表中有所体现如或有事项，任何吸收合并都无法完全排除目标企业利用表外会计做文章，使合并主体蒙受损失。尤其是目标企业是非上市公司，表外会计（或有债务）的风险相对更大。因此，吸收合并中要充分考虑并采取措施防范表外会计（或有债务）风险。

1. 吸收合并过程中可能发生的表外会计（或有债务）风险

在吸收合并过程中，表外风险主要包括或有负债。或有负债是指过去的交易或事项形成的潜在义务，其存在须通过未来不确定事项的发生或不发生予以证实；或过去的交易或事项形成的现时义务，履行该义务很可能导致经济利益从企业（公司）流出或该义务的金额不能可靠地计量。或有负债只是一种潜在的债务，并不是企业（公司）目前真正的负债。常见的或有负债内容包括未决诉讼、对外担保、产品质量保证及重组义务等。其中对外担保在我国多数企业（公司）中非常普遍，一是企业（公司）为大股东提供担保现象非常普遍；二是企业（公司）间的相互担保；在非上市公司中，对外担保往往不在企业（公司）资产负债表中真实反映。对于担保方而言，担保是以其自身无形资产或信誉为代价，形成或有负债的过程；一旦被担保人无法偿还，或故意不偿还，或有负债就会转化为真实负债，进而导致企业（公司）的利益受损，甚至可能影响企业（公司）商誉。

2. 如何避免吸收合并后表外会计（或有债务）风险集中爆发

就一些吸收合并的失败案例看，表外会计（或有债务）风险往往发生在吸收合并后某个时点或时段的集中爆发，要降低吸收合并后表外会计（或有债务）集中爆发的风险，主体公司要在对目标企业的尽职调查中，重点关注担保及其他没有在资产负债表中反映的债务，掌握其或有事项的具体内容。具体而言，要关注已经编制的财务报表及其附注，看是否存在或有负债的披露；还要关注对外担保事项，可以通过与相关人员访谈来获取更多的担保信息。除此之外，主体公司还可以通过其他途径来了解目标企业的或有负债内容，如调查目标企业是否存在促销活动，是否存在诉讼案件。必要时，主体公司可以对目标企业的法律费用进行审查，结合发票来判断是否存在未决诉讼，并通过专业的中介机构来判断可能的诉讼结果及涉及金额。

二、防范潜在诉讼的风险

大企业（公司）往往通过吸收合并进一步扩大规模，上市公司间往往通过吸收合并提升竞争力。因此，立法条款中有很多关于吸收合并的规定。在吸收合并方案的设计及实施操作过程中会涉及许多的法律问题，尤其是上市公司的吸收合并除了应遵守基本法律要求外，还必须符合证券主管或监督部门的相关条例要求。这就要求企业（公司）严格按照法律法规的相关规定进行吸收合并的具体操作。在企业（公司）吸收合并的实际操作中，企业（公司）都会聘请专业律师对吸收合并的合法合规性进行审查与把关，以防范吸收合并中潜在的诉讼风险。

1. 吸收合并过程中可能涉及的相关法律法规

吸收合并过程中可能涉及的法律法规主要有两大类：一类是任何企业（公司）进行吸收合并都必须遵循的基本法律；另一类是上市公司吸收合并所必须遵循的除基本法律之外的相关条例。具体而言，规范企业（公司）吸收合并事项的主要法律包括《证券法》《公司法》《税法》《劳动合同法》等基本法律；其中，《证券法》与《公司法》是吸收合并的主要法律依据，也是企业（公司）并购重组法律体系的基础与核心。而上市公司与上市公司之间的吸收合并、上市公司与非上市公司之间的吸收合并，除了必须遵循《公司法》《证券法》等基本法律的规定外，还必须遵守中国证监会发布的一系列法规；中国证监会发布的涉及吸收合并的相关法规主要有：《上市公司监督管理条例（征求意见稿）》（证监会、国务院法制办联合颁布）、《上市公司收购管理办法》（证监会令第56号）、《上市公司重大资产重组管理办法》（证监会令第53号）等，其中，《上市公司收购管理办法》及《上市公司重大资产重组管理办法》对上市公司吸收合并或重大资产重组进行了明确的规定，是上市公司吸收合并所必须遵循的主要法律法规之一。

2. 吸收合并过程中可能违反法律法规的情况

吸收合并的操作周期大都比较长，从主体公司明确吸收合并意向时起，至目标企业完成工商变更登记之日止，需要经历2～3年甚至3～5年，或者更长。在这较长的时间周期中，任何一个环节都可能会出现违反法律法规的情况，使吸收合并的主体公司或目标企业面临着潜在诉讼的风险。具体而言，吸收合并过程中可能违反法律法规的情况主要有以下几类：第一，吸收合并协议制定及审批过程中违反法律或法规的规定。比如，吸收合并协议的内容损害了小股东的利益，吸收合并一方或双方未经董事会及股东（大）会审议批准就签署了吸收合并协议，或者吸收合并未按相关规定向证券监管部门提出申请并得到相关主管部门的批复等，都属于违反了法律法规的相关规定。第二，吸收合并的操作程序违反法律法规的规定，比如在未通知债权人的情况下就执行吸收合并的具体操作，使债权人利益产生被侵害的风险，也属于违反法律法规规定的情况。第三，吸收合并中对价的确定及对价支付违反法律法规的规定，比如，涉及国有企业的吸收合并未按照国有资产的相关程序进行评估，而是以账面价值或价格进行资产收购，再比如，吸收合并中涉及国有企业，虽然进行了资产评估，但是资产评估结果没有确认或备案，也属于违反相关政策的规定。此外，吸收合并中财务报表的编制与报表合并以及税费的缴纳都可能会出现违法违规的情况。

3. 如何避免潜在诉讼的风险

吸收合并的操作，既涉及关联企业（公司）的相关利益，还涉及其他利益，如果关联方是上市公司，还涉及社会公众利益。因此，对涉及吸收合并的潜在诉讼，往往带来的影响甚至损害较大。尤其吸收合并中违反法律法规的情况一经查处，不仅其直接责任人会被追究民事甚至是刑事责任，还会对吸收合并双方的声誉造成重大不利影响，并直接影响吸收合并的进程及吸收合并的效果。如果是涉及上市公司的吸收合并，一旦查出存在法律瑕疵或漏洞，上市公司的市值会大幅缩水。因此，企业（公司）在进行吸收合并的过程中，必须注意诉讼风险的防范。一般而言，企业（公司）都会聘请熟悉吸收合并相关法律法规的执业律师，对吸收合并中涉及的法律问题进行解答、处理与审查把关，以确定吸收合并各个环节的合法合规性；在执业律师选择上，尽可能选择经验丰富、专业性强的执业律师。此外，企业（公司）应定期组织法律培训，使企业（公司）高管及吸收合并操作人员了解并熟悉吸收合并中涉及的相关法律问题，以有效防范法律与诉讼风险。

三、防范重组与重整时间无限期拖后或达不到预期的风险

吸收合并操作合法合规及顺利推进能大大提升主体公司的经营规模与盈利能力，尤其是非上市公司通过吸收合并上市公司，能尽快与资本市场对接而实现其在证券市场的多元融资。然而，在吸收合并实际操作的过程中，往往会受到各种因素的影响，使资产重组与股权重整无限期拖后或达不到预期的风险，从而影响吸收合并的进程，甚至使吸收合并被迫终止。这就要求企业（公司）在进行吸收合并方案设计时，充分考虑到影响吸收合并操作的各种因素，并提出解决问题的方案，以确保吸收合并能够按照预期顺利推进。

1. 重组与重整时间无限期拖后或达不到预期带来的负面影响

在企业吸收合并的实际操作中，影响吸收合并进程的最为常见的情况为资产重组与股权重整无限期拖后。吸收合并中重组与重整时间无限期拖后，会诱发吸收合并的风险。具体而言，重组与重整时间无限期拖后可能给吸收合并带来的负面影响主要表现为以下几个方面：一是吸收合并标的资产定价及合并基准日将会发生变化，从而影响企业（公司）的合并效率及合并成本。根据中国证监会相关法规的规定，上市公司一般以合并基准日前二十个交易日股票收盘价的平均值作为股票定价的依据，一旦吸收合并方案在约定的期间内无法实施，则上市公司需要重新计算标

的资产的价值，那么合并后的存续公司很可能面临因股价上涨而带来的合并成本超过其承受能力的巨大压力，进而使吸收合并操作无法进行，甚至被迫宣告中止。二是吸收合并的双方在延期期间发生重大事件或经营状况发生重大变化，使吸收合并的前提与目标无法实现或者吸收合并的一方或双方不具备吸收合并的条件，从而使合并双方被迫中止吸收合并协议。比如吸收合并的主体公司在延期期间因不可抗力或重大经营事故使其丧失了支付对价的能力，那么吸收合并主体只能放弃此次吸收合并。此外，吸收合并操作的过程中也可能会出现重组或重整无法达到预期的状况，也会使吸收合并的风险进一步加大。

2. 如何有效防范重组与重整时间拖后或达不到预期的风险

从吸收合并众多的案例看，有些风险是在吸收合并方案设计时就可以预见并可以避免的，而有些风险是无法预计的。如何将风险降到最低，就成为吸收合并方案设计及操作过程中必须要考虑的问题。一般而言，吸收合并方案在进行设计时其外在环境与内在条件都符合吸收合并的要求，因此，一旦确定了吸收合并方案就应尽快推进方案的实施与操作，尽可能缩短吸收合并操作周期，以避免资产重组与股权重整无限期拖延而产生风险。具体而言，企业（公司）要想防范重组与重整时间拖后或达不到预期的风险，可以从几方面采取措施：第一，在方案设计时对实施操作中各种不确定性因素或问题进行预估，并设计应对办法；第二，在方案操作阶段，投入专门的人力、物力推进方案，加快重组与重整进程；第三，定期进行与重组重整相关信息的披露工作，使投资者及股东能及时了解吸收合并的信息，为投资者及股东应对风险提供支持。

第五节　吸收合并后的重组与重整

吸收合并协议的正式签订，只算是包括资产重组、资产置换、股权重整、销售渠道整合、文化整合、管理流程再造等一系列操作的开始。在某种意义上，吸收合并的成功更多地取决于重组与重整的效果。因此，吸收合并中要高度重视并全力做好重组与重整工作。

一、吸收合并后的资产重组

由主体公司推动的吸收合并，要通过将目标企业的全部资产及负债吸收到存续公司而实现存续公司资产规模及经营规模的快速扩大。但是，吸收合并后存续公司的盈利能力并不一定会随着资产规模的扩大而不断提高。一方面是由于吸收合并主体在合并前资产结构就可能存在不合理的状况，比如固定资产占比过高、资产负债率过高，在一定程度上影响了吸收合并后的整合；另一方面由于吸收合并事项本身，主体公司在对目标企业优质资产进行接纳的同时，存续公司还必须接纳目标企业的劣质资产以及全部负债；对劣质资产与负债的吸收，一定程度上影响了合并后存续企业的盈利能力与财务指标，使吸收合并的效果在短期内难以显现。因此，吸收合并后，主体公司往往不是简单吸收目标企业的全部资产，为了在扩大资产规模及经营规模的同时，能大幅提升主体公司盈利能力及市场竞争力，在吸收合并后都要进行更大力度的资产重组，通过资产重组优化资产质量，调整资产结构，提升配置效率，为主体公司的快速发展及价值增值创造良好的资产基础。

吸收合并后的资产重组有多种方式，按照资产重组是否涉及第三方，可将资产重组的方式分为两种：方式一是吸收合并后的主体公司将现有资产进行重新配置与整合而进行存量资产的重组，以调整资产结构、优化资产质量。方式二是依托吸收合并后的主体公司，继续与第三方企业（公司）进行资产重组，以实现劣质资产的剥离或者以资产出资实现对第三方的控股，从而实现吸收合并后主体公司的资产质量提升。在吸收合并的大多数案例中，吸收合并协议签订后都会实行资产重组与业务的整合，使存量资产的价值得到最大限度的发挥。待时机成熟时，再进行后续与第三方的资产重组，以进一步优化资产结构，提高盈利能力，从而为主体公司经营规模的持续扩大与经营实力的不断增加奠定资产基础。

二、吸收合并后的资产置换

吸收合并后的资产置换是主体公司与控股股东或其他第三方企业（公司）以优质资产或现金置换主体公司的闲置资产，或以主营业务资产置换非主营业务资产等情况，包括整体资产置换和部分资产置换等形式。资产置换后，主体公司的产品结构将得以调整，资产质量将得以提高。在并购的实际操作中，资产置换既在其他并购操作中使用，也在吸收合并操作中使用。企业（公司）在吸收合并前的资产置换为企业吸收合并的顺利推进奠定了基础，也为主体公司优化资产结构、提高资产效率创造了有利条件；而吸收合并后的主体公司也可以通过与控股股东或第三方企业（公司）进行资产置换而使其运营效率得到进一步的提升。

1. 吸收合并后资产置换的目的与意义

吸收合并后，目标企业的全部资产与负债都并入了吸收合并的主体公司即存续公司。由于吸收合并的结果是对目标企业资产负债的全部接纳，这就意味着存续公司除了吸收目标企业的优质资产外，还必须接受目标企业的劣质资产，从而有可能使存续公司的资产质量降低。为此，吸收合并完成后，吸收合并的存续公司还可以通过资产重组或资产置换的方式进一步调整资产结构，提高资产效率。而吸收合并后的资产置换，一方面能够最快最直接地将劣质资产剥离，以提高资产质量并提升资产效率；另一方面能通过吸纳第三方企业（公司）的优质资产，使资产质量进一步提高、盈利能力进一步提升，从而为公司的持续快速发展奠定良好的资产基础。

2. 吸收合并后资产置换的方式

吸收合并后的资产置换大多是在吸收合并存续公司与控股股东或与第三方企业（公司）之间完成的。而第三方企业（公司）往往与存续公司控股股东有一定关联性，或存续公司控股股东对第三方企业（公司）有影响力。资产置换的目的大多是为了将劣质资产置换成优质资产，或者将非主营业务资产置换成主营业务资产，以进一步提升存续公司的经营实力。吸收合并后资产置换的方式多种多样，在实际操作中使用较多的资产置换方式，有的是资产置换资产，支付也往往采取资产对价或资产搭配现金的对价；有的是资产置换股权，支付大多采取资产对价或资产搭配现金的对价。无论以哪种方式进行资产置换，对存续公司而言，都以实现资产结构优化与运营效率提升为主要目标。

三、吸收合并后的销售渠道整合

在吸收合并后，主体公司与目标企业的销售渠道的整合，对运营效率提高起着重要影响作用。一般而言，销售渠道是企业（公司）最核心的资源之一，从某种程度上决定了企业（公司）盈利能力的高低。从吸收合并的众多案例看，扩大销售规模、拓宽销售渠道，是企业（公司）进行吸收合并的主要目的之一，尤其是具有相同或相似主营业务的企业（公司）之间进行吸收合并，除了要消除同业竞争或关联交易，很大程度上是为了进一步扩大销售规模，拓展产品市场。因此，吸收合并后的销售渠道整合显得尤为重要。

1. 通过销售渠道整合建立统一的销售网络与销售体系

由于主体公司与目标企业都有各自的销售渠道与销售体系，甚至各自都建立了自身的统一销售平台，使合并后存续公司的销售渠道建设面临障碍，因此，进行销售渠道的整合，要着眼于建立并完善统一的销售网络与销售体系，使吸收合并前存在的不同销售体系都能在同一平台上运营，从而进一步强化营销管理。以东软股份吸收合并东软集团的案例看，东软股份吸收合并东软集团后，存续公司对东软集团和东软股份的国内、国际营销体系进行整合，建立一体化的市场营销体系，包括品牌管理体系、市场策划体系、销售体系和销售渠道体系等，使原两家企业（公司）的国际、国内业务根植于同一市场营销平台上，极大地促进了存续公司国际、国内业务的稳定协调发展。

2. 通过销售渠道整合实现吸收合并双方销售渠道的共享与共建

即使在吸收合并前，主体公司与目标企业各自具有较为成熟的销售渠道与销售市场，在吸收合并后，双方的销售渠道也应通过整合实现共享与共建，从而实现销售渠道的互补，使存续公司花费较少的成本就能享受较为广泛的销售渠道。比如，在广源果蔬吸收合并广源食品的案例中，吸收合并后存续企业通过对销售渠道的整合实现了销售渠道的扩大与冷链的共享，使存续企业的经营实力得到进一步的提升；在明牌珠宝吸收合并华鑫珠宝的案例中，吸收合并后存续企业明牌珠宝通过对销售渠道的整合使其营销范围迅速拓展至全国，从而极大地提升了销售能力与盈利水平。如果认为主体公司与目标企业在吸收合并前的各自销售渠道已经成熟且都有市场影响力，在吸收合并后不及时进行双方销售渠道的整合，极有可能形成存续公司内部的销售竞争，拖累吸收合并后的运营效率。

3. 通过销售渠道整合实现销售人员的重新分配与销售渠道的分类管理

吸收合并后存续公司对销售渠道的整合不仅仅是把主体公司与目标企业的销售渠道与销售体系纳入统一的销售平台与销售网络，而且还需要对销售人员进行重新整合，使销售队伍具备持续开发市场的能力。此外，销售渠道一旦被纳入统一的销售平台与销售网络，吸收合并后的存续公司，还应根据销售区域或销售渠道的不同，对销售渠道进行分类管理，以强化各个销售渠道的建设，为吸收合并后销售规模的持续扩大创造条件。

四、吸收合并后的文化整合

就大多数的吸收合并案例看，无论是主体公司，还是目标企业，大都是大公司大企业。在吸收合并后，原来各不相同的大公司大企业共处于一个新的环境之中，会面临着极大的文化冲突，文化整合成为必然。一般而言，文化整合会以主体公司的优势文化为基础，同时吸收目标企业文化中的某些优良成分，重塑企业文化。企业文化的整合是以主体公司和目标企业原有企业文化为基础，通过扬弃、创新、再造和重塑，最终形成符合不断变化和发展的新文化。在吸收合并后，战略框架的制定、业务的整合十分重要，但是企业的文化整合也不能忽略。吸收合并后的文化整合，可以从几个方面采取措施：一是建立企业文化整合工作小组；二是选择适合企业发展的文化整合模式；三是尽快建立合并企业的共同价值观①。

1. 建立企业文化整合工作小组

在吸收合并后的重组与重整方案设计中，必然要涉及文化整合如何推进。为保证文化整合工作的顺利推进与完成，吸收合并的操作一启动就要成立文化整合工作小组。文化整合工作小组的成员应由熟悉主体公司与目标企业文化的人员组成，还可以在双方人员的基础上外聘专业机构的专家或顾问。企业文化整合小组的工作主要包括几方面的内容：一是对主体公司与目标企业原有文化的差异进行分析并进行沟通。双方企业文化的差异表现在很多方面，既有发展战略的差异也有具体执行的差异。企业文化整合小组在吸收合并前就要对双方的企业文化进行深入调研，并进行企业文化的对比，对二者文化差异的性质和程度进行分析，并认识到这种文化差异对吸收合并后公司运营产生的影响。二是针对主体公司与目标企业的文化差异，制定相应的文化整合方案，并在此基础上与双方进行充分沟通，以确保企业文化整合的有序推进与效果实现。

2. 选择适合企业发展的文化整合模式

对于不同的吸收合并，企业文化整合的差异性更大。一般而言，在吸收合并后借鉴一些已有企业文化整合模式，并根据主体公司与目标企业的具体情况进行完善。文化整合模式可以分为三种②：第一，吸收式文化整合模式，即吸收合并的主体公司将目标企业的企业文化全部吸收。如果吸收合并的主体公司拥有相当成熟和成功的企业文化，而目标企业文化又很脆弱，可以采取吸收式的文化整合模式。采取此种文化整合模式会使吸收合并后的文化整合成本相对较小，但是有可能吸收合并后的公司运营中遇到来自目标企业员工的抵触。第二，分立式文化整合模式，即吸收合并后主体公司与目标企业的文化并存。如果吸收合并主体公司与目标企业都拥有比较优秀的企业文化，并且合并后各方的业务相对比较独立，可以采取分立式文化整合模式，双方企业文化的优势均被保留，吸收合并后的公司运营将具有多元化的文化环境。但是对管理者的管理水平和协调技巧提出了更高的要求。第三，重塑式企业文化整合模式。如果主体公司与目标企业的企业文化都不存在明显优势且优点与不足并存，吸收合并后不再盲目地保留或者是消灭一种企业文化，而是保留

①② 王发栋：《国内企业并购中的文化整合》，《商场现代化》，2009 年第 2 期。

双方文化的优点，最终融合而形成双方互相认可且包容双方优秀文化的一种混合的新文化。主体公司与目标企业往往都愿意选择这种文化整合模式，但两种文化的融合需要较长的时间与过程。

3. 尽快建立吸收合并后的共同价值观

吸收合并后的企业文化整合，不是为了强化哪一种企业文化，弱化哪一种企业文化，是为了通过企业文化整合，培育主体公司与目标企业都认可的共同价值观。企业价值观是企业文化的核心，企业价值观的确定要体现主体公司与目标企业的诉求。吸收合并后在遵循有形资源整合与文化整合协调一致的基础上，根据市场环境的要求和员工的诉求以及构建企业发展战略的需求找到不同文化的结合点，发挥文化优势，培育共同的价值观，使得每个员工能够将自己的思想行为与公司的发展战略和愿景结合起来，形成以共同价值观为核心的企业文化[①]。

五、吸收合并后的管理流程再造

管理流程再造包括组织架构调整、管理层级调整、管理流程梳理及管理人员聘用等多方面的内容。管理流程再造是吸收合并后降低运营成本、提高管理效率的内在要求。吸收合并后存续公司对目标企业的资产、负债及人员全部接纳，要求存续公司必须适时进行组织架构调整及管理流程梳理，实现管理的科学化与规范化，进而提高管理效率，提升管理水平。吸收合并后的管理流程再造主要体现为组织架构调整、岗位职责明确等方面的内容。

1. 吸收合并后存续企业的组织架构调整

组织架构调整有利于减少层级，形成有效的分权机制，吸收合并后存续公司的组织架构调整应遵循两方面的原则：一是组织架构扁平化的原则；二是资源控制权与资源使用权相分离的原则。所谓扁平化组织，指在组织的决策层和作业层之间减少中间管理层级，方便组织尽最大可能将决策权延至所有的层级，从而提高运营的效率，有效防范公司的运营风险。吸收合并后的存续公司一方面可以通过减少职能部门内部管理层级而实现扁平化管理；另一方面通过二级以下子（分）公司的整合及主营业务各业务环节的专业化分工管理形成总部与作业主体的直接对应关系，实现组织架构的扁平化。公司运营资源主要表现为货币资本、人力资本、采购配送以及品牌、技术、销售网络、管理等，为了提高资源配置效率，并强化吸收合并后存

① 王发栋：《国内企业并购中的文化整合》，《商场现代化》，2009 年第 2 期。

续公司对下属经营主体的管控，吸收合并后存续公司在进行组织架构调整时，应坚持资源控制权与资源使用权相分离的原则。由总部职能部门对货币资本与人力资本等核心资源的集中管控与统一配置，并重视下属各作业主体资源使用权的行使，通过资源控制权与使用权的分离，实现总部对下属各作业主体资源的统一管控与统一配置，以达到管控目的并实现资源的优化配置。在企业吸收合并的案例中，大多数在吸收合并完成后都进行了组织架构调整，并通过职能部门及业务部门的重新设置实现了组织架构的扁平化，完成了资源控制权与资源使用权的分离。

2. 吸收合并后存续公司岗位调整及岗位职责的明确

吸收合并后，目标企业的人员将全部进入存续公司。人力资源如何重新配置，岗位尤其管理岗位如何重新设置，管理团队如何重新调整，直接影响着存续公司的管理水平及管理效率提高。因此，吸收合并后存续公司应在组织架构调整的基础上，尽快完成岗位设置与人员安排工作。具体而言，存续公司组织架构调整完成后，应及时开展岗位评估及定岗定员定编等工作。岗位评估及定岗定员定编工作应自上而下进行，首先明确重要岗位的岗位职责，其次再进行普通岗位的定员定编工作。定岗定员定编工作完成后，存续公司应适时开展包括董事会改组在内的管理团队调整工作，对经理团队及职能部门负责人实行重新聘任，确保人才与工作职责相匹配。最后，存续公司还应强化对员工的绩效考核机制，完善薪酬激励机制，以进一步为管理效率的提升创造有利条件。

第三章
非上市公司对上市公司的并购

资本市场在资源配置中发挥着十分重要的作用，任何企业（公司）无论是基于资产规模扩张，还是提升国际国内竞争力等的发展战略定位，必须通过与资本市场对接创造发展战略实施的条件。企业（公司）除了通过首次发行股票的直接上市或存量直接上市以外，还可以通过并购上市公司的方式在国际国内证券市场上市，这种非上市公司对上市公司的并购方式，为企业（公司）上市拓宽了路径。非上市公司对上市公司的并购，并购主体通常是一些母子公司体系的集团公司，集团公司对上市公司的并购既可以是集团直接并购，也可以是集团通过下属企业（公司）出资并购，当然，也可以是集团联合下属企业（公司）共同出资并购。非上市公司对上市公司并购后，要推动资产重组与资产置换，提升上升公司业绩，为上市公司增强或恢复融资能力创造条件。

第一节　非上市公司对上市公司并购的模式

非上市公司对上市公司实施并购，较为常见的方式是集团公司或集团下属企业（公司）直接出资并购上市公司，由于某些集团尤其国有集团是通过行政划拨资产或企业（公司）而组建的，集团体系内往往有一些层级低的子公司已经上市，集团并购上市公司也可以是对母子体系内子公司级次的上市公司并购，为集团资产重组或整体上市创造条件。集团并购上市公司，可以分为集团公司直接出资并购母子公司体系内的二级或三级上市子公司和集团公司直接出资并购母子公司体系外的其他上市公司。集团下属企业（公司）独立并购主要分为集团公司下属企业（公司）出资并购同一控制人下的上市公司和集团公司下属企业（公司）出资并购母子公司体系外的其他上市公司。此外，集团联合下属企业（公司）完成并购也是一种重要的并购模式。

一、集团公司直接出资并购上市公司

在非上市公司对上市公司并购的模式中，集团公司直接出资并购上市公司最为常见。根据并购主体是否为集团公司的下属子公司，集团公司直接出资并购上市公司又可分为两种类型，一种为集团公司直接出资并购母子公司体系内的二级或三级上市公司，以强化集团公司对旗下二级或三级上市公司的直接控制；另一种为集团公司直接出资并购母子公司体系外的其他上市公司，以实现业务延伸及经营范围的拓展，并最终为集团公司的整体上市创造条件。

1. 集团公司直接出资并购上市公司的目标企业类型

根据并购主体公司的不同，集团公司直接出资并购上市公司又可分为两种模式：一是集团公司直接出资并购母子公司体系内的二级或三级上市子公司；二是集团公司直接出资并购母子公司体系外的其他上市公司。集团公司直接出资并购母子公司体系内的二级或三级上市子公司，多发生在母子公司体系内已经存在上市公司的情况。集团公司直接出资并购旗下二级或三级上市子公司主要是为了强化集团公司对下属上市公司的直接控制。比如，在中国船舶集团核心民品业务整合重组及整体上市案例中，中国船舶集团就是通过国有股划转的方式，将旗下间接控股的上市公司沪东重机，变为中国船舶集团直接控股的上市公司，从而实现了中国船舶集团对旗下二级上市子公司沪东重机的直接控股，并为中国船舶集团的整体上市提供了资本运作平台。而在并购的实际操作中，集团公司直接出资并购母子公司体系外的其他上市公司，多发生于母子公司体系内没有上市公司的情况或者集团公司进行业务转型和战略调整的情况；集团公司往往通过出资并购母子公司体系外的上市公司而达到参股控股上市公司及实现战略方向调整或业务转型的目的。集团公司直接出资并购母子公司体系外的上市公司，一方面可以通过参股或控股上市公司，为集团公司的发展提供更好的融资支持，有利于整个集团的发展与战略的推进；另一方面有利于集团公司进行产品结构调整或市场范围的拓展，使集团公司的盈利能力得以不断提升。此外，集团公司直接参股或控股上市公司，为集团公司的整体上市搭建了资本市场平台，更有利于集团公司实现与资本市场的直接对接，并为集团公司的整体上市创造了有利条件。

2. 集团公司直接出资并购上市公司的方式

从集团出资并购及案例看，集团公司直接出资并购上市公司具有以下几种方式：一是资产收购，即集团公司收购上市公司部分或全部资产的情况。资产收购完成后，上市公司的部分或全部资产都将注入集团公司，从而使集团公司的资产规模快速扩大，融资能力快速提升。二是股权收购，即集团公司收购上市公司的部分或全部股份的情况。股权收购完成后，上市公司将成为集团公司直接控股或参股的子公司，从而为集团公司的发展提供有力的支撑与支持。股权收购按照目标企业标的股份来源的不同又可以分为两类：一类是集团公司受让上市公司现有股东持有的股份，从而成为上市公司的股东；另一类为集团公司直接出资认购上市公司定向增发的股份而成为上市公司的股东。此外，如果集团公司为国有企业，并且收购的上市公司为国有控股企业，集团公司还可以通过国有股无偿划转的方式直接持有上市公司的股份，比如在中国船舶集团对旗下二级上市公司沪东重机的并购中，就通过国有股无偿划转的方式直接持有上市公司沪东重机的股份，从而实现对上市公司的直接控制。从上述几种并购方式来看，资产收购虽然能够实现集团公司资产质量的提高，但需要集团公司支付大量现金，并且操作程序较为复杂；而股权收购由于操作较为简单且支付方式较为灵活，更多地被并购方所青睐。

二、集团公司通过下属子公司出资并购上市公司

在并购的实际操作中，集团公司除了直接出资并购上市公司外，还往往通过下属子公司出资并购上市公司。集团公司通过下属子公司出资并购上市公司，也可按照并购双方是否在同一个母子公司体系内，而分为两种情况：一是集团公司下属子公司出资并购同一控制人下的上市公司；二是集团公司下属子公司出资并购母子公司体系外的其他上市公司。无论并购双方是否为同一控制人下的两家公司，与集团公司直接出资并购上市公司的操作相比，集团公司通过下属子公司并购上市公司的操作较为简单，并且有利于集团品牌影响力与市场影响力的提升。

1. 集团公司下属非上市公司与上市公司之间的并购

按照并购双方是否在同一个母子公司体系内，集团公司通过下属子公司出资并购上市公司的类型可以划分为两类：一是集团公司下属非上市公司并购集团公司下属上市公司；二是集团公司下属非上市公司并购母子公司体系外的其他上市公司。其中，集团公司下属非上市公司与上市公司之间的并购，指的是并购的双方都在同一母子公司体系内，适用于集团公司既有下属上市公司又有下属非上市公司的情

况。集团公司下属非上市公司与上市公司并购的主要目的有以下几个：第一，通过子公司之间业务及资产的整合重组，减少两家公司之间的同业竞争及关联交易，从而提升主营业务的盈利能力；第二，通过子公司之间的业务整合及资产重组，逐步将集团下属非上市公司的优质资产注入上市公司，从而在提升上市公司的经营能力与盈利能力的同时，放大集团公司的核心价值；第三，以并购重组后的上市公司为平台，为集团公司战略的实现及未来的整体上市创造条件。比如，在东方电气集团主业重组及主业资产整体上市案例中，东方电气集团旗下上市公司东方电机就通过并购东方电气集团下属非上市公司东方汽轮机，而成功将非上市公司的资产注入上市公司，成功实现了东方电气集团的主业重组，并极大提升了东方电气集团主业的盈利能力，为东方电气集团主业资产的整体上市奠定了基础。集团公司下属非上市公司与上市公司之间的并购方式多为股权收购，即上市公司以现金或换股等方式持有非上市公司的股份，从而成功将非上市公司的资产注入上市公司，并使上市公司成为非上市公司的直接控股或参股股东。

2. 集团公司下属非上市公司与母子公司体系外其他上市公司之间的并购

集团公司下属非上市公司与母子公司体系外其他上市公司之间的并购，是非上市公司与上市公司并购案例中最为常见的类型。集团公司下属非上市公司与其他上市公司之间的并购，不仅仅是为了提升集团公司的核心竞争力，或是依托上市公司实现集团业务结构的调整及经营范围的进一步拓展，更重要的是通过集团公司旗下非上市公司与其他上市公司的并购，能够使集团公司下属非上市公司尽快实现在资本市场的上市融资，从而为并购主体及集团公司的发展提供了更为广阔的融资平台。在并购的实际操作中，有许多非上市公司都是通过对上市公司并购的方式而实现了借壳上市。一般而言，借壳上市的企业（公司）多为具有较强经济实力或盈利能力的非上市公司，而壳公司多为经营业绩较差或价值被严重低估的上市公司。由于以 IPO 的方式上市，需要较长的周期及较为复杂的审批手续，再加上 IPO 审查的日益严格及过会率的日益减少，使公司通过 IPO 方式上市面临着较大的风险及诸多的不确定性。因此，通过收购上市公司的股权方式而实现借壳上市，就成为目前大多数非上市公司上市的重要途径或方式之一，也是上市公司资产重组中成功率最高的并购方式之一。比如，长江证券正是通过与上市公司石炼化实施并购的方式，成功实现其在资本市场的上市；阳煤化工投资公司通过重组上市公司东新电碳而成功实现了借壳上市等。非上市公司通过借壳上市的方式顺利实现在资本市场的上市融资后，也会给被并购的上市公司带来市值大幅提升的效果，从而使上市后的公司具有更强的融资能力与发展机会。

三、集团联合下属子公司共同出资并购

在非上市公司并购上市公司的案例中，除了上述类型之外，集团联合下属子公司共同出资并购也是一种较为重要的并购类型。所谓的集团联合下属子公司共同出资并购是指在并购过程中，由集团按比例完成一定数额的出资，同时，集团旗下的二级、三级子公司也按比例完成一定数额的出资，从而共同完成并购，实现对上市公司的控股。对于出资比例而言，并不是一成不变的，集团公司及下属子公司可以根据具体情况作出适当的调整。这种共同出资实施并购，既可以解决单个公司因资金不足而无法单独完成并购的困难，也可以在集团公司与上市公司之间增加集团下属公司的一个层级，为集团公司更大力度的资本运营创造条件。

选择何种模式来实现非上市公司对上市公司的并购，需要根据具体情况具体分析。无论选择哪种模式，一般而言都应该遵循三个原则：其一，符合国家产业结构调整与产业升级的政策导向；其二，能够拓展资本市场的发展空间，增加股东的权益；其三，有利于进一步开拓市场、提高产品附加值、增加竞争优势并提升在资本市场中的声誉和地位。

第二节　非上市公司对上市公司并购的方案设计

非上市公司对上市公司并购要依法进行，如果并购主体是国有企业或国有集团，还要遵守国有资产管理的规定。非上市公司并购上市公司的决定形成后，首先要解决并购方案的设计问题。非上市公司对上市公司并购的方案设计有多种思路与方法，从并购流程及操作步骤的角度设计方案也是可行的。并购方案应能同时兼顾双方的利益，从而为并购的顺利推进奠定基础。在企业并购的案例中，并购方案的设计应包含并购的各个细节设置，尤其是在并购主体的选择、并购方式的确定、并购后的整合重组等方面应有明确的设计，以确保并购的顺利推进。

一、从众多上市公司中选择合适的目标企业

上市公司对非上市公司并购，首先是在众多上市公司中选择合适的目标企业。从很多并购的案例看，虽然并购活动很多，但不是每一个并购都能成功，甚至大多数并购都是以失败而告终。从并购操作要求看，并购成功的保障是要有充分的并购

目的、理想的并购目标、科学的并购方式、合理的并购价格和并购后对目标企业的竞争力提升等五个因素，而综合以上五个因素，目标企业的选择十分重要。因此，在非上市公司对上市公司的并购中，非上市公司首先要做的就是选择合适的上市公司作为目标企业。在选择并购的目标企业时，要尽可能多花时间精力而精心选择，加强对拟选目标企业的分析评估。

1. 选择目标企业应遵循的原则

选择并购目标企业并没有一套固定的模式和要求，每一个并购主体公司都可以根据本企业（公司）的状况和自身的实力去选择。一般情况下，非上市公司选择目标企业应遵循以下几个原则①。一是以较宽的范围来选择并购的目标企业。非上市公司在并购前，应多确定几个备选的目标企业，对其资产进行初步的评价和比较，以最低成本选择最实用的资产。二是选择符合自身发展目标和要求的目标企业。并购主体公司应通过对并购实践活动的分析，围绕形成规模经济、减少竞争、提高市场占有率、实现扩张目的及实现上市目的等目标展开，并以此为基础选择合适的目标企业。三是选择符合自身管理和经济实力的目标企业。在进行并购的目标企业选择时，并购主体公司对自己的经济实力要有一个客观、准确的评价，正确估量自己的资金实力，并且并购主体公司应选择自己有经营管理目标企业资产能力或者选择自己所擅长的领域。四是选择有盈利的或者有盈利潜力的目标企业。企业（公司）并购的一个基本目的就是通过并购重组而追求更多的利润，因此，企业（公司）在选择并购目标企业时必须考虑目标企业的盈利状况并对并购后可能给并购主体公司带来的收益进行预测。如果目标企业的负债数额过大，会给并购后的主体公司带来较大的包袱，则该并购成功的概率会大大降低。虽然如此，但在现实经济社会中，几乎不可能找到一家完全符合事先拟定好的并购标准的目标企业，因此，并购主体公司在选择目标企业时，应注意未来市场目标的构建，而不宜盲目选择目标企业。

2. 对目标企业进行仔细审查而最终确定并购主体

并购是一个风险性很高的投资活动。并购能否成功会直接影响企业（公司）今后的发展。因此，在并购过程中并购主体公司还应进行并购前的审查，在分析的基础上对目标企业进行进一步的调查与核实，使资料更加充分，信息更加确凿。对目标企业审查的重点一般包括运营状况、财务状况、市场营销及法律状况等内容。无

---

① 曹凤岐：《如何进行企业重组与并购》，北京大学出版社 1999 年版。

论是并购主体公司单独进行目标企业的审查还是聘请专业的机构进行审查，均要关注目标企业的相关信息[①]：一是目标企业的历史背景。在并购审查的初期，应收集目标企业的经营方向、主营业务、信用声誉等；管理团队、董事成员、主要大股东和外部顾问的信息；目标企业最新发展、未来计划和存在问题等方面的信息。二是目标企业的产业定位。如果目标企业所在的行业或市场并非并购主体公司熟悉的行业或市场，则应对该目标企业在行业的竞争地位及本身所拥有的潜力进行详细的了解。具体而言，应从几个方面对目标企业进行分析：来自行业内和行业外的竞争和相对市场占有率、行业的年增长率及影响行业增长和盈利能力的外部因素、分析该行业中的并购情况以确定并购对该行业的生存和增长是否极其重要以及政府管制的程序与趋势等。三是目标企业的运营现状。并购方应详尽了解目标企业现有客户的特性、客户购买动机、地域分布、购买力状况与结构等关键因素，并就目标企业在生产、技术、市场营销能力、管理能力及其他经营特色等方面与并购主体公司的配合程度进行分析与审查。四是目标企业的财务状况。财务状况审查的目的在于使并购主体公司对目标企业提供财务数据的真实性进行核对及确认，从而为并购价格的确定等提供准确的数据。经过对目标企业的审查，并购主体公司可以最终确定并购的目标企业，为并购的顺利推进奠定坚实的基础。

二、受让股份而获取上市公司的相对控股权

非上市公司对上市公司的并购，必须通过受让作为目标企业的上市公司一定比例股份作为目标，对上市公司股权的受让一般以绝对控股或相对控股为要求。与股份受让相对应，是受让股份的定价及支付方式。在非上市公司对上市公司并购的方案设计中，要明确并购受让股份的比例及数额、股份定价及支付方式。一般而言，并购方案设计的受让股份比例及数额，在主体公司与目标企业的谈判中会有所调整；当然，双方谈判中最难的是定价及支付方式；就股份受让的支付方式而言，可以是股份对价、资产对价，也可以是现金支付。就并购主体公司而言，如果通过讨价还价的艰难谈判，争取到股份对价或资产对价的支付方式，是划算的并购。

1. 非上市公司受让上市公司股份数额的确定

非上市公司受让上市公司股份数额的确定，不仅决定了非上市公司对上市公司参股、控股还是全面收购，而且决定了非上市公司为股份受让所需支付成本的高

---

① 曹凤岐：《如何进行企业重组与并购》，北京大学出版社 1999 年版。

低。由此可见，非上市公司受让上市公司股份数额的确定会对并购双方尤其是并购主体公司带来的影响较大。因此，在非上市公司对上市公司进行并购的方案设计及操作中，明确非上市公司受让上市公司股份的数额至关重要。一般而言，非上市公司在确定受让股份数额时需要考虑的因素有很多，其中需要重点考虑的因素主要包括两个方面的内容：一是主体公司的发展战略目标定位。主体公司要从发展战略目标考虑受让目标企业的股份比例，比如，如果主体公司只以进入目标企业的董事会为目的，则考虑受让目标企业部分股份即可，如果主体公司以控制目标企业董事会为目的，则考虑受让达到相对控股比例的股份数额，如果并购主体公司以全面收购目标企业为目的，则要预见到受让目标企业股份的法律程序会使并购时间延长。二是主体公司的财务数据及经营状况，应能承受股份受让所需支付的成本。主体公司受让上市公司股份数额的确定，还需要考虑主体公司的经营情况及受让股份价款的支付能力，如果主体公司具备较强的支付能力，那么并购主体公司就可以受让较多的目标企业股权；如果主体公司的经营状况或财务状况较弱，那么其受让目标企业的股份就非常有限。为了达到控股上市公司的目标，大多数非上市公司都会在自身经营状况较好的时候开展并购活动，以确保其具备受让目标企业股份的经济实力。

2. 非上市公司受让上市公司股份的定价及其对价支付

无论非上市公司受让上市公司股份数额有多少，在并购的过程中都必须明确受让股份的定价及对价的支付方式与支付周期等内容。根据《证券法》及中国证监会颁布的相关法律法规的规定，受让上市公司股份的定价一般不低于上市公司公告收购报告书之日起的前二十个交易日的平均收盘价。对价的支付方式一般有两种，一种为现金支付，另一种为股份或资产支付。上述两种支付方式可以单独使用，也可以混合使用。其中，股份或资产支付主要指主体公司将其持有第三方的股份或资产作为对价受让目标企业即上市公司的股权，也就是通过换股或资产折股的方式获得目标企业的股份。以股份或资产支付对价，一方面可以减轻并购主体公司的支付压力及支付成本，另一方面可以使上市公司的原大股东获得第三方的股份或资产，从而达到各取所需互相满意的效果。一般而言，在并购主体公司收购股份数额较大的情况下，并购方多采取现金支付与股份或资产支付相结合的支付方式，即一部分对价以现金方式支付，剩余部分的对价以股份或资产支付。此外，在非上市公司并购的实际操作中，为了进一步减轻主体公司的支付压力，许多非上市公司在现金支付时，往往会通过谈判实行延期支付或分次支付的方式。主体公司在与目标企业达成一致后，可以延期或分次向目标企业支付受让股份的对价。但是，无论延期或分次支付的方式及周期如何变化，主体公司还需要向目标企业支付并购款及延付的利息，利息一般按照同期银行一年期存款或贷款利率计算。

三、通过资产重组与资产置换来提升上市公司业绩

资产重组与资产置换是并购过程中常用的方法和途径，这对于非上市公司并购上市公司而言也是适用的。如果非上市公司资产质量好或资产规模比较大，在完成并购后，非上市公司可以通过已经相对控股的上市公司董事会，推动非上市公司与上市公司之间的资产重组与资产置换，从而大幅提升上市公司业绩。从具体的方式来看，资产重组与资产置换可以分为资产置换资产、股权置换股权、资产置换股权、现金收购资产或股权、资产出售后收购或股权投资等多种方式。从并购的效果来看，成功的并购对非上市公司是一种利好，可以促使其形成规模经济、减少竞争、提高市场占有率、实现公司扩张目的及企业上市的目标；除此以外，对上市公司提升其业绩也有积极意义，非上市公司通过资产注入，向上市公司注入了大量的优质资产，从短期来看可以带来利润增厚效应，从长期来看还有可能产生协同效应。

第三节 非上市公司对上市公司并购的难点问题

非上市公司对上市公司并购的操作，因并购的目标企业为上市公司而需要遵守上市公司并购的相关规定。一般而言，涉及上市公司的并购操作，不仅仅要考虑并购的可行性及并购能否达到预计的效果及目标，还要考虑并购操作的合法合规性，尤其是要充分考虑上市公司小股东利益的补偿，不能以牺牲小股东利益为代价而实施并购。这就意味着，在非上市公司对上市公司的并购中除了要解决并购方式、确定并购对价外，还需要按照法律法规的相关规定，在触动全面收购要约及要约豁免条件时，提出全面收购要约及要约豁免的申请，并获得证监主管部门的批准；在并购方案制定及实施操作时，要充分考虑小股东利益，并给予小股东相应的利益补偿。此外，如何实现非上市公司与上市公司主营业务的对接，也是非上市公司对上市公司并购过程中需要考虑的重点或难点问题，只有并购双方能够顺利实现主营业务的对接，才能放大并购的效果，并使并购后的运营及盈利能力得到相应的提升。

一、全面收购要约豁免申请的审批

根据《证券法》《上市公司收购管理办法》等法律法规的相关规定，上市公司收购可以分为要约收购、协议收购及间接收购等方式。其中，要约收购是指通过证券交易所的证券交易，投资者持有或者通过协议、其他安排与他人共同持有一个上市公司已发行的股份达到30%时继续进行收购的，应当依法向该上市公司所有股东发出收购上市公司全部或者部分股份的要约。如果是收购上市公司部分股份的收购要约，应该在要约中约定：目标企业股东承诺出售的股份数额超过预定收购的股份数额的，收购主体公司必须按比例进行收购。法律法规对要约收购的相关规定，实质上也是保护上市公司小股东利益的主要方式之一。

1. 要约收购的分类及全面要约收购的含义

要约收购可以依据不同的标准而划分为不同的类型。比如，以收购主体公司是否自愿发出收购要约为标准，要约收购可划分为自愿要约收购和强制要约收购；以收购主体公司是对目标企业不同类型的股份分别要约或所有股份一起要约为标准，要约收购可划分为分类要约收购和综合要约收购；以是否征求目标企业管理层同意为标准，要约收购可分为善意要约收购和敌意要约收购。以收购要约标的是目标企业全体股东持有的部分股份或全部股份为标准，要约收购可划分为部分要约收购和全面要约收购。在非上市公司对上市公司并购的实际操作中，以上市公司所在的证券市场相对应的证券监管为主要参考，确定全面收购的方式。就非上市公司收购在国内A股挂牌的上市公司而言，主要是遵循中国证券会出台的相关并购条例，按其规定要求进行。

2. 全面收购要约触发的条件

根据《证券法》第八十八条、第九十六条，《上市公司收购管理办法》第十三条、第十四条、第二十三条、第二十四、第四十七条的规定，并购主体公司在符合下列情形时应当依法向该上市公司所有股东发出收购上市公司全部或者部分股份的要约：一是投资者或一致行动人持有或者共同持有一个上市公司已发行的股份达到30%时，继续进行增持的；二是投资者或一致行动人持有或共同持有一个上市公司的股份超过该公司已发行股份的30%的；三是投资者或一致行动人拟向同一上市公司的股东连续公开求购其所持有的该上市公司股份，导致其在收购完成后持有或控制该上市公司已发行的股份达到或者超过5%的。其中，前两种情况需要向上市公司全体股东发出全面收购要约，后一种情况需要向上市公司全体股东发出部分收购要约。

3. 全面收购要约豁免的相关规定及审批程序

在上市公司并购的实际操作中，大多数非上市公司在实施收购上市公司时并不想向上市公司的所有股东发出全面收购要约。为了简化要约收购程序，为上市公司的收购行为提供便利，法律法规对此专门进行了全面要约豁免的相关规定。根据《上市公司收购管理办法》第四十九条的规定，有下列情形之一的，收购人可以向中国证监会提出豁免申请，中国证监会在受理豁免申请后 3 个月内，就收购主体公司所申请的具体事项作出是否予以豁免的决定：一是上市公司股份转让在受同一实际控制人控制的不同主体之间进行，股份转让完成后的上市公司实际控制人未发生变化，且受让人承诺履行发起人义务的。二是上市公司面临严重财务困难，收购主体公司为挽救该公司而进行收购，且提出切实可行的重组方案的。三是上市公司根据股东大会决议发行新股，导致收购人持有、控制该公司股份比例超过 30% 的。四是基于法院裁决申请办理股份转让手续，导致收购主体公司持有、控制一个上市公司已发行股份超过 30% 的。五是中国证监会为适应证券市场发展变化和保护投资者合法权益的需要而认定的其他情形，比如，《上市公司股权分置改革管理办法》中规定因实施改革方案引发要约收购义务的，经申请可免予履行要约收购义务等。非上市公司在并购上市公司的过程中，如果触发了全面收购要约，并符合要约豁免的条件，需先向中国证监会递交全面收购要约豁免的申请，经中国证监会批准后非上市公司才能继续增持股份或者增加控制。

二、非上市公司与上市公司主营业务的对接

非上市公司与上市公司主营业务的对接，是并购后能否提升业绩的关键因素之一。在多数并购的案例中，并购大多是以提升盈利能力及核心竞争力为首要目标，而盈利能力及核心竞争力的提高主要体现为主营业务收入的增加及主营业务利润的增长。这就意味着，并购中如何实现主体公司与目标企业主营业务的对接，直接关系到并购的预期目标能否实现。非上市公司对上市公司的并购，必须考虑并购后主营业务的对接问题，力争通过主营业务的顺利对接，而实现并购后主营业务盈利能力的大幅增加，从而为并购后的持续快速发展奠定良好的基础。

1. 非上市公司与上市公司主营业务对接的意义及重要性

除非是跨产业跨行业并购，否则，非上市公司在并购前就要考虑与上市公司主营业务对接的问题。只有非上市公司与上市公司的主营业务顺利对接，才能为并购

后的发展提供业务支持，并为并购后发展战略的实施及快速持续发展提供有力支撑。从很多并购失败的案例分析可以看出部分失败案例源于并购后主营业务定位的不准确及主营业务缺乏有效整合而使主营业务发展难以支撑规模扩张带来的巨大压力。从某种程度上讲，并购双方主营业务是否能顺利对接，决定着并购的成败，甚至还会对并购后的发展带来诸多负面影响。一般而言，非上市公司与上市公司主营业务是否顺利对接对并购双方带来的影响主要体现为以下几个方面：第一，非上市公司与上市公司主营业务的顺利对接，有利于并购双方主营业务规模的扩大及盈利能力的提升；第二，非上市公司与上市公司主营业务的顺利对接，有利于主体公司多元化战略的实现及主营业务范围的拓展，从而为并购主体公司带来新的利润增长点；第三，非上市公司与上市公司主营业务的顺利对接，能够进一步提升资源的利用效率及优化资源配置，从而提高主营业务的运营效率，为并购后运营效率的提高创造条件。

2. 非上市公司与上市公司主营业务对接的类型及方式

在并购的实际操作中并购根据业务类型可划分为横向并购、纵向并购及混合并购。其中，横向并购主要针对并购双方在同一经营领域的情况，通过并购能使并购方在原有的生产经营领域实现业务能力的拓展；纵向并购主要针对并购双方业务领域为同一产业链上下游的情况，通过并购能使并购主体公司进入上游或下游的产业领域；混合并购主要指并购主体公司同时进行横向并购及纵向并购，通过并购能使并购主体公司同时在横向和纵向两个方面拓展经营领域。就非上市公司对上市公司并购而言，非上市公司与上市公司主营业务对接的类型及方式也有所不同。比如，针对横向并购的情况，非上市公司与上市公司主营业务的对接主要是进行主营业务同向规模的扩大与主营业务结构的优化，从而通过主营业务的对接达到主营业务规模在市场领域快速扩大及主营业务布局优化等效果。针对纵向并购的情况，非上市公司与上市公司主营业务的对接，更多的是进行主营业务向上下游业务领域的延伸及产业链各个环节的紧扣与连接，使主营业务规模扩大的同时，形成完整的产业链并有效提升产业链的运营效率。而混合并购更多的是涉及多元化业务经营的情况，在多元化业务的战略定位下，非上市公司与上市公司主营业务的对接不仅要考虑规模的扩大及业务能力的提升，还要考虑规模扩张及不同业务领域的拓展可能会给并购后运营带来的负面影响，力争在主营业务盈利能力不断提升的情况下进行横向或纵向的并购。无论非上市公司对上市公司采取何种方式进行并购，在主营业务对接的过程中都需要注意以下几点：一是主营业务对接过程中需进行业务人员的重新配置与能力优化；二是主营业务对接过程中需对业务环节进行重新梳理以缩减业务流程；三是主营业务对接过程中如涉及业务变更，还需及时进行信息披露及工商注册变更登记，以降低投资风险。

三、并购中对上市公司小股东利益的补偿

中小股东尤其是小股东作为上市公司的股东之一，理应享受与其他大股东相同的待遇，其股东权利及收益均受到《公司法》《证券法》及相关法律法规的保护。非上市公司进行并购的方案设计及并购操作时，要考虑上市公司中小股东尤其小股东利益的保护问题，以确保并购的顺利推进。随着资本市场的繁荣发展及相关法律制度的日益完善，小股东利益的保护与补偿机制也逐渐建立并日渐规范，非上市公司在并购上市公司中，除了遵守小股东利益保护的相关规定，可结合具体情况进行具体设计。

1. 上市公司小股东利益补偿的必要性及相关要求

并购作为资本运营的主要内容，在并购的过程中往往需要综合考虑包括目标企业选择、并购方式确定、小股东利益保护等多方面的因素；小股东利益的保护与补偿，是并购中最容易被忽视的问题，也是并购中必须要考虑的问题。在非上市公司对上市公司的并购中，考虑上市公司小股东的补偿与保护既是法律法规的相关规定，也是并购成功的必要条件。首先，小股东作为公司股东之一，同其他股东一样享受法律赋予的权力并承担股东的义务。《公司法》《证券法》及《上市公司收购管理办法》等法律法规都对股东的权利义务及收益保护作出了明确的规定，尤其是《公司法》中对股东权益的保护更是进行了细致的规定，并成为小股东利益保护的主要依据。同样，并购作为法律规定的公司资本运营行为，也必须充分考虑小股东利益的保护与补偿的问题，并使小股东的利益不受损失。其次，在并购中对小股东利益进行保护及补偿，是并购顺利推进的内在要求。非上市公司对上市公司的并购操作，不仅要在并购设计上精致精细，还需要按照法律法规的规定进行规范操作。在证券市场不断完善及立法不断完善的条件下，越来越多的股东会运用法律赋予自己的权利而积极维护自己的利益。以牺牲小股东利益而进行的并购很可能因小股东维权保护而面临诉讼甚至“流产”的风险，使并购面临失败的巨大风险。因此，非上市公司对上市公司并购中小股东利益非常必要。

2. 非上市公司并购上市公司中对上市公司小股东利益的补偿方法

从非上市公司对上市公司并购的案例看，非上市公司并购上市公司中对上市公

司小股东利益的补偿方法主要包括以下几类：一是上市公司的大股东承诺给予上市公司小股东现金选择权。现金选择权是指上市公司的流通股股东可以在并购的过程中选择以既定价格将其手中持有的上市公司流通股股票出售给上市公司的大股东。现金选择权的实施，能够保证上市公司的流通股股东以既定价格获得股票变现的收益，从而避免因并购后经营不善而使上市公司中小股东面临股票价格下跌带来的收入损失。在近几年此类并购的实践中，大多数公司在并购时都会采取给予上市公司小股东现金选择权的方式来对其利益进行补偿与保护。实践证明，采用该种方式能有效保护小股东的利益，确保并购获得小股东的支持而顺利推进。二是并购主体公司承诺给予上市公司小股东获得其他上市公司股份的权力。这种小股东利益补偿的方法在企业并购的实践中采用较少，一般适用于并购方同时持有另一上市公司股份的情况。采取该种方式进行股东利益补偿，是为了防止并购后上市公司股价下跌的风险，而让小股东以其持有的上市公司股份换取并购主体公司持有的另一家上市公司的股份。比如，在东方电气集团主业重组及主业资产整体上市的案例中，东方电气集团就承诺给予旗下上市公司东方锅炉无限售条件流通股股东换取上市公司东方电机股份的权利，从而有效保护了东方锅炉小股东的利益。一般而言，在企业（公司）并购的案例中，大多数企业（公司）都会选择通过现金选择权或者换股搭配现金选择权等方式来实施对上市公司小股东利益的补偿。此外，及时进行与并购相关的信息披露，也是对上市公司小股东利益保护的重要内容。在从并购开始到并购完成的每一事项都应及时进行信息披露工作，以确保小股东的利益不受损害。

第四节　非上市公司对上市公司并购的价值增值

非上市公司对上市公司的并购，应能达到并购双方尤其是上市公司价值增值的效果。一般而言，在国际国内证券市场，与上市公司并购相关联的事项都属于重大利好消息，投资者会基于对并购后上市公司业绩的良好预期而增持上市公司的股票，使上市公司的股票价格在短期内快速上涨，并以股票价格的快速上涨推动上市公司市值的快速提升。但是，由并购等利好消息带来的市值提升往往是短期效应，上市公司想要实现持续的价值增值，还需要在并购后不断地提升经营业绩及核心竞争力，并以财务指标的改善使上市公司的估值进一步增加。具体而言，并购后上市公司想要进一步提升核心竞争力，一方面要继续进行资本增量与管理增量及技术增量的注入，另一方面还要不断提升主营业务的市场占有率，使并购后企业的财务指标不断改善，从而为上市公司的价值增值创造条件。

一、通过并购后增量注入来提升上市公司的市场竞争力

一般而言，非上市公司对上市公司的并购，会使非上市公司因参股或控股上市公司而获得上市公司价值增值的收益并为其发展战略实施搭建资本运作平台，而上市公司也因获得非上市公司的资金及技术等方面支持，使其盈利能力得到大幅提升。这些都是基于并购产生的有利影响。但是，上市公司想要在并购后持续快速发展，需要在并购后不断注入资本增量、管理增量及技术增量，使其市场竞争力得以不断地提升。

1. 资本增量的注入

充足的资本是企业（公司）得以持续发展的物质基础及载体，也是企业（公司）市场竞争力不断增强的必要条件。企业（公司）想要发展并提升市场竞争力，就必须有充足的资金，以支持企业（公司）的生产改善与规模扩张。上市公司虽然可以从二级市场直接融资，与其他非上市公司相比更易获得公司发展所需的增量资金，但是上市公司持续不断的发展及市场竞争力的提升，仍需通过增量资本的持续注入而为其提供充足的物质支撑。为了使上市公司的市场竞争力进一步提升，并购后的上市公司可以通过以下几种方式继续注入增量资本：一是通过增发股份的方式，直接在二级市场募集资金，上市公司可以通过定向增发的方式向原有股东发行新股，也可以通过非定向增发的方式向社会公众发行股份，以募集公司经营发展所需资金；二是通过发行公司债的方式募集资金，上市公司除了在二级市场发行股份募集资金外，还可以发行公司债券，实行股份发行融资与债券发行融资的搭配；三是通过向银行贷款筹集资金，一般而言，上市公司因有良好的信用及偿债能力而更多地受商业银行青睐，使其在商业银行获得高额贷款成为可能；四是通过持续的并购重组而获得来自并购主体公司的增量资本注入，非上市公司并购上市公司后，上市公司可以根据发展需要与其他上市公司吸收合并，并通过吸收合并在扩大经营规模的同时，获得更多的资金支持，从而为其市场竞争力的提高创造更好的资金条件。

2. 管理增量的注入

管理水平的高低，不仅决定了企业（公司）的管理效率及运营效率，而且决定了企业（公司）战略决策的水平及参与市场竞争的能力。一个企业（公司）如果只有充足的资金支持而缺乏有效的管理，往往会因为管理水平较低而支付较高的管

理成本，并因较低的管理效率而错过快速发展的机会。可以说，管理水平的高低决定了企业（公司）市场竞争力的高低。对于上市公司而言，虽然上市公司的管理较为规范并且制度较为完善，但是，上市公司的快速发展仍需要注入管理增量，以管理增量的注入为其发展带来新鲜血液与新的思维，并对其管理现状进行改良改革，从而使上市公司的管理水平得以不断提升。并购后上市公司管理增量的注入可以通过多种方式实现：一是并购主体公司为其提供管理支持，一般而言，并购后并购主体公司往往参股或控股上市公司，这就意味着并购主体公司作为上市公司的股东有权参加上市公司的股东大会，并在上市公司的董事会中占有相应的席位。并购主体公司可通过参加董事会及股东大会审议上市公司经营管理的重要事项，提出新的管理理念并对上市公司的经营管理行为进行监督与督促，从而有利于上市公司管理的改善及管理水平的提升。二是上市公司可以通过改组董事会，改选经营团队成员而优化管理结构，达到提升管理水平，注入管理增量的目的。三是上市公司通过加强管理人员的专业培训，调整管理人员的结构，不断提高上市公司的管理水平。

3. 技术增量的注入

技术创新是企业（公司）市场竞争力的核心，也是衡量企业（公司）是否拥有绝对竞争优势的关键因素。企业（公司）只有具备更强的技术创新能力，才能在激烈的市场竞争中立于不败之地。如果说资金是企业（公司）发展的载体，管理是企业（公司）发展的重要支撑，那么技术则是企业（公司）发展的核心与关键，是企业（公司）生存的根本。没有技术的企业（公司）很难在残酷的市场竞争中生存下来。对于上市公司而言，上市公司的持续发展也必须依托技术创新与技术进步，并通过技术增量的注入，使其在市场竞争中具有绝对优势。上市公司技术增量的注入可以通过以下几种方式实现：一是选择具有技术优势的公司，并允许其以技术增量入股持有上市公司的股份或者与上市公司并购重组，从而为上市公司的发展带来技术增量与技术支持；二是高薪聘请技术专家，为上市公司发展注入技术增量；三是通过实施股份期权激励等方式提高上市公司现有技术骨干工作的积极性，使其为上市公司技术创新与技术进步发挥更大的作用。无论是以何种方式注入技术增量，上市公司都应将提升技术水平作为公司经营发展的核心与关键，并尽可能多地开发出具有较高知识附加值与技术附加值的产品，形成多项具有自主知识产权的产品，从而使上市公司的技术始终处于行业领先的地位，从而为上市公司市场竞争力的提升创造条件。

二、通过上市公司主营业务的技术创新提高核心竞争力

在企业（公司）的劳动、资本、管理、技术等要素中，技术要素的作用越来越大。企业（公司）核心竞争力的提高越来越依赖技术创新。现代企业的竞争，归根结底是核心竞争力的竞争。企业（公司）的核心竞争力主要包含多个因素，即市场、管理、技术及各要素配置。其中，技术是企业（公司）核心竞争力的集中体现。上市公司想要提高核心竞争力，除了不断扩大市场规模和强化管理外，更重要的是不断提升其主营业务的技术创新能力，使其具备参与市场竞争的绝对竞争优势，进而为其市场地位的提高及核心竞争力的增强提供有力的支撑与支持。上市公司可以通过加大主营业务技术研发的投入或收购与上市公司主营业务相关联的技术公司等方式，使其主营业务的技术创新能力大幅提升。

1. 加大主营业务技术研发的投入

主营业务技术研发投入的多少，对上市公司主营业务技术创新能力的提升会产生重大影响。一般而言，上市公司更具有技术创新的持续能力，上市公司在主营业务技术研发方面投入的资金及精力等越多，上市公司主营业务技术研发能力相应越强，而上市公司在主营业务技术研发方面投入得越少，则上市公司的技术研发能力往往越弱。从某种程度上讲，上市公司对主营业务技术研发的投入，决定了其主营业务技术创新的能力。为此，上市公司想要不断提升主营业务技术创新的能力，首先应围绕主营业务加大研发的投入。上市公司加大主营业务技术研发的投入主要包括以下几个方面的内容：一是加大主营业务技术研发的资金投入，资金投入是技术创新的基础，上市公司加大主营业务技术研发的资金投入，一方面能为技术创新提供先进的设备或实验场地，使技术创新具备较高的起点；另一方面能为技术创新后的成果转换提供充足的资金，使技术创新得以尽快转化为成果并推向市场，实现效益的增长。二是加大主营业务技术研发的人力资本投入，技术骨干是技术创新的实施者，可以有效推动技术创新的发展并缩短技术转换为成果的周期；上市公司要尽可能招募行业内具有较强技术水平的技术骨干，以在技术人才方面具有绝对竞争优势，同时给予技术骨干在行业内具有绝对竞争优势的薪资，使薪酬对技术人员具有绝对吸引力，激励技术人员长期为公司技术创新服务。此外，为了强化技术创新的作用，并提高技术创新能力，许多上市公司都通过给予技术骨干股份期权激励等方式，使其利益与公司利益相捆绑，并约束其为上市公司的发展而不断努力。三是重视知识产权保护，把知识产权保护作为技术创新的关键与核心，积极推动上市公司

开发出具有自主知识产权的产品，并动用上市公司资源为技术部门提供发明专利申请等方面的协助，为技术研发工作铺平道路。

2. 以换股的方式收购与上市公司主营业务相关联的技术公司

加大主营业务技术研发的投入是上市公司提升技术创新能力的主要方式之一。虽然主营业务技术研发投入的增加能够有效推动技术创新进程，但是相对而言，只依靠内部力量推动技术创新及成果转化，其过程相对较慢，相应的技术创新能力增长与提升的速度也较慢。如何快速提升主营业务的技术创新能力，使上市公司快速占据市场，就成为上市公司在经营决策时重点要考虑与解决的问题之一。而并购与上市公司主营业务相关联的技术公司，能够使上市公司很好地利用这些目标企业的技术资源，并尽快获得来自目标企业的技术支撑，使上市公司主营业务的技术创新能力得以在短时间内快速提升，从而为上市公司核心竞争力的增强与提高提供了有效可行的途径。为此，大多数上市公司都会选择以并购的方式提升自身的技术创新能力。从目前上市公司并购的案例来看，采取换股的方式收购与上市公司主营业务相关联的技术公司是大多数上市公司采取的主要并购方式。之所以采取换股的方式收购与上市公司主营业务相关联的技术公司，一方面是考虑到上市公司股东通过控股技术公司，能更好地利用技术公司的平台提升上市公司的技术创新能力；另一方面与上市公司主营业务相关联的技术公司通过换股的方式，能够使技术公司的股东持有上市公司的股份，从而实现利益的共享与捆绑，使其在为上市公司提供技术支持的同时，分享上市公司股票增值的收益，从而达到上市公司与技术公司共赢的目的与效果。此外，以换股方式进行收购，更容易获得技术公司的认可，使并购成功的概率加大。

三、通过上市公司财务指标的改善来实现重新估值

企业（公司）的财务指标，反映了企业的盈利能力、偿债能力及价值增减等情况；尤其是上市公司的财务指标，不仅是上市公司经营情况的主要体现，更是投资者对上市公司进行业绩评价及价值估值的主要依据。为了不断提升盈利能力及核心竞争力，并使上市公司的估值进一步提高，上市公司在并购后要高度重视改善其财务指标，通过财务指标的改善实现上市公司的重新估值，为上市公司的良好运营及持续并购创造有利条件。上市公司财务指标的改善，主要集中在两类指标：一类为反映上市公司主营业务的盈利指标；另一类为反映上市公司流动性的指标。上市公司应从上述两类指标的构成着手，分析影响上述两类指标的因素，并通过经营策略

的调整及重新布局等方式使上述两类财务指标得以改善，从而实现上市公司的重新估值及价值增加。

1. 改善上市公司的盈利指标

一般而言，衡量上市公司盈利能力的财务指标主要包括每股收益、销售利润率、主营业务利润率、净资产收益率及总资产收益率①等。上市公司应重视这五类财务指标的构成及内涵，通过良好运营使这些财务指标得以改善，促进上市公司的盈利能力不断增强。一是改善每股收益指标。每股收益又称每股税后利润或每股盈利，是指公司税后利润与公司总股本的比率，其计算公式为：每股收益 = 税后利润/总股本。该指标是测定上市公司股票投资价值的重要指标之一，综合反映了上市公司的获利能力，该指标越大则说明上市公司的获利能力越强。上市公司应尽可能在总股本一定的情况下不断提升税后利润总额，使上市公司的每股收益不断增加。二是改善销售利润率指标。销售利润率是指公司税后利润与销售收入的百分比，其计算公式为：销售利润率 =（税后利润/销售收入）×100%。该指标表明单位销售收入获得的利润，是反映销售收入收益水平的主要指标。上市公司应不断增加销售收入，并在增加销售收入的同时提升经营管理的能力，使上市公司获得更多的净利润，以此提升上市公司的销售利润率指标。三是改善主营业务利润率指标。主营业务利润率是公司主营业务利润与主营业务收入的百分比，其计算公式为：主营业务利润率 =（主营业务利润/主营业务收入）×100%。该指标反映了公司主营业务的获利水平。上市公司在主营业务收入增长的情况下，应尽可能提高主营业务利润，从而以主营业务利润率的不断增加，提升其在行业内的竞争优势。四是改善净资产收益率指标。净资产收益率又称股东权益收益率，是公司税后利润与平均股东权益的百分比，其计算公式为：净资产收益率 =（税后利润/所有者权益）×100%，该指标反映了上市公司股东权益的收益水平，用以衡量公司运用自有资本的效率，也是上市公司配股的主要条件之一。根据相关法律法规的规定，在很长一段时间内，国内A股上市公司连续三年的净资产收益率平均达到10%（每年不低于6%）是取得配股资格的主要条件②。这就意味着，上市公司应不断提升净资产收益率，并使每年平均的净资产收益率达到10%以上。当然，这类财务指标正在不断降低。五是改善总资产收益率指标。总资产收益率是指公司税后利润与平均资产总额的百分比，其

---

① 陈旭：《影响上市公司盈利能力的财务指标分析》，《呼伦贝尔学院学报》，2012 年第 20 卷第 6 期。

② 储一昀：《上市公司盈利质量分析》，《会计研究》，2000 年第 9 期。

计算公式为：总资产收益率 =（税后利润/平均资产总额）×100%。该指标直接反映了公司的竞争实力和发展能力，也是决定公司是否应举债经营的重要依据。上市公司应在资产规模扩张的同时，尽可能多地提升净利润，使总资产收益率指标不断提升。

2. 改善上市公司的流动性指标

上市公司的流动性主要体现为上市公司资产的流动性。上市公司资产的流动性能很好地反映公司资产的变现能力，也反映了上市公司的财务灵活性和财务支付能力，它是通过上市公司的筹资活动、投资活动、经营活动以及再投资活动等来综合反映的，体现了上市公司的偿债能力等各方面的情况。衡量上市公司资产流动性的财务指标有很多，比如，反映上市公司偿债能力的流动比率、速动比率、资产负债率等指标；反映上市公司资产运用效率的应收账款周转率、存货周转率、流动资产周转率及总资产周转率等指标。上市公司应不断提高资产的流动性，以实现资产在流动中的保值增值，并有效控制公司运营的财务风险。以流动比率及总资产周转率两个财务指标为例，流动比率是考察上市公司短期偿债能力的重要依据，是由流动资产除以流动负债所得。一般而言，上市公司的流动资产越多，其偿付短期债务的能力越强，财务风险越小。上市公司在进行经营时，应增加流动资产数额，并减少流动负债数额，从而使流动比率增加，进而提升上市公司的短期偿债能力，降低公司的财务风险。而总资产周转率是考察上市公司资产运营效率的一项重要指标，体现了上市公司经营期间全部资产从投入到产出的流转速度①。总资产周转率越高，说明资产利用效率越高，资产的变现能力越强，资产的流动性越强。上市公司应调整资产结构，提升流动资产占比，并提高总资产周转速度，从而使公司资产的变现能力增强。此外，上市公司想要提升流动性指标，还可以采取先付款后发货的销售模式，尽可能增加资产变现的速度，保证充分的现金流，从而使上市公司抵御风险的能力进一步增强。

① 陈灵子：《上市公司财务指标与资产流动性的相关性研究》，《陕西科技大学学报》，2011 年第 6 期。

第四章
上市公司之间的相互并购

上市公司之间的相互并购，不仅能提高上市公司的竞争力，而且还能推动证券市场的成熟。为了提升证券市场的影响力，各大证券市场（包括证券交易所市场与证券场外交易市场）都鼓励上市公司之间的并购。与其他类型公司的并购相比，上市公司之间并购的特点集中体现在支付方式上，大都实行股份对价。除此以外，证券监管往往也侧重于上市公司之间的并购，防止其扰乱证券市场的行为发生，在上市公司之间的相互并购过程中必须严格遵守并购交易的法规和各项规章制度，根据证券主管部门及交易所关于上市公司并购的相关规定，合法合规操作，及时全面地披露各项信息；同时，并购交易一般会涉及小股东的利益，并购交易中如果忽略对小股东权益的保护，也可能导致诉讼，做好双方小股东利益保护的设计，给予小股东利益补偿的充分选择权，可以保证并购操作的顺利推进。

第一节　上市公司相互并购的不同模式

与其他国家或地区的企业（公司）整体上市或直接上市相比，国内企业（公司）上市在很长一段时间内采取剥离上市或母子体系内多家子孙公司分别上市的模式，从而导致国内 A 股证券市场许多上市公司之间并购的案例，是隶属同一集团（母公司）体系内的两家上市公司相互并购。当然，在实际操作中也形成了不同的模式。

一、隶属同一集团（母公司）的两家上市公司合并

合并是指将两个或者两个以上单独的企业（公司）合并形成一个新产权主体的

交易或事项[①]，合并的结果通常是一个企业（公司）取得了对一个或多个业务的控制权。根据中国《公司法》的规定，“公司合并可以采取吸收合并或者新设合并。一个公司吸收其他公司为吸收合并，被吸收的公司解散。两个以上公司合并设立一个新的公司为新设合并，合并各方解散[②]”。

1. 处于同一级次的两家上市公司合并

进行合并隶属于同一集团的两家上市公司，一般处于同一行业，出于税收筹划、集团管理、整合营销、培育品牌等目的，采取合并的方式实现资源的整合。通过合并，两家上市公司可以充分发挥协同作用，降低成本，消除同业竞争，扩大上市公司的规模，实现资源的整合和优化配置，提升核心竞争能力，推动产业升级。此外，还能减少上市公司间的关联交易带来不必要的披露风险，更便于集团单位对下级上市公司的管理，增强集团的综合竞争力。

两家上市公司隶属于同一集团，处于同一级次，吸收合并方通常以现金或股权为支付对价取得被合并方100%的控制权。目前换股吸收合并的方式最为常见，但是在吸收合并的过程中必须注意保护好中小股东的利益。吸收合并交易实施操作中，对被吸收合并方的社会公众股可以采取两种方式处理，一是被合并方先将所有社会公众股回购，回购后的社会公众股成为库存股，再进行换股吸收合并；或者合并方直接吸收合并被合并方，被合并方的社会公众股转换持有合并方的股票或者取得支付对价。在换股吸收合并中，上市公司需按照相关规定出具第三方支付的现金选择权，对不愿换股的股东给予现金补偿，同时要谨慎合理地确定合适的回购价格和转股比例。

例如，集团A下两家一级子公司B和C，分别经营饮料生产和销售，是同一产业链中的上下游关系。为了整合资源、降低成本、取消关联交易，便于集团的战略规划和管理，B对C实施吸收合并（见图4－1）。

2. 处于不同级次的两家上市公司合并

不同级次的两家上市公司进行合并，不仅能产生生产经营上的协同作用，还可以改变子、孙公司的级次关系，方便集团整合层级架构，进行战略规划和管理。例如集团A下有一级上市公司A1和二级上市公司A2，主营业务分别为服装生产和销售，两家上市公司合并为一家上市公司AA（见图4－2）。

---

① 《企业会计准则第20号——企业合并》财会［2006］18号。

② 《公司法》第九章［公司合并、分立、增资、减资］第一百七十二条、第一百七十三条。

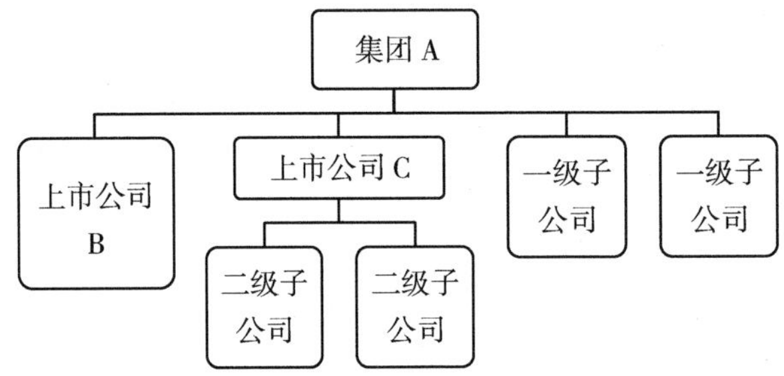

吸收合并后：

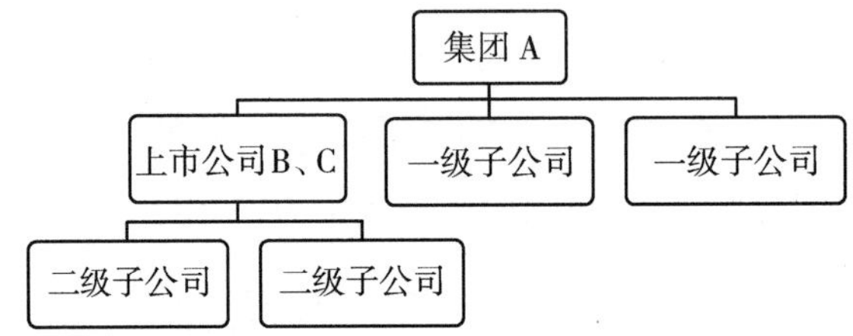

图 4－1　隶属同一集团的两家级次相同上市公司合并示意图

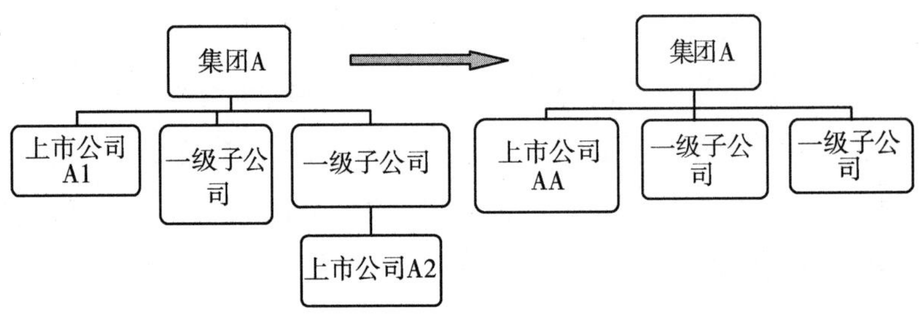

图 4－2　隶属同一集团的两家不同级次的上市公司合并示意图

二、隶属同一集团（母公司）的多家上市公司并购

并购包括兼并和收购，是其简略的合称。根据《上市公司收购管理办法》的定义，“上市公司收购是指收购人通过在证券交易所的股份转让活动持有一个上市公司的股份达到一定比例，通过证券交易所股份转让活动以外的其他合法方式控制一个上市公司的股份达到一定程度，导致其获得或者可能获得对该公司的实际控制权的行为①”，属于同一集团的多家上市公司并购实际上就是通过并购的产权交易达到整合资源、提升公司竞争力、多元化发展等特定目标。多家上市公司并购涉及的

① 《上市公司收购管理办法》，中国证券监督管理委员会令第 77 号，2012 年 2 月。

交易和公司较多，但从集团的角度看仍旧只是集团内部的交易行为，成功的并购整合会给并购多方和集团带来正面的并购效应。

同一集团下多家上市公司间的并购涉及的交易和级次比较复杂，集团为非上市公司，站在集团的战略角度是要通过多家上市公司之间的并购整合子孙公司的资源和层级架构关系，为集团整体上市做好准备，待条件成熟时，实现集团的整体上市。

1. 同一集团下不同级次的多家上市公司之间并购

不同级次的多家上市公司间实施收购，不仅能有效整合资源，还能简化集团的层级结构。被收购方的股东将其股权按照合理的价格出售，或者定向增发新股，收购方以股份或现金的支付方式为对价取得被收购方的控制权，从而实现收购。对不同级次的多家收购标的结束收购后，通过有效整合，简化多家收购标的的层级关系，有效整合资源。

例如，集团 A 下有一级上市公司 A1、二级上市公司 A2、三级上市公司 A3 和四级上市公司 A4 ，四家上市公司的主营业务分别为煤炭的开采、加工、运输和销售，现 A1 对其他三家上市公司进行收购，以有效整合资源降低成本，为集团的整体上市打下基础。具体的操作方式为 A1 认购 A2 增发的新股，持股比例达到 55% 的控制权；由于现金认购已经给 A1 带来了很大的资金压力，对 A3 实施收购时则可以通过 A2 再次发行股票筹集的资金来收购 A3，且新增的股份不会超过 A1 对 A3 的控制股权比例，即 A2 进行股权融资后收购 A3，从而使 A1 间接取得 A3 的控制权。对 A4 展开收购则可以用股权置换的方式，即以自身的股份为支付对价换取 A4 的控股股权，A4 的原股东转为持有 A1 的股份。在此操作基础上，再实行 A1 上市公司、A2 上市公司、A3 上市公司、A4 上市公司的吸收合并，合并成一家上市公司 A1234（见图 4－3）。

2. 不同主营业务的多家上市公司之间并购

同一集团下的多家上市公司虽然主营业务不关联，但实施收购行为可以达到集团整体上市或优化层级结构、方便管理规划的目的。这种情景下的收购，一般是采取购买被收购方所出售股权的方式。收购过程中，必须注意对小股东权益的保护和关联方交易的信息披露问题；收购完成后一段时间内，被收购方依旧保留其独立法人资格。这类收购的基本动因是从集团的战略角度出发，消除集团内的同业竞争，或者为后续的借壳上市、整体上市打下基础，先由一家实力较强的上市子公司收购其他多家上市公司，整合集团层级架构和资源。

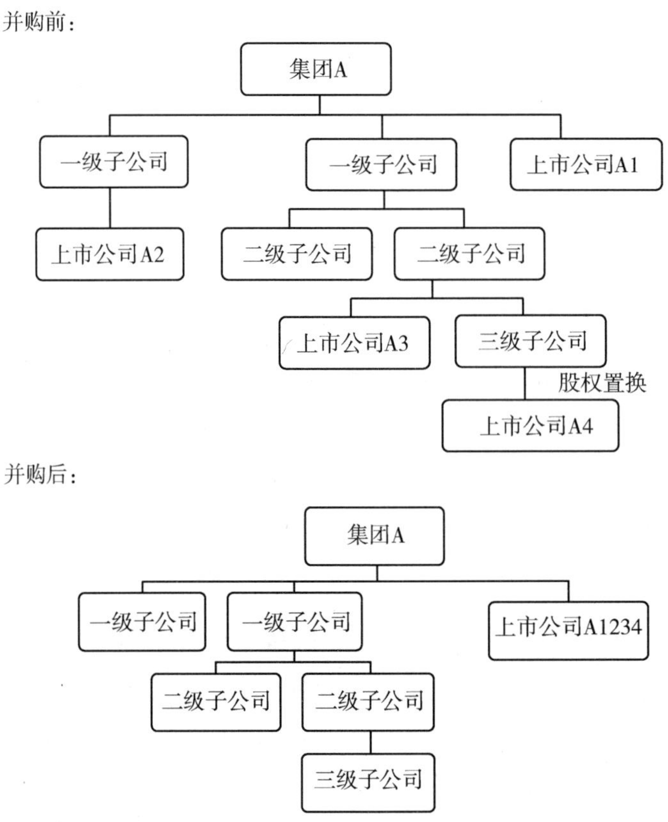

图4－3　隶属同一集团的两家不同级次的上市公司并购示意图

例如，集团A下有上市公司A1、A2、A3和A4，这四家上市公司的主营业务没有实质性的关联关系。上市公司A1相对而言有雄厚的资金实力和规模基础，前景发展较为广阔，通过上市公司A1与上市公司A2、A3、A4的吸收合并，合并为上市公司A1234，四家上市公司的吸收合并，可以一次，也可以两次甚至三次操作完成（见图4－4）。

3. 同一集团下几家上市公司的吸收合并

一家上市公司与其他两家上市公司吸收合并后，合并的主体公司取得被合并方100%的股权，被合并方消失，只剩合并的主体公司作为独立的法人，这种合并方式简单直接，待条件成熟时可以实现集团的整体上市。集团A下有三家拥有优质资产的上市公司A1、A2、A3，A1相对于其他上市公司而言实力更为雄厚可以把上市公司A1作为吸收合并的主体公司，A2、A3作为吸收合并的目标企业。三家上市公司先停牌交易，A1与其他两家上市公司吸收合并，A2、A3用自己的股份按一定换股比例置换为A1公司的股份，换股后A2、A3的原股东转为A123的股东，A2、

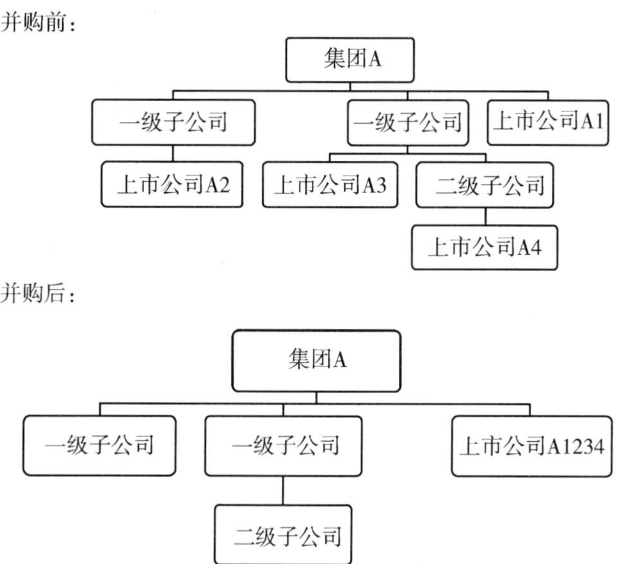

图 4－4 隶属同一集团的四家业务不同的多家上市公司并购示意图

A3 注销工商注册登记并退市。在换股协议的过程中，要特别重视对小股东利益的保护，给予其充分的换股选择权和一定的现金补偿等（见图 4－5）。

吸收合并前：

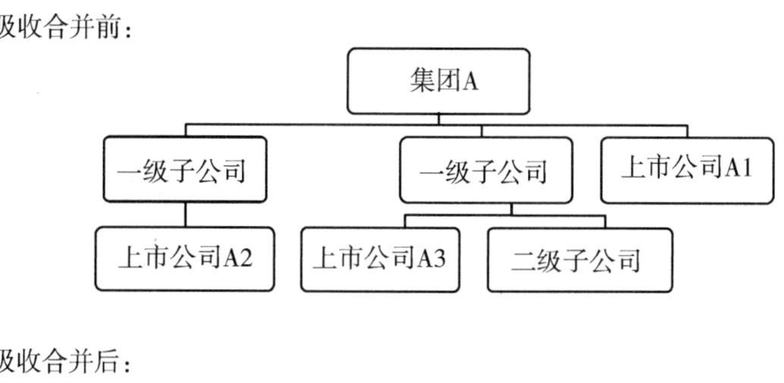

吸收合并后：

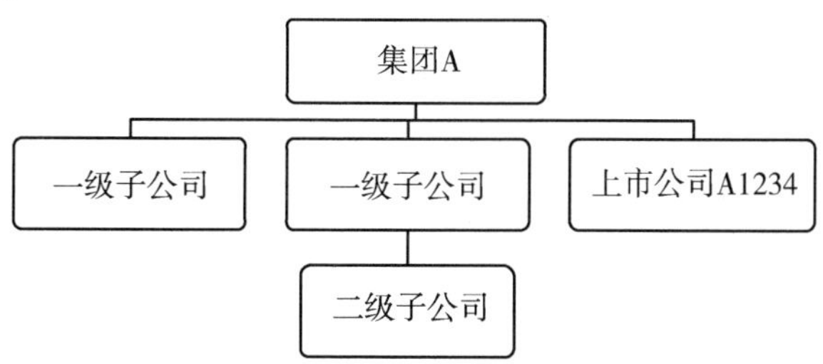

图 4－5 同一集团下几家上市公司吸收合并示意图

三、作为上市公司的集团对子孙级次上市公司的并购

作为上市公司的集团对子孙级次上市公司实施并购，是为了满足证券市场消除

同业竞争、减少关联交易的要求或为了达到整合资源实现产业升级的目标。这种情形下的并购，通常是采用吸收合并目标企业的方式，根据吸收合并主体方的不同，可以分为两类。

1. 集团作为吸收合并的主体

如果上市的集团公司拥有较为优质的资产和雄厚的实力，主营业务竞争能力强，产业升级的前景广阔，则会把集团公司作为吸收合并的主体实施合并。通过对子孙级次上市公司的吸收合并消除同业竞争、减少关联交易、实现产业升级，同时在吸收合并的过程中有利于有效整合集团的层级关系和集团资源，发挥协同作用，吸收合并后子孙级次上市公司退市，便于集团公司吸收合并后的再融资、稳定股价等。

以集团作为吸收合并的主体公司，都涉及小股东利益的保护及利益补偿问题，在对小股东利益补偿方案设计上，要兼顾集团公司的小股东、子孙级次上市公司小股东利益的公平。除此以外，在每家上市公司小股东的换股价格和换股比例上，保障小股东的信息知情权、资产处置权和换股选择权等，对于不愿意换股的股东要制定合理的现金支付方案和补偿方案，不损害小股东的权益（见图4－6）。

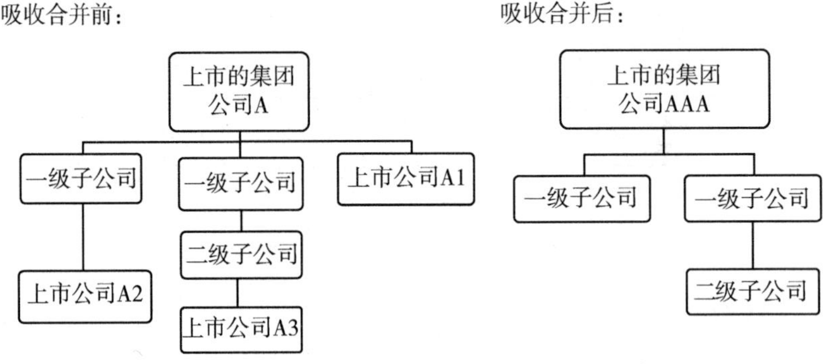

图4－6 集团作为吸收合并主体的并购示意图

2. 子公司级次的上市公司作为吸收合并的主体

根据子孙级次上市公司和作为上市公司的集团公司的经营情况、财务状况、发展前景和股权结构进行比较，如果子孙级次的上市公司相对于集团公司更有优势，对资本市场和资本运作更有经验，可以从子孙级次的上市公司选择一家作为吸收合并的主体公司，对作为上市公司的集团公司与另一家子孙级次上市公司进行吸收合并。以图4－7中的上市公司B作为吸收合并主体公司为例，那么，上市的集团公司A、上市公司C就成为吸收合并的目标企业，吸收合并后，集团的资产、上市公司 C 的资产及各自主营业务划入作为合并主体的上市公司 B，合并成新上市公司 BAC（见图4－7）。

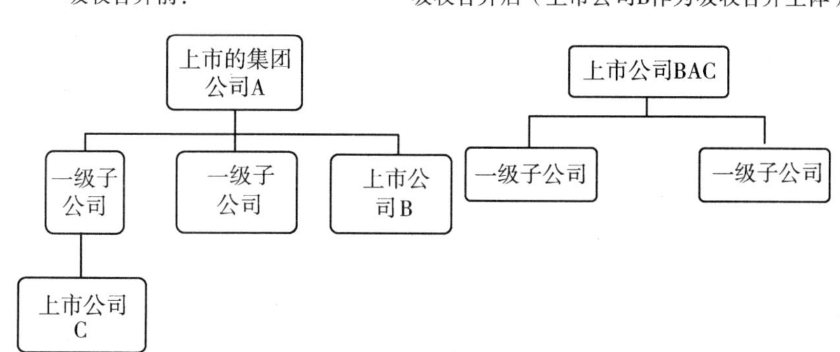

图4－7　子公司级次的上市公司作为吸收合并主体的并购示意图

四、涉及重新上市的母子公司间的吸收合并

所谓重新上市，是指集团的母子体系内已经有子公司上市，而且上市的子公司与集团公司的主营业务相同，随着集团资产规模的扩大，要实现集团的上市即相同业务的重新上市。由于母子公司的主营业务相同，集团把相同业务重新上市，会导致严重的关联交易，因此，可以通过母子公司间的吸收合并，完成母公司主管业务重新上市、子公司级次上市公司的退市。

1. 母公司先吸收合并子公司再上市

如果子公司已经是上市公司，考虑到母子公司股权复杂、子公司资本运作能力不强、在整个集团主营业务中比例较低等阻碍，那么作为母公司的集团公司可以采取把主营业务重新上市的方式，实现与资本市场对接。集团公司为了避免违反拟上市过程中与子公司存在重大关联交易、同业竞争等相关规定，可以先对子公司吸收合并，再申请上市。

集团公司对作为上市公司的子公司吸收合并，涉及子公司级次上市公司的退市及换股，可以根据后续的合并交易方式、股市和股价变动情况、财务状况和股权结构等，确定换股价格及比例。如果子公司级次上市公司的现金较为充裕，股票市场价格较低，可以选择回购全部流通股的方式实现私有化进而退市；如果子公司级次上市公司回购全部流通股存在困难，可以进行换股操作，子公司的社会公众流通股股东转为持有母公司的股份。在换股的过程中，需要保护社会公众股的权益，制定合理的价格和可选择的补偿方案。

以最常见的换股吸收合并为例，作为上市公司A1申请停牌交易，按照证监会和交易所的相关规定要求进行操作，集团作为吸收合并主体，上市公司A1作为吸收合并的目标企业，在集团与上市公司A1吸收合并完成后，上市公司A1退市，集团重新申请上市（见图4-8）。

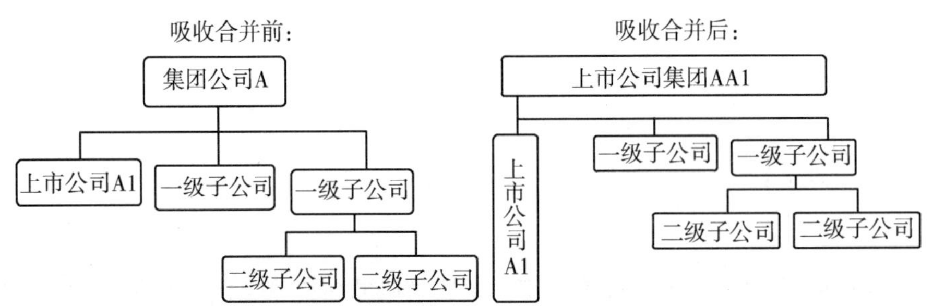

图4-8 集团先吸收合并子公司再上市的示意图

2. 母公司实现上市后再吸收合并子公司

如果母公司与子公司不存在同业竞争、有失公允的关联交易等阻碍母公司申请上市的情况，非上市的集团无法依托作为上市公司的子公司完成上市，集团公司可以先申请上市，在上市后择机再对子公司吸收合并。吸收合并这项交易本身还能成为刺激集团公司股价上升和价值重估的利好消息，对集团公司上市后的发展更为有利。

在这种方式下，作为非上市公司的集团公司先公开发行新股上市，上市后再对作为上市公司的子公司进行吸收合并。进行吸收合并时，根据不同的股权结构和社会公众股股东的要求，既可以换股吸收合并，也可以利用在上市过程中筹集到的大量资金在吸收合并中实行现金对价。吸收合并后，集团公司可以集中优势资源、优质资产和有竞争力的主营业务，提升自身在资本市场中的地位和竞争力；原子公司的社会公众股股东和中小股东换股持有集团公司的股份。

例如，集团A为非上市公司，公司下有一家控股比例达56%的上市公司A1，集团按IPO的模式先上市，在上市以后再对上市公司A1实行吸收合并。集团A实现上市以后再吸收合并作为子公司的上市公司A1，可以完全按两家上市公司吸收合并的程序进行操作（见图4-9）。

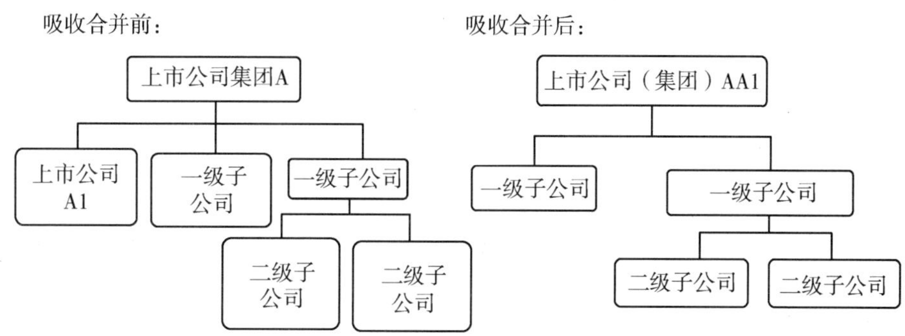

图4-9　集团先上市再吸收合并子公司示意图

第二节　上市公司相互并购的方案设计

上市公司之间相互并购，对证券市场影响较大；如果是两家大标的上市公司之间相互并购，甚至会给证券市场带来冲击性影响。并购方案设计要综合考虑各种影响因素，力求方案能够顺利实施，在方案设计及实施过程中，要严格遵守证券市场信息保密的相关要求与信息公开透明的规定。具体而言，方案设计可从以下几个方面着手。

一、根据并购双方经营的主营业务设计并购方案

上市公司之间进行并购交易，各自的主营业务情况在并购交易中是很重要的影响因素；不管是属于同一集团的子孙上市公司间的并购，还是同为上市公司的母公司和子孙级次公司间的并购，主营业务成为优先的考虑因素。

1. 隶属于同一集团的上市公司之间的并购及其主营业务整合

如果集团为非上市公司，其下有多家上市的子孙公司，子孙公司之间并购交易的动机主要分为两类。一类是按照证券主管部门及证券交易所等对上市公司的监管规定进行并购，以减少子孙公司之间的关联交易、消除同业竞争；同时能够整合资源，发挥协同作用，降低运营和管理成本，将大量优质资产注入实力较强的上市子公司，实现进一步的产业升级，方便后续的集团借壳上市，这类的子孙公司经营的主营业务一般是相似或者处于上下游的关系。另一类是进行并购的上市公司之间的主营业务关联性不大，只是为了实现集团的战略规划，梳理层级关系和股权结构，或者要注入优质资产，为后续的集团上市打下基础。

隶属同一集团的上市公司之间进行并购，也要确定并购的主体公司与目标企业。如果进行并购的上市公司之间主营业务有很大的关联性，在设计并购方案时以吸收合并的方式作为首选。吸收合并不仅能够消除同体系内的竞争和关联交易，还能有效直接地优化配置各项资源，实现产业的整合与升级。最常见的是进行换股吸收合并，对于不愿意换股的小股东给予现金补偿；换股后，目标企业的原有股东转换为主体公司的股东，减少并购的现金流支出。

如果是基于集团的战略规划，合并主体的主营业务一般是具有发展前景的产业，实力较强，与被并购的目标企业主营业务关联性不大；但目标企业的主营业务可能会与集团存在同业竞争、关联交易，或者股权关系复杂等阻碍集团的后续整体上市，为了消除这些障碍，主营业务发展强劲的主体公司会把集团属下其他上市公司作为并购的目标企业，收购股权，达到相对控股或绝对控股，方便集团后续的借壳上市。除此以外，目标企业的主营业务虽然与并购的主体公司没有较大的关联性，但拥有优质资产，收购方案设计可以考虑进行资产收购，使集团的资源发挥最大的效用，提升主体公司的竞争力。

在并购方案设计中，还要考虑并购后双方主营业务整合的难易程度和融合度，不同的并购模式下有不同的整合力度；如果难以整合融合，则尽可能不选择吸收合并的模式。

2. 上市的母公司与子孙公司间的并购及其主营业务整合

集团和子孙级次的公司同为上市公司，各自的主营业务经营情况往往影响着并购交易的具体操作方式。

集团和子孙级次上市公司的主营业务类似或处于上下游的关系，会发生重要的关联交易或同业竞争，按照上市公司监管的相关规定，必须消除同业竞争和有失公允的关联交易。这种情形下的并购，集团不一定是并购主体公司，考虑以有利于提升主营业务竞争力的要求确定并购主体公司，其主营业务竞争力强、市场占有率高、资金实力雄厚的一方更适合成为并购主体公司，以换股吸收合并的方式最佳。通过并购整合，实现产业的优化升级，进一步增强上市公司在资本市场中的融资能力。

集团和子孙级次上市公司的主营业务不同，集团并购子孙级次上市公司的最主要动机可能是优化层级结构和股权关系，加强对子孙级次上市公司的控制；在多元化战略的动机下，并购子孙级次上市公司为战略调整或转型创造条件。这种情形下，只并购有利于集团业务发展的部分资产或业务是最佳的选择；如果想要取得子孙层次上市公司的业务牌照以方便集团企业转型到这些新领域，可以选择换股吸收合并的方式。

二、上市公司间并购支付方式的方案设计

并购支付是并购交易中特别关键的一环，支付方式的选择要考虑到主体公司的财务状况、融资方式、并购价格、税收筹划和股权结构等多方面的因素，并且是在并购双方不断协商后对双方都合适的有利结果。常见的支付方式基本分为四类：现金支付、股权支付、资产支付和混合支付。

1. 现金支付

现金支付即并购的主体公司向被并购的目标企业一方支付现金作为对价，以目标企业被评估的净资产额为依据，讨价还价达成交易价格，直接支付现金给目标企业或目标企业的股东，取得相应的资产或股权。现金支付方式简单便捷，不会改变主体公司的股权结构，特别适用于现金流充足或股权结构合理的主体公司，同时能给资本市场传递出公司发展前景良好、资金充沛的有利信号；现金支付方式比较灵活，可以使用现金购买资产，也可以用现金购买目标企业的股权包括库存股、定向增发的股票等。但是，用现金支付可能会给上市公司带来较大的现金流支出，拖累上市公司的运营。

当并购的主体公司有充足的现金流和较低的资本成本，能够承担目标企业评估后净资产的支付对价时，可以选用现金支付的方式；当主体公司的股权结构复杂、不宜采用股份支付方式时，现金支付也是最佳的选择；此时如果并购的主体公司没有足量的现金流，可以先发行股份筹资融资，或者引入产业资本、并购基金等。

2. 股权支付

股份支付的方式在大标的的并购中比较普遍，包括以股份换取目标企业的资产和股权。以股份换资产的方式是指并购的主体公司向被并购方增发股票，由被并购方以部分资产或业务认购。以股份支付换得对方股权的方式主要包括增资换股、使用库存股换股和股票回购后再换股。增资换股是指并购主体的主体公司向被并购方定向增发股票，对方以自身的股份购买，从而实现换股，这种方式会改变并购主体公司的股权结构，稀释原有股东的持股比例，并购操作中要注意保护好小股东的利益。使用库存股换股是在并购主体的主体公司有以前发行的股份回购后变成库存股的情况下常常采用的换股方式，这种方式不会改变并购主体的总股本，也不会稀释原有股东的持股比例。股票回购后换股是指并购方先行回购部分自身的股票，再按照一定的比例换取被并购方的股份，虽然这种方式不会改变并购主体的总股本和原有股东的持股比例，但是回购股份需要给原有股东或社会公众股股东支付现金，同

时要确定合理的回购价格，需要并购主体公司有充足的现金流和资本运营经验。

股权支付的方式越来越多地被并购市场接受，特别适用于现金流紧张、资产负债率较高的上市公司，避免了大量现金流的流出，降低了后市运营和整合的财务风险，还可以起到合理避税的效应；同时股权支付换取被并购方的股份后，使并购双方均持有对方股份，可以加强双方的密切合作关系。但是股权支付的谈判难度大，并购周期较长，换股比例和增发价格的确定比较费时。

3. 资产置换

资产支付是指并购主体公司以其资产为支付对价换得目标企业的相应标的股份，这种支付方式往往意味着用于支付的资产是优质的或特殊的。资产支付可以避免现金流的流出，降低并购主体的财务压力，交易流程相对简单，特别是有利于并购后的整合。当并购主体公司并购目标企业的部分股权时，先以资产支付，进行二次并购时，再选择其他支付方式。大多并购案例，通常采取资产搭配现金的支付。

4. 混合支付

混合支付也是并购市场中最常见的支付方式，表现为股份 + 现金、资产 + 现金的组合。混合支付有很强的灵活性，可以根据并购的动机、财务状况、股权结构和融资能力等以最有利的方式进行选择。例如目标企业的价值较高，采用现金支付，金额较大，风险较高，而采用股份支付又受到目标企业部分股东的反对，并购主体采用增发股票的方式换得目标企业股东的股份时，可以对不愿意选择股份支付的股东采用现金支付的方式，两者相结合能同时满足不同股东的要求，有利于并购交易的顺利进行。

在设计混合支付的支付方式时，要特别注意混合支付的各支付方式的比重，坚持成本效益原则，确定合理的股份支付比例或资产支付比例和现金金额，与目标企业协商选定最有利于双方的支付方案。

三、根据上市公司相互并购对关联交易大小的影响设计并购方案

隶属同一集团的上市公司之间并购或母子公司之间的并购都属于关联交易，根据《企业会计准则第 36 号——关联方披露》① 中的相关定义，关联交易即关联方交易，是指“关联方之间转移资源、劳务或义务的行为，而不论是否收取价款”；关联方是指“一方控制、共同控制另一方或对另一方施加重大影响，以及两方或两

① 《企业会计准则第 36 号——关联方披露》，财政部，财会［2006］3 号。

方以上受同一方控制、共同控制或重大影响的，构成关联方”；关联方之间为了减少关联交易、改善财务状况等进行并购交易，关联交易的金额、范围、频率和相关税收政策、会计处理等都会影响到并购方案的设计。并购模式和支付方式等方案的选择要考虑并购双方关联交易大小，优先选择能减少关联交易的并购方案。

1. 进行并购的关联方之间关联交易重大

如果并购双方在并购前的关联交易是重大的，则并购交易最好的模式是吸收合并。关联方之间关联交易重大一般是由于关联方处于同一产业中而形成了上下游的关系，子公司 A 绝大部分产品销售给子公司 B，日常涉及的关联交易过大，则 B 公司通常会选择吸收合并的模式对 A 公司达到完全控股，可以消除关联交易和同业竞争，整合资源优化产业结构。被并购的目标企业可以选择出售股权或回购流通股实现退市，由并购方对其吸收合并，换股或以资产、现金等支付方式均可。上市的集团公司与子孙级次的上市公司间关联交易重大，选择吸收合并时按照双方的经营状况、主营业务的发展前景和股权结构等确定并购的主体公司，有利于上市公司形成一体化的经营，提升综合竞争力。

2. 进行并购的关联方之间无重大关联交易

关联方之间无重大关联交易，一般是由于关联方的主营业务不同或业务不大关联，并购方案设计可以有更多的选择性。

由于关联交易的披露要求更为严格，关联交易会导致上市公司受到监管部门更严格审查督查的困扰。如果并购主体公司与目标企业间的关联交易是由于某项资产引起，比如双方之间有固定资产出售或租赁业务，则在进行并购时可以选择资产并购的模式，只是就该项资产取得所有权。例如上市公司 A 和 B 隶属于同一集团，B 将某条生产线租赁给 A，为了减少此项关联交易，A 公司对 B 公司就这部分资产实施资产并购；双方的并购交易也属于关联交易，双方协定按照市场公允价值作为交易支付价格。A 公司有一些闲置资产或一些低效率资产，而 B 公司使用这些资产可产生更大效益，则可以采取资产置换作为支付对价，既能优化资产结构又能起到合理避税的作用。

第三节　上市公司相互并购的合规操作

并购是一个复杂的产权交易过程，不仅需要有健全的市场机制为基础，还要有规范的法律法规予以保障。《公司法》《证券法》《上市公司重大资产重组管理办法》《上市公司收购管理办法》《上市公司非公开发行股票实施细则》《企业会计准则》等相关法律法规，证券主管部门及证券交易所的相关条例规定都对并购的操作进行了规定，对上市公司在并购过程中出现的法律和财务问题作了规范和指引。因此，上市公司的并购交易必须合法合规操作，遵循基本准则，做好信息披露，从而保证并购的顺利进行。

一、严格按照法律法规的相关规定进行并购操作

虽然没有专门针对上市公司并购的整套完善法律法规，但在诸多法律、行政法规中已做了详细的规定，上市公司并购必须严格按照相关规定进行操作，按相关要求合规操作与合法推进。

1. 上市公司并购涉及的相关法律

涉及上市公司并购的相关法律包括《公司法》《证券法》《反垄断法》等，这些法律由全国人大或其常委会制定通过，有关上市公司并购的规定分散在这些法律条文中，是上市公司并购的法律基础。

《证券法》[①] 第二章“证券发行”对上市公司发行股票等做了详细的规定，比如上市公司如果在并购交易中通过增发新股进行融资，就要参照相关规定向国务院证券监督管理机构报送募股申请和规定的所有文件，并及时做好信息公开披露等；《证券法》第四章“上市公司的收购”专门针对上市公司的收购交易做了更加详尽的规范指引，例如“投资者可以采取要约收购、协议收购及其他合法方式收购上市公司”，规定了上市公司收购的合法方式，目前我国上市公司的收购大多采用协议收购的方式，并购双方应该遵照相关规定，“在协议达成后的三日内向国务院证券监督管理机构及证券交易所作出书面报告，并予公告”（第四章第九十四条）。上市公司收购完成后，还必须严格遵守股票转让的相关规定，收购方在收购交易中持有的被收购方的股票十二个月内不能转让。

《公司法》[②] 第九章“公司合并、分立、增资、减资”中对吸收合并做了基本释义以及合并后债权债务的承担问题。上市公司吸收合并的基本规则要以《公司法》的规定为准。

《反垄断法》[③] 第四章“经营者集中”明确指出经营者集中的情形，上市公司

---

① 《中华人民共和国证券法》，全国人民代表大会常务委员会，主席令 10 届第 43 号。

② 《中华人民共和国公司法》，全国人民代表大会常务委员会，2014 年 2 月。

③ 《中华人民共和国反垄断法》，全国人民代表大会常务委员会，主席令 10 届第 68 号。

的并购达到控制权尤其是合并是属于经营者集中的行为，就必须注意《反垄断法》的相关规定，严防在并购中形成垄断。

2. 上市公司并购涉及的相关行政法规

《公司法》《证券法》等在层级上属于国家法律，是最基本的法律规范。为了保证法律效应与操作效应，往往与法律配套较为详细的准则或规章来强化和指引。由于上市公司遵守执行法律的示范效应强，往往会由证券监管部门出台专门条例。

《上市公司监管条例》第六章“发行证券、收购、重大资产重组、合并及分立”中第五十九条明确规定“进行上市公司收购，收购人或者其实际控制人应当具有相应的经济实力和良好的诚信记录。收购人不得以任何形式从被收购公司获得财务资助，不得利用收购活动损害被收购公司及其股东的合法权益”，还详列了上市公司在某些情形下不得进行收购行为；第六十条明确规定“上市公司进行重大资产重组，应当按照中国证监会的规定及时履行报告、公告义务，并报中国证监会核准”，对重大资产重组做了基本的规范；对上市公司通过非公开发行股份收购目标企业的资产、上市公司进行合并以及信息披露等都做了明确的硬性规定，强化了监管手段，完善了监管体系，上市公司在收购时必须严格遵守，合法合规操作。

二、遵守证券监管部门及证券交易所关于上市公司并购的相关规定

包括《公司法》《证券法》等在内的国家法律，是对所有公司运营、股权交易等作出规定。为了对上市公司遵守执行法律及具体事务进行监督与指导，证券监管部门会出台部门规章制度、证券交易所通过自律规则进行详细明确的规范，将各项规定进一步具体化，同时补充法律的不足，完善整个法律体系。

1. 证券监管部门关于并购的相关规定

证券监管部门的相关规定属于部门规章，能更具体地规范上市公司在并购中的行为。《上市公司收购管理办法》[①] 对上市公司的收购行为、信息披露、要约收购、协议收购、间接收购、法律责任等都做了详尽的规范，例如上市公司进行并购，必须向证监会提交法人实体证照、并购后公司发展计划可行性的说明、主营业务和关联方的说明等相关文件；在并购过程中的过渡期内，并购的主体公司不得有重大资产购买、出售等行为，以及到证券交易所和证券登记结算机构办理股份转让和过户

① 《上市公司收购管理办法》，中国证券监督管理委员会令第77号，2012年2月。

登记手续等细节问题。

《上市公司重大资产重组管理办法》① 则详细规范了上市公司重大资产重组行为，为保护好上市公司和投资者的合法权益做了明确的规定。根据该管理办法，上市公司在并购交易中，如果符合条件之一："购买、出售的资产总额占上市公司最近一个会计年度经审计的合并财务会计报告期末资产总额的比例达到50%以上，购买、出售的资产在最近一个会计年度所产生的营业收入占上市公司同期经审计的合并财务会计报告营业收入的比例达到50%以上，购买、出售的资产净额占上市公司最近一个会计年度经审计的合并财务会计报告期末净资产额的比例达到50%以上，且超过5000万元人民币"，那么就构成了重大资产重组，就必须严格遵照该管理办法的规定进行合规操作。该管理办法对上市公司重大资产重组需要遵循的原则、重大资产重组的程序、需要递交的相关文件和流程、会计处理、信息管理以及发行股份购买资产都做了特别详细的规定，例如必须通过董事会和股东大会的表决，股东大会对重大资产重组的决议必须有2/3以上股东通过，决议内容必须包括交易标的和方式、定价方式等；上市公司进行资产并购达到重大资产重组的，必须提供拟购买资产的盈利预测报告，并做详细分析等。

对于上市公司并购过程中发行股份的行为也有相关法规有明确的规定，《上市公司证券发行管理办法》对上市公司发行证券做了最基本的规范，《上市公司非公开发行股票实施细则》② 则根据《管理办法》的基本精神对非公开发行股票做了更具体的规定，在上市公司以向目标公司的原股东定向增发新股作为支付对价的情况下，要特别注意《管理办法》和《实施细则》的相关规定。比如目标企业原股东认购的股份要按照规定在发行结束之日起36个月内不得转让，非公开发行股票的决议要经过董事会和股东大会的通过，以及其他关于申请发行、定价等相关细则。

2. 证券交易所关于并购的相关规则

为了规范证券市场的交易秩序，保护投资者和上市公司的利益，证券交易所也会根据国家法律法规和部门规章制度出台一些规则，上市公司在并购及操作，无论是并购的产权定价，还是并购流程，往往都涉及相关规定，须严格遵守。

上市公司并购重组往往会涉及特定股份的转让，为了规范这些流通股股份协议转让的行为，深圳证券交易所、上海证券交易所和中国证券登记结算公司联合发布

① 《上市公司重大资产重组管理办法》，证监会令第73号，2011年8月。

② 《上市公司非公开发行股票实施细则》，证监会令第73号，2011年8月。

了《上市公司流通股协议转让业务办理暂行的规则》[1]，按照该规定，上市公司在并购中发生的股份转让必须在证券交易所进行，"由上海证券交易所、深圳证券交易所和中国证券登记结算有限责任公司集中统一办理"，并向证券交易所和结算公司等相关部门提交规定的所有文件。

三、严格按照信息披露要求进行并购的信息披露

信息披露原则是并购的三大原则之一，贯穿上市公司并购的全过程，只有及时向公众披露准确、真实、完整的相关信息，才能切实保护广大股东和投资者的利益，才能保证证券市场的秩序和并购交易的规范运行。"真实、准确、及时、完整"是各国证券监管对信息披露内容的要求标准，上市公司并购的主体公司必须及时向市场披露真实、客观、可靠的信息。我国也对上市公司并购交易的信息披露制度做了明确的规定。

1. 上市公司应依法披露并购的相关信息

针对上市公司信息披露进行了严格的制度规定，包括信息披露的内容事项、报送的文件材料、进行披露的媒体、信息披露的义务人等都作了详细的规定。《上市公司信息披露管理办法》[2] 中对信息披露的媒体和报送的材料做了硬性规定，"上市公司及其他信息披露义务人依法披露信息，应当将公告文稿和相关备查文件报送证券交易所登记，并在中国证券监督管理委员会（以下简称中国证监会）指定的媒体发布。信息披露义务人在公司网站及其他媒体发布信息的时间不得先于指定媒体，不得以新闻发布或者答记者问等任何形式代替应当履行的报告、公告义务，不得以定期报告形式代替应当履行的临时报告义务"。同时对披露义务人的行为做了明确的法律规范，"发行人、上市公司的董事、监事、高级管理人员应当忠实、勤勉地履行职责，保证披露信息的真实、准确、完整、及时、公平"；针对上市公司间的并购交易，《上市公司收购管理办法》[3] 也对相关责任人的义务进行了明确规定，"上市公司的收购及相关股份权益变动活动中的信息披露义务人，应当充分披露其在上市公司中的权益及变动情况，依法严格履行报告、公告和其他法定义务。在相关信息披露前，负有保密义务"，并且"在内幕信息依法披露前，任何知情人不得公开或者泄露该信息，不得利用该信息进行内幕交易"。

---

① 《上市公司流通股协议转让业务办理暂行的规则》，证券交易所，2006 年 8 月。
② 《上市公司信息披露管理办法》，中国证券监督管理委员会令第 40 号，2007 年 1 月。
③ 《上市公司收购管理办法》，证监会令第 77 号，2012 年 2 月。

2. 严格按照披露要求及时公开披露并购的信息

及时公开是信息披露非常关键的原则，信息及时公开披露直接关系到证券市场的健康发展，信息的及时公开披露还关系到价值的流动和交易的公平。特别是并购交易本身在证券市场中就传递了一种产权交易信息，信息如果公布不及时不公开，很容易引起信息不对称下的内幕交易、非公允交易、套利等非法行为，扰乱证券市场的秩序和公平交易。

在相关披露规定中，对于增持（也视为并购）上市公司股份，设定了定量点的披露信息要求，5%是一个披露的关键点，投资者持股比例达到上市公司股份的5%时，要编制权益变动报告书，同时向中国证监会、证券交易所等递交书面报告，并及时予以公告；每变动5%或超过5%时，都要及时履行向相关部门报告和向公众公告的义务。另外，还规定了持股比例每达到一个范围时需要披露的详细内容。我国上市公司间的并购多为协议收购行为，上市公司间以协议方式收购的股份超过30%时，收购主体公司要及时编制上市公司收购报告书，向相关部门递交法定文件后要及时公告收购报告书的摘要内容。

需要注意的是，“上市公司的收购及相关股份权益变动活动中的信息披露义务人依法披露前，相关信息已在媒体上传播或者公司股票交易出现异常的，上市公司应当立即向当事人进行查询，当事人应当及时予以书面答复，上市公司应当及时作出公告”，言外之意就是，在上市公司对收购的相关信息还没有披露前就出现了股价的波动，需要上市公司及时作出公告说明，以防内幕交易，扰乱证券市场的秩序。信息的及时和公开披露特别重要，“应当在至少一家中国证监会指定媒体上依法披露信息，在其他媒体上进行披露的，披露内容应当一致，披露时间不得早于指定媒体的披露时间”。

3. 严格按照披露要求真实完整披露并购的信息

根据《上市公司信息披露管理办法》的规定，“信息披露义务人报告、公告的信息必须真实、准确、完整，不得有虚假记载、误导性陈述或者重大遗漏”。上市公司并购的信息，在向公众披露时必须是真实完整的，以便投资者对并购交易行为作出正确的判断和预期。

进行信息披露时，上市公司必须对信息的真实完整作出承诺保证，如果信息不完整或者不真实，要依法追究披露义务人的责任。并购信息披露要严格按照证监会和证券交易所等相关部门的规章制度，真实完整地披露并购价格、换股比例、股份增持情况、并购主体公司的股权结构和控股股东、目标企业有无担保情况、关联交易等事项。上市公司股权出让时，不仅要对并购主体公司进行详尽调查，还要出具权益变动报告书并披露有关的调查情况；如果上市公司作为并购主体公司并购其他上市公司或非上市公司，要及时披露其相关负债、担保等可能损害公司利益的情形。

信息披露制度是上市公司并购中的监管重点，是市场有序运行、广大投资者利益保护的手段之一，及时公开披露才能减少内幕交易、增加市场透明度、减少信息不对称下的投机行为等，保证信息的真实完整才能确保每位投资者的知情权，作出正确的投资判断。上市公司涉及并购，必须要学习相关法律法规，严格按照证券市场的规则及时全面公开真实、披露完整可靠的并购信息。

第四节　上市公司相互并购的小股东利益保护

同股同权同利原则是保护股东利益的基本原则之一，控股股东或实际控制人在董事会和股东大会中的优势地位，握有比较绝对的话语权，通常会为了牟取自身私利从而损害小股东的利益。因此为了保证证券市场的有序运行、规范并购交易，相关部门特别重视并购中小股东利益的保护，不断加强完善对小股东利益保护的法规和监管机制。上市公司在并购中要重视对小股东的利益保护，维护好小股东利益。

一、上市公司并购中应坚持充分保护小股东利益的原则

由于上市公司控股股东和小股东在股权比例、并购决策权、资本力量和并购信息中存在着严重的不对称，控股股东往往会在并购交易中忽略小股东的利益，为此，相关法律法规明确规定上市公司要维护中小股东的利益，加大政府监管力度，完善信息披露制度。上市公司应在并购交易中要按照相关法规规定，坚持充分保护小股东利益的原则。

1. 上市公司相互并购中对小股东利益的损害

上市公司的大股东在并购交易的过程中有绝对的话语权，小股东无法对并购交易实施有效监督和投票决策，大股东通常只顾自身的利益，比如通过并购中的关联交易将上市公司“掏空”，利用信息的不对称进行内幕交易，并购后无法兑现业绩和分红承诺等，这些都严重侵害了小股东的利益。

《上市公司收购办法》中明确规定了投资者和一致行动人对上市公司的并购股

份比例达到一定比例时，必须强制进行要约收购，要约收购本身就赋予了小股东自行选择的权利，有比较充分的参与权和自主选择权，根据股价波动情况和对公司发展前景的预期，既可以接受要约将股份转让出售给并购主体公司，也可以拒绝要约继续持有目标企业的股权，或者在二级市场中卖出。另外，收购办法还对要约收购的价格做了明确限定，防止内幕交易等扰乱股票市场秩序的行为，切实保护了小股东的利益。当然，在对上市公司的并购中可以依法提出收购要约豁免申请，即使收购要约豁免申请被批准，并购主体公司在并购上市公司操作中也应自觉遵守相关要求，在并购的整个过程中注重对小股东利益的保护。

2. 履行信息披露和诚信义务

小股东与控股股东间存在严重的信息不对称问题，让小股东充分保护自身利益的首要前提是中小股东必须知悉所有相关的并购信息，行使充分的知情权。因此上市公司控股股东应履行诚信义务，及时充分地公开披露相关信息，保证信息的可靠、真实、完整，让小股东能够自行选择使自身利益得到补偿的方案。

控股股东对上市公司有信息披露的义务，要严格按照相关法规和监管制度及时披露完整真实的信息，包括披露并购主体公司的详细情况。在并购前，目标企业应对主体公司实施严格的尽职调查，让小股东对主体公司的主体资格、诚信情况、并购动机、发展前景、财务状况和股权结构等都有清晰完整的认知，以防大股东与主体公司存在利益关联，为了追求自身利益而操纵并购。

此外，上市公司被并购后，大股东对其他股东负有诚信的义务，《上市公司收购管理办法》严格规定了“上市公司的控制股东和其他实际控制人对其所控制的上市公司及该公司的其他股东负有诚信义务”，这也是在并购交易中大股东必须作出业绩承诺的原因之一，以防大股东在并购交易中掏空上市公司的行为。

二、上市公司并购方案中应有多种对小股东利益的补偿方法

并购交易一般是由大股东推动，往往以大股东利益为出发点，由此，可能会损害小股东的利益。并购方案应包括对小股东的利益补偿方案，有多种对小股东利益的补偿方法，让小股东有自行选择权。

1. 在并购方案中对小股东提供现金补偿的可选性方法

《上市公司收购办法》明确规定了收购主体公司在要约收购前要缴纳一定的履约保证金，进行换股收购时，要提供现金收购方式供投资者选择。给小股东提供现金补偿可以快速直接地弥补小股东现时的利益，让小股东针对自身的投资预期和风

险承担力选择最有利于自身权益的方法。

在上市公司并购交易中，以股份作为支付方式，特别是通过定向增发股票的方式完成收购的，会稀释原有股东的股权，对于原有控股股东来说增发方案是他们意志的体现，大股东可以通过并购后控制目标企业实现自身的利益，但并未考虑小股东的利益和意见；另外，股价的短期波动给短期投资的社会公众股股东带来损失，并购后的存续公司在整合资源的运营期内可能业绩不佳，无法达到小股东的预期报酬率，因此在并购交易中给小股东现金补偿的方案十分必要。

对于目标企业的小股东，在并购交易协商中，也要尽可能满足他们的意志。在换股并购中，对于目标企业拒绝换股的小股东，应该提供现金购买其股权的方案，确定合理的购买价格，不得损害他们的利益。我国相关法律法规也明令规定，在吸收合并交易中，必须由第三方向小股东提供现金选择权，这有利于短期的社会公众股股东取得应有的投资利益，使厌恶风险、需要现金流的小股东有更多的选择性。对于变更公司实际控制人的补偿，则一般体现在业绩承诺中，如果达不到，则提供给小股东可选性的现金补偿。

2. 在并购方案中对小股东提供股权补偿的可选性方法

大股东在并购的决策中占有绝对的优势，常常忽略小股东的利益。因此，并购的补偿方案设计中，除了提供给小股东现金补偿的方案外，还应提供可选性的股权补偿。在目标企业向并购主体方定向增发新股的并购交易中，小股东应享有与控股股东同样的资质条件认购。并购主体公司用股票作为支付对价会稀释原有股东的股权的，应在并购表决时就出台对小股东的补偿方案，在小股东利益受到侵害的情形下，可以将一定比例的股份无偿送予小股东，控股股东要承担起对小股东的补偿责任和业绩保证等。

股权补偿的方案多是为了弥补原有小股东股权被稀释的损失，特别是作为小股东的公司技术骨干和关键员工等，通常采用的股权补偿是以股票期权的形式，不仅能弥补他们股权被稀释的损失，还能留住核心员工，将员工的收益和公司业绩挂钩。

对于目标企业的小股东，由于更换了公司的实际控制人，在并购交易时一般需要作出在一定时间内实现一定业绩的承诺，如果达不到承诺要求，则必须按照业绩差额对小股东提供现金补偿或股份补偿。股份补偿虽然不能兑现及时的现金流，但适合愿意持有、对公司发展前景预期看好的小股东投资者；提供股权补偿，使他们在保护自身的利益时有更多的选择权。

3. 在并购方案中对小股东提供现金和股权的混合性补偿方法

现金和股权的混合性补偿方法即现金和股权的组合，既提供合理的现金补偿又提供合理的股权补偿，让小股东自行选择有利于自身利益的方法。

例如，同一集团内的两家上市公司进行换股吸收合并，主体公司向目标企业定向增发新股换取对方 100% 的股权，吸收合并后目标企业消失，其原有股东转换持有存续公司的股权，但是吸收合并中主体公司的小股东因增发新股后股权稀释要求得到补偿，此时可以按照股权比例和合理的股价确定现金补偿金额，也可以为了保持原有小股东的股份给予部分股票。针对目标企业部分不愿换股的小股东，要提供现金购买的方案，以合理的价格购买其股权。在整个并购交易中，并购双方的小股东都可以得到相应的补偿和有利于自身权益的方案选择权。

另外，在混合性的补偿方案中，必须要让小股东自行选择最有利于自身利益的补偿方法。这种选择性不能流于表面形式，不同的补偿方式有不同的优缺点，但是要保证不同的补偿方法所补偿的利益是对等的。比如提供的现金补偿相对于其他补偿方法金额过少，显然大多数小股东无法选择这种补偿措施，现金补偿只能流于形式，因此提供给小股东的不同补偿方法必须合理有效。

三、上市公司并购中应让小股东行使自我补偿权

股东平等是并购要遵守的重要原则之一，虽然控股股东在股权、资本等方面占有绝对的优势，但为了保护所有投资者，特别是利益容易受到损害的广大小股东，应让小股东与控股股东一样享有平等的权利，在公司的经营决策、股东大会中有充分的自我利益补偿权。

1. 并购决策中大股东的表决回避制度

为了防止控股股东滥用控制权，在公司经营决策中为了自身利益最大化侵害公司和小股东的利益，我国《公司法》[①] 明确规定了股东表决权回避制度，对关联股东及董事的表决权进行限制，“上市公司董事与董事会会议决议事项所涉及的企业有关联关系的，不得对该项决议行使表决权，也不得代理其他董事行使表决权”。

隶属于同一集团的上市公司间并购，或者母子公司间并购，一般均会涉及关联

① 《公司法》，全国人大常委会，2014 年 2 月。

股东，例如，目标企业的大股东或大股东的直系亲属可能是并购主体公司的控股股东，特别是上市公司与其控股股东的母公司之间，或者与控股股东的关联公司之间。上市公司间的并购一般需要股东大会的审议和投票决定，关联股东必须在表决时回避，以免关联股东为了自身利益操纵股东大会，影响投票结果进行利益传输，保证表决的公平、公正，符合公司的整体利益。

2. 不断完善累积投票制度

累积投票制度是指“股东大会选举董事或监事时，每一股份拥有与应选董事或监事人数相同的表决权，股东拥有的表决权可以集中使用[①]”。我国《公司法》明确规定了在公司中应确立累积投票制度，该制度有利于避免“一股独大”、操纵股东大会的现象。

在上市公司并购的决策中，小股东在累积投票制度的保护下，可以选出能够代表小股东利益的代表参与决策，并在并购整合的过程中监督产权定价、产权交易、产权交易后的公司资源整合，维护小股东的利益。

但是在实际操作中，小股东充分利用和行使投票权的意识往往不强，难以实现小股东的集中统一，尤其是传统的股东大会表决成本较高，所以必须完善累积投票制度，对小股东进行有效引导。上市公司涉及并购相关表决中，应推广实施网上投票技术，建立健全电子投票系统，让小股东能有更多的渠道行使自身的投票权。

3. 异议小股东的自我补偿权

在并购交易中，决策的最后结果往往只是代表了大股东或控股股东的利益，小股东必须不断强化自我保护的意识。法律允许并支持在并购交易中有异议的小股东可以充分行使自我补偿权。具体而言，异议股东股份回购请求权和评估权是充分行使自我补偿权的有利途径。

异议股东股份回购请求权指的是在重大交易或特定事项中，对决策有异议的股东可以请求公司以公平的价格回购其所持的股份，我国《公司法》明确规定“公司合并、分立、转让主要财产的，股东享有请求公司回购其股权的权利”。当小股东根据所有并购信息判断自身利益会在相关并购操作中受到损失时，向公司提出异议，行使股份回购请求权。例如，在以定向增发的方式进行换股并购的交易中，会稀释小股东的股份且股价会有较大的波动，此时小股东可以要求公司以公平的价格

① 《公司法》，第106条，全国人大常委会，2014年2月。

回购自己的股份，特别是回购价格的确定必须聘请独立的专业机构介入。在股份回购价格定价上，就涉及异议股东评估权，为了使回购价格公平公正，公司聘请独立的专业机构按照法定程序对异议股东的股权价值作出公平的评估。回购价格的公平公正，既是为了维护小股东利益，也是为了保证并购的完成，上市公司回购股份后，异议股东退出公司，实现了小股东利益自我保护和公司并购交易顺利进行的双赢。

第五章
兼并收购中的资产重组

资产重组大多与并购相关联，在并购过程中或并购协议签订后，通过资产重组改善目标企业的业绩，提高目标企业的竞争力。资产重组的主要目的大多是为了优化资源配置，如资源强强联合、强势带动弱势、强势互补等，通过资源配置优化改善业绩。资产重组是并购操作中最为关键的环节，并购中的资产重组主要包括资产与股权置换、与债权置换等方式，当然，也会涉及资产与资产置换。在重组过程中，往往多种方式同时使用，而不是单单采用一种方式。关联交易是资产重组活动中不可忽视的一部分内容，虽然大多数的资产重组都在尽力减少关联交易，但是，关联交易往往是不可避免的。涉及关联交易的资产重组，要尽可能提高信息的披露水平，并保证资产的公平定价，以此来维护公平的市场秩序，减小违规的概率。通过资产重组，可以实现各类资源的优化配置，实现目标企业核心竞争力的提升和利润创造水平的提升，可以说，资产重组是并购效应的重要保证。

第一节　资产重组的作用及效应

并购过程中资产重组的目标主要有两个：一是实现最优的规模化经营；二是对目标企业的资源进行重新配置。资产重组是并购操作中最关键的环节，往往直接决定着并购能否成功，其顺利推进更是并购价值增值的前提条件。

一、资产重组是并购操作中最关键的环节

并购是企业（公司）发展壮大的重要途径之一。通过并购能给企业（公司）

带来规模经济效应、放大市场占有效应并能够节省扩张费用。从某种意义上讲，并购的实质就是通过在并购中对企业（公司）的资产、债务、财务、产品或服务以及人员的重组来提高企业（公司）的核心竞争力。而资产重组在并购中扮演着非常重要的角色，并购的过程也就是目标企业重组整合的过程。根据理论界的分析以及从实践操作中的案例看，发生在并购过程中的重组一般包括资产重组、债务重组、财务重组、机构重组以及人员重组等。其中资产重组是并购操作中最为关键的环节。

资产重组之所以成为并购操作中最关键的环节主要源于以下几个方面的因素：第一，进行资产重组及优化资产配置是企业（公司）并购的主要目的，也是企业（公司）优化资产结构实现规模效应的主要手段之一。企业（公司）并购的首要目的就是扩大资产规模，实现规模效应，为企业（公司）的快速持续发展奠定良好的资产基础，而并购中的资产重组能够使企业（公司）在资产规模扩张的同时，调整资产结构、提高资产质量并优化资产配置，为企业（公司）的持续快速发展创造良好的条件。从这一角度讲，并购中的资产重组是并购得以实现资产结构优化及资产质量提升的主要手段，也是并购操作中最为关键的环节。第二，资产重组是并购后重整的主要方式与手段。在企业并购中涉及众多的重组与整合，比如业务重组、机构重组、人员重组、资产重组、文化整合等，但是众多的重组与整合中，只有资产重组能最为有效地提升资产质量并优化资产结构，也是并购能否成功的关键。资产重组作为并购后重整的主要方式与手段，其重要性主要体现在两个方面：一是所有企业（公司）的并购大都涉及资产重组，没有资产重组的并购只是在形式上实现两家或多家企业（公司）的合并，这种合并不仅无法达到并购的效果，更是对资源和时间的极大浪费，不利于企业（公司）的长期持续发展；二是在操作层面，企业（公司）在做出并购决定及并购操作的具体设计时，首先要考虑资产重组的效果是否能够达到，并在此基础上进行其他方面的重组与整合，也就是说并购多方或双方的资产重组及资产重组效果是否达到，是企业（公司）在决定并购及并购操作设计时要重点考虑的问题。由此可见，资产重组不仅是并购后重整的主要方式之一，也是并购的实质与核心。

二、资产重组往往直接决定着并购能否成功

并购是实现企业（公司）发展战略的一种有效的措施之一，也是企业（公司）发展的必经之路。众多成功的企业（公司），大多都采取并购的手段，进行资源的

有效整合，以支持其发展战略的推进。从并购的实际效果看，主要包括几种类型①：第一类，实施并购后，主体公司和目标企业的经营业绩均没有改善，而且其偿债能力、资产管理能力、股本扩张能力、成长性和主营业务突出等反映资产质量方面的指标也出现实质性的恶化，这种并购视为失败的并购。第二类，实施并购后，报表上的业绩指标确实提高了，但其偿债能力、资产管理能力、股本扩张能力、成长性和主营业务突出等反映资产质量方面的指标并没有得到实质性的改变，这种并购短期行为比较严重，不能被视为成功的并购。第三类，通过并购扩张，不仅主体公司和目标企业的业绩指标得到了明显提高，而且其偿债能力、资产管理能力、股本扩张能力、成长性和主营业务鲜明状况等各方面的综合实力也得到了明显的改善，这种并购是成功的并购，也是需要大力提倡的一种并购。评价并购是否取得成功，不仅要看主体公司和目标企业的业绩指标是否得到改善，更要看反映两个公司资产质量的偿债能力、资产管理能力、股本扩张能力和主营业务突出等方面的指标是否有实质性的提高。只有业绩指标和资产质量指标同时提高的并购才是真正成功的；另外对那些业绩指标虽然没有明显提高，但资产质量却出现了实质性提高、业绩可期改善的并购，该类并购在资产重组后业绩提高的可能性极大，应当被视为成功的并购。

从并购的理论及实践研究看，衡量并购是否成功的标准可以归纳为两个方面：一是并购后资产质量是否有了实质性提升，具体而言是指反映偿债能力、资产管理能力、股本扩张能力等的财务指标是否有所改善与提高，如果反映偿债能力、资产管理能力、股本扩张能力等的财务指标有着明显的改善与提高，则说明并购后资产质量有所提升，进而可以判断并购及并购过程中的资产重组是成功的；反之，则说明并购及并购过程中的资产重组是不成功的甚至是失败的；二是并购后的经营业绩是否有了显著改善。如果并购后的经营业绩大幅提升，则说明并购过程中的资产重组达到了预期的目的及效果，如果并购后的经营业绩没有提升甚至大幅下降，则说明并购及并购过程中的资产重组没有达到预期的效果，并购后经营业绩的明显改善，除了并购双方或多方进行业务整合与重组外，更重要的是通过资产重组提高资产质量并优化资产结构，提升资产保值增值的能力，从而以资产结构的优化推动并购后经营业绩的提升。由此可见，资产重组在并购操作中有着极其重要的作用。从某种程度上讲，资产重组是企业并购能否成功的直

---

① 邱洪生、陈龙波：《并购决胜之战（整合创造价值）》，中国计划出版社 2006 年版。

接决定因素。

三、资产重组的顺利推进是并购价值增值的前提条件

资产重组以资产的价值交换为基础。资产的可交换性和资产在交换过程中能实现价值增值是资产重组的前提条件。资产重组就是为实现资产的最大增值目的，通过资产的价值交换而实现资产效应的重新设定及放大。并购最原始的动机往往追求股东财富的最大化及价值增值，并购主体公司通过并购目标企业来达到资产、销售和市场份额的扩大，从而为其增加或创造持续竞争优势，并最终实现股东财富的增加。因此，资产重组不仅仅是并购的关键与核心，决定着并购是否成功，而且资产重组的顺利推进还是并购价值增值的前提条件。此外，从另一个角度讲，并购中的价值增值，主要是通过资产质量提升及资产结构优化来实现，如果并购过程只进行形式上的合并而没有进行资产重组，或者是并购过程中进行了资产重组但并未达到优化资产结构及提升资产质量的效果，那么并购后就很难实现价值增值，但如果以资产重组作为并购重整的内容，必定会提升资产的盈利能力与增值水平，进而使并购后的价值得到大幅提升。从资产重组与价值增值的关系来讲，资产重组的顺利推进也是并购价值增值的前提条件。

就大多数并购案例看，只有约20%的并购是成功的，而约80%的并购都因为资产重组的失败使并购价值无法增值甚至蒙受损失而无法达到预期效果。下面的两个案例似乎可以说明资产重组在推进企业并购后价值增值的重要作用。案例一：2000年1月，全球最大的互联网服务提供商——美国在线与全球娱乐及传媒巨人时代华纳公司正式合并，涉及交易市值1650亿美元，形成美国历史上最大一宗并购案，新的“美国在线—时代华纳”堪称“地球与网络的超级联姻”；然而，合并的预期效果不仅没有显现，还在两年后使股东损失了2000亿美元的财富，2002年公司全年亏损额达到987亿美元，创下美国企业有史以来最大的亏损纪录，两公司股票市值缩水近80%，美国在线的市值更是锐减1700亿美元之多，直至2003年10月，“美国在线—时代华纳”公司董事会一致决定，从公司的名字中去掉“美国在线”的字样，这标志着曾经捆绑在一起的两家公司选择了各奔前程，一次令人称羡的“美满婚姻”并购演变为“最为失败的并购范例”①。案例二：2003年11月，当TCL公司宣布收购法国汤姆逊公司的电视机和DVD机生

---

① 邱洪生、陈龙波：《并购决胜之战（整合创造价值）》，中国计划出版社2006年版。

产部门时，分析师和投资者纷纷称赞这是中国公司在全球崛起的一个里程碑，并一度被视为国内企业国际化的成功典范；然而，年净利润 7 亿元人民币的 TCL，却背上了汤姆逊 2003 年在欧洲和北美高达 17 亿美元亏损的重负；2004 年 TCL 集团利润比上年下滑了 57%，2005 年上半年继续亏损 7 亿元。就连 TCL 公司董事长李东生也不得不承认当时“18 个月扭亏为盈”的预计过于乐观①。上述两个案例中，由于资产重组的失败，使并购方承担了大量的债务而使并购价值不仅没有增值反而大幅下降。由此可以看出，资产重组的顺利推进对于并购价值增值的重要性。

第二节　资产重组的基本原理及具体操作

在并购过程中或并购后的重组重整中，资产与股权置换、债权与股权置换最为常用。资产重组与股权置换主要包括资产置换资产、股权置换股权、资产置换股权、现金收购资产或股权资产出售后收购或股权投资等内容；债权与股权置换主要包括债权转股权和股权转债权等内容。

一、资产重组与股权置换的基本方式

资产重组与股权置换的基本方式主要有五类：一是资产置换资产；二是股权置换股权；三是资产置换股权；四是现金收购资产或股权；五是资产出售后收购或股权投资等。这些基本方式既可以单独采用，也可以结合使用。一般而言，考虑到并购的复杂性及确保并购重整的效果，大多数并购案例中都会同时采取多种方式进行资产重组与股权置换。

1. 资产置换资产

资产置换主要是指主体公司控股股东以优质资产或现金置换目标企业的存量闲置资产，或以主营业务资产置换非主营业务资产等行为。资产置换被认为是各类资产重组方式当中重整效果最快、最明显的一种方式，几乎所有的并购重组都使用。从具体操作看，资产置换表现为指一方以资产为对价支付给另一方资产被并购的费用。假设 A 公司以其生产车间置换 B 公司的土地，资产置换完成后，A

① 鲍静海、武静、杜凯华：《中小企业债权证券化：缓解中小企业融资难新途径》，《南方金融》，2007 年第 6 期。

公司将拥有B公司的土地，而B公司则拥有A公司的生产车间；A公司与B公司通过资产置换而实现了B公司生产业务的整合以及A公司土地资源的整合。在非上市公司并购上市公司的多数案例中，大都采取资产置换资产而迅速提升上市公司业绩的操作，当然，这种操作都是以非上市公司有数量客观的优质资产为条件（见图5－1）。

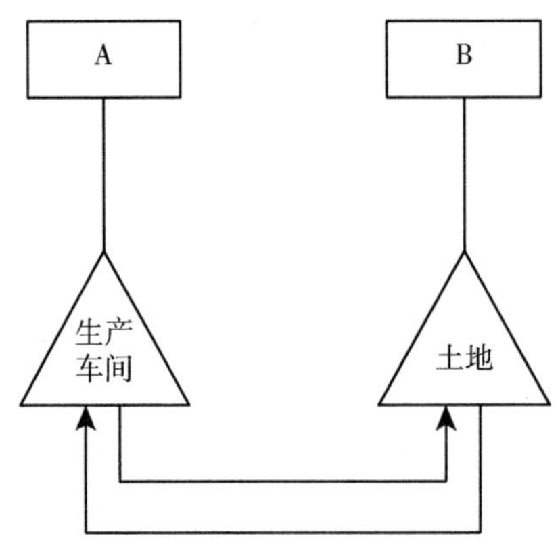

图5－1　A公司与B公司资产置换资产示意图

2. 股权置换股权

股权置换股权又可以称之为换股，是并购重组中应用最为广泛的资产重组方式之一。股权置换股权是指并购的主体公司以其持有的第三方的股权换取目标企业持有其他方股权的方式。比如，假设A企业用其持有B企业50%的股份置换C企业持有D企业90%的股份，股权置换完成后，C企业持有B企业的股份，而A企业直接持有D企业的股份。股权置换股权具有以下特点：一是以股权置换股权不需要以现金方式支付对价，而是以股份方式支付对价，使得股权与股权置换的资产重组成本相对较低；二是以股权置换股权一般需要确定二者的换股比例与换股价格，这与资产置换相比其程序与手续更为简单。正是基于股权置换股权的上述两个特点，使得该方式成为大多数并购重整中都会采用的方式。在企业并购的实际操作中，有许多案例都采取股权置换股权的方式，以东方电气集团主业重组及整体上市案例为例（见本书第二十一章）：东电集团以其持有的东方电机的股份置换东方锅炉流通股股东持有的东方锅炉股份就属于股权置换股权的资产重组模式；在该案例中，通过股权与股权的置换，使东方锅炉的股东获得了上市公司东方电机的股份，而东电集团则完成了对东方锅炉流通股股东持有股份的收购，为东方锅炉的退市创造了条件（见图5－2）。

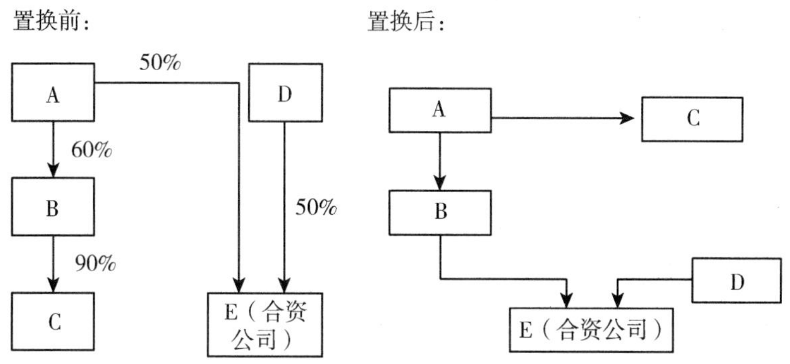

图 5-2　关联公司股权置换股权示意图

3. 资产置换股权

资产置换股权是指并购后一家企业用其资产作为对价与另一家公司的股份进行置换。比如，假设 A 企业用其持有 B 公司 50% 的股份置换 C 企业的一个生产车间，置换完成后，A 企业拥有生产车间，而 C 企业则持有 B 公司的股份，成为 B 公司的股东。一般而言，并购重整中采取资产置换股权方式的也较多，主要是适合于并购主体公司的资产能给目标企业的规模扩张及价值增值带来有利影响的情况。资产置换股权按照资产与股权的等值情况可以大致分为两种类型：一类为资产与股权等值，则并购主体公司无需向目标企业支付现金对价即可获得目标企业的股权；另一类为资产与股权不等值，若资产价格低于股权价值，则并购主体公司除了以资产置换股权外，还需要向目标企业支付一定现金作为对价，若资产价格高于股权价值，则目标企业可根据实际情况，向并购方支付多出部分资产的现金对价，或者允许并购方置换更多的目标企业股份。无论双方是否以现金支付对价，在资产置换股权的情况下，都减轻了并购主体公司置换目标企业股权的现金支付压力，有利于并购的顺利推进及效果的达到。

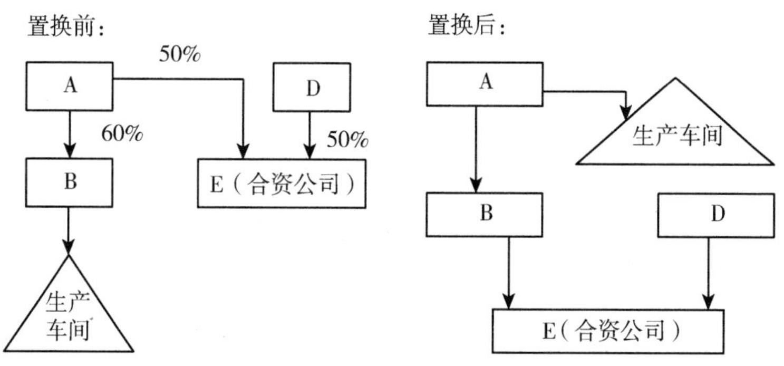

图 5-3　关联公司资产置换股权示意图

4. 现金收购资产或股权

现金收购资产或股权是指并购的主体公司直接向目标企业支付现金以收购目标企业的资产或者股权的方式。在并购重整的操作中，现金收购资产或股权主要适用于以下三种情况：一是并购主体公司具有较强的经营能力与充足的现金支付实力，可以一次性支付等额的现金而收购目标企业的资产或股权；二是并购主体公司收购的目标企业资产或股权数额较少，并购主体公司仅需支付较少的现金就能获得目标企业相应的资产或股权；三是目标企业急需通过资产或股权出让而补充现金流，使得并购主体公司必须一次性或分次以现金方式支付资产或股权价款。现金收购资产或股权的特点主要体现为两个方面：一是操作流程较为简单，由于以现金收购资产或股权，只需进行并购方现金验资和目标企业资产或股权评估即可，因此，操作流程较为简单并且并购周期较短；二是现金支付的方式较为灵活，并购主体公司可以与目标企业达成一致，既可以一次性全部支付资产或股权对价，也可以分次支付资产或股权对价，从而使并购主体公司一次性现金支付压力降低。但是，即便进行分次支付，并购主体公司也需要支付给目标企业相应的利息，一般以同期的银行存款或贷款利率为准。正是基于现金收购资产或股权的上述特点，在企业（公司）并购的实践中，大多数都会采用现金收购资产或股权的方式进行并购。以中国船舶集团核心民品业务整合重组及整体上市案例为例（见本书第十四章）：中国船舶下属全资子企业外高桥造船与中船集团持有的长兴造船间的并购即是采取现金收购股权的方式，即外高桥造船以现金收购中船集团持有的长兴造船65%的股权；收购完成后，中国船舶造船业务实现了进一步的整合与重组。

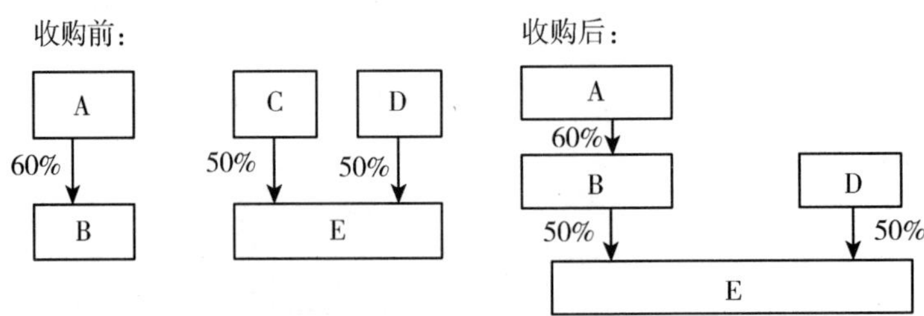

图5-4 现金收购股权

5. 资产出售后收购或股权投资示意图

资产出售后收购或股权投资，是指企业（公司）将资产出售后获得现金，再将出售资产所得现金用于收购股权或购买资产的方式。在并购重整的操作中，资产出售后收购或股权投资主要适用于以下情况：一是并购主体公司没有足够资金收购目标企业的资产或股权，但是资产或股权收购对并购主体公司有着较大经济意义，或者目标企业要求并购主体公司以现金方式支付资产或股权收购价款的情况，在该情况下，并购主体公司需要先通过资产出售的方式获得充足的现金，再以资产出售所得现金收购目标企业的资产或股权；二是并购主体公司在已与第三方达成资产出售意向的基础上，对目标企业进行资产或股权的收购，这样并购主体公司既可以完成资产出售，又可以以资产出售所得进行与目标企业的资产收购或股权投资，从而通过两次资产重组完成并购主体公司资产的优化及股权的投资。

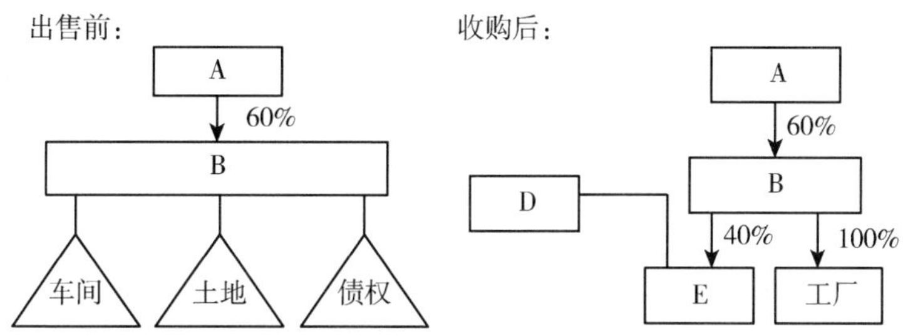

图 5 –5　资产出售后收购或股权投资示意图

二、债权与股权置换的基本方式

在并购过程中或并购后的重组重整中，除了可以通过资产重组的方式实现价值增值外，还可以采取债权与股权置换的重组方式进行重组重整。债权与股权置换，有利于降低重组成本，可以以较低的重组成本实现并购价值的最大化。债权与股权置换的基本方式主要包括以下两类：一类是债权转股权；另一类是股权转债权。其中，债权转股权主要包括三种方式，即直接债转股、债权出售再转股、债权证券化后转股；而股权转债权则主要包括企业改制中的资产转债权及资本运营中的股权转债权等两种方式。

1. 债权转股权

根据《公司债权转股权登记管理办法》中对债权转股权的定义，债权转股权是指债权人以其依法享有的对在中国境内设立的有限责任公司或者股份有限公司的债权，转为公司股权，增加公司注册资本的行为。在并购重整的操作中，债权转股权的方式主要有三种：一是直接债转股；二是债权出售再转股；三是债权证券化后转股。

（1）直接债转股。直接债转股指某企业将其持有另一企业的债权直接转为对另一家企业的持股。比如，A 企业将其对 B 企业的债权直接转为 A 企业对 B 企业的持股，从而使A企业成为B企业股东的行为即为直接债转股。直接债转股完成后，B企业对A企业的负债消失，不再需要支付负债，而A企业则成为B企业的股东，享受股东的权益。直接债转股一般适用于以下情况：一是债务人无法归还债权人相应的债务，而通过直接转为债务人股东的方式解决债务纠纷的情况，在该情况下，债权人可以直接持有债务人的股权，从而达到参股或者控股债务人的目的。二是债权人想要收购债务人的股份，或进行股权投资，而直接以其享有的债权转为对债务人的持股，从而达到无须支付现金价款而持有债务人股份的目的。通过直接债转股的方式进行债权与股权的置换，一方面可以使债务人免于现金支付债务而带来的资金压力，另一方面可以使债权人获得债务人的股权而成为债务人的股东，并可以直接分享债务人业绩提高带来的分红收益，从而达到共赢的效果。因此，在债权与股权的转换中，直接债转股为最常使用的一种方式。

直接债转股的操作也可用在商业银行与企业（公司）之间的债权债务关系上。比如D商业银行对E公司18000万元的贷款，贷款到期而E公司不能偿还。D商业银行可以与E公司的三家股东谈判，实行债权转股权。在债转股完成后，D商业银行成为E公司的股东之一，E公司原有的三家股东持股比例相应降低（见图5－6）。

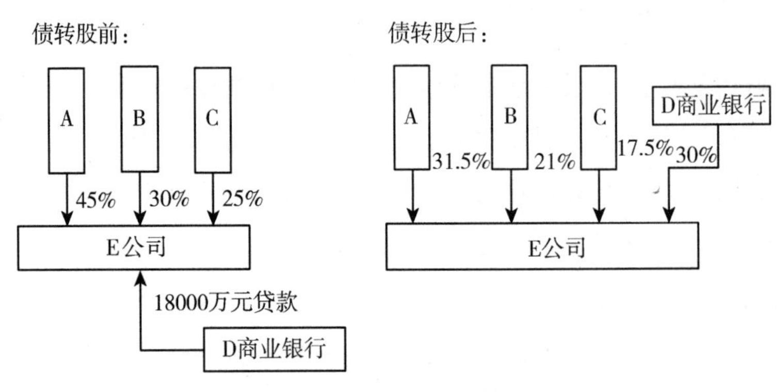

图5－6　银行债权转公司股权示意图

（2）债权出售再转股。债权作为权利的一种，同股权及其他权利一样是可以出售并获利的。这就为债权出售再转股提供了前提与依据，也为债权与股权的置换提供了新的操作方式。债权出售再转股指债权人将其持有债务人的债权出售给第三方，第三方再将其持有的债权转为对债务人持股的方式。比如，A企业将其对B企业的债权以平价或折价等方式出售给C企业，C企业再将其持有B企业的债权转为C企业对B企业的股权。债权出售再转股后，A企业对B企业的债权消失，而C企业则成为B企业的股东，持有B企业的股份。在并购重整的操作中，债权出售再转股的方式主要适用于以下情况：一是债权人急需债务人归还债务，并以该债权进行其他项目的投资，而债务人没有能力偿还债务的情况，在该情况下，债权人并不想通过直接债转股的方式持有债务人的股权，而是希望债务人尽快归还债务，那么债权人可以通过向第三方出售债权的方式获得现金，新债权人则可以选择直接要求债务人归还债务或者将债权转为对债务人的持股，以完成新债权人的股权投资；二是债务人既没有能力归还债务，又不愿意让原债权人持有其股份，则债权人可以通过将债权转让给第三方的方式，再由第三方通过债转股持有债务人的股份。债权出售再转股，既可以解决债权人的资金需求，又可以使新债权人获得债务人股份，还可以使债务人免于现金归还债务而承担的压力，因此，在实践操作中，也有部分企业选择以该种方式进行重组。

债权出售后再转股也可用于商业银行与企业（公司）之间的债权债务关系上。受商业银行法“银行不得持有工业企业与商业公司股权”类条款的限制，商业银行对工业企业与商业公司的贷款，不能进行直接债转股的操作。仍以 D 商业银行对 E 公司 18000 万元贷款为例，D 商业银行可以 18000 万元逾期贷款出售给 F 公司，由 F 公司实行债转股操作（见图 5 -7）。

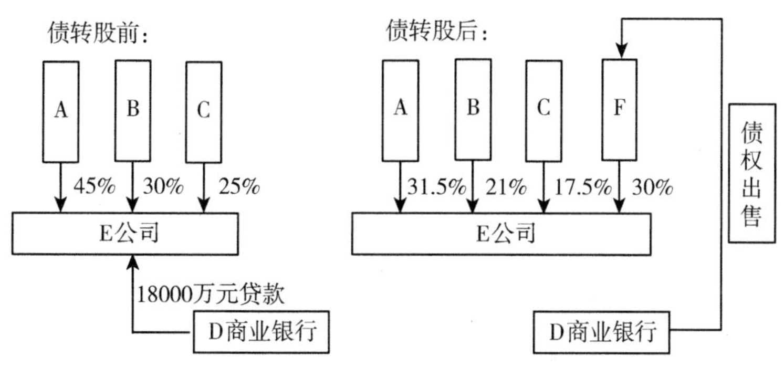

图 5 -7　银行债权出售后再转公司股权示意图

（3）债权证券化后转股。债权证券化后转股是由债权证券化和债转股两部分内容构成。其中，债权证券化是把多家企业（公司）债权组合成一个“资产包”，然后由银行以及证券公司根据债权质量、收益以及期限等多种因素对债权风险和收益进行分离和重组，再配以相应的信用担保和增级，将其转变成可以在金融市场上出售和流通证券的过程。债权证券化也可以视为一种新的融资方式，通过债权的证券化可以把企业（公司）缺乏流动性但具有预期未来稳定收益的债权资产汇集起来，以证券化的形式将债权资产未来的现金流量收益权转让给投资者，从而增加企业

（公司）的融资能力。债权证券化在市场经济发达国家使用较多，但在我国还处于初级阶段，目前我国的债权证券化主要有应收账款证券化、不良资产证券化及房地产抵押债权证券化等形式。债权证券化后转股，是指证券化债权单位的购买者以债转股方式而成为原债务人的股东。企业债权证券化后转股，一方面能提升债权资产的融资能力，使企业（公司）以稳定债权融资而获得收益；另一方面能给予证券投资者持有债务人股份的机会，从而进一步增强债权证券化的吸引力及投资收益。

2. 股权（资产）转债权

股权（资产）转债权的情况也是并购重整中债权与股权置换的方式之一。在企业（公司）并购的实际操作中，股权（资产）转债权的情况常见于国有企业改制中的资产转债权以及资本运营中的股权转债权。由于股权（资产）转债权操作不规范会导致股东利益受损，因此，股权（资产）转债权必须严格按照国家相关法律法规及政策进行操作。

（1）国有企业改制中的资产转债权。国有企业改制中的资产转债权是指企业在股份制改革或公司制改革的过程中，原所有者比如国有企业的国有资本要退出而以净资产转为债权的方式。在实际操作的过程中，企业改制中的资产转债权更多的是用于国有中小型企业股份制改革的情况。根据国有企业股份制改革的相关规定，国有企业在股份制改革过程中可以进行国有净资产转债权的相关操作，以完成国有资本的部分或全部退出。比如，假设A国有企业改制评估基准日的评估净资产为5000万元，以3000万元出售、2000万元转为债权的方式完成股份制改革；股份制改革完成后，A国有企业实现了国有资产的全部退出。在这一例子中，国有资产评估值为5000万元，以2000万元转为债权的方式完成股份制改革，则股份制改革完成后，A国有企业实现了国有资本的部分退出。以资产转债权的方式实现国有资本的全部或部分退出，既可以减轻国有企业改制中支付现金压力的需要，也可以使国有股尽快退出而实现企业市场化运营，因此，在国有企业改制中被普遍采用。除了国有企业改制外，企业（公司）在进行战略投资者引入或公司股东结构调整的过程中，大股东也可以采取资产转债权的方式减持股份，从而减轻支付压力，并为战略投资者的引入及股权多元化创造条件。

（2）资本运营中的股权转债权。资本运营中的股权转债权，主要目的为实现一个公司对另一个公司的控制或强化一个公司对另一个公司的控股。举例来说，假设C、D、E公司分别持有B公司40%、40%、20%的股权（见图5-8），而D公司持有F公司100%的股权。E公司把其持有的B公司20%的股权转让给D公司，并和 B 公司约定由 F 公司分 3 年向其支付转让对价，D 公司再通过资本运作手段，实现 F 公司资产负债表的平衡。股权转债权后，D 公司持有 B 公司的股份超过 60%，从而实现了对 B 公司的控股，同时，F 公司也可以减少企业所得税，从而起到避税的效果。在并购重整的操作中，股权转债权是较为普遍的资本运作方式，因能强化控股并减少税赋而被大多数企业（公司）所采用。

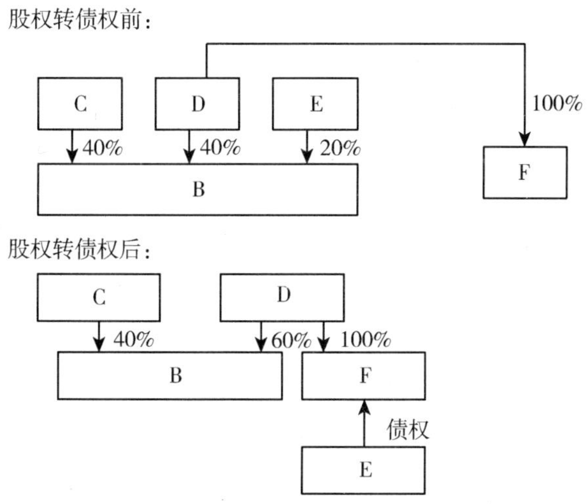

图 5－8　资本运营中股权转债权示意图

第三节　资产重组中的关联交易处置

并购过程中或并购后的重组重整，往往涉及许多存在产权联系的公司或企业，由此导致重组重整中存在关联交易。可以说，在资产重组过程中，关联交易是无法避免的。但是，必须减少或力求避免关联交易可能带来的不利影响，减少关联交易对正常市场秩序的扰乱。要规范关联交易的资产定价制度，保证资产交易的公平定价；同时，还要加强关联交易过程中信息的披露，使关联交易受到各方的监督。

一、资产重组中的关联交易往往不可避免

关联交易是指企业（公司）关联方之间的交易。而企业（公司）关联方是指在企业（公司）财务和经营决策中，如果一方控制、共同控制另一方或对另一方施加重大影响，以及两方或两方以上同受一方控制、共同控制或重大影响的，构成关

联方[①]。关联交易在市场经济条件下广为存在，但它与市场经济的基本原则却不相吻合。按市场经济原则，一切企业（公司）之间的交易都应该在市场竞争的原则下进行，而在关联交易中由于交易双方存在各种各样的关联关系，有利益上的牵扯，交易并不是在完全公开竞争的条件下进行的。关联交易客观上可能给企业（公司）带来或好或坏的影响。从有利的方面讲，交易双方因存在关联关系，可以节约大量商业谈判等方面的交易成本，并可运用行政的力量保证商业合同的优先执行，从而提高交易效率。从不利的方面讲，由于关联交易方可以运用行政力量撮合交易的进行，从而有可能使交易的价格、方式等在非竞争的条件下出现不公正情况，形成对股东或部分股东权益的侵犯。我国会计准则中列举了 11 种关联交易的类型：即购买或销售商品、购买其他资产、提供或接受劳务、担保、提供资金、租赁、代理、研究与开发转移、许可协议、代表企业（公司）或由企业（公司）代表另一方进行债务结算、关键管理人薪酬等。

资产重组作为并购重组重整的主要方式之一，在资产重组中涉及众多的关联交易，尤其是上市公司的资产重组中关联交易现象更加普遍。我国上市公司资产重组的关联交易主要表现为上市公司与其母公司或母公司所属其他子公司之间的资产交易。其主要类型可以归纳为三大类[②]：一是“切除型”，即上市公司对不良资产进行剥离，并由其母公司或母公司所属的其他子公司来接受该不良资产。“切除型”主要适用于上市公司受累于不良资产而急需脱身的情况。二是“输血型”，即母公司向上市公司注入盈利能力较强的优质资产，适用于资产规模较小或资产质量普遍较低的上市公司。母公司之所以向上市公司注入盈利能力较强的优质资产，一方面为了通过上市公司的上市融资而实现整个集团存量资产的盘活及效益的提高；另一方面使上市公司提高经营效益而避免被“摘牌”的风险。上市公司既可以通过现金方式收购资产，也可以在配股时由其母公司以非现金资产注入。三是“混合型”，即上市公司剥离不良资产，由母公司或母公司所属的其他子公司来接盘，同时母公司向上市公司注入盈利能力较强的优质资产。此种关联交易一般以某些民营企业或其他企业收购上市公司之后居多，在收购之后，为尽快提高上市公司盈利水平，既要向上市公司注入优质资产，又需将不良资产或劣质资产予以剥离，以达到买“壳”上市的目的。

---

① 《企业会计准则第 36 号——关联方披露》，财政部 2006 年颁布，2007 年 1 月 1 日起实施。

② 摘自倪向荣，《我国上市企业资产重组中关联方交易的影响及其对策》一文，《新学术论坛》，2007 年第 12 期。

资产重组中的关联交易较多，且往往是不可避免的。以上市公司资产重组中的关联交易为例，我国上市公司资产重组中关联交易的存在有其深刻的历史原因及自身原因①。其中，历史原因主要体现为我国上市公司中有相当一部分是由原国有企业进行股份制改革后上市的，这使得上市公司与原国有企业之间存在着千丝万缕的联系。主要表现在三个方面：一是上市公司缺乏完整独立的产供销体系，对母公司还存在较强的依赖性；二是母公司对上市公司在融资及保证自身资金需求方面的依赖性也较强；三是从母公司中分离出来的上市公司很难保证在财务、人员、资产方面的独立，这就使得上市公司资产重组中关联交易不可避免。此外，资产重组中存在关联交易从某种程度上讲，也有利于企业（公司）资产结构的调整。比如，通过注入优质资产、剥离不良资产，可以优化企业（公司）的资产结构；通过不良债务的剥离重组，可以降低资产负债率；通过关联交系转移利润还可以使上市公司得到避税的目的。可以说，在利益驱动下，资产重组尤其是上市公司资产重组中的关联交易是无法避免的。

二、资产重组中涉及关联交易的资产公平定价

关联交易是并购重组重整中经常出现的而又易于发生不公平结果的交易。在实际操作中，一些非规范关联方资产重组往往成为利润操纵的工具、成为大股东谋求超额收益的手段，而由于缺乏对关联方资产重组的监管机制，从而损害了中小股东的利益。由于资产重组中的关联交易往往不可避免，为了减少关联交易对企业（公司）的不利影响，要对资产重组中涉及关联交易的资产进行公平定价。所谓资产的公平定价，指按照公允价值对关联交易的资产进行定价。换句话说，资产的定价必须按照市场价格进行交易，一旦出现定价有失公允的情况，该关联交易应予以终止。

根据法律法规的相关规定，关联交易的定价可以采取以下几种定价方法②：一是可比非受控价格法。即在可比条件下将一项受控交易中转让的资产或劳务的价格与一项非受控交易中转让的资产或劳务的价格进行比较的方法。可比非受控价格法应用领域非常广，可以应用于有形资产交易，也可用于无形资产和集团内部劳务等关联交易，但在有形资产领域应用最广。二是再销售价格法，是以关联方购进商品

---

① 孔萌：《我国上市公司资产重组中的关联交易浅析》，《中国农业银行武汉培训学院学报》，2012 年第 4 期。

② 参见《准确掌握关联交易的判定标准》，《中国税务报》，2009 年 2 月 10 日。

再销售给非关联方的价格减去可比非关联交易毛利后的金额作为关联方购进商品的公平成交价格。再销售价格法主要适用于分销商不对再销售产品进行加工增值，或者分销商对产品只增加相对较小的价值的情形，适用于有关联交易的贸易及分销业务。三是成本加成法，成本加成法以关联交易发生的合理成本加上可比非关联交易毛利作为关联交易的公平成交价格，此法常用于涉及制造、装配或生产向关联方销售产品的情况下，来确定集团内部服务供应商应得到的正常利润。四是交易净利润法，以可比非关联交易的利润率指标确定关联交易的净利润。利润率指标包括资产收益率、销售利润率、完全成本加成率等。此法是指按照没有关联关系的交易各方进行相同或者类似业务往来取得的净利润水平确定本企业净利润的定价方法。在对经营劳务与分销业务的关联企业（公司）调整转让定价时，一般采用销售额收益率来计算调整额；在对生产制造商调整转让定价时，一般采用成本收益率来计算调整额。五是利润分割法，根据企业与其关联方对关联交易合并利润的贡献计算各自应该分配的利润额。利润分割法分为一般利润分割法和剩余利润分割法。一般利润分割法根据关联交易各参与方所执行的功能、承担的风险以及使用的资产，确定各自应取得的利润。剩余利润分割法将关联交易各参与方的合并利润减去分配给各方的常规利润的余额作为剩余利润，再根据各方对剩余利润的贡献程度进行分配。利润分割法通常适用于各参与方关联交易高度整合且难以单独评估各方交易结果的情况。

三、资产重组中的关联交易信息及时公开披露

由于关联交易使关联企业（公司）之间在定价过程中具有一定程度的灵活性，企业（公司）的控股股东、实际控制人或影响者可能利用关联交易转移利润或利益。因此，全面规范关联交易及其信息披露便成为保障关联交易公平与公正的关键。关联交易信息披露的目的主要有两个：一是使关联交易具备与无关联交易一样的公开与公平性质，确保关联者没有在无关联状态下获得不当利益，以确保该项交易对企业及股东是公平和合理的；二是为投资者对该项交易行使表决权提供信息基础，使投资者在了解关联交易真实内容的基础上作出投资决策，增强对证券市场透明度的信心。

我国许多法律法规中对关联交易信息的及时公开披露都作出了明确的规定，比如《证券法》《公司法》《税法》《会计准则》等都对关联交易信息的披露作出了各自的规定。其中，以中国证监会关于上市公司关联交易信息披露的规定最为详细深

入。有关上市公司关联交易信息披露的规定有：《深圳证券交易所上市规则》《上海证券交易所上市规则》《上市公司信息披露管理办法》《上市公司治理准则》《上海证券交易所上市公司关联交易实施指引》等。以《上市公司信息披露管理办法》为例，《上市公司信息披露管理办法》中对上市公司所有应披露的信息都作了详细的规定，当然也包括关联交易的信息披露；《上市公司信息披露管理办法》中对关联交易信息披露的规定包括几部分内容：一是明确规定了需要进行信息披露的关联交易及关联人的界定，即上市公司的关联交易是指上市公司或其控股子公司与上市公司关联人之间发生的转移资源和义务的事项。关联人包括关联法人和关联自然人；二是明确了关联交易信息披露的时间与流程；三是规定了关联交易信息披露的方式，即将关联交易信息披露在中国证监会指定的报刊和网站上。为了保护投资者和股东的利益，企业（公司）在资产重组中一旦涉及关联交易，必须按照法律法规的规定及时进行关联交易的信息披露。

第四节　以资产重组而提升并购价值

并购过程中或并购后的重组重整，可以优化资源配置。并购后，通过资产重组可以实现技术与市场及管理等各类资源相对科学的合理配置，可以有效提升企业（公司）的核心竞争力，同时，成功的资产重组会给企业（公司）的持续发展创造条件，为企业（公司）的利润提升提供可能。

一、通过资产重组提高技术与市场及管理等各种资源的配置效率

企业（公司）资源包括资产、技术、市场、渠道、品牌、人才、管理等，对资源进行有效整合并提高资源的配置效率，是企业（公司）提高经营效率并实现持续快速发展的主要方式与手段之一，而企业（公司）想要提高资源配置效率，就要对各种资源进行整合与重组，尤其是并购后实施资产重组，更能达到优化资源配置并提升经营效率的目的。具体而言，资产重组对提高资源配置效率的积极作用主要体现在两个方面：一是通过资产重组提高资产质量并优化资产结构，从而使目标企业的资产效率得到大幅度的提升，进而有效推动目标企业经营效率的提升；二是通过资产重组实现目标企业技术与市场及管理等资源的优化配置及资源配置效率的大幅提升。

资产重组对企业（公司）而言，主要的贡献是提高资产质量并优化资产结构。其中，资产质量的提高主要通过劣质资产的剥离、优质资产的合并或置换等方式使企业（公司）的经营性资产质量得到大幅提高；而资产结构的优化，主要是通过存量资产的再配置提高流动资产占比、降低固定资产占比，使资产的流动性得到大幅的提高，进而大幅提升资产的使用及配置效率。资产重组就是对存量资产的再配置并注入增量资本的过程，通过改变存量资产在不同的所有制之间、不同的产业之间、不同的地区之间以及不同企业（公司）之间的配置格局，与新注入的增量资本对接，实现产业结构优化和提高资源利用率的目标。在资产重组中，在注入增量资本的同时，往往还有管理增量、技术增量注入，更有利于提高资源配置效率。资产重组还能够实现其他要素资源的优化配置并使其资源配置效率得到大幅提升。通过资产重组在对存量资产进行重新配置与调整的同时，相应地，也要进行技术与市场及管理等资源的重新配置与调整，以达到依赖资产重组提升目标企业核心竞争力的目的与效果，例如某企业（公司）在兼并收购时以所拥有的技术及发明专利等作价入股而进行资产重组，能够在资产重组的同时，实现技术资源的重组与技术创新能力的提升；企业（公司）在进行资产重组的同时，对市场等资源进行重新配置，从而扩大市场规模提升销售收入；企业（公司）在资产重组的同时，还需要强化对资产的管理，以提升管理效率。由此可见，资产重组对企业（公司）的价值不仅仅体现在优化资产结构等方面，同时还对市场、技术、管理等资源的优化配置及资源配置效率的提高创造了有利条件。

二、通过资产重组提高并购后的核心竞争力

市场经济的核心是竞争，竞争则意味着优胜劣汰。竞争对企业（公司）来说，既是一种压力又是一种动力，竞争力的强弱是企业（公司）能否生存发展的核心与关键。面对众多的竞争对手，企业（公司）必须通过并购提升核心竞争力，才能在市场竞争中处于不败之地。通过对其他企业（公司）进行兼并收购的方式，快速扩大资产规模，会使其盈利能力、技术创新能力、市场开发能力都有大幅度的提升，从而增强企业（公司）的竞争优势，为核心竞争力的提升创造条件。而资产重组作为兼并收购后的重组重整方式，对企业（公司）市场竞争力的提升起到重要的推动作用。从大多数的国内国外并购案例看，大都以不同形式的资产重组提升盈利能力，来谋求其市场竞争中的主动地位。20 世纪八九十年代世界上以美欧大公司为代表的并购潮流，其主要特征就是重视并购后的重组重整，通过并购后的资产重组提

升市场竞争力，比如美国波音飞机公司兼并麦道飞机公司，两家合并后，美国飞机生产商联手与欧洲空中客车飞机公司进行竞争，确立了它在世界飞机市场上的霸主地位。再比如德国的莱茵——鲁尔区的两大钢铁企业克虏伯公司和蒂森公司，合并为蒂森·克虏伯集团公司，成为欧洲最大的钢铁企业，其目的也是为了通过资产重组增强实力，提高其市场竞争力。

资产重组对并购后核心竞争力的提升主要体现为三个方面：一是通过资产重组可以快速扩大企业（公司）的资产规模，形成规模经济，从而为企业（公司）增强竞争力奠定规模基础。二是通过有效的资产重组可以提高资产质量、优化资产结构，从而在盘活存量资产的同时实现增量资本的注入，为企业（公司）主营业务竞争力的提高创造条件。三是通过有效的资产重组可以提升企业（公司）的技术创新能力，企业（公司）通过现有存量资产包括有形和无形资产的合理配置，优化组合，使其具备更多的资金及人力进行技术创新，从而为企业（公司）技术创新能力的提升保驾护航。规模经济的形成、主营业务竞争力及技术创新能力的提升，是企业（公司）核心竞争力的重要表现，尤其是主营业务竞争力及技术创新能力，更是企业（公司）市场竞争力的核心，也是企业（公司）在市场竞争中得以长久快速发展的关键。而规模经济的形成、主营业务竞争力及技术创新能力的提升都能通过资产重组的方式实现，可见资产重组在提升企业（公司）核心竞争力中的重要作用与意义。正是基于资产重组对企业（公司）核心竞争力的重要推动作用，资产重组已经成为企业提升市场竞争力的重要举措，并被越来越多的企业所采用。

三、以资产重组所增加的产业利润来支撑并购后的价值重新估值

兼并收购中的资产重组是否顺利推进，直接决定着并购能否成功。而衡量资产重组是否顺利推进的主要标准是利润甚至是产业利润能否增加。换句话说，如果资产重组达不到使利润甚至是产业利润增加的效果，那么该资产重组则是失败的。增加企业（公司）盈利能力及利润率往往是企业（公司）进行兼并收购的核心目标。而兼并收购中资产重组的成功推进，不仅能够有效提升企业（公司）的盈利能力及利润率，而且在行业内的兼并收购还有可能提升整个产业的利润率，使并购后的企业（公司）实现价值的大幅增加。基于资产重组对提升企业（公司）盈利能力甚至产业利润的重要作用，进行兼并收购并实行资产重组就成为企业（公司）提升利润率的重要手段与措施之一。

通过资产重组能有效提升盈利能力及利润率，而盈利能力及利润率的增加又能

使并购后的价值大幅提升，从而为企业（公司）未来的快速发展创造条件。从某种程度上讲，资产重组所增加的产业利润是并购后企业（公司）重新估值及价值增值的主要支撑与支持。一般而言，企业（公司）在进行资产重组后，其价值估值将会成倍放大，尤其是上市公司的资产重组，更是推动其价值增值及市值增加的主要手段。很多上市公司都是通过资产重组而实现股价的大幅上涨与市值的大幅增加。据中国证券报信息数据中心统计，2009 年全年有 176 家公司提出重大资产重组预案或草案，其中 16 家公司重组失败；按照已提出的重大资产重组预案计算，通过并购重组注入上市公司的资产共计约 1248 亿元，有望增加上市公司总市值 13250 亿元，相关公司平均每股收益提高 78%；以 2007 年长江证券与石家庄炼油化工有限公司资产重组的案例为例（见本书第十六章），资产重组前石家庄炼油化工有限公司的每股收益与每股净资产均为负值，2006 年前三季度净利润为 -158505 万元，而资产重组后，重组后公司的每股收益为 0.42，净利润约 7 亿元，实现了市值的成倍增长。

第六章
兼并收购的财务会计问题

兼并收购的全过程可以分为三个时段，第一时段是寻找目标企业，并购的主体公司与目标企业签订并购协议；第二时段是并购中的资产重组与股权重整，为业绩改善提供支持；第三时段是企业（公司）价值重新估值，反映并购后企业（公司）价值变化。在并购的第二时段、第三时段都涉及并购的财务会计处理。就并购的财务会计处理而言，是在遵守会计制度与执行会计准则的条件下，通过财务会计处理，把并购中的重组重整效应在企业（公司）报表中真实反映出来；并购后的企业（公司）业绩改善与价值增值，依赖的是企业（公司）财务指标好转，但是，财务指标好转应是真实的。因此，兼并收购的财务会计处理，要能够做到合法合规及真实。在兼并收购的财务会计处理中，会用到一些带有技巧性的方法，但是，为了防止通过财务会计处理人为地提升并购后的企业（公司）业绩，一些带有技巧性的方法不可过分使用，力求虚拟会计平衡稳妥并在合理区间波动。

第一节　资产评估及资产或股权的定价原则

并购交易与其他交易在本质上并无区别，并购交易也是产权交易的一种，而交易过程中的关键环节就是定价，价格是否合理决定着交易能否完成。所以，并购双方也都非常重视资产和股权的定价工作。一般而言，国有企业的所有并购交易都必须按照评估价格，在一定的波动区间讨价还价而定价，交易价格偏离较大的必须由主管部门进行审批。就上市公司而言，其作为公众公司，为了保护大多数中小股东利益，在重大资产重组和大标的并购活动中，往往也要通过资产评估来确定价格区间，利用中介机构的客观公允保证交易的公平，降低外界的质疑。其他并购交易，虽然不强制其进行资产评估，但是为了维护自身利益，越来越多的企业（公司）在并购中参考评估价格。目前，中介机构在进行评估时，常用的方式包括收益现值法、重置成本法和现行市价法，对于那些濒临破产的企业（公司），可以采用清算价格法。资产评估的价格是交易的重要依据，但并不是唯一依据，在并购交易的过程中，价格还受到市场环境的影响，围绕着评估价格上下波动，当然，无论是高于评估价格的溢价交易，还是低于评估价格的折价交易，都需要并购双方通过谈判来确定，谈判围绕着评估基准价展开，对于那些市场前景较好的资产和股权，往往能够实现溢价交易，对于那些资质不好或市场前景不好的资产和股权，往往只能折价买卖。

一、资产或股权定价的资产评估要求

在并购及其重组中，无一例外会涉及资产的定价问题，而资产评估因其相对客观和公允，在资产定价方面相对专业，往往成为并购双方确定交易价格的主要依据。相较于非上市企业，上市公司的并购及其重组定价，更强调资产评估定位的作用。根据对2009年度上市公司并购活动数据的汇总分析，经并购重组委审核通过的案例中，以评估结果为基准定价的占92.98%，其中以评估结果直接定价的占85.96%；涉及直接资产交易的上市公司重大资产重组案例100%进行了资产评估，其中92%以上的资产交易定价直接使用评估结果①。可以说，资产评估在并购重组中十分重要。一般而言，常用的评估方法主要有收益现值法、重置成本法、现行市价法和清算价格法等，根据并购双方条件和要求的不同，所选取的方法也会有所区别。

1. 资产或股权定价中资产评估的必要性

根据企业（公司）产权所有制的不同，兼并收购过程中对资产评估的要求也是有所区别的。对于国有企业而言，兼并收购涉及国有资产的保值增值，因此，对资产评估的要求是强制性的，根据《企业国有资产评估管理暂行办法》②，国有企业发生以下行为时需要进行资产评估：整体或者部分组建为有限责任公司或股份有限公司；以非货币资产对外投资；合并、分立、破产、解散；非上市企业国有股东股

---

① 上海证券交易所、中国资产评估协会联合课题组：《上市公司2009年度并购重组资产评估专题分析报告》，证券时报网，2010年4月15日。

② 《企业国有资产评估管理暂行办法》，经国务院国有资产监督管理委员会第31次主任办公会议审议通过，2005年9月1日起开始施行。

权比例变动；产权转让；资产转让、置换；整体资产或者部分资产租赁给非国有单位；以非货币资产偿还债务；资产涉讼；收购非国有单位的资产；接受非国有单位以非货币资产出资；接受非国有单位以非货币资产抵债等①。对于非国有企业而言，兼并收购活动的资产重组原则上不强制性要求进行资产评估，但是，对上市公司而言，由于其与生俱来的“公众属性”，为了保证交易的公平公允，在兼并收购过程中要进行资产评估，特别是涉及一些重大资产重组活动，上市公司都会选择进行资产评估②。

从并购的结果来看，资产评估在其中发挥了很重要的作用。首先，国有资产借助于专业的评估，实现了保值增值目标，提高了资产的运行效率，提升了国有经济的竞争力。一般来看，涉及国有资产的并购活动平均增值率较高，有的甚至接近100%，增值后的企业（公司）每股净资产增加，国有及国有控股的资产价值都有不同程度的提升。其次，资产评估提高了并购重组活动的质量，独立专业的评估服务有利于各方对标的资产和股权形成合理的价格判断，客观上遏制了劣质资产通过包装后交易的外溢成为并购标的，有效防止相关方的利益受损。对于证券市场及上市公司而言，资产评估更是发挥了重要的作用，一方面，资产评估是保证上市公司规范运作的重要手段，资产评估的介入可以有效防止关联方损害上市公司和中小股东的利益，推动上市公司的规范运作；另一方面，资产评估的信息披露要求有利于外部对上市公司的监督。按照上市公司监管要求，评估报告等必须在重大资产重组的申请文件中进行披露，对于假设前提、估值方法及其中的重要参数等必须进行合理的说明。上市公司对这些信息的披露，可以帮助证券监管机构及外部投资者进行全面监督，有利于抑制上市公司的过度投机活动。

2. 资产或股权定价的资产评估方法③

资产评估的主要方法都应该根据企业（公司）的具体情况和条件进行选择，合理的评估方法能为企业（公司）并购中的价格定价和并购方案设计提供指导。各类企业（公司）常用的评估方法有以下几种。

（1）收益现值法。收益现值法又称收益还原法、收益资本金化法，是目前资产评估中最常用的方法之一。该方法是将资产未来各期的预期收益按照一定的折现率

---

① 《企业国有资产评估管理暂行办法》，（国务院国有资产监督管理委员会令（第12号）），2005年9月1日起施行。

② 相关法律依据详见：《上市公司重大资产重组管理办法》。

③ 肖翔、何琳主编：《资产评估学教程》（修订本），清华大学出版社、北京交通大学出版社2006年版。

折算成现在的价值，并汇总计算价值总额作为资产的评估价格。收益现值法的核心理念是资产的价值由其预期收益决定，与成本无关。一般来讲，收益现值法适用于企业（公司）产权变动，或是土地使用权、无形资产等特殊资产的评估。在并购重组过程中，涉及运营良好与盈利水平较高且具有一定竞争力的企业（公司），或质量较好能在未来持续带来更多现金流的资产，可以使用收益现值法。较为常用的具体方法有：股利折现模型法、净利润折现法、自有现金流量折算法、剩余收益估价法和经济增加值估价法。

$$\text{评估资产价值} = \sum (\text{各期的预期收益额} \times \text{每年的折现系数}) \quad (6-1)$$

如果未来每年的预期收益额和每年的折现率相同，公式可以简化为：

$$\text{评估资产价值} = \text{预期收益额}/\text{折现率} \quad (6-2)$$

收益法把被评估资产的预期收益（获利能力或产能）作为评估标的来确定被评估资产的价值，方法相对科学，容易被双方所接受。但是，这种方法需要预测的参数较多，如资产的使用年限、未来各年度的收益和折现率，这些都需要根据历史数据进行估测，不确定性和主观性较大，因此结果波动性和偏离度往往较大。

（2）重置成本法。重置成本法是目前资产评估中最常用的方法之一。重置成本法是指在当下状态中，重建或重置被评估资产所需要支付的价格，减去被评估资产的实体性贬值、功能性贬值和经济性贬值等各种贬值因素，最后得出被评估资产的价值。应用重置成本法，假设重置的全新资产特征、结构及功能必须和被评估资产具有可比性，即被评估资产是可以复制和再生的，同时资产随着时间的推移可能发生贬值。

重置成本法的适用范围相对较广，其全面考虑了资产的损耗和市价影响因素，一切以重置和补偿为目的资产评估都可以使用此法。对单项资产而言，只要其可以重新建造或购买，可以计量其损耗（有形和无形）均适用，如房屋建筑物、各种机器设备、技术专利等无形资产；对于整体资产而言，如果符合可重置的原则同样适用，如工厂、独立车间等。在整体资产的评估中，相关土地不适用此法估值。在并购重组过程中，如果对象运营状况和盈利水平较低，发展前景不确定，或是资产质量不高，未来无法带来持续的现金流，则可以使用重置成本法，较为常用的具体方法有：直接法、功能价值法、物价指数法和规模经济效益指数法。

$$\text{评估资产价值} = \text{资产重置成本} - \text{实体性贬值} - \text{功能性贬值} - \text{经济性贬值} \quad (6-3)$$

（3）现行市价法。现行市价法是参照相同相近或者类似资产的最新成交价格，经过分析比较并进行调整，估测出被评估资产的价值。现行市价法适用于交易市场成熟、市场有可比性交易活动同类资产，即参照物和被评估资产在技术和性能等方面相同或相似，面临的市场条件具有可比性，参照物的成交时间与评估基准时间间隔不长。对于差异较大的资产，不能使用该方法。在并购重组过程中，如果并购重组标的长期处于亏损状态，运营惨淡；或是资产质量不佳，往往可以使用现行市价法。

评估资产价值 = 参照物市价 +/- 比较后调整的价格差额

或：　评估资产价值 = 参照物市价 ×（1 +/- 调整系数）　（6-4）

（4）清算价格法。清算就是企业（公司）由于破产或自愿停业或无法按时偿债等原因，要求在较短的时期内将企业（公司）或资产变现。清算价格法是根据企业（公司）清算时资产的可变现价值，来估算被评估资产价值的方法。企业（公司）在清算时交易的主动权在买方，因此清算价格一般低于市场的公开价格。在并购过程中，对于具有法律效力进行破产处理且变卖收入可以补偿出售所发生支出的企业（公司），可以对其使用清算价格法进行资产评估①。

清算价格法主要方法如下②：整体评估法、市价折扣法和模拟拍卖法

整体评估法：　清算价格 = 市价 - 清算费用　（6-5）

市价折扣法：　清算价格 = 参照物资产价格 ×（1 - 折扣率）　（6-6）

模拟拍卖法：向潜在的购买者询价，获得市场信息，做出评估。

二、资产或股权评估的市场价格导向

产权交易原本是买卖双方的经济行为，只要产权明晰，买卖双方不受外界影响自主决策，那么双方确定的价格就可以认为是公正合理的，也就是形成了有效的交易价格。在中国早期并购实践中，并购双方大多是国有企业，并购主导是政府，即企业（公司）是在政府的行政指令下主动或被动地进行并购，因此，在这一过程中，并购的非经济意义往往大于经济意义，并购价格的确定具有较大的主观性和政策性。随着产权制度改革的日益深入与中国资本市场的快速发展，国有企业、非国

---

① 郑建霞：《企业并购重组中资产评估方法选择分析》，《现代商贸工业》，2012 年第 19 期。

② 代英姿：《国有资产评估管理》，中国财政经济出版社，2005 年 2 月第 1 版，第 62 ~64 页。

有企业、外资等多种类型企业（公司）开始共同参与并购，并购不再是资产从政府的“左手”转给政府的“右手”，并购活动本身开始影响着不同主体的经济利益，影响着国有资产的保值增值甚至影响着市场经济中的公平秩序。因此，规范并购活动，用市场之手来调节，而不是用政府之手来管控，成为并购的内在要求。

并购是资源的优化重组活动，企业（公司）并购活动应该是基于发展需要，而价格则是决定并购能够成功进行的关键。从定价的基本原则来看，价值决定价格，价格围绕价值上下波动。在市场力量发挥作用的市场环境中，买卖双方的供求往往决定了价格的高低。在并购活动中，大多先对目标资产或股权进行资产评估，由专业的评估机构完成评估活动。应该说，评估出来的资产或股权价格是一个理论或专业基准价，在实际交易过程中，并不会完全采纳这一价格。实际的交易价格是由市场环境决定的，一些资产（或股权）的评估价格不高，但是未来的盈利前景较好，这类资产（或股权）往往供不应求，那么可能交易价格要高于评估价格；一些资产（或股权）的评估价格很高，在市场上具有较高的盈利能力，但是行业门槛较低，行业本身产能过剩，新的技术已经诞生并有取代其的趋势，这种资产（或股权）的实际交易价格往往会低于其评估价格。可以说，市场环境是价格最重要的影响因素，市场环境的变化导致了实际交易价格与评估价格之间的差异，而正是由于市场的瞬息变化，使得这种差异不是短期的或暂时的，而是常态化。并购交易的市场价格导向，反映出市场的需求和供给力量对比，充分发挥了市场对资源配置的决定作用，有利于提升资源配置的效率，也有利于规范并购双方的行为，减少带有盲目性的并购活动。

三、资产或股权评估基准价的溢价与折价谈判

溢价收购就是指以高于评估基准价购买目标企业（公司）的资产或股份的收购行为；并购主体公司为取得目标企业的资产或股权而向目标企业股东支付的高于其评估基准价的部分价值就是溢价价值。折价收购就是指以低于评估基准价购买目标企业的资产或股份的收购行为；并购主体公司为取得目标企业的资产或股权而向目标企业股东支付的低于其评估基准价的部分价值就是折价价值。在并购活动中，涉及国有及国有控股的资产或股权并购交易，一般需要参考评估基准价，在评估基准价上下的一定区间内进行定价，折价尤其过大折价往往需要获得主管部门的审批。其他类型企业（公司）的并购活动，其产权交易价格往往是双方谈判的结果，特别是偏离评估基准价较大的溢价和折价并购，需要并购双方进行面对面的谈判，讨价

还价，最终达成并购双方满意的交易价格。

第二节　资产或股权置换的等价交换要求

兼并收购的资产重组或股权重整过程中，涉及大量的资产置换与股权置换。资产或股权的置换应该按照等价交换的原则进行，从而达到或实现虚拟会计平衡。一般情况下，置换标的评估价格是基准价，置换的实际定价不会过大偏离基准价，依托评估基准价的折价或溢价要控制在一个合理的范围内，否则，会给财务做假留下较大的空间。置换过程中出现资产价格差额，一般会用现金或债权形式的长期负债进行对价。原则上也允许将差额计入资本公积、商誉或当期损益的情况。

一、资产或股权等价置换的虚拟会计平衡

资产或股权的可计价，决定了并购中资产重组的操作，可以实行资产置换或股权置换。在资产重组的操作中，资产或股权置换要遵循等价交换的原则，即置换出与置换入的资产或股权要等价。反映在财务报表上就是资产负债表的会计平衡。由于并购重组发生的时间一般不会与资产负债表调整日完全重合，并且置换出与置换入的资产账面价值或市场价格并不一定完全相等，所以上述会计平衡并不是绝对意义的、丝毫不差的会计平衡，而是一种大致的、允许有一定偏差的平衡，为此，将其称之为“虚拟会计平衡”。究其本质而言，虚拟会计平衡是对置换的资产或股权进行评估定价而达到一种平衡的过程，在资产或股权置换中，资产评估价是资产或股权定价的基准价，虚拟会计平衡要求资产评估要相对准确。需要强调指出的是，相对于资产或股权的市场价格而言，资产评估所产生的溢价或折价必须控制在一定的幅度范围内。比如，某项资产或股权的市场价格为 100 万元，资产评估的价格偏差原则上不应超过 5%，即 95 万 ~ 105 万元是允许的、可以接受的；相反，如果偏离市场价格过大，就不再是虚拟会计平衡了，可能是出于为改善财务报表的目的而进行的财务做假。如果资产或股权实际定价过度偏离实际市场价，通过资产评估大幅溢价或折价而提升资产或股权重组后的业绩，就偏离了虚拟会计平衡。

二、资产或股权不等价置换的财务做假风险防范

在兼并收购中，如果资产或股权不遵循等价交换的原则，依赖资产评估过大溢价或折价等手段，过度提升置换后的业绩，往往就会产生人为的财务会计做假。对

资产或股权的非等价置换来说，其目的有可能是为了粉饰财务报表，也有可能是为了短期的投机行为，但无论是哪种目的，其结果和影响都是很严重的；既扰乱了证券市场的良好秩序，又伴随内幕交易、市场操纵等行为，还扭曲了价值投资理念，从而破坏了资本市场固有的资源优化配置功能的发挥。

资产或股权非等价置换的财务做假手段，往往会导致较大的企业（公司）财务风险。资产或股权非等价置换的财务做假手段多种多样。从一些上市公司并购后的资产重组案例看，有以下几种情况。

其一，以“沙子换大米”实施利润转移的资产或股权非等价置换。这类情况主要发生在非上市公司与上市公司之间的资产或股权置换中。按照置换标的的不同，又可以进一步分为：①借助关联交易，以非上市企业优质资产置换上市公司劣质资产，通过优质资产的评估折价、劣质资产的评估溢价，在资产置换后迅速提升上市公司业绩；②非上市企业将盈利能力较高的子公司出售给上市公司，而且通过评估降低子公司股权价格，从而在交易完成迅速改善上市公司业绩。这类资产重组往往带有很强的投机性，重组以后仍然不可能提高上市公司的竞争力。

其二，以偏离市场价格而实施的“关联交易”式的资产重组。这类情况主要表现为在主营业务外进行的一些关联交易性的资产或股权出售或转让，关联交易式资产重组在报表中大都反映或表述为“其他业务利润”“投资收益”或“营业外收入”，此类上市公司即使年报显示利润较大，也都是主营业务亏损，主业缺乏竞争力。

其三，通过非经常性损益的扣除或增加随意调节利润。这类情况主要表现为以连续几次的股权转让收益实现迅速扭亏。非经常性损益绝对值过大，或者非经常性损益占净利润比例过高的上市公司，潜在的经营风险也将十分巨大。

三、资产或股权等价置换的价格差额会计处理

在并购的资产重组或股权重整中，资产与资产置换、资产与股权置换、股权与股权置换、股权与债权置换、资产与债权置换等，都要遵循等价交换的市场交易准则及相应的会计处理要求。就相互置换中的资产标的、股权标的、债权标的而言，不可能有完全价格相等的两个标的，因此，从操作原理上说，价格不相等的两个标的置换，可以用现金弥补价格差额缺口。但是，并购的资产重组或股权重整，往往涉及多重置换或同一标的资产或股权的多次置换，每次置换的价格差额都用现金弥补缺口会延迟重组重整进程。为了方便置换的操作，置换标的的价格差额可通过企

业（公司）间的应收应付来弥补。

并购合同的签订使并购的主体公司与目标企业之间形成了产权纽带，资产重组与股权重整往往是在主体公司的关联企业（公司）与目标企业的关联企业（公司）之间进行；基于产权纽带连接的信用，资产重组与股权重整的多重置换、同一标的资产或股权的多次置换，所涉及的价格差额，通过关联企业（公司）之间的应收应付进行弥补。当然，这些资产或股权置换所涉及的弥补价格差额的应收应付，在关联企业（公司）的重组整合合约中也会体现。对于不跨财务年度且额度不大的应收应付，关联企业（公司）之间大都不再签订相应的合约；但是，对于跨财务年度尤其跨两个以上财务年度且数额大的应收应付，关联企业（公司）之间还要签订债权债务协议，在协议中明确债务的偿债方法及债息费用等。

资产或股权置换标的所形成价格差额，无论是以现金弥补缺口，还是以关联企业（公司）之间的应收应付弥补缺口，都应采取相应的会计处理。相应的会计处理可分为三类。

其一，用现金或应收应付补齐差额而实现真正意义上的等价交换。以固定资产置换股权为例，其会计分录为：

借：固定资产清理

　　累计折旧

　　贷：固定资产

借：长期股权投资

　　贷：固定资产清理

　　　　现金（或长期应付款）

其二，直接计入资本公积。这一类型主要是针对同一控制下的企业（公司）并购。同样以固定资产置换股权为例，其会计分录为：

借：固定资产清理

　　累计折旧

　　贷：固定资产

借：长期股权投资

　　贷：固定资产清理

　　　　资本公积

其三，直接计入商誉或当期损益。这一类型主要针对非同一控制下的企业（公司）并购。同样以固定资产置换股权为例，其会计分录为：

借：固定资产清理

　　累计折旧

　　贷：固定资产

借：长期股权投资

　　商誉

　　贷：固定资产清理

或

借：长期股权投资

　　贷：固定资产清理

　　　　营业外支出

第三节　资产负债表的调整或重新编制

并购及其资产重组或股权重整所涉及的产权交易要在报表中反映。因此，无论是通常的并购形式，还是并购的衍生形式如吸收合并、新设合并，都涉及资产负债表的调整或重新编制。并购的资产负债表调整或重新编制，既要符合产权交易的政策要求，也要符合纳税管理的要求；当然，更要符合会计制度及会计准则的要求。

一、并购中资产负债表调整的具体要求

并购中的资产变更主要集中在资产重组或股权重整所涉及的各类标的资产的置换或处置。如资产置换资产、资产置换股权、股权置换股权、股权置换债权、资产置换债权、资产出售、股权出售、债权转让等。各类标的的资产置换或处置反映在资产负债表中，按具体操作步骤要满足如下要求。

1. 各类标的资产评估及置换或处置的政策要求

无论是资产重组或股权重整所涉及的置换资产，还是资产重组或股权重整所涉及的处置资产，各类标的资产都要进行资产评估，对标的资产的评估要符合资产评估的政策要求。标的资产的评估价是产权交易的基准价，产权交易最终形成的价格受重组重整关联方讨价还价因素的影响，当然也受经济景气度、资本市场活跃度的影响。如果标的资产不进行评估，重组重整关联方以标的资产账面价格直接讨价还价形成产权交易价，即使价格看起来合理，仍不符合政策要求。没有经过评估、没

有评估基准价的标的资产，在置换或处置后直接反映在报表中，违背了政策要求。对置换或处置的标的资产进行评估，除了从政策上保证标的资产价格形成符合规定，还从政策上保证标的资产是合法真实的资产。重组重整中的风险，不仅在于标的资产价格严重偏离其价值，往往还在于标的资产不合法甚至根本不存在。

在资产重组或股权重整中的置换资产，不仅改变了关联方的资产结构，而且还会改变关联方的纳税基数。以并购后目标企业的股权转债权为例，目标企业的标的股权进行股转债的操作，直接结果是增加了目标企业的负债总额，如果股转债的标的额较大，就会导致目标企业纳税基数尤其企业所得税纳税基数的变化。因此，类似的标的资产置换或处置，要尽可能按政策要求操作，保证反映在资产负债表中的科目调整能够有充分的政策依据。大多数的案例中，涉及纳税基数变化的资产置换或处置，往往都要与税务部门沟通交流，取得税务部门对重组重整的支持。

2. 各类标的资产置换或处置的主体与基准日要求

并购一般是由主体公司推动的，并购的资产重组或股权重整也大多是由主体公司主导的。合理确定资产处置或置换的主体公司方、目标企业方，既有利于资产置换或处置的关联公司报表调整的协调一致，还有利于防止关联公司报表调整的错误或虚假。资产置换或处置的基准日确定，既可以保证关联公司报表调整的时间一致，还可以保证交易价格的公平。

（1）主体公司方与目标企业方的确定。资产重组或股权重整所涉及的资产置换或处置，是两个以上或多个产权主体间的产权交易，而其产权交易是由并购导致的。因此，要区分资产置换或处置所涉及关联企业（公司）的控制主体，具体而言，就是关联企业（公司）是归属并购的主体公司、还是归属目标企业。如两个关联公司 B 公司、D 企业进行资产与股份的置换，以 D 企业持有的某家合资公司 50% 的股份与 B 公司的一个生产车间进行资产股份的置换，按 B 公司、D 企业的产权归属划分，B 公司是由并购的主体公司 A 控股 60% 的公司，而 D 企业本身就是并购的目标企业。就资产置换或处置的关联企业（公司）是隶属主体公司方、还是隶属目标企业方的划分，意味着要求两家或多家关联企业（公司）资产负债表的同时调整；当然，所谓关联企业（公司）资产负债表的同时调整只是一个大致要求，不强制要求时间的完全一样，关联企业（公司）可根据是隶属主体公司方、目标企业方及各自财务管理制度的要求进行调整；在时间差异上，跨财务季度是允许的，只要各关联企业（公司）在相同的财务年度内完成报表调整就符合要求。

一般而言，并购大多是由主体公司董事会及股东（大）会推动的，并购后的资产重组或股权置换也基本是由主体公司董事会及股东（大）会推动的。为了防止主体公司通过资产置换或处置的时间差操纵利润，要求主体公司的关联公司（企业）与目标企业（公司）在资产置换或处置的报表调整应该协调一致。区分资产置换或处置关联公司（企业）的不同归属主体，明确产权交易的主体公司方和目标企业方，能为产权交易的公平公允及计价在各自报表中的相对准确反映创造条件，从而对主体公司方通过资产重组或股权置换操纵利润形成约束。

（2）资产置换或处置的基准日确定。并购后的资产置换或处置要确定基准日。基准日确定既是资产置换或处置所涉及资产的定价要求，也是通过产权交易获得相关联公司（企业）控制权的转移要求。通过资产置换或处置所实现的关联公司（企业）控制权转移所对应的基准日，就是涉及可辨认资产、负债转移在各自报表上反映的基准日。在资产置换或处置的实际操作中，确定基准日依据控制权转移的时点进行判断。并购所涉及的资产置换或处置，关联公司（企业）之间要签订合同或协议，合同或协议要经过股东（大）会通过。一般而言，经过股东（大）会通过了合同或协议，基准日确定的条件就已经成立。

需要强调指出的，就上市公司的并购而言，无论并购主体是上市公司，还是目标企业是上市公司，或并购主体与目标企业都是上市公司，并购中或并购后的资产置换或处置，基准日的确定还要考虑证券主管部门的审批条件，相较于发达国家政府对证券市场的监督，发展中国家政府对证券市场监督更具体；中国作为发展中国家，涉及上市公司并购的资产置换或处置尤其是重大资产置换或处置，必须报证券主管部门审批；在向证券主管部门申报以后，取得证券主管部门的批准文件，可以视为上市公司并购资产置换或处置基准日确定的重要条件。

无论是非上市公司并购的资产置换或处置经过股东（大）会通过了合同或协议，还是涉及上市公司并购的资产置换或处置在股东（大）会通过后报证券主管部门并获得批准文件，仅仅是基准日确定的条件。具备这条件的同时，相关资产置换或处置还要完成产权交易的对价及过户变更，才可以正式对基准日进行确定。在基准日得到确定后，相关资产置换或处置的会计处理才可以进行。

3. 各类标的资产置换或处置的会计要求

在并购后的重组重整中，无论是两个以上产权交易主体的资产置换，还是涉及多个不同产权主体的资产处置，都要考虑会计制度与会计准则的相关要求，会计处理要能够真实反映资产置换或处置标的的实际价值。

（1）资产置换标的相关方要进行产权价格的等价交换。在资产置换中无论是资产置换资产，还是资产置换股权，或股权置换股权，或股权置换债权，或资产置换债权，都涉及标的资产的产权价格，产权价格要等价交换。产权价格的等价交换不仅表现在产交换前的标的资产定价，还表现在标的资产置换后的会计处理。就会计处理而言，首先要对标的资产的产权价格进行评判，价格围绕价值上下波动，价格如果偏离价值过大，就难以符合会计处理的要求；如果标的资产的价值与实际价值基本相符，就具备了会计处理的条件，在会计处理的操作中，置换出去与置换进来的资产不可能完全价格相等，为实现等价交换而搭配现金或实行差额的应收应付，都应能在相应会计科目中真实反映。会计科目中反映的标的资产搭配现金或实行差额的应收应付，应与相应资产置换协议条款相一致。

（2）标的资产处置的溢价收益或折价损失要能够真实反映。标的资产处置大多以产权出售或转让方式进行，大标的资产处置表现为资产或股权出售或转让，小标的资产或剥离或清理。有的标的资产处置会产生溢价而形成收益，有的标的资产会产生折价而形成损失，标的资产处置的收益或损失都要在报表上反映，涉及收益还要产生纳税，涉及损失还要提取减值准备金。如果大额标的资产处置如股权转让产生的溢价收益过大，很可能在相应财务年度产生较大额的所得税，为此，可以考虑，跨 2 个或 3 个财务年度分次处置。当然，分几个财务年度处置大标的资产，还应与并购及并购后的重组重整进程相一致，不能因为合理避税而影响重组重整进程；如果是已经确定并公布公开信息的重组重整进程，必须按规划规定而推进。

二、并购中资产负债表的重新编制

并购方式会随着并购创新及资本市场的不断发展而创新。并购的某些方式会涉及产权交易单位的消失或终止，因此，在并购中要进行资产负债表的重要编制。具体而言，就是在并购或并购创新中涉及一个或几个产权交易单位的消失或终止，就要解决资产负债表的重新编制问题。资产负债的重新编制要满足一些相关的要求。

1. 资产负债表重新编制的几种情况

并购中所涉及资产负债表的重新编制，大致有三种情况：一是多家或若干家企业（公司）的联合；二是两家或两家以上企业（公司）的吸收合并；三是某家或某几家企业（公司）被接管。

（1）多家或若干家企业（公司）的联合。联合在并购中不是一种完全市场化的并购方式，但也经常被使用。所谓联合是指在行政力量或其他外部力量作用的推动下，把多家或若干家企业（公司）联合在一起而组建集团。联合能在短时间内培育出资产规模较大的企业或公司，把几百家乃至几千家企业（公司）联合起来可以在短时间内催生出超大规模的集团公司。无论是松散还是紧密的联合都集中表现为资产的合并，就联合而言的资产合并，可以分为几种方式：①集中式资产合并，这种合并往往形成单一层次的资产规模更大的公司，且涉及若干家企业（公司）的注销，以及规模更大的企业或公司的工商重新注册登记；②分层的资产合并，一般是按照子孙公司分层级，将不同层级的子孙公司分别合并，从而进行资产整合，发挥资产的协同效应；③单纯的定位于组建集团的资产合并，集团的设立涉及多个法人或多个资产规模不同的经营单位，通过联合式的资产合并而组建大型集团，往往需要在集团总部设置较多统筹各子公司业务的管理部门，另外还需设置一些总部职能部门，如与战略、绩效、资源配置等相关的职能部门。

（2）两家或两家以上企业（公司）的吸收合并。吸收合并是一种市场化的并购方式，尤其是依托资本市场的吸收合并，更加强调市场的配置作用。吸收合并往往有利于企业（公司）内外资源的整合，完善公司产业链，并通过做大做强拓宽企业（公司）的融资渠道。吸收合并常见的有两种方式：①两家企业（公司）的吸收合并，在两家企业（公司）中首先要确定主体公司、目标企业，然后将目标企业资产全部合并到主体公司；②两家以上企业（公司）吸收合并，比如 3 家甚至 4 ~ 5 家企业的吸收合并，这种合并虽然不常见，但是仍会发生，比如 A、B、C 三家企业，可以先确定 A 为主体公司，B、C 为目标企业，然后将目标企业资产全部合并到主体公司，落实到具体操作上，既可以采取一次把 B、C 合并到 A 公司的方式，也可以采取先将 B 合并到 A，经过 1 ~ 2 个财务年度，再将 C 合并到 A 的方式。

（3）某家或某几家企业（公司）被接管。企业（公司）被接管往往是指通过行政力量或司法判决指定某家有实力的公司或专业机构对某家或某几家企业（公司）进行接管，在某家或某几家企业（公司）被接管后，原董事会将不再发挥作用，整个企业（公司）的资产将归接管方处置或整合运营。企业（公司）被接管的资产处置或整合运营分为两种：①被接管企业（公司）不再继续经营，而实行资产处置，包括变卖、出售、清算等，此种处置方式往往是为了通过资产处置进行资金回收来支付相应赔偿；②被接管企业（公司）继续经营，接管公司对部分资产进行处置后，对剩余资产进行重组重整，此种方式往往是在处置部分闲置资产后，对被接管企业（公司）的剩余资产进行重组重整而实现继续运营。

2. 资产负债表重新编制的相关要求

以上并购的方式要求在并购中重新编制资产负债表。无论这些并购方式涉及几家或多家企业（公司），资产负债表的重新编制，不是把几家或多家企业（公司）的报表简单相加，而是要考虑相关要求并反复估算（测算）而谨慎地编制。

（1）注册资本金规模的重新确定。对于某家或某几家企业（公司）被接管的并购来讲，并不涉及注册资本金的重新确定，但是联合和吸收合并一般会涉及注册资本金的重新确定，主要是由于联合和吸收合并往往会涉及部分企业（公司）的注销及资产的较大力度整合。对母子公司的注册资本金规模重新确定时，往往容易形成企业（公司）注册资本金小而资产规模大的状态，或注册资本金与企业净资产有较大悬殊的现象，而在对注册资本金规模重新确定时，注册资本金也并非是越多越好，应该综合考虑各种因素。

首先，针对母公司层面的合并，如 A、B 两家企业（公司）进行吸收合并，合并前注册资本金分别是 100 亿元和 50 亿元，合并后形成的 AB 公司的注册资本金并非是简单地将 100 亿元和 50 亿元相加，而是需要考虑在合并后 AB 公司经营规模相对于 A、B 企业（公司）的原规模是否有大幅度增长，以及 AB 公司是否要进行转型等。如果在合并后公司经营规模有较大幅度的增长，或考虑转型，且在短期内能有较大成效，则可以适当增加注册资本金规模；如果合并后公司经营规模并没有较大程度增长，而且公司不考虑转型，或转型在短时间内不能取得较大成效时，则可以适当减小注册资本金规模。

其次，针对子公司层面而言，则需要考虑子公司在合并前后所承担的主营业务比重以及子公司规模大小，如果子公司承担主营业务比重以及规模相对较大，比如子公司主营业务比重等在母公司合并报表中占比超过 30% 甚至更多，则可以考虑在整合后适当增加子公司的注册资本金规模；如果子公司承担的主营业务比重及规模相对较小，则可以考虑适当减小子公司注册资本金规模。

另外，注册资本金的规模确定也可以参照行业内其他类似企业（公司），按照行业内与其规模类似企业（公司）的资本金规模进行设置。在资本金的缴纳上，则可以选择通过分次缴纳资本金的方式，在规定时间范围内完成注册资本金的缴纳；也可以利用实物资产出资的方式进行出资等。

（2）纳税基数的合理确定及税收筹划。在企业（公司）并购中，对纳税基数进行重新合理确定及税收筹划十分必要，纳税基数的重新合理确定不仅要考虑母子公司本身的经营状况，还要考虑母子公司合并前后对税务部门的税收缴纳情况以及税收缴纳对所在地税务部门税收增长或下降的影响程度；税收筹划需要考虑企业（公司）具体税种的税收缴纳情况对母子公司自身经营及所在地税务部门税收增长或下降的影响程度。

首先，合并后母公司的纳税基数并非是合并前各企业（公司）的简单加和。比如，若 A、B 在合并前注册地在同一地方，一般会在 A、B 合并后将业务及相应的职能部门进行重整，这种重整往往会在几个财务年度内影响经营的业绩，与此相适应，要进行减少纳税基数的预算及管理；若 A、B 两家企业（公司）合并前不在同一注册地，则有可能会将目标企业变更为成子公司，这样则对纳税基数的影响较小。

其次，除了母公司的纳税基数调整之外，还有子公司纳税基数的调整。吸收合并中，除了母公司本身层面的合并，还有子公司相应业务的整合。比如对子公司 A_1、B_1进行整合时，并非是将原先各自的纳税基数进行简单相加，如果两家子公司拥有相近的业务类型，而且在各自原先母公司合并报表中占比较大，进行业务整合时，不仅影响子公司本身的税收缴纳，而且对税务部门征税情况影响较大，需要充分考虑整合后对纳税基数的影响。因此，在对子公司相应业务进行整合时，既要考虑子公司本身的经营需要，也要考虑对所在地税务部门税收额度波动的影响，将两者统一考虑后完成对子公司的纳税基数调整。

最后，在企业（公司）并购中，往往要对母子公司进行具体税种的税收筹划，税收筹划不仅会影响母子公司本身经营状况，而且会影响当地税务部门的税收收缴情况。如企业所得税与增值税一般占比较大，对企业所得税与增值税的纳税筹划显得尤为重要，母子公司在进行企业所得税与增值税纳税筹划时，应充分考虑其征收管理规定及相应优惠政策减免规定，在法律允许的范围内对企业所得税与增值税进行税收筹划。

在对企业（公司）合并进行纳税基数合理确定及税收筹划时，既要充分考虑母子公司本身经营的需要，也要充分与税务部门进行沟通交流，尽量使合并前后纳税基数与相应税种的税收缴纳情况不产生巨大波动，力争纳税额能够与合并后的公司经营整合相同步。

（3）与融资相匹配的负债结构资产结构调整规划。资产负债表的重新编制要考虑并购后重组重整的融资需求，融资留有空间。一般情况下，并购后重组重整的推进会加快融资进程，增加融资规模；当然，也会使融资方式的选择相对多样化，既有股票增发、配股等的直接融资，又有利用财务杠杆的间接融资。因此，在资产负债表重新编制时，需要考虑与融资相匹配的负债结构资产结构调整规划。

负债结构的调整规划主要是选择利用不同的财务杠杆进行负债融资，负债融资除了考虑整体的资产负债率之外，还要考虑负债的结构，即合理搭配负债中短期负债中期负债长期负债的比例。就负债结构的调整规划而言，并没有统一的标准，重点需要考虑财务费用与流动资产结构的合理性，在此基础上，对负债结构进行调整。若长期负债比例较高，则可以考虑采用直接融资的方式增加股权融资的比例，或考虑债权转为股权，既能增加股权融资比例还能相应减少长期负债比例；若短中期负债比例较高，则可以考虑适当增加长期负债融资以增强负债稳定性。此外，在对负债结构进行调整规划时，还应考虑货币政策的变化，当处于加息通道时，可考虑减少长期负债，多用中短期负债的方式筹资；当处于减息通道时，考虑增加长期负债并在长期负债到期时，适当扩展负债偿还期限，以较好利用低息的优惠。

就资产结构的调整规划而言，主要考虑流动资产与非流动资产所占比重。若已有的非流动资产占比较高，则需要严格控制非流动资产的投资，适当增加股权融资，减少项目投资规模与数量，从而相应减小非流动资产比例。此外，还可以通过非流动资产处置的方式，或利用非流动资产进行对外投资，与其他公司进行合作，这不仅能够减小非流动资产所占比重，还能增加对外投资获得收益。

（4）与合并报表相关联的主要子（分）公司股权结构规划。并购后新公司财务指标的改变，既受到公司本身经营的影响，又受到子（分）公司股权结构对合并报表的影响。因此，资产负债表的重新编制，要做好与合并报表相关联的主要子（分）公司股权结构规划。分公司本身不用编制报表，而是直接纳入到母公司报表中，因此，主要考虑子公司股权结构规划对合并报表的影响。

在对与合并报表相关联的主要子公司进行股权结构规划时，若是占公司主营业务比重较大的子公司，则应采用绝对控股的方式，持有子公司股权比例在50%以上，便于控制子公司重大经营决策等；若是占公司主营业务比重较小的子公司和未来将要进行业务转型的子公司则采用相对控股或参股的方式，持有子公司股权比例在50%以下，将来根据其经营情况变化适当增加或减小持股比例。对于主营业务经营规模相对较小的子公司，若其未来经营较好，则可以适当增加持股比例，反之则减小持股比例；对于进行转型的子公司，若转型成功且经营较好，则可以适当增加持股比例，反之相应减小持股比例。

在进行与合并报表相关联的主要子（分）公司股权结构规划时，既要考虑子公司本身主营业务占合并报表主营业务比重，又要考虑子公司本身经营状况及经营波动，从而使合并报表在未来几个财务年度内可控。

第四节　并购损益与表外会计的会计处理

并购是两个或多个产权单位的交易，通过产权交易进行资源的重新配置。虽然，并购的主体公司在产权交易中相对处于主动的有利位置，但是，其往往要承担与目标企业产权交易的风险。因此，主体公司在并购中应该谨慎地对待目标企业的资产和负债，与此相适应，会计处理，既要对并购损益进行合理确认，又要足额提取坏账准备金，还要估算确认表外会计的风险准备金额度。在操作上对于一些主观性较强的科目，如应收账款等，应严格审核，从严计提坏账准备金。除此之外，对于表外会计风险的相关事项，企业（公司）应在并购当期主动提取风险准备金，以降低或有事件所可能给财务和经营带来的影响，实现并购后的平稳过渡。

一、并购损益的确认与计量及会计处理

并购损益是指并购目标企业后新公司的价值超过或低于并购前预计或估算价值的差额。主体公司在并购过程中，应当进行成本效益分析，并购协议正式签订的基本条件是净损失小于零、净收益大于零。尽可能保证并购有收益而不产生损失，仅仅是一种预期。大多数的并购会产生损失。因此，并购过程中要进行并购损益计算。通常，既要计算并购损益，也要计算并购净损益。

主体公司并购损益的计算。以吸收合并为例。并购损益等于并购后新公司整体的价值减去并购前并购方和被并购目标企业整体价值后的余额。即：

并购损益 = 并购后新公司价值 - (并购前主体公司价值 + 并购前目标企业价值)

例如，A 公司并购 B 公司，并购前 A 公司价值为 4 亿元，B 企业价值为 3 亿元。A 公司并购 B 企业后组成新 AB 公司，AB 公司价值为 8 亿元，则该并购收益为 1 亿元，计算方法如下：

并购损益 =8 -（4 +3）=1（亿元）

并购净损益的计算。在并购损益的基础上，减去为并购目标企业而支付的并购溢价（即并购价格减去并购前目标企业价值后的差额）和为并购活动所发生的律师、顾问、谈判等并购费用后的余额，即为并购净收益。其计算公式如下：

并购净损益 = 并购损益 - 并购溢价 - 并购费用

假定 A 公司在并购 B 企业时，并购价格为 3.2 亿元，则并购溢价为 0.2 亿元

[3.2－3＝0.2（亿元）]，发生相关并购费用0.1亿元，则该并购净收益为0.7亿元，计算过程如下：

并购净损益＝1－0.2－0.1＝0.7（亿元）

并购大都是希望产生收益而尽可能没有损失，计算并购损益与并购净损益，仍是把并购损益反映在财务报表上。并购损益的会计处理仍是表现为股权或资产处置的会计处理，由此产生并购损益的会计处理。以长期股权投资处置为例，对并购损益会计处理进行说明：处置长期股权投资，应按实际结算到账的价款与长期股权投资账面价值的差额，确认为当期损益；在采用权益法核算时，因被投资企业（公司）除净损益以外所有者权益的其他变动而计入所有者权益的，该项投资的处置应当将原计入所有者权益的部分相应地转入当期损益，即将原计入资本公积项目的金额转入投资收益账户；长期股权投资往往分次完成，部分处置某项长期股权投资时，应按该项投资的总平均成本确定其处置部分的成本，并按相应比例结转已计提的减值准备和资本公积准备项目。会计处理如下：

借：银行存款

　　长期股权投资减值准备

　　贷：长期股权投资——投资成本

　　　　长期股权投资——损益调整

　　　　长期股权投资——所有者权益其他变动

　　　　投资收益

同时将原计入资本公积准备项目的金额转入投资收益。其会计处理为：

借：资本公积——其他资本公积

　　贷：投资收益

二、坏账准备金的总额提取

坏账准备金是指纳税人按年末应收账款余额的一定比例提取准备金，用于核销其应收账款的坏账损失。计提坏账准备金，是会计准则对企业（公司）进行应收账款管理的要求，在市场经济条件下，企业（公司）之间可以进行信用交易，以信用支持其参与市场竞争，因此，企业（公司）之间采用赊销方式销售商品并提供劳务，形成了企业（公司）之间收取款项的权利即应收账款。当然，各种原因的信用违约，都会导致应收账款无法收回，应收账款如果无法收回，就会形成坏账。会计准则要求企业（公司）进行应收账款管理，在会计上设置“坏账准备”和“资产减值准备”账户；企业（公司）坏账损失核算按照权责发生制，采用备抵法，其中，坏账准备贷方反映提取的额度，借方反映核销的额度，期末余额反映出已经提取尚未转销的坏账准备金。企业（公司）可以提取坏账准备的范围包括：应收账款、应收票据、其他应收款、长期应收款、预付账款、应收分保账款、应收利息等。可以说，企业（公司）财务管理中对坏账损失核算的正确与否，直接影响着企业（公司）费用及经营成果核算的正确性。

企业（公司）并购之后，并购主体公司要进行的一项重要工作就是进行坏账准备金的总额提取。无论并购中如何进行尽职调查，并购主体公司与目标企业在会计信息上存在较大的不对称性，目标企业为了提高估价或争取并购谈判的更多筹码，有可能会通过修改会计政策和会计估算即变化坏账准备计提方法及比例来提高其盈利水平，目标企业也可能在坏账账龄划分上刻意调整等。这种财务信息不对称性，加大了主体公司对应收账款形成坏账百分比估算的难度，也加大了合并报表的风险。并购主体公司为了减少或防范编制合并报表的风险，需要对目标企业应收账款等进行分析评估。一般而言，要对目标企业过去 5 年的应收账款等进行类别与年度分析，还要对各类坏账准备的提取比例进行评估；除了账面分析，还要对应收账款等项的主要客户运营现状分析评估。在分析评估的基础上，本着相对谨慎与保守的原则，确定各项坏账准备金的提取比例，计算提取的坏账准备金总额。

依照相对谨慎与保守的原则，实行目标企业坏账准备金的足额提取，会导致财务指标的较大变化；如果并购主体公司是上市公司，有可能引起股价的巨大波动，为了对资本市场负责与强化市场管理，要对坏账准备金足额提取加以详细说明并及时进行信息披露。相较于坏账准备金的足额提取，有的并购主体公司会采取过度超额提取的方式；过度超额提取坏账准备金，虽然减少了甚至完全消除应收账款等项对未来几个财务年度的不利影响，但是，超额提取的坏账准备金在未来几个财务年度的较大额或大额转回，会掩盖目标企业被整合的真实状况；如果并购主体公司把坏账准备金的超额提取与市值管理相结合，极有可能触犯操纵股价的“红线”。因此，基于相对谨慎与保守的原则，在坏账准备金总额提取中，尽可能要求足额提取。

三、表外会计风险评估及风险准备金额度的估算确认

无论并购主体公司在并购协议签订前如何尽职调查，如何进行专业分析，目标企业的表外会计风险都无法完全消除。就目标企业的表外会计而言，主要是没有在

相应财务报表中反映的对外担保与对外负债。如果目标企业是非上市公司，表外会计风险相对更大。为降低表外会计风险，一方面，并购主体公司需要密切关注目标企业财务报表及附注所披露的信息；另一方面，在与目标企业签订意向性协议之后，主体公司应聘请中介机构如会计师事务所等对目标企业的债务和或有债务进行全面翔实的尽职调查，在尽职调查过程中，主体公司应该以目标企业的财务报表为基本依据。一般而言，财务报表反映的是企业（公司）的经营结果，许多重要财务信息可能被隐藏或修改，除此以外，从主体公司的尽职调查到并购协议正式签订后接管目标企业的经营，有可能发生新的或有事项，因而财务报表只能作为基本依据，而不是唯一的依据。

并购主体公司防范表外会计风险的工作是多方面的。首先，研究分析目标企业已经编制的财务报表及其附注，看是否存在或有负债的披露，与此相适应，尽职调查中，也要把或有负债作为重点之一；其次，关注目标企业的对外担保事项，在分析对外担保信息时，不可忽略相互担保及数额。除了关注资产负债表附注的相关内容以外，还要关注媒体司法等相关信息源中是否涉及目标企业如是否存在产品或服务的过度促销活动、是否存在诉讼案件而可能引发的负债事项。尽职调查中通过对目标企业过去 5 年甚至更长时间法律费用进行查验及分析，结合发票来判断是否存在未决的法律诉讼，必要时可请专业人士帮助判断可能的诉讼结果及所涉及金额。

通过对目标企业表外会计情况尽职调查汇总后，并购主体公司可以有几种选择，一是要求目标企业尽快理清或有负债项目如在并购前完成债务纠纷诉讼事宜，并将清理结果尽快反馈给主体公司。二是并购主体公司根据审核的结果，估计或估算或有负债的规模及或有负债转为实际债务负担的百分比；如果规模在合理可控的范围内，就不影响并购进程，对应的措施是遵守谨慎原则而由财务人员按照事件性质及百分比来计算基数并计提风险准备金。基数要分类分项处理：第一，或有事项涉及单个项目如一项未决诉讼、一项未决仲裁或一项债务担保等，按最大可能发生率的金额来确定；第二，或有事项涉及多个项目如存在多个未决诉讼、在产品质量保证中涉及提出产品保修要求的可能有许多客户且对这些客户负有保修义务，涉及多个项目的则按照各种可能结果及相关概率确定，具体而言，就是根据发生质量问题的概率及相关保修费用计算风险准备金额度。

根据尽职调查、财务信息分析及风险评估，相对谨慎的足额计提风险准备金。风险准备金计提明细应在报表附注中做详细说明。风险准备金的足额计提，会使目标企业的可支配收入受一定影响。当下的会计准则及相关法律法规没有将并购过程中的财务会计年度风险准备金作为一项义务来履行，但是，提取风险准备金可以为并购后的重组重整提供一个“财务缓冲垫”，减少并购前的或有事件对并购后重组重整及财务指标的过大影响。

四、表外会计风险准备金的提取或转回

表外会计风险在于或有事项未来一段时间内的不确定性，某种意义上，或有事项表现为企业（公司）的无法控制，或有事项可能会演变成真实的事件，企业（公司）需要承担更多的支出义务并加大成本；或有事项也有可能到最后不发生，企业（公司）不再为或有事项承担义务。如果或有事项演变成真实事件，如企业（公司）存在担保关系的，被担保方无法履行支付义务，企业（公司）必须实施代偿；如企业（公司）存在未决诉讼的，在最终的司法判决中，企业（公司）败诉，需要支付大笔款项；如企业（公司）承诺进行产品质量保证的，最终需要退还用户购买款等。当或有事项最后发生时，企业（公司）可能的支出责任转为现实，意味着表外会计风险出现，企业（公司）从表外会计风险准备金中把对应这一事项计提的准备金提取出来，用于履行企业（公司）支出义务。就财务会计处理而言，风险准备金是按比例提取的，往往无法覆盖全部的支出义务；差额部分要将准备金转为当期费用，补上不足的部分做费用支出。如果或有事项到最后不发生，或有事项的不确定性消失，企业（公司）的或有责任也随着时限的到来或事件的结束而结束，企业（公司）可以将计提的风险准备金转回，会使企业（公司）的当期利润水平相应提高。在操作上，涉及一个事件计提的风险准备金，在事件确定没有发生时，只做一次转回就可以；如果是涉及多个项目而计提的风险准备金，可以按照事件发生的不同程度分次转回，某一个或某几个项目的事件发生还没有完全结束前，可部分转回。

第五节 并购中小股东利益补偿的方式及会计处理

绝大多数企业（公司）的并购是由大股东主导或推动，无论小股东是否赞成，由大股东主导或推动的并购往往会一如既往地实施。在对并购活动的影响力上，大股东与小股东是不对等的。因此，并购的相关立法都主张并强调对小股东进行利益补偿。当然，立法及相关条款大多是原则性的。在大股东主导或推动的并购活动中，如何补偿，是由各企业（公司）董事会提出方案，提交股东大会批准通过。无

论企业（公司）对小股东利益的补偿采用什么方式，都要进行相应的会计处理，并在报表中加以反映。

一、并购中小股东利益补偿的方法

股东无大小之别，股东平等或股权平等是现代公司治理的基本原则，也是公司运行的基础。所谓股东平等就是所有股东享有资本的平等权益，股东按照其出资额或持有的股权多少享有相应的权利，承担相应的义务。“同股同权”“同股同价”正是股东平等原则的实际体现。就现实或实践看，真正实现股东平等还需要一个过程，即使在市场经济较为发达的美国，依然经常爆出大股东侵害小股东利益的新闻。中国 A 股上市公司中，大股东通过金字塔式或交叉持股等方式进行利益转移是非常普遍的，公司的管理层通常是由持股比例较大的股东来委任，大股东对公司委任的现象会时常出现，与此相适应，公司的小股东却处于信息完全不对称的处境，利益受损情况频繁发生。大股东通过关联交易掏空上市公司；或是上市公司盲目投资或频繁收购，影响上市公司的经营业绩；或是在并购重组过程中，上市公司股本结构、资产质量、盈利能力、股票价格及控制权等方面发生变化，对小股东的权益产生不利影响等。应该说，小股东利益得不到有效保护不利于资本市场的良性健康发展，如果越来越多的中小投资者对资本市场抱着投机而不是投资的态度进场，会导致资本市场大起大落，上市公司自身的利益也受到负面影响。总体上说，虽然大股东和小股东存在博弈的过程，但是，大股东和小股东利益具有一致的需求，大股东为了企业（公司）的长远发展，应该坚持保护小股东利益的原则。

就并购中小股东利益的保护而言，往往体现为对小股东进行利益补偿，降低甚至消除并购活动给其带来的经济损失。常见的补偿方式有三种。

1. 直接的现金对价

直接的现金对价是企业（公司）以支付现金或增加分红的方式对小股东进行补偿。A 股上市公司给小股东现金对价最早出现在证券市场股权分置改革时期，非流通股股东为了弥补股票流通对价格的影响而对流通股股东实行现金对价或股份对价的补偿。现金对价需要由股东大会审批通过，对于国有控股公司而言，还需要通过国有监管机构的审批。现金对价最大的优势是交割速度快，手续简便，收益直接。由于现金来源是上市公司的税后未分配利润，因此，对上市公司而言，现金对价实际上降低了上市公司资产的流动性，减少了上市公司的可支配资金，加大了上市公司的运营风险，不利于上市公司的可持续发展。

2. 股份加现金选择权的对价

股权对价是大股东以送股的方式对小股东利益进行补偿，既包括大股东直接将其持有的部分股份支付给小股东，也包括企业（公司）以资本公积金向全体股东转增股本，大股东将转增所得的部分股份全部或部分赠送给小股东，股份对价大多适宜上市公司股东之间的利益补偿。大股东向小股东股份对价的前提是其持有的股票没有任何的争议或纠纷，或是在股东大会之前已经与相关权益人、实施司法冻结的司法机关等达成一致，解除了股份的质押或司法冻结状态，这样才能够保证股份对价的顺利完成。对于上市公司而言，送股之后大股东持股比例降低，在上市公司中的权益份额降低，与此相对应，小股东的权益份额得以提升；但是，对于小股东而言，权益份额的增加并不一定意味着收益的增加，具体的收益状况还要决定于送股多少以及上市公司股价的上涨幅度。

单纯的股份对价往往不被小股东接受，往往要采用“股份 + 现金”的对价模式。“股份 + 现金”的对价是一种选择权，有的小股东会选择股份对价，有的小股东会选择现金对价，就这一模式而言，一方面，上市公司的现金流出相较于完全现金对价情况下要小，上市公司的流动性风险降低；另一方面，上市公司也有效规避了完全股份对价下小股东收益不显著的问题。可以说，这种模式是大股东通过一部分股份权益的让渡降低了上市公司的流动性风险，有利于上市公司全体股东中长期收益增长。

3. 优先认股权证的发行

并购后股份融资而注入增量资本有利于重组重整的顺利推进，大多数企业（公司）尤其上市公司在并购中大多会承诺：在并购后的首次发行股份或股票时允许小股东优先行使认购权，按一定数额或其持有股份或股票的百分比优先认购新发行的股份或股票。这种在并购中弥补小股东利益而让小股东行使的股份或股票优先认购权称为优先认股权证。优先认股权证也叫优先认缴权或股票先买权，是上市公司增发新股时为保护老股东的利益而赋予老股东的一种特权，给予老股东在股份或股票增发时按一定价格优先购买的权利。通过股东大会决议，把这样的股份或股票折价的优先购买权赋予小股东，从而形成了对小股东利益补偿的一种方式。并购后的优先认股权实际上是一种短期的看涨期权；拥有优先认股权的小股东可以按低于股份或股票市价的折扣价格购买上市公司新发行的一定数量的股份或股票；一般来说，新股份或股票的定价低于市价，从而使优先认股权具有价值。优先认股权证是一种选择权，获得优先认股权证的小股东可以行使该权利，也可以转让他人，当然，也可以放弃该权利。通过发行优先认股权证来弥补小股东权益，这种方式在欧美国家非常常见。发行优先认股权证，上市公司避免了现金对价所要求的现金支出，既一定程度上保护了公司的利益，也给予了小股东一定的利益补偿。小股东所获取的优先认股权证，可以保留到上市公司并购后发行股份或股票时而以折扣价购买股份或股票，也可以将优先认股权证在权证市场进行交易，小股东可以通过该交易较快地获得现金补偿。应该说，优先认股权证也是双赢的对价方式。

二、不同利益补偿方式的会计处理

并购中给予小股东利益补偿，无论是直接的现金对价，还是股份加现金选择权的对价，以及优先认股权证的发行，都要相应地在报表中加以反映。这几种补偿方式的会计处理存在一定差别。

1. 现金对价的会计处理

企业（公司）采用现金对价方式，分为直接向小股东派发现金和向小股东分红两种。

（1）直接向小股东派发现金。

借：利润分配——未分配利润

　　贷：库存现金（或银行存款）

（2）直接向小股东分红。

计提现金股利：

借：利润分配——未分配利润

　　贷：应付股利

实际支付时：

借：应付股利

　　贷：库存现金（或银行存款）

2. 股份加现金选择权对价的会计处理

企业（公司）采用股权＋现金对价方式，向小股东派发股份股利和现金。

（1）股份股利的会计处理是：

借：利润分配——转作股本的股利

　　贷：股本

企业（公司）通过股东大会向股东派发股份股利，是把原来属于全体股东所有的盈余公积转化为全体股东所有的权益资本，股东收益价值没有变化，属于收益再资本化的形式，其实质上是把留存利润进行扩大再生产，留存利润转变为权益资本，企业（公司）没有现金流的流出；股权对价中，企业（公司）向小股东派发股份股利后，不同股东在企业（公司）里占有的权益份额和价值，会发生改变，大股东的股份份额会相对降低，小股东的股份份额会增加。如果是上市公司进行这种操作，上市公司对外披露会计报表时，必须在附注中详细说明经过股东大会批准的利润分配方案中所包括的股份股利项及具体条款。

（2）直接向小股东派发现金。

计提现金股利：

借：利润分配——未分配利润

　　贷：库存现金（或银行存款）

3. 发行优先认股权证的会计处理

企业（公司）采用优先认股权证的方式，在发行权证时，可以按以下分录进行会计处理。

借：银行存款

　　贷：资本公积——认股权证

当小股东对其名下优先认股权证行权后，企业（公司）按照行权价向小股东出售股份。可以按以分录进行会计处理。

借：银行存款

　　资本公积——认股权证

　　贷：资本公积——股本溢价

　　　　股本

当企业（公司）全部回购优先认股权证时，应及时冲销认股权证发行时的账面价值，回购时公允价值与原来账面价值的差异记为当期损益，当企业（公司）部分回购其所发行的优先认股权证时，可以按照回购时公允价值冲销原发行认股权证时的账面价值，二者的价差暂时挂账，待剩余的优先认股权证到期行权时冲抵“资本公积——股本溢价”[①]。

① 马维华：《认股权证及其会计处理》，《上海商学院学报》，2005 年第 4 期。

中　篇

以并购重组为核心的资本运营

兼并收购是资本运营最主要的内容。资本运营是虚拟经济的范畴，资本运营作为虚拟经济的重要形式之一，并不创造价值；资本运营所产生的利润，不是来自其自身价值的创造，而是来自其对实体经济利润的分割；因此，企业（公司）不能脱离实体经济而进行“空对空”的资本运营。资本运营可以改变资源配置方式，为实体经济创造价值提供支持。企业（公司）从事资本运营，要搭建以证券市场为依托的资本运营平台、以技术创新与进步为依托的产品（产业）经营平台、以互联网与移动互联网为依托的网络销售平台、以信用信誉及品牌为依托的无形资产平台并实现四个平台的相互对接，依托四个平台实施兼并收购而促进产业链延伸及产业升级，通过资产重组进行技术资源整合而加快技术创新进程，推动实体经济创造价值能力的不断提升，实现实体经济利润的可持续增长。

资本运营不创造价值，资本运营利润是对实体经济利润的分割。但是，企业（公司）在资本运营中对实体经济利润的分割，并不是简单地表现为直接从产品（产业）经营的利润总额中分账，而是表现为依托资本市场的价值重新估值而分割利润。具体而言，资本运营改变了实体经济的资源配置方式，实现了成本或利润要素的重新组合，支持了实体经济创造价值的内生性动力恢复及提高，实现了产品（产业）经营财务指标的全面改善，为价值重新估值创造了条件。在某种意义上，资本运营的利润分割体现为价值重新估值以后的溢价或大幅溢价。

第七章
资本运营的本质及基本原理

资本运营是企业（公司）发展到一定阶段并形成一定规模后的并购活动，大多数的并购都要依托资本市场而实施。企业（公司）从事资本运营，仍无法脱离产品经营产业经营，往往仍以产品经营产业经营为基础为支撑。资本运营使企业（公司）摆脱了自身积累对企业（公司）发展的限制，使企业（公司）可以充分调配外部的社会资源，实现资本的价值增值。资本运营本身并不创造利润，但是资本运营可以提升企业（公司）资源的配置效率，使企业（公司）的利润创造能力提升。资本运营利润是对产业利润的分割。相比于产品运营产业经营，资本运营过程更为复杂，除了需要并购的主体公司进行资源存量的原始积累之外，还要依赖资本市场功能的充分发挥，同时，各类中介机构功不可没，中介机构的各司其职有利于资本运营的顺利推进，使得资本运营目标能够顺利实现。

第一节　资本运营的本质及相关范畴

就资本运营的含义而言，既可以把它当做一个经济学范畴，也可以把它当做一个管理学范畴。资本运营更多地表现为操作性，资本运营的规范操作，往往能使其本质得到充分反映。

一、资本运营的相关概念

资本运营作为与资本市场相关联的经济活动，其产生和发展已经经历了较长的过程，但是，资本运营作为概念的正式提出和普遍运用，却相对较晚。因此，在把握资本运营概念的过程中，仍然有必要把资本运营与其他一些相关概念区分开来。

1. 资本的定义

关于资本的定义，学术界和实务界依然众说纷纭，较为常见的定义如下。马克思在《资本论》第一卷（1867）中指出，资本是能够带来剩余价值的价值，是能够带来未来收益的价值，是实现资源优化配置并取得市场竞争优势的重要生产要素。资本的内涵丰富，首先，资本可用价值表示，无法用价值来衡量，就不能称之为资本；其次，资本是能够增值的价值，是实现资源优化配置和取得市场竞争优势的重要生产要素；最后，资本能产生未来收益，人们通过资本运用，要求能够形成未来收益。

美国经济学家费雪认为，资本是一切能在未来带来经济收益的事物，按照上述定义，生产资料、劳动者技能等都能纳入资本的范畴。

《英汉西方经济学词典》中解释，资本是股东在企业（公司）全部的出资，加上企业（公司）提留和未分配的全部利润，这与会计学中所有者权益的界定相一致。而会计学中的资本除了上述权益资本之外，还包括债权资本，即企业（公司）资本是企业（公司）从事生产经营活动且能为企业（公司）带来收益的所有资源，分别归债权人和公司所有者所有。进一步从报表科目来看，权益资本主要包括注册资本金（实收资本）、资本公积、盈余公积及未分配利润等；债权资本主要包括流动负债和长期负债，有银行借款、债券、融资租赁、应付票据和预收账款等。

2. 资本运营的定义

资本运营是指企业（公司）发展到一定规模以后，依托资本市场实施兼并收购，通过兼并收购后的重组重整而提高资源配置效率、改善公司财务指标、实现企业（公司）价值重新估值。传统的生产经营相当于加法运算，而资本运营是做乘法，资本运营在企业（公司）发展壮大特别是国际化的过程中正发挥着越来越重要的作用。一方面，资本运营是资源配置的方式。资本运营就其本质来讲，是资源配置的一种较为高级的方式，在产品运营阶段，企业（公司）的资源配置主要通过循序渐进的自我积累来实现，一般而言，这种积累方式是较为稳健的，但相对缓慢，难以适应企业（公司）迅速扩张的需要。通过资本运营，可以运用并购、分拆、重组等运营手段实现企业（公司）资源在更大规模、更快速度上的配置组合，从而实现资源的优化配置。另一方面，资本运营是实现企业（公司）发展战略的手段。企业（公司）要在扩大的规模上实现持续经营，就必须制定清晰的发展战略，并根据发展战略制定相应的经营计划；发展战略和经营计划的实现，需要以企业（公司）具备相应的资源条件为前提，资本运营为企业（公司）凝聚资源提供了必要的手段，通过剥离企业（公司）的非核心业务，并购有助于加强核心业务的优势资源，企业（公司）可以在短时间内聚集充足的资源，大大缩短实现战略目标的时间。

在理解资本运营定义上，可以直接理解为资本运营就是兼并收购。资本运营的全过程，从并购目标企业开始，在并购后实施资产重组与股权重整，结束于价值重新估值。需要强调指出的是，价值重新估值依赖重组重整所实现的企业（公司）财务指标改善。

3. 资本运营的特点

资本运营具有增值性、结构性、开放性等特点，具体分析如下：

首先，资本运营的本质要求是实现资本的保值增值，资本被投入到企业（公司）中，参与生产和再生产过程，参与产品和服务的形成过程。在此过程中，劳动者的活劳动与生产资料的物化劳动结合起来，资本作为活劳动的吸收器，实现资本增值。

其次，资本运营要求实现结构优化。一方面要对企业（公司）内部资源进行结构优化，如产品结构、技术结构、人才结构、组织结构等，另一方面要实现资本形态结构优化，即调整实业资本、产权资本、金融资本等不同形态资本在企业（公司）中所占比例，除此之外，还需要对存量资本和增量资本的结构进行优化。

最后，资本运营具有开放性特点。资本运营在获取外部资源时，其对象可能属于不同国家、不同地域及不同行业等，因而资本运营是一种相对开放的经济活动，需要更加广阔的视野、丰富的阅历和知识积累。

4. 资本运营需要关注三个问题

企业（公司）从事资本运营，以具备特定的内部和外部条件为前提，企业（公司）只有在发展到适当规模，具备了相当的实力基础，并且获得了资本市场的有力支持之后，才能够通过资本运营推动自身的快速成长。

（1）开展资本运营的前提是企业（公司）发展到一定规模。资本运营要依托产品经营产业经营而发展起来，与产品经营产业经营相比，更复杂、对企业（公司）发展的影响也更深远，这就对企业（公司）的掌控能力提出了更高的要求。企业（公司）必须发展到一定规模，在完成三个原始积累并具备相当的管理和技术能力以后，才能实现对资本运营的有效控制。首先，企业（公司）要完成资本存量的积累。资本运营客观上要求企业具备相当程度的资本实力，能够较为容易地支付资本市场的产权交易成本；同时，企业（公司）也需要形成合理的资本结构，能够有效地化解资本运营可能带来的财务风险。其次，企业（公司）要完成管理存量的积累。资本运营往往意味着企业（公司）资源在较短时间内的迅速增加，迅速增加的资源对企业（公司）来讲是一把“双刃剑”，既为企业（公司）提供了加快发展的基础条件，也可能使企业（公司）因为管控难度加大而面临运营风险，企业（公司）只有完成了管理存量的积累，形成了有效的管理制度和管理流程，才能实现对新增资源的迅速整合，最大限度地规避运营风险。最后，企业（公司）要完成价值观存量的积累。资本运营的难点在于整合，整合的难点在于文化整合，企业价值观存量的积累，有助于使主体公司形成对目标企业的文化优势，从而降低文化整合的难度。

(2) 开展资本运营需要以资本市场尤其是国际国内证券市场为依托。企业（公司）通过三个存量的原始积累形成了对资本运营的管理控制能力，只是具备了开展资本运营的内因，要使资本运营真正发挥对企业（公司）成长的促进作用，成为市场经济运行的主要组成部分，还需要以资本市场发育成熟到一定程度为前提条件。市场经济条件下的资本市场，主要包括证券市场、产权市场和资金拆借市场等。资本市场的交易除参与并购的主体公司和目标企业之外，还包括投资银行（证券公司、基金公司、信托投资公司等）、风险投资机构和专业中介机构（会计事务所、律师事务所、咨询公司等）。只有资本市场的主体及参与机构逐步发育完善，并且形成了较为规范的运行规则，才能提高企业（公司）对资本运营结果的预见能力和把握能力，也才能够使企业（公司）在理性的心态下从事资本运营。

(3) 资本运营要着眼于提高企业（公司）的竞争力和盈利能力而实现价值重新估值。企业（公司）开展资本运营的终极目标，是通过产权交易获取企业（公司）发展所需的外部资源，越过自我积累的缓慢过程，实现企业（公司）的超常规发展。由此可见，企业（公司）以兼并收购为核心内容的资本运营，从直接结果看是企业（公司）的价值重新估值，但其本质是企业（公司）核心竞争力和盈利能力的提高，而不是追求短期内的超额利润。在资本市场不规范的条件下，企业（公司）在资本运营过程中，可能偶尔会获得超额利润，这种超额利润的示范效应可能使资本运营发生方向偏离，使企业（公司）为了追逐眼前利益而忽视长远目标，最终削弱企业（公司）的长期发展能力。因此，企业（公司）在资本运营中，要始终保持清醒的态度，专注于通过资本运营提高自身的竞争力和盈利能力。

二、资本运营的本质

把握事物的本质是理解好并运用好该事物的前提和基础。资本运营不创造价值，不会直接产生利润，其本质是通过优化资源配置效率而参与产业利润分割。资本运营作为资源配置的一种方式，是企业（公司）发展到一定阶段之后，通过并购及重组重整等，依托资本市场上市等方法，最终实现财务指标改善的过程。需要强调指出的是，财务指标的改善既是衡量资本运营效果的标准，也是资本运营要实现的比较直观的目标。成功的资本运营都会在财务指标上有所体现。从价值增值的角度来看，资本运营并不创造价值，而是对产业利润的重新分割，因此，它是改善资源配置的一种方式，在实际操作过程中要注重资本运营与产业运营的对接，而不能仅仅强调资本运营而忽视产业运营。

三、与资本运营相关联的范畴

在经济学和金融学中，与资本运营相关的概念较多，常见的包括产品经营、财务指标改善、价值重估、价值增值，这些概念既与资本运营的原理相关联，也与资本运营的操作相关联。

1. 产品经营

资本运营与产品经营既相互区别又相互联系，二者的区别之处在于：首先是目的不同。虽然资本运营与产品经营从终极目的来讲，都是为了实现企业（公司）的增值和发展，但产品经营与企业（公司）的短期增值联系更加紧密，而资本运营则更加关注于企业（公司）长期发展战略目标的实现；其次是运营对象不同。产品经营的对象主要是企业（公司）的商品或服务，产品经营活动主要围绕提高产品或服务的竞争力和增值能力而展开，而资本运营的对象主要是企业（公司）的资产，着眼于通过资产的吸纳和分离来实现企业（公司）资源的优化组合。二者的联系之处在于：双方都从属于企业（公司）资本保值增值的目标，资本运营通过各种手段为企业（公司）实现更为优化的资源配置，可以促进企业（公司）产品经营活动的开展，同时，企业（公司）产品经营活动的绩效，是资本运营的基础，企业（公司）只有在产品经营取得良好回报的前提下才能够顺利开展资本运营。

2. 财务指标改善

企业（公司）的生产经营活动最终会反映在企业（公司）的财务报表中，财务报表是企业（公司）经营活动的晴雨表，财务报表由多个财务指标构成，因此，财务指标成为反映企业（公司）发展水平的重要内容。财务指标改善是指在企业（公司）各方努力下，财务报表中相关指标较之历史水平或行业平均水平有了一定或大幅提升。财务指标改善意味着企业（公司）的发展态势向好，这是投资者决定投资的重要依据，也是企业（公司）所有者判断经营管理者工作成果的重要依据。

资本运营是企业（公司）经营管理者通过并购及重组重整对企业（公司）资源进行优化配置，资本运营的最终目标是实现保值增值，目标实现的判断标准就是财务指标的变化，财务指标改善则意味着资本运营较为成功，资本运营给企业（公司）带来了价值，反之，如果财务指标变化不大，甚至发生财务指标恶化，那么无论资本运营过程如何，都不能被认为是成功的。当然，由于资本运营是一个中长周期的活动，因此，财务指标变化应该与资本运营的时间周期相对应，对于那些资本运营带来立竿见影效果的，反而需要谨慎对待。

从财务管理学的角度来看，财务指标主要分为营运能力指标、盈利能力指标、偿债能力指标等，以下将对每一类指标及其改善进行详细描述。首先是营运能力指标，营运能力是指企业（公司）企业的经营能力，即企业（公司）利用各项资产以赚取利润的能力，与营运能力相关的指标包括流动资产周转指标、固定资产周转指标和总资产周转指标等流动资产周转指标包括应收账款周转率、存货周转率和流动资产周转率，反映了企业（公司）流动资产的周转情况；固定资产周转指标是指企业（公司）年销售收入净额与固定资产平均净值的比率，反映了企业（公司）固定资产周转情况，衡量固定资产利用效率；总资产周转指标反映了企业（公司）总资产周转情况，是企业（公司）销售收入净额与资产总额的比率。一般来说，流动资产周转、固定资产周转和总资产周转的指标越大，则说明指标趋势向好，指标得以改善，当然，这也需要与具体行业企业（公司）情况相结合。其次是盈利能力指标，盈利能力是指企业（公司）在一定时期内获取利润的能力。利润是企业（公司）内外有关各方都关心的中心问题，是投资者取得投资收益、债权人收取本息的资金来源。盈利能力指标包括销售利润率、成本费用利润率、资产利润率、股东权益利润率、每股利润、每股股利、市盈率等。一般来说，上述指标越高越好。最后，偿债能力指标。偿债能力指标是指反映企业（公司）偿还到期债务的能力的各项指标。偿债能力指标包括反映企业（公司）短期偿债能力和长期偿债能力两类指标。短期偿债能力主要指企业（公司）以流动资产偿还流动负债的能力，或是偿还流动负债的能力，这是企业（公司）财务状况好坏的重要标志。短期偿债能力指标一般包括流动比率、速动比率、营运资金比率和现金比率等。长期偿债能力指企业（公司）偿还长期负债的能力，企业（公司）长期偿债能力指标包括利息保障倍数、资产负债率等。

3. 价值重新估值

价值重新估值又称为资产价值重估，通常简称价值重估，是指财务账面价值与实际价值发生较大背离，因而按照国家规定的方法和标准进行重新评估。上述定义中，账面价值是指企业财务账目中记录的价值，一般是资产的原始获取成本。实际价值是指资产或企业（公司）在某一时点上在市场中的变现价值，一般是指市场价值或重置成本。由于企业（公司）在进行资本运营的过程中，往往涉及企业（公司）或资产的产权变动，使得企业（公司）或资产的价值发生变动。因而，在完成资本运营之后，企业（公司）往往需要进行价值重估。

4. 资本增值

增值是价值放大。资本增值是指通过兼并收购及重组重整等，提高资源的配置效率，进而实现资本价值的成倍放大。资本增值是资本运营的本质要求。在现实的市场环境下，企业（公司）通过产品生产可以获取利润，而通过资本运营更快速和更高效地获取利润，提升企业（公司）的竞争力。因而，许多企业（公司）在发展到一定阶段和一定规模之后，会选择经常性的并购而进行资本运营，其目标就是为了实现资本的快速增值，提升企业（公司）的竞争力。

第二节　资本运营的基本原理及内容

资本运营具有经济学范畴与管理学范畴的双重含义，其基本原理是从经济学与管理学衍生出来的。大多数企业（公司）从事资本运营，强调并重视资本运营的操作过程。资本运营过程是资源配置方式改变的过程，资本运营通过提升资源配置效率，提升产业利润，进而使企业（公司）获得更多的利润，这部分新增利润即资本运营利润是产业利润的一部分。资本运营可以直接理解为兼并收购及并购后重组重整的活动，但是，从更广的角度来讲，所有有利于资源配置效率提升的活动往往都称之为资本运营活动。

一、资本运营的基本原理

资本运营在企业（公司）发展壮大过程中发挥着日趋重要的作用，企业（公司）管理者越来越依赖于在资本市场上的并购及重组重整等来加速企业（公司）发展。虽然，资本运营的作用已为各方所承认，但是，很少有学者或管理者关注资本运营发挥作用的原理。资本运营的本质是资源配置效率的改变及提高，资本运营本身并不创造新的价值，其带来的利润是以产业价值为基础的，即通过改变资源配置方式，促进企业（公司）提升产业利润，这部分由资本运营带来的资源配置效率提升而引发的新增产业利润，就是资本运营利润。

1. 资本运营可以改变并提高资源配置效率

资源配置效率是指在一定的技术水平条件下各投入要素在各产出主体的分配所产生的效益。微观层面的资源配置效率，是指生产单位的生产效率，这是由企业（公司）的生产管理和生产技术水平等决定的。西方经济学认为市场是资源配置的重要方式，市场的价格发现功能和信息传递功能为资源流动及优化配置创造了条件。资本运营正是借助资本市场，通过资本市场给企业（公司）提供所必需的资金，通过并购及重组重整等，实现资本在不同企业（公司）和行业之间的流动，资本流向最有活力和效率最高的领域，资源配置效率提升，进而更好地实现资本的价值增值。

2. 资本运营本身不创造价值

资本运营是一种资源配置活动，即依托资本市场通过并购及重组重整等对企业（公司）的资源进行优化配置，进而提高企业（公司）的竞争力。但是，必须意识到，资本运营本身并不创造价值，即资本运营活动本身并不能实现资本增值，资本运营是资源配置效率提升的辅助剂，在资本运营过程中，资源的重新组合为高效率的运营提供了可能。应该说，资本运营为资源优化配置创造了条件，而企业（公司）资源在更优的配置条件下能够创造更多的价值。因此说资本运营并不创造价值，但是资本运营为企业（公司）更多更好地创造价值创造了条件。

3. 资本运营利润以产业价值为基础

既然资本运营本身不创造价值，那么，为何很多企业家和学者还大力追捧资本运营？其中的奥秘就在于虽然资本运营本身不创造价值，但是，资本运营可以帮助企业（公司）实现价值增值，实现数十倍甚至数百倍的价值增值。但是，需要强调的是资本运营本身并不创造价值，这部分价值是依托产业经营产生的，资本运营利润是以产业价值为基础的。企业（公司）开展资本运营的前提是其拥有自己的产品，占有一定的市场，并且可以持续地创造利润。这里分为几种情况来分析，一是企业（公司）不创造利润，没有利润的企业（公司）是难以进行资本运营的。二是企业（公司）有自己的产品，也创造利润，但是利润创造机制不成熟，利润的可持续性较差，这样的企业（公司）往往是“被”资本运营的对象，在企业（公司）被合并整合之后，通过资源的重新配置而理顺机制体制，进而实现新的发展。三是企业（公司）有自己的产品，也能够创造持久的利润，这样的企业（公司）在完成了资本、技术、管理等方面的积累之后，可能成为主动开展资本运营的主体，通过并购重组，将目标企业收入囊中，依托自身的成熟经验和能力，进行资产的再配置，进而实现价值增值。无论哪种情况，资本运营都必须借助于产业运营来实现企业（公司）的价值增值。

二、资本运营包括了以并购为核心内容的一系列运作

资本运营内涵丰富，狭义上讲，资本运营包括以并购为核心的一系列运作；广义上讲，资本运营是一切资源优化配置活动的集合，资本运营不仅包括兼并收购等资本运作活动，还应与产品经营结合起来，通过资本运作，推动企业（公司）资源的优化配置，进而实现资本的价值增值。

1. 狭义的资本运营及内容

狭义的资本运营是企业（公司）发展到一定阶段或一定规模之后的并购活动，其价值表现为并购及重组重整的顺利推进及其效应的充分实现，资本运营效应反映出资源配置效率，也决定资本的增值程度。并购是资本运营的核心内容，并购的实质是产权交易，是整合企业（公司）外部存量优质资源的最优途径。资本运营的本质是通过优化资源配置实现资本增值，资本增值是资本运营的价值体现，要实现资本运营的价值，一是要重组整合成功才能算是真正成功，而不仅仅是签订完并购协议的简单过程；二是并购后的重组重整是关键步骤，没有重组重整就没有真正的资源优化配置，仅仅是资产的简单归集；三是重组重整越顺利，资本运营的价值放大效应和增值效应越大，资本运营越成功。

2. 广义的资本运营及内容

广义上的资本运营，不仅是账面上的产权交易或产权过户，也不是简单的资产或业务买卖，而是要通过切实的研究和规划，在产品或产业经营平台上搭建资本运营平台，合理地配置企业（公司）的资源，充分发挥资源组合效应，进而实现资本的价值增值。任何企业（公司）在进行资本运营时，都应该把握这一原则，不能盲目地追求资产数量的增加或短期业绩，而要认真地分析资本运营是否能够在一定风险范围内实现价值增值，是否能够有效地整合资源。

广义的资本运营应该从以下角度进行理解：首先，资本运营是资源优化配置活动的集合。资本运营能够改变并提高资源的配置效率主要体现在三个方面：一是资源优化配置手段表现为资本运营的各种手段，如常见的兼并收购、分拆（剥离、分立）、资产重组、股权置换及股权重整等；二是资源优化配置手法表现为资本运营的若干操作手法，如聚变、裂变、流动、重组和整合等；三是资源优化配置方向主

要表现为资本运营的若干操作方向，如横向运营、纵向运营和混合运营。在具体的操作中，根据情况将操作手段、操作手法和操作方向结合起来，即形成了资本运营的资源优化配置活动。其次，资本运营应着力于将资本运营平台与产品经营平台进行对接。资本运营是通过资源优化配置而实现资本增值，真正促进其价值增值是其内在机理，即资源的重新组合和结构优化而实现价值增值这一内在机理的现实实现离不了资本运营平台和产品经营平台的对接。资本运营本身并不创造价值，资本运营的利润来自于对产品经营价值的分割。因此，企业（公司）应强调开展产品经营，搭建产品经营平台，有了较强的资本实力和管理能力，才能够开展资本运营，才能够进行资源的优化配置。最后，资本运营的本质是实现资本的价值增值。当然，价值增值是建立在企业（公司）持续盈利和健康发展的基础上的，而不是短期利润的井喷，资本运营所追求的是长期价值增值效应。

第三节　资本运营的依托及投资银行参与

资本市场是资本运营的依托，资本市场为企业（公司）的并购提供融资的支持，当然，资本市场的价格发现和信息传递功能也有利于企业（公司）进行并购的决策判断。与此相适应，资本市场中的各类中介机构也各司其职，保证资本运营的顺利开展；其中，投资银行、注册会计师事务所、律师事务所是资本运营中不可缺少的媒介，而咨询机构等服务中介往往也参与，发挥一定作用。

一、资本运营依托资本市场而开展并完成

资本市场是资本运营活动的大平台，资本市场的成熟程度决定着资本运营效率。资本市场特别是证券市场的建立和完善，是企业（公司）开展资本运营的基础性条件。

1. 资本市场概述

资本市场可分为广义的资本市场与狭义的资本市场。广义的资本市场包括金融货币市场、资金拆借市场、大宗商品期货市场、产权交易市场、房地产市场、金融期货市场、证券市场等，狭义的资本市场是指证券市场，包括国际、国内证券市场。

2. 资本市场是资本运营的基础性条件

首先，资本市场的建立和完善，为企业（公司）从事并购创造了丰富的融资手段，从而为资本运营提供有力的资金支持。与产品经营相比，资本运营所产生的资

金需求往往是较大额度的，即使企业（公司）的自有资金量较为充裕，也经常需要通过外部融资来弥补资金缺口，而建立在产品经营基础上的传统融资方式很难满足资本运营的需要，资本市场特别是证券市场的发展，使企业（公司）可以通过上市、发行债券、权证、资产证券化等形式筹集大量的资金。

其次，资本市场的建立和完善，为企业（公司）提供了多样化的产权交易手段。资本运营是与产权交易密切联系的，产权交易的成本大小和交易的便利程度是决定资本运营能否顺利进行的关键因素。资本市场的建立和完善，使各种交易工具和交易手段不断出现，企业（公司）可以在资本市场上选择符合自身特点的方式来进行资本运营活动。

3. 资本运营以并购为核心内涵的衍生方式日渐丰富

以并购为核心内涵的资本运营，随着资本市场的不断完善及创新，衍生出多样化的运营模式，使资本运营的内容不断丰富和创新。资本运营的不同形态，具有不同的运营特征，需要遵循不同的运营原则，企业（公司）在资本运营过程中，要根据自身的运营实力和战略需求，谨慎地选择适宜的运营方式。总体而言，资本运营的主要内容包括金融资本运营、产权资本运营和无形资本运营①。

（1）金融资本运营。金融资本运营的出现和发展，是与金融市场的建立和完善密切相连的。金融资本运营的发育成熟程度，依赖于金融市场的规范程度，伴随着市场体系的建立健全，金融市场在市场经济中的作用日益显现出来，金融资本运营在企业（公司）资本运营活动中也扮演着越来越重要的角色。金融资本运营主要以有价证券为操作工具，如股票、债券、资产证券化等；也可以以产权为交易而持有的某种合约为工具，如期货合约等。

金融资本运营的特点，可以概括为四个方面，第一，金融资本运营具有虚拟性。企业（公司）在从事金融资本运营的过程中，并不直接参与生产经营，而是通过股票、证券等虚拟资本的交易来实现收益，运营活动本身并不能直接增加社会财富。第二，金融资本运营具有较大的流动性。企业（公司）通过金融资本运营并不直接增加实物资产，而是持有各种有价证券，这些有价证券与实物资产相比有较强的变现能力，企业（公司）可以根据经营策略或市场形势的变动较为轻易地将持有的金融资产出售变现。第三，金融资本运营受心理预期影响程度较大。金融资本运营的获利方式主要是企业（公司）所持有的金融产品升值，而在这种运营方式下，

① 文宗瑜、张晓杰主编：《企业战略与资本运营（第二版）》，经济科学出版社 2012 年版。

企业（公司）对运营结果的控制能力较弱，特定的运营项目获利与否、获利多少主要取决于市场参与者对市场运行态势的预期以及心理预期所引起的价格变动。第四，金融资本运营的收益具有不确定性。金融资本运营容易受到宏观经济形势、政策法律变动等外部因素的影响，其运营绩效与其他资本运营形式相比具有更大的不确定性。

（2）产权资本运营。产权尤其企业（公司）产权包括所有权、收益权、表决权、分割权、交易权等在内的权利集合，通常所涉及的产权，主要是指企业（公司）的法人财产权。经济资源在不同的市场主体之间实现优化配置，是以产权交易为主要条件的，产权市场的建立和完善，使企业（公司）在产权交易过程中成本更低、风险更小，因而大大促进了产权资本运营的发展。产权资本运营，是指企业（公司）根据自身经营发展战略的需要，通过产权市场的交易活动，以实现企业（公司）资源优化配置的活动。产权资本运营是现代企业资本运营的最主要形式。产权资本运营与一般意义上的产权交易活动是相区别的。一般意义上的产权交易活动，是指发生在任何交易主体之间的，以产权交易为内容的交易活动。相比之下，产权资本运营的界定要更为严格。首先，产权资本运营的主体是企业（公司），其交易主体具有严格限定，只有企业（公司）的产权交易行为才可以称为产权资本运营。其次，产权资本运营具有更强的目的性，与一般意义的产权交易活动不同，产权资本运营必须纳入企业（公司）的整体发展战略体系，在企业（公司）发展战略框架的指导和限制下完成，企业（公司）的产权资本运营必须对企业的发展战略形成支持，因此，企业（公司）必须认真选择产权交易的方向、交易的具体方式、交易的时机以及交易的标的物等。

与企业（公司）的产品经营相比，产权资本运营具有如下两个特征：第一，产权资本运营与产品经营的关注重点不同。在产品经营中，企业（公司）主要关注市场需求、产品性能、成本、价格等因素，而在产权资本运营中，企业（公司）更加关注产权交易标的物的交易难易程度以及交易的成本收益等。第二，产权资本运营与产品经营对企业（公司）的推动作用不同。企业（公司）通过在产权交易市场中开展产权资本运营，可以迅速扩张自身的规模、壮大自身的实力，对实现企业（公司）的经营目标产生强大的推动作用，使企业（公司）能够迅速获得外部资源，从而实现超常规发展。而产品经营对企业（公司）发展的推动作用是缓慢的、渐进的，难以收到与产权资本运营相类似的显著效果。

（3）无形资本运营。无形资本是指能够在较长时期内持续为企业（公司）带来收益，但没有对应的物质实体的特殊性资本。企业（公司）的无形资本包括商誉、品牌、专利权、非专利技术、特许经营权等。随着无形资产在企业（公司）发展过程中的贡献程度和重要性不断提高，无形资本运营在企业（公司）资本运营中占据着越来越重要的地位。

无形资本运营，是指企业（公司）以自身拥有的无形资本为标的物，运用抵押担保、对外投资、转让等交易方式，实现无形资本最大程度增值和最优化配置的资本运营方式。与其他资本运营形式相比，无形资本运营具有以下三个方面的特征。第一，无形资本运营具有非实物性。无形资本运营的非实物性，是由无形资本的非实物性特征所产生的。在无形资本运营过程中，没有物质形态资产的交割过程，只是发生无形资产产权的交易。第二，无形资本运营具有增值效应的整体性和持续性。企业（公司）通过产权资本运营所增加的有形资本，通常只具有某一方面的使用价值，也只能通过这方面的使用价值发挥作用来为企业（公司）带来增值和收益，其收益的源泉是单一的，而通过无形资本运营增加的无形资产，却可以为企业（公司）持续带来多方面的收益。首先，无形资本运营可以持续为企业（公司）带来收益。企业（公司）的有形资本能够在使用期限内为企业（公司）带来收益，随着使用期限的延长，其获取收益的能力逐步减弱直至最后消失，而企业（公司）的无形资本，如商誉、品牌等，由于其没有特定的使用期限，甚至会随着企业（公司）生产经营的延续而具有越来越高的价值。因此，通过无形资本运营为企业（公司）凝聚的无形资本可以为企业（公司）持续带来收益。其次，无形资本运营放大企业（公司）的整体价值。无形资本的增值特点与有形资本是存在差异的，最为明显的差异是其必须附着在有形资本上才能实现增值，其所附着的有形资本规模越大，其放大企业（公司）价值的能力越强。企业（公司）拥有了特定的无形资本，往往可以使企业（公司）所有产品的价值都能够得到较大幅度的提升。第三，无形资本运营对产权市场的依赖性强。任何一种资本运营方式，都需要得到成熟资本市场的有力支持，而无形资本运营对资本市场的要求更高，需要有更加成熟和规范的产权交易市场与之相适应。与实物资本不同，无形资本不具有实物形态，因而更加容易受到侵害，经济生活中经常发生的侵害知识产权案例就是其中最为明显的事例。如果产权市场的发育不完善，相应的法律政策体系没有达到相当程度，就会导致无形资本的拥有主体在交易过程中无法保护自身的无形资本产权，进而导致交易成本上升，影响无形资本运营的顺利开展，因此，企业（公司）从事无形资本运营，需要以健康成熟的产权交易市场为前提。

二、投资银行在资本运营中发挥着十分重要的作用

投资银行是随着资本市场的发展而成长起来的。与企业（公司）的资本运营依托资本市场相适应，投资银行也对企业（公司）资本运营产生帮助。资本运营是复杂的系统性工程，其中涉及复杂的流程和专业的技术，企业（公司）单单依靠自身力量是无法完成资本运营的，必须借助相对专业的投资银行。投资银行在资本运营中发挥着重要的作用。投资银行（investment bank）主要从事证券发行、承销、交易、重组、兼并与收购、投资分析、风险投资、项目融资等业务的非银行金融机构，是资本市场上的主要金融中介。投资银行最早出现在欧美，20 世纪 80 年代中后期，随着中国开放证券市场，商业银行的证券业务逐渐分离出来，各个地区先后建立了一大批证券公司，形成了以证券公司为主的证券中介机构。与欧美投资银行的专业化程度比较高相比，中国的证券公司所从事的投资银行业务还相对滞后，但专业化的投资银行业务占比也逐年提高。中国证券公司的投资银行业务按照覆盖范围可以分为全国性的和地区性的，按照证券公司出资性质可分为国有投资银行、民营投资银行及混合投资银行等。中国证券公司的投资银行业务发展历史仅数十年，还处于早期发展阶段，存在规模小、业务范围狭窄、专业性不强等问题，但是，随着资本市场的不断发展及市场法制体系的不断健全，投资银行更加规模化、全面化、专业化和国际化。

投资银行在资本运营中发挥着十分重要的作用，集中体现在投资银行在企业（公司）的并购及重组重整中充当的专业中介角色。从目标企业的选择、并购及重组重整方案的设计、并购及重组重整的操作指导、并购的融资到并购后的价值重新估值，都需要投资银行的积极参与和充分介入。在某种意义上，投资银行为企业（公司）并购及重组重整提供一揽子的专业中介服务，企业（公司）把并购及重组重整的这些专业服务委托好的投资银行，不仅能提高并购及重组重整的效率，而且能够防范并购及重组重整的风险。

三、资本运营要求其他中介机构参与并提供支持

投资银行在资本运营中发挥着重要作用，除了投资银行，企业（公司）的资本运营活动还需要其他中介机构的介入，如会计师事务所、律师事务所和资产评估机构等。中介机构的服务水平和服务质量对企业（公司）资本运营能否顺利推进和资本运营的质量起着重要作用。首先，中介机构能够弥补企业（公司）管理团队知识

结构的欠缺。大多数企业（公司）的领导层由于业务范围的限制，往往过多关注于企业（公司）产品经营的微观层面，而对宏观经济运行态势了解不够，这就容易造成企业（公司）在资本运营决策中出现偏差，给企业（公司）带来运营风险，中介机构由于自身业务的特性，聚集了大量的专业人才，能够为企业（公司）的资本运营提供宏观性和前瞻性的建议，从而弥补企业（管理）团队知识结构的欠缺。其次，中介机构能够使企业（管理）规避政策法律风险。在企业（公司）的资本运营过程中，涉及复杂的政策法律事务，而企业（公司）由于主要专注于生产经营，法律人才队伍往往较为薄弱，这就经常导致企业（公司）的运营活动违背政策法律，中介机构依托自身的政策法律优势，能够使企业（公司）的资本运营活动在政策法律框架内运行，有效规避运营过程中的政策法律风险。由于各中介机构的作用不同，往往都不可缺。第一，资本运营中不可缺少会计师事务所的参与。会计师事务所主要进行审计、会计、咨询和税务等方面工作，如在常见的并购交易中，会计师的职责包括：按照会计准则审计会计报表，并出具报告；参与并购方案的讨论和确定，就方案中的财务问题向委托方及各中介机构提供咨询意见；协助投资银行专家和律师计算相应的并购成本，对财务和税收方面提出意见和建议；协助建立财务管理制度等。会计师事务所是资本运营的重要中介之一。第二，资本运营中不可缺少律师事务所的参与。律师事务所与会计师事务所及投资银行被誉为并购的三大核心中介，可见其作用的重要性。律师是指能够为社会提供法律服务，具备国家认可的相应资格的专业人员。在法制环境日渐健全的大背景下，资本运营中律师的作用也日益凸显。一般来说，律师事务所在资本运营中主要对交易进行合法性审查，确认是否履行报批手续，是否存在禁止性条款，同时，还需要进行尽职调查，了解目标企业是否是合法的法人主体、产权架构、内部组织结构、重要法律文件、重大合同、资产状况、人力资源状况、法律纠纷、外部法律环境及相关税务政策等，起草相关方案和法律意见书，进行可行性论证，并能够提出最优化的方案以备选择。与律师在并购中的常规工作相比，并购及重组重整后存在的潜在诉讼，往往也要由律师来协助助理，有的并购是把潜在诉讼打包委托给律师事务所。除了会计师事务所和律师事务所之外，咨询公司在设计方案、规划流程、进行培训等方面发挥着重要的作用；专业研究机构为资本运营提供研究报告，如国内外宏观环境、经济金融运行数据、行业发展趋势及政策走向等，为企业（公司）的资本运营提供理论支持及实践参考。

第四节　资本运营的主体及条件

资本运营是一项操作很复杂、执行很困难、成本相当高、风险相当大的运作，企业（公司）通过资本运营以实现资源的优化配置和效率提升。但是，并不是所有的企业（公司）都适合开展资本运营，从现实的环境来看，能够完成资本运营并顺利达到资本运营目标的企业（公司）为数不多，许多企业（公司）资本运营不成功，使企业（公司）自身陷入运营危机，甚至将企业（公司）拖入困境。究其原因，主要是资本运营对企业（公司）自身条件要求相对较高。一般来说，开展资本运营的主体必须满足一定的条件，主要包括三个条件：一是必须基本完成资本存量的原始积累；二是必须完成管理存量的原始积累；三是必须完成价值观存量的原始积累。企业只有满足了上述条件，才有可能成功推进并完成资本运营。

一、资本运营主体的定位及其分析

资本运营的主体是企业（公司），但并不是所有的企业（公司）都能开展资本运营。对于大多数企业（公司）来讲，生存是根本要义，只有在解决了生存问题之后，才能进一步谋求发展及壮大，在企业（公司）有了一定的发展积累，或是在发展到一定阶段，完成量的积累之后，企业（公司）才能够依托资本运营实现质的突破。可以说，企业（公司）要进行资本运营，必须进行清晰的定位：资本运营的目标是提升资源配置效率，推动企业（公司）跨越式发展。资本运营所需要借助的手段是并购及重组重整等。在这一过程中，企业（公司）实际上是输出方，向目标企业输出管理增量、技术增量、资本增量等。没有充分的积累，就难以完成上述过程，而资本运营就难以达到预期效果。

二、成为资本运营主体的条件[①]

企业（公司）是资本运营的主体，但是并非每个企业（公司）都能够顺利地完成资本运营，资本运营是企业（公司）在生产运营之外更高层次的经济活动，是企业（公司）依赖外部资源吸纳而加快发展的依托。企业（公司）要开展资本运

① 文宗瑜、张晓杰主编：《企业战略与资本运营（第二版）》，经济科学出版社 2012 年版。

营活动，必须进行充分的积累，完成三个原始积累：资本存量的原始积累、管理存量的原始积累，还包括价值观存量的原始积累。只有物质条件和非物质条件同时酝酿，做好充分的准备，才有可能促成企业的资本运营活动。

1. 已经基本完成了资本存量的原始积累

资本实力是企业（公司）进行资本运营的基本条件，并购的主体公司必须完成资本存量积累。缺乏资本积累的企业（公司）是无法主导完成资本运营的，一方面，资本运营过程特别是产权交易过程，需要支付产权成本，这部分成本动辄几十亿元甚至更多，虽然一部分对价可以通过股权或其他非货币资金交易来实现，但是，企业（公司）仍然需要支付一定比例的现金，而这部分资金就来源于企业（公司）长期以来的资本积累；另一方面，在企业（公司）完成资本运营后，企业往往面临着新旧多重风险，尤其是财务风险，资金及资金调度能力是化解财务风险的重要武器。除此之外，资本运营完成后的整合工作也需要大量资金投入。可以说，没有完成资本存量的原始积累，企业（公司）就无法进行资本运营，更无法成功地完成资本运营。

2. 已经基本完成了管理存量的原始积累

资本运营的开展，要求企业（公司）已经具备了相当的管理实力，完成管理存量的原始积累。资本运营的结果往往是企业（公司）在短期内可调配的资源大幅提升，最典型的案例是并购中的“蛇吞象”操作，即小公司并购大企业，在这样的资本运营活动完成后，主体公司必然面临着管理的巨大挑战。因此，主体公司必须在并购前进行管理能力的准备和提升，管理能力主要包括并购的资源管理能力、并购的知识管理能力。并购资源管理能力包括人力资源管理能力、实物资产管理和财务管理能力等方面。并购的知识管理能力包括显性知识管理能力和隐性知识管理能力。企业（公司）要进行管理存量积累，必须在上述方面下功夫。

3. 已经基本完成了价值观存量的原始积累

资本运营是资源的优化配置过程，资源不仅包括物质资源，还包括非物质资源，最重要的非物质资源就是企业价值观。如果主体公司拥有完整科学的价值观体系，将有助于企业（公司）形成较强的文化优势，从而降低资本运营中文化整合的难度。近20年，中国从事并购及重整成功的企业（公司）较少，中国缺乏并购及重组重整成功的经典案例，主要是并购后文化整合的失败；文化整合依赖主体公司价值观存量积累的水平，如果主体公司在开展资本运营前已完成了价值观存量的原始积累，在并购后对目标企业的文化整合就会相对顺利。在价值观作用主导下，资源优化的效率会大大提高。研究世界企业（公司）发展史，不难发现，当一个企业（公司）具备足以传承百年甚至更长时间的价值观时，这个企业（公司）已经完成了价值观存量积累。这样的企业（公司）在开展并购及重组重整等资本运营活动时，其本身的价值观优势及文化优势将放大企业（公司）的资源配置能力，大大降低了对目标企业的整合难度，使目标企业能够在整合后步入发展快轨。

第八章

资本运营要求搭建的多个平台

以并购及重组重整为核心内涵的资本运营，除了要搭建以证券市场为依托的资本运营平台，还要搭建以技术创新与进步为依托的产品（产业）经营平台、以互联网与移动互联网为依托的网络销售平台、以信用信誉及品牌为依托的无形资产平台。之所以要搭建这四个平台，是因为企业（公司）从事资本运营的条件及环境在不断变化，这些变化既有经济全球化进程不断加快所要求的跨国并购越来越多、并购标的越来越大，还有技术创新与技术进步越来越快所导致技术创新的轻资产型公司成为并购的重点，还有并购后的重组重整对互联网与移动互联网所支撑的网络销售依赖影响性越来越强，当然，还有品牌及品牌整合效应对并购附加值的影响越来越大。因此，当下及未来的资本运营必须搭建资本运营平台、产品（产业）经营平台、网络销售平台、无形资产平台这四个平台，并推动这四个平台相互对接。在资本运营平台、产品（产业）经营平台、网络销售平台、无形资产平台支撑下的资本运营，会大大提高资本运营的效率，为企业（公司）核心竞争力提升创造优质条件。

第一节　以证券市场为依托的资本运营平台

资本运营平台的搭建依赖资本市场，主要是依托证券市场。资本市场可分为广义的资本市场与狭义的资本市场，与此相适应，企业（公司）既要搭建广义的资本运营平台，又要搭建狭义的资本运营平台。就资本运营平台搭建的具体推进而言，企业（公司）要先从在证券市场上市着手，通过在证券市场完成资本运营平台的搭建。以证券市场为依托的资本运营平台搭建后，可通过证券市场与金融市场、期货市场、外汇市场、债券市场、资金拆借市场、产权交易市场等进行衔接，进一步拓展资本运营平台。

一、广义的资本市场与广义的资本运营平台

广义的资本市场包括金融市场、债券市场、资金拆借市场、期货市场、外汇市场、产权交易市场、房地产市场、证券市场等，在某种意义上，广义的资本市场是一个由多个市场组成的庞大资本市场体系。广义的资本市场中的各个市场，无论是其形成，还是其作用的充分发挥，往往有先有后、有大有小，单个市场的作用发挥会受到各种条件的限制，各个市场的相互依赖相互支持会放大资本市场的作用。

企业（公司）依赖广义的资本市场，这种依赖性更多地体现在企业（公司）资本运营平台的搭建，广义的资本市场为企业（公司）搭建资本运营平台提供支付条件。随着企业（公司）不断发展，可以搭建广义的资本运营平台，但是，广义的资本运营平台搭建需要的时间更长，需要企业（公司）具有相应实力。一般而言，企业（公司）搭建资本运营平台，更多的是从依托狭义的资本市场即证券市场来开始。

二、狭义的资本市场及狭义的资本运营平台

狭义的资本市场是指证券市场。证券市场包括了国际国内证券市场，无论是国际证券市场，还是国内证券市场，往往都分为证券交易所市场、证券场外市场，证券交易所市场为大型特大型企业（公司）提供上市交易平台、证券场外交易市场为中小型企业（公司）提供上市交易平台。

企业（公司）的资本运营平台搭建，往往都从在证券市场上市开始，通过在证券市场上市搭建资本运营平台。按广义的资本市场与狭义的资本市场区分，企业（公司）依托证券市场所搭建的是狭义的资本运营平台，对大多数中小型企业（公司）而言，狭义的资本运营平台已完全可以支持其从事资本运营。对绝大多数企业（公司）的资本运营平台而言，指的是狭义的资本运营平台。

三、公司通过在证券市场上市完成资本运营平台的搭建

证券市场的不断发展和完善，是企业（公司）开展资本运营的先决条件之一。首先，资本市场的建立和完善，为企业（公司）创造了丰富的融资手段，从而为资本运营提供有力的资金支持。与产品经营相比，资本运营所需要的资金较大，即使

企业（公司）的自有资金量较为充裕，也经常需要通过外部融资来弥补资金缺口，而建立在产品经营基础上的传统融资方式很难满足资本运营的需要，资本市场特别是证券市场的发展，使企业（公司）可以通过上市、发行公司债券等形式筹集大量的资金。其次，证券市场的建立和完善，为企业（公司）提供了多样化的产权交易手段。资本运营是与产权交易密切联系的，产权交易的成本大小和交易的便利程度是决定资本运营能否顺利进行的关键因素。证券市场的建立和完善，使各种交易工具和交易手段不断出现，使得企业（公司）兼并、收购、承包、合作、资产转让、股份转让等活动变得更加容易。

企业（公司）依托证券市场搭建资本运营平台，从企业（公司）在证券市场上市开始。企业（公司）的上市可以选择国内证券市场，也可选择国际证券市场，可以选择在证券交易所市场上市，也可以选择在证券市场外交易市场上市。企业（公司）上市主要有两种方式即首次公开发行直接上市（IPO）和买壳上市。直接上市的优点是可以通过发行股票，为企业（公司）大规模融资。但是，IPO 申请程序比较复杂，耗时较长，往往需要一年以上，中间发生的费用很高，往往还不能保证发行成功，容易受市场波动影响。买壳上市是指将企业（公司）与一个已经上市、拥有资产或没有资产的空壳上市公司进行合并。通过各种方式将主体公司现有的优质资产注入到已经存在的上市公司中，通过借来的壳实现企业（公司）间接上市的目的。通过借壳上市实现在证券市场挂牌交易，并进一步依托证券市场搭建资本运营平台。买壳上市流程对企业（公司）自身的限制较少，审批过程较为简单，上市条件灵活，耗时较短，费用较低；间接上市后，企业（公司）可以在投资银行专家的指导下，根据企业（公司）业绩的好坏、股价的高低，通过增发新股等方式进行融资。

企业（公司）在证券市场上市之后，充分利用资本市场的各种资源和软硬件条件，搭建资本运营平台，进行资本运作，有利于提高资产的配置效率。

第二节　以技术创新与进步为依托的产品（产业）经营平台

企业（公司）的资本运营离不开产品（产业），必须要有属于自己的相对成熟的产品（产业）经营平台。产品（产业）经营平台搭建源于企业（公司）对产品经营和产业经营的积累，也就是长时间产品经营所形成的技术创新结果及产品体系。只有积累了良好的产品经营经验，并形成了完备的产品体系，企业（公司）才能搭建起相对厚实的产品（产业）经营平台。产品（产业）平台搭建以后，企业

(公司)才可能持续地创造价值与产生利润，才可能有资本积累，也才可能稳健地开展资本运营。因而，企业(公司)资本运营顺利开展还要求其搭建以技术创新与进步为依托的产品(产业)经营平台。

一、通过产品持续经营搭建产业经营平台

产品经营是大多数企业(公司)生存的条件，产品持续经营为企业(公司)发展提供支持。没有产品持续经营，企业(公司)就没有持续的现金流，也就没有发展壮大的资本。除此之外，产品的持续经营还是企业(公司)搭建产品(产业)平台的前提，通过产品的持续经营所积累的利润支撑新产品的不断开发，为产品(产业)经营创造条件，产品(产业)经营平台的搭建能够进一步推动资本运营平台的搭建，进而有利于企业(公司)的跨越式发展。

1. 产品持续运营是企业(公司)生存的基础

企业(公司)的价值来源于生产过程，企业(公司)的价值实现来自于销售过程。资本运营本身并不创造价值，资本运营只是在分割生产过程所创造的价值。企业(公司)要实现长远发展，必须牢牢抓住产品经营这一环节，不能偏离。无论外部环境发生何种变化，企业(公司)都应该在核心产品领域不断地开拓进取：不断降低产品成本、不断创新产品功能、不断提高市场占有率、不断提高产品的满意度等。相对稳定并不断提升质量的产品经营可以为企业(公司)带来稳定的现金流，为企业(公司)的扩张和资本运营奠定基础。

2. 产品(产业)经营是搭建产品(产业)经营平台的基础①

产品(产业)经营平台是指企业(公司)通过多年生产经营及销售不断积累经验并吸取教训后，积淀而成的产品更具体系、服务分布更广、市场份额更大、营销能力更强的平台。产业经营平台是在企业(公司)搭建起产品经营平台的基础上，在行业或产业等政府部门的合理引导下，逐步形成的具有较强竞争力和持续发展能力的上中下游一体化的平台。产品(产业)经营平台能否搭建以及搭建的高度和厚度，决定了企业(公司)获取利润的能力和水平，更决定了企业(公司)能否可持续地获取利润。一般而言，产品(产业)经营平台的搭建离不开企业产品(产业)经营，只有有了实际的产品(产业)经营，企业(公司)才可能实现稳步的利润积累，若干年的利润积累才能积淀成产品(产业)经营平台。

---

① 文宗瑜、张晓杰主编：《企业战略与资本运营(第二版)》，经济科学出版社2012年版。

（1）产品（产业）经营是实现利润积累的必要条件。对于实体企业（公司）而言，实现利润积累的必要条件是企业（公司）有自己的产品（产业），且这一产品（产业）经营能给企业（公司）带来持续的现金流、持续的营业收入。企业（公司）用每一年由产品（产业）经营创造的营业收入，扣除相应的营业成本和其他费用、税金之后，剩余的将是企业（公司）当年获取的净利润，是企业（公司）可以用于发展或积累的净资本增加。这种积累是企业（公司）发展追求的目标之一，也是企业（公司）生存所必需的；一个长期没有利润的企业（公司）迟早是会倒掉的。为此，各个企业（公司）想方设法获取利润，实际操作经验说明，企业（公司）获取利润的途径有很多，如通过产品（产业）经营获取主营业务利润、通过资产处置或变卖等获取非主营业务利润、通过其他手段甚至是不法手段获取不正当利润等，然而，对于一个有追求而负责任的企业（公司）而言，追求利润积累的方式当然不会是不正当利润，也不会都是非主营业务利润，而主要是依托产品（产业）经营实现主营业务利润的积累。

（2）持续多年的利润积累支持支撑产品（产业）经营平台。对于实体企业（公司）而言，某一年或某几年获取利润并不难，有的甚至能实现短时间爆发式利润增长，然而，难的是若干年持续获取利润。只有持续多年的利润积累，才能支持支撑企业（公司）产品（产业）经营体系。综观企业发展史不难发现，在一批批成长起来的数以万计的企业（公司）背后，倒下的是一批批没有成长起来的、没有渡过初创阶段的数以亿计的企业（公司）群，相当数量的企业（公司）在经历了短时间的发展和盈利之后因为没有形成持久的获利体系而被市场淘汰。换言之，做企业（公司）最难的是能够积淀并搭建起产品更具体、服务分布更广、市场份额更大、营销能力更强的产品（产业）经营平台，这应该是企业（公司）追求的主要目标之一。那么，如何才能实现这一目标呢？如何才能搭建起企业（公司）的产品（产业）经营平台呢？若干年利润的持续积累是必不可少的。只有有了持续的利润积累，才有可能形成厚实的利润或资本基础，才有可能应对经营中随时出现的竞争及风险，才有可能在赢得一次又一次竞争和化解一个又一个风险的过程中实现稳步螺旋式上升，也才可能真正形成强有力的产品（产业）经营平台。

二、产品经营及产业经营强调技术附加值

国际、国内竞争的成功或失败案例表明，产品和技术日益成为企业（公司）参与市场竞争的必备门槛条件。企业（公司）的生存发展，依赖于产品（产业）的

持续经营；而产品（产业）的持续经营，又依赖于产品（产业）的创新及产品（产业）体系的形成。因为后者可以为企业（公司）带来稳定的消费群体，这些消费群体对产品的依赖和忠诚在一定程度上会给其他生产经销厂家带来压力，这也就是企业（公司）的影响力。有影响力的企业（公司），其生命力往往更加顽强，其生命周期往往更长。随着越来越多的企业（公司）开始关注影响力，产品（产业）的创新也就越来越被重视。创新强调的是提高产品（产业）的技术附加值。

1. 市场竞争机制下产品（产业）的持续经营强调产品的技术附加值

粗放式发展带来的环境问题和效率问题被广为诟病。从宏观层面来看，要改变粗放式发展方式，追求集约和精细化发展，必须要求经济转型和调整。从微观层面来看，企业（公司）必须从重投入轻产出的逻辑中走出来，转而强调产品的多样化和市场满意度。在市场竞争中，企业（公司）要想生存并持续发展，必须进行持续的技术创新，生产高技术附加值的产品，以顺应消费者不断提升的需求。从近十几年世界经济变化看，20 世纪中后期开始在全世界范围内推进的信息革命技术革命，引发一轮又一轮的科技创新，这些新技术被不断应用到生产中去，产品（产业）的更新换代不断提速。应该说，无论从销量还是从评价，高技术附加值产品都大大高于低技术附加值的产品，以简单电脑为例，电脑行业在近 30 年内完成了几次颠覆性的革命，从公用大型计算机到家庭台式计算机，再到笔记本电脑、平板电脑等；电脑的更新换代使得那些强调创新和技术附加值的企业（公司）（如苹果和三星）能够在一轮轮革命中脱颖而出，其产品的高技术附加值给其带来了丰厚的利润，也为其带来了旺盛的生命力。中国的企业（公司）要迎接国内外竞争对手的挑战，必须不断提高企业（公司）的技术创新能力，从传统的生产导向转向技术导向，以满足客户需求为目标，以提升产品的技术含量为手段，以提升产品的市场认可度为标杆。只有这样，企业（公司）才能够迎难而生，屹立不倒。

2. 技术附加值是一定数量及不同水平的技术所创造的剩余价值

要深入理解技术附加值，必须从产品生产的过程来看①，任何一种有形工业产品的形成，都必须消耗劳动力和生产资料，在产品本身或生产过程中采用一定数量或不同水平的技术，不同数量及水平的技术是由简单劳动和复杂劳动提供，可以说，任何有形产品的形成都是以消耗不同数量和技术水平的生产资料，也可以理解

① 张瑞敏、三智洁：《产品技术含量技术附加值的内涵及其定量计算》，《工业技术经济》，1995 年第 3 期。

为消耗生产资料及使用一定数量和不同水平的技术。因此，企业（公司）提供的产品，不仅包括生产成本、劳动者创造的剩余价值，还包括一定数量和不同水平的技术所创造的剩余价值，这部分价值也就是所谓的技术含量和技术附加值。技术含量和技术附加值通常表现为有形工业产品，由于采用了一定数量和不同水平的技术，或提高了产品质量，或增加了产品公用，或降低了生产成本，或提高了价格，或扩大了产品销售量而增加的那一部分剩余价值；技术含量和技术附加值主要依赖科学技术在生产过程中的应用，所以有人也把技术含量称为科技含量。高新技术产品由于具有高的知识容量、高的技术综合性，所以具有高的科技含量和高的附加值。高新技术产业化，使高新技术产品的高技术附加值得以转化为高的经济效益，有利于经济良性发展。

三、产业经营平台的做强做大可以支撑资本运营

资本运营本身不创造价值，不产生利润，资本运营利润是对产业利润的分割；资本运营离不开产品（产业）经营。产品（产业）经营尤其以技术创新为内涵的产品（产业）持续经营，搭建起的产业经营平台，可以支撑资本运营，做强做大的产业经营平台能够支撑更高水平的资本运营。

1. 产品（产业）经营的利润是资本运营的价值基础

产品（产业）经营所产生的利润，不仅逐渐增加了企业（公司）利润积累额，而且支持了企业（公司）不断扩大规模。在产品（产业）的持续经营中，技术创新会提升企业（公司）产品（产业）的技术附加值，会不断提升企业（公司）盈利水平，增强企业（公司）利润积累能力。正是产品（产业）持续经营及不断增强的利润积累能力，奠定了企业（公司）资本运营的价值基础。资本运营不可能是空对空的资本运营，不可能脱离产品（产业）而进行纯资本运营，依托产品（产业）的资本运营，使资本运营有了价值基础。正是基于产品（产业）经营的价值基础，资本运营才有所谓的利润产生，但是，资本运营的利润是对产品（产业）经营利润的分割。完全脱离产品（产业）的资本运营，其价值基础会受到动摇甚至丧失，如果说脱离产品（产业）的资本运营也能产生利润，只能是通过投机或财务作假来实现。因此，做好产品（产业）经营，做强做大产品（产业）经营平台，可以使资本运营的价值基础更牢固。

2. 资本运营可以为产品经营平台提供资源配置的支持

资本运营不创造价值，资本运营本身不产生利润，但是，资本运营可以改变资

源配置方式，提高资源的配置效率。从产品（产业）经营的要求看，最稀缺的资源是发明专利、知识产权等技术创新资源，以并购为核心内容的资本运营，可以推动企业（公司）对技术创新类公司并购及重组重整，正是资本运营，支持了企业（公司）拥有更多的技术创新资源，也正是资本运营，推动了企业（公司）对技术创新资源的重新配置。在某种意义上，资本运营为产品（产业）经营提供了资源配置的支持，这种资源配置的支持，不仅会提高产品（产业）经营的利润，还会放大产品（产业）经营平台。当然，通过资本运营为产品（产业）经营提供资源配置支持，在使产品（产业）经营产生更多利润的同时，资本运营也会相应分割更多的利润。

第三节　以互联网与移动互联网为依托的网络销售平台

互联网与移动互联网已成为支持产业升级的载体，产品（产业）经营必须引入互联网与移动互联网。就资本运营的多个平台搭建而言，企业（公司）必须搭建以互联网与移动互联网为依托的网络销售平台。网络的直接性将远在天边的全世界的生产者和消费者“聚集”在一起，使其能够进行“面对面”的沟通和联系；网络不仅提高了销售的效率，而且改变了“商品和服务从生产者到达消费者和使用者所进行的一切企业活动”的方式，包括企业（公司）的生产方式、经营方式、组织结构等。因此，网络销售平台的搭建有利于企业（公司）争夺更多的客户与市场。

一、互联网与移动互联网的发展将全面改变传统营销模式①

随着国际互联网技术的不断发展和计算机信息系统的不断创新，网络销售已经日趋完善，“在线浏览、在线交易”，这一网络市场交易模式已经基本成为现实，网络不再仅仅是企业（公司）的信息发布平台，而且成为了实现在线交易的虚拟场所。从网络销售的交易对象来分，网络销售可以分为企业（公司）对消费者的销售及企业（公司）对企业（公司）的销售，其中，企业（公司）对消费者的网上营销基本上等同于商业电子化的零售商务，企业（公司）对企业（公司）的网络营销是指通过网络向供应商订货、签约、接受发票和付款及解决商贸中其他问题等。企业（公司）无论采取哪种形式的网络销售，都在增加销售收入的同时，扩大了销售范围，突破了传统销售的空间限制，并改变了投资模式，尤其是改变了跨国投资

---

① 文宗瑜、张晓杰主编：《企业战略与资本运营（第二版）》，经济科学出版社2012年版。

模式，实现了资源的优化配置。

1. 网络销售能够打破市场的区域限制

由于中国行政区划的原因，各行政区域之间有着明显的界限，这些界限成为企业（公司）销售产品或提供服务的天然障碍。障碍总体来说有两种：一是企业（公司）针对不同区域的特点，制定不同的销售策略和销售价格，这本身就会增加销售成本；二是区域本身的限制，区域垄断，其他区域的产品不易进入本区域内销售，从而产生销售壁垒。网络销售以其无店铺的经营方式、无存货的经营形式、低成本的经营战略、无时间限制的全天候经营以及精简化的销售环节，使得销售不再受行政区划的限制，产品和服务能够在不同区域间畅通地流转。

2. 网络销售能够突破市场的国界屏障

在传统的销售模式中，相比国内不同区域之间的限制，不同国家之间的销售存在的障碍更为明显，关税的障碍、贸易的壁垒、产品之间的相互排斥等，这些障碍的存在都在很大程度上阻碍了贸易的进行。国际性的网络营销是不同国家之间，企业（公司）对企业（公司）或企业（公司）对消费者的电子商务。互联网的发展，国际贸易的繁荣和一体化的发展，为国际贸易中使用网络营销技术开辟了广阔的前景。网络销售创造了一个即时的全球社区，它消除了同其他国家客户做生意的时间和地域障碍。面对提供无限商机的互联网，国内企业（公司）可以加入网络行业，开展全球性营销活动。

二、网络销售会带动全社会投资模式与商业模式的转变

网络销售的出现极大地改变了全社会的投资模式和商业模式，企业（公司）对本土化投资来扩大企业（公司）影响力和市场占有率的需求逐渐减小，转而向成本最低的投资区域靠拢。传统的商业模式也受到极大冲击，网络销售是以网络为媒介，以电子处理为基础来实现商品交易中各方的信息交换，在信息交换的过程中，企业（公司）按市场需求形成商品的配置方案。因此，网络销售更强调开展网络营销和信用品牌建设。

1. 网络销售能够推动跨国投资模式的转变

在完成国际化进程前，企业（公司）要提高产品的市场占有率，必须首先在当地进行投资，本土化生产是降低成本和提高市场占有率的捷径之一。在 20 世纪后半叶，全球范围内涌现出一大批跨国公司，这些跨国公司在多个国家设立公司进行生产，在全球范围内销售。这些跨国公司也因为在全球范围内配置资源和市场反应

力强而处于行业领先地位。但是，这种投资模式不但会因企业（公司）在东道国投入大量的资金而造成企业资金紧张，而且还会不断放大企业（公司）的经营风险；如果企业（公司）的资金链断裂，或者是某一环节出现问题，企业（公司）将会遭受巨大的经济损失。随着网络销售的出现，这一现状将出现一定的改变。网络销售除了能够打破市场的区域限制并突破市场的国界屏障之外，还能够推动跨国投资模式的转变。投资的最终目标是为了销售，投资的直接优势是降低成本和提高市场认知度。从降低成本的角度来看，网络销售相比于传统销售有着较明显的成本优势，传统的销售需要强大的市场营销作为后盾，因而需要大量的资金投入。网络销售的营销依赖于网络营销模式，企业（公司）的各种销售信息在网络上将以数字化的形式存在，可以以极低的成本发送并能及时根据需要进行修改，企业（公司）也可以根据消费者反馈的信息和要求通过自动服务系统提供特别服务，庞大的营销费用因而得以节省。从提高市场认知度的角度来看，传统的投资模式下投资所在地往往会对企业（公司）具有较高的认知度，而投资所在地之外的领域的认知度高低就在于企业（公司）商业宣传力度的大小，但是，网络销售改变了这一方式，网络销售的重要特点和优势在于产品的质量决定了产品反馈的好坏，而反馈的好坏又进一步决定了产品的排名和销售，并进一步影响着企业（公司）的市场认可度。因此，即使在偏远地区生产，优质的产品依然会脱颖而出，受到网络市场的好评，其产品也会在全国甚至全世界范围内得到追捧。因而，在网络销售流行的时代，传统的跨国投资模式意义越来越小，企业（公司）为了达到促进产品销售的目的，可以通过网络进行营销，而不必通过跨国投资建厂或开设直营店的模式进行，从而能够达到大幅节省资金并有效控制风险的目的。

2. 网络销售会带动全社会商业模式发生转变

商业模式是指企业（公司）通过什么方式来创造和提升价值。传统商业模式下，生产商往往无法直接面对消费者，而是中间商、零售商等，因此，生产商往往无法及时获取市场反馈，容易作出错误的判断。网络销售的出现，彻底改变了传统商业模式，改变了传统的经济结构和生产关系。以网络销售为主要内容的电子商务是基于信息的电子处理为基础而实现商品交易中各方的信息交换，在信息交换过程中，生产商形成商品的配置方案。也就是通过互联网信息技术和现代通信技术，交易各方借助电子联系方式，完成信息的交换，如单据传输、资金的划转等，整个交易过程实现电子化。电子销售的成功与否主要取决于企业（公司）网络影响能力和网络影响力。据统计，2014 年中国的电子商务交易额达到近十万亿元人民币，网络购物交易额突破万亿元人民币，网络销售正在以难以质信的速度推动全社会商业模式的改变，以致INTEL前任总裁说："在未来五年内，要么你是一个互联网公司，要么你不是一家公司。"

三、网络销售平台的搭建可以有效推动并支撑资本运营创新

网络销售平台的搭建使企业（公司）在最短的时间内能够占领更多的市场，获得更多的客户群，赢得更多的产业利润，利润的增加将进一步扩大企业（公司）资本运营的空间。除此之外，网络销售平台的搭建使得企业（公司）的工作重心逐渐转移到满足客户的个性化需求上来，这也在一定程度上推动了企业的资本运营内容创新，企业（公司）开始越来越多地并购那些不涉及生产但是具有较强创新能力的科技公司，以弥补自身创新力不足的缺陷，以更好地满足客户的需求。

1. 网络销售平台的搭建将有利于推动企业（公司）的资本运营活动

搭建网络销售平台将有利于企业（公司）提升价值创造水平，主要从以下两个方面来看：一是网络销售平台的搭建将有利于企业（公司）培育更多的客户群体。从产品方面来看，传统的销售只是对既定的产品开展营销活动，网络销售则不同，既可以对既定产品进行经营，也可以满足消费者的个性化需求，使得消费者参与到生产制造产品的过程中来。因而，网络销售可以使消费者个人的满意度大大提升，有利于企业（公司）培育更多更忠诚的客户群。从渠道方面来看，网络化本身带来了沟通和交流的便利性，更有利于厂家与消费者直接沟通，既便于厂家了解消费者的需求，也便于消费者了解企业（公司）产品信息，并及时进行反馈。这种信息流动的无障碍使得网络销售吸引众多消费者，有利于企业（公司）培育更多的消费群体。二是网络销售平台的搭建有利于企业（公司）获取更多的市场份额。网络作为一种媒介，具有一对一的互动特性，这是对传统媒体面对大量对象特征的突破，网络的一对一互动，使得生产者更加了解客户的需要、愿望及改进意见，将大规模生产大规模营销转变为小群体甚至是个体营销，使得企业（公司）的营销效率大幅提升，有利于企业（公司）提升销售业绩。正是因为网络销售平台的上述优点，有利于企业（公司）的销售业绩提升。从现实环境来看，越来越多的企业（公司）开始搭建网络销售平台，网络销售给企业（公司）带来了较大的利润增长空间。网络销售平台所带来的利润增长将给企业（公司）带来丰富的资本积累，使得企业（公司）在开展并购及重组重整活动中更加游刃有余，可以说，网络平台的搭建将助推企业（公司）更大规模和更高层次上的资本运营活动。

2. 网络销售平台的搭建将有利于企业（公司）创新资本运营内容

传统资本运营的主要内容是并购。依据企业（公司）的战略需要，并购主要分为横向并购、纵向并购和混合并购，无论哪种方式，企业（公司）主要考虑的是成本、市场影响力等因素。但是，随着网络销售平台的搭建，客户的个性化定制和个性化需求成为企业（公司）制胜的新的因素，要满足客户的个性化需求，必然要求企业（公司）提升创新能力。因此，企业（公司）的并购对象将从生产型企业转向技术研发型的科技公司。这些企业（公司）大多不参与实际生产，资产规模较小，人员较少，有形资产价值较低。但是这类并购交易往往需要支付较高的价格，因为该类企业（公司）的无形资产价值较高。并购后，企业（公司）的创新能力将大幅增强，对于客户个性化需求的满足能力将进一步提升，企业（公司）的综合竞争力进而大幅提升。应该说，网络销售平台的搭建将为企业（公司）的资本运营带来更加丰富的内容。

第四节　以信用信誉及品牌为依托的无形资产平台

资本运营除了要求搭建以证券市场为依托的资本运营平台、以技术创新与进步为依托的产业经营平台、以互联网与移动互联网为依托的网络销售平台，还要求搭建以信用信誉及品牌为依托的无形资产平台。以信用信誉及品牌为内涵的无形资产，虽然无法在企业（公司）财务报表中反映，但对企业（公司）利润增长、价值创造仍发挥着十分重要的作用，通过信用信誉及品牌打造而支撑的无形资产平台，可以不断放大网络销售平台的作用，还可以推动产业经营平台与资本运营平台的无缝对接。

一、信用信誉及品牌会放大无形资产价值

无形资产是指支持支撑企业（公司）价值创造能力提升的非真实资产，主要表现为信用信誉及品牌。信用信誉以及以信用信誉为基础的品牌资产，表现为无形，其真实价值难以用货币计量。虽然是无形资产，但其是企业（公司）参与市场竞争的利器和法宝，同时也能够转化为现实生产力，更有利于企业（公司）放大价值创造能力。

1. 信用信誉有利于企业（公司）放大无形资产价值

在短缺经济时代，市场中没有充足的商品来满足需求，市场资源配置所强调和关注的是有形资产，如设备、劳动力、厂房等，与此相适应，信用资本并不产生十分直接的效用。随着市场经济不断发展，物质出现一定的过剩，市场的竞争转向品

牌竞争，那么社会资源配置就将从有形资产竞争转变为无形资产竞争，如品牌、专利等，人们对资本的认识不再局限于物质资本、人力资本，人们开始意识到信用作为一种资本的重要作用。无论是品牌还是专利，可以说任何一种无形资产都是以信用信誉为基础的。没有信用信誉，这些无形资产都没有价值。在发达的市场经济环境下，诚实守信是各个市场主体行为的基本原则，没有信用，就没有交换；没有信用，就没有市场；没有信用，就没有价值实现；没有信用，企业（公司）就没有持续发展的根基。虽然信用信誉的价值在企业（公司）的报表中没有直接体现出来，但是由诚实守信给企业（公司）带来的是无形资产的价值放大，这种价值放大体现在无形资产的具体科目中，如信用信誉较好的企业（公司），品牌价值高，在合并过程中的商誉价值高，相比同等条件企业（公司），其无形资产价值相对较高。因此可以说信用信誉有利于企业（公司）放大无形资产价值。

2. 品牌知名度有利于企业（公司）放大无形资产价值

品牌知名度是指消费者对某一品牌潜意识中的印象和定位，品牌知名度具有一定的垄断性，它所包含的价值、个性、品质等特征都能给产品带来重要的价值，一旦形成会对其他品牌产品形成无形的压力。品牌能够筑起与其他竞争对手之间的竞争防线，是其他企业（公司）难以超越与效仿的标志，是企业（公司）综合实力和素质的反映。即使是同样的产品，贴上不同的品牌标识，也会产生悬殊的价格。知名品牌能够使企业（公司）长期保持市场竞争的优势，即使是来自竞争对手的正面攻击，品牌资产也能筑起森严的防线。美国可口可乐公司总裁曾经说过“如果今天大火烧毁了整个公司，明天我就可以再次建立起来可口可乐。”这就是品牌的强大力量。除此之外，加强品牌建设，有利于企业（公司）增强创新能力；品牌建设过程就是技术创新、管理创新和制度创新的过程，创新能力越强的（公司）企业，企业（公司）的无形资产价值越高；加强品牌建设，有利于丰富文化，有利于提升企业（公司）的凝聚力，这也在一定程度上增加了企业的无形资产价值。因而可以说，品牌知名度较高，意味着企业（公司）的无形资产价值较高。

二、信用信誉及品牌与网络销售相互依存并相互支撑[①]

网络销售改变了过去产品与客户面对面的消费模式，网络销售要想实现成功，信誉和品牌非常重要。信誉是指消费者和厂家之间形成的一种相互信任的生产关系

① 文宗瑜、张晓杰主编：《企业战略与资本运营（第二版）》，经济科学出版社 2012 年版。

和社会关系，品牌则是顾客经过长期积累形成的对产品的识别。品牌响、信誉度高的产品会受到许多消费者的追捧，这种追捧远比现实市场的追捧更加狂热，可以说网络会扩大产品的品牌和信誉影响力，是企业（公司）快速发展的助推器。

1. 网络销售要以信誉与品牌为依托

目前我国网络销售仍处于起步阶段，网络的信誉度、安全性、消费者权益和隐私权的保护方面还比较薄弱，网络销售的品牌效应还没有得到最大限度的发挥。第一，网络销售的诚信意识还不够强。由于很多销售人员功利性太强，网络销售的过程中只顾暂时利益不顾诚信，给网络消费者带来经济上的损失和心理上的不信任。诚信意识薄弱阻碍了网络销售的进一步发展。第二，网络技术的安全性不高，很多黑客和钓鱼网站在钻网络销售的空档从而使网民蒙受了经济损失。第三，售后服务得不到保障。尽管网络销售的价格一般低于市场价格，但很多网络销售规模较小，没有完善的售后服务体系，很多产品销售出去就不管了，这直接导致了一些产品很难实现网络销售，很多消费者更愿意花较高的价格购买具有售后服务体系的产品。第四，消费者的权益和隐私权保护未受到重视。网络销售往往只考虑销售方的利益，网络消费者的利益得不到保障，比如网络销售常采用高仿产品冒充正宗产品。同时由于网络销售模式需要提供网络消费者的详细信息，网络销售人员为了自身利益而经常泄露网络消费者的隐私，给网络消费者带来了麻烦和顾虑，进而阻碍了网络销售的健康发展。这些问题如果得不到很好的解决，网络销售很难有进一步成长。因此，网络销售要想有长远的发展就必须建立起网络信誉，并不断塑造品牌形象，只有以品牌和信誉为依托才能提升品牌价值。

2. 网络销售能够进一步提升品牌价值

网络销售平台的搭建对企业（公司）的发展具有促进作用，可以实现促销效应及广告品牌效应的放大。要想实现网络销售的顺利推进，进一步提升企业（公司）品牌价值，除了要提高网上销售服务水平，保证产品和服务质量，提高售后服务的管理水平和服务水平，提升网站信誉度，努力弥补消费信任缺失，化解消费者后顾之忧之外，还应做到以下几个方面：第一，完善物流配送体系，不断开辟合作共赢路径。第二，创新网上销售模式，引导消费观念的转变，促使消费者更多实现网上购物。第三，理顺传统渠道和网络渠道的关系，解决好新的渠道冲突。

三、无形资产平台支撑产业经营平台和资本运营平台的无缝对接

无形资产平台搭建要求产品（产业）经营要不断提升产品质量与提高产品的技

术附加值，还要求通过资本运营对产品（产业）经营提供资源优化配置的支持。可以说，信用信誉及品牌是产业经营平台和资本运营平台对接的黏合剂，无形资产平台的不断放大支撑产业经营平台和资本运营平台的无缝对接。

1. 无形资产累积要求产业经营与资本运营都要重视信用信誉

产品（产业）经营的持续，是以产品的质量与技术附加值为条件，持续的产品质量提升与产品技术附加值提高，产品质量及技术附加值保证产品（产业）经营的持续，与此相适应，企业（公司）会更加重视信用信誉，在某种意义上，信用信誉靠的不是广告宣传，产品质量及技术附加值是最好的信用信誉。在产品质量提升及技术附加值提高的指导下，企业（公司）的资本运营也会围绕质量及技术创新进行并购，通过并购后重组重整，继续提升产品质量与提高技术附加值。产品（产业）经营对信用信誉的重视，会积累无形资产，资本运营对信用信誉的重视，也会积累无形资产。

2. 品牌效应放大要求产业经营平台与资本运营平台无缝对接

无形资产积累到一定程度就会放大品牌效应，从而助推并实现产业经营平台与资本运营平台的对接。这种对接表现在产业经营平台依托品牌效应实现最快的利润增长，企业（公司）的产品（产业）经营利润使资本经营的价值基础更牢固；而资本运营平台会依托品牌并购更多优质的资源，为产品（产业）经营资源优化配置提供更强有力的支持。产品（产业）经营平台与资本运营平台借助品牌效应的无缝对接，从根本上提高企业（公司）的核心竞争力。以无形资产平台助推产品经营平台与资本运营平台对接，再同时与网络销售平台对接，从而构建起了支持支撑资本运营的多个平台体系。

第九章
资本运营的证券市场上市及其融资

资本运营的主体公司搭建资本运营平台，要从其在证券市场上市开始。企业（公司）从事以并购为主要内涵的资本运营，要依托资本市场进行操作；在依托资本市场从事资本运营中，企业（公司）主要是依托证券市场。为了能够依托证券市场进行资本运营，企业（公司）要尽快在国际国内证券上市，具体而言，企业（公司）可以根据其所处的发展阶段及自身特征，选择在国内证券市场上市，或选择在国际证券市场上市。证券市场支持企业（公司）融资的多元化，可以发行股票融资，可以发展债券融资，还可以通过资产证券化融资，当然，还可以通过创新拓展其他融资方式。依托证券市场，为企业（公司）并购提供了强有力的融资支持与支付对价创新支持。

第一节　境内境外证券市场的直接上市

证券市场是资本市场的核心，也是企业（公司）进行资本运营融资的主要场所与载体。从境内境外证券市场的发展现状看，主要分为场内交易市场（即证券交易所市场）和场外交易市场两类。其中，证券交易所市场的上市门槛较高，主要为规模较大的企业（公司）提供融资平台；而证券场外交易市场的上市门槛较低，适合于中小微公司特别是科技型中小微公司上市融资。

一、境内境外证券市场概述

证券市场是有价证券（股票、债券、金融衍生品等）发行和交易的场所。证券市场是市场经济发展到一定阶段的产物，是为解决资本供求矛盾和流动性而设立的市场[①]。证券市场可以分为两类：一类是场内交易市场（又称为证券交易所市场），为证券交易提供场所、设施及其他必要条件；另一类是场外交易市场，主要为中小微公司的股份交易提供平台。

1. 境内境外证券交易所概述

证券交易所是证券买卖双方公开交易的场所，是一个高度组织化、集中进行证券交易的市场，是整个证券市场的核心。从全球证券市场的发达程度看，欧美日等发达国家的证券交易所市场发育相对成熟，如美国的纽约证券交易所（New York Stock Exchange，NYSE）是全球最大的证券交易所，英国伦敦证券交易所（London Stock Exchange，LSE）是全球历史最悠久的证券交易所，东京证券交易所（Tokyo Stock Exchange，TSE）是仅次于 NYSE 的全球第二大证券交易所。此外，新加坡证券交易所（SGX-Singapore Exchange Limited）、香港证券交易所（HKEx Corporate）也是全球重要的证券交易所。

中国的证券市场起步较晚，但经过 20 多年的发展，已经形成了相对完善的体系。目前，中国有上海和深圳两家证券交易所，包括上海证券交易所主板、深圳证券交易所主板、深交所在主板市场内设立中小企业板块以及深交所设立的创业板四个板块，在很大程度上能够满足不同条件的企业（公司）的上市需求。其中，上海证券交易所（以下简称“上交所”）是中国最大的证券交易所，满足了一大批国民经济支柱企业、重点企业、基础行业企业和高新科技企业的上市需求；深圳证券交易所（以下简称“深交所”）则以建设中国多层次资本市场体系为目标，主要服务于中国中小企业发展与推进自主创新国家战略实施。与上海证券交易所、深圳证券交易所的层次相区分，“新三板”（全国中小型企业股权转让系统）也已经正式运营，为小微公司尤其创业创新公司打造了股权转让平台。

2. 境内境外证券场外交易市场概述

证券场外交易市场（Over the Counter Market，OTC Market），又称柜台市场或店头市场，它是相对于场内交易市场或者证券交易所市场而言的，泛指证券交易所以外的市场，是资本市场的重要组成部分。证券场外交易市场在欧美国家比较发达，其中美国是现代证券场外交易市场最发达的国家，其创立的纳斯达克证券市场（National Association of Securities Dealers Automated Quotations，NASDAQ）即全美证

① 中国证券业协会编：《证券市场基础知识》，中国财政经济出版社 2009 年版，第 3 页。

券商协会自动报价系统的发展模式受到各国的普遍关注与模仿。目前，在 NASDAQ 上市的公司有 5000 多家，其中半数以上为高新科技公司，故而 NASDAQ 也成了高新科技公司的象征和代名词。除了 NASDAQ 市场之外，伦敦股票交易所的另项投资市场（Alternative Investment Market，AIM）、欧洲新市场（EURO. NM）、欧盟 EASDAQ（European Association of Securities Dealers Automated Quotations）、新加坡自动报价系统（Stock Exchange of Singapore Dealing and Automate Quotation System，SESDAQ）以及日本 JASDAQ 市场都是较成熟的证券场外交易市场。

中国证券场外交易市场是随着 20 世纪 80 年代的国有企业股份制改革而发展起来的。中国的证券交易场外市场先后经历了 1988 年和 1996 年两次高潮，但 1997 年亚洲金融危机的爆发，直接导致了 1998 年证券会对场外交易市场的清理整顿，如天津、武汉、淄博的证券交易中心于 1998 年关闭，全国证券交易自动报价系统（STAQ）和全国电子交易系统（NET）两家法人股市场也于 1999 年被责令关闭。尽管如此，这没有改变场外交易市场在中国多层次资本市场的重要地位和发展步伐。2008 年国务院批复在天津建立全国首家 OTC 市场，用于非上市公司股权交易；此外，2006 年 1 月，国务院批准中关村科技园区非上市股份有限公司进入代办股份系统进行转让试点，并将其定位于中国的 NASDAQ，这是中国证券场外交易市场发展的又一里程碑。

二、境内、境外证券交易所的直接上市

证券交易所是有价证券集中交易的场所，它为证券的交易与流转提供了公平、公正和公开的市场环境。公司在依托证券交易所上市并进行股份交易，需要满足一定的条件，具体包括公司独立性、主体资格、财务状况、规范运营等多方面要求。总体而言，在证券交易所上市的门槛较高，一般的中小微公司很难满足这些条件，而只有规模较大的企业（公司）才可能达到证券交易所的上市要求。在某种意义上，证券交易所是为规模较大的企业（公司）提供上市选择的场所。

1. 境内境外证券交易所上市的门槛较高

在证券交易所上市，需要满足一定的条件，总体来看，证券交易所对拟上市企业（公司）提出了较高的要求，具体包括发行规模、财务状况、盈利水平、盈利预测、现金流量、董事和管理人员资格等多个方面。以纽约证券交易所为例，其对本国公司上市提出的要求见表 9－1。

表 9－1　　纽约证券交易所本国公司的上市条件①

发行规模标准	
股东数量	2000 个持 100 股以上的美国股东，或其他标准
公众持股数量	北美 110 万股
公开交易股票的市值	6000 万美元
有形资产净值	4000 万美元
财务标准	
税前收入	最近三年总和 1000 万美元，其中最近两年每年 200 万美元，第三年必须盈利
现金流量	对于全国市场总额不低于 5 亿美元、最近一年收入不少于 1 亿美元的公司，最近三年累计为 2500 万美元（三年报告均为正数）
纯评估值	最近一个财政年度的收入至少为 7500 万美元，全球市场总额达 7.5 亿美元
关联公司	拥有至少 5 亿美元的市场资本；发行公司至少有 12 个月的营运历史

不仅境外证券交易所上市的门槛较高，中国的证券交易所也对拟上市企业（公司）也提出较高的要求，具体包括拟上市公司的主体资格、独立性、规范运营、财务状况等多个方面。证券交易所上市的高门槛，不仅表现为上市要求高，还表现为一旦上市公司经营下降或违背证券交易所的规定，会面临退市。

2. 境内境外证券交易所为规模较大的企业（公司）提供上市选择

从境内、境外证券交易所的上市条件看，都对拟上市企业（公司）设置了相对较高的门槛，而对于绝大多数的中小微公司来说，由于其规模较小且综合盈利能力相对较弱，故而很难满足证券交易所设置的上市条件。但是，对于那些规模较大的企业（公司）来说，不仅实力雄厚，而且运营规范，正好符合证券交易所的上市要求。可以说，证券交易所上市的高门槛意味着其主要为规模较大的企业（公司）提供上市选择。

3. 在境内境外证券交易所直接上市可以实现更大力度的资本运营

证券交易所是资本市场的核心，也是资本运营最重要的平台。证券交易所上市的高门槛与高要求，决定了只有规模较大、实力较强的企业（公司）才能在证券交易所上市；而规模大、实力强的企业（公司）在证券交易所进行股权集中交易，又会放大证券交易所的容量，有利于企业（公司）依托证券交易所实现更大力度的资

① 石建勋、陆军荣著：《中国企业国际资本市场融资：路径、案例与操作方案》，机械工业出版社 2006 年版。

本运营。不仅如此，证券交易所本身具有价值创造功能，这就意味着企业（公司）在证券交易所直接上市，可以实现自身价值几倍乃至几十倍的增值，从而为企业（公司）更大规模的资本运营提供强有力的资本支持。除此之外，证券交易所作为资本市场的枢纽，需要不断地创新来带动资本市场的发展，这就会推出更多的交易工具和交易手段，使得企业（公司）可以在资本市场上选择符合自身需要的方式来进行资本运营活动。

三、境内境外证券场外交易市场的直接上市

证券场外交易市场是相对于证券交易所市场而言，泛指证券交易所以外的所有市场，其主要服务于非上市股份公司的股权交易。从发达国家的证券场外交易市场的功能定位看，其准入门槛普遍不高，对企业（公司）的净资产、盈利能力等方面的要求较低，所以证券场外交易市场更适合中小微公司进行上市融资与股权交易。

1. 境内境外证券场外交易市场的准入门槛较低

与证券交易所的准入门槛相比较，证券场外交易市场的准入门槛相对更低。例如，美国的 OTCBB 和粉单市场[①]在设立年限、财务状况、股权结构等方面基本没有限制，而 NASDAQ 的准入门槛也较纽交所的上市门槛低很多；英国的 OFEX 市场与 OTCBB 和粉单市场类似，对上市公司的净资产等财务状况基本没有要求；而日本的 JASDAQ 市场、韩国的 KASDAQ 市场以及中国台湾的柜台市场，对上市公司具有一定的要求，但这些要求都相对较低。

表 9－2　　部分境外证券交易场外市场准入门槛设置[②]

场外交易市场名称	上市公司成立时间	股权规模要求	财务状况要求
美国 OTCBB 市场	无要求	无要求	无要求
英国 OFEX 市场	无要求	无要求	无要求
日本 JASDAQ 市场	无要求	（1）流通股少于 2000 万股，股东不少于 200 人；（2）流通股大于 2000 万股，股东不少于 400 人	最近一财务年度净资产不低于 200 万日元、每股税前盈余不少于 10 日元

① 粉单市场（Pink Sheet Exchange）原名 National Quotation Bureau，简称 NQB（全国报价局），是为那些选择不在美国证券交易所或 NASDAQ 挂牌上市，或者不满足挂牌上市条件的股票提供交易流通报价服务的场所。

② 文宗瑜著：《证券场外交易的理论与实务》，人民出版社 1998 年版。

续表

场外交易市场名称	上市公司成立时间	股权规模要求	财务状况要求
中国台湾柜台市场	设立登记满两年	公司持有股份1000～50000股的记名股东人数不少于300人，且其所持股份总额合计占发行股份总额10%以上或超过500万股	一般公司要有1亿元新台币的市值，创新企业要有5000万元新台币的市值

目前，中国的证券场外交易市场有天津股权交易所、新三板市场（全国中小型企业股权转让系统）。就新三板市场的准入门槛而言，基本要求是成立两年以上，注册资金超过500万元、业务独立、产权清晰的股份制公司。由此可见，中国的证券场外交易市场的上市门槛都远远低于主板市场和创业板市场。这在很大程度上为小微公司的上市融资提供了便利。

2. 小微公司在境内境外证券场外交易市场直接上市更方便快捷

在现有的融资方式中，股权融资应该是小微公司融资方式的首选，但受规模、盈利能力和抗风险能力等多因素制约，绝大多数小微公司不具备在证券交易所上市融资的条件。证券场外交易市场的门槛较低、退出渠道通畅且信息比较充分，这就为不符合在证券交易所上市条件的小微公司融资创造了条件。也就是说，从证券场外交易市场的准入要求与功能看，证券场外交易市场特别适于发展潜力大、管理团队优秀、发展势头明显的小微公司，有利这类公司进行融资与实现股权流动与转让。不仅如此，证券场外交易市场往往会引起风险资本和战略投资者的关注，这又拓宽了小微公司的融资渠道，有利于增强公司实力而使其符合上市条件。

3. 境内境外证券场外交易市场要求上市公司具有更大的技术创新性及高成长性

纵观境内境外证券场外交易市场，其主要为高科技中小微公司提供上市融资平台，应该说，这正是发展证券场外交易市场的初衷与意图。其一，境内境外的证券场外交易市场的准入门槛普遍较低，但这种低门槛是以拟上市企业（公司）具有更大的技术创新性和高成长性为条件的，否则证券场外市场就成为企业（公司）“圈钱”的场所。其二，与证券交易所相比较，证券场外交易市场的平台相对较小，企业（公司）的融资额度也有效，这就需要引入其他资本为证券场外交易市场提供资金支持，其中风险资本就是证券场外交易市场吸引的主要对象。毋庸置疑，风险资本以投资高新技术项目为主，对企业（公司）的成长性有较高的要求，因此，证券场外交易市场应要求上市公司具有更大的技术创新性和成长性。

第二节 证券市场的买壳上市[①]

买壳上市是相对于 IPO 而言的概念，是通过买壳、重组而实现上市的一种方式。与 IPO 相比较，买壳上市的条件相对宽松，程序也更简单快捷。买壳上市的方式主要有两种，即协议转让与二级市场收购。尽管买壳上市较直接上市更简单快捷，但买壳上市也需要经过一系列步骤，具体包括寻找壳资源、买壳、重组、换壳四个环节。

一、买壳上市相对于直接上市更简单快捷

买壳上市围绕“壳”而展开，是通过买壳、重组而实现上市的。与 IPO 相比较，买壳上市的条件相对宽松，上市程序也更为简单快捷。

1. 买壳上市的含义及核心内容

买壳上市又称反向收购（Reverse Merger），是指非上市企业（公司）通过控股一家已经上市的公司来取得上市地位，然后利用反向收购的方式注入自己的有关资产与业务。非上市企业（公司）通过收购某一上市公司取得控制权以其作为壳资源，然后通过对壳公司进行资产重组，让企业（公司）的主要资产和主营业务进入壳公司内，再进行增资发行新股从而使企业（公司）达到上市的目的。买壳上市的核心内容在于：首先，企业（公司）必须“买壳”即收购某一上市公司，取得壳公司的控制权；其次，企业（公司）必须对壳公司进行新旧资产和业务的重组，使得壳公司符合发行新股的条件；最后，壳公司发行新股后，募集的资金可用于新投资的项目，最终实现企业（公司）借助壳资源而上市的战略目标。

2. 买壳上市较 IPO 更简单快捷

买壳上市和 IPO 是上市的两种主要方式，对于买壳上市的企业（公司）要求条件相对 IPO 要宽松，上市的程序也相对简单。一方面，IPO 的企业（公司）必须是股份有限公司，《首次公开发行股票并上市管理办法》对拟上市企业（公司）的主体资格、独立性、规范运行、财务与会计、募集资金运用等作出了严格的规定，但买壳上市则没有具体要求，只要注入的资产足够优良，就可获得通过；另一方面，IPO 要经历改制、上市辅导、申报材料、反馈意见和通过发审会审核这一严格的法

① 文宗瑜主编：《企业战略与资本运营》，经济科学出版社 2007 年版，第 308 ~ 311 页。

定程序，时间长、要求高、风险大，而买壳上市除增发新股外，无特别严格的法律程序，只要操作得当，就比较容易实现重组上市目的。

二、买壳上市的方式比较及选择

按照买壳的方式不同，可以将买壳上市分为协议转让、二级市场收购两类。不管采用哪种方式，目的都是为了对壳公司控股，从而为下一步的重组作准备。稳妥取得壳公司的控股权，是买壳上市顺利进行的保证。

1. 协议转让

即通过非流通股协议转让或称场外收购取得壳公司。在协议转让方式中，发生频率最高的三种方式为国有股转让（40%）、法人股转让（40%）和收购控股股东（12%）（根据沪市 1999 年上半年的买壳上市行为统计）；其中国资局、政府部门控股的国有企业中的买壳上市行为尤为频繁。另外，证券公司和投资公司涉足买壳上市的现象日益增多。

2. 二级市场收购

二级市场收购是指并购主体公司通过二级市场收购上市公司的股权，从而获得上市公司控股权的并购行为。我国第一起二级市场并购案例就是家喻户晓的“宝延”风波。1993 年 9 月，深宝安通过其上海的子公司和两家关联企业大量收购延中实业的股票，从而拉开了我国二级市场收购的序幕。目前，二级市场并购主要集中在“三无”板块。

三、买壳上市的具体操作步骤

买壳上市虽然没有 IPO 那么复杂，但要经过寻找壳资源、买壳、重组、换壳四步才能完成，也需要相当长的时间。寻壳要寻找容易买壳的壳公司，买壳要达到怎样的控股程度最有利于重组，并要保证重组后的发行能够顺利推进。

1. 寻壳

寻找到合适的壳资源，是买壳上市的第一步。往往需要通过财务顾问公司和券商来挖掘和发现壳资源。通常净壳与否和对价高低是必须考虑的首要因素。具有以下特点的壳公司最受欢迎：（1）股本较小；（2）行业不景气，净资产收益率低；（3）股权相对集中；（4）壳公司有配股资格。

2. 买壳

采用协议收购或二级市场收购的方式，购买壳公司的一部分股权，取得控股权。因为一旦开始在二级市场上收购上市公司的股票，必然引起上市公司股票价格的上涨，造成收购成本的上涨。一旦企业（公司）与壳公司及其股东进行磋商和进行收购事宜时，企业（公司）必须按照《证券法》《股票发行与交易管理暂行条例》《上市公司收购管理办法》及《上市公司收购信息披露管理办法》等法律法规和规范性文件的规定，履行信息披露、要约收购（或申请豁免）、交割价款等法律义务，收购方还应聘请独立财务顾问和律师出具专项报告或意见。

3. 重组

对壳公司进行资产重组，重组的方式通常是资产收购、出售和置换及收购优质公司的股权。根据现行规定，资产重组的资产总额、净资产或主营业务收入分别达资产总额、净资产或主营业务收入的50%以上但不超过70%的，须经证监会审核；上述各项若有超出70%的或对全部资产和负债进行重组或进行吸收合并等，则须由证监会股票发行审核委员会审核。故在进行资产重组时，应避免重组的步伐一下子迈得过大，通常不要超过70%的数量标准。重大重组也涉及审计、评估、财务顾问报告、律师发表意见和公司报告等信息披露的强制性要求。

4. 换壳

换壳即利用重组后壳公司发行新股，这是买壳上市的最后一步，也是买壳上市的最本质所在。发行新股须满足《公司法》的条件及其他法律、法规和规范性文件的规定。因为买壳上市的最终目标是将优质资产注入壳公司实现上市，故增发的标准给买壳提供了参照，即所买的壳公司必须不致成为日后壳公司增发的法律障碍。

第三节　上市公司存量发行与私有化

上市公司存量发行与私有化是成熟资本市场上常见的资本运营方式。其中存量发行与增量发行相对应，是原股东将自己持有的股份用于公开发行；上市公司私有化与公司挂牌上市相对应，是股东收购目标企业并实现其退市。应该说，这两种方式是中国当前的资本市场正在探索的资本运营方式，其推广与使用，将对中国资本市场的发育与成熟产生重大影响。

一、上市公司存量发行的含义及特点

上市公司存量发行是成熟资本市场上的常见行为，是指原股东将自己持有的部分股份用于公开发行。上市公司存量发行能够满足多元化的投资需求，也能促进

IPO 合理定价，但是也赋予了大股东借机出逃套现的机会。

1. 上市公司存量发行的含义

存量发行（Secondary Offerings）与增量发行相对应，指原股东将自己持有的一部分股份用于公开出售，即在资本市场上公开交易的股份是存量股份而不是增量股份。从存量发行的运作形式看，主要有两种：一种是股票首次公开发行即 IPO 过程中的存量发行；另一种是上市后，原股东将部分股份出售给新股东，这实质上是股东减持股份。但不论是哪种形式，存量发行本质上是原股东将自己持有的部分股份出售给新加入的股东，所以不会增加公司股本，只是改变了原股东的持股比例。

存量发行是成熟资本市场的常见行为，IPO 过程中的存量发行，可以避免股份发行过多而造成超募；与此同时，IPO 存量发行降低了禁售股份数量，从而增加新股上市首日的股票供应量，有助于降低市场炒作行为。当然，上市公司存量发行所产生的收益，归出售股份的股东个人所有而不归公司所有，这就可能造成股东提前减持套现。

2. 上市公司存量发行的特点

上市公司存量发行是一种制度安排，这种制度安排的作用发挥，必然会对资本市场产生一定影响。从好的方面讲，存量发行是公司股东减持的一种形式，但这种减持却与一般意义上的股东减持不一样，它没有禁售时间、禁售数量等方面的限制，这在很大程度上满足了股东投资多元化的要求，也极大地促进了资本流动性。此外，IPO 存量发行，解决了股份全流通的问题，真正实现了“同股同权同利”，有利于市场询价过程中的新股东理性博弈，使询价结果更接近于证券的真实市场价值①。

从坏的方面讲，存量发行是上市公司股东减持的一种形式，这就为股东借机出逃创造了机会。可以预见，如果公司的创始人或持有股份的管理团队成员存量发行而逃离公司，将严重影响公司的市场价值，从而损害中小股东利益。不仅如此，存量发行也赋予了风险资本等机构投资者出逃的机会，从而弱化机构投资者对上市公司管理团队行为的监督，不利于公司上市后的运营。

二、上市公司存量发行的具体操作方式②

存量发行是一种经常使用的发行方式，从市场经济发达国家或地区的资本市场

---

① 万福：《我国 IPO 市场询价存量发行机制的经济学分析》，《西南科技大学学报（哲学社会科学版）》，2006 年第 3 期。

② 胡华勇：《IPO 存量发行：国际经验、理论依据与规则选择》，《证券时报》，2009 年 2 月 28 日。

实践看，存量发行主要有三种操作方式：第一种是日本式的存量发行，其特点是利用存量发行作为超额配售权的股份来源；第二种是中国香港式的存量发行，即原股东直接出售股份且发行前不须履行申报登记程序；第三种是美国式的存量发行，发行前须像 IPO 申请一样履行相关信息披露。

1. 利用存量发行作为超额配售权的股份来源

中国台湾地区、日本等近年来一般都采用该种方式进行存量发行。以中国台湾地区为例，台湾将存量发行与超额配售（台湾称为“过额配售”）联系起来，与上市后价格稳定措施联系起来。根据台湾《证券商业公会承销商办理初次上市（柜）案件承销作业应行注意事项要点》，其存量发行基本途径如下：（1）主承销商等与发行人签署协议，明确发行人有责任协调其股东提供不超过公开发行股数 15% 的股份，供承销商用作超额配售。（2）主承销商等应根据市场需求情况确定超额配售的最终股份数量。主承销商在实际划拨发行股份前，发行人将提供存量发行股份的股东名称、各股东提供股份数量等信息传递给承销商，承销商根据不同的发行方式（可选择的方式为询价圈售、竞价拍卖、公开申购）确定超额配售需要的存量股份数量。（3）主承销商向证券交易所书面报告超额配售股份数量、募集的资金量及资金专户。（4）主承销商等须在上市交易后五个工作日内执行价格稳定措施。在价格稳定期内，如交易价格低于承销价格，动用超额配售募集资金按不高于承销价格在市场买入股份。（5）主承销商在价格稳定期结束后与发行人结算，将因稳定价格买入的股份还给参与存量发行的股东，将剩余资金按承销价格计算划给参与存量发行的股东。

2. 原有股东直接进行存量股份出售

从中国香港上市规则和实际操作来看，公司 IPO 时原股东可以在发行过程中出售股份。一般而言，香港的 IPO 发售分为两个部分：一是在香港公开发行，用于社会公众公开申购，该部分发行数量较少，正常比例为发行新股总数的 10%；二是国际配售，老股东的存量发行股份都用于国际配售。

3. 存量股份直接发行的同时利用存量发行股份行使超额配售权

对美国 IPO 抽样标的的研究报告表明，美国 1997 年 395 个 IPO 中，超额配售权股份经常包含存量发行的股份，在新股发行与存量发行相结合的 IPO 中，45.45% 的 IPO 都有超额配售权，其中来自于存量发行的股份为 40%。

中国证券市场在 IPO 中实行存量发行制度，可以参照第三条途径，即老股东可以在 IPO 时直接出售一部分股份，同时利用一部分存量股份作为超额配售的股份来源。在具体方式上可以针对中国公司上市首日收益率较高的特征，由发行人协调大股东提供股份，主承销商借入股份后在上市首日可以择机卖出，既抑制股票涨幅过高，又满足存量发行要求。

三、上市公司私有化的含义及意义

上市公司私有化是相对企业（公司）上市成为公众公司而言的，是以获取目标企业所有权并终止其上市地位的一种并购活动。上市公司私有化的最大好处是能够强化公司股东的控制权，排除少数股东阻力，提高公司的管理效率。

1. 上市公司私有化的含义

上市公司私有化（Public to Private Transaction）是依托资本市场的一种股东购买本公司股份的活动，以终止目标企业上市交易地位为目的而进行的股份并购。当然，上市公司私有化不等于并购，其最大的差异在于上市公司私有化是将上市公司的全部股份转让给一个股东或几个股东，或者是上市公司的控股股东收购公司的其他全部股份，其根本目的就是收购该上市公司并终止其上市地位，使其由公众公司变为私人公司①。

2. 上市公司私有化的意义

上市是绝大多数企业（公司）的发展目标，但在成熟资本市场上，许多上市公司却将退市作为一种资本运营手段，例如在美国，每年都有许多上市公司通过私有化而完成资本市场退市。随着中国资本市场的不断成熟，许多上市公司已经将私有化作为未来战略方向。究其原因，上市公司私有化可以给企业（公司）带来三方面优势：其一，上市公司私有化最直接的结果就是减少了公司层级，有利于公司组织架构向扁平化发展；其二，上市公司私有化实现了公司股权集中，这在很大程度上扫除了公司少数股东阻力，有助于保持公司立场和利益的一致性；其三，上市公司私有化极大缩短了公司的产权链条，增强股东控制力，有助于降低管理成本和提高管理效率。除此之外，上市公司私有化也在向市场传递公司大股东预期公司未来业绩向好的信息，这能够放大公司市场价值，有利于公司未来的资本运营。

四、上市公司私有化的具体操作方式

上市公司私有化主要有三种操作方式，即向目标企业股东发出股份收购要约而

---

① 蒲石：《对上市公司私有化相关问题的思考与建议》，《中共成都市委党校学报》，2008 年第 2 期。

使其不再符合上市要求的要约收购方式、对目标企业进行吸收合并而将其注销的吸收合并方式、基于资本重组考虑而注销目标企业股东所持股份的计划安排方式。其中，前两种是A股市场中上市公司普遍使用的上市公司私有化方式，第三种是H股上市公司经常使用的上市公司私有化方式。

1. 通过要约收购方式实现上市公司私有化

上市公司私有化最常用的方式就是附先决条件的要约收购，即合并方的控股股东（即收购人或要约人）通过向被收购方的全体股东发出收购要约，使被收购方的股权结构不再符合资本市场的要求，从而实现被收购方由公众公司向私人公司的转变。通过要约收购方式而实现上市公司私有化的程序如下：（1）要约收购人向被收购方发出收购要约；（2）收购方向被收购方股东提出股份收购价格；（3）被收购方股东大会表决同意终止上市的特别决议；（4）被收购方股东注销全部自己持有的股份。

2. 通过吸收合并方式实现上市公司私有化

除了要约收购以外，吸收合并也是上市公司私有化经常使用的方式。具体来说，合并方将被合并方的全部资产、负债都收购，将被合并方的股份按照一定比例转换为合并方的股份，并在合并完成后，注销被合并方的法人资格。需要说明，就被合并方的股份注销而言，既可以通过被合并公司回购股份来实现，也可以通过合并方收购股东所持股份来进行。通过吸收合并而实现上市公司私有化的程序如下：（1）合并方与被合并方签订公司合并协议，同时被合并方要编制资产负债表及财产清单；（2）被合并方的股东大会通过特别决议批准公司合并（需要2/3以上表决权同意）；（3）被合并方股东大会表决通过后，立即向其债权人发出通告，并就此作出公告；（4）被合并方注销全部自己发行的股份。

3. 通过计划安排方式实现上市公司私有化①

除了要约收购与吸收合并两种方式外，上市公司有时还可以通过某种协议或计划安排来实现私有化。具体来说，计划安排方式是指股东通过向目标企业的股东支付注销价而注销计划股东所持股份（即计划股份），然后相应削减目标企业的注册资本。如果计划生效并得以执行，目标企业将成为由主要股东全资拥有的子公司，相应地，目标企业因不再符合资本市场上市要求而申请终止上市资格。上市公司使用计划安排方式来实现私有化，需要满足特定的条件，即目标企业股票市价相对于

① 蒲石：《对上市公司私有化相关问题的思考与建议》，《中共成都市委党校学报》，2008年第2期。

公司净资产出现大幅折让，而且公司股票日均成交量非常低。目前，中国境内的法律没有就计划安排方式进行具体规定，该种方式主要是香港 H 股证券市场上的上市公司使用。

第四节 依托证券市场的资本运营融资

以并购为主要内涵的资本运营，必然涉及并购支付；如果是大标的并购，且目标企业要求现金支付，必然会给并购的主体公司带来巨大的资金压力。企业（公司）依托证券市场从事资本运营，可以大大缓解筹资或融资压力。因此，依托证券市场可以实现资本运营融资的多元及创新。

一、资本运营融资的基本方式

伴随着资本市场特别是证券市场的不断完善与创新，资本运营融资的方式也不断变化并衍生出多种形式。资本运营融资的不同方式，能够给企业（公司）带来不同效果。企业（公司）依托证券市场进行资本运营融资，需要根据自身的需求和实力，选择相对合适的方式。总体而言，依托证券市场的资本运营融资可以是多元的。

1. 上市融资

上市融资是资本运营融资最基本的方式，是企业（公司）依托证券市场，通过股份出让而获取资金的一种融资方式。上市融资最大的特点就是能够获得大量的资金支持且不会增加企业（公司）债务负担。上市的常规融资方式有多种，具体包括 IPO 融资、上市后股份增发融资、定向增发融资及配股融资等。

（1）IPO 融资。IPO 融资是拟上市公司的首选融资方式，是股份公司首次向社会公开发行股份的融资方式。通过 IPO 融资，公司可以获得大量的资金支持。在中国的证券市场上，IPO 融资主要是发行人民币普通股（即 A 股）。IPO 融资的程序比较复杂，一方面要满足《公司法》《证券法》《股票发行与交易暂行条例》等规定的上市融资条件，另一方面要聘请保荐人并获得证监会审批同意。

（2）增发融资。增发融资也称公开增发融资，是公司上市后依托证券市场再次向社会公众公开发行股份的融资方式。上市公司依托证券市场进行增发融资，条件与公司上市后的经营表现和上市融取资金的使用情况相关。增发融资的具体程序，与公司 IPO 融资相当，都需要满足《公司法》《证券法》《上市公司证券发行管理办法》相关规定并获得证监会的审批同意。

（3）定向增发融资。上市公司发行股份，既可以向社会公众公开发行，也可以向特定对象非公开发行，其中后者称为定向增发。与公开增发融资相比较，定向增发属于非公开股份发行，其条件相对要低，这就为不符合公开增发融资条件的上市公司开辟了新融资渠道。当然，低要求并非无要求，上市公司定向增发融资，也要满足一些法律法规的要求，具体包括定向增发主体公司的资格要求、增发特定对象的要求等。

（4）配股融资。配股即按照股东在登记日的持股比例向原股东配售股份的一种再融资方式，配股完成后，每位股东的持股量同比例增加，但持股比例不发生变化。在中国的证券市场，配股融资是一种非常重要的再融资方式。从本质上看，配股实际上赋予了原股东一种选择权，股东可以选择配股，也可以放弃配股，但一般只要配股的定价合理，股东大多会选择配股，从而使上市公司成功融得所需资金。

2. 上市的其他融资

企业（公司）上市后，除了发行股票融资。还可以使用其他的融资方式。

（1）发行债券融资。上市公司可以申请发行债券，通过发行债券融资不仅快捷，而且财务成本相对较低。上市公司发行债券融资，除了发行常规的公司债券，还可以发行可转换债券（到期按约定条件转股）、浮动利率债券等。

（2）资产证券化融资。对于一些资产规模大且非流动资产占比高的上市公司，可以尝试资产证券化，通过资产证券化凭证发行进行融资。

3. 上市后并购的股权支付对价融资

与非上市企业并购，上市公司在并购中更容易与目标企业达成股权支付的并购协议。用股权支付完成并购对价，减少了现金流出的压力、缓解了融资的压力，也可以视为融资方式。

二、依托证券市场加大资本运营融资的力度

资本市场是开展资本运营融资活动的具体场所，而作为资本市场核心的证券市场，对资本运营融资活动具有重大影响。具体而言，证券市场的发育与成熟，一方面为企业（公司）资本运营融资提供了更广阔的平台，有利于实现企业（公司）更大范围的资源配置；另一方面，证券市场能够创造更多样的融资手段，从而为资本运营提供有力的资金支持。

1. 依托证券市场进行资本运营融资能够实现企业（公司）更大范围的资源配置

企业（公司）能否在市场竞争中占得先机，归根结底取决于其资源配置效率的高低。资本运营是资源配置的一种较为高级的方式，它赋予了企业（公司）更加便利的资源配置方式。当然，在市场经济条件下，资源配置最高效、最迅速的途径是依托证券市场进行以产权交易为主要手段的资本运营融资。

首先，企业依托证券市场进行资本运营融资，需要满足证券市场（包括证券交易所和证券场外交易市场）的上市条件。这就意味着，凡能够依托证券市场进行资本运营融资的企业（公司），都具备一定的实力，这就为上市公司在更大范围和更高层面上进行资源配置创造了条件。其次，证券市场具有公开性和延展性，它为每一家符合条件的上市公司都提供了一个广阔的平台，使企业（公司）可以在更大范围内开展资本运营融资活动。最后，证券市场是不断创新的，这在很大程度上推动着资本运营融资的手段不断创新和内容不断丰富，企业（公司）可以充分利用各种手段从不同的角度来运作资本，从而拓宽了企业（公司）资本运用的范围并拔高了资本运营的层次。

2. 依托证券市场进行资本运营能够实现更大幅度的增值与价值放大

企业（公司）通过资本存量、管理存量和价值观存量的原始积累，形成了对资本运营的管理控制能力，但这只是具备了开展资本运营的内因，要使资本运营真正发挥对企业（公司）成长的促进作用，成为市场经济运行的主要组成部分，还需要以资本市场尤其是发育成熟到一定程度为前提条件。只有证券市场的各种主体逐步发育完善，并且形成了较为规范的运行规则，才能提高企业（公司）对资本运营结果的预见能力和把握能力，才能使企业（公司）在理性的心态下从事资本运营。

证券市场的发育与成熟，使其成为社会资源配置的重要枢纽，企业（公司）依托证券市场进行资本运营融资，能够进一步强化资本运营融资效果，从而实现企业（公司）价值更大幅度的增值与放大。一方面，证券市场是企业（公司）开展资本运营融资的载体与母体，它使得企业更便利、更容易地通过上市、发行债券等方式筹集大量资金，而这些资金又会转化为企业（公司）的内生力量并为企业（公司）创造价值，从而推动企业（公司）价值增值与放大。另一方面，资本运营是与产权交易密切联系的，产权交易的成本大小和交易的便利程度又决定了资本运营能否顺利进行。资本市场的建立和完善，使各种交易工具和交易手段不断完善，企业（公司）可以在资本市场上选择以符合自身需要的方式来进行资本运营活动。相应地，企业（公司）在资本市场中通过产权交易来完成企业（公司）并购重组，从而加速企业（公司）资产规模扩张，实现企业（公司）价值增值与放大。

三、依托证券市场进行资本运营融资的风险防范

依托证券市场的资本运营融资可以使企业（公司）摆脱自我积累缓慢的制约，在短期内为企业（公司）发展注入增量资金。但是，市场中的收益与风险是相伴而生的，企业（公司）依托资本运营融资而获得增值资金注入的同时，面临的风险也在积聚与放大。当然，这种风险不仅表现为证券市场本身所蕴藏的风险，还表现为产权交易过程中由于制度、文化、地域等方面的差异所产生的风险。基于此，企业（公司）依托证券市场进行资本运营融资，必须强调风险防范与控制。

1. 依托证券市场的资本运营融资具有高风险性

依托证券市场的资本运营融资主要表现为产权交易，即通过产权交易而获得外部资源的控制权或所有权。在这个过程中，一方面，证券市场本身的风险可能传导至资本运营融资过程中，从而影响其顺利进行；另一方面，交易双方的制度、文化、地域以及行业之间可能存在差异，这就增大了交易后资源整合的难度。如果企业（公司）的管控能力不够，就会导致管控间隙，从而加大企业（公司）风险。

总体来说，依托证券市场的资本运营融资的风险性主要表现在四个方面：首先，证券市场本身具有较强的波动性，而资本运营融资以证券市场为依托，那么这种波动性很容易传递给资本运营融资并加大产权交易的不确定性，如果融资运营失败，将给企业（公司）造成致命打击。其次，依托证券市场的资本运营融资在短期内能够实现企业（公司）资本资产规模大幅放大，与之相伴随的是企业（公司）员工和产能的增加及管理流程的日益复杂，这在很大程度上加大了企业（公司）管控难度。可以想象，任何管控环节出现问题，将可能给企业（公司）带来损失。再次，在资本运营融资之前，交易双方的管理体系是相对独立的，而资本运营融资的结果是实现双方管理体系的统一，在此过程中，如果原有体系已经失去作用，而新体系由于并购重组的时滞等原因没有及时补位，就会造成一定时段的管理缺位，影响生产经营的顺利进行。最后，企业（公司）的并购重组往往需要跨区域或跨行业，由此产生的资源差异将加大企业（公司）整合的难度，即企业（公司）的整合不仅要兼顾多元化经营的需要，还要实行管理人员素质的强化。如果整合不到位，就会弱化资本运营的效果，甚至导致资本运营失败。

2. 企业（公司）依托证券市场进行资本运营融资必须关注风险防范

依托证券市场的资本运营融资是一项综合性活动，在这个过程中，企业（公司）将面临政策、法律、信息及财务等多方面风险，而其中任意风险的爆发，都可能导致企业（公司）的资本运营融资失败甚至带来致命打击。基于此，企业（公司）进行资本运营融资，必须关注风险防范，其根本解决办法就是建立一套完善的风险评价和防控体系。

企业（公司）进行资本运营融资而关注风险防范，一要强调资本运营融资与企业（公司）抗风险能力相匹配的原则，建立并完善以动态管理为核心的资本运营管控流程，从而实现对资本运营过程的有效控制。当然，这种管控不仅仅是对产权交易过程的管控，还要重视对资源整合过程的管控。二要突出资本运营融资过程中财务风险的管控，建立包括统一预算管理制度、统一收支结算制度、财务风险预警体系在内的一套健全的财务风险防控制度。三要对政策风险、法律风险等其他风险保持高度的警惕性，避免这些风险在企业（公司）内部传导而演变成更大的风险。

第十章
资本运营实现的产业链延伸

以并购为主要内涵的资本运营，往往直接表现为产权交易，但是，由产权交易所衍生的产业链延伸，会推动价值创造能力的提高与财富的增加。无论是从经济学的角度，还是从管理学的角度，都不主张空对空或纯粹的资本运营，资本运营平台必须要与产业平台对接，资本运营要落到产品创新与产业升级上。企业（公司）依托资本运营而开展并购，并非单纯地进行产权兼并和收购，其核心在于产业链的扩张与延伸，并借此加大产业链关键环节的技术创新与进步，从而推动产业不断优化升级，在近 10 年的并购活动中，并购的主体公司越来越多地关注中小微科技公司，并通过股权支付的方式而开展并购活动；类似的并购能够有效整合分散的技术资源，搭建更大规模的技术平台。在当下建立创新型国家的背景下，科技创新已经成为产业升级战略的重要内容，一方面，着眼于新技术应用的设计创新，能够促进传统产业的优化升级，提升传统产业的竞争力；另一方面，科技创新与新技术、新工艺的应用更多的是着眼于未来，从而赋予整个产业更强大的生命力，可以提升产业国际竞争力。

第一节　以资本运营融资支持并购扩张

并购的经济学含义是指主体公司为实现自身发展的战略目标，通过产权交易获得目标企业的全部或部分产权，进而增加可控资源并对资源进行重新配置的经济行为。从本质上讲，并购是一种产权交易活动，属于资本运营的范畴；并购是资本运营的主要内涵，可视为高级形态的资本运营。纵观并购活动的发展历程，可以发现，通过资本运营融资活动，企业（公司）实现自身综合实力的壮大，从而开展更大标的的并购；而当并购活动发展到一定阶段，“大鱼吃小鱼”式的并购就逐渐被强强联合的并购所替代。不论是哪一种并购活动，单纯的并购并非企业（公司）的最终目的，产业整合和产业链延伸才是企业（公司）所追求的终极目标。毋庸置疑，企业（公司）依托资本运营而实现并购扩张的同时，企业（公司）自身实力不断放大，相应的产业整合和产业链延伸也有了更强大的资本支持。

一、通过资本运营融资而实现更大标的的并购①

并购是一项资金消耗巨大的经济活动，需要有雄厚的资金实力予以支持。以优化资本配置为目标的资本运营，在初始阶段主要着眼于资源重组与配置，从而提高资源运用效率。伴随着资本扩张力的放大，资本运营就逐步发展成兼并收购即并购。与此同时，资本运营不断壮大企业（公司）的资金实力和核心竞争力，这在很大程度上又放大了企业（公司）资本运营能力，有助于企业（公司）进行更大标的的并购活动。

1. 资本运营表现为企业（公司）发展到一定阶段的并购

资本运营是以并购为主要内涵的一系列资源优化配置活动，有多种具体的操作形式和手段，如兼并、收购、分拆（剥离、分立）、资产重组、股权重整或置换等。在这些具体操作形式和手段中，兼并收购是资本运营的核心内容，可以说，资本运营集中体现为企业（公司）发展到一定阶段或一定规模后的兼并收购。资本运营是通过对企业（公司）内外部资源尤其是外部优质资源吸纳而进行优化配置，必然涉及资源优化配置的一系列手段，并购是企业（公司）整合外部存量优质资源最有效、最便捷、最彻底的途径，因此成为企业（公司）开展资本运营的首选形式，通常企业（公司）开展并购活动后，在整合阶段还会进行相应的资产或股权重整，由此形成资本运营优化资源配置的重整重组，但其核心是并购活动。

2. 资本运营为更大标的的并购提供资金支持

主体公司要实现对目标企业的兼并，是需要支付成本的，由于并购以企业（公司）产权为交易对象，其产生的资金需求与产品经营相比是十分巨大的，这就对主体公司的支付能力提出了挑战，如果主体公司的成本支付超出了自身的财务实力，就有可能带来财务风险，所以企业（公司）开展并购必须以雄厚的资金实力为基础。资本运行的核心目标是利润最大化，即通过资本运营为企业（公司）融取大量

① 文宗瑜主编：《企业战略与资本运营》，经济科学出版社 2007 年版。

资金，对企业（公司）并购形成有力支撑。也就是说，企业（公司）依托资本运营能够在短期内壮大自身的财务实力，从而为企业（公司）并购以及更大标的的并购提供资金支持。

3. 资本运营可以强化企业（公司）核心竞争力而放大并购实力

资本运营是获取增量资源的有效途径，在进行资本运营的决策阶段，企业（公司）要对自身的资源禀赋进行全面评价，并在此基础上诊断企业（公司）强化和保持竞争力所需获取的资源，有目的地选择目标企业。在获得目标企业的产权之后，通过资源整合，把目标企业的优势资源纳入自身的核心业务体系，发挥资源的协调效应，放大企业（公司）的核心竞争力。由此可见，强化企业（公司）的核心竞争力，不仅是资本运营的目标，也是资本运营成功的必然结果。毋庸置疑，核心竞争力的提升意味着企业（公司）并购实力的放大，从而有助于企业（公司）进行更大标的的并购。

二、通过资本运营融资而实现强强联合的并购

企业（公司）开展资本运营活动，其最终的表现是综合实力的壮大，这显然会促进更大标的的并购。当企业（公司）并购发展到一定阶段后，以往小规模的并购就逐步转变为强强联合的并购，从而也对企业（公司）的并购支付能力提出更高要求。尽管强强联合的并购要求有雄厚的资金实力作为基础，但资本运营所实现的企业（公司）价值放大，通常能够符合并购的需要，从而为强强联合的并购创造了条件。

1. 资本运营能够大大提高企业（公司）的综合实力

企业（公司）开展资本运营的终极目标，是通过产权交易获取企业（公司）发展所需的外部资源，越过自我积累的缓慢过程，实现企业（公司）的超常规发展。由此可见，企业（公司）资本运营的着眼点是核心竞争力和盈利能力的提高，而不是追求短期内的超额利润。在资本市场不规范的条件下，企业（公司）在资本运营过程中，可能偶尔会获得超额利润，这种超额利润的示范效应可能使资本运营发生方向偏离，使企业（公司）为了追逐眼前利益而忽视长远目标，最终削弱企业（公司）的长期发展能力。因此，企业（公司）在资本运营中，要始终保持清醒的态度，专注于通过资本运营提高自身的竞争力和盈利能力。正是基于这样的目标，企业（公司）才能依托资本运营不断壮大自身实力和提高综合竞争力。

2. 强强联合的并购需要更强大的支付能力

主体公司要实现对目标企业的并购，是需要支付成本的，由于并购以企业（公司）为交易对象，其产生的资金需求与产品经营相比是十分巨大的，这就对主体公司的支付能力提出了挑战，如果主体公司的成本支付超出了自身的财务实力，就有可能带来财务风险。为了在达到并购目的的同时规避财务风险，企业（公司）要根据自身和目标企业的具体情况，采取不同的支付方式进行产权交易，如现金支付、股权支付、资产支付、股权加现金支付、资产加现金支付等。但不论选择哪种支付方式，并购对资金实力和支付能力的要求都非常之高。伴随着资本运营催生了更大标的的并购，强强联合的并购也随之而生，而且这种强强联合的并购对支付能力的要求，往往远超一般的企业（公司）并购。也就是说，强强联合的并购需要更强大的支付能力。

3. 资本运营为强强联合的并购创造了条件

资本运营大大提高了企业（公司）的综合实力，从而放大了企业（公司）的并购能力，实现了企业（公司）更大标的的并购。伴随着并购标的规模的不断放大，以往以“大鱼吃小鱼”为特征的企业（公司）并购，逐渐演变为强强联合的并购，而这种并购实际上是并购发展到高级阶段的具体表现形式。并购的风险性更大，以往小规模的企业并购对企业支付能力就提出了较高要求，而强强联合的并购对企业（公司）资本实力的要求将会更高。当然，并购规模的放大是以资本运营为基础的，这就意味着并购规模扩大是伴随着企业（公司）资金实力壮大而产生的。由此可见，尽管强强联合的并购需要更强的支付能力，但基于资本运营融资所壮大的企业（公司）综合实力，完全可以承担强强并购的支付对价。

三、通过资本运营融资而支持产业整合及升级的并购

资本运营的本质是资源优化组合，其手段有多种，如并购、分拆、重组等。其中，并购是资本运营发展的主要内涵。当然，企业（公司）进行并购，并非单纯的兼并或收购企业（公司），而是着眼于产业整合和产业链延伸，从而实现更大的资本增值。产业整合要求以资金为基础，而以利润最大化为目的的资本运营能够为产业整合提供强有力的资金支持。由此可见，从资本运营到并购再到产业整合，而产业整合又会放大利润和推动资本运营活动，从而进一步促进并购活动的升级。

1. 资本运营立足于产业整合及产业链的延伸

纵观西方发达国家的企业（公司）尤其是跨国企业的并购行为，可以发现并购

行为都从属于企业（公司）的长期发展战略目标，而且是以提高企业（公司）核心竞争力和促进产业链延伸为着眼点和立足点。但是，就中国企业的并购行为而言，往往是以追求短期利益为目标的盲目行为，没有明确的发展战略作为指导。不仅如此，中国企业的并购活动，更多地侧重于依托包装出售资产来获取超额利润。从微观层面讲，中国企业的并购行为会加大未来经营风险，无法获得并购所带来的协同效应；从宏观层面讲，也不利于企业（公司）内部资源整合和外部产业链的延伸。鉴于此，中国企业从事并购活动，要摒弃传统的并购思维，以产业整合和产业链延伸为着眼点。其一，企业（公司）要形成长期的发展战略，围绕战略目标的实现来从事并购活动，通过并购为企业（公司）获取长期发展所必需的重要资源，提高企业（公司）的长期发展能力；其二，企业（公司）要通过并购强化自身的核心竞争力，避免盲目的多元化运营削弱核心业务；其三，在并购活动中，要强化并购活动的技术导向和利润导向，通过并购活动提高企业（公司）的技术含量和产品的附加值，从而实现企业（公司）的产品结构调整，提高企业（公司）的盈利能力和发展潜力。

2. 资本运营融资为产业整合提供资金支持

利润最大化是资本运营的最基本目标，也是资本运营的首要目标。企业（公司）的任何经营活动，都是以企业（公司）自身具备一定的资本实力为前提的，企业（公司）必须在经营中实现资本的保值增值。产业整合是企业（公司）谋求长远发展和长期竞争优势而进行的产业结构调整及重塑，其具有跨地域、跨行业、跨所有制的特征。毋庸置疑，产业整合的一系列特征决定了其必然消耗大量的人力、物力和财力，也就是说，产业整合需要大量资金资本的支持。资本运营以利润最大化为目标，意味着资本运营融资将产生大量的资本积累。基于此，依托资本运营融资而开展产业整合运动，将进一步打牢资本基础或资金基础，或者说资本运营融资将为产业整合提供强大的资金支持。

第二节　并购扩张中的产业链延伸及产业升级

依托资本运营融资而实行企业（公司）的并购扩张，具体表现为进行更大标的的并购和强强联合的并购。然而，并购扩张并非资本运营的最终目标，企业（公司）开展资本运营活动，旨在依托资本运营的融资功能，通过并购活动为产业整合提供支撑。具体来说，并购活动助推企业（公司）的财务实力与核心竞争力提高，使得企业（公司）更有实力去延展其产业链，实现产业上游、中游和下游的整合，在上中下游的整合中注入技术创新要素。企业（公司）延伸产业链，不仅要求资金支持，还要求关键环节的技术创新与进步，以突破制约产业链延伸的掣肘。毋庸置疑，技术创新与进步实现了技术附加值的提高，而这又会反哺产业升级，促进产业向高级化方向发展。

一、依托并购扩张而支撑并实现产业链的持续延伸①

通过产权交易而实现产业聚集和重组，是提高资源配置效率的重要途径。并购扩张的本质是产权交易。在当下资本市场日趋成熟和繁荣的背景下，依托并购扩张而支撑产业链的不断延伸并注入技术创新要素，能够更有效地提高产业资本的价值增值能力。

1. 依托并购扩张而实现产业资本的合理流动

由于经济活动的不确定性，供求状况经常发生变化，同时技术创新也随着经济周期波动而变化，这就使得在经济活动中必然会有一部分资源或者产业资本处于闲置状态而无法创造价值。此外，对于一些在竞争中将要被淘汰的企业（公司），其存量资产仍然具有较大的利用价值，如果任其闲置将是巨大浪费。并购的本质是产权交易，通过并购可以使能够产生更大经济效益的主体公司将其他企业（公司）的闲置资产或运行效率低下的资产收购过来，使其发挥更大的作用；或者经营业绩优良的主体公司对经营状况不善的企业（公司）进行兼并，从而实现产业资本向最能产生经济效益的企业（公司）流动。这样，在整个社会总量资本不变的情况下，通过并购可以实现产业资本合理流动，为产业资本优化组合和利用效率提高创造了条件。

2. 通过并购扩张而支撑更大的产业资本聚集

产业资本的让渡、转移和整合与企业（公司）个体的生存、发展、变更和消亡紧密联系。企业（公司）的生存、兴衰主要取决于两个因素：一是企业（公司）自身的经营成效；二是企业（公司）在整个社会资源配置格局中所处的方位。在激烈的市场竞争中，企业（公司）要生存发展而不被淘汰，一方面要提高自身经营管理水平，优化内部资源配置，以尽可能少的投入换取尽可能多的产出，实现企业内部效益最优；另一方面要优化产品结构以及与之相适应的工艺、技术结构，跟上社

① 文宗瑜著：《产权制度改革与产权架构设计案例教程》，经济管理出版社 2003 年版。

会资源优化过程中产业更新的步伐。在当前资本市场日趋成熟和繁荣的背景下，依托并购扩张能够在较短的时间内实现产业资本聚集，并通过资源重组和整合而放大产业资本价值增值能力。

3. 产业资本流动与聚集促进产业价值链延伸

产业链又称为产业价值链、产业生态链或产业生态系统，是以某项核心技术或工艺为基础，以提供能满足消费者某种需要的效用系统为目标、具有相互衔接关系的企业（公司）集合。产业链的大量环节以集群的方式出现，企业（公司）的许多竞争优势不完全由企业（公司）内部决定，而是部分来源于企业（公司）之外，即来源于企业（公司）所在的地域和产业集群。产业链的基本元素是产业资本，而产业资本要不断增值，其最终表现就是产业链的延伸。在这个过程中，产业资本的价值增值是在运动过程中而完成的，即产业资本通过不断地流动和聚集而放大自身价值，最终实现产业价值链的延伸与延长。

二、以资本运营融资加大产业链关键环节的技术创新与进步

通过资本运营而实现企业（公司）的并购扩张，但并购并非资本运营活动的终点，企业（公司）的最终目标是进行产业价值链延伸和产业价值增值。在产业经营领域，产业链延伸的关键是技术创新与进步，即只有技术创新与进步才能促进产业链条延伸，而这又需要相应的资本基础。资本运营融资能够实现资本积累，这就为技术创新和进步创造了条件。基于此，企业（公司）可以依托资本运营放大产业价值并促进技术创新与进步，进而实现产业链延伸。

1. 资本运营融资能够实现产业价值成倍放大①

产业经营利润是归属于某一个产业的不同企业（公司）或某一产业链条上若干企业（公司）的，产业经营所创造的价值则是属于整个产业的。试想一个正常运转并形成利润和创造价值的产业，其所形成的利润属于多个企业（公司），其创造的价值则属于整个产业，在没有其他操作的情况下，产业会静态地运转并创造相对固定的价值，这一价值通常是静态的企业（公司）利润的总和。然而，资本运营的出现打破了这样一种静态的运转，它使得产业运营创造的价值不再是静态地约等于企业（公司）价值总和，而是跳出账面价值获得重估放大。实际操作中，价值重估放大的方式有多种，最简单最直观的方式是上市。例如，一个企业（公司）在没上市

---

① 文宗瑜、张晓杰主编：《企业战略与资本运营（第二版）》，经济科学出版社 2012 年版。

前价值只有账面上的2亿元，经过资产证券化的上市运作后，其价值可能实现几倍甚至几十倍的溢价，变成几十亿元。这样的价值重估放大在全球资本市场高度发展的今天已经不再是神话，在资本市场还不是很成熟、市场估值普遍偏高的中国资本市场上这样的价值重估放大更是比比皆是。如果没有资产证券化，没有并购等资本运营活动，产业经营创造的价值将被局限在很小的范围内。

2. 依托产业价值放大而推动技术创新与进步

资本运营实现了产业资本价值的增值与放大，而资本的属性特征决定了产业资本仍然会继续追求增值。在这个过程中，产业资本所实现的增值，主要是建立在技术创新与进步的基础上。当然，技术创新与进步是有条件的，并非在任何条件下都能进行技术创新，而这个条件就是要拥有一定的资本积累，包括人力资本积累和货币资本积累。显然，产业资本价值增值的直接表现就是资本积累，这就为技术创新与进步创造了条件。不仅如此，在资本运营、产业价值增值以及技术创新与进步三者之间，还存在一个闭合的循环促进关系，即企业（公司）通过资本运营融资活动而壮大自身实力并实现产业价值成倍放大，产业资本价值增值又促进了技术创新与进步，而技术创新与进步又使得资本运营活动更具有条件和基础，从而进一步放大企业（公司）资本运营活动的范围及促进其升级，其结果必然是技术的进一步创新与进步。

三、通过技术附加值的不断提高而推动产业升级

产业升级是指依托产业链的不断延伸，持续为产业注入科技创新要素，不断提高产品技术附加值与产业创新活力。资本运营对产业升级发挥着重要作用，尤其是通过资本运营为产业注入技术创新要素而不断激发产业创新活力。随着产品技术附加值的不断提高，产业竞争力也会不断提高。

1. 产业升级需要技术创新与进步来支撑①

产业升级的核心是通过不同的生产要素（劳动、技术、资本、管理、自然资源、环境承载与制度资源等）在产业不同环节及各个产业之间的重新配置，实现整体经济增长效率的提升，实现产业协调发展并逐步向更高水平演进。对人类经济史发展的“时间轨迹”进行考察可以发现，经济发展的不同阶段，由于所处的生产力

① 李太勇等：《从日本产业结构升级经验看中国当前经济转型中的投资机会》，广发证券研究所，2010年9月20日。

水平的差异，其产业部门中起主导作用的产业也存在差异。在这个过程中，旧的主导产业衰退时，新的主导产业就会出现，从而保证平均增长水平的相对稳定，增长的完整序列是“在一连串的部门中高潮的继起并依次关联于主导产业的序列。”而在这个序列演变中，技术创新与技术进步起到了举足轻重的作用，如第一次工业革命导致新的纺织技术出现，使纺织工业成为当时的主导产业；动力与电力技术的发展，使重化工业、机械工业成为主导产业；半导体与电子计算机技术进步，使电子工业与信息技术产业成为一个时期的主导产业。技术创新与技术进步作为产业结构不断升级的重要驱动力，不仅不断提高本产业的技术水平，拉长了产业生命周期，同时也在不断创造新的产业。以美国新型制造业与德国“工业 4.0”版为导向，依托互联网、新材料、大数据等的工业制造升级，或许正在助推新一轮世界工业革命的爆发。可以断言，技术创新与技术进步的加快会加快世界产业升级进程。

2. 产业升级主要表现为技术附加值的提高①

产业高度化是产业升级追求的重要目标，其主要表现为技术附加值的大幅提高。具体而言，产业高度化是指产业结构向产业的技术结构和产业内部的综合生产率提高的方向演化的过程，具体表现为产业价值链的不断优化和产业向附加值高与技术含量高的部门发展的趋势。产业升级是一个产业依赖结构调整而不断提高水平的过程，其演进趋势可以归纳为几个阶段：（1）劳动密集型产业为主的轻工业化阶段；（2）以资本密集型产业为主要的重工业化阶段；（3）高加工度化阶段，即重工业过程中由以原材料为重心的结构转向以加工组装工业为重心的结构，在这个阶段，实际上是技术密集型产业比例开始提高的阶段；（4）技术高度密集化阶段，在这个阶段，各工业部门越来越多地采用高新技术，是以知识技术密集型相关的研发、设计、服务与制造业为主的阶段。由此可见，产业升级的过程就是技术附加值提高的过程，产业升级主要表现为技术附加值提高，而且技术附加值提高也是产业升级的最终目的。

第三节 用股权对价的并购而整合分散的技术资源

技术创新要素对产业升级发挥的作用更大，着眼推动产业升级的并购，越来越

① 李太勇等：《从日本产业结构升级经验看中国当前经济转型中的投资机会》，广发证券研究所，2010 年 9 月 20 日。

多地关注中小微科技创新公司。具体来说，中小微科技创新公司因其更加灵活，具有更大的技术创新动力。对中小微科技创新公司的并购，更容易整合分散的技术资源，更有利于推动产业升级。一般而言，中小微科技创新公司大多是轻资产型公司，而且估值较高，如果并购中用现金支付，主体公司往往要承受更大的财务风险，为此，对中小微科技创新公司的并购，可以选择并尝试股权对价的支付方式。

一、新兴产业的中小微科技创新公司具有更大的技术创新动力①

就产业发展及升级的历史而言，中小微科技创新公司的许多发明专利及技术应用创新发挥了重大作用。目前，中国65%的发明专利、75%以上的技术创新和80%以上的新产品开发都由中小微科技创新公司实现，中小微科技创新公司已成为推动中国经济发展、科技创新的生力军和促进就业的主要渠道②。由此可见，中小微科技创新公司较一般的企业（公司）更具有技术创新动力。

1. 新兴产业的中小微科技创新公司具有较强的技术创新活力

绝大多数的中小微科技创新公司都是民营企业，企业（公司）规模小且机制灵活，从而使得企业（公司）内部的技术研发活动容易在各部门融洽开展，企业（公司）创新的整体参与意识和灵活性强。同时，中小微科技创新公司组织结构富有弹性，上下级关系简单融洽，组织效率高，随时都能对技术进行创新，主动开发新产品，不像大企业需要制定严密的计划和烦琐的流程。同时，中小微科技创新公司对市场需求变化的灵敏性更高，组织研发的程序线短，各环节、岗位自主参与性强，使其技术创新具有周期短、创新成本低的优势，从而能争取到更大价值的效应，充分提高了技术创新的效率。

2. 中小微科技创新公司专业化且易于获得创新资源

中小微科技创新公司与市场、消费者联系较为紧密，对市场动向的把握以及自身产品反馈回来的信息的掌握往往强于大企业，从而更有利于开发新产品。它们利用有效的资源，重点攻克某一产品，比较容易获得突破，且一旦技术上取得突破，市场占有率将急剧上升，进而形成核心竞争力，在激烈的市场竞争中实现持续发展。此外，中小微科技创新公司是科研和生产的重要结合点，95%以上的产学研联

① 张娥：《中小企业技术创新的优势及策略》，《企业科技与发展》，2009年第6期。

② 张斯路：《中国将大力推动中小企业发挥自身的创新优势》，《国际在线专稿》，2012年5月30日。

合体是中小微科技创新公司与高校、科研单位建立的。高校与科研单位拥有较多的科研项目，但缺乏后续经费，而中小微科技创新公司自我创新能力较弱，市场竞争与生存压力大，与高校、科研单位联合是技术创新的根本出路。产学研合作方式的选择余地大，中小微科技创新公司能与同行业最权威的机构和专家进行合作，使得合作的层次和创新资源的层次提高，逐渐进步良性循环，逐步实现跨越式发展。

3. 中小微科技创新公司的技术吸收消化能力较强

中小微科技创新公司专注于技术的研发与高校的合作，又拥有大批技术熟练的工人、专家和技术工程师，能很好地吸收国内外先进的技术，并将其进行改进，有效地应用到具体的实践中去，进而提高技术设备水平，提高产品质量，提升企业（公司）的国际竞争力。另外，与高校及研究院所的合作，也易于中小微科技创新公司获得产品或技术专利，这也是大型企业所不具备的优势。除此以外，随着资本市场创新加快、证券市场多层次化形成，资本对创新创业的支持会加大，有利于中小微科技创新公司吸引人才。中国新三板（全国中小型企业股权转让系统）的设立，对中小微科技创新公司形成了强有力的支持，会大大提升中小微科技创新公司的技术创新能力。

二、对若干中小微科技创新公司并购可以整合分散的技术资源①

一般而言，对中小微科技创新公司并购可以获取各种技术资源、优秀技术人才和优秀管理人才，从而提高研发技术时效性、降低研发费用和研发的不确定性，增强和提高企业（公司）的核心竞争能力。除此以外，对中小微科技创新公司并购，还可以整合分散的技术资源，拉动产业升级。

1. 通过对中小微科技创新公司进行并购而整合技术人才

从本质上讲，中小微科技创新公司并非是纯粹地以生产高新技术产品为主营业务的企业（公司），它实际上是一个人力资本高度密集的企业（公司），所以中小微科技创新公司的生命力不仅取决于其产品的技术含量，在很大程度上还取决于企业（公司）所拥有的核心技术人才。就一般的企业（公司）而言，其并购的目的有很大一部分是获取被并购方的实物资产、品牌以及已有的市场份额等，并以此提高竞争优势；与这些企业（公司）不同，对中小微科技创新公司并购的目的不仅在

① 冯玉成、唐华茂：《浅析高科技企业并购与核心竞争力》，《中国流通经济》，2007 年第 11 期。

于其已有的产品和市场，更在于其所拥有若干高科技知识的技术人才。通过并购那些具有优秀管理人才和技术人才的中小微科技创新公司并将其中的人才留住，既可以减少市场竞争的威胁，又可以节省研发投资、培育新技术并为企业（公司）带来高额回报。

2. 通过对中小微科技创新公司进行并购而获取技术资源

并购具有技术创新能力的中小微科技创新公司，可以更好地构建企业（公司）核心竞争力的基础。整合核心竞争力要素，即将本企业（公司）所拥有的竞争力要素与目标企业的竞争力要素进行有机整合，是构建企业核心竞争力的关键。并购中小微科技创新公司，不仅仅在于目标企业具有创造价值的能力，还在于更大程度上依靠对目标企业的技术资源所进行的有效整合。与并购其他企业（公司）相对，对并购后的中小微科技创新公司进行整合至关重要。一般而言，对中小微科技创新公司并购，往往不是并购一家，大多是并购几家甚至数十家，因此，并购后必须对技术资源进行整合。当然，对这些技术资源的整合需要较长时间，甚至还要把某些技术创新或发明专利用于中长期的储备。

三、对中小微科技创新公司并购可以尝试并探索多种支付方式

中小微科技创新公司分布广、种类多，每一家都具有独特的财务结构和资产结构。在对中小微科技创新公司的并购过程中，主体公司财务结构和支付能力的差异，会影响并购双方对并购定价预期的差异，尤其在支付方式上往往差异更大，因此，要通过谈判，给目标企业多种支付方式的选择。

1. 被并购的中小微科技创新公司主观上更愿意选择现金支付方式

用现金支付的并购也称为现金交易式并购，是指主体公司以现金为主要支付手段，购买目标企业的全部产权来完成并购活动的并购方式。现金交易式并购是并购的传统方式，其优点是直接简便，主体公司在支付交易成本之后就可以拥有目标企业的全部产权，进而按照发展规划对其进行整合，无须改变自身的股权结构。其不足之处是交易产生的现金需求量较高，在并购完成之后，主体公司可能面临现金流紧张、后续整合资金不足和财务安全度降低等问题。

在对中小微科技创新公司的并购中，所采用的现金交易式并购大多表现为承债式并购，其特点是目标企业的生产经营情况和财务状况处于非常困难的境地，在资产和负债相抵之后，净资产为零甚至是负值，在这种情况下，主体公司只需承担目标企业的全部债务就可以实现对目标企业的并购，而无须额外支付现金。由于中小

微科技创新公司的经营风险较大，只有少数企业（公司）能够生存下来。一旦这些企业（公司）生存下来，其往往具有很强的经营实力，甚至成为行业内的龙头，而那些陷入困境的中小微科技创新公司又往往具有很高的负债率，所以承债式并购在中小微科技创新公司的并购中得到了较为广泛的应用。

2. 股权对价在客观上对被并购的中小微科技创新公司更有利

股权对价是指并购中主体公司与目标企业通过换股的方式进行并购支付，具体而言，就是目标企业的股东把所持股份按一定比例折股后转换为持有主体公司的股份。并购操作中实行股权对价，主体公司在交易过程中无须支付现金，因而减轻了其并购所带来的财务压力，使主体公司的正常生产经营不会因为大量的现金流出而受到影响，有助于主体公司防范财务风险。股权对价会使主体公司的股权结构受到影响，新的股东加入，使原有股东的持股比例相对降低，不同股东之间的协调难度可能因此而加大。

对中小微科技创新公司的并购采用股权对价，有两种定价方式：一是双方按照各自股票的市场价格作为交易价格，以此为基础确定主体公司为取得目标企业全部股权所需要增发支付的股份数额。这种方式的特点是价格的确定方式比较公允，双方都容易接受，操作起来较为简便。二是双方通过协商，按照共同认可的价格进行交易，比如主体公司为促成交易的尽快实现，给予目标企业股东所持股份的合理溢价，从而达成股权对价的协议。这种方式的特点是较为灵活，有利于交易双方早日达成共识，但是也相应增加了双方的博弈难度。

在对中小微科技创新公司并购中，股权对价越来越多地被采用，但是，在实际操作中，股权对价往往不是百分之百的，而是股权加现金的方式更容易让目标企业股东所接受。实行股权加现金的支付，仍强调以股权对价为主，加部分现金支付。

第四节 着眼新技术应用的设计创新而实现产业竞争力提高

中小微科技创新公司是科技创新最大的动力源泉和载体，通过对中小微科技创新公司的并购，可以不断整合分散的技术资源，为产业升级创造了条件和奠定了基础。在当下建设创新型国家的大背景下，科技创新已成为产业战略的核心，在科技创新推动产业升级过程中，应高度重视新技术应用的设计创新。新技术应用的设计创新，既有利于培育拉动经济增长的新科技产业，又能提升传统产业的技术附加值，从而推动新科技产业与传统产业协同增长。

一、新技术应用的设计创新更能支持并加快产业发展[①]

科学技术创新在产业战略中占据着重要地位，新技术应用的设计创新是产业竞争力提升的推手。科技创新的新技术要转化现实生产力，转为科技创新公司报表上的现金流，必须要有新技术应用的设计创新，通过新技术应用的设计创新抢占更多市场份额。

1. 新技术应用的设计创新有利于提升产业技术知识的市场竞争力

知识是创新的源泉，科学技术创新强调产学研用的密切联系。强调并推进科学技术创新中的新技术应用的设计创新，一方面，有利于科研院所的智力资源和科技成果迅速为产业所应用，提升其商业价值；另一方面，有利于通过设计创新提升新技术的市场影响力，拉动新需求与新增长。

2. 新技术应用的设计创新有利于加快先进科技成果向现实生产力转化

中小微科技创新公司是新技术应用的推动者，也是促进知识成果产业化的主体。新技术应用的设计创新强调客户导向与市场导向，这就意味着中小微科技创新公司能够在良好的制度和机制下更好地承担创新主体的职责，推动新技术应用的产业化，并成为带动新兴产业壮大、推动产业转型升级的主要力量。

3. 新技术应用的设计创新有利于建立创新高效和可持续发展的创新型产业

创新型产业是指主要依靠创新活动驱动发展的产业。强调新技术应用的设计创新是建设创新型产业的核心，其原因在于产业研发实力强、技术进步显著、研发人员占比高是考评产业创新绩效的重要标准，在若干重点领域建成运行机制优、创新绩效高的产业创新体系可以直接作为创新型国家的重要标志。

二、以新技术应用的设计创新改造提升传统制造业[②]

新技术应用的设计创新，为传统制造业改造和提升创造了条件。传统制造业在科技进步的基础上，可以通过采用新技术应用的设计创新及新工艺、新设备来改造原有产业提高其技术水平，促进原有生产部门和产品的更新换代，特别是运用新技术应用的设计创新改造已失去竞争优势的传统劳动密集型产业，使其升级为技术密集型产业，从而实现产业结构、产品结构的优化升级，提升企业（公司）的生产经

---

①② 常修泽等著：《创新立国战略》，学习出版社、海南出版社 2013 年版。

营水平①。

1. 以新技术应用的设计创新推广新工艺

以新技术应用的设计创新为切入点，通过多渠道、多方式加大传统产业共性和关键性技术以及汇总大装备的研制开发，解决传统产业发展的技术制约因素。以中小微科技创新公司为载体，组织实施对传统产业改造提升具有带动性、影响性的新工艺；以全面提升产业竞争力为目标，充分发挥国际国内市场的优势，按照市场规律加速产业重大关键技术的突破，培育一批具有自主知识产权、引领产业发展的重点产品，实现产业技术的跨越式发展。

2. 完善企业（公司）新技术应用设计创新的激励措施

激励机制是促进传统产业进行技术改造和应用新技术新工艺的重要手段。一方面，国家对传统产业优化升级给予了大量的支持，包括各种税收优惠、项目补贴或奖励、低息贷款、设备加速折旧等；另一方面，政府采购在促进企业（公司）新技术应用设计创新及新工艺使用中发挥了重要作用，对重点产业的改造提升和产业关键技术的扩散发挥了重要引导作用。在此激励下，不论是大型企业，还是中小微科技创新公司，都具有较强的动力进行技术创新，并采取各种方式推动科技成果向现实生产力转变，从而大大提升传统制造业。

3. 新技术应用设计创新能够提高传统产业的资源利用水平

新技术应用设计创新及管理机制的建立运作，可以实现设计及制造服务全过程的资源节约与综合利用，提高单位资源的产出水平和综合利用效率。在这个过程中，政府一方面通过设立节能专项财政资金，对产业节能、资源综合利用和清洁生产关键技术、共性技术和社会的开发推广给予资金支持；另一方面，政府依托产业政策推进工业节能、降耗等措施而实现资源再利用。

三、以设计创新放大新技术对提高产业竞争力的作用

在技术创新不断涌现的今天，科技成果转化和产业更新换代的周期越来越短，科技作为第一生产力的地位和作用越来越突出。科学技术特别是创新能力正日益成为经济社会发展的决定性力量，成为一个产业或一个行业综合竞争力的焦点。在推动科技转化与新技术应用上，应把设计创新作为重点，引导中小微科技创新公司及其他企业加大设计创新力度，加快新技术向生产力的转化。

---

① 李寿德：《传统产业高技术改造的本质与实现的方式探析》，《科研管理》，2002 年第 5 期。

1. 设计创新能够大大提高企业的核心竞争力

设计创新能够大大提高企业的核心竞争力。其一，设计创新影响着企业（公司）的发展与竞争。企业（公司）的发展依赖于产品（服务）。产品（服务）的功能、质量是客户进行选择的主要判断依据，而决定产品（服务）功能和质量的往往是设计创新水平及能力。只有把设计创新作为企业（公司）的首要任务，企业（公司）才能够在本领域内不断推陈出新，保持较强的竞争力，并且在行业步入衰退期时，率先开辟新市场。其二，设计创新是企业（公司）保持竞争优势的决定因素。企业（公司）生产经营的根本目的是获取利润，特别是要力争实现高于社会正常利润水平的超额利润。要实现超额利润，一个重要条件就是稀缺，产品（服务）稀缺的结果是过多的需求和过少的攻击，最终产品（服务）价格偏离产品（服务）价值，企业（公司）获得超额利润。在现实市场中，很少出现完全竞争市场所要求的同质产品（服务），供应商总是努力在产品生产过程中创造不同。设计创新是实现产品（服务）差异化并提升产品（服务）价值的有效手段，企业（公司）因设计创新而获得稀缺，进而占据垄断地位。科技越发展，经济也越发展，新技术应用的设计创新就越快，有稀缺性决定价格的商品在全部商品中的比重越来越大，设计创新成为越来越多的企业（公司）所追求的目标。

2. 依托设计创新竞争力的提升而放大产业竞争力①

技术创新对生产力的促进作用、对产业升级的推动作用集中体现在新技术应用上。以科研院所与国有企业为载体的技术创新活动，往往存在着单纯的技术导向倾向，其更多的是注重技术参数、指标的先进性，但对市场需求和市场规律缺乏把握，所以研发成果在推向市场时也会面临诸多障碍。在市场经济条件下，企业（公司）是经济活动的载体，只有坚持以企业（公司）作为技术研发、产业化和创新成果的应用主体，才能坚持市场导向，反映市场需求，确保科技成果能够应用于生产生活实践中，为经济发展作出贡献。就企业（公司）技术创新市场导向而言，应抓住新技术应用的设计创新这一关键环节，通过设计创新引导市场及消费者对新技术的关注与接受。除此以外，新技术应用的设计创新往往能打开新技术转为现实生产力的突破口，以设计创新拉动新技术更广泛或更深入的应用。只有新技术的充分应用，才能不断提高产品（服务）附加值，放大产业竞争力。

① 常修泽等著：《创新立国战略》，学习出版社、海南出版社 2013 年版。

第十一章
资本运营的价值重估及增值方式

资本运营的价值重估及增值，并不体现在资本运营能够创造价值。资本运营本身并不创造价值，其实现的价值增值是对产业利润的分配或分割。资本运营依托产业经营平台与资本运营平台、网络销售平台、无形资产平台的对接，通过资产重组重整而提高产品开发及产业经营的竞争力，从而间接实现产品附加值增值和产品利润增长。产品附加值增值与产品利润增长必然会推动企业（公司）财务指标持续改善，而企业（公司）财务指标的改善或者财务质量的提高，又会导致企业（公司）价值重估。企业（公司）通过资本运营而实现价值增值，主要有两种方式，一是价值直接增值方式，表现为股东分享所有者权益及红利增加；二是价值间接增值方式，表现为股东所持有公司股份的股价大幅上涨。需要明确的是，资本运营的价值增值，要求以价值管理与市值管理为基础，其中价值管理包括有形价值管理和无形价值管理，而市值管理更多地表现为贯穿于资本运营全过程的上市公司市值管理。

第一节　资本运营的价值基础

资本运营是通过资源优化配置而实现资本价值增值的过程，但需要强调的是，资本运营本身并不创造价值，它所实现的价值增值是产业价值的一部分，或者说是对产业利润的分配或分割。基于此，资本运营是以产品开发和产业经营为基础，只有坚实的产品开发平台和产业经营平台才能为资本运营提供价值载体。当然，产品开发和产业经营在为资本运营提供产业支撑的同时，资本运营也对产品开发和产业运营进行反哺，表现为通过资本与产业的结合而大幅提升产品开发和产业经营的竞争力，从而进一步促进产品利润增长与产业价值放大，形成资本运营与产业经营相互支持、相互推动的良性循环。

一、资本运营价值以产品附加值及产业利润为基础①

资本运营的本质是价值经营，但必须明确的是，资本运营本身并不创造价值，资本运营所实现的价值增值是对产业经营价值的分割与分配。也就是说，产业经营所实现的产品附加值及产业利润是资本运营价值的前提与基础，任何脱离产业经营的资本运营都不会创造价值。

1. 资本运营以产业经营为前提

产业经营是资源配置的初级形态，指的是企业（公司）关注自身生产的产品或流通中的同类商品，通过发明创造、技术革新、工艺改进、市场营销等手段，实现产品（商品）本身的质量提升、成本降低，进而增加企业（公司）利润的一系列管理活动。与产业经营不同，资本运营是一种资源优化配置的活动，其运作的标的是实实在在的产业资源或者说产业价值。迄今为止，资本运营的主要操作手法有兼并、收购、分拆、资产重组、股权重整或置换，涉及的产业领域有同行业不同企业（公司）整体或部分产权、同一产业链条的上游、中游、下游不同企业（公司）整体或部分产权、某一集团不同业务模块的整体或部分产权、某一企业（公司）整体或部分股份等。从产业经营与资本运营的范畴看，资本运营与产业经营密切相关，而且资本运营的存在，要求以产业经营为条件。也就是说，脱离产业经营，资本运营将不复存在。

2. 脱离产业经营的资本运营本身并不创造价值

资本运营是对产业价值进行重新配置的活动，其创造价值的前提是依托产业经营并对产业价值进行分割，脱离了产业经营的资本运营本身并不创造价值。首先，资本运营本身不是凭空存在的，它需要对一定的标的进行运作，这一标的不可能是没有任何依托的其他资本运营主体，而只能是有着实际产品（产业）的企业（公司）；其次，脱离了产业经营的资本运营将只是一系列操作手法的汇总，没有实际意义，不可能创造价值，相反空洞而复杂的资本运营操作需要耗费较大的人力成本、时间成本、经验成本、财务成本等，也就是会给企业（公司）造成“负利润”；最后，脱离了产业经营的资本运营本身是不可能成功的，因为资本运营需要对产业资源进行优化配置，并对兼并收购或分拆重组后的资源进行有效的整合，从

① 文宗瑜、张晓杰主编：《企业战略与资本运营（第二版）》，经济科学出版社2012年版。

而实现资源协同效应和价值放大效应，如果没有产业经营，就没有操作和整合的基础，也就不可能有真正意义上的、有可能成功的资本运营。

3. 资本运营价值是对产品附加值及产业利润的分割

企业（公司）开展资本运营并创造价值的前提是企业（公司）有自己的产品（产业）并已经搭建起了自己的产品（产业）经营平台，也就是企业（公司）有自己的产业经营并持续创造利润。这里包含四层意思：第一，一个企业（公司）没有自己的产品（产业）、也不产生利润，那么它将很难成为资本运营的标的，也就很难创造资本运营的价值；第二，一个企业（公司）有自己的产品（产业），但几乎不产生利润，那么它同样很难获得资本运营的机会，也很难成为资本运营价值增值的平台；第三，一个企业（公司）有自己的产品（产业），也能产生利润，但产生利润的机制不成熟、增长不持续、业务不连贯，那么它很可能获得“被”资本运营的机会，即被其他成熟企业（公司）并购整合，通过资源的重新配置而理顺机制和业务，从而实现价值增值；第四，一个企业（公司）有自己的产品（产业），且能持久产生利润，那么它很可能成为“主动”开展资本运营的主体，依托自身成熟的操作经验和能力对其他目标企业开展资本运营，实现价值增值。总之一句话，无论哪种情况，资本运营要创造价值都需要依托企业（公司）自身有产业经营并创造利润。

二、产品开发及产业经营形成资本运营的产业支撑[①]

资本运营的主体是企业（公司），企业（公司）开展资本运营的目的是通过优化资源配置实现资本增值和超常规发展。要实现这一目的，对主体公司本身有着多方面的要求，其中最重要也是最基础的要求是搭建起坚实的产品开发平台和产业经营平台，为资本运营提供扎实的载体。当然，单纯的产品开发平台和产业经营平台无法保证资本运营的有效开展，只有建立在丰富经验和强大能力基础上的平台，才能为资本运营提供有力的产业支撑。因此，企业（公司）还要通过自身积累的方式来掌握产品开发和产业经营的经验能力，以保障资本运营的有效实施。

1. 资本运营以具有产品开发平台和产业经营平台的企业（公司）为载体

资本运营以产业经营为条件，决定了产品开发平台和产业经营平台是资本运营的载体，或者说是开展资本运营的基本条件之一。企业（公司）拥有坚实的产品开

---

① 文宗瑜、张晓杰主编：《企业战略与资本运营（第二版）》，经济科学出版社 2012 年版。

发平台和产业经营平台，意味着企业（公司）已经完成了原始资本积累，并且已经建立起完整化、系统化的产品经营链条和上中下游一体化的运营模式，具备了生产高品质、受欢迎产品并及时出售获取利润的必要条件和丰富经验。显然，这种坚实的产品开发平台和产业经营平台是企业（公司）资本实力和整合实力雄厚的重要标志之一，从而为企业（公司）开展以资本为纽带的运用活动创造了条件。反之，如果企业（公司）没有搭建起坚实的产品开发平台和产业经营平台，其生产经营也就无法支撑资本运营。即使该企业（公司）短时间获得了大量的资金，聘请了大量较高水平的专业人才，也很难保证能获得持久的资金来源，更难保证能及时处理各种突发状况，由此使得开展资本运营的风险增加很多。因此，企业（公司）开展资本运营，必须以已经搭建起来的产品开发平台和产业经营平台为载体。

2. 资本运营以产品开发和产业经营的经验能力为基础

资本运营以产品开发平台和产业经营平台为载体，意味着产品开发和产业经营是资本运营的基础和条件。从更深一层的含义上讲，资本运营所依赖的载体，并非产品开发平台和产业经营平台本身，而是产品开发和产业经营的经验能力，也就是说产品开发和产业经营的经验能力才是资本运营的最终依靠。当然，这里所讲的产品开发和产业经营的经验能力是一个广义上的概念，既包括同行业的产品经营与产业经营的经验及能力，也包括不同行业的产品经营与产业经营的经验及能力。就某一企业（公司）而言，在进行多元化经营之前，其运营经验与能力主要集中在某一特定行业，而要拥有其他行业的运营经验，往往是通过外购的方式即通过外聘专业管理人才乃至整体管理团队的方式来配备某一产业产品经营与产业经营的经验及能力。也就是说，企业（公司）在由单一产业经营向多元化产业经营的转变过程中，主要是通过“资金换经验及能力”的外购方式来实现，这本身是优化资源配置的“置换”手法，也体现了优化资源配置的特点。当然，企业（公司）也可以通过自身努力，来掌握其他行业领域的运营经验，而且从未来资本运营的发展趋势看，依靠自身多年经营发展而慢慢摸索和积累起来的经营经验更加有效。

三、资本运营可以进一步提升产品开发及产业经营的竞争力①

资本运营本身虽不创造利润，但能实现价值增值，甚至是数倍的价值增值，往往是诱使很多企业（公司）开展资本运营的原因所在。当然，资本运营的价值增值

① 文宗瑜、张晓杰主编：《企业战略与资本运营（第二版）》，经济科学出版社2012年版。

不是凭空产生的，而是依托产业经营并对产业利润的分割；可以说，资本运营的价值增值部分是产业价值的一部分。企业（公司）产品经营及产业经营创造价值并产生利润，如果没有资本运营活动，它的价值只体现为产业正常利润的获取，如果有了资本运营活动，它的价值可能瞬间放大很多倍，资本运营的价值增值就是对产业重估价值的部分分割。

1. 资本运营强调资本与产业相结合

资本运营有两个层面的含义，从表面上看，资本运营是通过一系列资源配置活动实现资本价值增值的过程；从实质上看，真正促进价值增值实现的是资本运营的内在机理，即资源重新组合和结构优化实现整合效应进而实现价值放大，这一内在机理的实现离不开资本运营平台与产品开发平台与产业经营平台的对接。资本运营本身不创造价值，资本运营的利润来自于对产品开发与产业经营价值的分割，资本运营平台的搭建也需要依托产品开发平台与产业经营平台的搭建而实现。为此，企业（公司）要开展资本运营，首先要开展产品开发与产业经营并搭建相应的产品开发与产业经营平台，积累了较强的资本实力和管理能力，才能具备开展资本运营的基本条件，才能对企业（公司）内外部资源进行有效整合和管理，也才能切实实现资本运营的价值增值效应。

2. 资本运营可以实现产业资源的优化配置

企业（公司）通过开展产品开发和产业经营搭建产品开发平台和产业经营平台，并在此基础上开展一系列资源优化配置的活动，其根本目的在于实现企业（公司）价值的放大甚至成倍放大，也即实现资本增值，这是资本运营的本质所在。然而，风险与收益是伴生伴随的，资本运营在放大价值及促进企业（公司）超常规发展的同时，也放大了企业（公司）运营和管理的风险，而且这种风险对企业（公司）而言很可能是致命的，因此，认清并把握资本运营本质，对企业（公司）进行资本运营的战略决策显得尤为重要。如果资本运营无法实现资源有效整合和价值增值，企业（公司）决策层应果断放弃，不应抱着一丝存活的侥幸心理或者只关注眼前的短视眼光而为企业（公司）发展埋下巨大隐患。需要明确的是，企业（公司）价值的放大甚至成倍放大表现为一种持续盈利机制的建立和健康增长，而不是短期利润的增加甚至较快增加，这也是资本运营追求长期价值增值效应的突出特点。

3. 资本运营能够使产业开发和产业经营的价值重估放大

产业经营产生的利润是归属于某一个产业的不同企业（公司）或某一产业链条

上若干企业（公司）的，产业经营所创造的价值则是属于整个产业的。试想一个正常运转并创造价值及产生利润的产业，其所产生的利润属于多个企业（公司），创造的价值则属于整个产业，在没有其他操作的情况下，产业会静态地运转并创造相对固定的价值，这一价值通常是静态的企业（公司）利润的总和。然而，资本运营的出现打破了这样一种静态的运转，它使得产业经营创造的价值不再是静态地约等于多个企业（公司）的利润总和，而是超出账面收益而获得价值重估放大。实际操作中，价值重估放大的方式有多种，最简单、最直观的方式是上市。例如，一个企业（公司）在没上市前价值只有账面上的2亿元，经过资产证券化的上市运作后，其价值可能实现几倍甚至几十倍的溢价，变成几十亿元。这样的价值重估放大在全球资本市场高度发展的今天已经不再是神话，在资本市场还不是很成熟、市场估值普遍偏高的中国资本市场上这样的价值重估放大更是比比皆是。如果没有资产证券化、并购等资本运营活动，产业经营创造的价值将被局限在很小的范围内。

第二节　资本运营的价值重新估值

资本运营依托产业经营而支持产业经营创造更大价值，其根本原因在于资本运营可以提高企业（公司）产品核心竞争力，进而提高企业（公司）产业利润。从表面上看，这种价值创造表现为企业（公司）营业收入和利润的增长即企业（公司）财务指标的持续改善；从本质上看，资本运营是通过改善财务指标来提升企业（公司）价值并实现价值重估。

一、依赖资本运营的重组重整提高产品附加值及产业利润①

资本运营是通过资源优化配置而支持产业经营创造更大价值、实现资本价值增值的过程，这里的资源优化配置就是企业（公司）内部及外部资源的重组与重整。在这个过程中，不论是产品的工艺水平，还是企业（公司）的管理运营，都实现了大幅提升，与之相伴随的是产品价值的增值与放大。当然，这种价值增值与放大并非一般的利润增加。在资本与产业相互融合的背景下，资本运营能够支持产业经营的产业利润成倍放大。

① 文宗瑜、张晓杰主编：《企业战略与资本运营（第二版）》，经济科学出版社2012年版。

1. 资本运营的重点是资产重组与股权重整

资本运营的本质是通过优化资源配置实现价值增值，这里的资源既包括企业（公司）内部的各项资源（人力资源、财务资源、物质资源等），也包括企业（公司）外部的优质存量资源，如同行业其他优质企业（公司）、上下游其他优质企业（公司）、其他行业优质企业（公司）等。要对这些资源进行优化配置和有效整合，离不开多种形式的并购更离不开并购后的重组重整，如果没有资产重组与股权重整就不会有资源优化配置，就无法改善财务指标。资产重组与股权重整是资本运营的重点。可以说，资本运营集中体现为企业（公司）发展到一定阶段或一定规模后的并购，其价值最终表现为并购后重组重整的顺利推进及其效应的充分发挥，资本运营效应的大小反映了资源优化配置的效应大小，也决定了资本增值的倍数大小，是资本运营本质的集中体现。

2. 资本运营通过重组重整实现产品附加值大幅提高

产品增值是指通过发明创造、技术革新、工艺改进、市场营销等产品运营手段，实现产品（商品）本身的质量提升、成本降低，进而增加企业（公司）利润、实现产品价值放大甚至成倍放大的过程。产品增值是企业（公司）发展初期就必须关注的一个问题，企业（公司）竞争力的核心是产品，竞争力对产品的要求在不同发展阶段各不相同。在短缺经济时代，企业（公司）间竞争对产品的要求较少，只要能生产出产品，生产出所需要数量的产品，就能赢得市场并获得足额利润；而在过剩经济时代，企业（公司）间竞争对产品的要求高很多，不仅需要生产出市场需要的产品及数量，而且还需要不断提高产品的品质，满足不同客户群体的特殊需求，市场细分越来越明显，同时市场竞争也趋于白热化。企业（公司）如果不关注产品经营，将很难提升产品质量、降低成本，进而很难获得市场的长久关注，也就很难实现产品价值的放大甚至成倍放大，这是企业（公司）经营需要避免的情况。产品附加值提高依赖并购后的重组重整，通过资产重组与股权重整，对资源尤其技术资源优化配置，提升产品技术附加值。

3. 资本运营通过重组重整实现产业利润成倍放大

资本运营的价值重估首先是对产业利润的倍数重估，也就是说，通过资本运营的不同操作，产业利润能在原来基础上实现倍数重估。需要明确的是，产业利润不等同于产业中若干企业（公司）利润的简单加和，还要考虑企业（公司）利润加和基础上的协同效应、抵消效应、损耗效应等。当一个产业内部不同企业（公司）之间存在较好的关联和协调关系时，往往能产生较大的协同效应，从而使得产业利润大于企业（公司）利润之和；当一个产业内部上下游企业（公司）之间存在重叠或资源重合时，可能产生抵消效应，从而使得产业利润小于企业（公司）利润之和；当一个产业内部不同企业（公司）间的关系错综复杂，缺乏配合而相互恶性竞争时，往往会产生很大的损耗效应，从而使得产业利润大大降低，远低于企业（公司）利润之和。后两种效应是产业经营需要防备和减少的，第一种效应则是产业经营应该推广和强化的。资本运营的存在恰好使得第一种效应也就是协同效应在产业内部有效发挥，通过资本运营不同操作手段的资源优化配置，产业内部不同企业（公司）间的协同效应得以较大程度地发挥，整个产业的价值得以重估放大，甚至成倍数放大。

二、营收及利润增长可以实现财务指标的持续改善

资本运营通过资源重组重整可以提高产品的附加值和产业利润，其直接表现就是货币形态上的营业收入增加及利润增长，从而提高企业（公司）的盈利水平。从企业（公司）财务指标改善的角度看，盈利水平提高是财务改善的引擎。当营收和利润大幅增长时，不仅仅会改善企业（公司）的盈利能力指标，还会放大企业（公司）所有者权益、现金净流入量，从而改善企业（公司）的偿债能力指标和现金流指标。显然，当企业（公司）的盈利、偿债及现金流指标都有所改善时，企业（公司）的发展能力指标也将随之改善。

1. 资本运营所实现的产业利润放大直接表现为营收及利润增长

资本运营所实现的产业利润放大，首先表现为货币形态上的营业收入增加及利润增长，或者说营业利润可以由实现 1 元钱变成若干元钱。具体来说，一家企业（公司）依托资本市场进行资本运营，通过重组重整两个或多个企业（公司）的资源而实现资源优化配置，一方面会推动企业（公司）技术革新、工艺改进，从而使企业（公司）的产品具有更强的市场竞争力和扩大市场占有率，其直接结果就是销售额增长，相应的企业（公司）营业收入和利润也出现增长；另一方面，资本运营还可以实现企业（公司）内部资源与外部资源的整合，实现规模经济并降低生产成本，从而放大企业（公司）利润。当然，这里的资本运营有多种方式，每一种方式所实现的营收和利润增长幅度也有所不同。但是，不论是哪一种资本运营手段，其在有效整合之后，由于业务、市场、成本等方面的协同效应存在，整合后的企业（公司）运营能力将大大提升，都会为企业（公司）营收和利润增长提供支撑和创造条件。

2. 营收及利润增长可以改善企业（公司）的财务指标

企业（公司）的财务指标主要有四种，分别是盈利能力指标、偿债能力指标、现金流指标和发展能力指标。产业利润放大所实现的营业收入及利润增加，本质上是一种盈利能力的强化，其直接结果就是盈利能力指标的改善，如总资产收益率、净资产收益率等指标在营业收入和利润增加的情况下，都会有不同程度的增长和改善。就偿债能力指标而言，盈利能力指标的改善必然会强化企业（公司）对债务本金及利息的保护，强化企业（公司）偿债能力；同时，营业收入和利润增长还会导致企业（公司）权益放大（即盈余公积、可分配利润放大），从而降低企业（公司）的资产负债率，提高企业（公司）的偿债能力。就现金流指标而言，一方面，营业收入和利润增长意味着企业（公司）的价值创造能力增强，这势必会提高企业（公司）在市场中的竞争地位，改善经营现金流状况；另一方面，营业收入和利润增长还会提高企业（公司）的融资能力，从而改善企业（公司）的融资现金流。不论是经营现金流的改善，还是融资现金流的改善，都会直接导致企业（公司）的现金流指标改善。就发展能力指标而言，它是企业（公司）盈利能力、偿债能力和现金流状况的综合体现，而前三类指标的改善，必然会带动发展能力指标的持续改善。

三、通过财务指标持续改善而提升企业（公司）价值并实现重新估值①

财务指标改善是资本运营的直接结果与表现。从更深层次上看，资本运营给企业（公司）带来的好处，并不会简单地停留在财务指标的改善上，其更多的是通过财务指标持续改善而提升公司（公司）的价值并实现重新估值。一般而言，资本运营价值的重估有两种途径：一是通过资产证券化或者狭义上的资本市场上市而实现企业（公司）价值增值与重估；二是依托企业（公司）财务质量提高，通过并购、分拆和重组等方式提高企业（公司）核心竞争力，进而提升企业（公司）价值。

1. 财务指标持续改善可以推动资产证券化而实现资产溢价

通过资产证券化实现资产溢价从而实现企业（公司）价值重估是资本运营实现价值重估的最直观的体现，也是近些年资本市场大力提倡发挥的一种功能。其基本原理是首先将复杂的企业（公司）整体按一定的标准使之证券化为不同数量的份额

① 文宗瑜、张晓杰主编：《企业战略与资本运营（第二版）》，经济科学出版社 2012 年版。

（单份原始价值＝资产总值/划分成的份数），然后通过公开市场或非公开市场进行交易确定一个“资产份额”成交价格，这个成交价格决定了溢价倍数（＝单份成交价格/单份原始价值）；最后根据要出售的资产份数和单份成交溢价就可以计算资产溢价总额了。举例而言，A 公司决定上市，其上市前的总资产为 2 亿元，上市发行总份数为 2 亿份（上市公司要求首先是股份制公司，因此份数一般为股数），则一份为 1 元，即 1 元/股，经过上市交易确定上市价格为 5 元/股，则经过上市资本运营，A 公司实现的资产溢价为 2 亿股 ×（5 元/股 －1 元/股）＝8 亿元，资产溢价倍数为 5 元/股 ÷1 元/股＝5 倍。

2. 财务指标持续改善可以推动企业（公司）更大范围的并购重组而实现价值重估

财务指标的持续改善，使得企业（公司）的实力大幅提升，从而有能力在更大的范围内进行并购重组而实现价值重估。一般而言，企业（公司）进行更大范围的并购重组，主要有三种方式：一是并购，即通过并购及重组重整效应而实现价值增值与重估。一般而言，并购及重组重整是资本运营的核心内容，资本运营集中体现为企业（公司）发展到一定阶段或一定规模后的兼并收购，而并购后的重组重整是否顺利及有效会直接影响资本运营的价值发挥。如果并购后企业（公司）竞争力增强，就能导致并购的净现金流量超过两家企业（公司）预期现金流之和，或者合并后企业（公司）业绩比两个企业（公司）独立存在时的预期业绩高，就会提高企业（公司）的核心竞争力，放大企业（公司）的价值。二是分拆，即通过分拆获得专业化经营的集中效应，提高企业（公司）技术的专业化水平，从而强化企业（公司）盈利能力。通常情况下，多元化经营的母公司，通过分拆出子公司并实现上市，其估值就会有所放大。其原因就在于独立后的子公司管理层获得了更大的自主权，有更多积极性和动力将业务扩大，业绩搞好，而且分拆后不论母公司还是子公司会有更加透明的信息披露，方便投资者进行正确的估值定价。三是重组，即通过资源优化配置实现好的效应，如资源强强联合、强势带动弱势、强势互补或弃一弱保全局等好的效应，从而放大企业（公司）价值。如弃一弱保全局效应的发挥可能依赖于企业（公司）下决心出售或中止企业（公司）部分经营不良或无力经营的业务或资产，从而减少其对整体的拖累而保证整体运营的高效和安全；再如强势带动弱势效应的发挥依赖于企业（公司）组织架构、业务架构的调整和重新组合，将原来某一业务的强势与其他业务的弱势实现互补，以强势业务带动弱势业务，从而实现整体业务的加速发展，实现资源优化配置效应。当然，不论哪种形式的重组重整，都会优化资源配置，提高企业（公司）价值。

第三节 资本运营的价值增值方式

资本运营不能创造价值，但资本运营可以实现企业（公司）价值重估，而且这种价值重估增值倍数往往很大，动辄几十倍甚至上百倍。资本运营实现价值重估的原理不同于产业经营，其核心在于通过对不同资源进行优化配置，发挥其协同效应，从而实现价值增值。具体来说，资本运营实现价值增值的方式有两种，一种是依托股东所分享的所有者权益和红利增加的直接价值增值，另一种是依托资本市场股价大幅上涨而实现的间接价值增值。

一、资本运营的价值直接增值表现为股东所分享的所有者权益及红利增加

利润增加是资本运营的最直接表现，而这种利润增加又会强化企业（公司）红利分配增加和所有者权益增加。当然，资本运营的手段有多种，其中所有者权益的大幅增加，主要依赖证券市场上市；而利润增加，主要依赖并购及重组重整所产生的协同效应。但不论是哪种手段，其都会导致企业（公司）资本规模放大，实现企业（公司）价值的重估增值。

1. 资本运营的直接结果是企业（公司）利润增加与资本规模扩大

资本运营本身不创造价值，但资本运营所实现的资源优化配置与重组重整，可以推动产业利润放大，其直接结果就是企业（公司）利润增加与资本规模扩大。就利润增加而言，是指企业（公司）通过资本运营，可以改进产品工艺、加快技术创新，降低企业（公司）成本和提高产品附加值，从而实现企业（公司）利润的大幅增加。从企业（公司）资产负债表和利润表变化的角度看，利润的大幅增加将直接产生两个结果：一是企业（公司）利润表上税后净利润的增加，意味着可供分配利润增加，使股东更有条件分享资本运营所带来的更多利润；二是资产负债表上所有者权益增加，即利润增加必然导致盈余公积和未分配利润的增加，从而放大企业（公司）所有者权益。

2. 通过证券市场上市而实现企业（公司）所有者权益的大幅增加

证券市场是多层次资本市场的重要组成部分，也是开展资本运营活动的重要场所，为企业（公司）股权账面溢价及增加收益提供了平台。企业（公司）通过在

证券市场上市，其最直接的结果就是所有权益大幅增加。其一，企业（公司）的上市尤其溢价发行股票实现了股权账面溢价收益在短期内的大幅提升。在中国，股票必须以平价或溢价的方式进行发行，其中溢价发行的股票占绝大多数甚至全部。通过股票溢价发行，流通股股东高价申购产生的股本溢价计入资本公积，由所有股东共享，原股东则按比例分享资本公积。因此，上市过程给企业（公司）带来了额外的资本公积，从而放大了股权账面溢价收益。其二，企业（公司）在上市后，通过资本市场进行并购及重组重整或再融资等资本运营方式，吸纳社会闲置资金，进一步实现股权账面溢价收益的提升。

3. 通过并购及重组重整和资源整合而实现企业（公司）利润大幅增加

并购及重组重整和资源整合是资本运营的主要手段。企业（公司）通过并购及重组重整和资源整合，可以实现利润的大幅增加，从而为红利增加创造了条件。其中，就并购及重组重整所实现的企业（公司）利润增加而言，是指企业（公司）在并购及重组重整之后的竞争力增强，从而导致并购后的净现金流量超过两家企业（公司）预期的现金流之和，或者合并后的公司业绩比两个企业（公司）独立存在时的预期业绩更高。就资源整合所实现的企业（公司）利润增加而言，是指通过对企业（公司）的资产、业务或者股权进行重新组合，以实现企业（公司）内部及外部资源的优化配置，从而提高企业（公司）整体的运行和经营效率，进而提升企业（公司）盈利能力和市场竞争力。显然，盈利能力和市场竞争力的提升，必然意味着企业（公司）利润的增长与放大。

二、资本运营的价值间接增值表现为股东所持有企业（公司）股份的股价大幅上涨

资本运营的目标是实现企业（公司）价值增值。伴随着资本市场的不断发育与成熟，依托资本市场进行资本运营，已经成为企业（公司）价值增值最有效的手段。当然，资本市场是一个多层次的市场，并适用于不同的企业（公司）开展资本运营活动。其中，上市公司主要通过证券市场进行资本运营而提高自身价值，而非上市公司主要通过产权交易市场而实现自身价值增值与放大。

1. 资本运营的价值间接增值是依托资本市场而实现的

资本市场是开展资本运营活动的场所。随着市场经济的发展，资本市场在社会经济中的重要程度逐渐提高，成为调节资源配置和实现价值增值的重要场所。资本运营所实现的价值增值，主要是依托资本市场而实现。与所有者权益及分红的增加

不同，依托资本市场所实现的价值增值更大甚至是几何倍数级的增值。具体而言，在资本市场上，资本运营价值增值与产权交易密切相关，而产权交易成本的大小直接决定了资本运营能否顺利进行。资本市场的发育及成熟，为产权交易提供了各种交易工具和交易手段，从而使企业（公司）可以选择最适合自己的方式来进行资本运营活动。相应地，企业（公司）在资本市场中通过产权交易来完成企业（公司）并购重组，从而加速了资本资产规模扩张，实现企业（公司）价值增值与放大。当然，资本市场是一个多层次的市场，包括证券市场、产权市场等，每一个市场都具有自己的运作模式，但不论哪一种，其本质都是通过资源优化配置和重组来提高企业（公司）经济效益，进而放大企业（公司）价值。

2. 上市公司通过证券市场进行资本运营而提升企业（公司）股价①

一般而言，单靠生产经营，企业（公司）只能按常规速度发展，如果进行资本运营，产业资本和金融资本很好地结合起来，企业（公司）资产就可以呈现几何倍数级的增长。对上市公司来说，由于其股份可以在证券市场内自由交易和流动，而且资本运营的成果可以直接影响并反映到股票的价格变化上，所以在产业价值不变的前提下，资本运营的成果会通过股权价值反映出来，从而提升企业（公司）价值并实现价值增值。以并购及重组重整为主要内涵的资本运营，能给投资者更好的预期，其中上市公司通过并购能够在较短的时间内迅速扩大规模，实现资本扩张和增强竞争力；除此以外，资产剥离则是企业（公司）把所属的一部分不适合企业（公司）发展战略目标的资产出售给第三方，从而改善企业（公司）的财务状况、支持其他业务顺利运行并精减产业战线。此外，通过资本运营还可以按照持股比例享有被投资企业（公司）的利润分成，并在子公司分拆上市后，母公司将获得超额的投资收益。最后，企业（公司）缩小股本规模或改变资本结构，可以选择股份回购的方式来收缩经营战线或转移投资重点，开辟新的利润增长点。

3. 非上市公司依托产权交易市场进行资本运营而实现企业（公司）利润倍增

在成熟资本市场上，证券交易场内市场所能容纳的股权交易量十分有限，更多的股权交易是通过证券交易场外市场而实现。就中国的股份制企业而言，能够在沪、深两市挂牌上市的企业（公司）非常少，而非上市公司在股份公司的数量中占据着的相当大的比重。显然，这些非上市公司无法像上市公司那样在证券交易所场内市场进行股权交易，但这并不意味着其股权是固化的。应该说，这些非上市公司

---

① 文宗瑜、张晓杰主编：《企业战略与资本运营（第二版）》，经济科学出版社2012年版，第118页。

也有股权流动的需求，并且也需要在股权流动中实现自身价值增值，只是其流动平台不是场内市场，而是以各类产权交易所（中心）为主体的场外交易市场。非上市公司通过产权交易市场等场外市场进行物权、债权、股权的交易和流转，在交易中不断放大自身价值。同时，产权交易市场还可以为风险投资和私募股权基金的进入提供投资项目引导，进行资源优化配置和并购及重组重整的引导，这也间接地提高了企业（公司）价值。

第四节　资本运营的价值及市值管理

资本运营的本质要求是通过资源优化配置而实现企业（公司）价值增值与放大。在这个过程中，企业（公司）必须要重视价值管理，即通过对企业（公司）有形资产和无形资产的价值管理，改善企业（公司）财务质量、提高企业（公司）市场影响力，整体上提升企业（公司）价值。当然，资本运营要求以资本市场为依托，决定了上市公司的市值管理是资本运营的相关内容。因此，企业（公司）开展资本运营，必须基于公司价值导向并以价值引导市值变化，综合运用多种手段、进行持续的市值管理，以实现公司价值估值合理化、价值实现最优化。

一、资本运营所要求的有形价值管理

资本运营所要求的有形价值管理，主要是针对经营层面而言的。具体来说，有形价值管理，核心在于放大企业（公司）的经营效应，提高企业（公司）的经营利润。就微观层面而言，企业（公司）利用市场手段，通过产业经营而实现利润增长和财务指标改善，从而放大企业（公司）有形价值。有形价值管理作为一种资本配置手段，依赖资本的合理流动来优化资源配置结构，提高资源配置和使用效率，从而在更高层面上放大企业（公司）价值。

1. 资本运营主体公司的有形价值管理

资本运营主体公司的有形价值管理，是在产品经营平台基础上搭建资本运营平台，合理配置和优化企业（公司）资源结构，充分发挥资源组合效应和优化配置效应而实现资本增值。由此可见，资本运营主体公司的有形价值管理，核心就是产品经营和产业经营。在这个过程中，资本运营主体公司一方面要通过发明创造、技术革新、工艺改进、市场营销等产品经营手段，实现产品（商品）自身的质量提升、成本降低，进而增加企业（公司）利润、实现产品价值放大甚至成倍放大；另一方

面要通过加快资产周转、减少库存、控制资金占用等资产运营手段，实现资产结构合理并降低运营风险，从而实现资产价值放大甚至成倍放大。[①] 在这个过程中，资本运营主体公司既要整合内部的人力、物力、财力等资源，又要整合外部优质存量资源，使内外资源优化并合理配比，更好地服务于企业（公司）价值增值与放大。资本运营主体公司进行有形价值管理，其手段也是多元化的，主要有兼并、收购、分拆（剥离、分立）、资产重组、股权重整或置换等，当然，资本运营主体公司的有形价值管理主要体现为企业（公司）发展到一定阶段或一定规模后的并购及重组重整。

2. 目标企业的有形价值管理

在有形价值管理方面，资本运营主体公司与目标企业之间并不存在太大差异，主要是依托产业平台，通过整合企业（公司）内外有形资源而实现企业（公司）价值增值与放大，表现为目标企业资产账面价值的增加或利润账面价值的增加等，例如，通过整合目标企业优质资源，就能实现资产账面价值的溢价，也就能实现价值增值；再如依托并购而实现主体公司与目标企业的协同效应，就能实现企业（公司）盈利能力和利润额的提高，也能实现价值增值。当然，目标企业在进行有形价值管理时，更加强调其内部资源整合和产业经营竞争力的提升，以从根本上放大自身价值，提高兼并收购的对价。同时，作为资本运营的目标企业，其有形价值管理也要逐步向资本运营主体的核心业务靠拢对接，唯有如此，才能保证资本运营完成后，主体公司与目标企业在产业链、业务链和价值链方面实现“1 +1 >2”的协同效应。

二、资本运营所要求的无形价值管理[②]

无形价值管理就是对无形资产的价值管理。这里的无形资产是指能够在较长时期内持续为企业（公司）带来收益，但没有对应的物质实体的特殊性资本，主要包括商誉、品牌、专利权、非专利技术、特许经营权等。随着无形资产在企业（公司）发展过程中的贡献程度和重要性不断提高，无形价值管理在企业（公司）资本运营中占据着越来越重要的地位。在资本运营过程中，企业（公司）通过战略整合、文化整合等无形价值管理，能够统一企业（公司）的发展战略、发展意志

① 文宗瑜、张晓杰主编：《企业战略与资本运营（第二版）》，经济科学出版社2012年版，第126~128页。

② 文宗瑜、张晓杰主编：《企业战略与资本运营（第二版）》，经济科学出版社2012年版，第139~140页。

和企业文化及价值观，从而放大资本运营后的协同效用，实现企业（公司）价值增值。

1. 依托产权市场而实现无形资产价值增值

依托产权市场而实施无形资产价值管理，本质就是运营主体通过在产权市场上进行无形资产产权的整体转让，来实现无形资产的重新配置组合，以增强企业（公司）发展能力的无形资产运营方式。任何资产的价值管理，都需要得到成熟资本市场的有力支持，而无形资产价值管理对资本市场的依赖性更高，需要有更加成熟和规范的产权交易市场与之相适应。与实物资本不同，无形资产不具有实物形态，因而更加容易受到侵权，经济生活中经常发生的侵害知识产权案例就是其中最为明显的事例。如果产权市场的发育不完善，相应的法律政策体系没有完善，就会导致无形资产的拥有主体在交易过程中无法保护自身的无形资产产权，进而导致交易成本上升，影响无形资产价值管理的顺利开展，因此，企业（公司）从事无形资产价值管理，需要以健康成熟的产权交易市场为前提。一般而言，依托产权市场而实施无形资产价值管理，主要有两种方式：一是企业（公司）通过产权交易，取得无形资产的全部产权，进而以此为依托从事相应的产品生产经营活动；二是无形资产的拥有者通过将其所持有的无形资产的产权进行某种形式的转让，来为企业（公司）换取其他形式的资产，从而实现无形资产的有效配置，壮大企业（公司）的整体实力。

2. 通过自我培育而实现无形资产价值增值

通过自我培育而实现无形资产价值增值，是指运营主体在资本运营过程中，不发生整体性的产权交割，而是以自身所拥有的无形资产为标的物，通过融资、特许经营等手段，来实现企业（公司）经营目标的资本运营方式。通过自我培育而实现无形资产价值增值，可以细分为两种方式：一种是企业（公司）利用自身所拥有的无形资产开展融资活动，为企业（公司）开辟多方面的融资渠道，从而增强企业（公司）的成长能力；另一种是企业（公司）以继续保持对无形资产产权为前提，采取特许经营等方式，允许其他企业（公司）在支付租金或其他代价的情况下，共享本企业（公司）的无形资产，以提高无形资产保值增值能力。

三、贯穿资本运营全过程的上市公司市值管理

所谓市值管理，是指上市公司基于公司价值导向，综合运用多种合规的价值经营方法和手段，以达到公司价值估值合理、价值实现最优化的一种战略管理行为，

其中价值创造是市值管理的基础，价值经营是市值管理的关键，价值实现是市值管理的目的①。当然，市值管理离不开资本市场，要求依托于资本市场而实现。企业（公司）开展资本运营，核心要求就是依托资本市场实现价值增值。在这个过程中，市值管理就成为上市公司不可或缺的一种资本运营手段。

1. 作为资本运营主体的上市公司市值管理

贯穿于资本运营全过程的上市公司市值管理，首先表现为作为资本运营主体的上市公司市值管理。具体而言，作为资本运营主体的上市公司，其市值管理的核心任务是依托资本市场平台和产品经营平台而实现利润最大化，进而放大自身股价。其中，资本市场是宏观经济发展的一个重要窗口，资本市场的发展程度在一定程度上反映了国民经济的发展水平，资本市场的变化与市值管理有着直接关系，所以作为资本运营主体的上市公司首先要依托资本市场而开展市值管理②。当然，影响资本运营主体市值的资本市场因素很多，既有宏观方面的因素，又有微观方面的因素，在宏微观双重因素的作用下，直接表现为资本运营主体的股价变化。基于此，资本运营主体依托资本市场而开展市值管理，主要有三种手段：一是再融资，即通过再融资直接扩大股本，随着上市公司的业绩提升，市值也随之放大；二是股权激励，即通过股权激励手段，上市公司管理层就有了主动做大市值的动力，从而对市值放大形成正向推动作用；三是股份增减持，即上市公司股东通过股份增减持来影响股权市值和股权效用，特别是在资本市场波动较大时，能够有效顺应市场变化而实现市值最优管理。③ 此外，资本运营主体要依托产业经营平台来管理市值，当然这种管理更多地表现为通过产品创新增加利润和改善财务指标，从而在资本市场上对公司股价形成正向推动作用，间接放大公司市值。

2. 作为目标企业的上市公司市值管理

与资本运营的主体公司不同，作为目标企业的上市公司市值管理，更多地处于被动状态。因此，资本运营目标企业的市值管理，必须结合资本市场的波动而采取不同的管理策略，实现自我市值管理。一般而言，在牛市的市场背景下，上市公司的股价会大幅走高，其市值也随之大幅上涨，容易出现股价被高估现象，此时作为目标企业的上市公司，应当通过扩张股本的形式，比如增发与定向增发股票、换股

① 毛勇春编著：《市值管理》，同济大学出版社 2012 年版，第 3 页。
② 毛勇春编著：《市值管理》，同济大学出版社 2012 年版，第 37 页。
③ 毛勇春编著：《市值管理》，同济大学出版社 2012 年版，第 63 ~ 64 页。

并购、资产注入、整体上市以及套期保值等方式来平衡公司市值，提升目标企业整体实力，达到市值管理的目的；而在“熊市”的背景下，目标企业的股价也会受其影响而大打折扣，出现股价被低估、市值被压缩的情况，此时目标企业应选择收缩股本的方式，比如选择资产重组、股票回购、股份增持、买壳与借壳上市、股指期货套期保值等方式来稳定公司市值，以达到市值管理的目标。[①] 当然，目标企业在市值管理上，如果能利用被并购的重组重整，更能迅速改善业绩，提高市值。需要指出的是，目标企业市值管理也要坚持价值导向。

---

① 毛勇春编著：《市值管理》，同济大学出版社 2012 年版，第 38 ~ 39 页。

第十二章
资本运营的评价指标及风险防范

资本运营与产品经营相比，面临着相对更大的风险。如果企业（公司）资本运营的风险得不到有效控制，不仅影响资本运营的顺利推进，而且会拖累产品经营及产业发展。因此，企业（公司）在资本运营过程中，必须建立资本运营的风险防范机制。就资本运营的风险防范机制建立而言，可从管控财务风险着手。企业（公司）在资本运营过程中管控财务风险，主要手段就是引入并设计可以反映资本运营财务风险的各类指标，如流动性风险指标和融资风险指标，并对关键指标实行指数的量化并设定相应的指数波动区间，通过观察指标指数的变化而采取不同的策略，从而将资本运营风险控制在可控的范围之内。除此以外，企业（公司）还要建立资本运营的财务风险防控机制和责任机制，加强资本运营风险的事前预警和事中管理，重视风险的事后责任追究，完善资本运营的风险评价和风险控制流程，针对资本运营风险难预测的特点，从制度上建立健全风险控制制度来降低风险的影响与损失。

第一节　资本运营会加大加剧公司财务风险

资本运营可以实现企业（公司）规模的快速扩张及价值重估放大，然而，需要明确和提防的是，资本运营也实现了风险的放大。企业（公司）往往总是倾向于偏爱收益而忽视风险，尤其是一些急于扩张并把增长目标定得很高的企业（公司）更是如此。当面对两个不同收益的项目时，企业（公司）往往倾向于选择或尝试收益更高的那个项目，而很少考虑对这个项目的风险是否有能力承受或化解；当面对一个有较高收益但同时风险也很高的项目时，企业（公司）往往倾向于冒险一搏，决策很容易偏向较高收益而忽略风险。然而，风险与收益始终是共存且正相关的，收益越高，风险就可能越高；资本运营既放大价值也放大风险，尤其是对风险的放大，远远高于产业经营可能导致的风险。因此，企业（公司）开展资本运营必须具备风险防范意识和风险管控能力。

一、资本运营比产业经营面临着更大的财务风险

财务风险是企业（公司）从事任何经济活动必须面临的风险，资本运营活动也不例外。企业（公司）在开展资本运营活动时所面临的财务风险，主要是指由于各因素的综合作用而导致资本运营失败或资本运营活动达不到预期所带来的损失。在某种意义上，资本运营与产业经营所面临的财务风险是不同的，资本运营以资本市场为依托，其面临的不确定性更多，所以其潜伏的风险也就更大。

1. 资本运营本身面临较大的财务风险

财务风险有广义和狭义之分。其中，广义的财务风险包括企业（公司）在财务活动中面临的所有风险，如融资风险、经营风险等。资本运营主体的资本实力、资本运营的投资额度及所并购的目标企业的资产负债率过高等，都会给企业（公司）资本运营带来财务风险。狭义的财务风险专门指融资风险，即由于企业（公司）融资方式导致股东回报率发生变化的风险。企业（公司）可以通过直接融资或间接融资提高资本规模，若实行直接融资权益融资，则企业（公司）全部盈余都归股东，若企业（公司）实行直接融资与间接融资的结合，则在盈余分配给股东前，必须先支付利息给债权人，所以这会使股东获得盈余的大小发生变动。①

就资本运营而言，也会面临财务风险即资本运营财务风险，主要指企业（公司）在资本运营过程中，由于受到资本运营活动的复杂性、外部环境的变动性、企业（公司）抗风险能力的有限性以及上述各因素的综合作用而导致的资本运营失败或使资本运营活动达不到预期的目标的可能性及其损失②。资本运营所面临的财务风险具有一般财务风险的特征，如客观性、破坏性，但也存在一些自己独有的特点，如随机性、耦合性等。不仅如此，由于资本运营是依托资本市场而实现的，所以资本运营财务风险往往大于一般的财务风险。

---

① 文宗瑜、张晓杰主编：《企业战略与资本运营（第二版）》，经济科学出版社 2012 年版。

② 任秀梅：《国有企业资本运营风险管理》，吉林大学博士学位论文，2007 年 10 月。

2. 资本运营可能导致的风险比产业经营大得多①

企业（公司）在经营活动中，风险无处不在，风险类型也有很多种。具体地说，产业经营的风险可能有产品不适销对路、材料成本过高、产品质量不过关、违法违纪、资不抵债、融资不及时、投资失败、工作人员违规操作和中饱私囊等，每一种风险的影响虽然不同，但对企业（公司）的正常运转都很不利，严重的时候甚至可能导致企业（公司）经营不下去而破产；资本运营的风险则主要有信息不对称风险、决策风险、管控风险、整合无效风险等。尽管资本运营风险的类型可能不如产业经营风险的类型多，但其影响会大得多。这是因为产业经营主要集中在一个企业（公司）或产业内部，而资本运营则往往涉及不止一个企业（公司）或产业，其运作的标的也不仅限于某一类产品的生产经营，而是某个或某几个企业（公司）或产业，其操作的难度远高于产业经营，整体资本运营中任何一个环节出现问题都有可能导致整体不成功，甚至带来巨额亏损，风险非常高。如 A 公司为了实现自己的扩张战略决定收购 B 公司，由于没有花钱请中介机构对 B 公司进行充分的尽职调查，导致收购前没有发现 B 公司有很多的账外问题和或有负债，等到支付高价把 B 公司收购后，已经无法终止合约，A 公司为此遭受了沉重的打击。这是典型的资本运营中的一个环节失误导致大风险的案例。

二、资本运营要更强调更重视公司财务风险管理

资本运营在实现企业（公司）价值增值的同时，也加大了企业（公司）面临的风险即资本运营风险。资本运营风险是一个风险集合，主要有筹资风险、投资风险、经营风险、汇率风险等，每一种风险的暴露都会使企业（公司）财务质量恶化。当然，资本运营也会面临文化整合风险、人事整合风险等非财务风险。但不论是哪一种，资本运营风险的暴露都会直接导致企业（公司）财务质量恶化。从这一层意义上讲，资本运营风险的本质就是财务风险，相应地，资本运营必须强调财务风险的管理与控制。

1. 资本运营面临着多种风险

资本运营风险是指在资本运营过程中，由于外部环境的复杂性和易变性以及资本运营主体对环境的认知能力有限，从而导致资本运营失败或者使资本运营活动未

① 文宗瑜、张晓杰主编：《企业战略与资本运营（第二版）》，经济科学出版社 2012 年版。

能达到预期效果的不确定性。[①] 总体来看，资本运营风险主要有以下几种，分别是筹资风险、投资风险、经营风险、外汇风险等。其中，筹资风险是企业（公司）在资本运营过程中，由于从事融资活动而产生的风险，一般表现为不能满足企业（公司）运营及发展的资金需求风险、举债不能按期偿还的风险、吸引投资不能支付股息而致股东抛售股票的风险等；投资风险是指因某种不确定性而导致投资决策失误而产生的风险，其结果往往是投资项目不能产生预期经济效益，致使企业（公司）降低盈利水平和弱化企业（公司）偿债能力；经营风险是指企业（公司）在生产经营过程中由于产销量等因素的变动而导致息税前收益变动或者不确定性，主要包括资本不能按时收回的风险、资金来源结构与运营结构失误以及企业（公司）信用等因素使得企业（公司）资金周转循环受阻的风险等[②]。资本运营风险不仅蕴藏于资本运营实施的过程中，如在企业（公司）上市、收购、协议转让、拍卖、兼并等过程中，还普遍存在于并购后的企业（公司）资源整合过程中。

2. 应把财务风险视为资本运营风险的核心

资本运营面临着多种风险，诸如筹资风险、投资风险、经营风险、外汇风险等。总体来看，这些风险的根源在于企业（公司）财务管理不善，或者说由于企业（公司）财务运作出现问题，导致资本运营风险暴露。举例来说，筹资风险的本质是企业（公司）偿债能力下降，具体表现为企业（公司）资产负债率高、利润水平下降；投资风险的本质是未来投资收益的不确定性，表现为投资可能面临损失，从而导致企业（公司）财务质量下降。由此可见，企业（公司）资本运营风险的本质表现就是财务质量恶化，当然除了财务风险，企业（公司）资本运营还面临着人事整合风险、文化整合风险等其他的风险，但相比较而言，这些风险在大多数情况下都是基于财务运作失败而暴露的，或者是这些风险的暴露也会直接导致企业（公司）财务状况恶化。因此，企业（公司）在资本运营过程中，必须把财务风险视为关键与核心，更加强调财务风险的管理与控制。

三、在财务风险可控的前提条件下从事资本运营

财务风险是资本运营风险的主要表现，也是开展资本运营必须关注的重要风险。财务风险的暴露与蔓延，不仅会直接导致企业（公司）资本运营活动失败，甚

① 于毅波主编：《资本运营理论与实践》，石油工业出版社 2013 年版。
② 王开良著：《资本运营技巧与风险管理》，中国书籍出版社 2013 年版。

至会将企业（公司）推向破产清算的边缘。因此，必须把财务风险管控作为开展资本运营活动的前置条件。当然，财务风险可控，意味着资本运营风险也大大弱化，这又会促进资本运营更好地开展。

1. 资本运营以财务风险可控为前提条件

开展资本运营必然要面临各种风险，而资本运营风险是一束风险的集合，并主要表现为财务风险。与产业运营相比较，资本经营所面临的财务风险更大，因此资本运营要更强调财务风险管理，或者说开展资本运营必须把财务风险可控作为前提条件。资本运营以财务风险可控为开展前提，一要从思想意识上高度重视财务风险，把财务风险作为资本运营过程中的首要风险来对待，始终保持高度警惕；二要在开展资本运营之前对可能的财务风险进行全面评价与评估，具体包括分析可能存在的财务风险、估算风险暴发的概率、判断风险的强度；三要根据事前的财务风险判断，构建行之有效的财务风险管控体系，从而在资本运营过程中将财务风险控制在最小的范畴内；四要建立财务风险处置机制，即在财务风险超预期的情况下，通过启动财务风险处置机制而将风险造成的损失降到最低。需要强调的是，财务风险可控并不意味着资本运营一定成功，但在财务风险不可控的情况下从事资本运营，往往以失败告终。因此，企业（公司）开展资本运营活动，必须以财务风险可控为前提，即便是风险超预期，也能通过启动风险应急机制而尽可能地降低风险损失。

2. 财务风险管控能够促进资本运营更好地开展

财务风险是资本运营面临的最大的风险，所以资本运营必须以财务风险可控为开展的前提条件。相应地，财务风险可控意味着资本运营风险被大大弱化，资本运营就可以按照既定计划有条不紊地开展，而无需将更多的精力集中于风险管控，这显然有助于资本运营更好地开展。与此同时，资本运营本身需要大量的资金予以支持，财务风险可控表明企业（公司）的融资活动、投资活动、经营活动等开展顺利且盈利状况良好，这就对资本运营的顺利推进提供了有力的资金支撑。需要强调，风险与收益是对等的，企业（公司）开展资本运营，不能一味地防范风险而导致资本运营无法开展，只要财务风险在企业（公司）的控制范围之内，企业（公司）就可允许其存在。

第二节　引入并设计资本运营的财务风险评价指标

财务风险是资本运营所面临的最大风险，要求企业（公司）在资本运营中要重点关注财务风险，而主要措施就是引入并设计能够反映资本运营财务风险的评价指标。总体来看，资本运营的财务风险主要有流动性风险和融资风险，其中反映流动性风险的评价指标主要为各类现金流量指标，而反映融资风险的评价指标主要为各类偿债能力指标。当然，反映流动性风险和融资风险的评价指标有多种，企业（公司）不可能同等对待，而应当重点关注关键指标，具体来说就是对关键指标实行指数的量化并设定相应的指数波动区间，通过观察指标指数的变化而采取不同的策略，从而将资本运营风险控制在可控的范围之内。

一、资本运营财务风险评价指标的选择及设计

在资本运营的财务风险中，流动性风险和融资风险是重点。资本在流动中保值增值，以并购为主要内涵的资本运营，不应该是降低流动性，而是要提高流动性。当然，在提高流动性的过程中，要多措并举进行多元化融资。对应的流动性风险与融资风险都尽可能选择相应的评价指标。

1. 现金流量指标的选择

现金流量与资本或资产流动性密切关联，当然，也与财务风险相关联。现金流量指标反映的是现金流量的充裕度和与相关负债的匹配度，是企业（公司）融资风险评价的重要指标。设计现金流量指标，是为现金流管理提供手段。在现金流指标设计上，企业（公司）可根据其自身的特征，结合资本运营的特征如并购标的是流动资产占比高的企业，还是非流动资产占比高的公司，选择不同的指标并进行多个指标的搭配使用。在各个指标组成的指标体系上，可根据需要设定各指标的指数权重。具体来说，可选择的现金流量指标有：每股营业现金流量指标、现金股利支付率指标、主营业务现金比率指标、现金自给率指标、经营活动资本性支出比率指标、结构分析指标、营业活动收益质量指标等。

2. 短期偿债能力指标

在企业（公司）的短中长的负债结构中，短期负债对流动性影响最大，当然，也影响企业（公司）财务费用负担。因此，可关注并引入短期偿债能力指标。短期偿债能力是指企业（公司）可以偿付将于下一年到期的流动负债的能力，它是衡量企业（公司）财务状况是否健康的重要标志。从短期偿债能力指标可以看出企业（公司）经营中的资金流动变化；一般而言，企业（公司）短期偿债能力越好，企业（公司）现金流越充沛。债权人、投资人、原材料供应商等报表使用者通常都很关注企业（公司）的短期偿债能力，通过短期偿债能力指标判断企业（公司）的

经营状况，可以说，短期偿债能力指标是衡量企业（公司）短期融资风险的重要指标。短期偿债能力指标可选择流动比率指标、速动比率指标、营运资本指标、流动负债经营活动净现金流量比指标等。

3. 长期偿债能力指标

长期负债在负债结构中的占比及变动，往往与企业（公司）大项目投资相关联，是负债风险中最易出问题的环节。引入长期负债能力指标，有利于准确评价财务风险。长期偿债能力指标反映的是企业按期支付利息和到期偿还本金的能力，一般与长期融资的到期日安排有关，是长期融资风险的重要体现。一般而言，长期负债能力急剧弱化，到期的长期负债不能偿还，意味着企业（公司）出现了重大财务风险，这类财务风险极有可能导致企业（公司）破产清算。债权人往往特别看重并高度关注企业（公司）的长期偿债能力指标。可以选择的长期偿债能力指标可选择资产负债率指标、负债权益比指标、股东权益比率指标、有形资产债务率指标、债务与有形净值比率指标、利息保障倍数指标等。

二、设定并关注关键评价指标的指数区间及变化

资本运营的财务风险往往表现为一系列风险集合，主要有融资风险、流动性风险、投资风险、经营风险等。企业（公司）从事资本运营活动，必须要加强财务风险管理，但这并不意味着对每一类财务风险给予同等对待，而是要重点关注关键指标，否则企业（公司）就会陷入财务风险管理烦琐事务的泥潭。企业（公司）对关键评价指标的关注，主要是对关键指标实行指数的量化并设定相应的指数波动区间，通过观察指标指数的变化而采取不同的策略，从而将资本运营风险控制在可控的范围之内。

1. 就关键评价指标设定指数波动区间

资本运营的财务风险有多种，企业（公司）进行资本运营财务风险管控，不可能面面俱到，而要突出重点，具体来说就是强调流动性风险与融资风险管理并重点关注其风险指标值的波动。当然，所有的风险指标都不尽相同，因此通过风险指标值来反映风险大小，基本路径就是对指标值进行评价而说明该风险的大小，这就需要对风险指标设定相应的评价区间（或称为阈值），使其具有可以比较的参照性，通过对比指标值与区间来反映企业（公司）的风险特征与风险大小。具体而言，企业（公司）可以把指标区分为高、次高、中、低、很低五个档次，每一个档次对应相应的阈值区间，通过指标原始值与阈值区间的对比，就能够判定该指标所反映的

风险大小。需要强调指出的是，企业（公司）设定资本运营财务风险指标指数的波动区间，可参考同行业其他企业（公司）的运营状况并根据自身财务承受能力来设定，切忌毫无根据地设定波动区间，以免误导企业（公司）管理层的风险决策与资本运营决策。

2. 关注关键评价指标的指数变化

企业（公司）就资本运营财务风险的关键指标设定指标波动区间，通过比较风险指标原始值与区间值，就能发现资本运营过程中存在的财务风险。当然，关注关键评价指标的指数变化需要解决好三个问题：一是按照类别将所有关键风险指标进行层次划分，形成一个自下而上、相互关联的指标体系，使企业（公司）管理层不仅可以从微观层面洞察资本运营财务风险的根源，还可以从宏观层面把握资本运营财务风险的变化；二是对评价指标进行指数化和标准化处理，即消除不同指标之间的正逆、量纲的差异，将所有指标转化为一致的、可比的绩效指数；三是按照风险评价指标的层次划分，就每一层、每一个指标分别设置相应的评价标准，具体来说就是将每一层次的具体指标划分为无风险、轻度风险、中度风险、重度风险和危机五个档次，每一个档次对应一个风险区间，根据风险指标值所处于的区间位置，来判定资本运营的风险大小并采取相应的管控措施。

第三节　建立资本运营的财务风险防控机制及责任机制

引入并设计资本运营的财务风险指标，能够有效、及时地发现资本运营过程中的财务风险，但化解风险，还需要建立有效的防控机制和责任机制。就资本运营财务风险的防控机制而言，要从防范和管控两个角度着手，其中“防范”要求着眼于意识强化、决策效率提高和风险预警，而“管控”强调从制度安排的层面来消除风险。就资本运营财务风险的责任机制而言，就是要把风险防范和管控的责任落实到个人，同时还要建立起考核机制，并根据考核结果进行奖罚，以强化制度执行力度并提高执行效果。

一、完善资本运营财务风险防范机制

企业（公司）进行资本运营，必须针对运营过程中的财务风险建立起完善且行之有效的防范机制。在具体操作中，应强调三个方面：一是强化风险防范意识，即从思想上对资本运营财务风险给予高度重视；二是完善内部决策机制，保证资本运

营决策的有效性与科学性；三是建立风险预警机制，对资本运营财务风险进行提前预知与预报。

1. 企业（公司）应强化资本运营财务风险的防范意识①

企业（公司）做好资本运营的财务风险防范工作，基本前提是时刻保持风险意识。从世界各国的资本运营风险管理失败的教训看，相当多企业（公司）风险的出现或风险管控的失败不是因为没有建立风险管控制度，有的企业（公司）甚至风险管控制度非常完备，之所以出现风险或风险管控失败是因为没有资本运营风险防控意识，尤其是在市场出现极度繁荣时更容易失去警觉性，过度相信奇迹并对风险抱有侥幸心理。实际上，只要企业（公司）对资本运营财务风险给予了高度重视，即使其他相关制度规定并不健全，也能够在很大程度上杜绝风险暴露和弱化风险带来的损失。

2. 企业（公司）应建立完善的内部决策机制

资本运营成功与否以及风险大小，在很大程度上取决于企业（公司）内部决策的有效性与科学性。具体来说，如果企业（公司）内部决策是有效的，资本运营便会朝着正确的方向推进，其未来失败的可能性就小，相应的风险也就小；反之，如果企业（公司）内部决策无效，资本运营必然面临巨大风险。企业（公司）建立完善的内部决策机制，关键是要完善企业（公司）内部治理结构，解决内部激励、经营者选择安排和决策流程合理三大问题，切实提高企业（公司）决策的有效性与科学性。与此同时，还要强调人员培训，提高决策人员的专业素质。

3. 企业（公司）应建立资本运营财务风险的预警机制②

为做好资本运营财务风险的防范工作，企业（公司）应建立完善的资本运营财务风险预警机制。对于大多数企业（公司）来说，企业（公司）价值增值最大化是资本运营的首要目标，能发挥财务风险预警作用的指标主要是获利能力、偿债能力、经营效益、发展潜力等指标。企业（公司）资本运营财务风险预警机制是一种成本低廉的诊断工具，通过财务指标变化可以预知财务风险的征兆，当可能危害企业（公司）财务质量的关键因素出现时，财务风险预警机制就会发出警告，以提醒经营者及早准备或采取对策以减少财务损失，控制单纯的资本运营财务风险向企业（公司）财务风险演化。通常而言，资本运营风险预警机制要重点关注现金流及资产流动性，资本运营过程中以及后续整合过程中产生经营活动现金流净额应当大于

---

①② 文宗瑜、张晓杰主编：《企业战略与资本运营（第二版）》，经济科学出版社 2012 年版。

净利润；同时，企业（公司）还要重点分析应收账款增大、预付账款增加、成本上升等指标变化的原因，提出切实可行的风险管理策略，降低风险程度。

二、强化资本运营财务风险管控机制①

企业（公司）做好资本运营财务风险的管控工作，不仅要从意识上强化，更要在建立健全制度上下功夫。具体来说，企业（公司）建立资本运营财务风险控制制度，应该涵盖以下内容。

1. 资本运营财务风险管控应当成为企业（公司）的自觉行为

由于资本运营财务风险的客观性和多样性，加强风险管控应该成为企业（公司）的自觉行为，在资本运营过程中自觉进行财务风险管控。具体来说，“自觉行为”表现在两个方面：一是意识上的“自觉”，企业（公司）对于资本运营财务风险要时刻保持风险意识，自觉提高警惕心理，适时关注风险信息；二是行为上的“自觉”，企业（公司）资本运营要自觉建立并坚定执行相关的风险管控制度，加强风险预警管理，注重信息收集与反馈处理，力争将风险因素消灭于无形，将风险影响控制到最低。此外，“自觉行为”还有一层隐含的意思就是要“时刻保持风险意识并贯彻风险制度”，让资本运营财务风险管控成为一种日常的、习惯性的思维和习惯。只有这样，企业（公司）才有可能最大限度地甄别层出不穷的风险因素并将其对企业（公司）的不良影响降到最低。

2. 风险管控委员会要针对资本运营风险进行专门监控

尽管风险有很大的不确定性，但就风险管理的重要性而言，企业（公司）必须要有专门机构对风险管理工作负责，专门负责风险管理的决策和流程管理。目前，世界各国的大公司通常都会设立风险管控委员会，对企业（公司）全方位的风险管理工作负责。具体到资本运营财务风险而言，其风险管理与其他风险管理有一定的独立性，因此要在风险管控委员会当中设立专门机构或成为专门委员会进行专门监控和管理。当然，作为专业应对资本运营财务风险的风险管控委员会或其属下专门委员会而言，必须要具备监控资本运营财务风险的专业人才。在此基础上，风险管控委员会或其属下专门委员会要定期对资本运营财务风险进行分析评估。

3. 资本运营财务风险管控要有明确系统的机制流程

20 世纪 90 年代以后，风险管理进入到全面风险管理时代，资本运营的风险管

① 文宗瑜、张晓杰主编：《企业战略与资本运营（第二版）》，经济科学出版社 2012 年版。

理工作也成为一项全面系统的管理工作。除了在意识上和行为上将风险管理当成企业（公司）的自觉行为，并在组织架构设计上依托风险管理委员会和风险管理部门，设立专门管理资本运营财务风险的机构，同时，还要对资本运营的风险管控建立明确系统的机制流程，并将更多的专业人才纳入这个风险管理的系统流程中。在此基础之上，将资本运营的财务风险管控整体目标或战略分解到不同层次的人员身上，从而保证资本运营财务风险管控目标的实现和整体风险管控程序环节的严格执行。明确系统的机制流程对于资本运营的风险管控而言，既是关键的制度保证，也是制度得以延续的重要载体。

4. 资本运营财务风险管控要注重方法和技术的运用

在资本运营的风险管控工作中，最关键的是执行，即认真而严格地执行资本运营财务风险管控流程，避免风险管控“形式化”或“纸面化”。同时，还要保证资本运营财务风险管控的执行效果，首先要将分析与处理相结合，及时发现问题，及时解决问题，将风险因素和损失影响减小到最低；其次过程中要注重方法和技术的运用，提高风险管理的效率和准确性，减少不必要的浪费和因管理失当造成的损失。这两点对于企业（公司）的资本运营财务风险管理意义重大，尤其对于变化频率很高的资本运营财务风险的管控而言，是十分必要的，不借助一定的方法和技术，很难保证能有效应对资本运营财务风险，因为其背后是关联度很高且更复杂的资本市场或金融市场。

5. 资本运营财务风险管控要加强信息沟通和反馈

资本运营的财务风险管控过程除了要注重方法和技术的运用之外，还要注意加强信息沟通和反馈。风险管理是一项常规的工作，但其管理的风险因素却可能是常规类型和多变类型共存的，管理的重点是应对突发风险。资本运营的财务风险是一系列风险的总和，如融资风险、偿债风险、并购风险等，这些风险都混合在一起并且相互影响。因此，对资本运营财务风险进行管控，不能只是按部就班地执行一些既定程序，还要实时跟踪市场变化和各种信息，加强信息的沟通与反馈，及时处理一些突发状况，对突发事件或突然出现的影响因素及时采取措施，尽力减小突发风险所带来的损失。在应对突发风险中，信息沟通与反馈是关键。最后，需要明确的是，加强信息沟通与反馈的根本目的在于及时处理各种反馈意见，从而保证资本运营的安全高效。

三、建立资本运营财务风险的责任机制[①]

不论是完善资本运营的财务风险控制流程，还是强化财务风险预警管理，或者是制定紧急财务风险应对制度，都需要一个配套且完善的责任落实机制来将相关责任落实到个人。在某种程度上，没有一个跟进的风险责任落实机制，风险管控制度的执行力度和执行效果就很难得到保障，也就是说，财务风险管控制度作用的有效发挥，离不开风险责任机制的支撑与保障。企业（公司）建立并完善资本运营的财务风险责任机制，一方面要建立全员财务风险问责制度，把风险防范责任落实到个人，强调员工的风险意识；另一方面要定期开展财务风险管控考核，并根据考核结果进行奖罚，以强化制度执行力度并提高执行效果。

1. 建立自上而下或自下而上的财务风险问责制度

控制资本运营过程中的财务风险，要求强化企业（公司）员工的风险责任意识，解决办法就是建立全员财务风险问责制度，把风险责任落实到每一个相关岗位。具体来说，企业（公司）建立自上而下或自下而上的财务风险问责制度，可以从三个方面着手：一是把资本运营财务风险管控责任落实到每一个岗位的具体人员。由于资本运营涉及的风险面较广，而且资本运营财务风险的传导性较强，所以要尽可能地把风险责任边界清晰化，即企业（公司）要把每一项风险控制要求进行清晰界定，责任人、管控要求、职责权限等都要一一进行清晰界定。应该说，只有把风险责任明确地落实到每一个岗位的具体人员，才能从根本上提高每一个相关岗位的风险防控意识。二是强化资本运营财务风险管控制度的执行。好的制度不一定有好的效果，只有把制度落到实处，制度作用才能发挥。建立自上而下或自下而上的资本运营财务风险问责制度，也要强调制度的执行与落实。具体来说就是高级管理人员尤其是董事长、总经理、首席风险官及首席财务官要发挥带头作用，一方面通过宣传教育，在企业（公司）内部营造良好的风险管控氛围；另一方面要以身作则，不折不扣地落实风险责任。三是重视财务风险管理人才的培训。建立所有参与人员的财务风险问责制度不是目的，而是要以风险问责为手段，提高每一个相关岗位的风险管控与防范意识。从这层意义上讲，企业（公司）进行资本运营，还要重视对所有参与人员的职业素质的培养，从而减少工作失误带来的损失。企业（公司）在培育所有参与人员的资本运营风险防控意识时，一方面要重视所有参与人员

---

① 于静霞：《新能源企业融资的财务风险控制研究》，财政科学研究所博士学位论文，2012 年 12 月。

的财务风险理论知识与实物操作能力的培养；另一方面要重视对所有参与人员的风险敏感性的培养，提高所有参与人员的洞察风险、捕捉风险的能力。

2. 定期开展财务风险管控考核

资本运营财务风险控制制度不仅需要一个完善的框架体系，还要有强有力的执行环境和执行人，更需要一个与之相配套的风险管控绩效考核体系。即使风险控制体系健全了，执行者都认真履行了相应的职责，但没有一个跟进的风险管控绩效考核体系，那么忽视职责风险的责任人得不到惩罚，严格履行内控职责的责任人得不到奖励，财务风险控制制度也往往会流于形式，执行力和执行效果得不到强化。企业（公司）针对资本运营而建立财务风险考核制度，应包括绩效评价和奖罚机制两方面。

就绩效评价而言，企业（公司）开展资本运营财务风险管控绩效考核，一方面要依托财务风险评价指标体系，从总体风险管控和单项风险（如融资风险、运营风险等）管控两个角度进行评价，从而判断企业（公司）当前的财务状况；另一方面要根据风险职责划分，采用考核打分的方式对每一个相关岗位的风险管控效果进行考核，判断相关人员是否认真履行风险管控职责。

就奖罚机制而言，企业（公司）定期开展资本运营财务风险管控考核，不能仅局限于绩效评价，还要建立合理的奖罚机制，从而给予所有参与风险管控的相关人员以激励。应该说，不论是奖还是罚，都是为达到风险管控目标而进行的，而过分偏重于奖或偏重于罚，都会违背建立考核机制的初衷。具体来说，企业（公司）要给予风险控制目标完成好的部门或相关人员以奖励，奖励形式既可以是物质奖励，也可以是精神奖励；而对于未完成风险目标甚至因管理失误而酿成风险损失的部门或相关人员，要给予严厉处罚。当然，处罚不是目的，仅仅是手段，是为了强化相关人员的风险控制意识，以及对于他人的一种警醒。

第四节　完善资本运营的风险评价与风险控制流程

资本运营风险是一个动态变化的风险，要求企业（公司）在资本运营过程中运用动态的手段对资本运营风险进行管控。具体来说，企业（公司）管控资本运营风险，要在建立完善财务风险防控机制和责任机制的基础之上，对资本运营风险进行全程评价；同时，还要建立资本运营风险控制流程并不断完善和修订流程，使其更好地服务于风险预警与管控。当然，资本运营风险是多个风险的集合，企业（公司）不能同等对待而应当突出重点，即重点关注现金流风险和筹资风险。

一、资本运营风险的全程评价

企业（公司）开展资本运营活动而实施风险控制，需要对风险进行评价，寻找资本运营过程中的风险点。企业（公司）进行资本运营风险评价，不能着眼于某一阶段或某一风险，而要强调全程式、全方位的风险评价。可以说，资本运营风险评价应当贯穿于资本运营的全过程，并从风险决策、风险管理方案实施、风险化解和经营收益等多个角度对风险进行全面的评价。

1. 资本运营风险评价要强调跟踪式的全程评价

资本运营风险评价是指企业（公司）实施风险管理方案后的一段时间内（几个财务季度、几个财年或更长一些时间），根据风险管理的分工，由企业（公司）资本运营风险管理监管部门考察评价企业（公司）实施风险管理方案后资本保值增值情况和经营收益的变化，并对企业（公司）资本运营风险管理全过程进行系统的、客观的分析。① 由于风险及风险管理贯穿于资本运营的全过程，所以风险评价也必须是跟踪式的全程评价。具体来说，企业（公司）必须针对资本运营风险建立专门的评价机构和行之有效的评价体系，该评价体系由一系列财务风险评价指标构成，评价机构在资本运营过程中的任何环节通过评价体系中的评价指标变化就能够判断当前的风险状况；与此同时，评价机构还要不断地将问题反映给企业（公司）管理层，并提出相应的评价指标调整意见和风险管理对策建议。

2. 资本运营风险评价应当是一个全方位的评价②

资本运营风险评价不是静态，而是随着资本运营操作而进行动态评价。在动态评价中，既要关注资本运营直接的风险，还要关注资本运营间接的风险，在某种意义上，风险评价实行的是全方位评价。对资本运营实行全方位的风险评价，可从几个方面着手。一是对风险决策的评价，即评价企业（公司）当前所面临的资本运营风险状况和风险管理决策执行的实际情况，验证风险管理前所做的风险预测及对企业（公司）资本运营风险抵御能力分析是否正确，并重新评价企业（公司）资本运营风险管理决策是否符合企业（公司）发展的需要；二是对管理方案实施情况评价，即评价企业（公司）资本运营风险管理各环节工作实际成绩，总结各环节的经验教训，找出每个阶段的工作对实际资本运营风险管理效益与预计资本运营风险管

①② 任秀梅：《国有企业资本运营风险研究》，吉林大学博士学位论文，2007年10月。

理效益的偏差程度；三是对风险处理技术评价，即通过风险处理方案实际执行后的经济技术参数与执行前预测的数据对照比较，使企业（公司）进一步了解资本运营风险处理方案的实际情况，找出存在的差距，验证资本运营风险处理方案设计的正确程度，为下一步资本运营风险处理方案的评审提供依据；四是对风险管理效果评价，即对实施资本运营风险处理方案后企业（公司）的实际财务状况进行再评价，并与资本运营风险处理方案实施前指标对比，分析偏差原因，提出改进措施，为下一步企业（公司）资本运营风险管理决策提供参考。

二、建立并不断完善资本运营风险的控制流程[①]

资本运营风险管控，从风险评价指标设计引入到风险评价的具体实施，再到对出现风险的应对措施，再到事后的总结，都离不开风险控制流程。如果风险控制流程完善，资本运营风险的控制效果就会更好。完善资本运营的风险控制流程，应从风险控制组织架构设计、风险控制目标设定、风险评价与预警、风险控制决策执行、风险控制评价及反馈等五个步骤着手。

1. 财务风险管控组织架构设计

就风险管控组织架构设计而言，关键是设立以企业（公司）首席风控官及董事会风险管理委员会为核心，以风险管控部、操作合规部、内部审计部、战略发展部等部门为协助，各职能部门相互配合的架构体系。

2. 财务风险控制目标设定

就风险控制目标设定而言，首席风控官及董事会风险管理委员会要根据公司战略发展需要，制定企业（公司）总体风险控制目标；各职能部门根据总体风险控制目标来制定具体目标或分目标。鉴于资本运营本身的高风险特性，企业（公司）应当适度拓展资本运营风险控制的目标区间，增加风险容忍度。当然，增加风险容忍度，并不意味着企业（公司）在开展资本运营时可以无视风险的存在，而是要求企业（公司）既要勇于探索并尝试新的融资与运营模式，也要对财务风险保持时刻警醒。

3. 财务风险评价与预警

就风险评价与预警而言，是指对企业（公司）财务风险的事前预报，从而及早洞察并捕捉资本运营过程中存在的风险隐患与偏差。企业（公司）开展资本运营活

① 于静霞：《新能源企业融资的财务风险控制研究》，财政科学研究所博士学位论文，2012 年 12 月。

动，要指定专门的部门（如风险管理部、计划财务部等）建立财务风险评价预警体系，对企业（公司）财务风险进行定期或不定期的评价，并根据指标数据变动情况提示相关风险的增减变动，从而对企业（公司）财务风险进行实时控制与防范。在该阶段，企业（公司）要建立一套财务风险定期报告制度，按周、月、季度、年度定期向管理团队及董事会汇报企业（公司）风险状况，并在报告中详细阐述企业（公司）当前面临风险的类型、大小、诱因等，从而为风险管控措施的制定提供信息资料。

4. 财务风险管控决策执行

在对风险隐患及偏差进行全面的诱因分析后，企业（公司）就可以采取相应的处理办法及解决措施，把风险化解在萌芽状态。具体而言，企业（公司）依托财务风险评价指标体系完成企业（公司）风险判定后，就要根据风险判定结果来选择或制定相应的管控措施，以降低风险爆发的可能性并弱化风险的破坏力。在实际操作中，财务风险管控决策应由企业（公司）首席风控官牵头制定，并由企业（公司）风险管理部负责督促落实。

5. 财务风险管控评价及反馈

就风险管控评价与反馈而言，是指企业（公司）对财务风险控制流程有效性与合理性的检测。在具体操作中，企业（公司）要结合具体的风险管控目标，科学评价预警风险与实际风险之间的差距，从而洞察风险管控系统中是否存在问题及漏洞，是否能够有效规避和防范所涉及的财务风险，进而对现有财务风险管控体系进行维护与完善。

三、资本运营应重点关注现金流风险及筹资风险

资本运营的本质是并购及重组重整，在整个过程中，资金充足及融资十分重要。因此，企业（公司）开展资本运营活动，首先要防止运营中资金链的断裂即对现金流风险实施严格管控。除此之外，筹资也是资本运营的重要环节，企业（公司）在关注现金流风险的同时，还要强调对筹资风险的防范，以从源头上杜绝风险爆发。

1. 通过及时预测现金流量来加强对现金流风险的防控

反映企业（公司）资本运营风险的指标变化有很多，如资产负债率过高、利润大幅下滑等。就这些信号而言，其最直接的体现就是企业（公司）现金流量入不敷出，可以说，现金流是企业（公司）资本运营风险最重要的预警信号，也是财务安全最重要的衡量指标。企业（公司）防范资本运营风险，必须把现金流量预测放在

首位。企业（公司）预测现金流，需要分三个步骤：第一步是建立现金流量日常核算系统。企业（公司）现金流量指标的时效性较差，如果仅能反映企业（公司）年度的现金流情况，这势必会影响企业（公司）对资本运营风险的判断。因此，企业（公司）要探索并建立现金流日常核算系统，把年度现金流量核算分散到日常核算工作中，从而及时向风控人员提供现金流信息，从而为日常现金流预测提供依据。第二步是对现金流进行合理预测。在具体预测时，企业（公司）要结合资本运营战略规划并充分估计未来经营、投资、筹资三大活动，用历史财务报表模拟法、指数平滑法等方法进行现金流预测。为避免模拟偏差而导致风险，企业（公司）还要赋予每一预测结果的一定波动区间，增强预测的适用性。第三步是对现金流预测结果进行纠偏。现金流预测是一项持续性工作，企业（公司）必须根据实际经营状况，时时更新数据并不断调整现金流量的预测结果，以增强预测的可靠性。当然，对于实际结果与预测结果偏差过大的，企业（公司）还要寻找原因并调整优化预测方案，以不断提高预测的准确性与可靠性。

2. 企业（公司）要重点关注筹资风险

企业（公司）重点关注筹资风险，首先要在资本运营风险管理委员会下设专门的筹资风险管控小组，由企业（公司）首席风险官任组长并统筹公司筹资风险的管控，为筹资风险管控工作提供导向性支持和必要的资源支持。当然，建立筹资风险管控小组，也有利于重大问题集中决策，从而能更好地保障资本运营活动顺利开展。其次，企业（公司）要为筹资风险管控小组配备专业人员而专门从事筹资风险管控工作，从而提高决策执行效率。在配备专人时，必须明确各类人员的职责，从而保障在出现风险时能够及时发现问题根源并将风险损失控制在最小范围内。再次，各职能部门的负责人要积极配合筹资风险管控小组的工作，以提高决策准确性和可行性。最后，企业（公司）要凸显筹资风险在资本运营风险中的地位，即增加财务风险中筹资风险的权重比例。此外，企业（公司）还要着力树立筹资风险管控理念，把管控筹资风险培育成企业（公司）的自觉行为并根植于相关人员的思维意识中。

四、对资本运营风险控制流程进行定期测试与修订①

资本运营风险的变化性与不确定性，决定了资本运营风险控制流程的有效性与合理性具有时效性特征，即随着企业（公司）及行业的不断发育成熟，财务风险控

① 于静霞：《新能源企业融资的财务风险控制研究》，财政科学研究所博士学位论文，2012 年 12 月。

制流程会变得过时或无法执行。资本运营依托资本市场而开展，其风险大于一般产业经营，因此必须适时对资本运营风险控制流程进行测试并根据测试结果做出动态调整。

1. 企业（公司）要定期对资本运营风险控制流程进行评价与测试

企业（公司）对资本运营风险控制流程进行测试，应抓好流程完整性、合理性及有效性的测试。其中，就资本运营风险控制流程的完整性测试而言，要关注风险控制流程是否完整，主要包括应该具有的资本运营控制流程是否都具备，是否对企业（公司）的资本运营活动全覆盖；就资本运营风险控制流程的合理性测试而言，要关注现行风险控制流程执行的适应性和经济性，主要包括执行顺利与否、执行成本的大小、各部门的协调配合情况等；就资本运营风险控制流程的有效性测试而言，要关注现行风险控制流程的管理效果，主要包括风险控制决策的落实情况、既定目标是否实现等。

2. 企业（公司）要根据测试结果对资本运营风险控制流程进行调整与修正

在对资本运营风险控制流程测试的同时，企业（公司）要认真分析现行控制流程中存在的不足与问题，原因是什么，改进措施又是什么。在此基础上，企业（公司）要提出资本运营风险控制流程的改进措施与思路，如流程改进的方向、所需要技术手段、工作人员调整方案、是否需要制定激励措施等。在对风险控制流程的调整与修正中，既要总结已有资本运营风险控制的经验教训，还要充分考虑资本运营的新变化新技巧，使更完善的风险控制流程与更复杂、更高级尤其是还在不断创新的资本运营相适应。

下　篇

并购重组与资本运营案例

相对于其他的经济学或管理学学科，并购重组与资本运营更多的是基本原理。在某种意义上，并购重组与资本运营的学习是为了操作。掌握并购重组与资本运营的原理，从事并购重组与资本运营的操作，完成并购重组与资本运营的实务，最有效的方法是研判案例、对案例操作的全过程及方法技巧进行分析。包括东软股份吸收合并东软集团的案例、中国船舶集团核心民品业务整合重组及整体上市案例、上海电气吸收合并上电股份而重组为 H + A 类上市公司案例、长江证券借壳石炼化而完成上市案例、盾安集团以资产支付方式控股江南化工案例、攀钢钢钒吸收合并长城股份与攀渝钛业案例、盐湖工业集团依托数码网络与盐湖钾肥实现整体上市案例、唐钢股份吸收合并邯郸钢铁与承德钒钛并实现河北钢铁整体上市案例、东方电气集团主业重组及整体上市案例、鲁信高新以股权重组与定向增发控股山东高新投案例在内的 10 个案例，是从中国 A 股证券市场精心筛选出的案例。10 个案例中，既有国有控股上市公司，也有非国有上市公司，还有高科技上市公司，其样本性不仅仅在于公司类别的差异，更重要的是这些案例公司仍在中国 A 股证券市场继续存在甚至较长时间存在，可以对其资本运营的操作及后续效应进行长期的研判。

对并购重组与资本运营案例的研判，强调样本性，通过对样本案例的反复研判可以更好地理解并购重组与资本运营的基本原理。除此以外，可以以样本案例为参考，关注并研判中国 A 股证券市场正在出现的新案例。可以说，案例研判既是并购重组与资本运营课程学习的结束，又是并购重组与资本运营操作实务的开始。

第十三章
东软股份吸收合并东软集团的案例

集团控股的子公司已经完成上市，但子公司上市以后，母子公司长期存在着同业竞争现象，通过母子公司的吸收合并，既可以消除母子公司同业竞争，又可实现集团整体上市。东软股份吸收合并东软集团的案例就是类似的操作。东软集团（公司全称“东软集团有限公司”）是一家中外合资企业，主要经营软件技术开发及服务外包业务。东软股份（公司全称“沈阳东软软件股份有限公司”）为东软集团控股的上市子公司，主要为政府与企业的大型信息基础设施建设、运营和维护提供软件解决方案和服务，并向国际市场提供软件外包服务。随着两家公司经营业务的发展及资产规模的扩大，母子公司同业竞争日益严重。为了避免同业竞争、提高运营效率、扩宽融资渠道，东软股份于2007~2008年完成了对母公司东软集团的吸收合并，使东软集团的资产业务及人员全部并入上市公司东软股份而实现了东软集团的整体上市。东软股份吸收合并东软集团采取“换股吸收合并”的方式，并通过“现金选择权+补偿业绩承诺”等具体设计最大限度地保护了东软股份非限售流通股股东的权利，为企业集团的整体上市提供了成功范例。

第一节　吸收合并主体与吸收合并目标公司的情况介绍

在东软股份吸收合并东软集团案例中，吸收合并主体为东软股份，吸收合并目标公司为东软集团。其中，东软集团为东软股份的控股股东，持有东软股份50.3%的股份；东软股份为东软集团旗下上市公司。

一、吸收合并主体——上市公司东软股份情况介绍

东软股份作为国内A股上市公司，是此次吸收合并的主体也是吸收合并的资本运营平台。东软集团正是依托东软股份这一上市平台而完成了东软集团的整体上市。

1. 上市公司东软股份的基本信息

东软股份是经沈阳市外经贸委同意、沈阳市体改委“沈体改发（1993）47号”文批准，于1993年6月以新设合并方式设立的中外合资股份有限公司，注册资本为3000万元。1996年5月，经中国证监会“证监发审字（1996）46号”文和“47号”文批准，东软股份于1996年6月18日在上海证券交易所上市，成为国内A股上市公司。上市后经过一系列股权转让及交易，东软股份的公司性质在2003年由中外合资股份有限公司变更为内资股份有限公司。上市公司东软股份的基本情况见表13－1。

表13－1　　上市公司东软股份的基本情况①

中文名称	沈阳东软软件股份有限公司
股票简称	东软股份
股票代码	600718
设立日期	1993年6月
上市地点	上海证券交易所
法定代表人	刘积仁
注册资本	28145.1690万元
经营范围	计算机软件、硬件，机电一体化产品开发、销售、安装，技术咨询服务，场地租赁，计算机软硬件租赁，CT机生产，物业管理，交通及通信、监控、电子工程安装、本企业自产产品及技术的出口业务等

2. 上市公司东软股份的财务状况

根据经普华永道中天会计师事务所有限公司审计的公司2005年度审计报告（普华永道中天审字［2006］第273号）、辽宁天健审计的公司2006年度审计报告（辽天会证审字［2007］第022号）中披露的财务数据，上市公司东软股份2005～2006年度的简要财务信息见表13－2。

---

① 表13－1及以下本章所有表、图是根据上市公司公布的信息（包括数字、财务数据，相关指标等）整理形成。

表 13－2　　上市公司东软股份 2005～2006 年的主要财务数据

项目	2006 年 12 月 31 日	2005 年 12 月 31 日
总资产（万元）	251656. 4269	270098. 5931
总负债（万元）	94356. 7818	121465. 5787
股东权益（万元）	140802. 0153	133179. 9112
每股收益（元）	0. 28	0. 21
每股净资产（元）	5	4. 73
资产负债率（%）	30. 39	38. 64
主营业务收入增长率（%）	1. 45	8. 74
净利润增长率（%）	36. 78	－78. 52
净资产收益率（%）	5. 66	4. 37

3. 上市公司东软股份的业务简介

上市公司东软股份以软件服务为主业，主要为政府及企业的大型信息基础设施建设、运营和维护提供软件解决方案和服务，并向国际市场提供软件外包服务。此外，东软股份与东软集团合资设立的沈阳东软医疗系统有限公司面向医疗健康领域，提供以软件技术为核心的医疗影像诊断设备和 IT 信息化服务，使东软股份的业务延伸至医疗领域。

4. 上市公司东软股份的股权结构及控股股东情况

截至 2008 年 1 月，上市公司东软股份的总股本为 28145. 1690 万股。其中，有限售条件的流通 A 股共计 13987. 8823 万股；无限售条件的流通 A 股共计 14157. 2867 万股。东软集团持有东软股份的股份数额共计 14157. 9808 万股（包括有限售条件流通 A 股 13987. 8823 万股及无限售条件流通 A 股 170. 0985 万股），占总股本的 50. 3%，为东软股份的控股股东。截至 2008 年 1 月，上市公司东软股份的股权结构见表 13－3。

表 13－3　　截至 2008 年 1 月上市公司东软股份的股权结构

股份性质		股份数量（万股）	占总股本比例（%）
限售流通 A 股	东软集团	13987. 8823	49. 77
非限售流通 A 股	东软集团	170. 0985	0. 53
	其他流通 A 股	13987. 1882	49. 70
总股本		28145. 169	100

二、吸收合并目标公司——东软集团情况介绍

此次吸收合并的目标公司为东软集团。东软集团是上市公司东软股份的控股股东，主要经营软件技术及服务业务。吸收合并完成后，东软集团的全部资产人员业务等均并入上市公司东软股份，其法人资格相应注销，从而实现了东软集团的整体上市。

1. 东软集团的基本信息

东软集团是经辽宁省对外贸易合作厅“辽外经贸资字［2003］66 号”文批准设立，并经中华人民共和国商务部外国投资管理司“2003－0082 号”备案，由辽宁省人民政府于2003 年3 月18 日颁发“外经贸辽府资字［2003］00002 号”中华人民共和国外商投资企业批准证书，由东软集团（内资企业）吸收外国投资者出资变更设立的中外合资企业，设立日期为2003 年5 月13 日，注册资本为16282.8736 万美元。东软集团的基本情况见表13－4。

表13－4　　东软集团的基本情况

中文名称	东软集团有限公司（以下简称“东软集团”）
英文名称	Neusoft Group Ltd
成立日期	2003 年5 月13 日
企业性质	外商投资企业
法定代表人	刘积仁
注册资本	16282.8736 万美元
经营范围	计算机软件产品、计算机应用系统的研究、设计、开发、制造、销售；提供产品技术咨询和服务；场地租赁；物业管理等

2. 东软集团的财务状况

根据辽宁天健出具的东软集团2005 年度审计报告（辽天会外审字［2006］第110 号）、立信会计师事务所出具的东软集团2006 年度审计报告（信会师报字［2007］第20416 号）中披露的财务数据，东软集团2005～2006 年度的简要财务信息见表13－5。

表 13－5　东软集团 2005～2006 年度的简要财务信息

项　目	2006 年 12 月 31 日	2005 年 12 月 31 日
总资产（万元）	508226.9210	454623.9026
总负债（万元）	190364.1526	221749.1639
股东权益（万元）	221084.9049	159906.1662
主营业务收入（万元）	315026.1506	277800.8393
净利润（万元）	19592.0834	13660.1593
资产负债率（%）	30.39	38.64
主营业务收入增长率（%）	13.40	15.53
每股净资产（元）	1.64	1.29
净利润增长率（%）	43.42	－46.74
每股收益（元）	0.145	0.11
净资产收益率（%）	8.86	8.50

3. 东软集团的业务简介

东软集团主要从事以软件技术和服务为核心的软件与服务业务、数字医疗业务、教育与培训业务。软件与服务业务主要包括面向国内的信息基础设施，如电信、电力、社会保险、金融、企业、政府等行业提供大型的行业应用系统解决方案和服务，面向国际市场的嵌入式软件、应用软件系统的开发；数字医疗业务主要面向国内外市场研制、生产和销售大型的医疗影像诊断设备、检验检测、监护设备等，如 CT、核磁共振（MRI）、X 线机、超声设备、生化分析仪、监护仪等；教育与培训业务主要面向国内外市场 IT 技术的职业技能培训，以及通过与东北大学和合作伙伴举办以培养国际化、实用化人才为目标的学历教育，而建立东软集团持续不断的 IT 人才供应系统。

4. 东软集团的股权结构及控制关系

截至 2008 年 1 月，东软集团共有 10 名股东，各股东出资及占比情况见表13－6，东软集团的控制关系见图 13－1。

表 13-6 截至 2008 年 1 月东软集团的股权结构

序号	股东名称	出资额（万元）	出资额（万美元）	占注册资本（%）
1	东北大学科技产业集团有限公司	32361.7719	3913.1526	24.03
2	华宝信托投资有限公司	31531.0454	3812.7020	23.42
3	阿尔派电子有限公司	25616.3426	3097.5022	19.02
4	宝钢集团有限公司	18223.6441	2203.5845	13.53
5	东芝解决方案株式会社	8709.3217	1053.1223	6.47
6	Intel Pacific Inc	7804.8780	943.7579	5.80
7	飞利浦电子中国有限公司	3732.5664	451.3381	2.77
8	阿尔派株式会社	3000.0000	362.7570	2.23
9	SAP AG	2435.6062	294.5110	1.81
10	株式会社东芝	1244.1888	150.4460	0.92
合计		134659.3651	16282.8736	100

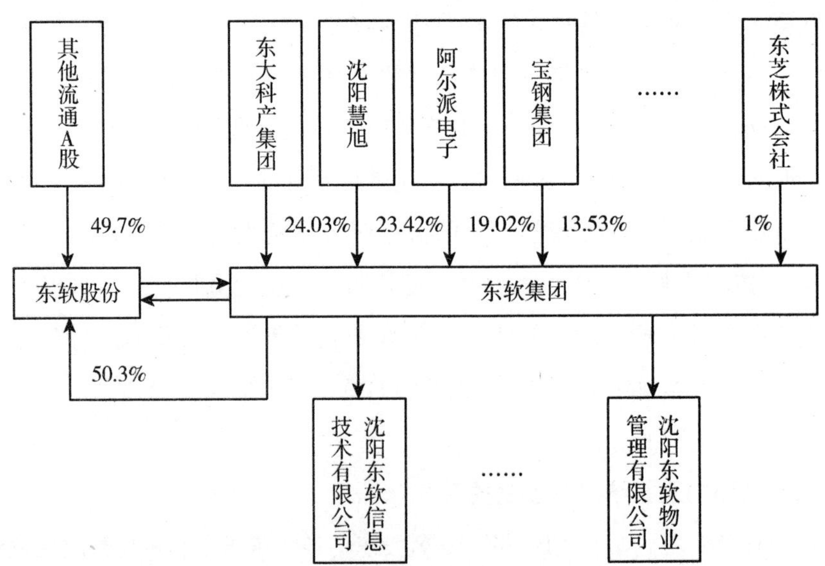

图 13-1 东软集团控制关系

第二节　东软股份吸收合并东软集团的基本思路

东软股份吸收合并东软集团的基本思路包括五方面的内容：一是东软股份与东软集团通过换股的方式进行吸收合并；二是吸收合并完成后东软集团的全部资产负债及人员都由上市公司东软股份承接；三是吸收合并完成后上市公司东软股份为存续公司而东软集团的法人资格及其所持有东软股份的股权将注销；四是吸收合并完成后上市公司东软股份的股权结构及控股股东发生变更，其公司性质也相应变更为中外合资企业；五是吸收合并完成后上市公司东软股份的公司名称变更为“东软集团股份有限公司”，股票简称也相应地变更为“东软集团”。

一、东软股份与东软集团通过换股的方式进行吸收合并

东软股份与东软集团此次吸收合并，将通过换股的方式完成，即吸收合并前的东软集团全体股东，将以其持有的东软集团股份按照一定的比例换为上市公司东软股份的股份。换股吸收合并完成后，原东软集团的全部股东将持有上市公司东软股份的股份并成为东软股份的限售流通股股东。

1. 换股的股票种类及面值

东软股份与东软集团换股吸收合并的股票种类为东软股份境内上市人民币普通股（A股），每股面值为人民币1元。

2. 换股的价格与换股比例

上市公司东软股份的换股价格为每股24.49元。东软集团的换股价格为每一元注册资本7元。以双方确定的换股价格为依据，东软股份与东软集团的换股比例为1∶3.5①，即东软集团的每3.5元出资额可以转换为1股上市公司东软股份的股份。

3. 换股的方法与换股数量

东软集团股东以其对东软集团的出资额按照1∶3.5的换股比例转换为上市公司东软股份的股票，即原东软集团股东持有东软股份的股票数量按其对东软集团的出资总额除以3.5计算。根据合并双方确定的换股比例，东软集团的注册资本转换为上市公司东软股份股票的数额共计38474.1043万股。

---

① 换股比例的计算公式为：换股比例=东软集团换股价格/东软股份换股价格=7/24.49=1∶3.5。

4. 非限售流通股股东享有现金选择权

为了保护上市公司东软股份非限售流通股股东的利益，本次吸收合并设定了现金选择权。吸收合并前，东软集团持有的上市公司东软股份非限售流通A股股份共计170.0985万股将不行使现金选择权，合并完成后予以注销；其余非限售流通A股由持股人自行选择全部或部分行使现金选择权。行使现金选择权的股份将由宝钢集团支付现金对价，相应股份亦将转让给宝钢集团持有。

5. 换股完成后东软集团股东持有的有限售条件流通股股份限售期的规定

东软集团现有股东的出资全部转换为合并完成后存续公司东软股份的股权后，该部分股份将为限售流通A股，股票限售期为3年。即自上市公司东软股份刊登股份变动公告之日起3年内不得转让，限售期满后方可上市流通。

二、吸收合并完成后双方资产及人员等的处置与安排

吸收合并完成后，东软集团的资产与负债及股东权益将全部进入上市公司东软股份，东软集团的所有人员也将由上市公司东软股份全部接收。

1. 吸收合并完成后东软集团的资产与负债及股东权益将全部进入上市公司东软股份

吸收合并完成后，上市公司东软股份将承接东软集团的资产、债权并承担东软集团的债务及责任。根据合并双方约定，在合并完成日之前不再对各自滚存的未分配利润进行分配，合并完成日前的未分配利润由合并后存续公司即上市公司东软股份全体股东享有。

2. 吸收合并完成后东软集团的人员将由上市公司东软股份全部接收

换股吸收合并完成后，东软集团的人员将全部并入存续公司东软股份。根据《劳动合同法》第三十四条的规定，东软集团员工与东软集团签署的劳动合同于本次合并完成后继续有效，劳动合同项下东软集团的权利和义务由合并完成后的存续公司东软股份承继，存续公司东软股份将根据其原任职岗位、专业特长和业务方向进行工作安排。同时，为妥善处理吸收合并完成后员工的安置及相关事宜，合并双方将成立专门的工作小组，负责处理本次吸收合并后的员工安置、劳动关系和养老保险等福利待遇承继等工作，以保障员工得到妥善安置，福利待遇等不受影响。

三、吸收合并完成后东软集团的法人资格及其所持有东软股份的股权将注销

换股吸收合并完成后的存续公司为上市公司东软股份。吸收合并完成后东软集

团的法人资格将注销，同时，东软集团股东在吸收合并之前持有的东软股份全部股权，包括限售流通 A 股 13987.8823 万股及非限售流通 A 股 170.0985 万股，共计 14157.9808 万股也将随之注销。

四、吸收合并完成后东软股份的控股股东变化及公司名称与股票简称变更

吸收合并完成后，东软集团的法人资格注销，东软股份作为存续公司不仅股权结构及控股股东发生了显著变化，而且公司名称及股票简称也相应变更。

1. 吸收合并完成后东软股份的股权结构及控股股东变化

吸收合并完成后上市公司东软股份的限售流通股股东由东软集团变更为以东北大学产业集团为首的十个法人股东，其公司性质也由内资企业变更为中外合资企业。由于吸收合并后东软股份的股权较为分散，使其不存在控股股东及实际控制人。吸收合并完成后上市公司东软股份的股权结构见表 13－7。

表 13－7　吸收合并完成后上市公司东软股份的股权结构

股份性质		股份数量（万股）	占总股本比例（%）
限售流通A股	东北大学科技产业集团有限公司	9246.2206	17.6248
	华宝信托投资有限公司	9008.8701	17.1724
	阿尔派电子有限公司	7318.9550	13.9512
	宝钢集团有限公司	5206.7555	9.9249
	东芝解决方案株式会社	2488.3776	4.7433
	Intel Pacific Inc	2229.9651	4.2507
	飞利浦电子中国有限公司	1066.4475	2.0328
	阿尔派株式会社	857.1429	1.6339
	SAP AG	695.8875	1.3265
	株式会社东芝	355.4825	0.6776
非限售流通 A 股		13987.1882	26.6619
总股本		52461.2925	100.0000

2. 吸收合并完成后东软股份的公司名称与股票简称变更

2008 年 5 月 31 日，经股东大会审议通过，东软股份作为吸收合并后的存续公司，其公司名称由“沈阳东软软件股份有限公司”变更为“东软集团股份有限公

司”。其证券简称也于2008年6月16日由“东软股份”变更为“东软集团”，证券代码不变，仍为“600718”。

第三节　东软股份吸收合并东软集团的具体操作

东软股份吸收合并东软集团方案经历了未被中国证监会审核通过而重新修改提交的过程，修改后的方案在保留换股价格及现金选择权实施等基本设计思路的基础上，解决了东软集团的员工持股问题，并对东软集团无权属资产与对外担保及教育培训业务的处置、存续公司东软股份连续三年的业绩作出了承诺，确保方案的合法合规及对东软股份非限售流通股股东利益的保护，从而使修改后的方案顺利通过审核并得以实施操作。东软股份吸收合并东软集团的具体操作涉及以下几个方面的内容：一是合并双方换股价格的确定；二是东软股份非限售流通股股东现金选择权的实施；三是东软集团员工持股问题的解决与处理；四是东软集团无权属资产与对外担保及教育培训业务的处置；五是东软集团股东对存续公司东软股份连续三年业绩的补偿承诺及业绩承诺兑现情况。

一、东软股份与东软集团换股价格的确定

东软股份与东软集团换股价格的确定方法根据双方是否上市而有较大的区别。东软股份作为上市公司，其换股价格可直接按照中国证监会的规定以二级市场的股票交易价格为准；而东软集团作为非上市公司，其换股价格主要依据行业市盈率倍数确定。

1. 按照二级市场的股票价格确定东软股份的换股价格为24.49元/股

鉴于东软股份已经是在上海证券交易所挂牌交易的上市公司，二级市场上的股票价格可以较为公允地作为其估值的参考，因此，东软股份的换股价格将直接采用市价方法确定。换股吸收合并事宜首次董事会公告前一个交易日上市公司东软股份的收盘价为24.49元/股，前二十个交易日的股票均价为22.78元/股。为了更好地保护东软股份非限售流通股股东利益，根据孰高原则确定上市公司东软股份的换股价格为24.49元/股。

2. 按照行业市盈率倍数确定东软集团的换股价格为7元/股

在资本市场上，对非上市企业的估值通常采用可比公司估值法，即选择同行业已上市公司的市盈率作为参考市盈率。该种方法具有可比性强、简单、易于理解等

优点。因此，东软集团的换股价格将采用资本市场通用的市盈率估值法确定，并以评估机构采用收益现值法评估的结果为基础进行验证和参考。吸收合并方案确定时，国内 A 股市场软件类上市公司的平均市盈率为 40 倍左右，而国际上以软件外包为主要业务的上市公司平均市盈率在 30 倍左右，考虑到东软集团在国内软件外包行业的地位及成长性，确定其合理市盈率为 35 倍。根据立信会计师事务所对东软集团 2007 年预测净利润的审核报告，东软集团 2007 年归属于母公司股东的预测净利润为 27166 万元，可计算出每一元出资额的收益为 0.2 元①，由此最终确定东软集团的换股价格为每元出资额 7 元。

二、东软股份非限售流通股股东现金选择权的实施

为了保护上市公司东软股份非限售流通股股东的权益，东软股份与东软集团的吸收合并方案在设计时，给予上市公司东软股份非限售流通股股东现金选择权。东软股份非限售流通股股东可以自愿选择是否行使现金选择权。在实际操作中，东软股份的非限售流通股股东都没有行使现金选择权。

1. 提供现金选择权的第三方为宝钢集团

根据吸收合并方案及东软股份与宝钢集团的约定，宝钢集团为此次现金选择权的支付方，即行使现金选择权的股份将由宝钢集团支付现金对价。宝钢集团支付现金对价后，相应的上市公司东软股份的非限售流通股股份也将转让给宝钢集团。

2. 现金选择权的价格为 24.49 元/股

此次吸收合并可实施现金选择权的股份，除了东软集团在合并前持有东软股份的非限售流通 A 股外，其余非限售流通 A 股均由持股人自行选择全部或部分行使现金选择权。现金选择权的定价同东软股份换股价格一样，为 24.49 元/股。

三、东软集团员工持股问题的解决与处理

合并前的东软集团存在着员工持股方面的问题，并因员工持股问题未彻底解决而影响了吸收合并方案的审核通过。为此，在方案修改时，东软集团通过转让股权的方式解决了员工持股问题，使方案设计操作符合中国证监会的相关要求，并顺利通过审核。

---

① 股票价格 = 市盈率 × （税后利润 ÷ 总股本）

1. 吸收合并前东软集团存在的员工持股问题

吸收合并前，华宝信托投资有限公司（以下简称“华宝信托”）受东软集团工会委托代为持有东软集团内部职工股权共计31531.0454万股，占东软集团总股本的23.42%。持有该部分股份的职工共2655名（含东软股份等子公司员工），占员工总数的25.1%。其中高级管理人员、业务和技术骨干1122名，占员工总数的10.6%，其持有的受益权份额所代表的东软集团股权占信托股权的68.36%。根据中国证监会关于公司上市的相关规定，不允许上市公司以信托持股的方式变相进行职工持股，为此，东软集团必须在修改的方案中解决上述问题才能确保吸收合并方案顺利通过审核。

2. 吸收合并过程中东软集团员工持股问题的解决

为了有效解决东软集团的员工持股问题，2007年11月5日，华宝信托与沈阳慧旭科技股份有限公司（以下简称“沈阳慧旭”）签署《股权转让协议》，将其持有的23.42%东软集团的股权全部转让给沈阳慧旭。股权转让完成后，沈阳慧旭持有东软集团23.42%的股权。换股吸收合并完成后，沈阳慧旭将持有存续公司东软股份17.17%的股权。至此，东软股份吸收合并东软集团的主要障碍基本清除，修改后的方案也在中国证监会二次审核中顺利通过。

四、东软集团无权属资产与对外担保及教育培训业务的处置

由于吸收合并完成后，东软集团的所有资产、负债及人员都将进入上市公司东软股份，东软集团的法人资格将注销，因此，在吸收合并的具体操作过程中，必须对东软集团的资产等进行评估，并对无权属资产进行处置。此外，合并前东软集团对外担保事项及教育培训业务及相关资产也必须进行合理处置，以确保吸收合并方案的顺利实施。

1. 合并前东软集团未取得权属证书的一宗土地及八处房产的处置

合并前的东软集团共拥有36处房产，建筑面积合计224420平方米，其中28处房产已取得房产证，尚有8处建筑面积约为67262.96平方米的房产未取得房产证。未取得权属证书的土地和房产评估净值为16348.28万元，约占东软集团所有者权益评估值的1.94%。为了确保不会因资产权属的瑕疵而影响吸收合并的实施，东软集团第一大股东东北大学科技产业集团有限公司针对上述未取得权属证书的1宗土地及8处房产作出以下承诺：“本次合并完成后，如截至2008年12月31日，上述土地或房产仍有未取得权属证书的情况，则我公司将向存续公司支付与未取得权属

证书的房产或土地的评估净值（以 2006 年 12 月 31 日为基准日）相等的现金。待未取得权属证书的房产和土地在最终全部取得权属证书后，再由存续公司支付我公司该部分现金（不包括利息）。”

2. 合并前东软集团对外担保事项的处置

对于合并前东软集团存在的对外担保事项，合并后将由存续公司东软股份承继。为消除对外担保给存续公司东软股份带来的或有风险，东北大学科技产业集团有限公司作出以下承诺：“如果在合并完成日后，因东软集团在合并完成日（指作为存续公司的东软股份就本次合并完成变更登记手续之日）前一日所承担的对外担保而给存续公司造成经济损失，我公司将向存续公司支付相当于该经济损失的货币补偿金。”

3. 合并前东软集团教育培训业务及相关资产的处置

合并前东软集团除了软件开发等业务外，还有教育培训业务。鉴于教育业务为东软集团业务优势的形成所起到的积极作用，以及对存续公司东软股份发展的重要意义，此次吸收合并中，东软集团的教育资产也将被纳入存续公司东软股份。为了减少教育资产注入对存续公司东软股份可能带来的经营风险及损失，东北大学科技产业集团有限公司对于纳入存续公司东软股份的教育资产作出以下承诺：“从本次吸收合并完成日起 5 年内，该部分教育资产对存续公司形成经济损失，则我公司将按北京中企华资产评估有限责任公司出具的中企华评报字［2007］第 053 号评估报告对该教育资产的评估值作价进行收购。”

五、东软集团股东对存续公司东软股份连续三年业绩的补偿承诺及业绩承诺兑现情况

为了充分保护东软股份非限售流通股股东利益并确保吸收合并方案顺利通过，东软集团股东对合并完成后存续公司东软股份 2007 年、2008 年、2009 年的业绩作出了补偿承诺。业绩承诺旨在从根本上保证合并后非限售流通股股东持有东软股份股票的价值高于合并前的价值，使非限售流通股股东的利益得到根本保护，并由限售流通股股东承担合并后存续公司的经营风险。

1. 关于存续公司东软股份 2007～2009 年业绩的补偿承诺

合并后存续公司即上市公司东软股份的限售流通股股东（合并前的东软集团股东）对本次合并完成后存续公司 2007 年、2008 年、2009 年三年承诺期限内的业绩

作出以下承诺：

（1）关于存续公司东软股份2007年业绩的补偿承诺。以经审核的存续公司东软股份2007年度盈利预测37333万元为基准，如果合并完成后2007年度报告中披露的实际完成净利润低于上述基准时，则由存续公司限售流通股股东向股权登记日登记在册的非限售流通股股东按照一定比例送股。具体送股条件及数量见表13－8。

表13－8　2007年存续公司东软股份限售流通股股东送股条件及数量

利润完成百分比（%）	2007年存续公司实际完成净利润（万元）	送股数量（万股）	每10股非限售流通股获送股数（股）	送股后限售流通股份数量（万股）	送股后非限售流通股份数量（万股）
100≤P①	37333≤r②	0	0	38474.1043	13987.1882
90≤P<100	33599.7≤r<37333.0	736.1678	0.53	37737.9365	14723.3560
80≤P<90	29866.4≤r<33599.7	2468.3273	1.76	36005.7770	16455.5155
70≤P<80	26133.1≤r<29866.4	4662.3961	3.33	33811.7082	18649.5843
60≤P<70	22399.8≤r<26133.1	7531.5629	5.38	30942.5414	21518.7511
50≤P<60	18666.5≤r<22399.8	11444.0631	8.18	27030.0412	25431.2513
P<50	r<18666.5	13987.1882	10.00	24486.9161	27974.3764

如果2007年因出现上述情况而使存续公司东软股份的限售流通股股东向非限售流通股股东实施了送股，则在余下的2008年和2009年承诺期内，存续公司限售流通股股东不再对非限售流通股股东实施送股。

（2）关于存续公司东软股份2008年业绩的补偿承诺。以经审核的存续公司东软股份2007年度盈利预测的130%即48533万元为基准，如果合并完成后2008年度报告中披露的实际完成净利润低于基准，则由存续公司限售流通股股东向股权登记日登记在册的非限售流通股股东按照一定比例送股。具体送股条件及数量见表13－9。

---

① P代表存续公司2007年经审计的实际完成净利润与2007年经审核的预测净利润之比。

② r代表存续公司2007年经审计的实际完成净利润。

表 13－9　　2008 年存续公司东软股份限售流通股股东送股条件及数量

利润完成百分比（%）	2008 年存续公司实际完成净利润（万元）	送股数量（万股）	每 10 股非限售流通股获送股数（股）	送股后限售流通股份数量（万股）	送股后非限售流通股份数量（万股）
100≤P①	48533≤r②	0	0	38474.1043	13987.1882
90≤P＜100	43679.6≤r＜48533.0	736.1678	0.53	37737.9365	14723.3560
80≤P＜90	38826.3≤r＜43679.6	2468.3273	1.76	36005.7770	16455.5155
70≤P＜80	33973.0≤r＜38826.3	4662.3961	3.33	33811.7082	18649.5843
60≤P＜70	29119.7≤r＜33973.0	7531.5629	5.38	30942.5414	21518.7511
50≤P＜60	24266.5≤r＜29119.7	11444.0631	8.18	27030.0412	25431.2513
P＜50	r＜24266.5	13987.1882	10.00	24486.9161	27974.3764

如果 2008 年因出现上述情况而使存续公司东软股份的限售流通股股东向非限售流通股股东实施了送股，则在余下的 2009 年承诺期内，存续公司限售流通股股东不再对非限售流通股股东实施送股。

（3）关于存续公司东软股份 2009 年业绩的补偿承诺。以经审核的存续公司东软股份 2007 年度盈利预测的 169% 即 63093 万元为基准，如果 2009 年度报告中披露的实际完成净利润低于基准时，则由存续公司限售流通股股东向股权登记日登记在册的非限售流通股股东按照一定比例送股。具体送股条件及数量见表 13－10。

表 13－10　　2009 年存续公司东软股份限售流通股股东送股条件及数量

利润完成百分比（%）	2009 年存续公司实际完成净利润（万元）	送股数量（万股）	每 10 股非限售流通股获送股数（股）	送股后限售流通股份数量（万股）	送股后非限售流通股份数量（万股）
100≤P③	63093≤r④	0	0	38474.1043	13987.1882
90≤P＜100	56783.5≤r＜63093.0	736.1678	0.53	37737.9365	14723.3560

① P 代表存续公司 2008 年经审计的实际完成净利润与 2008 年经审核的预测净利润之比。
② r 代表存续公司 2008 年经审计的实际完成净利润。
③ P 代表存续公司 2009 年经审计的实际完成净利润与 2009 年经审核的预测净利润之比。
④ r 代表存续公司 2009 年经审计的实际完成净利润。

续表

利润完成百分比（%）	2009 年存续公司实际完成净利润（万元）	送股数量（万股）	每 10 股非限售流通股获送股数（股）	送股后限售流通股份数量（万股）	送股后非限售流通股份数量（万股）
80≤P<90	50474.2≤r<56783.5	2468.3273	1.76	36005.7770	16455.5155
70≤P<80	44164.9≤r<50474.2	4662.3961	3.33	33811.7082	18649.5843
60≤P<70	37855.7≤r<44164.9	7531.5629	5.38	30942.5414	21518.7511
50≤P<60	31546.4≤r<37855.7	11444.0631	8.18	27030.0412	25431.2513
P<50	r<31546.4	13987.1882	10.00	24486.9161	27974.3764

2. 存续公司东软股份 2007～2009 年业绩及业绩承诺兑现情况

吸收合并完成后，存续公司东软股份连续三年的业绩都达到了业绩承诺的基准，并一直未触发送股条件。

（1）存续公司东软股份 2007 年的业绩及业绩承诺兑现情况。根据经审计的存续公司东软股份 2007 年年度报告，2007 年存续公司的净利润为 41507.4714 万元，达到业绩承诺的 37333 万元而未触发送股条件。

（2）存续公司东软股份 2008 年的业绩及业绩承诺兑现情况。根据经审计的存续公司东软股份 2008 年年度报告，2008 年存续公司的净利润为 49077.8900 万元，达到业绩承诺的 48533 万元而未触发送股条件。

（3）存续公司东软股份 2009 年的业绩及业绩承诺兑现情况。根据经审计的存续公司东软股份 2009 年年度报告，2009 年存续公司的净利润为 64056.4034 万元，达到业绩承诺的 63093 万元而未触发送股条件。

第四节　吸收合并对合并双方的影响

此次吸收合并无论是对合并主体上市公司东软股份，还是对合并目标公司东软集团都有着深远的影响。其中，对东软股份的影响主要体现在两个方面：一是避免了东软股份与东软集团之间的同业竞争；二是使东软股份现有非限售流通股股东可以分享整个东软集团业务成长带来的收益。对东软集团的影响则主要体现为股东权益的增加及集团整体上市的实现等方面。

一、吸收合并对东软股份的影响

东软股份通过吸收合并东软集团，一方面有效避免了与东软集团之间的同业竞争，使其业务能力及业务范围进一步扩大；另一方面因东软集团优质资产的注入及业务管理等方面的整合，使东软股份现有非限售流通股股东可以分享整个东软集团业务成长带来的收益。

1. 通过吸收合并东软集团使东软股份避免了潜在的同业竞争而建立股东利益长期一致的格局

东软集团是2003年5月变更设立的中外合资企业。随着外国战略投资者的引入，东软集团主营业务的战略重点向软件外包业务转移，这与东软股份的国际业务趋于重合，因此，东软股份与东软集团存在着潜在的同业竞争关系。东软股份通过换股方式吸收合并东软集团，将从根本上有效消除双方潜在的同业竞争、减少关联交易及其他可能的潜在利益重组行为，从而建立股东利益长期一致的格局。此外，东软集团除了对东软股份的股权投资外，还与东软股份共同持有东软医疗等12家公司的股权。由于双方的股东背景和决策机制不同，存在利益不一致的问题。本次合并完成后，东软医疗等12家公司将变为存续公司东软股份的全资子公司，从而有效解决了股东利益不一致的问题，有利于合并后存续公司东软股份的长期持续发展。

2. 通过吸收合并东软集团使东软股份现有非限售流通股股东可以分享整个东软集团业务成长带来的收益

东软集团的资产质量优良，业务模式简单、完整，业务领域相对集中。吸收合并前，东软集团业务发展良好，2005～2006年平均净利润16626万元，年均净资产收益率为8.68%，远高于东软股份同期的净利润及净资产收益率。此外，东软集团依托其优秀的外资股东背景，顺应软件开发和信息服务由欧美日等发达国家向发展中国家转移的国际化大趋势，大力发展软件外包业务，取得了显著成绩。东软集团软件外包业务收入在2005年及2006年两年实现了翻倍增长，具有良好的发展潜力。通过吸收合并东软集团的优良资产，东软股份能与外国投资者建立战略伙伴关系，从而有利于其国际软件业务的发展，使东软股份非限售流通股股东能够分享整个东软集团业务成长带来的收益。

二、吸收合并对东软集团的影响

此次吸收合并对东软集团的影响主要体现在两个方面：一是换股吸收合并使东

软集团的整体运作效率得到大幅提升并实现了股东利益的最大化；二是通过吸收合并使东软集团实现整体上市而具备持续融资能力。

1. 通过吸收合并使东软集团的整体运作效率得到大幅提升并实现了股东利益的最大化

东软集团与东软股份业务相近，却分别建立了各自独立的技术、管理、市场、财务等运行机构。随着双方企业资产规模的扩大，这种独立性已经开始制约和影响双方的业务发展，降低了企业效率。通过换股吸收合并，实现东软集团整体上市，有利于整合双方资源，减少管理层级，充分发挥规模效应和协同效应，降低管理和交易成本，发挥整体人员、技术、产品与管理等方面的优势，提高整个集团的运作效率与质量。此外，东软集团的股东通过换股的方式成为上市公司东软股份的限售流通股股东，使东软集团的股东能够分享到上市公司的收益，从而最大限度地实现了东软集团股东利益的最大化。

2. 通过换股吸收合并使东软集团实现整体上市而具备持续融资能力

东软集团作为非上市公司，只能通过银行贷款等间接融资渠道进行融资，融资渠道较少，无法持续提供集团发展所需资金。而通过换股吸收合并，东软集团的全部资产、负债、人员及业务等均注入上市公司东软股份，实现了东软集团的整体上市，从而建立了更广阔的资本运营平台，使东软集团能够直接在资本市场进行融资。这不仅拓宽了融资渠道，提升了融资能力；而且能大大提升融资规模，使其对集团发展提供持续的资金支持，为原东软集团今后的整体跨越式发展奠定了充分的资金基础。

第五节　东软股份吸收合并东软集团的评价

自2007年1月18日上市公司东软股份董事会就吸收合并事项作出决议，至2008年6月16日东软股份完成了工商注册变更、公司名称及股票简称变更，历时一年半的东软股份吸收合并东软集团事项宣告结束。东软股份吸收合并东软集团作为子公司吸收合并母公司而实现母公司整体上市的成功案例，一方面在吸收合并方案的设计及操作中采取“现金选择权+业绩补偿承诺”的方式，最大限度保护了上市公司东软股份非限售流通股股东的利益；另一方面以“换股吸收合并”的方式为其他非上市公司进入资本市场提供了一条简便、可行且易操作的途径，成为集团整体上市的成功范例。

一、将母公司整体并入上市子公司而为集团整体上市创造了新的途径

吸收合并前，东软集团与东软股份之间为母子公司关系。东软集团持有上市公司东软股份 49.98% 的股权，为东软股份的母公司。相应的，东软股份为东软集团控股的上市子公司。通过吸收合并，母公司东软集团将其业务、资产、负债、人员等全部合并进入上市子公司东软股份，并且母公司法人资格注销，从而成功实现了母公司的整体上市。东软股份吸收合并东软集团，为集团公司的整体上市提供了成功范例。

二、采取“现金选择权＋业绩补偿承诺”的方式以强化对非限售流通股股东利益的保护

非限售流通股股东作为上市公司的股东之一，往往为在二级市场买入上市公司股票的机构或自然人，并且自然人股东居多。一般而言，非限售流通股股东虽然数量较多，但单个股东持有上市公司的股份相对较少，相应的在上市公司决策上缺乏足够的话语权，使其利益容易被忽视。为此，如何更好地保护非限售流通股股东的利益，也成为中国证监会对上市公司监管的主要内容之一，从某种程度上直接决定了上市公司重大资产重组能否顺利通过。在东软股份吸收合并东软集团案例中，吸收合并方案的设计充分考虑了非限售流通股股东的利益，并通过给予非限售流通股股东现金选择权及进行业绩补偿承诺等一系列举措的设计，使非限售流通股股东利益得到最大限度的保护。这为其他上市公司在重大重组的过程中，如何保护非限售流通股股东的权益提供了成功示范。

三、以换股吸收合并的方式为其他非上市公司进入资本市场提供了成功范例

进入资本市场上市融资，能够快速扩大融资规模提升融资能力，从而为上市公司发展提供持续不断的资金支持。为此，能够顺利进入资本市场，就成为许多非上市公司经营发展的主要目标之一。从现阶段公司上市的模式看，通过被上市公司吸收合并的方式上市，成为除 IPO 上市外许多非上市公司选择采用的上市方案，也是成功率相对较大的上市方式。而换股吸收合并相较其他吸收合并方式，操作较为简单且周期相对较短，尤其是母子公司间通过换股方式吸收合并更有利于吸收合并后

存续公司业务、文化及管理等方面的整合。东软股份通过换股方式吸收合并东软集团，为其他非上市公司进入资本市场提供了成功范例，并且在换股价格及换股比例的确定等方面也具有较强的借鉴意义。

附表　　东软股份吸收合并东软集团时间

序号	日期	内　容
1	2007年1月18日	东软股份董事会就本次合并事项作出决议
2	2007年2月14日	东软集团董事会就本次合并事项作出公告
3	2007年2月16日	刊登《沈阳东软软件股份有限公司换股吸收合并东软集团有限公司预案说明书》
4	2007年3月8日	东软股份股东大会就合并事项作出决议并公告
5	2007年3月21日	本次吸收合并获得教育部的批准
6	2007年6月7日	本次吸收合并获得国资委的批复
7	2007年6月18日	本次吸收合并获得商务部的批准
8	2007年9月14日	吸收合并方案未通过中国证监会重组委员会审核通过
9	2007年11月29日	东软股份董事会和东软集团董事会就修改合并方案事项作出决议并公告（注）
10	2008年1月16日	中国证监会重组委员会审核通过修改后的吸收合并方案
11	2008年1月17日	刊登修改后的吸收合并报告书、换股及现金选择权实施公告
12	2008年1月23日~1月25日	东软股份非限售流通股股东申报现金选择权
13	2008年4月28日	东软集团办理法人资格注销手续，其持有的东软股份的全部股份将随之注销；东软股份办理工商变更登记手续，变更为外商投资股份公司
14	2008年5月15日	吸收合并实施完成
15	2008年6月5日	东软股份公司名称变更为“东软集团股份有限公司”
16	2008年6月16日	东软股份股票简称变更为“东软集团”

注：修改后吸收合并方案新增的内容：
①东软集团的股东变更；
②增加2007年、2008年、2009年3年的业绩补偿承诺；
③增加对东软集团对外担保的承诺；
④增加对东软集团尚未取得权属证书的土地及房产承诺；
⑤增加对东软集团教育资产纳入存续公司的相关承诺。

第十四章
中国船舶集团核心民品业务整合重组及整体上市案例

国有军工集团的民品业务相对分散，依托国有军工集团下属上市公司对民品业务重组整合，既可以提升民品业务的竞争力，又可以为集团的整体上市创造条件。中国船舶集团（公司全称“中国船舶工业集团公司”）以下属上市公司沪东重机[①]为平台、对核心民品业务实施一系列的整合重组、成功将其核心民品业务注入上市公司的操作就是类似的案例。中国船舶集团核心民品业务整合重组的具体操作，大致可归纳为四个步骤：第一步是中国船舶集团收购上市公司沪东重机两家法人股东持有的沪东重机股份，以实现中国船舶集团对上市公司沪东重机的直接控股；第二步是上市公司沪东重机（后更名为中国船舶）向特定对象非公开发行股份，从而将中国船舶集团的部分核心民品业务注入上市公司；第三步是更名后的上市公司中国船舶（原沪东重机）通过新设全资子公司而完成主营业务与经营方式的转变，进一步实现造船、修船及核心配套三大业务的整合重组；第四步是上市公司中国船舶（原沪东重机）依托下属子公司的再次收购，对造船业务进行继续整合。通过核心民品业务的整合重组，中国船舶集团旗下的造船、修船及核心配套三大业务成功注入上市公司中国船舶（原沪东重机），实现了中国船舶集团与资本市场的对接，为中国船舶集团未来的整体上市拉开了序幕。

① 沪东重机公司全称为“沪东重机股份有限公司”，后更名为“中国船舶工业股份有限公司”，股票简称变更为“中国船舶”。

第一节　中国船舶集团核心民品业务及整合重组依托的平台

为了提升企业的核心竞争力并实现世界第一造船大国的目标，中国船舶集团以上市公司为平台，进行核心民品业务的整合重组，并将部分优质资产注入上市公司，实现了中国船舶集团与资本市场的直接对接，为其未来的整体上市创造了有利条件。中国船舶集团核心民品业务的整合重组共涉及七个交易主体，除了中国船舶集团外，交易主体还包括：中国船舶集团下属以核心配套为主业的上市公司沪东重机；中国船舶集团下属以修船业务为主业的子公司上船澄西船舶有限公司（以下简称“上船澄西”）、中船澄西船舶修造有限公司（以下简称“澄西船舶”）、广州中船远航文冲船舶工程有限公司（以下简称“远航文冲”）；中国船舶集团下属以造船业务为主业的子公司沪东中华造船（集团）有限公司（以下简称“沪东中华”）、上海外高桥造船有限公司（以下简称“外高桥造船”）、上海江南长兴造船有限责任公司（以下简称“长兴造船”）。

一、中国船舶集团的情况介绍

中国船舶集团作为上市公司沪东重机（后更名为中国船舶）及非上市公司上船澄西、沪东中华、澄西船舶、远航文冲、外高桥造船及长兴造船等企业的母体，是核心民品业务整合重组及整体上市的主导者与重要参与者。

1. 中国船舶集团的基本情况

中国船舶集团组建于1999年7月1日，是中央直接管理的特大型央企集团，是中国船舶工业的主要力量，旗下聚集了一批中国最具实力的骨干造修船企业、船舶研究设计院所、船舶配套企业及船舶外贸公司，共有约60家独资及持股企事业单位。经过多年的发展，中国船舶集团已经形成了以船舶制造为主业，涵盖航运、航天、建筑、电力、石化、水利、环保、冶金、铁路、轻工等20多个行业领域的多元化经营模式，并成为中国最大的造船集团。除了民品业务外，中国船舶集团还承担着军船的生产制造等国防建设任务，是中国十大军工集团之一。中国船舶集团的基本情况详见表14－1。

表 14－1　　中国船舶集团的基本情况①

公司名称	中国船舶工业集团公司
法定代表人	陈小津
设立日期	1999 年 7 月 1 日
注册地址	上海市浦东新区浦东大道 1 号
注册资本	637430 万元
经济性质	全民所有制
经营范围	国有资产投资、经营管理；船舶、海洋工程项目的投资；舰船水上、水下武器装备、民用船舶、船用设备、海洋工程设备、机械电子设备的研究、设计、开发、制造、修理、租赁、销售；船用技术、设备转化为陆用技术、设备的技术开发；外轮修理；物业管理；自营和代理各类商品及技术的进出口业务（国家限定公司经营或禁止进出口的商品及技术除外）；经营进料加工和“三来一补”业务；经营对销贸易和转口贸易；承包境外船舶工程及境内国际招标工程；对外派遣实施上述境外工程所需的劳务人员；技术开发、技术转让、技术服务、技术咨询

2. 中国船舶集团的业务构成

经过 10 多年发展，中国船舶集团已基本形成以船为主、多种经营，军民结合、寓军于民，立足国内、面向世界的发展格局。中国船舶集团的业务主要由四方面内容构成：一是船舶建造，中国船舶集团设计并建造油船、散货船等常规船舶，以及大型集装箱船舶、大型液化气船、客滚船、化学品船等高技术高附加值的现代船舶。二是船舶修理，通过深入贯彻大型化、专业化、集团化、高技术化的发展目标，中国船舶集团的修船业务得到了进一步发展。三是船用配套，中国船舶集团是中国中、低速船用柴油机的主要生产基地，不仅对中国船舶工业发展起到了重要的保障作用，还成功打入国际市场。四是非船业务，中国船舶集团积极开展多元化经营，开发生产了大型钢结构、冶金设备、环保设备、医疗设备等非船业务。在中国船舶集团的业务构成中，造船是其主业，在做大做强造船主业的同时，还积极发展壮大修船、船用配套及非船业务，从而大幅提升了中国船舶集团的核心竞争力。

3. 中国船舶集团下属子分公司情况

中国船舶集团作为特大型企业集团，旗下拥有多家控股及参股公司。其中，中国船舶集团下属的上市公司共有三家，分别为沪东重机、江南重工、广船国际；中

① 表 14－1 及以下本章所有表、图是根据上市公司公布的信息（包括数字、财务数据、相关指标等）整理形成。

国船舶集团下属的全资子公司包括上船澄西、沪东中华、澄西船舶等；中国船舶集团控股的子公司包括外高桥造船、长兴造船、远航文冲等。实施核心业务整合重组之前，中国船舶集团与部分下属子公司的控制关系详见图14－1。

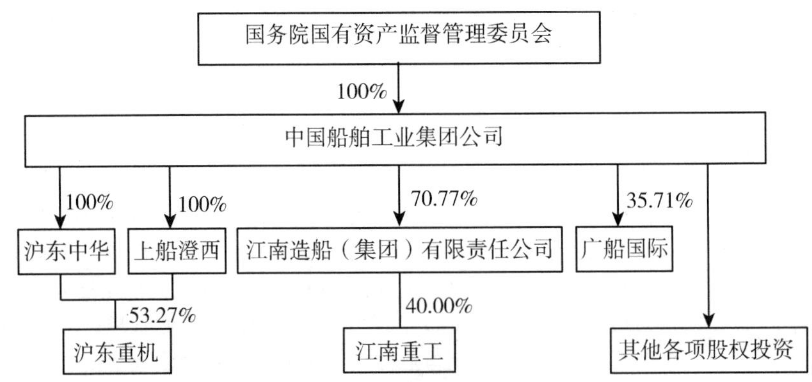

图14－1 中国船舶集团与部分下属子公司控制关系

二、中国船舶集团控股的以核心民品业务为主业的子公司

中国船舶集团的民品业务主要包括船舶建造、船舶修理、船用配套及非船业务等四部分内容。其中，船舶建造、船舶修理及船用配套业务，为中国船舶集团的核心民品业务。中国船舶集团以上述业务为主业的下属子公司，也成为此次核心民品业务整合重组及整体上市的主要交易主体。具体而言，参与中国船舶集团核心民品业务整合重组及整体上市的公司包括：中国船舶集团下属以船用配套业务为主业的上市公司沪东重机；以修船业务为主业的上船澄西、澄西船舶及远航文冲；以造船业务为主业的外高桥造船、沪东中华及长兴造船。

1. 中国船舶集团间接控股的以核心配套业务为主业的上市公司

在中国船舶集团核心民品业务整合重组之前，上市公司沪东重机为中国船舶集团间接控股的子公司，其主业为船用柴油机等核心配套的生产制造，是国内产量最大的船用大功率低速柴油机制造企业，在国内市场具有较大的市场占有率及品牌知名度。在中国船舶集团核心民品业务整合重组之后，上市公司沪东重机成为中国船舶集团直接控股的子公司。

（1）沪东重机的基本情况。1998年5月20日，沪东重机股份有限公司在上海证券交易所正式挂牌上市，其总股本为66256万股，股票简称为“沪东重机”。在中国船舶集团核心民品业务整合重组的过程中，沪东重机进行了公司名称变更，其公司名称由“沪东重机股份有限公司”更名为“中国船舶工业股份有限公司”，股票简称由“沪东重机”变更为“中国船舶”。沪东重机的基本情况详见表 14－2。

表 14－2　上市公司沪东重机的基本情况

公司名称	沪东重机股份有限公司
法定代表人	陈小津
注册资本	26255.6538 万元
上市日期	1998 年 5 月 20 日
股票上市地	上海证券交易所
股票简称	沪东重机
股票代码	600150
经营范围	国有资产投资、经营管理；船舶、海洋工程项目的投资；舰船水上、水下武器装备、民用船舶、船用设备、海洋工程设备、机械电子设备的研究、设计、开发、制造、修理、租赁、销售；船用技术、设备转化为陆用技术、设备的技术开发；外轮修理；物业管理；自营和代理各类商品及技术的进出口业务（国家限定公司经营或禁止进出口的商品及技术除外）；经营进料加工和“三来一补”业务；经营对销贸易和转口贸易；承包境外船舶工程及境内国际招标工程；对外派遣实施上述境外工程所需的劳务人员；技术开发、技术转让、技术服务、技术咨询

（2）沪东重机的财务状况。根据经审计的会计师事务所的报告，上市公司沪东重机 2004～2006 年的主要会计数据与财务指标详见表 14－3。

表 14－3　沪东重机 2004～2006 年主要财务指标

主要财务指标	2004 年	2005 年	2006 年
应收账款周转率（次）	10.106	13.302	19.33
存货周转率（次）	3.625	2.733	2.996
每股收益（扣除非经常性损益前）（元）	0.342	0.561	1.019
净资产收益率（%）	13.53	18.93	21.72
扣除非经常性损益的净利润为基础计算的净资产收益率（%）	11.93	18.31	21.06
扣除非经常性损益后净利润为基础计算的加权平均净资产收益率（%）	12.82	19.88	28.04
经营活动产生的现金流量净额（万元）	44005.00	34840.32	44213.05
每股经营活动产生的现金流量净额（元）	1.822	1.443	1.684

续表

主要财务指标	2004 年末	2005 年末	2006 年末
流动比率	1.244	1.238	1.457
速动比率	0.934	0.861	1.086
资产负债率（%）	63.18	67.79	62.05
每股净资产（元）	2.528	2.966	4.691
调整后的每股净资产（元）	2.508	2.962	4.682

（3）沪东重机的股权结构。截至 2007 年 6 月 30 日，上市公司沪东重机的总股本为 26255.6538 万股。沪东重机的股本结构详见表 14-4。

表 14-4　　沪东重机的股本结构

股本类型	股本数额（万股）
有限售条件的流通股	16091.6538
其中：国家持有股份	13985.3120
其他境内法人持有股份	2106.3418
无限售条件的流通股合计	10164
合计	26255.6538

2. 中国船舶集团控股的以修船业务为主业的子公司

中国船舶集团旗下从事修船业务的子公司包括上船澄西、澄西船舶及远航文冲等。其中，上船澄西与澄西船舶为中国船舶集团下属的全资子公司，而远航文冲为中国船舶集团控股的子公司。中国船舶集团核心民品业务整合重组完成后，澄西船舶与远航文冲成为上市公司中国船舶（原沪东重机）直接控股的子公司，同时成为中国船舶集团间接控股的子公司。

（1）上船澄西的情况介绍。上船澄西由原上海船厂、澄西船舶修造厂重组建成，于 2004 年正式挂牌。上船澄西是中国船舶集团旗下的五大造修船基地之一，其注册资本为 45562.6 万元，其主营业务以造船、修船、钢结构为主，兼营海洋工程、压力容器、机电产品等。上船澄西的基本情况详见表 14-5。

表 14-5　　上船澄西的基本情况

公司名称	上船澄西船舶有限公司
法定代表人	惠明
注册地址	上海市浦东新区即墨路 1 号

续表

注册资本	45562.6 万元
公司性质	国有独资有限公司
经营范围	船舶、普通机械、钢结构件、空调制冷设备、五金工具、机电配件、起重机械、电子产品、电器设备、通信器材、木制品的制造销售及修理，建筑装饰业务，涂装装潢，外经贸部批准的自营进出口业务，开展本企业“三来一补”业务，附设分支机构

（2）澄西船舶的情况介绍。澄西船舶的前身为交通部于 1973 年投资兴建的交通部江阴船舶修理厂，1982 年 7 月更名为澄西船舶修造厂，2004 年 6 月中国船舶集团将澄西船舶修造厂与上海船厂进行重组合并，成立上海船厂船舶有限公司，2006 年 9 月，经中国船舶集团批准，上海船厂船舶有限公司下属澄西船舶修造厂改制为中船澄西船舶修造有限公司。澄西船舶是中国船舶集团所属的大型修船企业，拥有 10 万吨、8 万吨、3 万吨、1.5 万吨浮船坞各 1 座，总坞容 22.5 万吨，是中国修船行业的领导者及主力军。澄西船舶实施以修理高产值、高技术含量和高附加值船舶为主攻方向的特色经营战略，重点突破改装船，具有显著的核心竞争优势。澄西船舶的基本情况详见表 14－6。

表 14－6　　澄西船舶的基本情况

公司名称	中船澄西船舶修造有限公司
法定代表人	胡金根
注册地址	江阴市衡山路 1 号
注册资本	20000 万元（后增至 44090.0911 万元）
公司性质	国有独资有限公司
经营范围	船舶修造；海洋工程制造、修理；钢结构工程制造；起重机械、机电设备制造及其他加工业务等

（3）远航文冲的情况介绍。远航文冲是中国船舶集团通过其下属的中船集团广州造船公司和广州文冲船厂有限责任公司，与远航集团有限公司于 2005 年 11 月合资成立的大型修船企业。远航文冲主要从事船舶维修等业务，目前拥有 15 万吨级船坞、20 万吨级和 30 万吨级修船坞各一座，修船码头共 2400 米，可最大承接 30 万吨级船舶，是中国南方最大型的修船基地之一。远航文冲的基本情况详见表 14－7。

表 14－7 远航文冲的基本情况

公司名称	广州中船远航文冲船舶工程有限公司
法定代表人	金才宽
注册地址	广州市番禺区珠江管理区珠江西一路 68 号
注册资本	64130.4348 万元
经营范围	特种船、高性能船舶的修理、设计；大型船舶修理、改装；船舶及辅机、海洋工程的修理、改装、设计服务、技术咨询

3. 中国船舶集团控股的以造船业务为主业的子公司

中国船舶集团旗下有多家从事造船业务的子公司，包括沪东中华、外高桥造船、长兴造船等。其中，沪东中华是中国船舶集团下属的全资子公司，而外高桥造船及长兴造船为中国船舶集团控股的子公司。中国船舶集团核心民品业务整合重组完成后，沪东中华与外高桥造船成为上市公司中国船舶（原沪东重机）的全资子公司，并且是中国船舶集团间接控股的子公司；而长兴造船成为外高桥造船直接控股的子公司，并且是上市公司中国船舶间接控股的子公司，同时也是中国船舶集团下属的三级子公司。

（1）沪东中华的情况介绍。沪东中华是中国船舶集团下属的全资子公司，同时也是中国船舶集团旗下五大造船中心之一。沪东中华由沪东造船（集团）有限公司和中华造船厂于2001 年4 月8 日合并组建，其注册资本为50781 万元。沪东中华的主营业务为各类军、民用船舶的设计、制造、销售；大型钢结构及市政工程等。沪东中华的基本情况详见表 14－8。

表 14－8 沪东中华的基本情况

公司名称	沪东中华造船（集团）有限公司
法定代表人	顾宝龙
设立日期	2001 年 3 月 26 日
注册地址	上海市浦东大道 2851 号
注册资本	50781 万元
经营范围	军、民用船舶，海洋工程，船用柴油机的设计、制造、服务及修理，160 吨及以下桥式起重机，600 吨及以下门式起重机，高层建筑钢结构、桥梁及大型钢结构、市政工程建筑、金属结构、网架工程（壹级）的制造、安装及施工，经外经贸部批准的自营进出口业务及进料加工、“三来一补”业务（来料加工、来样加工、来件装配、补偿贸易）、机械设备设计、制造，工业设备工程安装、修理，一级起重机械安装，船用配件的设计、制造、服务及修理，铸钢件生产；承包与其实力、规模、业绩相适应的国外工程项目，对外派遣实施上述境外工程所需的劳务人员

（2）外高桥造船的情况介绍。外高桥造船于 1999 年 5 月 27 日由中国船舶集团、宝钢集团和上海电气集团共同出资设立，经营期限为 30 年。外高桥造船为“国家级企业技术中心”“上海市企业技术中心”和“上海市高新技术企业”，是我国最大、最现代化的船舶制造厂商，被国内外誉为“中国第一船厂”。外高桥造船的主营业务为船舶制造，实际从事的业务包括建造 10 万吨以上好望角型散货船与阿芙拉型油轮、20 万吨以上超大型油轮（VLCC），以及建造浮式储油卸油装置（FPSO）及海洋钻井平台等海洋工程。外高桥造船的基本情况详见表 14－9。

表 14－9　外高桥造船的基本情况

公司名称	上海外高桥造船有限公司
法定代表人	吴迪
设立日期	1999 年 5 月 27 日
注册地址	上海市浦东新区外高桥洲海路 3001 号
注册资本	143985 万元
公司性质	一人有限责任公司（法人独资）
经营范围	船舶、港口机械、起重运输机械、压力容器、冶金矿山设备、水利电力设备、石油化工设备、钢结构件的设计制造修理；海洋工程、建筑桥梁、机电成套工程，船舶相关材料、设备的销售，经营本企业自产产品及技术的出口业务，经营本企业生产、科研所需的原辅材料、仪器仪表、机械设备、零配件及技术的进口业务（国家限定公司经营和国家禁止进出口的商品及技术除外），经营进料加工和“三来一补”业务及以上相关业务的咨询服务

（3）长兴造船的情况介绍。长兴造船于 2006 年 12 月由中国船舶集团出资设立，成立时注册资本为 1000 万元。2007 年 10 月，中国船舶集团和宝钢集团对长兴造船进行增资，增资完成后，长兴造船的注册资本为 230910.7692 万元，其中中船集团持有股权 65%，宝钢集团持有股权 35%。长兴造船的基本情况见表 14－10。

表 14－10　长兴造船的基本情况

公司名称	上海江南长兴造船有限责任公司
法定代表人	陈民俊
注册地址	上海市浦东大道一号 2202 室
注册资本	230910.7692 万元
公司性质	有限责任公司（国有控股）

续表

经营范围	船舶、船用设备、港口机械、机械电子设备、冶金矿山设备、水利电力设备、石油化工设备、钢结构的销售、设计、制造、修理及以上自有设备的租赁，船舶、船用设备、海洋工程项目的投资，从事货物及技术的进出口业务，造船和钢结构专业领域内的技术开发、技术转让、技术服务、技术咨询

三、中国船舶集团核心民品业务整合重组的平台

中国船舶集团此次核心民品业务整合重组的操作将以上市公司沪东重机为平台，并将核心民品业务注入上市公司，使中国船舶集团的核心竞争力得到进一步的提升。为了更好地利用上市公司平台而完成核心民品业务整合重组，中国船舶集团首先将下属的上市公司沪东重机由间接控股转变为直接控股，从而提升了上市公司沪东重机在整个中国船舶集团的地位，实现了中国船舶集团与资本市场的直接对接。

1. 中国船舶集团依托其控股的上市公司沪东重机为平台进行核心民品业务的整合重组

上市公司沪东重机原为中国船舶集团间接控股的子公司，而中国船舶集团通过国有股权划转的方式，受让了上市公司沪东重机 53.27% 的股权并成为沪东重机的控股股东，从而实现了中国船舶集团对上市公司沪东重机的直接控股。中国船舶集团对上市公司沪东重机由间接控股转变为直接控股，不仅提升了上市公司沪东重机在中国船舶集团的地位，而且还增强了中国船舶集团对上市公司沪东重机的控制力，使中国船舶集团能够更好地利用上市公司平台进行业务整合，为其核心民品业务的整合重组及整体上市奠定了良好的基础。实施国有股权划转并使上市公司沪东重机成为中国船舶集团直接控股的子公司，是中国船舶集团核心民品业务整合重组的第一步，在此基础上，中国船舶集团以上市公司沪东重机（后更名为中国船舶）为平台进行相关业务的重组，从而拉开了中国船舶集团整体上市的序幕。

2. 中国船舶集团通过核心民品业务的整合重组实现了与资本市场的直接对接

中国船舶集团以上市公司为平台，通过核心民品业务的整合重组，将其下属的造船及修船等业务注入上市公司沪东重机，从而实现了与资本市场的直接对接。中国船舶集团与资本市场的直接对接，主要体现在两个方面：一是通过对上市公司沪东重机的直接控股，完成了其与资本市场的对接，增强了中国船舶集团的融资能力。二是中国船舶集团采取非公开发行及股权收购等方式，使其直接控股的外高桥

造船、澄西船舶、远航文冲及长兴造船等子公司成为上市公司沪东重机直接控股的子公司，从而通过核心民品业务重组整合并注入上市公司，完成了其与资本市场的直接对接。中国船舶集团核心民品业务整合重组并与资本市场直接对接，既扩大了上市公司沪东重机的资产规模与业务规模并使其盈利能力及市场竞争力得到大幅提升，同时也为中国船舶集团的整体上市创造了条件。

第二节　中国船舶集团核心民品业务整合重组及整体上市的分步操作

上市公司沪东重机是中国船舶集团旗下以核心配套业务为主业的子公司，是中国船舶集团核心民品业务的重要组成部分，也是中国船舶集团核心民品业务整合的资本市场平台。中国船舶集团核心民品业务整合重组的第一步就是实现对上市公司沪东重机的直接控股，在此基础上分步骤分阶段的对下属子公司进行业务整合及资产重组，使中国船舶集团的核心竞争力得到巩固及提升，奠定了其核心配套及修船业务的行业领先地位。

一、中国船舶集团通过股权重组实现对下属上市公司沪东重机的直接控股

上市公司沪东重机原是中国船舶集团间接控股的子公司。为了整合中国船舶集团内部各项业务架构，进一步理顺集团内部各项关联关系并提高公司治理水平，中国船舶集团以国有股权划转的方式对上市公司沪东重机的股份实施了收购，使上市公司沪东重机由中国船舶集团下属子公司持股改为由中国船舶集团直接持股，为中国船舶集团利用上市公司的平台实施核心民品业务的整合重组奠定了基础。

1. 中国船舶集团以国有股权划转方式收购上船澄西及沪东中华持有的上市公司沪东重机53.27%股份

中国船舶集团下属全资子公司上船澄西及沪东中华是上市公司沪东重机的法人股东，合计持有沪东重机53.27%的股份。为了实现对上市公司沪东重机的直接控股，2006年中国船舶集团对上船澄西及沪东中华持有的沪东重机53.27%的股份实施收购。由于上市公司股权的受让方中国船舶集团与上市公司股权的出售方上船澄西及沪东中华都是国有企业，因此可以通过国有股权划转的方式而实现上市公司沪东重机股权的收购。股权收购完成后，上船澄西及沪东中华因将其持有的沪东重机

全部股份转给中国船舶集团，而不再是上市公司沪东重机的股东。

2. 国有股权划转完成后中国船舶集团成为上市公司沪东重机的直接控股股东

中国船舶集团是上船澄西与沪东中华的母公司，而上船澄西与沪东中华是上市公司沪东重机的两大股东。这也就意味着中国船舶集团是上市公司沪东重机的间接控股股东。在上市公司沪东重机的两家法人股东将其持有的沪东重机 53.27% 股份以国有股权划转的方式划转给中国船舶集团后，中国船舶集团直接持有上市公司沪东重机 53.27% 的股份，成为上市公司沪东重机的直接控股股东。中国船舶集团通过对上市公司沪东重机的直接控股，实现了对上市公司沪东重机的直接控制，为中国船舶集团利用上市公司平台完成业务整合重组奠定了基础。国有股权划转完成后，中国船舶集团与部分下属子公司的控制关系详见图 14－2。

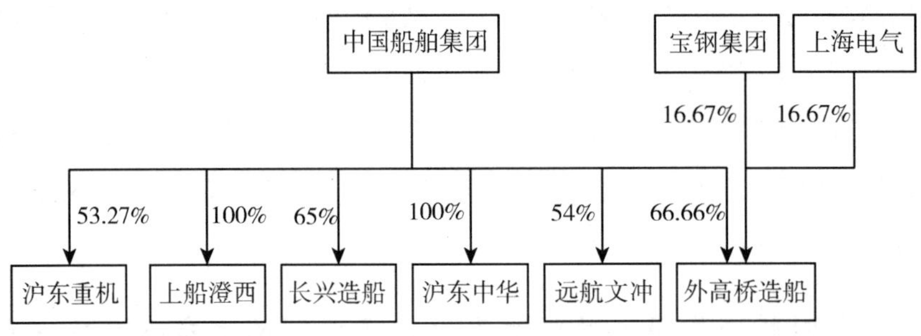

图 14－2 股权划转完成后中国船舶集团与部分下属子公司的控制关系

二、上市公司沪东重机通过非公开发行股份而将中国船舶集团部分核心民品资产注入上市公司

中国船舶集团在实现对上市公司沪东重机的直接持股后，以上市公司沪东重机作为平台，对旗下造船业务、修船业务及核心配套等业务进行了一系列的重组整合，并最终使核心民品资产注入上市公司。在以上市公司沪东重机为平台的一系列重组整合操作中，最为关键的操作为上市公司沪东重机以非公开发行股份的方式收购中国船舶集团持有的外高桥造船与澄西船舶及远航文冲的股份。正是通过该步操作，使中国船舶集团的核心民品资产注入上市公司，并为后续的业务整合及中国船舶集团的整体上市创造了条件。

1. 上市公司沪东重机以非公开发行股份的方式对外高桥造船与澄西船舶及远航文冲实施资产重组

2007 年，经中国证监会核准，上市公司沪东重机以非公开发行股份的方式，收购了中国船舶集团持有的外高桥造船、澄西船舶及远航文冲的股权。此次非公开发行的 A 股股票数额为 4 亿股，每股发行价格为 30 元，发行对象为包括中国船舶集团、宝钢集团有限公司（简称“宝钢集团”）、上海电气（集团）总公司（简称“上海电气”）、中船财务有限责任公司（简称“中船财务”）、中国人寿保险（集团）公司（简称“中国人寿”）、中国中信集团公司（简称“中信集团”）、中国海洋石油总公司（简称“中海油”）、全国社会保障基金理事会（简称“全国社保基金理事会”）在内的八家企业。非公开发行完成后，上述八家企业成为上市公司沪东重机的直接持股股东，而上市公司沪东重机则直接持有外高桥造船 100% 的股权、澄西船舶 100% 的股权及远航文冲 54% 的股权，从而实现了中国船舶集团旗下造船、修船及核心配套业务的资产重组。

2. 中国船舶集团通过资产重组而成功实现部分核心民品业务的上市

上市公司沪东重机非公开发行完成后，将直接持有外高桥造船 100% 的股权、澄西船舶 100% 的股权及远航文冲 54% 的股权，成为上述三家公司的直接控股股东。而外高桥造船、澄西船舶及远航文冲则成功进行整合重组，并将资产注入上市公司沪东重机，实现了上述三家公司资产与资本市场的对接，进而完成了中国船舶集团旗下核心民品业务的整体上市。中国船舶集团下属子公司资产重组后，其母子公司控制关系详见图 14－3。

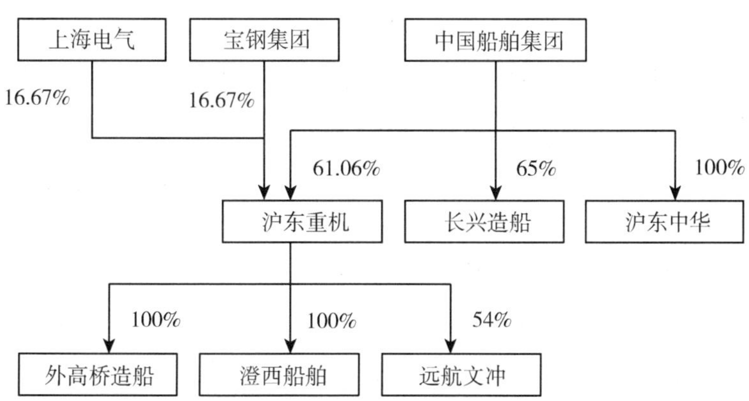

图 14－3　上市公司非公开发行完成后中国船舶集团与部分下属子公司的控制关系

三、上市公司沪东重机更名为中国船舶及其主营业务的转变

上市公司沪东重机通过非公开发行股份完成资产重组后，进行了公司名称及股

票简称的变更，其主营业务也由单一的船用柴油机等核心配件的生产制造，转变为包括核心配件生产制造、造船及修船业务在内的多元化业务结构。为了进一步整合民品业务，为中国船舶集团核心竞争力的提升及整体上市创造条件，更名后的上市公司中国船舶（原沪东重机）通过新设全资子公司的方式，将其原有核心配套业务剥离至新设公司，从而实现其经营方式的根本转变。

1. 上市公司沪东重机更名为中国船舶

非公开发行股份完成后，经过董事会与股东大会的审核，并经过中国证监会的批准，上市公司沪东重机自2007年8月1日起，公司名称由“沪东重机股份有限公司”变更为“中国船舶工业股份有限公司”，证券简称由“沪东重机”变更为“中国船舶”，证券代码不变。

2. 更名后上市公司中国船舶（原沪东重机）的主营业务由原来的配件生产转变为船舶生产

上市公司沪东重机原来的主营业务为大型船用柴油机等配件的生产制造。上市公司沪东重机非公开发行及更名为中国船舶后，上市公司中国船舶（原沪东重机）因收购以造船为主业的外高桥造船以及修船为主业的澄西船舶与远航文冲，而使其业务范围由核心配件的生产制造，扩大至造船及修船业务，使上市公司中国船舶（原沪东重机）形成以造船业务为主，覆盖造船、修船及核心配套业务的主营业务格局。

3. 更名后上市公司中国船舶通过新设全资子公司的方式转变经营方式

为了完善上市公司中国船舶（原沪东重机）的公司治理结构，并强化其经营管理职能，上市公司中国船舶（原沪东重机）以原柴油机业务及相关资产为基础，出资设立了全资子公司——沪东重机有限公司。新设沪东重机有限公司的注册资本为8亿元人民币，公司类型为一人有限责任公司，上市公司中国船舶（原沪东重机）为新设公司的控股股东也是唯一股东。新设公司沪东重机有限公司承接中国船舶的船用柴油机制造业务，主要从事低速柴油机制造等船用配套业务。新公司设立后，上市公司中国船舶（原沪东重机）形成以造船与修船及核心配套为主业的四家子公司，实现了造船、修船及核心配套等业务机构的独立运营。此外，上市公司中国船舶（原沪东重机）将原有的核心配套业务剥离出来，不再从事船用柴油机制造业务，而是负责对下属各子公司进行资产管理，并向下属子公司收取相应的管理费用，从而实现了上市公司中国船舶（原沪东重机）经营方式的转变。新公司设立后，中国船舶集团母子公司控制关系详见图14－4。

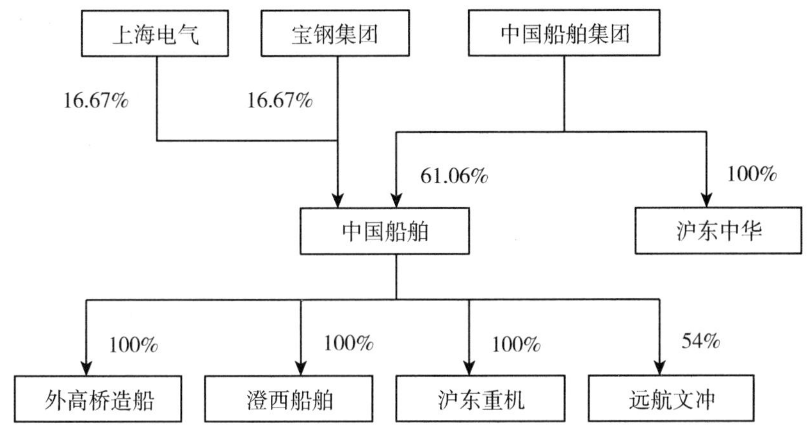

图 14－4　新公司设立后中国船舶集团与部分下属子公司的控制关系

四、更名后的上市公司中国船舶（原沪东重机）依托下属全资子公司的再次收购而对中国船舶集团的造船业务进行继续整合

上市公司中国船舶（原沪东重机）非公开发行股份及新设公司完成后，基本上实现了中国船舶集团核心民品业务的整合重组。为了进一步优化业务结构，实现核心民品业务的整合重组及资产注入上市公司，上市公司中国船舶（原沪东重机）通过旗下全资子公司对相关资产及业务的收购，对中国船舶集团的造船业务进行继续整合，为上市公司中国船舶（原沪东重机）核心竞争力的进一步提高及中国船舶集团未来的整体上市奠定了基础。

1. 上市公司中国船舶（原沪东重机）依托下属全资子公司的股权收购而完成与长兴造船的整合重组

上市公司中国船舶（原沪东重机）依托下属全资子公司外高桥造船对中国船舶集团持有的长兴造船股份进行收购的方式，实现了中国船舶（原沪东重机）对中国船舶集团旗下造船业务的进一步整合重组。具体而言，上市公司中国船舶（原沪东重机）下属全资子公司外高桥造船以现金方式收购中国船舶集团持有的长兴造船65%的股权，从而实现上市公司中国船舶（原沪东重机）下属全资子公司外高桥对长兴造船的直接控股。

2. 股权收购完成后上市公司中国船舶（原沪东重机）造船业务的核心竞争力得到进一步提升

外高桥造船收购长兴造船65%的股权后，外高桥造船成为长兴造船的控股股东，同时上市公司中国船舶（原沪东重机）也成为长兴造船的间接控股股东，实现了中国船舶集团旗下造船业务的进一步整合，使其造船业务的核心竞争力得到进一步提升。上市公司中国船舶（原沪东重机）下属子公司的股权收购完成后，中国船舶集团下属母子公司控制关系详见图14－5。

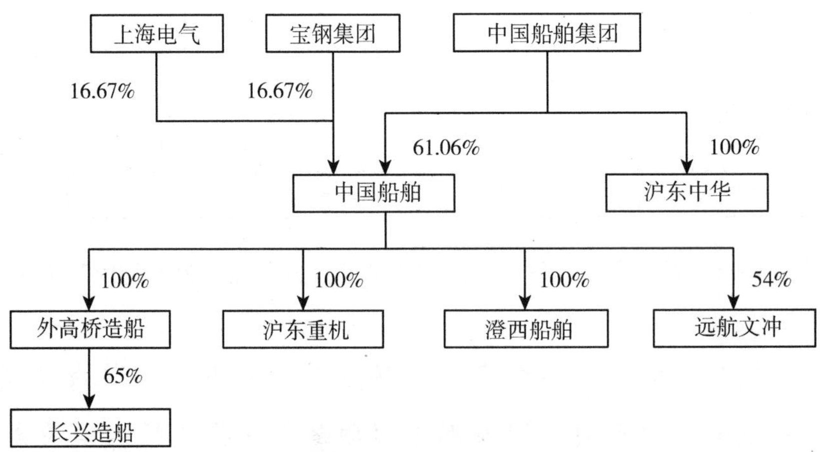

图14－5 中国船舶集团核心民品业务整合重组后母子公司控制关系

第三节 中国船舶集团以国有股权划转的方式实现对下属上市公司沪东重机的直接控股

上市公司沪东重机原是中国船舶集团间接控股的子公司。为了实现中国船舶集团核心民品业务的整合重组及整体上市，中国船舶集团首先要完成对上市公司沪东重机的直接控股，将上市公司沪东重机由中国船舶集团间接控股的子公司转变为直接控股的子公司，再以上市公司沪东重机为平台，实现旗下核心民品业务的整合重组。中国船舶集团作为国有企业，可以通过国有股权划转①的方式完成股权重组，从而实现中国船舶集团对下属上市公司沪东重机的直接控制。

一、股权受让方与股权出让方

中国船舶集团以国有股划转的方式收购沪东中华及上船澄西持有的上市公司沪东重机53.27%的股权，从而实现中国船舶集团对上市公司沪东重机的直接控股。

① 国有股权划转是企业并购的方式之一。

在本次股权收购中，中国船舶集团为股权受让方，而沪东中华与上船澄西为股权出让方。

1. 股权受让方——中国船舶集团

本次股权收购的受让方为中国船舶集团。中国船舶集团的基本情况在前文已作详细介绍，此处不再累述。

2. 股权出让方——沪东中华与上船澄西

本次股权收购的出让方为沪东中华与上船澄西。沪东中华与上船澄西是中国船舶集团下属的全资子公司，其基本情况在前文已作详细介绍，此处不再累述。

二、收购标的及收购方式

中国船舶集团实施股权收购的标的为沪东中华及上船澄西持有的上市公司沪东重机 53.27% 的股份。由于受让方中国船舶集团、出让方沪东中华及上船澄西均为国有企业，因此其收购采用了国有股无偿划转的方式。

1. 收购标的为沪东中华及上船澄西持有的上市公司沪东重机 53.27% 的股份

中国船舶集团此次股权收购的标的为沪东中华与上船澄西持有的上市公司沪东重机 53.27% 的股权。其中，沪东中华持有上市公司沪东重机 10444.0757 万股股份，占沪东重机总股本的 39.78%；上船澄西持有上市公司沪东重机 3541.2363 万股股份，占沪东重机总股本的 13.49%。沪东中华与上船澄西合计持有上市公司沪东重机 13985.312 万股股份，该股份的性质为有限售条件的流通股。

2. 沪东中华与上船澄西将其持有的上市公司沪东重机股份通过国有股无偿划转的方式划转至中国船舶集团

中国船舶集团通过国有股权无偿划转的方式受让沪东中华与上船澄西持有的上市公司沪东重机 53.27% 的股权，无须向股权出让方支付对价。中国船舶集团采用国有股权无偿划转的方式受让股份，需经中国证监会审核批准并豁免其要约收购义务。国有股无偿划转完成后，沪东中华与上船澄西不再持有上市公司沪东重机的股份，而中国船舶集团则成为上市公司沪东重机直接控股的股东。

三、中国船舶集团依法向上市公司沪东重机所有股东发出全面收购要约并通过全面收购要约豁免

国有股无偿划转后，受让方中国船舶集团持有的上市公司沪东重机股份总额超过沪东重机已发行股份的 30%。根据《上市公司收购管理办法》的规定，中国船

舶集团对沪东重机的股权收购已触发了向沪东重机所有股东发出收购要约的义务。但是，由于中国船舶集团存在《上市公司收购管理办法》所规定的申请全面收购要约豁免的情形，经中国证监会批准，准许其以简易程序操作而免除发出全面收购要约的义务。

1. 中国船舶集团应按照全面收购的相关法律规定向上市公司沪东重机的所有股东发出全面收购要约

《上市公司收购管理办法》第二十四条规定："通过证券交易所的证券交易，收购人持有一个上市公司的股份达到该公司已发行股份的30%时，继续增持股份的，应当采取要约方式进行，发出全面要约或者部分要约。"中国船舶集团通过国有股权无偿划转方式，持有上市公司沪东重机53.27%的股份，符合《上市公司收购管理办法》的相关规定，触发了发出全面收购要约的义务。因此，中国船舶集团需按照相关法律规定，向上市公司沪东重机的所有股东发出全面收购要约。

2. 中国船舶集团收购上市公司沪东重机股份符合要约豁免的条件并获得全面收购要约豁免的批复

中国船舶集团应按照法律规定向上市公司沪东重机全体股东发出全面收购要约。但是，根据《上市公司收购管理办法》第六十二条规定，存在"本次转让未导致上市公司实际控制人发生变化"的情形，可以向中国证监会申请豁免全面要约收购；同时，《上市公司收购管理办法》第六十三条规定，"经政府或者国有资产管理部门批准进行国有资产无偿划转、变更、合并，导致投资者在一个上市公司中拥有权益的股份占该公司已发行股份的比例超过30%"，可以向中国证监会申请以简易程序免除发出要约。中国船舶集团收购沪东重机股权，符合《上市公司收购管理办法》规定的申请豁免情形。中国船舶集团按照上述法律的规定，向中国证监会提出了全面要约豁免的申请，并于2006年11月29日收到中国证监会关于同意豁免中国船舶集团全面要约义务的批复。

四、股权划转完成后上市公司沪东重机的股权结构变化及控股股东变更

上市公司沪东重机的两家法人股东将其持有的沪东重机53.27%的股权划转给中国船舶集团之后，上市公司沪东重机的股权结构及控股股东均发生变更。

1. 股权划转完成后上市公司沪东重机的股权结构变化

股权划转前，上市公司沪东重机的前两大股东为沪东中华与上船澄西。股权划转完成后，中国船舶集团持有上市公司沪东重机 53.27% 的股权而成为上市公司沪东重机的第一大股东及直接控股股东。股权划转前后，上市公司沪东重机的股权结构变化情况见表 14－11。

表 14－11　　股权划转前后上市公司沪东重机的股权结构

股权划转前			股权划转后		
股东名称	股东性质	持股比例（%）	股东名称	股东性质	持股比例（%）
沪东中华	国有股东	39.67	中国船舶集团	国有股东	53.27
上船澄西	国有股东	13.49			
日兴母基金	外资股东	2.59	日兴母基金	外资股东	2.59
其他股东	其他	44.14	其他股东	其他	44.14
合计		100	合计		100

2. 股权划转完成后上市公司沪东重机的控股股东变更

股权划转前，沪东中华持有上市公司沪东重机 39.67% 的股权，是上市公司沪东重机的相对控股股东，而中国船舶集团直接持有沪东中华 100% 的股份，成为上市公司沪东重机的实际控制人。股权划转完成后，上市公司沪东重机的控股股东由沪东中华变更为中国船舶集团，但中国船舶集团仍然是上市公司沪东重机的实际控制人。股权划转完成后，上市公司沪东重机的控股股东发生变更，但是其实际控制人没有发生变化。

第四节　上市公司沪东重机以非公开发行的方式对中国船舶集团核心民品业务进行整合重组

上市公司沪东重机完成股权划转后，通过非公开发行股份的方式，实现了中国船舶集团核心民品业务的整合及资产重组。非公开发行股份完成后，上市公司沪东重机从一家单纯从事大型船用低速柴油机生产的企业转变为以造船、修船、核心配套（大型船用低速柴油机）三类业务为主业的上市公司。

一、非公开发行股份的发行人与发行对象

上市公司沪东重机为此次非公开发行股份①的发行人。发行对象为中国船舶集团、宝钢集团及上海电气等八家公司。

1. 发行人——上市公司沪东重机

非公开发行股份的发行人为上市公司沪东重机。2007年1月26日，上市公司沪东重机第三届董事会第二次临时会议审议通过了《关于公司符合向特定对象非公开发行股票条件的预案》《关于公司向特定对象非公开发行股票方案的预案》。2007年6月21日，上市公司沪东重机非公开发行股票申请经中国证监会发行审核委员会审核通过。2007年9月20日，发行人沪东重机与相关发行对象办理了股权登记，发行工作完成。

2. 发行对象为包括中国船舶集团在内的八家公司

上市公司沪东重机非公开发行股份的发行对象共有八家公司，分别为中国船舶集团、宝钢集团、上海电气、中船财务、中国人寿、中信集团、中海油、全国社保基金理事会。其中，上市公司沪东重机向控股股东中国船舶集团发行的股份数量不低于发行总量的59%，向中国船舶集团以外的国有大型企业发行的股份数量不超过发行数量的41%。

二、非公开发行股份的发行价格与发行数量及限售期

上市公司沪东重机非公开发行股份的发行价格为30元/股，发行数量为4亿股。沪东重机此次非公开发行股份的限售期为36个月。

1. 上市公司非公开发行股份的发行价格为30元/股

根据上市公司沪东重机的相关决议，非公开发行股份的发行价格，不低于董事会决议公告日前20个交易日公司股票均价的90%，即28.23元，最终确定发行价

① 非公开发行，是指上市公司采用非公开方式向特定对象发行股票的行为。按照《上市公司证券发行管理办法》的规定，非公开发行要求特定发行对象不超过10人，发行价格不低于定价基准日前20个交易日公司股票均价，并且发行股票12个月内不得转让（控股股东、实际控制人及其控制的企业认购的股份36个月内不得转让）等。从性质上讲，非公开发行与定向增发一样，都属于再融资的范畴，基本可以作为等同的概念，但是二者之间存在一定的区别。就定向增发而言，并没有法律法规对其进行准确定义。从理论上讲，非公开发行一定是定向增发，而定向增发不一定是非公开发行。非公开发行要求发行对象不超过10人，定向增发的发行对象既可能是10人以下，也可能是10人以上、200人以下，比如非上市股份公司的私募，还可能超过200人，比如公开发行股票等。然而，在实务中，由于定向增发的对象超过10人的情况较为少见，一般将上市公司的非公开发行与定向增发混同使用。

格为30元/股，相当于定价基准日（2007年1月29日）前20个交易日均价30.34元的98.88%。

2. 上市公司非公开发行股份的发行数量为4亿股

上市公司沪东重机非公开发行股份的发行数量为4亿股。其中，中国船舶集团以股权及现金的方式认购股份26472.569万股，宝钢集团以股权及现金的方式认购股份3763.7155万股，上海电气以现金认购股份3263.7155万股，中船财务以现金认购股份1000万股，中国人寿以现金认购股份500万股，中信集团以现金认购股份4000万股，中海油以现金认购股份500万股，全国社保基金理事会以现金认购股份500万股。

3. 上市公司非公开发行股份的限售期为36个月

上市公司沪东重机非公开发行股份的限售期为36个月，限售期截止日为2010年9月26日。中国船舶集团、宝钢集团及上海电气等八家发行对象，其认购的上市公司沪东重机非公开发行股份，自发行结束之日起的36个月内不得转让。

三、发行对象以股权及现金方式认购上市公司沪东重机非公开发行的股份

发行对象认购股份的方式包括资产认购和现金认购两部分内容，即发行对象以持有的股权及现金作为购买上市公司沪东重机非公开发行股份的对价。其中，上海电气以股权方式认购上市公司沪东重机的股份；中信集团、中船财务及中国人寿等五家发行对象以现金方式认购上市公司沪东重机的股份；中国船舶集团及宝钢集团则以股权及现金相结合的方式认购上市公司沪东重机的股份。

1. 中国船舶集团与宝钢集团及上海电气以股权认购上市公司沪东重机非公开发行的3亿股股份

中国船舶集团、宝钢集团及上海电气分别以其持有的股权认购上市公司沪东重机非公开发行的股份。其中，中国船舶集团以其持有的下属三家子公司全部或部分股权认购上市公司沪东重机共计23472.569万股股份，宝钢集团与上海电气分别以其持有的外高桥造船16.67%的股权认购上市公司沪东重机共计6531.431万股股份。

（1）中国船舶集团以其持有的澄西船舶与远航文冲及外高桥造船的股权认购上市公司沪东重机非公开发行的部分股份。中国船舶集团以其持有的澄西船舶100%

股权与远航文冲 54% 股权及外高桥造船 66.66% 股权认购上市公司沪东重机非公开发行股份共计 23472.569 万股。中国船舶集团持有的澄西船舶、远航文冲及外高桥造船三家子公司的股权评估价值合计为 728766.9 万元。其中，澄西船舶 100% 股权的评估价值为 234875.98 万元，远航文冲 54% 股权的评估价值 88690.38 万元，外高桥造船 66.66% 股权的评估价值为 405200.54 万元。按照沪东重机非公开发行股份 30 元/股的发行价格，中国船舶集团认购其 23472.569 万股股份，认购价格共计 704177.07 万元，则中国船舶集团支付的股权对价超出认购价格 24589.83 万元，按照双方协议约定，上市公司沪东重机需以募集的现金支付中国船舶集团 24589.83 万元。

（2）宝钢集团以其持有的外高桥造船股权认购上市公司沪东重机非公开发行的部分股份。宝钢集团以其持有的外高桥造船 16.67% 股权认购上市公司沪东重机非公开发行股份 3263.7155 万股。按照沪东重机非公开发行股份 30 元/股的发行价格，宝钢集团认购其 3263.7155 万股股份，认购价格共计 97911.465 万元。而外高桥造船 16.67% 股权的评估价值为 101330.527 万元，宝钢集团支付的股权对价超出认购价格 3419.062 万元，按照双方协议约定，沪东重机需以募集的现金支付宝钢集团 3419.062 万元。

（3）上海电气以其持有的外高桥造船股权认购上市公司沪东重机非公开发行的股份。上海电气以其持有的外高桥造船 16.67% 股权认购上市公司沪东重机非公开发行股份 3263.7155 万股。按照沪东重机非公开发行股份 30 元/股的发行价格，上海电气认购其 3263.7155 万股股份，认购价格共计 97911.465 万元。而外高桥造船 16.67% 股权的评估价值为 101330.527 万元，上海电气支付的股权对价超出认购价格 3419.062 万元，按照双方协议约定，沪东重机需以募集的现金支付上海电气 3419.062 万元。

2. 中国船舶集团与其他六家公司以现金认购上市公司沪东重机非公开发行的 1 亿股股份

除了股权认购外，中国船舶集团、宝钢集团、中船财务、中国人寿、中信集团、中海油、全国社保基金理事会等七家发行对象还以现金认购上市公司沪东重机非公开发行股份共计 1 亿股，七家发行对象各自以现金认购的股份数额及募集资金数额详见表 14－12。

表 14-12　　发行对象现金认购股份数额及募集资金额

序号	发行对象		认购股份数额（万股）	募集资金数额（万元）
1	中信集团		4000	120000
2	中国船舶集团		3000	90000
3	中船财务		1000	30000
4	宝钢集团		500	15000
5	中国人寿		500	15000
6	中海油		500	15000
7	全国社保基金理事会	嘉实基金	307	9210
		鹏华基金	101	3030
		易方达基金	92	2760
		小计	500	15000
合计			10000	300000

3. 中国船舶集团全面要约收购义务的履行及豁免

非公开发行前，中国船舶集团已经持有上市公司沪东重机 53.27% 的股权，若继续认购上市公司沪东重机非公开发行的股份，需按照《上市公司收购管理办法》的规定，履行全面要约收购义务，向上市公司沪东重机全体股东发出收购要约。由于中国船舶集团符合《上市收购管理》办法中有关申请要约收购豁免的规定，因此，经中国证监会批准豁免其向上市公司沪东重机全体股东发出全面收购要约的义务。

四、非公开发行的发行费用及募集资金用途

上市公司沪东重机非公开发行股份共计 4 亿股，除收购澄西船舶 100% 股权、外高桥造船 100% 股权及远洋文冲 54% 股权外，共募集现金 30 亿元。而上市公司沪东重机非公开发行的发行费用为 5902.55379 万元，扣除发行费用后，沪东重机募集的现金为 294097.44621 万元。上市公司沪东重机非公开发行募集的资金主要用于沪东重机、外高桥造船及澄西船舶等公司的技改项目。

1. 非公开发行的发行费用

上市公司沪东重机非公开发行总计募集资金 30 亿元。其中，上市公司沪东重机非公开发行的承销费、审计验资费及律师费等发行费用共计 5902.55379 万元。

上述费用将在募集资金总额中予以扣除。

2. 非公开发行募集资金的用途

上市公司沪东重机非公开发行共募集资金294097.44621万元（扣除发行费用后）。该部分资金主要用于上市公司沪东重机、外高桥造船、澄西船舶等公司的技改项目。具体而言，上市公司沪东重机非公开发行的募集资金主要用于以下五个项目：（1）外高桥造船二期工程项目，拟用募集资金投入4亿元；（2）外高桥造船海洋工程及造船扩建项目，拟用募集资金投入12.22亿元；（3）上海沪临金属加工有限公司一期工程建设项目，拟用募集资金投入10.1亿元；（4）上船澄西十七万吨级浮船坞工程建设项目，拟用募集资金投入3.5亿元；（5）上船澄西冷作车间扩建改造项目，拟用募集资金投入1820万元。以上五个项目均已获得中国船舶集团及环保部门的相关批复与审批。

五、非公开发行完成后上市公司沪东重机的股权结构与控制关系变化

上市公司沪东重机非公开发行4亿股股份完成后，其股权结构发生变化。但是，由于中国船舶集团仍是上市公司的控股股东，其实际控制人并没有发生变化，仍为中国船舶集团。

1. 非公开发行完成后上市公司沪东重机的股权结构

非公开发行股份后，沪东重机的股本结构变化情况详见表14－13。

表14－13 非公开发行股份前后上市公司沪东重机股本结构变化

股本类型	变动前（万股）2007年6月30日	变动（万股）		变动后（万股）2007年9月20日
		增加	减少	
有限售条件的流通股	16091.6538	40000[①]	3313.8074[②]	52777.8464
其中：国家持有股份	13985.312	39500	1207.4656	52277.8464
其他境内法人持有股份	2106.3418	500	2106.3418	500
无限售条件的流通股合计	10164	3313.8074	0	13477.8074
合计	26255.6538	40000	—	66255.6538

注：① 上市公司沪东重机非公开发行导致有限售条件流通股增加40000万股。

② 由于沪东重机2006年度非公开发行股票锁定期满（2106.3418万股）以及根据股权分置改革方案部分有限售条件的流通股锁定期满（1207.4656万股），有限售条件的流通股共减少3313.8074万股，无限售条件的流通股相应增加3313.8074万股。

2. 非公开发行完成后上市公司沪东重机的控制关系

非公开发行股份前，中国船舶集团持有上市公司沪东重机 53.27% 的股权，是上市公司沪东重机的控股股东。上市公司沪东重机非公开发行完成后，中国船舶集团共持有沪东重机 61.06%，仍是上市公司沪东重机的控股股东。上市公司沪东重机非公开发行前后，控制关系没有发生变化，其控股股东及实际控制人仍为中国船舶集团。

六、非公开发行完成后上市公司沪东重机的公司名称及股票简称变更

上市公司沪东重机非公开发行完成后，公司的名称及股票简称都进行了变更。其中，公司名称变更为“中国船舶工业股份有限公司”，股票简称变更为“中国船舶”。

1. 非公开发行完成后上市公司沪东重机的公司名称变更为“中国船舶工业股份有限公司”

上市公司沪东重机非公开发行完成后，逐步实现中国船舶集团核心民品主业整体上市的目标。为了使上市公司沪东重机的主营业务更加清晰明确，符合其产业发展方向，经沪东重机 2007 年第二次临时股东大会审议通过，并经上海市工商行政管理局核准，自 2007 年 8 月 1 日起，公司名称由“沪东重机股份有限公司”变更为“中国船舶工业股份有限公司”。

2. 非公开发行完成后上市公司沪东重机的股票简称变更为“中国船舶”

经上市公司沪东重机申请，并经上海证券交易所核准，沪东重机股份有限公司（更名后为中国船舶工业股份有限公司）的证券简称自 2007 年 8 月 1 日起，由“沪东重机”变更为“中国船舶”，公司的证券代码不变，仍为 600150。

第五节　更名后的上市公司中国船舶完成主营业务与经营方式的转变

通过一系列的整合重组，上市公司中国船舶（原沪东重机）的业务范围从单纯的配件生产扩大至造船、修船及核心配套业务，并以船舶制造为主业，实现了主营业务的转变。与此同时，上市公司中国船舶（原沪东重机）通过新设子公司的方式将原有业务剥离，使其经营方式由生产为主转变为对下属子公司的资产管理，从而

实现其经营方式的转变。

一、上市公司中国船舶（原沪东重机）主营业务的转变

上市公司中国船舶（原沪东重机）非公开发行股份完成后，其主营业务由原来的船用配件生产转变为船舶制造。为了进一步整合业务，上市公司中国船舶（原沪东重机）以原有业务及资产出资设立了“沪东重机有限公司”，形成了在上市公司中国船舶（原沪东重机）控股下造船、修船及核心配套三大业务独立运营的格局。

1. 上市公司中国船舶（原沪东重机）主营业务由配件生产转变为船舶制造

上市公司沪东重机原来的主营业务为船用配件的生产制造。而上市公司中国船舶（原沪东重机）新设立沪东重机有限公司后，其下属的子公司包括以造船为主业的外高桥造船、以修船为主业的澄西船舶及远航文冲、以核心配套为主业的沪东重机有限公司，成为集造船、修船及核心配套等民品业务为主的控股型上市公司。在上述三大业务中，造船收入约占总收入的50%，成为上市公司中国船舶（原沪东重机）的主营业务。至此，上市公司中国船舶（原沪东重机）的主营业务实现了由配件生产向船舶制造的转变。

2. 上市公司中国船舶（原沪东重机）以原有的业务及资产出资设立“沪东重机有限公司”

为了完善上市公司中国船舶（原沪东重机）的公司治理结构，并强化其资产管理职能，上市公司中国船舶决定以原柴油机业务及相关资产为基础，出资设立全资子公司。2007 年 10 月 9 日，中国船舶第四届董事会第三次会议审议通过了《关于设立“沪东重机有限公司”有关事项的预案》；2007 年 10 月 28 日，中国船舶 2007 年度第三次临时股东大会审议批准了《关于设立“沪东重机有限公司”有关事项的预案》。经国家工商总局核准，沪东重机有限公司于 2007 年 12 月 18 日完成工商注册登记工作。新的沪东重机有限公司由上市公司中国船舶（原沪东重机）出资设立，为上市公司中国船舶（原沪东重机）下属全资子公司。

二、更名后上市公司中国船舶（原沪东重机）经营方式的转变

沪东重机有限公司设立后，上市公司中国船舶（原沪东重机）的船用柴油机业务将从原公司剥离出来，并由新设立的沪东重机有限公司负责相应业务的生产经营。上市公司中国船舶（原沪东重机）将不再从事实际经营活动，而是转变为融资、投资、股权管理、资产管理的平台。为保障公司正常运转，上市公司中国船舶

（原沪东重机）按年度向下属的外高桥造船、沪东重机有限公司及澄西船舶三家全资子公司收取管理费，每一年度的管理费不超过子公司年销售收入的千分之三，具体数额由公司经理层提出预算，经董事会批准后实施。

第六节　更名后的上市公司中国船舶（原沪东重机）依托下属全资子公司的再次收购而对中国船舶集团的造船业务进行继续整合

上市公司中国船舶（原沪东重机）非公开发行及新设全资子公司完成后，中国船舶集团下属大部分核心民品业务已整合并入了上市公司。但是，整合重组并未停止，上市公司中国船舶（原沪东重机）下属全资子公司外高桥造船与中国船舶集团的下属子公司长兴造船又实施了进一步的整合重组，从而使上市公司中国船舶（原沪东重机）的造船业务得以快速发展，市场竞争力及品牌影响力得以进一步提升。

一、股权收购方与股权出售方

在上市公司中国船舶（原沪东重机）下属子公司对中国船舶集团相关股权的收购中，外高桥造船是股权收购方，而中国船舶集团为股权出售方。

1. 上市公司中国船舶（原沪东重机）下属子公司外高桥造船为股权的收购方

此次股权的收购方为外高桥造船。外高桥造船是上市公司中国船舶下属的全资子公司，其基本情况在前文已作详细介绍，此处不再累述。

2. 中国船舶集团为股权的出售方

此次股权的出售方为中国船舶集团，其基本情况在前文已作详细介绍，此处不再累述。

二、收购标的及其定价

上市公司中国船舶（原沪东重机）下属子公司外高桥造船的收购标的为中国船舶集团持有的下属子公司长兴造船 65% 的股权，该标的的评估价值为 228523.91 万元。

1. 收购标的为中国船舶集团持有的长兴造船 65% 的股权

为了落实中国船舶集团在避免同业竞争方面的承诺，并巩固外高桥造船在大型散货轮及油轮制造领域的地位，合理整合造船资源，减少同业竞争，外高桥造船于

2009 年 12 月 19 日与中国船舶集团签订《中国船舶工业集团公司和上海外高桥造船有限公司关于转让上海江南长兴造船有限责任公司 65% 股权的协议书》。根据转让协议，在外高桥造船将 30% 首付款共计 68557.2 万元支付给中国船舶集团后，2008 年 4 月 15 日，上海市工商行政管理局浦东新区分局核准颁发了股权转让后的“上海江南长兴造船有限责任公司营业执照”。至此，外高桥造船收购长兴造船 65% 股权的事项全部完成。股权收购完成后，长兴造船的股权结构为：外高桥造船持有长兴造船 65% 的股权，宝钢集团持有长兴造船 35% 的股权。

2. 收购标的的评估价值为 228523.91 万元

根据评估机构的评估报告，收购标的的价值评估以 2007 年 10 月 31 日为基准日，采用收益法及成本法等评估方法，并以收益法评估结果为准。按照收益法评估，长兴造船的净资产值为 351575.25 万元，评估增值 122219.99 万元，增值率为 53.29%。据此，最终确定中国船舶集团所持长兴造船 65% 股权的评估价值为 228523.91 万元。

三、股权收购方采取分期付款的方式支付对价

股权收购方外高桥造船以分期付款的方式现金支付对价。在外高桥造船与中国船舶集团签订股权转让协议后，外高桥造船于转让协议生效之日起 5 日内支付 30% 的首付款。外高桥造船需向中国船舶集团支付的首付款共计 68557.173 万元，其收购资金先以负债的方式解决。在外高桥造船与中国船舶集团的股权转让协议生效后的 12 个月内，外高桥造船需以现金支付余下的 70% 价款，共计 159966.737 万元。

第七节 中国船舶集团核心民品业务整合重组及整体上市的影响

中国船舶集团核心民品业务整合重组及整体上市，对上市公司中国船舶（原沪东重机）及其母体中国船舶集团都产生了较大的影响。通过业务整合及资产重组，将进一步优化上市公司中国船舶（原沪东重机）及中国船舶集团的业务结构，并大幅提升其核心竞争力，为上市公司中国船舶（原沪东重机）与中国船舶集团未来的快速发展创造有利条件。

一、中国船舶集团核心民品业务整合重组及整体上市对上市公司中国船舶（原沪东重机）的影响

中国船舶集团核心民品业务整合重组及整体上市对上市公司中国船舶（原沪东重机）产生了深远的影响，具体表现在三个方面：一是进一步优化了上市公司中国船舶（原沪东重机）的股东结构；二是避免了上市公司中国船舶（原沪东重机）与其他子公司之间的同业竞争；三是进一步提升了上市公司中国船舶（原沪东重机）的盈利能力及市场竞争力。

1. 通过业务整合重组及整体上市使上市公司中国船舶（原沪东重机）的股东结构得到进一步优化

在实施业务整合及资产重组之前，中国船舶集团下属的全资子公司上船澄西与沪东中华持有上市公司沪东重机（后更名为中国船舶）共计53.27%的股权，是上市公司沪东重机（后更名为中国船舶）的控股股东，其他股东合计持有上市公司沪东重机（后更名为中国船舶）46.73%的股权。而核心民品业务整合及资产重组完成后，中国船舶集团持有上市公司中国船舶（原沪东重机）61.06%的股权，是中国船舶（原沪东重机）的第一大股东，也是其控股股东；上海电气持有上市公司中国船舶（原沪东重机）16.67%的股权；宝钢集团也持有上市公司中国船舶（原沪东重机）16.67%的股权。因此，上市公司中国船舶（原沪东重机）的前三大股东共计持有其94.4%的股权，上市公司中国船舶（原沪东重机）的股东实力增强，并且股东结构也得到进一步优化，为其未来的快速发展提供了有力的保障。

2. 通过业务整合重组及整体上市而有效避免了上市公司中国船舶（原沪东重机）与其他子公司之间的同业竞争

中国船舶集团作为中国最大的造船集团，旗下拥有多家子公司，并且部分子公司从事相同的业务，如上船澄西、澄西船舶、远航文冲等都以修船业务为主业，沪东中华、外高桥造船、长兴造船等都以造船业务为主业，从而导致从事同一业务的子公司之间存在同业竞争的情况，一定程度上制约了中国船舶集团核心民品业务的发展。通过业务整合重组及整体上市，中国船舶集团在将核心民品业务注入上市公司中国船舶（原沪东重机）的同时，还完成了上市公司中国船舶（原沪东重机）下属的全资子公司外高桥造船与中国船舶集团控股的子公司长兴造船之间的整合，从而有效避免了外高桥造船与长兴造船之间的同业竞争。此外，在中国船舶集团业务整合及资产重组的过程中，中国船舶集团出具了不竞争承诺函。在中国船舶集团

不竞争承诺函得到切实履行的情况下，上市公司中国船舶（原沪东重机）与母体中国船舶集团及其控制的其他关联方之间将不存在同业竞争。

3. 通过业务整合重组及整体上市使上市公司中国船舶（原沪东重机）的盈利能力及市场竞争力得到进一步提升

中国船舶集团核心民品业务整合及资产重组完成后，上市公司中国船舶（原沪东重机）持有外高桥造船100%的股权、澄西船舶100%的股权、沪东重机有限公司100%的股权、远航文冲54%的股权，并间接持有长兴造船65%的股权，其资产规模、利润规模大幅提高，成为拥有大型船舶制造、修理及核心配套生产等完整产业链的大型上市公司，有利于增强其盈利能力及可持续发展能力，从而大大提升了其整体竞争力和国际竞争力。此外，通过业务整合及资产重组，减少了上市公司中国船舶与中国船舶集团及其下属子公司之间的关联交易从而有效降低上市公司中国船舶的运营成本，有利于中国船舶形成持续的经营能力，并进一步提升其盈利能力，使上市公司中国船舶（原沪东重机）成为具备国际竞争力的船舶公司。

二、中国船舶集团核心民品业务整合重组及整体上市对上市公司母体中国船舶集团的影响

核心民品业务整合及资产重组对中国船舶集团的影响主要体现在三个方面：一是进一步提升其融资能力；二是大幅提升其核心民品业务的竞争力；三是实现核心民品业务的整体上市。

1. 通过中国船舶集团直接持有上市公司中国船舶（原沪东重机）的股份而进一步增强中国船舶集团的融资能力

在实施业务整合及资产重组之前，上市公司沪东重机（后更名为中国船舶）的控股股东为上船澄西与沪东中华，而中国船舶集团通过下属全资子公司上船澄西与沪东中华间接持有上市公司沪东重机（即中国船舶）共计53.27%的股权。通过实施股权划转及上市公司非公开发行股份等方式，中国船舶集团直接持有上市公司中国船舶（原沪东重机）61.06%的股权，是上市公司中国船舶（原沪东重机）的直接控股股东，从而强化了中国船舶集团对上市公司中国船舶（原沪东重机）的控制力。由于上市公司中国船舶（原沪东重机）通过证券市场能够快速有效地实现筹资融资，因此，中国船舶集团依靠上市公司的平台，也会使其自身的融资能力得到大幅提升。

2. 通过子公司之间的并购重组及业务整合而大幅提升中国船舶集团核心民品业务的竞争力

通过国有股权划转、上市公司非公开发行股份及股权收购等方式，中国船舶集团实现了核心民品业务的整合，使其业务结构得到进一步优化，从而有效提升中国船舶集团核心民品业务的竞争力。在此之前，上市公司中国船舶（原沪东重机）是一家以船用柴油机生产为主业的上市公司，而业务整合完成后，外高桥造船、沪东重机有限公司、澄西船舶及远航文冲等都成为上市公司中国船舶的下属子公司，使上市公司中国船舶形成了集造船、修船及核心配套为一体的完整产业链，实现了其业务结构的整合及优化。上市公司中国船舶（原沪东重机）业务规模的扩大及业务结构的优化，不仅大幅提升了上市公司中国船舶（原沪东重机）的市场竞争力，同时也进一步提升了中国船舶集团核心民品业务的市场竞争力与国际竞争力。

3. 通过以上市公司中国船舶（原沪东重机）为平台进行资产重组而实现中国船舶集团部分核心民品业务的上市

以上市公司中国船舶（原沪东重机）为平台，中国船舶集团将其下属的优质资产注入上市公司，实现了核心民品业务的整体上市。具体而言，原沪东重机的主业为船用核心配套产品的生产，其总资产为333594.54万元，资产规模相对较小，而中国船舶集团核心民品业务整合及资产重组完成后，包括大型民用船舶制造业务、修船业务等在内的中国船舶集团核心民品主业注入了上市公司中国船舶（原沪东重机），中国船舶（原沪东重机）的总资产达到约209.9亿元，并且根据2006年模拟合并财务报告，模拟合并主营业务收入是原沪东重机的5.27倍，其中，在中国船舶的三大业务中，造船、修船合计收入占中国船舶（原沪东重机）总收入的81.38%。通过业务整合及资产重组，中国船舶集团在整合核心民品造、修、配三大业务的同时，其核心民品业务以上市公司为平台，初步实现了整体上市。

第八节　中国船舶集团核心民品业务整合重组及整体上市的评价

中国船舶集团采取分布操作的方式完成业务整合及资产重组，有步骤分阶段地将中国船舶集团旗下的优质资产注入上市公司中国船舶（原沪东重机），从而完成了其核心民品业务的整体上市。中国船舶集团通过核心民品业务的整合重组，不仅实现了核心民品业务的整合及附加值提高，也为其以后的整体上市创造了有利条件。

一、中国船舶集团以资本运营的方式实现了核心民品业务的进一步整合及附加值提高

中国船舶集团核心民品业务整合重组及整体上市自2006年9月正式启动，至2008年4月结束，历时约一年半。在中国船舶集团核心民品业务整合重组及整体上市的过程中，中国船舶集团与上市公司中国船舶（原沪东重机）及其下属子公司采用了国有股权划转、非公开发行股份及股权收购等多种资本运营的方式，分步骤分阶段地实现了中国船舶集团核心民品业务的整合重组。国有股权划转、非公开发行股份及股权收购等资本运营方式，使整合重组的每一个步骤的操作都较为简单、便捷，有效缩短了核心民品业务整合重组及整体上市的时间周期，大幅降低了其成本，并且进一步提升了核心民品业务的附加值，从而确保了中国船舶集团核心民品业务整合重组的顺利推进，有利于集团公司盈利能力及核心竞争力的进一步提升。

二、中国船舶集团依托下属上市公司平台对核心民品业务的整合重组拉开了其整体上市的序幕

中国船舶集团核心民品业务整合重组及整体上市案例，是以母公司中国船舶集团为主导、以上市公司中国船舶（原沪东重机）为平台而实施的重组整合。中国船舶集团通过分步骤分阶段的将其核心民品业务注入上市公司中国船舶（原沪东重机），拉开了中国船舶集团整体上市的序幕，并为其以后吸收剩余的民品业务及军品业务而实现集团公司的整体上市创造了有利条件。此外，作为大型央企的中国船舶集团，其资产规模庞大且业务类型多元化，从实践操作来看，想要通过IPO等操作实现整体上市难度较大，而依托下属上市公司平台完成集团公司的整体上市难度较低，具有可操作性，这也为其他大型集团公司整体上市提供了可借鉴的范例。

附表　　中国船舶集团核心民品业务整合重组及整体上市时间

序号	操作	时间	内　容
1	中国船舶集团收购沪东重机	2006年9月26日	双方签订《无偿划转协议》就国有股权的无偿划转达成一致
		2006年9月27日	中国船舶集团同意将本次收购的国有股权无偿划转到中国船舶集团
		2006年11月6日	国资委同意批准国有股划转
		2006年11月29日	证监会同意此次收购并豁免中国船舶集团的要约收购义务
		2006年12月22日	完成股权划转及相应过户手续

续表

序号	操作	时间	内容
2	中国船舶[①]以非公开增发的形式定向增发4亿股股份	2007年1月26日	第三届董事会2007年第二次临时会议审议通过了《关于公司符合向特定对象非公开发行股票条件的预案》《关于公司向特定对象非公开发行股票方案的预案》
		2007年3月26日	第三届董事会2007年第一次会议审议通过了《关于签署收购外高桥、澄西船舶和远航文冲股权协议的预案》《关于本次非公开发行募集资金运用的可行性报告的预案》《关于批准有关审计报告及盈利预测审核报告的议案》及其他议案
		2007年4月18日	2006年度股东大会审议通过了《关于公司符合向特定对象非公开发行股票条件的议案》《关于公司向特定对象非公开发行股票方案的议案》《关于签署收购外高桥、澄西船舶和远航文冲股权协议的预案》《关于本次非公开发行募集资金运用的可行性报告的预案》《关于前次募集资金使用情况说明的预案》《关于签署本次非公开发行股票完成后持续关联交易协议的预案》《关于提请股东大会授权董事会全权办理本次非公开发行股票相关事项的议案》
		2007年5月29日	中国证监会正式受理了公司本次非公开发行股票申请
		2007年6月21日	公司本次非公开发行股票申请经中国证监会发行审核委员会审核通过
		2007年7月13日	公司本次非公开发行股票申请经中国证监会证监发行字（2007）183号核准
		2007年7月13日	经安永华明出具的安永华明（2007）验字第60475337_B02号《验资报告》验证，募集现金300000万元，扣除发行费用后，募集现金294097.45万元。该资金已汇入公司董事会指定账户
		2007年8月1日	沪东重机股份有限公司更名为“中国船舶工业股份有限公司”，股票简称变更为“中国船舶”
		2007年9月20日	办理了本次发行相关股份的股权登记，发行工作完成，募集资金到位

① 即原上市公司沪东重机，2007年8月1日更名为中国船舶。

续表

序号	操作	时间	内　容
3	中国船舶设立全资子公司	2007 年 12 月 18 日	中国船舶新设全资子公司“沪东重机有限公司”完成工商注册登记工作
4	外高桥造船收购江南长兴	2007 年 12 月 19 日	中国船舶下属全资子公司外高桥造船与中国船舶集团签订《中国船舶集团和外高桥造船关于转让上海江南长兴造船有限责任公司 65% 股权的协议书》
		2008 年 1 月 6 日	董事会通过《关于公司全资子公司——外高桥造船收购上海江南长兴造船公司 65% 股权的预案》
		2008 年 1 月 30 日	股东大会审议批准外高桥造船收购上海江南长兴造船公司 65% 股权的议案
		2008 年 4 月 2 日	外高桥造船完成股权收购首付款支付
		2008 年 4 月 15 日	上海江南长兴造船公司完成工商变更登记

第十五章
上海电气吸收合并上电股份而重组为H+A类上市公司案例

香港联合证券交易所与上海证券交易所分处两地，分别在两地挂牌的两家上市公司进行吸收合并操作，其案例的样本性更强更有特点。就上海电气集团股份有限公司（简称“上海电气”）吸收合并上海输配电股份有限公司（简称“上电股份”）案例看，既是母子公司之间的重组，也是不同交易所的两家上市公司之间的重组。上海电气吸收合并上电股份而重组为H+A类上市公司案例的特点在于，H股上市公司上海电气通过首次公开发行A股股票而换股吸收合并A股上市公司上电股份，使其转变为在H股证券市场与A股证券市场同时上市的公司。其换股吸收合并的具体操作分为两个步骤：一是上海电气首次公开发行A股股票；二是上海电气以首次公开发行的A股股票换取上电股份全部的A股股票。换股吸收合并完成后，上海电气作为存续公司，在A股市场成功上市，从而由H股上市公司转变为H+A类上市公司。

第一节　吸收合并主体与吸收合并目标公司的情况介绍

上海电气吸收合并上电股份的交易主体为H股上市公司上海电气与A股上市公司上电股份。其中，H股上市公司上海电气是A股上市公司上电股份的控股股东。

一、吸收合并主体——H股上海电气

H股上市公司上海电气是此次吸收合并的主体，也是吸收合并的最大受益方。吸

收合并完成后，上海电气为存续公司，并由H股上市公司转变为H+A类上市公司。

1. H股上海电气的基本情况

H股上海电气成立于2004年3月1日，其前身为上海电气集团有限公司，2004年9月29日，经上海市人民政府沪府发改审［2004］第008号文批准，由其全体股东即上海电气（集团）总公司、福禧投资控股有限公司、广东珠江投资有限公司、申能（集团）有限公司、汕头市明光投资有限公司作为发起人，将上海电气集团有限公司整体变更为上海电气集团股份有限公司。2005年4月28日，经国资委国资产权［2004］1035号文与国资改革［2004］1045号文、上海市人民政府沪府函［2004］68号文、中国证监会证监国合字［2005］6号文等文件的批准，上海电气在香港联合交易所上市并发行H股。H股上海电气主要从事设计、制造及销售电力设备、机电一体化设备、重工设备、交通设备及环保系统产品并提供相关服务。H股上海电气是中国最大的综合型装备制造业集团之一，2006年被国家发改委评为"在振兴装备制造业工作中做出重要贡献"的单位之一。截至2008年10月6日，H股上海电气的总股本为1189164.8万股。H股上海电气的基本情况见表15-1。

表15-1　　H股上市公司上海电气的基本情况①

公司名称	上海电气集团股份有限公司
注册资本	1189164.8万元
法定代表人	徐建国
成立日期	2004年3月1日
股票上市地	香港联合交易所有限公司
股票代码	2727.HK
经营范围	电站及输配电，机电一体化，交通运输、环保设备的相关装备制造业产品的设计、制造、销售，提供相关售后服务，以上产品的同类产品的批发、货物及技术进出口、佣金代理（不含拍卖），提供相关配套服务，电力工程项目总承包，设备总成套或分交，技术服务（涉及行政许可的凭许可证经营）

2. H股上海电气的业务情况

H股上海电气的主营业务分为五大核心业务板块，包括电力设备板块、机电一体化板块、重工设备板块、交通设备板块和环保系统板块。就电力设备板块而言，

① 表15-1及以下本章所有表、图是根据上市公司公布的信息（包括数字、财务数据、相关指标等）整理形成。

H 股上海电气是中国从事设计、制造、销售发电及输配电设备业务规模最大的企业之一，也是中国唯一同时在发电设备及输配电设备市场有重要地位的制造商；就机电一体化设备板块而言，H 股上海电气主要制造包括电梯、机床、印刷包装设备以及其他机电一体化产品；就重工设备板块而言，H 股上海电气的业务领域涉及核电核岛设备、石化装备重型压力容器、冶金设备、电站碾磨设备、重型矿山水泥工程设备、大型锻压设备、船用机电设备、大型铸锻件、起重运输机械、海洋工业设备及相关服务业等；就交通设备板块而言，H 股上海电气的主要产品包括柴油机和轨道交通设备，由于 H 股上海电气拟将主要从事柴油机业务的下属子公司上柴股份转让给上海汽车集团股份有限公司，届时 H 股上海电气将不再经营柴油机业务；就环保系统板块而言，H 股上海电气的主要产品及服务包括成套固体废物处理系统及工程服务，成套脱硫、脱硝、除尘及其他空气污染处理系统，城市生活污水、工业废水处理系统及各类水务工程服务，区域环境卫生系统服务，太阳能电池及光伏发电工程等，属于环保和资源综合利用行业。2008 年 1 ~ 6 月，H 股上海电气的电力设备板块、机电一体化板块、重工设备板块、交通设备板块、环保系统板块五大业务板块的销售收入占营业收入总额的比重分别为 53.23%、23.61%、7.49%、9.57%、5.03%。H 股上海电气五大核心业务板块的产品能够形成相互支撑和带动，各个板块之间的协调发展效应良好。根据《国务院关于加快振兴装备制造业的若干意见》，国家政策大力支持十六个重点装备制造行业的发展，H 股上海电气的百万千瓦级核电机组、超临界火电机组、特高压输变电成套设备、城市轨道交通设备、环保成套装备以及精密数控机床分别属于其中重点发展的五大行业，并在相关行业中具有突出地位和显著优势。此外，H 股上海电气还通过下属子公司从事核心业务的研发和设计，以及通过下属财务公司从事金融业务。

3. H 股上海电气的财务情况

根据安永大华会计师事务所出具的安永大华业字［2008］第 652 号《审计报告》，2005 ~ 2007 年 H 股上海电气的主要财务数据见表 15 - 2。

表 15 - 2　　H 股上海电气 2005 ~ 2007 年的主要财务数据

财务指标	2007 年	2006 年	2005 年
总资产（万元）	7600588.3	6371978.1	549123.7
总负债（万元）	4885319.3	4051683.2	3394317.3
资产负债率（母公司）（%）	58.30	46.99	27.60

续表

财务指标	2007 年	2006 年	2005 年
营业收入（万元）	5683358. 5	4419398. 4	3629221. 3
利润总额（万元）	575605. 0	408541. 7	363395. 5
净利润（万元）	442205. 3	303715. 7	263109. 9
净资产收益率①（%）	15. 14	11. 86	14. 82
每股收益②（元）	0. 23	0. 16	0. 16

4. H 股上海电气的股权结构及控制关系

截至 2008 年 6 月 30 日，H 股上海电气的总股本为 1189164. 8 万股，其中，内资股股东持有的股份共计 891873. 6 万股，占总股本的 75%；H 股股东持有的股份共计 297291. 2 万股，占总股本的 25%。H 股上海电气的控股股东及实际控制人为上海电气（集团）总公司（简称“电气总公司”）。H 股上海电气直接和间接控股的子公司达 100 多家，其中包括 3 家上市公司，即从事电力设备板块业务的 A 股上市公司上电股份，从事机电一体化板块业务的 A + B 类上市公司上海机电股份有限公司（简称“上海机电”），从事交通设备板块业务的 A + B 类上市公司上海柴油机股份有限公司（“上柴股份”）③。H 股上海电气的股权结构见表 15 – 3，控制关系见图 15 – 1。

表 15 – 3　H 股上海电气的股权结构

股东名称	股份性质	持股数量（万股）	持股比例（%）
内资股股东	—	891873. 6000	75. 00
上海电气（集团）总公司	国家股	740908. 8498	62. 30
深圳丰驰投资有限公司	法人股	91777. 8942	7. 72
申能（集团）有限公司	国家股	48989. 2122	4. 12
汕头市明光投资有限公司	法人股	5098. 8612	0. 43
上海城市建设投资开发总公司	法人股	5098. 7826	0. 43
H 股股东	境外上市外资股	297291. 2000	25. 00
合计		1189164. 8000	100. 00

① 是指扣除非经常性损益后归属于公司普通股股东的加权平均净资产收益率。

② 是指扣除非经常性损益后的每股收益。

③ 2007 年 12 月 29 日，上海电气董事会审议批准上海电气与上海汽车集团股份有限公司签订股权转让协议之议案，以人民币 9. 2342 亿元出售其持有的上柴股份 50. 32% 股份。股权转让完成后，上海电气将不再持有上柴股份的股份。

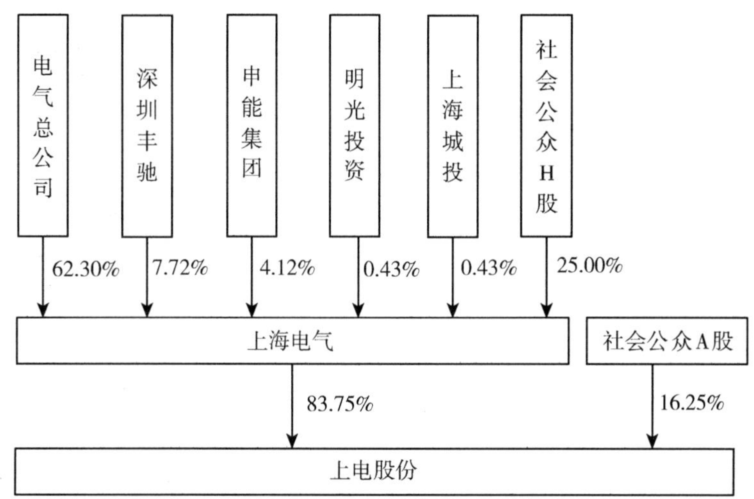

图15－1　H股上海电气控制关系

二、吸收合并目标公司——A股上电股份

A股上市公司上电股份为此次吸收合并的目标公司。A股上电股份是H股上海电气的下属子公司。吸收合并完成后，A股上电股份将依法终止上市并注销法人资格。

1. A股上电股份的基本情况

1992年7月9日，原上海电器公司（全民所有制性质）实施改组并向社会招股募集设立上海电器股份有限公司。1993年1月18日，上海电器股份有限公司在上海证券交易所挂牌交易，股票简称为“电器股份”，证券代码为600627，其股本总额为4065.06万股，每股面值10元。2004年5月12日，上海电器股份有限公司的名称变更为“上海输配电股份有限公司”；2004年5月28日，其股票简称变更为“上电股份”，证券代码不变，仍为600627。A股上电股份经过多年发展，通过配股、送股、股权转让及股权分置改革等，使其总股本大幅增加，并且股本结构也进行了多次变更。截至2008年6月30日，A股上电股份的总股本为51796.5452万股，其控股股东为H股上海电气。A股上电股份的基本情况见表15－4。

表15－4　A股上市公司上电股份的基本情况

公司名称	上海输配电股份有限公司
注册资本	51796.5452万元

续表

法定代表人	黄迪南
成立日期	1992 年 7 月 9 日
股票上市地	上海证券交易所
股票代码	600627
经营范围	国内和涉外建设项目，电力工程项目总承包，设备总成套或分交，各类商品及技术的进出口业务、电站及电力网络成套设备，输配电及控制设备，电线、电缆、光缆及电工器材，工夹模具，电机，工业自动控制系统装置，船舶电力装置，轨道交通供电设备，核电供电设备及现代建筑构件，家用电力器具，蓄电池，与经营范围相关的咨询服务及生产经营用原材料，房地产经营、开发、实业投资，承包境外与出口自产设备相关的工程和境内国际招标工程，上述境外工程所需的设备、材料出口，对外派遣实施上述境外工程所需的劳务人员（涉及许可经营的凭许可证经营）

2. A 股上电股份的业务情况

A 股上电股份是集生产、经营、科研、投资、国际贸易为一体的大型企业，专业从事输配电设备制造及输配电工程总承包。A 股上电股份及其控股、参股的子公司所属行业涉及电站锅炉、输变电一次设备、高中低压变压器、高中低压开关、工业控制自动化、电力自动化以及工程成套和进出口各个环节。A 股上电股份的主营业务涉及三大产业板块，即输配电产品板块、输配电工程成套板块及进出口贸易板块。其中，A 股上电股份在高端输配电产品方面与世界知名跨国公司共同投资设立了 16 家合资公司，合资伙伴包括西门子、施耐德、日立、阿海珐等；A 股上电股份的进出口贸易业务主要通过子公司上海电器进出口有限公司经营。2008 年 1 ~ 6 月，输配电产品板块、输配电工程成套板块及进出口贸易板块的业务收入占主营营业收入总额的比重分别为 42.19%、28.30%、29.51%。由此可见，输配电产品板块的业务收入是 A 股上电股份最主要的收入来源。

3. A 股上电股份的财务情况

A 股上电股份利润的主要来源为投资收益，其 2007 年实现投资收益 44206.2 万元，占利润总额的比重为 97.55%。经审计，2005 ~ 2007 年 A 股上电股份的主要财务数据见表 15 - 5。

表 15 -5　　A 股上电股份 2005 ~2007 年的主要财务数据

财务指标	2007 年	2006 年	2005 年
总资产（万元）	359843. 6	322894. 7	253361. 7
总负债（万元）	126104. 3	124530. 5	102825. 1
资产负债率（母公司）（%）	35. 04	38. 57	40. 58
营业收入（万元）	291988. 2	238217. 0	181274. 8
利润总额（万元）	45317. 2	57419. 5	44009. 4
净利润（万元）	43778. 8	55985. 1	42932. 3
净资产收益率（%）	19. 12	28. 71	28. 63
每股收益（元）	0. 85	1. 06	0. 83

4. A 股上电股份的股权结构及控制关系

截至 2008 年 6 月 30 日，A 股上电股份的总股本为 51796. 5452 万股。其中，有限售条件的流通股股份共计 46696. 5449 万股，占总股本的 90. 15%；无限售条件的流通股股份共计 5100. 0003 万股，占总股本的 9. 85%。A 股上电股份的控股股东为 H 股上海电气，实际控制人为电气总公司。A 股上电股份的股权结构见表 15 -6。

表 15 -6　　A 股上电股份的股权结构

股份类别	持股数量（万股）	持股比例（%）
有限售条件流通股	46696. 5449	90. 15
国有法人股（电气总公司）	43380. 7200	83. 75
社会募集法人股	3315. 8249	6. 40
无限售条件流通股	5100. 0003	9. 85
人民币普通股（A 股）	5100. 0003	9. 85
总股本	297291. 2000	100. 00

第二节　H 股上海电气吸收合并 A 股上电股份的基本思路

在实施吸收合并前，H 股上海电气的输配电设备业务主要由下属子公司 A 股上电股份经营。由于 A 股上电股份的输配电制造业务通过其控股及参股的子公司经营，并且其盈利主要来源于参股公司，导致 A 股上电股份存在业务及产品较为单一、缺乏对自身经营的控制权等问题。为有效解决上述问题，H 股上海电气与 A 股上电股份实施吸收合并，从而进一步整合其输配电设备业务。H股上海电气吸收合并A股上电股份的方式为H股上海电气以首次公开发行的A股股票换股吸收合并A股上电股份。H股上海电气首次公开发行A股股份与换股吸收合并A股上电股份同时进行且互为条件。吸收合并完成后，A股上电股份依法终止上市并注销法人资格，H股上海电气为存续公司并成为H+A类上市公司。

一、H股上海电气首次公开发行A股股票

吸收合并前，上海电气为H股上市公司。为了推动此次吸收合并的顺利进行，H股上海电气首次公开发行A股并在上海证券交易所上市。经中国证监会证监许可［2008］1233号文及证监许可［2008］1262号文核准，H股上海电气首次发行人民币普通股（A股），发行对象为除H股上海电气外未行使现金选择权的A股上电股份股东，发行价格为4.78元/股，发行数量为61603.8405万股。H股上海电气首次公开发行的61603.8405万股A股股票，全部用于换股吸收合并A股上电股份。H股上海电气首次公开发行A股股票后，经上海证券交易所上证上字［2008］114号文批准，H股上海电气首次公开发行的61603.8405万股A股股票于2008年12月5日起在上海证券交易所上市交易，其股票简称为“上海电气”，证券代码为601727。

二、A股上电股份以换股方式认购上海电气发行的A股股票

H股上海电气首次公开发行的A股股票全部用以换股吸收合并A股上电股份。A股上电股份股东（H股上海电气除外）以其持有的全部股份认购H股上海电气首次公开发行的A股股份。这就意味着，A股上电股份股东（H股上海电气除外）将其持有的股份按照换股比例换取相应的H股上海电气股份。为了充分保障A股上电股份股东的权益，在实施换股吸收合并时，由第三方向符合条件的A股上电股份股东提供现金选择权，同时给予未行使现金选择权的A股上电股份股东一定的风险补偿，以确保换股吸收合并的顺利进行。行使现金选择权的A股上电股份股东将其股份转让给第三方并获得第三方支付的现金对价，而第三方在受让股份后进行换股，即以其受让的相应股份换取H股上海电气发行的A股股份。此外，H股上海电气持有的上电股份43380.72万股股份不参与换股，也不行使现金选择权，上述股份在换股吸收合并完成后依法予以注销。

三、H股上海电气在吸收合并A股上电股份后成为H+A类上市公司

通过吸收合并，不仅有效化解了A股上电股份经营中存在的风险并使其股东得以分享H股上市公司的收益，而且实现了母公司H股上海电气的集中统一管理，使其同时拥有H股市场和A股市场两个资本运营平台。具体而言，换股吸收合并完成后，A股上电股份未行使现金选择权的股东及提供现金选择权的第三方持有的全部A股上电股份的股票，全部转换为H股上海电气的A股股票。由此，A股上电股份不符合上市的条件，其依法终止上市并注销法人资格。H股上海电气作为存续公司，承接A股上电股份的全部资产业务及人员等，并直接管理A股上电股份的控股及参股公司的股权。上海电气原为H股上市公司，在首次公开发行A股及吸收合并上电股份后，拥有H股市场和A股市场两个资本运营平台而成为H+A类上市公司。

第三节 H股上海电气吸收合并A股上电股份的具体操作

2007年10月22日，H股上海电气与A股上电股份签署了《吸收合并协议》。根据《吸收合并协议》的相关安排，H股上海电气以换股的方式吸收合并A股上海电气。在H股上海电气换股吸收合并A股上电股份的具体操作中，H股上海电气首次公开发行A股股票与换股吸收合并同时实施，二者互为前提。H股上海电气首次公开发行的A股股票全部用于吸收合并A股上电股份，其不另向社会公众公开发行股票募集资金。吸收合并完成后，上海电气成为H+A类上市公司，其股权结构发生变更，但控股股东及实际控制人仍为电气总公司。

一、H股上海电气以首次公开发行的A股股票换股吸收合并A股上电股份

H股上海电气首次公开发行A股股票共计61603.8405万股，按照1∶7.32的换股比例换取A股上电股份共计8415.8252万股股份。而H股上海电气持有的A股上电股份43380.72万股股份，按照相关法律的规定，需在换股吸收合并后全部注销。

1. H 股上海电气首次公开发行 A 股股票的价格及数量

经中国证监会核准，H 股上海电气首次公开发行 A 股股票的发行价格为 4.78 元/股；发行数量为 61603.8405 万股；发行对象为合并实施股权登记日登记在册的除上海电气外的上电股份全体股东，以及通过现金选择权的实施而获得上电股份股票的第三方①。

2. 换股价格与换股比例的确定

H 股上海电气的换股价格与其首次公开发行 A 股股票的价格相同，即 4.78 元/股。A 股上电股份根据换股吸收合并方案公告前最后一个交易日（2007 年 8 月 8 日）的收盘价，确定其换股价格为 28.05 元/股，但是，考虑到股票市场波动的风险并对参与换股的 A 股上电股份股东给予一定的风险补偿，最后确定在原换股价格 28.05 元/股的基础上给予其 24.78% 的溢价，实际换股价格相当于 35.00 元/股。按照 A 股上电股份与 H 股上海电气的换股价格，确定换股比例为 1∶7.32，即 A 股上电股份股东所持有的每 1 股上电股份股票可以换取 7.32 股 H 股上海电气的 A 股股票。

3. 换股方法与换股数量

在现金选择权申报期结束后的下一工作日，未行使现金选择权的 A 股上电股份股票（H 股上海电气持有的 A 股上电股份股票除外）及第三方持有的 A 股上电股份股票，全部转换为 H 股上海电气非公开发行的 A 股股票。A 股上电股份股东持有上电股份的股份数额乘以换股比例即为该股东获得的 H 股上海电气此次公开发行的 A 股股份数额。对于不足 1 股的余股，按照小数点后的尾数大小排序，每一位股东依次送 1 股，直至实际换股数与计划发行股数一致；如遇尾数相同者多于余股时，则计算机系统随机发放。截至 2008 年 6 月 30 日，A 股上电股份的总股本为 51796.5452 万股，扣除 H 股上海电气持有的 A 股上电股份共计 43380.72 万股股份后，A 股上电股份用于此次换股吸收合并的股份数额为 8415.8252 万股。按照 1∶7.32 的换股比例计算，A 股上电股份换取的 H 股上海电气的 A 股股份数额为 61603.8405 万股，即 H 股上海电气首次公开发行的 61603.8405 万股 A 股股份全部用于换股吸收合并 A 股上电股份。

---

① 由于实际操作中，部分上电股份股东选择行使现金选择权，因此，提供现金选择权的第三方海通证券，也成为上海电气首次公开发行 A 股股票的发行对象之一。根据现金选择权的实施结果，最终上海电气向海通证券发行的股份共计 2550.8568 万股。

4. 换股完成后A股上电股份股东持有的有限售条件流通股股份限售期的规定

H股上海电气首次非公开发行A股及换股吸收合并A股上电股份完成后，其A股股票将申请在上海证券交易所上市交易。根据H股上海电气的控股股东电气总公司做出的关于股份锁定的承诺，电气总公司持有的H股上海电气的有限售条件流通股股份的限售期为36个月，即自H股上海电气的A股股票在上海证券交易所上市之日起36个月内，电气总公司所持有的H股上海电气的A股股份不转让或者委托他人管理，也不由H股上海电气回购其所持有的上海电气A股股份。H股上海电气的原内资股股东深圳丰驰投资有限公司、申能（集团）有限公司、汕头市明光投资有限公司、上海市城市建设投资开发总公司所持有的H股上海电气的有限售条件流通股股份的限售期为12个月，即自H股上海电气的A股股票在上海证券交易所上市之日起12个月内，其持有的H股上海电气的A股股份不得转让。上述有限售条件的流通股股份只有在限售期满后，才可上市流通交易。

二、A股上电股份无限售条件流通股股东现金选择权的实施

根据H股上海电气2007年度特别股东大会通过的相关决议，此次换股吸收合并的过程中，由第三方向A股上电股份的股东（H股上海电气除外）提供现金选择权，以充分保护A股上电股份股东的权益。除H股上海电气外，A股上电股份的其他股东可自行选择全部或部分行使现金选择权。

1. 提供现金选择权的第三方为海通证券

海通证券作为此次换股吸收合并的第三方，向A股上电股份的股东（H股上海电气除外）提供现金选择权。海通证券承诺，若A股上电股份的全部或部分股东将其所持有的全部或部分股份申报现金选择权，海通证券将根据《换股吸收合并方案》的相关约定，向申报现金选择权的股东支付现金对价。相应地，海通证券受让A股上电股份股东申报的股份。

2. 现金选择权的价格为28.05元/股

根据《换股吸收合并方案》的约定，现金选择权的行权价格为28.05元/股。现金选择权的行权价格根据A股上电股份换股吸收合并方案公告前最后一个交易日（2007年8月8日）收盘价确定。符合条件的A股上电股份股东有权以28.05元/股的价格将其持有的全部或部分上电股份股票转让给第三方海通证券。

3. 现金选择权的申报时间及申报结果

此次换股吸收合并的现金选择权申报时间为2008年11月13~17日。行使现金

选择权的申报手续与二级市场卖出上海证券交易所上市股票的方式相同。行使现金选择权的股东不得就其已被冻结或质押的A股上电股份的股份进行现金选择权的申报。除司法强制扣划以外，已申报行使现金选择权的股份不得再行转让；若已申报行使现金选择权的股份被司法强制扣划，则该部分股份已申报行使的现金选择权自司法扣划发生时无效。现金选择权申报结束后，申报行使现金选择权的A股上电股份的股份共计348.4777万股。上述股份依法转让给提供现金选择权的第三方海通证券后，海通证券支付相应的现金对价，并且海通证券以受让的全部股份参与换股吸收合并。

三、电气总公司的相关承诺及承诺履行情况

为了确保换股吸收合并的顺利实施，并充分保护H股上海电气股东的利益，H股上海电气的控股股东电气总公司作出了避免同业竞争、补缴企业所得税、解决房地产权属问题等一系列的承诺。在承诺期限内，电气总公司依法履行了相应的承诺。

1. 电气总公司关于补缴企业所得税的承诺及承诺履行情况

H股上海电气部分下属子公司在2005~2007年三年间存在享受的税收优惠与国家税收管理相关规定不相一致的情形。为此，电气总公司承诺，若主管部门要求H股上海电气（包括下属子公司）补缴因享受上述相关优惠而免缴及少缴的企业所得税，则电气总公司将承担H股上海电气及其下属子公司应补缴的税款，以及由此所产生的所有相关费用。在承诺期限内，电气总公司依法履行了上述承诺。

2. 电气总公司关于房地产权属问题的承诺及承诺履行情况

截至2008年6月30日，H股上海电气部分下属子公司拥有的房屋建筑物尚未获得房地产证；其直接控股的子公司拥有的房地产中有9处划拨土地、4处房地产需办理权利人名称变更过户手续；其直接控股的子公司存在25处附着于租赁土地上的房屋所有权的情形。针对上述问题，电气总公司承诺，将尽力协助H股上海电气办理相关土地和房产的产权登记手续，并承诺如由于前述情况导致H股上海电气（包括下属子公司）不能正常使用上述房地产，电气总公司将赔偿H股上海电气（包括下属子公司）因此而遭受的相应经济损失；如由于上述情况导致H股上海电气（包括下属子公司）被主管机关处罚或任何第三方索赔，则电气总公司将赔偿H股上海电气（包括下属子公司）因此而遭受的实际损失。截至2014年2月，H股上海电气部分下属子公司拥有的房屋建筑物已取得相应的房地产证，其下属子公司

拥有的房地产中部分划拨土地及房产证已办理了相应的名称变更过户手续。但是，H 股上海电气直接控股的子公司尚存在 5 处划拨土地未办理权利人名称变更过户手续；25 处附着于租赁土地上的房屋所有权中尚有 19 处 H 股上海电气下属子公司的房屋依旧附着于租赁自电气总公司的土地上。电气总公司仍将履行上述承诺。

四、吸收合并完成后双方资产人员等的处置与安排

按照 H 股上海电气与 A 股上电股份的相关约定，换股吸收合并完成后，A 股上电股份的全部资产、业务及人员等划入 H 股上海电气，并且 A 股上电股份终止上市并注销法人资格。而 H 股上海电气作为存续公司，承接 A 股上海电气的全部资产、业务及人员等。

1. 吸收合并完成后 A 股上电股份的资产及股东权益全部并入 H 股上海电气

经交易双方协商同意，自换股吸收合并完成之日起，A 股上电股份所有资产的所有权（包括但不限于所有物业、商标、专利、特许经营权等资产）及与之相关的权利和利益，均由 H 股上海电气所享有；A 股上电股份签署的一切有效的合同或协议下的权利、义务及权益主体变更为 H 股上海电气。H 股上海电气需办理上述相关资产的变更登记手续，如由于变更登记等原因而未能履行形式上的移交手续，不影响 H 股上海电气对上述资产享有的权利和承担的义务。与此同时，按照《公司法》及相关法律法规的规定，交易双方向债权人发布有关此次换股吸收合并事宜的通知和公告后，将按照各自债权人的要求清偿债务或提供充分有效的担保，双方所有未予偿还的债务在换股吸收合并完成后将由 H 股上海电气承继。此外，因换股吸收合并而发生的各项成本和费用，H 股上海电气与 A 股上电股份依据有关法律法规或规范性文件的规定，以及相关合同的约定各自承担；如上述成本、费用延续至吸收合并完成后，则由 H 股上海电气继续承担。

2. 吸收合并完成后 A 股上电股份的人员由 H 股上海电气全部接收

换股吸收合并完成后，A 股上电股份的董事会、监事会终止履行职权，相应的，其董事、监事也终止履行职权。根据《吸收合并协议》的相关约定，H 股上海电气需妥善安置 A 股上电股份的董事、监事、高级管理人员及员工。由于 A 股上电股份本部的员工人数相对较少，主要为管理人员和技术人员，上述人员在换股吸收合并后全部进入 H 股上海电气相应的管理部门和生产经营部门。H 股上海电气所承接的原 A 股上电股份经营管理层、各岗位职工，需与 H 股上海电气签署新的聘用

协议或劳动合同。此外，对于A股上电股份下属的全资及控股子公司，因在换股吸收合并前后不发生变化，其员工劳动关系及任职情况不受此次换股吸收合并的影响。

五、吸收合并完成后A股上电股份依法终止上市并注销法人资格

换股吸收合并完成后，A股上电股份作为吸收合并目标公司，其资产、业务及人员等全部并入H股上海电气，不再符合上市公司的条件，应依法终止上市。终止上市后，A股上电股份进行了法人资格的注销。

1. 吸收合并完成后A股上电股份依法终止上市

此次换股吸收合并事项获得证监会核准后，A股上电股份向上海证券交易所提出了关于股票终止上市的申请。2008年11月21日，上海证券交易所就上述申请事项出具了《关于决定上海输配电股份有限公司股票终止上市的通知》（上证上字［2008］111号文），同意A股上电股份自2008年11月26日起终止上市。

2. 吸收合并完成后A股上电股份法人资格注销

根据H股上海电气与A股上电股份签署的《上海电气集团股份有限公司以换股方式吸收合并上海输配电股份有限公司之合并协议》的约定，换股吸收合并完成后，A股上电股份依法注销其法人资格。

六、吸收合并完成后上海电气的股权结构及控制关系变化

H股上海电气首次公开发行A股及换股吸收合并A股上电股份完成后，上海电气由H股上市公司转变为H+A类上市公司，其股权结构也相应地发生变化。但是，H股上海电气的控股股东及实际控制人未发生变化，仍为电气总公司。

1. 吸收合并完成后上海电气的股权结构变化

由于H股上海电气首次公开发行A股股票并换股吸收合并A股上电股份，使H股上海电气的总股本由1189164.8万股增加至1250768.6405万股，共计增加了61603.8405万股股份，占上海电气换股吸收合并后总股本的4.925%。与此同时，通过换股吸收合并，原A股上电股份的股东（H股上海电气除外）及提供现金选择权的第三方成为H股上海电气的无限售条件流通A股股东。换股吸收合并完成后，上海电气的股权结构见表15－7。

表 15－7　　换股吸收合并完成后上海电气的股权结构

股份类型	股份性质	持股数量（万股）	持股比例（%）
A 股	—	953477. 4405	76. 23
有限售条件的流通 A 股	—	891873. 6000	71. 32
其中：电气总公司	国家股	740908. 8498	59. 24
深圳丰驰投资有限公司	法人股	91777. 8942	7. 34
申能（集团）有限公司	国家股	48989. 2122	3. 92
汕头市明光投资有限公司	法人股	5098. 8612	0. 41
上海城市建设投资开发总公司	法人股	5098. 7826	0. 41
无限售条件的流通 A 股	A 股社会公众股	61603. 8405	4. 93
H 股	境外上市外资股	297291. 2000	23. 77
合计		1250768. 6405	100. 00

2. 吸收合并完成后上海电气的控制关系变化

换股吸收合并前，H 股上海电气的总股本为 1189164. 8 万股，其中，内资股股东电气总公司持有其 740908. 8498 万股股份，占总股本的比重为 62. 30%，是 H 股上海电气的控股股东，同时也是 H 股上海电气的实际控制人。换股吸收合并后，A + H类上市公司上海电气的总股本变更为 1250768. 6405 万股，其中，有限售条件的流通 A 股股东电气总公司持有其 740908. 8498 万股 A 股股份，占总股本的比重为 59. 24%，仍是上海电气的控股股东。这就意味着，换股吸收合并完成后，上海电气的控制关系没有发生变化，其控股股东及实际控制人仍是电气总公司。吸收合并完成后上海电气的控制关系见图 15－2。

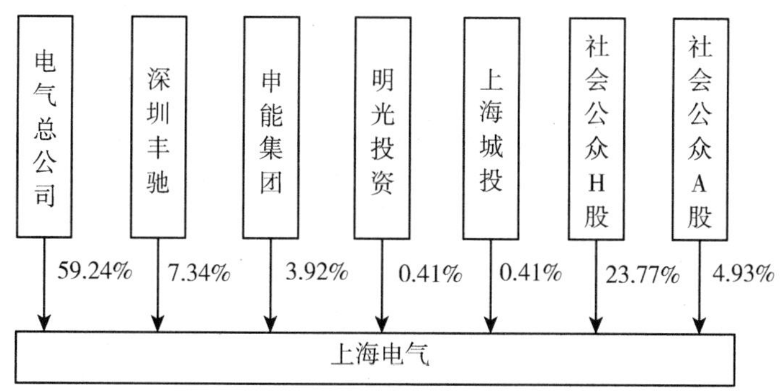

图 15－2　吸收合并完成后上海电气的控制关系

第四节　上海电气吸收合并上电股份而重组为 H + A 类上市公司产生的影响

H 股上海电气吸收合并 A 股上电股份，既是母子公司之间的吸收合并，也是不同交易地的两家上市公司之间的吸收合并。通过实施 H 股上海电气与 A 股上电股份的吸收合并，对两家公司未来的经营发展都产生了深远的影响。

一、上海电气吸收合并上电股份而重组为 H + A 类上市公司对上海电气的影响

上海电气通过吸收合并下属子公司上电股份，一方面，强化了对下属子公司的控制，进一步整合了业务体系，实现了运营效率的大幅提升；另一方面，通过首次公开发行 A 股股份及吸收合并，上海电气转变为在香港联合证券交易所与上海证券交易所两地上市的公司，其融资能力大幅提高。

1. 通过换股吸收合并使上海电气实现集中统一管理及运营效率的大幅提升

上海电气作为中国最大的综合型装备制造业集团之一，拥有多家子分公司，其涉及的业务范围较为广泛，并形成了多元化的业务体系。实施换股吸收合并前，上电股份是上海电气的下属子公司，属于上海电气业务经营体系的一个组成部分，同时，上电股份也拥有多家下属控股公司及参股公司，从而形成了多个管理层级。吸收合并完成后，上海电气承接上电股份的全部业务，而上电股份的子分公司也成为上海电气直接控股的子公司，由上海电气直接管理，从而进一步强化了其业务控制权并完善了业务体系，实现了上海电气对下属子公司的集中统一管理，同时减少了母子公司之间的管理层级，有利于公司管理效率及运营效率的大幅提升。通过吸收合并，上海电气能够在集团范围内合理配置资源，使资源的使用效率大幅提升，有利于上海电气长期盈利能力的提升，为上海电气未来的发展创造了良好条件。

2. 通过换股吸收合并使上海电气能够同时在 H 股和 A 股市场上市融资

实施吸收合并前，上海电气与上电股份为不同交易所上市的两家上市公司，其中，上海电气为 H 股上市公司，上电股份为 A 股上市公司。为了确保换股吸收合并的顺利实施，上海电气首次公开发行 A 股股票，并将首次公开发行的 A 股股票全部用于换股吸收合并，实现了上海电气在国内 A 股市场的上市交易。这就意味着，吸收合并完成后，上海电气同时在 H 股市场与 A 股市场上市，并能够同时在 H 股

市场与 A 股市场进行融资，从而进一步拓宽了上海电气的融资渠道并增强了其融资能力。随着 A 股市场投融资工具的不断创新及投融资活动的开展，将进一步为上海电气做大做强提供有力的资金支持与保障。

二、上海电气吸收合并上电股份而重组为 H + A 类上市公司对上电股份的影响

实施吸收合并前，上电股份虽然持续盈利，但其利润来源主要为投资收益，并且在业务结构及业务控制权等方面存在一定的风险。换股吸收合并后，上电股份的业务并入母公司上海电气，不仅有效化解了上电股份在业务结构与业务控制权方面的风险，也实现了其股东收益的持续增长。

1. 通过换股吸收合并使上电股份业务单一及业务控制权不足的风险得到有效化解

上电股份从事输配电设备制造行业，不仅对输配电制造行业的景气度有较大的依赖性，也面临着业务单一、产品单一的风险。一旦未来电网公司固定资产投资增速放缓导致行业需求增长不足，或者上游原材料价格大幅波动导致成本上升，上电股份的经营业绩都会受到重大影响。而上电股份的业务并入上海电气后，由于上海电气业务结构较为多元化，且不同业务板块之间的相关度较低，从而可以有效防范单一行业景气度变化对股东利益的影响，使上电股份的业务及产品单一的风险得到有效化解。此外，上电股份的输配电设备制造业务全部通过下属控股公司及参股公司经营，并且其盈利也来源于参股公司，使上电股份缺乏对公司经营的控制权。而上海电气作为控股型公司，对业务及经营成果有较强的控制力。这就意味着，吸收合并完成后，原上电股份的股东成为上海电气的股东，其将不再面临业务控制权不足的风险。

2. 通过换股吸收合并使上电股份股东得以持续分享上市公司的业绩增长

无论是从资产规模还是从盈利能力看，上电股份都低于上海电气。上海电气最近三年的业务收入和利润保持着较快的增长，并且预计未来的盈利能力也将不断增强。吸收合并完成后，上电股份的股东成为上海电气股东，从而能够持续分享上海电气的长期稳定增长和业绩回报。根据合并财务报表的数据显示，吸收合并前（截至 2008 年 6 月 30 日），上电股份的净资产收益率为 5.05%，每股收益为 0.65 元；吸收合并后，存续公司合并财务报表的净资产收益率为 11.86%，每股收益为 0.95 元。由此可见，吸收合并后，原上电股份的股东所享有的股东权益及每股收益均实

现了大幅提升。随着上海电气未来经营业绩的增长，原上电股份的股东将持续分享上海电气更多的业绩增长，从而实现其股东权益的最大化。

第五节　上海电气吸收合并上电股份而重组为 H + A 类上市公司的评价

上海电气与上电股份为不同交易所的两家上市公司，并且上海电气为上电股份的控股股东。通过实施换股吸收合并，实现了母子公司之间的整合重组，使子公司上电股份依法终止上市并注销法人资格，而母公司上海电气为存续公司，成功实现了在 H 股市场及 A 股市场的同时上市。

一、上海电气通过吸收合并上电股份而实现母子公司之间的整合重组

吸收合并前，上海电气是上电股份的绝对控股股东及实际控制人。为了进一步实现母子公司之间业务及资源的整合，上海电气及其下属子公司上电股份实施了换股吸收合并。通过换股吸收合并，一方面，使上电股份的资产、业务、人员等全部并入上海电气，成功实现了母子公司业务及资源的整合，对母子公司未来的发展都具有积极意义；另一方面，吸收合并后上电股份依法注销法人资格，原上电股份的下属控股或参股子公司成为上海电气直接控股或参股的子公司，实现了上海电气的股权集中统一管理，强化了对下属子公司的控制权。这为大型集团公司减少管理层级及提升管理效率与运营效率，提供了可借鉴的操作模式。

二、以换股吸收合并的方式实现上海电气在 H 股和 A 股市场的同时上市

不同交易所上市的两家公司之间实施吸收合并，通常有两种方式：一是通过收购或换股等方式，将吸收合并目标公司的资产、业务、人员等全部并入吸收合并主体即存续公司，而吸收合并目标公司的股东成为存续公司的股东，相应地，其股东所持有的股票应进行“跨市场转登记”，变更其股票登记的证券交易所。二是吸收合并主体在吸收合并目标公司所在的证券交易所完成上市，从而在同一个证券交易所完成两家公司的吸收合并。在实际操作中，实施吸收合并的上市公司往往更倾向于采取第一种操作方式。而在上海电气吸收合并上电股份而重组为 H + A 类上市公

司的案例中，采取的是第二种操作方式，即上海电气首次公开发行 A 股并在上海证券交易所上市，以首次公开发行的 A 股股票换股吸收合并上电股份，实现了 H 股上市公司回归 A 股市场。吸收合并完成后，上海电气拥有了 H 股市场与 A 股市场两个资本运营平台，使其融资能力进一步提升，为上海电气未来的可持续发展创造了条件，同时也为处于不同交易所的两家上市公司之间的吸收合并提供了可借鉴的操作模式。

附表　上海电气吸收合并上电股份而重组为 H + A 类上市公司时间

序号	时间	事　项
1	2007 年 8 月 30 日	上海电气与上电股份的董事会分别审议通过吸收合并事宜
2	2007 年 10 月 22 日	上海电气与上电股份签署《上海电气集团股份有限公司以换股方式吸收合并上海输配电股份有限公司之合并协议》
3	2007 年 11 月 13 日	吸收合并事宜获国资委批复
4	2008 年 3 月 18 日	吸收合并事宜获商务部批复
5	2008 年 7 月 24 日	吸收合并方案获中国证监会上市公司并购重组委员会有条件审核通过
6	2008 年 11 月 13 ~ 17 日	现金选择权申报期间
7	2008 年 11 月 24 日	现金选择权申报股份过户至海通证券
8	2008 年 11 月 26 日	上电股份终止上市
9	2008 年 12 月 5 日	上海电气发行的 A 股股票上市交易

第十六章 长江证券借壳石炼化而完成上市案例

金融企业在国内A股证券市场上市一直受到限制，随着银行上市序幕的拉开，证券公司也纷纷着手申请上市。受审核及其他因素影响，证券公司以IPO方式在国内A股证券上市进程十分缓慢，或许基于此，为力争早日上市，长江证券（公司全称“长江证券有限责任公司”）选择了借壳上市的途径。长江证券成立于1988年6月1日，是中国最早获批的创新试点证券公司之一。为了尽早与资本市场对接并进一步提升其核心竞争力，长江证券通过借壳上市的方式，将其资产及业务等全部注入上市公司石家庄炼油化工股份有限公司（以下简称“石炼化”），从而完成长江证券资产及业务的整体上市。长江证券采取“资产出售+股份回购+定向增发+送股”的借壳模式，不仅使上市公司石炼化摆脱经营困境并实现扭亏为盈，也实现了长江证券资产的整体上市，从而为金融企业通过借壳或买壳进入资本市场提供了借鉴。

第一节　借壳方与壳公司情况介绍

长江证券借壳石炼化而完成上市的案例共涉及三个交易主体，即长江证券、上市公司石炼化，以及上市公司石炼化的控股股东中国石油化工股份有限公司（以下简称“中国石化”）。其中，长江证券与上市公司石炼化分别为此次借壳上市的借壳方与壳公司，是长江证券借壳石炼化上市的主要交易主体。

一、借壳方——长江证券情况介绍

长江证券借壳石炼化而完成上市案例的借壳方为非上市公司长江证券。长江证券通过借壳上市的方式将其全部资产及业务等注入上市公司石炼化，从而实现了长江证券资产的整体上市。

1. 长江证券的基本情况

长江证券成立于1988年6月1日，原名湖北证券公司，1991年3月18日经中国人民银行湖北省分行和湖北省人民政府批准为非银行金融机构，2000年更名为"长江证券有限责任公司"。长江证券是首批获得A、B股股票主承销、证券投资咨询、受托资产管理以及保险兼业代理业务资格的证券公司之一，也是首批沪深证券交易所会员，并被财政部确定为银行间和交易所跨市场国债承销团成员。长江证券设立时注册资本为1700万元，经过多次增资扩股，截至2007年6月30日，其注册资本达200037.4338万元。长江证券的基本情况见表16－1。

表16－1　长江证券基本情况①

公司名称	长江证券有限责任公司
法定代表人	胡运钊
设立日期	1988年6月1日
注册资本	200037.4338万元
经营范围	证券（含境内上市外资股）的代理买卖；代理证券的还本付息、分红派息；证券代保管、鉴证；代理登记开户；证券的自营买卖；证券（含境内上市的外资股）的承销（含主承销）；证券投资咨询（含财务顾问）；受托投资管理

2. 长江证券的业务状况

长江证券的主营业务为证券经纪业务、证券自营业务、资产管理业务、固定收益业务、金融衍生产品业务等。其中，长江证券的营业收入主要来自证券自营业务与证券经纪业务。以2006年为例，长江证券的证券自营业务收入占总业务收入的比重为42.97%；证券经纪业务收入占总业务收入的比重为36.82%，两项业务收入合计约占总业务收入的80%。为了保证经营的稳定性和持续性，长江证券一方面不断提升主营业务的竞争力，以保持收入的稳定性；另一方面大力发展创新业务，以保证收入结构的合理性。

3. 长江证券的财务状况

2005～2007年，长江证券的资产规模快速扩大，利润额、每股收益及净资产收

① 表16－1及以下本章所有表、图是根据上市公司的信息（包括数字、财务数据、相关指标等）整理形成。

益率等财务指标也快速增长，公司的发展态势良好且发展潜力较大。截至2007年6月30日，长江证券的总资产为2385816.00万元，利润总额为145275.50万元，净资产收益率为31.41%。由此可见，长江证券的财务指标较为良好。根据武汉众环出具的《审计报告》及《净资本专项审核报告》，2005～2007年长江证券的主要财务指标见表16－2。

表16－2　　2005～2007年长江证券主要财务指标

项　　目	2007年6月30日	2006年12月31日	2005年12月31日
净资本（亿元）	28.94	18.73	13.73
总资产（万元）	2385816.00	1025789.58	560802.88
净资产（万元）	417882.77	233272.00	188491.49
项　　目	2007年1～6月	2006年度	2005年度
利润总额（万元）	145275.50	63713.10	－6668.86
净利润（万元）	108503.91	44780.51	－9631.04
每股收益（元/股）	0.540	0.224	－0.048
每股净资产（元/股）	2.090	1.166	0.942
净资产收益率（%）	31.41	19.20	－5.11

4. 长江证券的股权结构及实际控制人

截至2007年6月30日，长江证券的总股本为200037.4338万股，分别由40个法人股东持有。其中，青岛海尔投资发展有限公司（以下简称“青岛海尔”）是长江证券的第一大股东，持有长江证券19%的股份。长江证券不存在控股股东，也没有实际控制人。长江证券前五大股东的持股情况见表16－3。

表16－3　　长江证券前五大股东持股情况

序号	股东名称	持股数额（万股）	持股比例（%）
1	青岛海尔投资发展有限公司	38007.1172	19.00
2	湖北省能源集团有限公司	27602.8960	13.80
3	上海海欣集团股份有限公司	19000	9.50
4	上海锦江国际酒店发展股份有限公司	14250	7.12
5	天津泰达投资控股有限公司	12350	6.17
合计		111210.0132	55.59

二、壳公司——上市公司石炼化情况介绍

石炼化作为国内 A 股上市公司，是此次借壳上市的壳公司。通过吸收合并长江证券及优质资产，上市公司石炼化改善了经营业绩，实现了扭亏为盈。

1. 上市公司石炼化的基本情况

石炼化由石家庄炼油厂于 1997 年 7 月 24 日以募集资金方式设立，并于 1997 年 7 月 31 日在深圳证券交易所上市，设立时的股本总额为 72000 万股，主要经营石化产品的生产与销售业务。2000 年 2 月，石家庄炼油厂将其所持有的上市公司石炼化股份全部转给中国石化，使石炼化成为中国石化下属上市子公司。上市公司石炼化的基本情况见表 16－4。

表 16－4　上市公司石炼化基本情况

公司名称	石家庄炼油化工股份有限公司
法定代表人	毕建国
设立日期	1997 年 7 月 24 日
注册资本	115444. 4333 万元
股票上市地	深圳证券交易所
证券简称	S 石炼化（S*ST 石炼）
证券代码	000783
经营范围	石油加工及产品销售；石油化工产品的生产销售；建筑材料的生产销售；经营本企业自产产品及技术的出口业务和本企业所需的机械设备、零配件、原辅材料及技术的进口业务（国家限定公司经营或禁止进出口的商品及技术除外）；销售本企业自产产品、生产自用材料、设备；自有设备租赁业务；提供电器、仪表、计量、计算机、检验服务（国家限定产品除外）

2. 上市公司石炼化的业务状况

上市公司石炼化的主营业务为石化产品的生产及销售，主要产品包括不同标号的汽油、柴油、煤油、溶剂油、液化气等。上市公司石炼化与控股股东中国石化属于同一行业，并且生产同类产品，母子公司之间存在严重的同业竞争和数额较大的关联交易等问题，在某种程度上制约了上市公司石炼化的发展。

3. 上市公司石炼化的财务状况

2005 年以来，国际原油价格节节攀升并屡创新高，而中国实行的成品油定价机制，导致国际市场原油价格的高涨并未推动中国成品油价格同比例上涨，因此造成

中国原油价格和成品油价格的严重倒挂。受此影响，上市公司石炼化在2005年度、2006年度持续大幅亏损。截至2007年6月30日，上市公司石炼化的总资产为288666.38万元，净资产为-69573.20万元，上市公司石炼化的每股净资产已远低于面值，仅为-0.60元/股，其经营陷入困境。2005~2007年上市公司石炼化的主要财务指标见表16-5。

表16-5 上市公司石炼化2005~2007年主要财务指标

项目	2007年6月30日	2006年12月31日	2005年12月31日
每股收益（元）	0.012	-1.39	-0.63
每股净资产（元）	-0.60	-0.61	0.77
净资产收益率（%）	2.00	-226.34	-81.44
主营业务收入（万元）	571560.88	1494819.25	1189285.19
利润总额（万元）	3482.15	-153963.39	-68224.09
净利润（万元）	1357.85	-160151.82	-72743.10
总资产（万元）	288666.38	279230.17	320100.89
股东权益合计（万元）	-69573.20	-70757.48	89318.16

4. 上市公司石炼化的股权结构及实际控制人

截至2007年6月30日，上市公司石炼化的总股本为115444.4333万股。其中，中国石化持有上市公司石炼化92044.4333万股股份，占总股本的比重为79.73%，为上市公司石炼化的第一大股东及控股股东。上市公司石炼化的实际控制人为中国石化的控股股东中国石油化工集团。上市公司石炼化的股权结构及控制关系见表16-6和图16-1。

表16-6 上市公司石炼化股权结构

股东名称	持股数量（万股）	占总股本比例（%）
中国石化	92044.4333	79.73
流通股股东	23400	20.37
合计	115444.4333	100.00

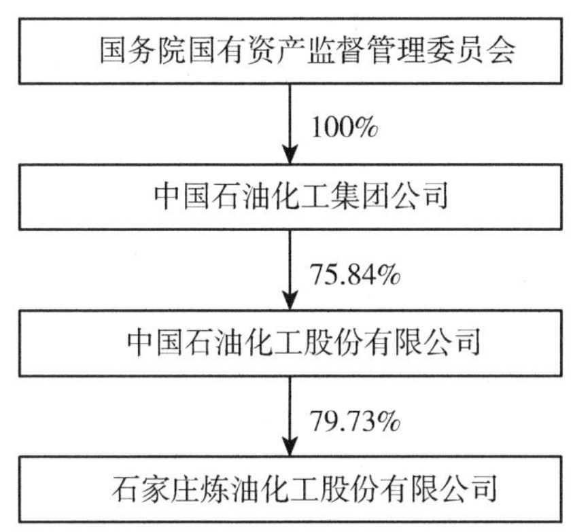

图16－1　上市公司石炼化控制关系

第二节　长江证券借壳石炼化而完成上市的基本思路

长江证券借壳石炼化而完成上市采取分步操作的方式，首先，由上市公司石炼化的母公司中国石化收购石炼化的全部资产而使石炼化成为净壳公司；其次，上市公司石炼化定向回购中国石化持有的石炼化股份而使公司总股本规模缩小；再次，上市公司石炼化以新增股份吸收合并的方式吸收合并长江证券而实现长江证券资产的整体上市；最后，上市公司石炼化实施股权分置改革而使非流通股股东持有的石炼化股份获得有条件上市流通的权利，并在股权分置改革完成后进行了公司名称及股票简称的变更。通过长江证券借壳石炼化而完成上市的操作，顺利实现了长江证券资产及业务的整体上市，同时也使上市公司石炼化摆脱了经营困境，从而达到了双赢的效果。

一、中国石化收购上市公司石炼化的全部资产而使上市公司石炼化成为净壳公司

2005～2007年上市公司石炼化持续亏损，经营陷入困境。为了推动上市公司石炼化与长江证券的资产重组而改善上市公司石炼化的经营业绩，2007年1月中国石化通过议案，同意收购上市公司石炼化经评估后的全部资产，并与石炼化签署了《资产收购协议》。资产收购完成后，上市公司石炼化的全部资产负债业务及人员等转入中国石化，从而使上市公司石炼化成为净壳公司，为进一步的资产重组奠定了良好的基础。

1. 中国石化以承担上市公司石炼化全部负债作为对价收购上市公司石炼化的全部资产

根据《资产收购协议》，此次收购的标的资产为上市公司石炼化在出售基准日（2006 年 9 月 30 日）的全部资产，其评估值为 329010.76 万元。中国石化收购上市公司石炼化全部资产的对价为承担上市公司石炼化在出售基准日（2006 年 9 月 30 日）的全部债务共计 373357.58 万元。

2. 资产收购完成后上市公司石炼化的全部资产负债业务及员工转入中国石化

资产收购完成后，上市公司石炼化的全部资产、负债，以及与资产负债相关的业务、合同权利义务、利益将一并转移给中国石化。同时，上市公司石炼化的在册员工也将由中国石化接收。

二、上市公司石炼化定向回购中国石化持有的石炼化股份使公司的股本规模缩减

根据中国石化与上市公司石炼化签署的《股份回购协议》，上市公司石炼化将以 1 元人民币现金向中国石化回购其所持有的全部上市公司石炼化股份。上市公司石炼化定向回购股份并注销回购的股份后，其股本规模大幅缩减，为长江证券借壳上市创造了有利条件。

1. 上市公司石炼化以 1 元人民币现金向中国石化回购其持有的全部上市公司石炼化股份并予以注销

实施股份回购前，中国石化持有上市公司石炼化 92044.4333 万股股份，占石炼化总股本的 79.73%，是上市公司石炼化的第一大股东及控股股东。为了优化上市公司石炼化的股权结构，上市公司石炼化以现金的方式回购中国石化持有的全部上市公司石炼化股份。经交易双方协商，此次股份回购的对价为 1 元人民币。股份回购完成后，上市公司石炼化依法对回购的全部股份予以注销，至此中国石化不再是上市公司石炼化的股东。

2. 上市公司石炼化定向回购股份完成后总股本规模缩小而为长江证券的借壳上市创造条件

定向回购股份完成后，上市公司石炼化将回购的股份全部注销，其总股本由 115444.4333 万股减少至 23400 万股，股本规模大幅缩减。上市公司石炼化定向回购股份并缩减总股本规模，一方面使其控股股东中国石化不再持有上市公司石

炼化的股份而实现股权结构的变更，另一方面为上市公司石炼化以新增股份吸收合并长江证券创造了条件，大幅提升了长江证券合并进入上市公司石炼化后的持股比例。

三、上市公司石炼化以新增股份吸收合并的方式吸收合并长江证券而实现长江证券资产的整体上市

上市公司石炼化吸收合并长江证券的操作，是长江证券借壳上市的核心步骤。上市公司石炼化在完成资产出售及股份回购的基础上，以新增股份的方式吸收合并长江证券，使长江证券的全部资产负债及业务并入上市公司石炼化，从而实现了长江证券资产的整体上市。吸收合并后，上市公司石炼化为存续公司，而长江证券的法人资格注销。

1. 上市公司石炼化以新增股份的方式吸收合并长江证券

2007 年 1 月 23 日，长江证券与上市公司石炼化签署《吸收合并协议》，上市公司石炼化以新增股份的方式吸收合并长江证券。根据《吸收合并协议》，吸收合并的标的资产为长江证券的全部资产负债及业务等，该标的资产整体作价 1030172 万元。上市公司石炼化吸收合并长江证券的对价为新增发的 144080 万股股份，该新增股份占吸收合并后上市公司石炼化总股本的 86.03%。

2. 吸收合并完成后长江证券的全部资产负债及业务并入上市公司石炼化而实现长江证券资产的上市

上市公司石炼化吸收合并长江证券完成后，长江证券的全部资产、负债及业务并入上市公司石炼化，成为上市公司石炼化的资产、负债及业务，从而实现了原长江证券全部资产及业务的整体上市。吸收合并后，长江证券的法人资格依法注销。

四、吸收合并完成后上市公司石炼化实施股权分置改革而使非流通股股东持有的石炼化股份获得有条件上市流通的权利

上市公司石炼化的股权分置改革与资产出售、定向回购及以新增股份吸收合并长江证券等操作同步实施且互为前提。通过股权分置改革方案的实施，将彻底解决公司的股权分置问题，从而为公司持续健康发展奠定更为牢固的基础。

1. 非流通股股东将其持有的上市公司石炼化股份转送给流通股股东而完成股权分置改革

吸收合并完成后，上市公司石炼化的总股本为 167480 万股。其中，流通股股

东持有的股份数额为23400万股，非流通股股东即原长江证券股东持有的股份数额为144080万股。股权分置改革实施的过程中，上市公司石炼化的非流通股股东按其持股比例将共计2808万股股份转送给流通股股东，流通股股东每10股获送1.2股。股权分置改革完成后，上市公司石炼化无限售条件的流通股股份共计26208万股，占上市公司石炼化总股本的15.65%。

2. 股权分置改革完成后上市公司石炼化非流通股股东持有的股份在限售期满可上市流通

股权分置改革完成后，上市公司石炼化的非流通股股东持有的股份性质变更为有限售条件的流通股股份。按照中国证监会的有关规定，上市公司石炼化的非流通股股东在限售期内不可转让其持有的股份，该股份需在限售期满后才可上市流通。此外，股权分置改革完成后，上市公司石炼化的公司名称变更为“长江证券股份有限公司”，股票简称变更为“长江证券”。

第三节 中国石化以承担上市公司石炼化全部负债方式收购上市公司石炼化的全部资产

实施资产收购前，中国石化持有上市公司石炼化79.73%的股份，是上市公司石炼化的控股股东。为了推动长江证券借壳石炼化上市的顺利进行，中国石化以承担上市公司石炼化全部负债的方式收购上市公司石炼化的全部资产，从而使上市公司石炼化成为净壳公司，为其吸收合并长江证券创造条件。

一、资产收购方与资产出售方

在中国石化收购上市公司石炼化全部资产的操作中，中国石化是此次收购的资产收购方，上市公司石炼化是此次收购的资产出售方。

1. 资产收购方——中国石化

中国石化是此次交易的资产收购方。中国石化系经原国家经济贸易委员会国经贸企政［2000］154号文批准于2000年2月25日由中国石油化工集团公司独家发起设立的股份有限公司，是中国最大的上、中、下游综合一体化能源化工公司，其注册资本为8670243.9万元。中国石化于2000年10月以H股和美国存托股份的形式向全球发售外资股股票，并于同月在香港、纽约、伦敦三地证券交易所上市，于

2001 年 8 月在上海证券交易所上市。截至 2006 年 12 月 31 日，经毕马威审计，中国石化总资产为 59455000 万元，负债为 33967500 万元，净资产为 25487500 万元。

2. 资产出售方——上市公司石炼化

上市公司石炼化是此次交易的资产出售方。由于上市公司石炼化的情况已在本案例的第一部分中有着较为详细的介绍说明，此处不再累述。

二、标的资产范围及支付对价

中国石化收购上市公司石炼化的标的资产为上市公司石炼化的全部资产，该标的资产的评估值为 329010.76 万元。而中国石化收购上市公司石炼化全部资产的对价为承担上市公司石炼化的全部负债。

1. 标的资产为上市公司石炼化在出售基准日（2006 年 9 月 30 日）的全部资产

根据岳华出具的《资产评估报告书》（岳评报字［2006］B126 号），截至 2006 年 9 月 30 日，上市公司石炼化的资产账面值为 304186.93 万元，调整后的账面值为 304186.93 万元，评估值为 329010.76 万元，评估增值 24823.82 万元，增值率为 8.16%。影响评估增值的因素主要体现在两方面：一是流动资产、机器设备及房屋建筑物的增值，其中流动资产的增值率为 5.05%，机器设备的增值率为 11.34%，房屋建筑物的增值率为 19.32%；二是长期投资中计提坏账准备（共计 20862.5983 万元）评估为零。此外，自出售基准日（2006 年 9 月 30 日）起，标的资产的变动以及与标的资产相关的上市公司石炼化原有业务正常经营所产生的盈利或亏损，均由中国石化享有或承担。

2. 中国石化收购上市公司石炼化全部资产的对价为承担上市公司石炼化的全部负债

根据毕马威出具的《审计报告》（KPMG－A［2006］AR No.0656），截至出售基准日（2006 年 9 月 30 日），以上市公司石炼化母公司报表为基础的负债合计为 373357.58 万元。其中，包括短期借款、应付票据、应付账款、预付账款、应付工资、应付福利费、待抵扣税金、其他应交款及其他应付款在内的流动负债合计为 371155.3196 万元；长期负债合计为 2202.2636 万元。资产收购完成后，上市公司石炼化共计 373357.58 万元的负债全部转入中国石化，由中国石化承担。

三、资产收购完成后上市公司石炼化资产负债业务及人员的处置

中国石化与上市公司石炼化需根据《资产收购协议》的相关规定及双方达成的

计划与安排，及时推进上市公司石炼化资产、负债、业务及人员的处置工作。交易双方应在充分协商与沟通的基础上，积极履行各自的权利义务，确保资产、负债、业务及人员的处置工作顺利实施。

1. 资产收购完成后上市公司石炼化的资产负债业务等全部转入中国石化

资产收购完成后，上市公司石炼化的全部动产（包括但不限于生产设备、存货等），即时转移给中国石化且为中国石化合法所有；上市公司石炼化的不动产（包括但不限于建筑物等），在所有权转移变更登记手续完成时转移至中国石化且为中国石化合法所有。与此同时，与上市公司石炼化的资产及负债相关的全部业务与合同权利、义务及利益一并转移给中国石化，为中国石化合法所有。由上市公司石炼化转移至中国石化的资产、债务以及与其相关的全部业务、合同在交割基准日后所产生的权利、义务，也由中国石化享有或承担。在满足交割条件后的20个工作日内，上市公司石炼化应办理完毕全部资产及负债的交割手续。

2. 资产收购完成后上市公司石炼化的全部人员随资产一起进入中国石化

资产收购完成后，上市公司石炼化的全部人员也将随资产一起进入中国石化，由中国石化进行妥善安置。相应地，全部人员与上市公司石炼化的劳动关系、组织关系（包括党团关系）、社保关系及离退休员工的费用承担关系均由中国石化承接。与此同时，上市公司石炼化的员工应与中国石化签订劳动合同变更协议，并且履行组织关系（包括党团关系）转出手续；上市公司石炼化的非独立董事、监事及高级管理人员应履行解除或变更相应职务、合同及相关关系的必要法律程序。在此过程中，因劳动合同变更而发生的劳动争议由中国石化依法承担相应的责任。

第四节　上市公司石炼化以1元人民币现金回购中国石化持有的上市公司石炼化全部股份

上市公司石炼化向其控股股东中国石化回购股份的操作，是长江证券借壳上市过程中必不可少的步骤。上市公司石炼化以现金支付的方式向中国石化回购其持有的全部石炼化股份，使石炼化的股权结构发生变更并大幅缩减了上市公司石炼化的股本规模，从而为吸收合并长江证券奠定了股权基础。

一、股份回购方与股份出让方

在此次股份回购的操作中，股份回购方为上市公司石炼化，股份出让方为中国石化。

1. 股份回购方——上市公司石炼化

上市公司石炼化为此次交易的股份回购方。由于上市公司石炼化的情况已在本案例的第一部分中有着较为详细的介绍说明，此处不再累述。

2. 股份出让方——中国石化

中国石化为此次交易的股份出让方。由于中国石化的情况已在本案例的第三部分作出介绍说明，此处不再累述。

二、标的股份及对价

本次回购的标的股份为中国石化持有的上市公司石炼化全部股份。上市公司石炼化回购股份所支付的对价为1元人民币。股份回购完成后，中国石化不再持有上市公司石炼化的股份，也不再是上市公司石炼化的股东。

1. 上市公司石炼化定向回购的标的股份为中国石化持有的石炼化全部股份

上市公司石炼化向中国石化回购的石炼化股份共计92044.4333万股，占石炼化总股本的79.73%。股份回购完成后，中国石化不再享有《公司法》以及上市公司石炼化公司章程所规定的附属于上述股份的股东利益，亦不再承担附属于该股份的股东义务。

2. 上市公司石炼化向中国石化支付的回购股份对价为1元人民币现金

资产收购完成后，上市公司石炼化每股净资产变为0元，经交易双方协商，上市公司石炼化按《股份回购协议》规定的条款和条件，以1元人民币现金向中国石化回购中国石化所持有的全部上市公司石炼化股份（即中国石化所持有的上市公司石炼化92044.4333万股股份）。上市公司石炼化应于交割基准日将股份回购对价交付给中国石化，并且该回购股份对价不因回购股份在交割基准日账面值的变化情况而进行调整。

三、回购股份的注销及股本规模的缩减

按照相关法律法规的要求，在股份回购完成后，上市公司石炼化应对回购的全部股份予以注销。回购股份注销后，上市公司石炼化的股本规模大幅减少。

1. 股份回购完成后上市公司石炼化依法对定向回购的股份予以注销

根据《股份回购协议》及双方协商同意，在交割基准日，中国石化将持有的上市公司石炼化92044.4333万股股份全部交付给上市公司石炼化，而上市公司石炼

化应自交割基准日起 10 日内注销回购的全部股份，回购并注销的股份共计 92044.4333 万股。

2. 股份注销完成后上市公司石炼化的总股本缩减为 23400 万股

实施股份回购前，上市公司石炼化的总股本为 115444.4333 万股。上市公司石炼化回购并注销中国石化持有的石炼化 92044.4333 万股股份后，上市公司石炼化的总股本缩减为 23400 万股。上市公司石炼化总股本的大幅缩减，为其以新增股份吸收合并长江证券创造了有利条件。

第五节　上市公司石炼化以新增股份的方式吸收合并长江证券

2007 年 1 月 23 日，上市公司石炼化与非上市公司长江证券签署《吸收合并协议》，根据该协议，上市公司石炼化以新增股份吸收合并的方式吸收合并长江证券。吸收合并完成后，长江证券的全部资产负债业务及人员并入上市公司石炼化，而长江证券依法注销其法人资格。

一、吸收合并主体与吸收合并目标公司

在此次吸收合并的操作中，上市公司石炼化为吸收合并主体，同时也是吸收合并完成后的存续公司；长江证券为吸收合并目标公司，在吸收合并完成后将依法注销。

1. 吸收合并主体——上市公司石炼化

在上市公司石炼化以新增股份吸收合并长江证券的操作中，上市公司石炼化为吸收合并主体。上市公司石炼化的情况在本案例中的第一部分已作详细说明，此处不再累述。

2. 吸收合并目标公司——长江证券

在上市公司石炼化以新增股份吸收合并长江证券的操作中，长江证券是吸收合并目标公司。长江证券的情况在本案例的第一部分已作详细说明，此处不再累述。

二、吸收合并的方式为新增股份吸收合并

吸收合并的方式通常有两种，一是吸收合并主体以倾向资金购买吸收合并目标公司的全部资产或股份，二是吸收合并主体发行新股以换取吸收合并目标公司的全部资产或股份。依据《公司法》等法律法规的相关规定，并经吸收合并双方协商一

致，上市公司石炼化吸收合并长江证券以新增股份吸收合并的方式进行，即上市公司石炼化新发行 144080 万股股份，用于收购长江证券的全部资产、负债及业务等。

三、吸收合并的标的资产及对价

根据《吸收合并协议》的相关规定，上市公司石炼化以新增股份吸收合并长江证券的标的资产为长江证券的全部资产、负债及业务，而上市公司石炼化吸收合并标的资产所支付的对价为其新增发的 144080 万股股份。

1. 吸收合并的标的资产为长江证券的全部资产负债及业务等

根据长江证券的财务报表，截至 2006 年 12 月 31 日，长江证券的总资产为 1025789.5835 万元，负债合计为 770428.6061 万元。根据湖北众联出具的《资产评估报告书》（鄂众联评报字［2007］第 001 号），截至 2006 年 12 月 31 日，按照收益现值法评估，长江证券股东全部权益的评估值为 1297866.02 万元；按照市盈率评估法评估，其评估值为 1253854.35 万～1432976.40 万元。在此基础上，经长江证券与上市公司石炼化协商同意，长江证券的全部资产、负债及业务等整体作价 1030172 万元。这就意味着，长江证券 100% 股权的价格为 1030172 万元，长江证券各股东按其持股比例计算相应的股权价格，即股东的股权价格 = 持股比例 × 1030172 万元。

2. 吸收合并标的资产的对价为上市公司石炼化新增的 144080 万股股份

上市公司石炼化以新增股份作为对价，吸收合并长江证券的全部资产、负债及业务等。新增股份的数量依据标的资产的总额与上市公司石炼化的每股价格进行确定。吸收合并的标的资产整体作价 1030172 万元，而上市公司石炼化在 2006 年 12 月 6 日停牌前 20 个交易日收盘价的算术平均值为 7.15 元/股，由此确定上市公司石炼化的每股价格为 7.15 元。按照标的资产总额与上市公司石炼化每股价格相除的商数，计算出标的资产共折合上市公司石炼化 144080 万股股份。这就意味着，上市公司石炼化将以新增发的 144080 万股股份吸收合并长江证券的全部资产、负债及业务。吸收合并完成后，上市公司石炼化的总股本变更为 167480 万股。

四、吸收合并过程中长江证券第一大股东向上市公司石炼化的流通股股东提供现金选择权

上市公司石炼化吸收合并长江证券的过程中，长江证券的第一大股东青岛海尔作为第三方，向上市公司石炼化的流通股股东提供现金选择权，以充分保障上市公

司石炼化中小流通股股东的利益。在实际操作中，上市公司石炼化共有1490股流通股股份进行现金选择权申报。

1. 提供现金选择权的第三方为长江证券第一大股东海尔投资

根据《关于受长江证券委托并根据上市公司石炼化公司章程的规定提出关于吸收合并之现金选择权临时提案》的要求，“为充分保护上市公司石炼化中小股东的利益，在实施上市公司石炼化以新增股份吸收合并长江证券的过程中，将由第三方向上市公司石炼化的流通股股东提供现金选择权。”经长江证券协调，长江证券的第一大股东青岛海尔承诺作为该现金选择权方案的第三方，履行向上市公司石炼化流通股股东提供现金选择权的义务。

2. 现金选择权的价格为7.15元/股

根据上市公司石炼化停牌前20个交易日收盘价的算术平均值7.15元/股的价格，确定现金选择权的价格为7.15元/股。为保障现金选择权的顺利实施，按照法律法规的规定及政府主管部门的要求，青岛海尔需及时、足额划付保证金（现金选择权对价最大金额的20%）。在现金选择权的申报期间，持有上市公司石炼化股份的流通股股东可以将其持有的上市公司石炼化股票，按照7.15元/股的价格全部或部分转让给第三方青岛海尔以获得现金对价。

五、吸收合并完成后长江证券的全部资产负债业务人员并入上市公司石炼化及长江证券法人资格的注销

按照《吸收合并协议》的约定，吸收合并完成后，长江证券需及时将其资产、负债、业务及人员全部转移至上市公司石炼化，至此长江证券不再符合《公司法》规定的存续条件，应予以注销。

1. 吸收合并完成后长江证券的全部资产负债业务人员并入上市公司石炼化

截至2006年12月31日，长江证券总资产的账面值为1025789.58万元，总负债为770428.61万元，股东全部权益的评估值为1297866万元。在吸收合并完成后，上述资产及负债全部并入上市公司石炼化。此外，长江证券的业务及人员，也同其资产、负债一并由上市公司石炼化承接。

2. 吸收合并完成后长江证券的法人资格予以注销

吸收合并完成后，长江证券的全部资产、负债、业务及人员并入上市公司石炼化，不再具备法人主体资格，应按照相关法律法规的要求注销其法人资格。此外，上市公司石炼化作为存续公司，承接长江证券的全部资产、负债、业务及人员，并

且吸收合并完成后仍符合上市公司的条件。

六、吸收合并完成后上市公司石炼化的业务范围变更及股权结构变化

吸收合并前，上市公司石炼化为净壳公司，不从事实际的生产经营活动。上市公司石炼化吸收合并长江证券完成后，长江证券的资产及业务等注入上市公司石炼化，使上市公司石炼化的主营业务变更为证券经营，同时其股权结构也发生变化。

1. 吸收合并完成后上市公司石炼化的业务范围变更为证券经纪及承销等业务

吸收合并前，上市公司石炼化原石化产品的生产与销售等业务已转入中国石化，从而成为净壳公司。吸收合并完成后，长江证券的业务全部转入上市公司石炼化，使上市公司石炼化的业务范围发生变更。吸收合并完成后，上市公司石炼化的业务范围包括：证券（含境内上市外资股）的代理买卖；代理证券的还本付息、分红派息；证券代保管、鉴证；代理登记开户；证券的自营买卖；证券（含境内上市的外资股）的承销（含主承销）；证券投资咨询（含财务顾问）；受托投资管理；中国证监会批准的其他业务。

2. 吸收合并完成后上市公司石炼化的股权结构

吸收合并完成后，原长江证券股东成为上市公司石炼化的股东，上市公司石炼化的股权结构发生重大变化。其中，青岛海尔是上市公司石炼化的第一大股东，持有上市公司石炼化16.35%的股份。上市公司石炼化不存在控股股东，其前五大股东的持股情况见表16－7。

表16－7　吸收合并完成后上市公司石炼化前五大股东及持股情况

序号	股东名称	持股数量（万股）	持股比例（%）
1	青岛海尔投资发展有限公司	27375.2035	16.35
2	湖北省能源集团有限公司	19881.4051	11.87
3	上海海信集团股份有限公司	13685.0386	8.17
4	上海锦江国际酒店发展股份有限公司	10263.7789	6.13
5	天津泰达投资控股有限公司	8895.2751	5.13

第六节　吸收合并完成后上市公司石炼化的股权分置改革及公司名称变更

上市公司石炼化实施股权分置改革是本次借壳上市方案的重要组成部分。通过实施股权分置改革，一方面能够使上市公司石炼化的非流通股股东持有的股份获得上市流通的权利，另一方面能够充分保障上市公司石炼化流通股股东的权益。股权分置改革完成后，上市公司石炼化的公司名称变更为“长江证券股份有限公司”，证券简称变更为“长江证券”。

一、上市公司石炼化股权分置改革的核心内容

经上市公司石炼化临时股东大会暨股权分置改革相关股东会议审议通过后，上市公司石炼化的股权分置改革方案正式实施。上市公司石炼化此次股权分置改革的核心内容主要包括三方面：一是原长江证券全体股东向上市公司石炼化的无限售条件流通股股东送股；二是原长江证券的全体股东获得的有限售条件流通股股份在限售期满后可上市流通；三是原长江证券第一大股东做出关于股份垫付的承诺。

1. 原长江证券全体股东按其持有上市公司石炼化股份的比例将共计2808万股股份送给上市公司石炼化的无限售条件流通股股东

实施股权分置改革前，上市公司石炼化的总股本为167480万股。其中，流通股股东持有的股份数额为23400万股，非流通股股东即原长江证券股东持有的股份数额为144080万股。在上市公司石炼化的股权分置改革中，原长江证券全体股东按持股比例将共计2808万股送给上市公司石炼化的流通股股东，该流通股股东每持有10股流通股获送1.2股股份。股权分置改革完成后，上市公司石炼化的非流通股股东即原长江证券股东所持有的股份性质变更为有限售条件的流通股股份，该有限售条件的流通股股份共计141272万股，占上市公司石炼化总股本的84.35%，上市公司石炼化的无限售条件的流通股共计26208万股，占上市公司石炼化总股本的15.65%。

2. 原长江证券全体股东获得的有限售条件流通股股份可上市流通的时间及数额

根据相关法律法规的规定以及各股东的承诺，上市公司石炼化的有限售条件流通股股份在限售期满后才可上市流通。股权分置改革完成后，上市公司石炼化有限

售条件的流通股股份共计141272万股，其限售期分为12个月、24个月、36个月三档。上市公司石炼化有限售条件的流通股股份可上市流通的时间及数额见表16－8。

表16－8　上市公司石炼化有限售条件流通股股份可上市流通的时间及数额

序号	股东名称	可上市流通股份数额（万股）	可上市流通时间（月）
1	青岛海尔投资发展有限公司	26762.5024	R①＋36
2	湖北省能源集团有限公司	19493.9330	R＋36
3	上海海欣集团股份有限公司	8374	R＋12
		5044.3285	R＋24
4	上海锦江国际酒店发展股份有限公司	8374	R＋12
		1689.7463	R＋24
5	天津泰达投资控股有限公司	8374	R＋12
		347.9135	R＋24
6	其他有限限售条件流通股股东	62811.5763	R＋12
合计		141272	—

3. 原长江证券第一大股东在股权分置改革中作出关于股份垫付的承诺

原长江证券第一大股东青岛海尔承诺，在股权分置改革过程中，若存在长江证券的部分股东因未及时获得国有资产管理部门批复等原因导致其无法向流通股股东支付送股对价的情形，青岛海尔将先行垫付该部分送股对价。被垫付对价的股东，应当按照深交所的规定，与青岛海尔协商一致，以偿还垫付股份对价等方式，解决垫付对价的偿还问题。

二、股权分置改革完成后上市公司石炼化的股权结构变化与公司名称及股票简称变更

在股权分置改革中，由于上市公司石炼化有限售条件的流通股股东向无限售条件的流通股股东送股，使其股权结构发生变化。此外，股权分置改革完成后，上市公司石炼化的公司名称及股票简称也进行了变更。

① R表示股权分置改革实施完毕后首个交易日。

1. 股权分置改革完成后上市公司石炼化的股权结构

实施借壳上市前，上市公司石炼化的总股本为115444.4333万股，其中非流通股92044.4333万股，流通股23400万股；股份回购完成后，上市公司石炼化的总股本缩减为23400万股；吸收合并完成后，上市公司石炼化的总股本增加至167480万股。通过实施股权分置改革，上市公司石炼化的所有股份均变更为流通股股份，其中有限售条件的流通股为141272万股，占总股本的84.35%，无限售条件的流通股为26208万股，占总股本的15.65%。上市公司石炼化股权分置改革完成后的股份结构变动具体情况见表16－9。

表16－9　上市公司石炼化股权分置改革完成后的股份结构变动

借壳上市前的股权结构			股权分置改革后的股权结构		
股份类别	股份数量（万股）	占总股本比例（%）	股份类别	股份数量（万股）	占总股本比例（%）
非流通股份	92044.4333	79.73	有限售条件的流通股	141272	84.35
流通股份	23400	20.27	无限售条件的流通股	26208	15.65
股份合计	115444.4333	100	股份合计	167480	100

2. 股权分置改革完成后上市公司石炼化的名称与股票简称变更

股权分置改革完成后，上市公司石炼化的公司名称由“石家庄炼油化工股份有限公司”变更为“长江证券股份有限公司”，公司的股票简称由“S*ST石炼”变更为“长江证券”，股票代码“000783”保持不变。

第七节　长江证券借壳石炼化而完成上市的影响

通过实施借壳上市，壳公司石炼化与借壳方长江证券均实现了盈利能力的大幅提升。就上市公司石炼化而言，通过此次吸收合并有效避免了与原控股股东之间的同业竞争并实现了扭亏为盈，避免了摘牌退市。就长江证券而言，通过此次吸收合并实现了原有资产及业务的整体上市，使其市场影响力及核心竞争力得到了进一步的提升。

一、长江证券借壳石炼化而完成上市对上市公司石炼化的影响

上市公司石炼化是此次借壳上市的壳公司，也是吸收合并完成后的存续公司。通过资产出售及吸收合并长江证券等操作，上市公司石炼化的主营业务发生重大变更，其不再从事石化产品的生产与销售业务，从而有效避免了上市公司石炼化与原控股股东中国石化之间的同业竞争及关联交易。与此同时，通过吸收合并长江证券并注入长江证券的优质资产，使上市公司石炼化摆脱了持续亏损的局面，实现了经营业绩的扭亏为盈，符合继续在资本市场上市融资的条件。

1. 通过吸收合并长江证券使上市公司石炼化主业发生变更而避免了与原控股股东之间的同业竞争

在实施吸收合并前，上市公司石炼化与其控股股东中国石化及其控制的关联企业属于同一行业，主营业务均为石油化工产品的生产、加工及销售等，上市公司石炼化与中国石化及其关联企业之间存在明显的同业竞争关系。吸收合并完成后，上市公司石炼化原有业务全部转移出公司，并且长江证券的业务全部注入上市公司石炼化，使石炼化的主营业务变更为证券经营，从而避免了其与原控股股东中国石化之间的同业竞争。由于长江证券的股东及其主要关联企业从事的全部为非证券类业务，因此与上市公司石炼化不存在同业竞争，有利于上市公司石炼化的规范运营与长期健康发展。

2. 通过吸收合并长江证券使上市公司石炼化实现经营业绩的扭亏为盈而具备继续在资本市场上市融资的条件

自 2005 年以来，上市公司石炼化的经营业绩受原油市场等外部环境因素的影响而出现持续亏损，公司经营陷入困境，未来可能面临着退市的风险。而长江证券资本较为雄厚，经营业绩较为良好，具有较为广阔的发展前景。通过实施吸收合并，长江证券的资产及业务等全部注入上市公司石炼化，使上市公司石炼化完成了主营业务的转型，并实现了其经营业绩的扭亏为盈及持续发展能力的进一步提升，进而有效避免了退市风险。长江证券借壳石炼化而完成上市后，上市公司石炼化作为存续公司，仍具备上市的条件，可以在资本市场继续上市融资。

二、长江证券借壳石炼化而完成上市对长江证券的影响

长江证券作为非上市公司，不具备在资本市场融资的资格。通过上市公司石炼化吸收合并长江证券，使长江证券的资产、负债、业务及人员等全部并入上市公司

石炼化，从而实现了长江证券资产及业务的整体上市，同时其原有股东也成为上市公司石炼化的股东，进一步放大了长江证券原股东的利益。

1. 长江证券通过将其资产负债业务及人员全部并入上市公司石炼化而实现原有资产及业务的整体上市

在长江证券借壳石炼化而完成上市的方案中，上市公司石炼化以新增股份的方式吸收合并长江证券，使长江证券的资产、负债、业务及人员全部并入上市公司石炼化，从而实现了长江证券原有资产及业务的整体上市。吸收合并完成后，长江证券按照相关法律法规的要求注销法人资格，而上市公司石炼化为存续公司，仍具备在资本市场上市的资格。长江证券的资产及业务注入上市公司石炼化后，能够通过资本运营实现融资等需求，从而为其未来的快速发展及盈利能力提升创造良好的条件。

2. 长江证券借壳石炼化而完成上市使原有股东成为上市公司的股东而实现股东利益的最大化

上市公司石炼化以新增 144080 万股股份的方式吸收合并长江证券，长江证券的股东按其原持股比例获得上市公司石炼化的股份。吸收合并完成后，长江证券原有股东成为上市公司石炼化的非流通股股东，合计持有上市公司石炼化 144080 万股股份。上市公司石炼化实施股权分置改革后，长江证券原有股东共计持有上市公司石炼化 141272 万股有限售条件的流通股股份，并且该股份在限售期满后可以上市流通。长江证券原有股东通过持有上市公司股份将放大其股东权益，尤其在限售期满后其持有的股票可以获得上市流通的权利，从而实现了长江证券原有股东利益的最大化。

第八节　长江证券借壳石炼化而完成上市的评价

实施借壳上市，无论对借壳方长江证券，还是对壳公司石炼化都具有十分重要的意义。长江证券借壳石炼化而完成上市的案例，为非上市公司借壳或买壳上市提供了可借鉴的范本。通过借壳的方式实现上市，一方面，能有效缩短非上市公司的上市周期并降低上市成本，为非上市公司顺利进入资本市场提供了可操作的模式；另一方面，实施借壳上市能够将非上市公司的优质资产注入上市公司，从而为处于亏损状态的上市公司摆脱困境提供了有效的途径。此外，长江证券借壳石炼化上市的案例开创了“资产出售 + 股份回购 + 定向增发 + 送股”的借壳模式，符合长江证券与上市公司石炼化的共同利益，有利于借壳上市的顺利实施。

一、以借壳上市方式为非上市公司顺利进入资本市场提供了可操作的模式

借壳上市是实现非上市公司在资本市场上市的主要方式之一。与其他上市方式相比，借壳上市的操作相对较为简便，其上市的时间周期往往较短，上市成本较低，并且上市的成功率较高，是非上市公司进入资本市场的有效模式。在长江证券借壳石炼化上市的操作中，上市公司石炼化以新增股份的方式吸收合并非上市公司长江证券，将长江证券的资产及业务等全部并入上市公司石炼化，从而完成长江证券资产及业务的整体上市，实现其与资本市场的对接，为其他非上市公司顺利进入资本市场提供了可操作的模式。

二、以借壳上市方式为处于亏损状态的上市公司摆脱困境提供了有效的途径

2005 年以来，上市公司石炼化的经营业绩持续下降，在较长的一段时期内处于持续亏损的状态，可能面临着退市的风险。上市公司石炼化通过出售全部资产及吸收合并长江证券的方式，使上市公司石炼化在成为净壳公司后注入非上市公司长江证券的优质资产，从而有效改善上市公司的经营业绩，实现扭亏为盈，进而顺利摆脱经营困境，化解了上市公司退市的风险并使其能够继续在资本市场上市融资。实施借壳上市，可以实现上市公司与非上市公司的双赢，尤其对处于亏损状态的上市公司而言，能够通过优质资产的注入而快速摆脱经营困境，有利于其未来的长期快速发展。

三、开创“资产出售＋股份回购＋定向增发＋送股”的借壳模式而实现了长江证券收益的最大化

长江证券借壳石炼化而完成上市采取分步操作，包括：上市公司石炼化全部资产出售、上市公司石炼化定向回购股份、上市公司以新增股份吸收合并非上市公司长江证券、上市公司石炼化非流通股股东向流通股股东送股等步骤，从而开创了“资产出售＋股份回购＋定向增发＋送股”的新的借壳模式，为其他非上市公司进入资本市场提供了新的思路。通过“资产出售＋股份回购＋定向增发＋送股”的借壳模式，不仅使上市公司石炼化经营业绩扭亏为盈，也实现了长江证券收益的最大化。

附表　　长江证券借壳石炼化而完成上市时间

序号	时间	事　项
1	2007 年 1 月 23 日	中国石化与石炼化签署《资产收购协议》与《股份回购协议》；石炼化与长江证券签署《吸收合并协议》
2	2007 年 2 月 13 日	股权分置改革方案获国资委批复
3	2007 年 2 月 15 日	石炼化股东会议审议通过资产收购、股份回购、吸收合并等相关议案
4	2007 年 2 月 16 日	股份回购事宜获国资委批复
5	2007 年 2 月 26 日	石炼化股东会议审议通过股权分置改革方案
6	2007 年 3 月 6～12 日	石炼化流通股股东进行现金选择权申报
7	2007 年 9 月 28 日	中国证监会重大重组审核委员会审核通过石炼化定向回购股份、重大资产出售暨以新增股份吸收合并长江证券有限公司的组合方案
8	2007 年 12 月 5 日	中国证监会核准石炼化以新增股份吸收合并长江证券
9	2007 年 12 月 14 日	中国石化与石炼化签署《交接协议》；石炼化与长江证券签署《交接协议》
10	2007 年 12 月 19 日	石炼化名称变更为“长江证券股份有限公司”
11	2007 年 12 月 26 日	非流通股股东向流通股股东支付股份股权登记及股份变更登记
12	2007 年 12 月 27 日	石炼化股票简称变更为“长江证券”

第十七章
盾安集团以资产支付方式控股江南化工案例

集团多元经营，其中一类业务已经剥离上市，另一类业务规模日趋壮大，通过资产支付对价、并购另一家上市公司，从而实现一家集团控股两家上市公司。盾安集团以资产支付方式控股江南化工案例就是类似的操作。盾安集团（公司全称“盾安控股集团有限公司”）是一家具有较强综合实力的民营企业，江南化工（公司全称“安徽江南化工股份有限公司”）为大型民爆类上市公司。面对民爆产业小而散的现状，国家政策要求和引导民爆企业加大结构调整力度、推进重组整合，走集约化发展的道路。为了做大做强民爆产业并提升其行业集中度，盾安集团与上市公司江南化工实施战略重组，进行两家企业的产业整合及优势互补。盾安集团以资产支付方式控股江南化工案例的特点主要体现在两个方面，一是该案例为非上市公司对上市公司的收购，二是非上市公司盾安集团以旗下民爆类资产作为对价收购上市公司江南化工的股份。盾安集团以资产支付方式控股江南化工，一方面将其民爆类资产成功注入上市公司江南化工，实现旗下民爆类资产业务的整合重组；另一方面实现了对上市公司江南化工的直接控股，使其可以直接分享上市公司的收益。

第一节　盾安集团以资产支付方式控股江南化工的相关方情况介绍

盾安集团以资产支付方式控股江南化工案例涉及的交易主体为盾安集团与上市公司江南化工。其中，盾安集团一些下属子分公司从事民爆类业务，而上市公司江南化工也从事民爆类业务经营。

一、盾安集团的情况介绍

盾安集团是此次资产重组的推动者及交易方，也是资产重组的最大受益方。盾安集团通过以资产支付控股上市公司江南化工，使其旗下全部民爆类资产分次注入上市公司江南化工，并实现其对上市公司江南化工的直接控股。

1. 盾安集团的基本情况

盾安集团成立于1996年12月14日，其前身为浙江盾安机械有限公司。经过多次增资扩股及股权转让，截至2009年年底，盾安集团的注册资本为120000万元，股东为自然人姚新义和姚新泉，其中姚新义持有51%的股份，为盾安集团的控股股东及实际控制人。盾安集团的业务范围涵盖民爆化工、装备制造、房地产开发、资源与能源开发等多个产业。自2003年进入民爆行业以来，盾安集团对多家民爆企业进行了重组整合，已在安徽、新疆、宁夏、河南、四川、福建、湖北等7个省区拥有多家民爆企业，成为国内民爆行业跨地区的大型企业集团之一。盾安集团的基本情况见表17－1。

表17－1　盾安集团的基本情况①

公司名称	盾安控股集团有限公司
企业性质	有限责任公司
设立日期	1996年12月14日
注册资本	120000万元
法定代表人	姚新义
经营范围	实业投资；对集团内部的投资、控股、资产管理、资本运作；销售：中央空调主机及末端设备、制冷配件、炉具及热水器配件，水暖阀门与管件、家用电器、环保仪器设备；金属材料；货物进出口（法律、行政法规禁止经营的项目除外，法律、行政法规限制经营的项目取得许可后方可经营）

2. 盾安集团的业务情况

盾安集团为控股型公司，其下属子公司主要从事的业务包括民爆化工、装备制造、房地产开发、资源与能源开发等。在民爆化工业务方面，盾安集团通过分布在

① 表17－1及以下本章所有表、图是根据上市公司公布的信息（包括数字、财务数据、相关指标等）整理形成。

安徽、新疆、四川等多个省区的多家下属子公司进行民爆产品的生产经营，是国内跨地区经营的大型民爆产业集团之一。在装备制造业务方面，盾安集团通过下属子公司主要从事制冷设备、制冷配件、民用阀门和风电设备的设计制造。在房地产开发业务方面，盾安集团通过下属子公司在沈阳、重庆、杭州等多地设立三级子公司，致力于科技房产的投资开发。此外，自2007年以来，盾安集团还进入风能发电、矿产和新材料开发等领域。

3. 盾安集团的财务情况

根据《安徽江南化工股份有限公司发行股份购买资产暨关联交易报告书（修订稿）》中披露的相关信息，2008～2010年盾安集团的主要财务数据见表17－2。

表17－2　　2008～2010年盾安集团的主要财务数据　　单位：万元

项　　目	2010年12月31日（未经审计）	2009年12月31日（经审计）	2008年12月31日（经审计）
资产总额	1790855.55	1133692.40	699167.08
负债总额	1090177.02	638143.96	396915.03
营业收入	2035269.74	1506208.33	954782.60
利润总额	121502.48	96915.94	71686.53
净利润	97355.21	79229.38	53778.38

4. 盾安集团下属子分公司情况

截至2010年12月31日，盾安集团拥有多家下属子分公司。其中，从事民爆化工业务的子公司包括盾安化工、新疆天河、南部永生、安徽恒源、绵竹兴远、漳州久依久、华通化工、新疆雪峰等①；从事装备制造业务的子公司包盾安精工、上市公司盾安环境、合肥永天等②；从事房地产开发业务的子公司包括浙江盾安房地产开发有限公司等。在盾安集团下属的子分公司中，盾安化工是此次盾安集团以资产支付方式控股江南化工的交易主体之一。盾安化工成立于2005年1月26日，注册资本为5000万元，法定代表人为冯忠波，控股股东为盾安集团。盾安化工拥有

① 盾安化工的全称为“安徽盾安化工集团有限公司”；新疆天河的全称为“新疆天河化工有限公司”；南部永生的全称为“四川省南部永生化工有限责任公司”；安徽恒源的全称为“安徽恒源技研化工有限公司”；绵竹兴远的全称为“四川省绵竹新远特种化工有限公司”；漳州久依久的全称为“福建漳州久依久化工有限公司”；华通化工的全称为“河南华通化工有限公司”；新疆雪峰的全称为“新疆雪峰民用爆破器材有限责任公司”。

② 盾安精工的全称为“浙江盾安精工集团有限公司”；盾安环境的全称为“浙江盾安人工环境股份有限公司”；合肥永天的全称为“合肥永天机电设备有限公司”。

两家下属子公司安徽盾安与湖北帅力①。盾安化工不从事具体的生产经营活动，其主要通过下属子公司开展民用爆破器材的生产、销售等业务。上市公司盾安集团及其下属子分公司的控制关系见图 17－1。

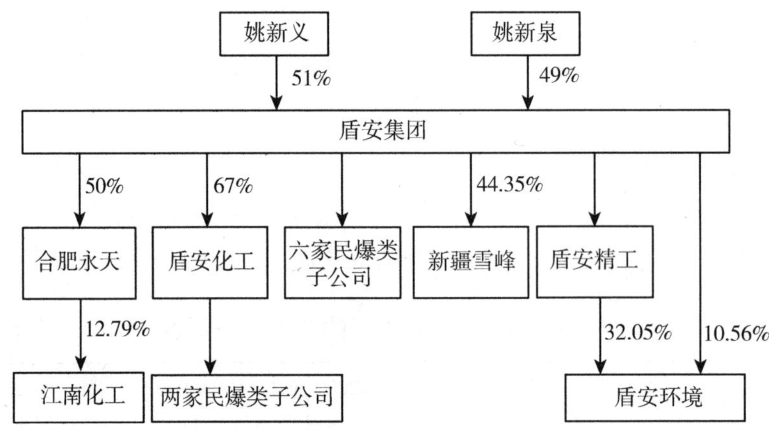

图 17－1　盾安集团与部分下属子公司之间的控制关系

二、上市公司江南化工的情况介绍

上市公司江南化工是此次资产重组的重要交易主体之一，也是资产重组的资本运营平台。资产重组完成后，上市公司江南化工成为盾安环境直接控股的子公司，其资产规模及盈利能力也得到进一步提升。

1. 上市公司江南化工的基本情况

上市公司江南化工成立于 2005 年 12 月 28 日，由熊立武、宁波科思②、郑良浩、成卫霞、蔡卫华等作为发起人，以安徽省宁国江南化工有限责任公司整体变更设立的股份有限公司。2008 年 3 月 26 日，中国证监会出具证监许可［2008］437 号文《关于核准安徽江南化工股份有限公司首次公开发行股票的批复》，核准公司向社会公开发行 1350 万股人民币普通股股票（A 股）。2008 年 5 月 6 日，经深圳证券交易所出具的深证上［2008］51 号文《关于安徽江南化工股份有限公司人民币普通股股票上市的通知》批准，公司股票在深圳证券交易所挂牌交易。上市公司江南化工的基本情况见表 17－3。

① 安徽盾安的全称为“安徽盾安民爆器材有限公司”；湖北帅力的全称为“湖北帅力化工有限公司”。

② 宁波科思的全称为“宁波科技机电有限公司”。

表 17－3　上市公司江南化工的基本情况

公司名称	安徽江南化工股份有限公司
注册资本	13995.9664 万元
股票简称	江南化工
股票代码	002226
股票上市地	深圳证券交易所
法定代表人	熊立武
经营范围	乳化炸药（胶状）、粉状乳化炸药、乳化炸药（胶状、现场混装车）、多孔粒状铵油炸药（现场混装车）、乳化粒状铵油炸药（此项限分支机构经营）的生产和销售（以上项目许可证有效期至 2013 年 6 月 1 日），洗涤剂的生产和销售，乳化剂的生产（仅供本公司自用且化学危险品除外），包装箱的生产（仅供本公司自用）

2. 上市公司江南化工的业务情况

上市公司江南化工的主营业务为工业炸药的生产、销售，主要产品为胶状乳化炸药和粉状乳化炸药。乳化炸药是民爆行业鼓励发展用以替代含锑炸药的优质炸药品种，具有安全性好、抗水性好、爆炸性能优良、机械感度低以及环境污染小等优点，符合民爆行业产品结构调整的需要，具有明显的市场竞争优势。上市公司江南化工的销售区域主要为安徽省及浙江省。其中，2010 年在安徽省实现的销售收入占当年营业收入的比例达到 94.03%。上市公司江南化工 2008～2010 年按照产品种类划分的主营业务收入构成情况见表 17－4。

表 17－4　上市公司江南化工 2008～2010 年按照产品种类划分的主营业务收入构成　单位：万元

产品种类	2010 年度	2009 年度	2008 年度
工业炸药	29453.38	25346.17	22875.55
乳化剂	148.63	171.51	20.91
民爆工程	2794.35	491.38	1461.44
合计	32396.46	26009.06	24357.90

3. 上市公司江南化工的财务情况

根据国富浩华出具的国浩审字［2011］第 68 号《审计报告》及天健正信审（2011）GF 字第 230001 号《备考财务报表审计报告》，2008～2010 年上市公司江南化工的主要财务数据和重要财务指标见表 17－5。

表 17-5　2008~2010 年上市公司江南化工的主要财务数据

项　目	2010 年 12 月 31 日	2009 年 12 月 31 日	2008 年 12 月 31 日
资产总额（万元）	49189.32	40256.66	32474.81
负债总额（万元）	4550.22	3242.40	2700.59
营业收入（万元）	32416.89	26010.26	24357.90
利润总额（万元）	9129.53	9121.25	3544.06
净利润（万元）	7661.59	7534.11	2895.36
归属于母公司股东的每股净资产（元）	3.04	4.99	5.23
基本每股收益（元）	0.52	0.50	0.22
全面摊薄净资产收益率（%）	17.04	20.11	9.86

4. 上市公司江南化工的股权结构及控制关系

截至 2010 年 12 月 31 日，上市公司江南化工的总股本为 13995.9664 万股，其中，熊立武持有上市公司江南化工股份共计 5347.8428 万股，占总股本的比重为 38.21%，是上市公司江南化工的控股股东及实际控制人。上市公司江南化工的股权结构见表 17-6，控制关系见图 17-2。

表 17-6　截至 2010 年 12 月 31 日上市公司江南化工的股权结构

股东名称	持股数量（万股）	持股比例（%）
熊立武	5347.8428	38.21
宁波科思	2299.4680	16.43
合肥永天	1790.2700	12.79
其他公众股股东	4558.3856	32.57
合计	13995.9664	100.00

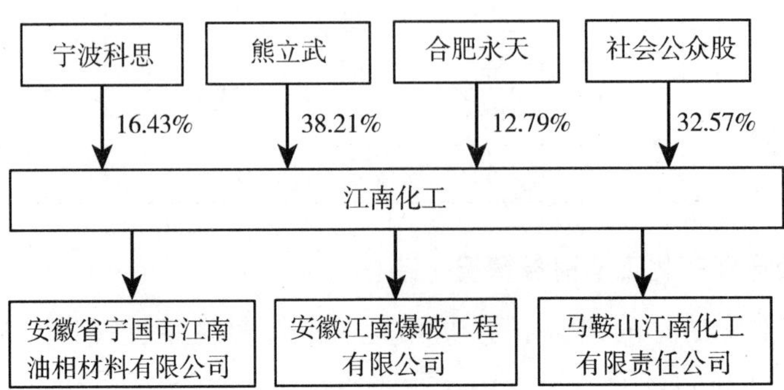

图 17-2　上市公司江南化工的控制关系

第二节　盾安集团以资产支付方式控股江南化工的基本思路

盾安集团以资产支付方式控股江南化工分两个步骤进行操作：一是盾安集团以资产支付方式认购上市公司江南化工非公开发行股份而实现两家公司的资产重组；二是盾安集团将其持有的下属公司部分股权转让给上市公司江南化工，而完成其与上市公司江南化工的后续重组。资产重组完成后，盾安集团将其下属的民爆类资产业务全部注入上市公司江南化工，同时实现对上市公司江南化工的直接控股。

一、盾安集团以其民爆类资产支付的方式控股上市公司江南化工

为了实现民爆类资产业务的重组，进一步提升公司的核心竞争力，盾安集团与上市公司江南化工实施了资产重组。此次资产重组采取的方式为上市公司江南化工向盾安集团及其下属子公司盾安化工非公开发行股份，并且盾安集团及其下属子公司盾安化工以其持有的民爆类资产作为认购股份的对价。盾安集团以资产支付方式认购上市公司江南化工增发的股份后，盾安集团成为上市公司江南化工的直接控股股东。

1. 盾安集团以其民爆类资产支付的方式认购上市公司江南化工增发的股份

根据盾安集团、盾安化工与上市公司江南化工之间签署的相关协议，上市公司江南化工向盾安集团及其下属子公司盾安化工非公开发行12380万股股份，而盾安集团以其持有的新疆天河、绵竹兴远、漳州久依久、华通化工、南部永生、安徽恒源等六家民爆类公司的股权作为对价认购上市公司江南化工非公开发行的股份，盾安化工以其持有的安徽盾安与帅力化工两家民爆类公司的股权作为对价认购上市江南化工非公开发行的股份。交易完成后，盾安集团下属的六家民爆类子公司及盾安化工下属的两家民爆类子公司成为上市公司江南化工下属子公司。

2. 资产支付完成后盾安集团成为上市公司江南化工的直接控股股东

盾安集团及其下属子公司盾安化工以资产支付方式认购上市公司江南化工非公开发行股份后，盾安化工直接持有上市公司江南化工3614万股股份，占上市公司江南化工发行后总股本的13.7%，成为上市公司江南化工的股东之一；而盾安集团直接持有上市公司江南化工8764万股股份，占上市公司江南化工发行后总股本的33.23%，成为上市公司江南化工的直接控股股东。盾安集团成为上市公司江南化工的直接控股股东，强化了其对上市公司江南化工的控制地位，从而一方面能够直

接分享上市公司江南化工的收益，另一方面能够利用上市公司的融资优势而为整个集团的发展提供充足的资金支持。

二、盾安集团通过将下属公司部分股权转让给上市公司江南化工而进行民爆类资产的进一步重组

盾安集团以资产支付控股上市公司江南化工后，盾安集团下属子公司新疆雪峰仍与重组后的江南化工存在同业竞争关系。根据盾安集团避免同业竞争的相关承诺，盾安集团将其持有的新疆雪峰的部分股权转让给上市公司江南化工，从而完成旗下民爆类资产的进一步整合重组。

1. 上市公司江南化工以现金方式收购盾安集团下属子公司股权而完成民爆类资产业务的进一步重组

新疆雪峰为新疆维吾尔自治区国资委控股、盾安控股集团参股的有限责任公司，注册资本为人民币 20000 万元。公司的经营业务主要包括民用爆破器材生产、销售；地爆器材回收利用等。其中，民用爆破器材生产销售等业务与上市公司江南化工构成同业竞争。为了有效避免同业竞争并履行避免同业竞争的承诺，盾安集团将其持有的新疆雪峰 16% 的股权转让给上市公司江南化工，将其持有的新疆雪峰 28. 35% 的股权转让给其他无关联第三方。上市公司江南化工以现金方式分次向盾安集团支付收购股权的对价。

2. 股权收购完成后盾安集团民爆类资产业务全部重组到上市公司江南化工

上市公司江南化工完成对盾安集团持有新疆雪峰的股权收购后，盾安集团的民爆类资产业务全部注入上市公司江南化工，实现了旗下民爆类资产业务的整体上市。通过盾安集团与上市公司江南化工的资产重组，上市公司江南化工由区域性优势企业转变成为集研发、生产、销售和爆破服务为一体的全国性大型民爆企业集团，使其民爆产品的生产经营业务及爆破业务实现规模化、协同化发展，持续盈利能力与市场竞争力得以大幅提升。

第三节　盾安集团以其民爆类资产认购上市公司江南化工增发股份的操作

上市公司江南化工与非上市公司盾安集团及其下属子公司盾安化工于 2009 年 11 月 26 日签署《发行股份购买资产协议》，并于 2010 年 1 月 15 日签署了相关补充

协议。按照交易双方的约定，盾安集团及其下属子公司盾安化工以其持有的民爆类公司股权作为对价，认购上市公司江南化工非公开发行的股份。交易完成后，盾安集团的绝大部分民爆类资产及业务注入上市公司江南化工，同时实现了对上市公司江南化工的直接控股。

一、上市公司江南化工非公开发行股份

根据盾安集团及其下属子公司盾安化工与上市公司江南化工的相关协议，上市公司江南化工向特定对象即盾安集团与盾安化工定向增发股份。上市公司江南化工此次非公开发行股份不是为了募集资金，而是以购买盾安集团民爆类资产为目的。

1. 发行人及发行对象

此次非公开发行股份的发行人为上市公司江南化工，发行对象为盾安集团及其下属子公司盾安化工。上市公司江南化工及盾安集团与盾安化工的详细情况本案例第一部分已作出说明，此处不再累述。

2. 发行股票的种类及发行数量

上市公司江南化工非公开发行股份的股票种类为境内上市的人民币普通股（A股），每股面值为人民币 1 元。上市公司江南化工发行的股份总数为 12380 万股，非公开发行完成后，上市公司江南化工的股本总数变更为 26375. 9664 万股。

3. 发行价格及定价依据

上市公司江南化工非公开发行股份的发行价格以定价基准日前 20 个交易日的公司股票交易均价 28. 36 元/股为基准。根据盾安集团及其下属子公司盾安化工与上市公司江南化工的相关约定，在发行定价基准日至发行日期间，若上市公司江南化工发生除权、除息事项，发行价格随之进行调整。在上述期间内，上市公司江南化工 2009 年年度股东大会审议通过了《关于公司 2009 年度利润分配和公积金转增股本的议案》，以资本公积金向全体股东每 10 股转增 10 股。资本公积金转增股本后，上市公司江南化工的总股本由 6997. 9832 万股增加到 13995. 9664 万股。为此，2010 年 7 月 27 日，上市公司江南化工、盾安控股、盾安化工签署了相关补充协议，将上市公司江南化工的发行价格调整为 14. 18 元/股。

4. 发行股份的限售期规定

上市公司江南化工非公开发行股份的限售期为 36 个月，即盾安集团及其下属子公司盾安化工认购的上市公司江南化工发行的股份，自上市首日起 36 个月内不得转让。限售期满后，按中国证监会及深圳证券交易所的有关规定，上述股份可以

在深圳证券交易所进行上市交易。

二、盾安集团及其下属子公司盾安化工以其持有的民爆类公司股权认购上市公司江南化工非公开发行的股份

上市公司江南化工非公开发行股份的发行数量为 12380 万股，发行价格为 14.18 元/股，由此计算得出，发行对象需支付共计 175548.40 万元的对价。盾安集团及其下属子公司盾安化工以作价 175548.40 万元的 8 家民爆类公司股权支付认购上市公司江南化工增发股份的对价。

1. 盾安集团以其持有的新疆天河等六家公司的股权认购上市公司江南化工非公开发行的股份

此次上市公司江南化工非公开发行股份的操作中，发行对象盾安集团以其持有的新疆天河 84.265% 股权、绵竹兴远 82.3213% 股权、漳州久依久 77.5% 股权、华通化工 75.5% 股权、南部永生 55% 股权、安徽恒源 49% 股权认购上市公司江南化工新增发的 8764 万股股份。根据评估机构采用收益法的评估结果，截至评估基准日（2009 年 10 月 31 日），盾安集团持有的新疆天河 84.265% 股权的评估值为 70792.54 万元，评估增值率为 592.79%；绵竹兴远 82.3213% 股权的评估值为 13026.07 万元，评估增值率为 371.81%；漳州久依久 77.5% 股权的评估值为 16056.77 万元，评估增值率为 300.96%；华通化工 75.5% 股权的评估值为 11135.96 万元，评估增值率为 279.83%；南部永生 55% 股权的评估值为 5659.68 万元，评估增值率为 667.35%；安徽恒源 49% 股权的评估值为 7607.06 万元，评估增值率为 465.24%。盾安集团持有的上述六家民爆类公司股权的评估价值共计 124278.08 万元。截至 2010 年 10 月 31 日，由于以 2009 年 10 月 31 日为基准日出具的评估报告有效期限届满，因此，盾安集团委托评估机构以 2010 年 6 月 30 日为基准日对上述资产进行了补充评估，其持有的六家公司股权的评估值共计 132595.61 万元。鉴于上述六家民爆类公司自 2009 年 10 月 31 日以来未发生重大变化，且补充评估值高于原评估值，为此，仍以原评估值（即以 2009 年 10 月 31 日为评估基准日的评估结果）为定价参考，最终确定盾安集团持有的新疆天河等六家公司股权的价值合计为 124273.52 万元。此外，按照盾安集团与上市公司江南化工的相关约定，盾安集团持有的新疆天河等六家公司的股权类资产，在损益归属期间①的利润

① 指从评估基准日（2010 年 6 月 30 日）至交割实际完成日为计算损益归属的期间。

由上市公司江南化工享有；在损益归属期间的亏损由盾安集团向上市公司江南化工补偿同等金额的现金。具体补偿金额以资产交割日为基准日的相关专项审计结果为基础计算。

2. 盾安集团下属子公司盾安化工以其持有的安徽盾安及湖北帅力两家公司的股权认购上市公司江南化工非公开发行的股份

此次上市公司江南化工非公开发行股份的操作中，发行对象盾安化工以其持有的安徽盾安90.36%股权及湖北帅力81%股权认购上市公司江南化工新增发的3616万股股份。根据评估机构的评估结果，截至评估基准日（2009年10月31日），盾安化工持有的安徽盾安90.36%股权的评估值为40471.74万元，评估增值率为528.92%；湖北帅力81%股权的评估值为10818.35万元，评估增值率为280.85%。盾安化工持有的上述两家民爆类公司股权的评估价值共计51290.09万元。截至2010年10月31日，由于以2009年10月31日为基准日出具的评估报告有效期限届满，因此，盾安化工委托评估机构以2010年6月30日为基准日对上述资产进行了补充评估，其持有的安徽盾安与湖北帅力股权的评估值为55292.86万元。鉴于安徽盾安与湖北帅力自2009年10月31日以来未发生重大变化，且补充评估值高于原评估值，为此，仍以原评估值（即以2009年10月31日为评估基准日的评估结果）为定价参考，最终确定盾安化工持有的安徽盾安与湖北帅力两家公司股权的价值合计为51274.88万元。此外，按照盾安化工与上市公司江南化工的相关约定，盾安化工持有的安徽盾安及湖北帅力的股权类资产，在损益归属期间的利润由上市公司江南化工享有；在损益归属期间的亏损由盾安化工向上市公司江南化工补偿同等金额的现金。具体补偿金额以资产交割日为基准日的相关专项审计结果为基础计算。

三、盾安集团及其一致行动人要约收购义务的履行及豁免

资产支付完成后，盾安集团成为上市公司江南化工的直接控股股东。盾安集团下属的子公司盾安化工与合肥永天①为盾安集团的一致行动人，从而进一步强化了盾安集团的控股地位。盾安集团及其一致行动人（盾安化工、合肥永天）因认购上

① 合肥永天的前身为上市公司江南化工的发起人股东“合肥创越电子科技有限公司”，其于2006年公司名称变更为“合肥永天机电设备有限公司”。上市公司江南化工非公开发行股份前，合肥永天持有上市公司江南化工12.79%的股份（共计1790.27万股）；上市公司江南化工非公开发行股份后，合肥永天持有上市公司江南化工6.79%的股份（共计1790.27万股）。与此同时，合肥永天还是盾安集团下属的子公司。盾安集团持有合肥永天50%的股权。

市公司江南化工新增发股份而合计持有江南化工 53.72% 的股份，触发了盾安集团及其一致行动人的全面收购要约义务，同时，盾安集团及其一致行动人符合相关条件而获得要约豁免。

1. 盾安集团及其一致行动人应按照法律规定向上市公司江南化工的所有股东发出全面收购要约

盾安集团以资产支付认购上市公司江南化工增发股份后，盾安集团及其一致行动人合计持有上市公司江南化工 14170.27 万股股份，占上市公司江南化工总股本的比重为 53.27%。其中，盾安集团增持上市公司江南化工 8764 万股股份（占总股本的 33.23%）；盾安集团下属子公司盾安化工增持上市公司江南化工 3616 万股股份（占总股本的 13.70%）；同时，盾安集团下属子公司合肥永天持有上市公司 1790.27 万股股份（占总股本的 6.79%）。由于盾安集团及其一致行动人持有上市公司江南化工超过 30% 的股份，根据相关法律的规定，盾安集团及其一致行动人应向上市公司江南化工的全体股东发出全面收购要约。

2. 盾安集团及其一致行动人符合要约豁免的条件并获得全面收购要约豁免的批复

盾安集团及其一致行动人符合要约收购义务的豁免条件，并向中国证监会提出要约豁免申请。中国证监会证监许可［2012］828 号文作出批复，核准豁免盾安集团及其一致行动人应履行的全面要约收购义务。

四、盾安集团及其下属子公司盾安化工的相关承诺及承诺履行情况

按照交易双方的相关约定，盾安集团及其下属子公司盾安化工作出了关于避免同业竞争、减少关联交易、费用补偿承诺及业绩补偿承诺等事项，以保护上市公司江南化工及其股东的权益，确保资产重组的顺利进行。

1. 关于费用补偿承诺及承诺履行情况

盾安集团及其下属子公司盾安化工用以认购上市公司江南化工非公开发行股份的相关资产，存在因新建或未及时办理等原因造成的部分土地、房屋及其他建筑物未办理相关权证的问题。2010 年 12 月 24 日，盾安集团及其下属子公司盾安化工作出承诺，截至评估基准日，对于因办理上述资产的相关权证而发生的费用，盾安集团及其下属子公司盾安化工在资产交割完成前按已发生费用足额补偿给上述资产所属的公司。截至 2011 年 6 月 21 日，盾安控股及其下属子公司盾安化工将共计

2616007.60 元费用足额补偿支付给相关公司。

2. 关于业绩补偿承诺及承诺履行情况

为了保证盾安集团及其下属子公司盾安化工注入上市公司江南化工民爆类资产的盈利能力，盾安集团及其下属子公司盾安化工做出承诺，注入上市公司江南化工的民爆类资产对应的 2011 年度、2012 年度及 2013 年度预测净利润数（扣除非经常性损益后归属于母公司所有者的净利润）分别为人民币 16027.90 万元、17579.67 万元及 21096.13 万元。如果标的资产①对应的截至当期期末累积实际净利润数低于截至当期期末累积预测净利润数，盾安控股及盾安化工同意将其此次认购的股份总数按一定比例计算股份补偿数进行补偿。在补偿期限届满时，上市公司江南化工将聘请独立第三方专业机构对标的资产进行减值测试，如期末减值额/标的资产作价 > 补偿期限内已补偿股份总数/认购股份总数，则盾安集团及其下属子公司盾安化工将另行补偿股份②。如盾安控股与盾安化工根据相关约定向上市公司江南化工进行补偿，则上市公司江南化工在向盾安控股及盾安化工发出书面通知后的 10 个工作日内召开董事会，并计算应补偿股份数；盾安及其下属子公司盾安化工应协助上市公司江南化工通知证券登记结算机构，将应补偿股份转移至上市公司江南化工董事会设立的专门账户，进行单独锁定。应补偿股份转移至上市公司江南化工董事会设立的专门账户后，不再拥有表决权且不享有股利分配的权力。江南化工在业绩补偿期限届满且确定应补偿股份数量并完成锁定手续后，应在两个月内召开股东大会。经股东大会通过，上市公司江南化工将以总价人民币 1.00 元的价格定向回购上述专户中存放的全部股份，并予以注销。若股东大会未通过上述股份回购及后续注销议案，则上市公司江南化工应在股东大会决议公告后 10 个交易日内书面通知盾安集团及盾安化工，盾安集团及盾安化工将在接到通知后的 30 日内将上述应补偿股份无偿赠送给上市公司江南化工股权登记日在册的其他股东，其他股东按其持股比例享有获赠股份。

经审计，出具了标准无保留意见的审计报告。本次重大资产重组注入上市公司江南化工的标的资产 2011 年度实际的净利润合计为 26975.03 万元，其中，2011 年度归属于母公司（江南化工）所有者的扣除非经常性损益后的净利润为 19865.59

---

① 标的资产，即指盾安集团及其下属子公司盾安化工因认购上市公司江南化工增发股份而向江南化工支付的八家民爆类公司的相关资产。

② 股份补偿数量不超过本次认购股份的总量。如依据上述公式计算出来的当年需补偿的股份数量为负数，则当年新增股份补偿数为零，原已计算的补偿股份数也不冲回。

万元，完成业绩承诺数的 123.94%，未触发盾安集团及其下属子公司盾安化工股份补偿的承诺。本次重大资产重组注入的公司 2012 年度实际归属于母公司（江南化工）的净利润合计为 23005.82 万元，其中，归属于母公司（江南化工）所有者的扣除非经常性损益后的净利润为 22335.09 万元，完成业绩承诺数的 127.05%，未触发盾安集团及其下属子公司盾安化工股份补偿的承诺。本次重大资产重组注入的公司 2013 年度实际归属于母公司（江南化工）的净利润合计为 22598.25 万元，其中，归属于母公司（江南化工）所有者的扣除非经常性损益后的净利润为 21398.64 万元，完成业绩承诺数的 116.26%，未触发盾安集团及其下属子公司盾安化工股份补偿的承诺。

五、交易完成后上市公司江南化工股权结构变化及控制关系变更

上市公司江南化工非公开发行股份完成后，其股权结构、控股股东及实际控制人均发生重大变化。

1. 交易完成后上市公司江南化工的股权结构变化

交易完成后，盾安集团及其下属子公司盾安化工成为上市公司江南化工的股东，使其股权结构发生了变化。截至 2011 年 6 月 14 日，上市公司江南化工的股权结构见表 17 -7。

表 17 -7　　交易完成后上市公司江南化工的股权结构

股东名称	持股数量（万股）	持股比例（%）
盾安集团	8764.0000	33.23
熊立武	5347.8428	20.28
盾安化工	3616.0000	13.70
宁波科思	2299.4680	8.72
合肥永天	1790.2700	6.79
其他公众股股东	4558.3856	17.28
合计	26375.9664	100.00

2. 交易完成后上市公司江南化工的控制关系变更

在实施交易前，上市公司江南化工的总股本为 13995.9664 万股，其控股股东及实际控制人为熊立武。交易完成后，上市公司江南化工的总股本变更为 26375.9664 万股。在上市公司江南化工的股权结构中，盾安集团及其一致行动人（盾安化工、合肥

永天）持有上市公司江南化工 14170.27 万股股份，占总股本的 53.27%，其中，盾安集团持有上市公司江南化工 8764 万股股份，占总股本的 33.23%，是上市公司江南化工的控股股东。相应地，盾安集团的控股股东姚新义是上市公司江南化工的实际控制人。交易完成后，上市公司江南化工的控制关系见图 17-3。

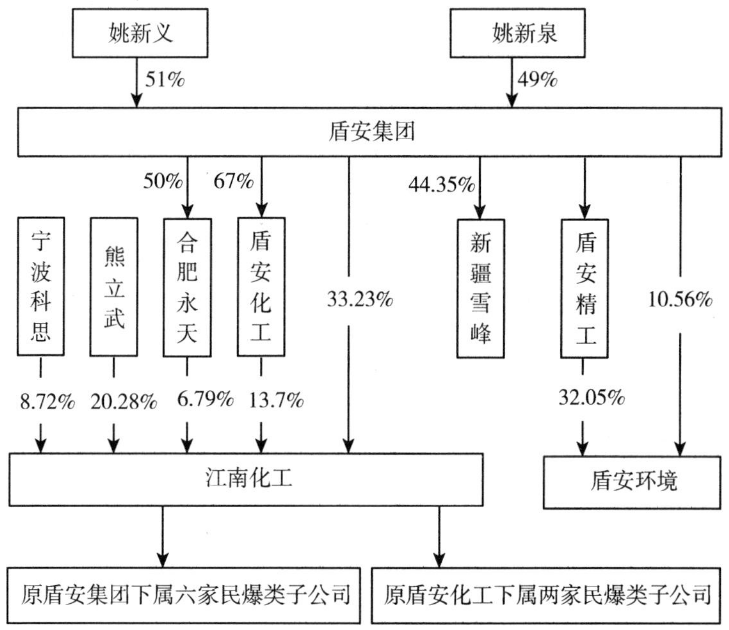

图 17-3　交易完成后上市公司江南化工的控制关系

第四节　盾安集团控股上市公司江南化工后的民爆类资产进一步整合

在盾安集团以资产支付控股上市公司江南化工的操作过程中，盾安集团下属的新疆雪峰与林州宇豪①因经营状况及公司章程规定等原因，未能作为支付对价而注入上市公司江南化工。为了避免同业竞争并进一步整合民爆类资产，盾安集团承诺，在资产支付完成后的 12 个月内，将其持有的新疆雪峰 44.35% 股权及林州宇豪 51% 股权全部或部分转让给上市公司江南化工或其他无关联关系的独立第三方。在承诺期限内，盾安集团将其持有的新疆雪峰 16% 股权转让给上市公司江南化工，并将其持有的新疆雪峰 28.35% 股权及林州宇豪 51% 股权转让给无关联关系的第三方。

---

① 林州宇豪的全称为“林州市宇豪化工科技有限公司”。

一、股权出让方与股权受让方

为了履行关于避免同业竞争的承诺，盾安集团与上市公司江南化工于2011年10月24日签订《股权转让协议》，盾安集团将其持有的新疆雪峰16%的股权转让给上市公司江南化工。

1. 股权出让方——盾安集团

此次交易的股权出让方为盾安集团。盾安集团的情况本案例第一部分已作出详细说明，此处不再累述。

2. 股权受让方——上市公司江南化工

此次交易的股权受让方为上市公司江南化工。上市公司江南化工的情况本案例第一部分已作出详细说明，此处不再累述。

二、标的股权及其转让价格

此次资产重组前，盾安集团持有新疆雪峰44.35%股权。按照盾安集团的承诺事项，盾安集团将其持有的新疆雪峰16%的股权作价20800万元转让给上市公司江南化工。

1. 交易标的为盾安集团持有的新疆雪峰16%的股权

盾安集团向上市公司江南化工出让的标的资产为盾安集团持有的新疆雪峰16%的股权，即盾安集团持有的新疆雪峰的出资额8870万元中的3200万元出资额。

2. 标的股权的转让价格为6.5元/每注册单位

根据审计机构和评估机构出具的审计报告和评估报告，截至2011年8月31日，新疆雪峰合并报表资产总额为98623.38万元，归属于母公司所有者权益为40053.17万元；2011年1~8月实现营业收入为49466.62万元，归属于母公司的净利润为9606.76万元。以2011年8月31日为评估基准日，按照资产基础法（成本法），新疆雪峰所有者权益的评估值为52727.67万元。在此基础上，考虑到新疆雪峰盈利能力较好，并正在进行改制设立股份公司，同时参考2010年底股权转让、战略投资的入股价格6元/每注册单位，以及盾安集团转让给其他无关联第三方的转让价格不低于6.5元/每注册单位，经盾安集团与上市公司江南化工协商，确定上市公司江南化工受让的股权转让价为6.5元/每注册单位。

三、受让标的的对价及对价支付方式

上市公司江南化工受让盾安集团持有的新疆雪峰16%股权的对价为20800万

元，其以现金方式分次向盾安集团支付受让标的的对价。

1. 上市公司江南化工受让盾安集团持有的新疆雪峰16%股权的对价

新疆雪峰的注册资本为2000万元，其中，盾安集团持有的新疆雪峰出资额为8870万元，盾安集团转让给上市公司江南化工的标的为其持有的新疆雪峰3200万元的出资额（占新疆雪峰注册资本的16%）。按照6.5元/每注册单位计算，盾安集团将其持有的新疆雪峰3200万元出资额转让给上市公司江南化工的对价为20800万元，即上市公司江南化工以20800万元作为对价，受让盾安集团持有的新疆雪峰16%的股权。此外，标的股权在损益归属期间①的损益由上市公司江南化工依法享有或承担。

2. 上市公司江南化工以现金的方式向盾安集团支付受让股权的对价

按照交易双方的约定，上市公司江南化工以现金方式支付受让盾安集团持有的新疆雪峰16%股权的对价。上市公司江南化工支付对价所需资金的来源包括其自有资金和部分银行贷款。上市公司江南化工分两次支付价款，第一次为股权转让协议生效后5个工作日内，上市公司江南化工向盾安集团支付30%的价款即6240万元；第二次为完成股权交割后的30个工作日内，上市公司江南化工向盾安集团支付70%的价款即14560万元。交易完成后，上市公司江南化工的控制关系见图17－4。

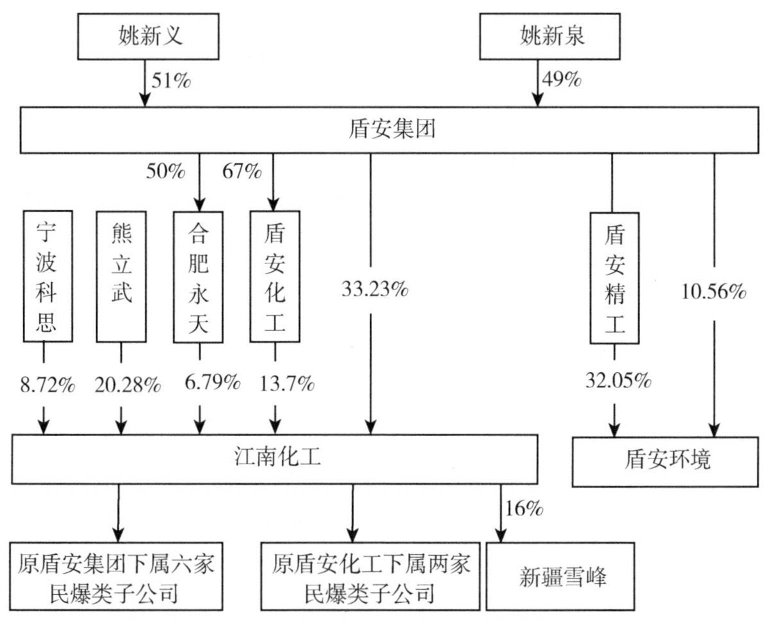

图17－4　交易完成后上市公司江南化工的控制关系

① 指自基准日（2011年8月31日）至交割日期间。其中，该期间不包括基准日当日，但包括交割日当日。

第五节 盾安集团以资产支付方式控股江南化工产生的影响

自“十一五”以来，国家持续加大对大型企业集团和优势企业的政策指导和扶持力度，不断推进民爆企业做大做强，鼓励企业跨地区兼并重组，着力推进企业在资本层面进行实质性整合。盾安集团与上市公司江南化工响应国家产业政策的要求并顺应行业发展趋势，实施两家公司的重组整合，从而实现大型企业集团与优势企业的“强强联合”。盾安集团以资产支付方式控股江南化工，对交易双方都产生了重大影响。

一、盾安集团以资产支付方式控股上市公司江南化工对盾安集团的影响

盾安集团以资产支付的方式，成功将其下属的民爆类资产注入上市公司，实现了民爆类资产业务的整体上市。与此同时，盾安集团通过认购上市公司江南化工股份而获得上市公司的控制权，使上市公司江南化工成为其直接控股的子公司，从而得以分享上市公司江南化工的收益，并提升其综合实力及融资能力。

1. 通过控股上市公司江南化工使盾安集团能够直接分享上市公司的收益

资产重组前，盾安集团通过合肥永天间接持有上市公司江南化工的股权，从而间接分享上市公司江南化工的收益。盾安集团以资产支付方式控股上市公司江南化工后，持有上市公司江南化工超过30%的股份，成为上市公司江南化工的直接控股股东。盾安集团及其一致行动人（盾安化工、合肥永天）合计持有上市公司超过50%的股份，进一步增强了盾安集团对上市公司江南化工的控股地位。通过直接控股上市公司江南化工，盾安集团能够直接分享上市公司江南化工的收益，进而放大了其股东权益。此外，盾安集团还通过下属子公司盾安化工与合肥永天间接持有上市公司江南化工的股份，使其能够间接分享更多的上市公司收益。

2. 通过控股上市公司江南化工使盾安集团的融资能力进一步提升

在实施此次资产重组前，盾安集团旗下拥有一家从事制冷设备及制冷配件业务的上市公司盾安环境。通过盾安环境这一上市公司平台，使盾安集团具有一定的融资能力。盾安集团以资产支付方式控股上市公司江南化工后，上市公司江南化工也成为盾安集团的融资平台。由此，盾安集团旗下拥有两家不同行业领域的上市公司，使其融资能力得到大幅提升，并进一步拓宽其融资渠道。在某种意义上，融资

能力是企业竞争力的重要体现，也是企业快速发展的关键因素。盾安集团融资能力的进一步提升，为公司长期健康稳定发展奠定了基础。

二、盾安集团以资产支付方式控股江南化工对上市公司江南化工的影响

通过实施与盾安集团的重组整合，将使上市公司江南化工构建民爆行业的完整产业链，形成生产、销售、爆破服务一体化经营模式，从而使上市公司江南化工的盈利能力、市场竞争力及市场占有率得到进一步提升。

1. 通过受让盾安集团下属民爆类资产业务使上市公司江南化工完成产业链整合并提升其持续盈利能力

上市公司江南化工通过受让盾安集团下属优质的民爆类资产业务，其业务能力得到大幅提升。具体而言，上市公司江南化工的工业炸药年许可生产能力从现有的6.6万吨增至25.65万吨，产品覆盖乳化炸药、铵油炸药、膨化硝铵炸药、震源药柱、索类等，形成研发、生产、销售、爆破服务的完整产业链，成为国内民爆产业炸药品种最为齐全、规模最大、产销用一体化的民爆企业集团公司之一，增强了公司的抗风险能力。与此同时，上市公司江南化工还积极向现场混装作业方式发展，并向爆破作业领域深入延伸，加快产业纵向一体化的发展战略，以实现产业链延伸和产品附加值、集中度的提升，培育公司新的利润增长点，从而进一步提升其在行业内的市场规模和地位。此外，由于盾安集团注入上市公司江南化工的民爆类资产质量良好、盈利能力较强，重组后使上市公司未来的营业收入得以实现大幅提升，有利于增强上市公司江南化工的可持续盈利能力。

2. 通过受让盾安集团下属民爆类资产业务使上市公司江南化工的核心竞争力及市场占有率大幅提升

资产重组后，上市公司江南化工的资产规模及生产能力将得到大幅度提高，将在安徽、新疆、宁夏、河南、四川、福建、湖北七个省区拥有民爆生产企业，公司将由区域性龙头企业迅速成为跨区域的全国性民爆企业集团，大大提升了重组后上市公司江南化工的市场占有率。与此同时，上市公司江南化工通过全方位整合，发挥整体协同效应，通过产品互补、渠道共享、网络扩张，在民爆产品的生产经营业务和爆破业务方面实现销售渠道、经营资源的优势互补，提高运营和管理效率。在现有爆破服务业务的基础上，上市公司江南化工整合盾安集团注入的爆破类公司的相关爆破工程技术、人才，利用广泛的市场网络渠道，积极向下游爆破服务延伸，

快速形成新的利润增长点，进一步增强公司核心竞争力，形成在民爆产品的科研开发、原材料制备、生产、检测、配送和爆破服务等领域具有自主创新能力和国际竞争力的大型民爆企业集团。

第六节 盾安集团以资产支付方式控股江南化工的评价

为保证民爆行业可持续发展，2010 年全国民爆器材行业工作会议中明确指出，民爆行业将坚定不移地推进兼并重组的政策导向、坚持扶优扶强的政策、坚持克服“小、散、低”产业政策。要进一步加大结构调整力度，建立产能动态调节机制，淘汰落后产能压缩富余产能，优化产业布局；加大对大型企业集团和优势企业的政策指导和扶持力度，不断推进民爆企业做强做大；鼓励企业跨地区兼并重组，支持以上市企业为龙头实施兼并重组，形成具有国际竞争力的民爆骨干企业，着力推进企业在资本层面进行实质性整合；同时着力推进科研、生产、销售、爆破服务一体化服务模式，推广混装车等移动式炸药生产方式，引导企业加快向爆破服务领域的延伸，加快推进民爆行业的市场化步伐。在此政策背景下，盾安集团与上市公司江南化工实施了重组整合，符合国家民爆行业的相关产业政策，为其他民爆类公司实施兼并重组提供了借鉴。

一、通过同一行业两家公司的整合重组而实现“强强联合”及优势互补

盾安集团自 2003 年进入民爆行业，经过多年发展，已成为民爆行业跨地区经营的大型企业集团之一，具有资本、管理及技术等方面的优势。上市公司江南化工是国内乳化炸药生产龙头企业，具有产品、技术、规模和管理等方面的优势。盾安集团与上市公司江南化工的资产重组，是整合民爆产业的重大举措，能够推动两家公司的“强强联合”并在产品、技术、规模、销售等多方面形成优势互补，有利于实现做大做强民爆产业的战略发展目标，对推动中国民爆行业技术进步与提升民爆行业的产业集中度及增强民爆行业的国际竞争力都具有十分重要的意义。

二、采取资产支付的方式减轻了收购方的现金支付压力而有利于重组整合的顺利推进

盾安集团与上市公司江南化工整合重组涉及的交易标的数额巨大，无论是上市

公司以现金收购盾安集团下属民爆类资产，还是盾安集团认购上市公司江南化工非公开发行股份，不仅不能一次性同时实现盾安集团将民爆类资产注入上市公司江南化工与盾安集团控股上市公司江南化工两个目的，而且交易方需要支付较大数额的对价，从而造成巨大的现金支付压力。采取以资产支付认购上市公司增发股份的方式，既成功实现了两家公司的重组整合，也有效避免了交易双方的现金流出及现金支付压力，符合双方的利益需求，使重组整合得以顺利推进。

附表　　盾安集团以资产支付方式控股江南化工时间

序号	日期	内　容
1	2009年11月26日	盾安集团、盾安化工股东会分别审议通过以股权认购江南化工发行股份事宜；江南化工与盾安集团、盾安化工签署《发行股份购买资产协议》
2	2010年1月15日	江南化工董事会审议通过发行股份购买资产的相关议案；江南化工与盾安集团、盾安化工签署《补充协议》《利润补偿协议》
3	2010年2月3日	江南化工临时股东大会审议通过发行股份购买资产的相关议案
4	2010年7月27日	江南化工董事会审议通过《补充协议二》等相关议案
5	2010年9月30日	江南化工董事会审议通过《利润补偿协议之补充协议》的议案
6	2011年3月28日	发行股份购买资产方案获得中国证监会有条件通过
7	2011年5月30日	中国证监会核准豁免盾安集团及其一致行动人的要约收购义务
8	2011年6月9日	新疆天河等七家公司完成股权过户手续
9	2011年6月10日	绵竹兴远完成股权过户手续
10	2011年6月15日	江南化工发行的12380万股股份登记手续办理完毕
11	2011年10月24日	江南化工与盾安集团签订《关于新疆雪峰股权转让协议》
12	2011年11月3日	新疆雪峰16%股权完成过户登记

第十八章
攀钢钢钒吸收合并长城股份与攀渝钛业案例

国有企业的剥离上市及母子公司的多级次导致了很多国有集团在同一母子体系中，不仅有多家上市公司，而且多家上市公司处于子公司、孙公司、孙孙公司的不同级次，除此以外，这些处于同一母子体系中的多家上市公司还存在同业竞争、关联交易等现象。攀钢钢钒吸收合并长城股份与攀渝钛业提供了国有集团对其母子公司体系中多家上市公司整合重组搭建统一资本运营平台的案例。就这一案例的具体操作看，首先，由攀钢集团作为集团公司主导上市公司攀钢钢钒与攀钢集团旗下其他钢铁钒钛相关资产之间的重组，使上市公司攀钢钢钒通过资产重组成为具有完整产业链的大型钢铁钒钛企业；其次，攀钢集团依托下属上市公司攀钢钢钒而实现旗下三家上市子公司之间的吸收合并，从而为集团公司搭建了统一的资本运营平台，进一步提升了整个集团的核心竞争力。

第一节　攀钢钢钒与长城股份及攀渝钛业三家上市公司吸收合并的相关方情况介绍

攀钢钢钒与长城股份及攀渝钛业三家上市公司吸收合并案例涉及多个交易主体，包括攀钢集团下属三家上市公司攀钢钢钒、长城股份、攀渝钛业，以及攀钢集团下属非上市公司攀钢有限、攀成钢与攀长钢。

一、攀钢集团的情况介绍

攀钢集团是此次吸收合并的主导者与推动者，也是攀钢钢钒与长城股份及攀渝钛业三家上市公司共同的母公司。正是在攀钢集团的推动下，攀钢集团旗下多家非上市公司成功将其钢铁钒钛业务注入上市公司攀钢钢钒，并实现了三家上市公司之间的吸收合并。

1. 攀钢集团的基本情况

攀钢集团于 1965 年兴建，注册资本为 490876.8 万元。其前身为攀枝花钢铁厂，后更名为攀枝花钢铁（集团）公司，是国资委直接管理的中央企业。经过几十年的经营，攀钢集团已经发展成为跨地区、跨行业的现代化钢铁钒钛企业集团。攀钢集团的基本情况详见表 18－1。

表 18－1　　攀钢集团的基本情况[①]

中文名称	攀枝花钢铁（集团）公司
成立日期	1956 年
企业性质	国有企业
法定代表人	樊政炜
注册资本	490876.8 万元
经营范围	钢、铁、钒、钛、焦冶炼；钢压延加工；金属制品、机电设备、船舶制造修理；建筑材料制造；金属非金属矿采选；水电气生产供应；冶金工程、工业自动化、信息工程技术服务

2. 攀钢集团的业务情况

依托攀西地区丰富的钒钛磁铁矿资源优势和钒钛磁铁矿综合利用技术优势，攀钢集团已形成以高速铁路用钢轨为代表的大型材系列；以 IF 钢板、汽车大梁板、高强度深冲镀锌板、GL 板等冷热轧板为代表的板材系列；以三氧化二钒、高钒铁、氮化钒、钛白粉为代表的钒钛系列；以优质无缝钢管为代表的管材系列，以高温合金、模具钢为代表的特殊钢系列和优质棒线材六大系列产品。攀钢集团 2007 年末已形成年产铁 780 万吨、钢 727 万吨、钢材 700 万吨、钒制品 2 万吨（以五氧化二钒计）、30 万吨钛精矿、钛白粉 8 万吨的综合生产能力。此外，攀钢集团拥有丰富的钒钛磁铁矿资源优势，拥有白马铁矿、兰尖、朱家包铁矿等丰富铁矿资源，年产铁精矿 550 万～600 万吨；拥有石灰石矿、石灰石矿大水井白云石矿等钢铁辅料矿山资源。同时，攀钢集团拥有成熟的钒钛磁铁矿综合利用技术及相关技术的专业

① 表 18－1 及以下本章所有表、图是根据上市公司公布的信息（包括数字、财务数据、相关指标等）整理形成。

研究机构，在行业内具有较强的技术竞争优势。

3. 攀钢集团的财务状况

根据《攀枝花新钢钒股份有限公司发行股份购买资产、换股吸收合并暨关联交易报告书》中披露的相关信息，攀钢集团2006～2007年的简要财务信息见表18－2。

表18－2 攀钢集团2006～2007年的简要财务数据

项 目	2007年12月31日	2006年12月31日
总资产（万元）	5646618.1849	5148131.1692
总负债（万元）	2008252.6329	1686664.1577
股东权益（万元）	1767125.3951	1475204.9541
营业收入（万元）	3967053.9530	3724582.9225
税后利润（万元）	128621.0680	40544.1328
资产负债率（%）	35.57	32.76
净资产收益率（%）	7.28	2.75

4. 攀钢集团下属子分公司情况

攀钢集团经过多年的发展已经成为跨地区、跨行业的现代化钢铁钒钛企业集团，拥有攀钢钢钒、攀渝钛业和长城股份三家上市公司及攀钢有限、攀成钢、攀长钢等子公司。其中，攀钢有限①是由攀钢集团、国家开发银行及中国信达于2000年12月在原攀钢集团基础上设立的公司，主营业务为钢、铁、钒、焦冶炼、钢压延加工及矿产品生产与销售。攀成钢②是2002年5月22日由原攀钢集团成都无缝钢管有限责任公司与原成都钢厂重组改制设立的公司，主要承担攀钢集团整体规划中的无缝钢管、建筑钢材等产业发展，从事无缝钢管及建筑钢材的生产与销售业务，具备年产铁150万吨、钢180万吨、钢材212万吨的生产能力。攀长钢③始建于1965年，并于2004年以行政划转方式进入攀钢集团，主要承担攀钢集团内部的钢冶炼、钢压延加工等业务，具备年产粗钢65万吨、成品材70万吨的生产能力，是我国重要的特殊钢科研、生产基地及重点军工配套服务企业。攀钢集团及其下属子分公司的控制关系见图18－1。

---

① 攀钢有限全称为“攀枝花钢铁有限责任公司”。

② 攀成钢全称为“攀钢集团成都钢铁有限责任公司”。

③ 攀长钢全称为“攀钢集团四川长城特殊钢有限责任公司”。

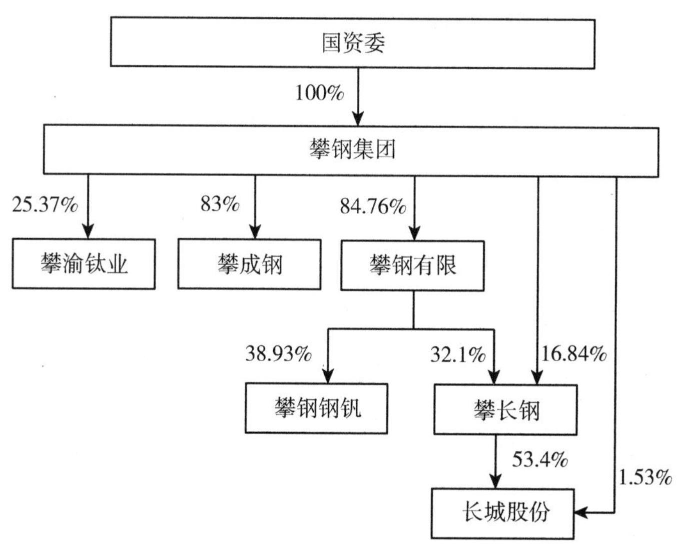

图 18－1　攀钢集团及其下属子分公司控制关系

二、上市公司攀钢钢钒的情况介绍

上市公司攀钢钢钒为攀钢集团下属三级子公司，也是此次资产重组及吸收合并的资本运营平台。攀钢集团正是依托上市公司攀钢钢钒完成了旗下钢铁钒钛业务的重组及三家上市公司之间的吸收合并。

1. 上市公司攀钢钢钒的基本情况

攀钢钢钒于 1993 年 3 月由攀钢集团与攀枝花冶金矿山公司及十九冶共同发起设立。1996 年 11 月，攀钢钢钒向社会公众公开发行股份并在深圳证券交易所上市。上市公司攀钢钢钒的基本情况详见表 18－3。

表 18－3　上市公司攀钢钢钒的基本情况

中文名称	攀枝花新钢钢钒股份有限公司
股票简称	攀钢钢钒
股票代码	000629
上市日期	1996 年 11 月 15 日
上市地点	深圳证券交易所
法定代表人	樊政炜
注册地址	四川省攀枝花市弄坪

2. 上市公司攀钢钢钒的业务情况

上市公司攀钢钢钒地处钒钛磁铁矿资源丰富的攀西地区，资源优势及成本优势明显，是中国西南最大的钢铁联合企业、最大的热轧板卷生产基地，中国最大、世界第二的钒制品生产基地。现有主营业务涉及炼铁、提钒炼钢、连铸、热轧钢、钢轧延、钒制品加工及氧气、氢气、氮气、氩气等的生产，主要产品包括热轧产品、冷轧产品、型材及钒制品四大类共计50多个品种。

3. 上市公司攀钢钢钒的财务状况

根据《攀枝花新钢钒股份有限公司发行股份购买资产、换股吸收合并暨关联交易报告书》中披露的相关信息，上市公司攀钢钢钒2006～2007年的简要财务信息见表18－4。

表18－4　　上市公司攀钢钢钒2006～2007年的简要财务信息

项　　目	2007年12月31日	2006年12月31日
总资产（万元）	2282527.8429	2032281.2685
总负债（万元）	1202441.1637	1110694.3927
股东权益（万元）	1080086.6791	921586.8758
营业收入（万元）	2119779.7158	1744550.9363
税后利润（万元）	95093.0337	91794.8228
资产负债率（%）	52.68	54.65
净资产收益率（%）	8.80	9.96

4. 上市公司攀钢钢钒的股权结构及控制关系

截至2008年12月底，上市公司攀钢钢钒的总股本为402473.07万股。其中攀钢有限持有攀钢钢钒的股份共计156697.24万股，占总股本的38.93%，为上市公司攀钢钢钒的控股股东。截至2008年12月底，上市公司攀钢钢钒的股权结构见表18－5。

表18－5　　截至2008年12月底上市公司攀钢钢钒的股权结构

股份类别	股数（万股）	持股比例（%）
一、有限售条件流通股份	140007.91	34.79
其中：攀钢有限	139997.18	34.78
二、无限售条件流通股份	262465.16	65.21
其中：攀钢有限	16700.06	4.15
其他无限售条件流通股份	245765.10	61.06
总计	402473.07	100

三、上市公司长城股份的情况介绍

上市公司长城股份为攀钢集团下属二级子公司，也是此次吸收合并的目标公司之一。吸收合并完成后，上市公司长城股份的上市资格依法终止，其法人资格也随之注销。

1. 上市公司长城股份的基本情况

长城股份原名为长城特殊钢股份有限公司，是于 1988 年 8 月经绵阳市人民政府批准由长城特殊钢公司改制设立的股份有限公司。经中国证监会批准，于 1944 年 4 月 25 日在深圳证券交易所挂牌，成为深圳证券交易所的上市公司。上市公司长城股份的基本情况见表 18－6。

表 18－6 上市公司长城股份的基本情况

中文名称	攀钢集团四川长城特殊钢股份有限公司
股票简称	长城股份
股票代码	000569
成立日期	1988 年 8 月
上市日期	1994 年 4 月 25 日
上市地点	深圳证券交易所
法定代表人	李赤波
注册地址	四川省江油市江东路 195 号

2. 上市公司长城股份的业务情况

上市公司长城股份的主要业务为钢冶炼、钢压延加工，其主导产品为不锈钢、精密钢管、碳结钢、汽车阀门钢、蒸汽轮叶片钢、高温合金钢及轴承钢、模具钢等系列产品。上市公司长城股份具备年产粗钢 65 万吨、成品钢材 70 万吨的产能。2005～2007 年上市公司长城股份主要产品产量情况见表 18－7。

表 18－7 上市公司长城股份 2005～2007 年主要产品产量情况 单位：万吨

年度	碳结、合结	高合工	不锈钢材	其他
2007 年	41.57	3.60	6.11	2.71
2006 年	21.19	3.27	5.58	17.66
2005 年	23.00	2.82	5.65	18.33

3. 上市公司长城股份的财务状况

根据《攀枝花新钢钒股份有限公司发行股份购买资产、换股吸收合并暨关联交易报告书》中披露的相关信息，上市公司长城股份2006～2007年的简要财务信息见表18－8。

表18－8　　上市公司长城股份2006～2007年的简要财务信息

项　　目	2007年12月31日	2006年12月31日
总资产（万元）	214700.8407	199099.7121
总负债（万元）	154659.4395	141813.1824
股东权益（万元）	60041.4012	57286.5296
营业收入（万元）	347064.4809	298559.6370
税后利润（万元）	2966.5409	－22714.1349
资产负债率（%）	72.03	71.23
净资产收益率（%）	4.94	－39.65

4. 上市公司长城股份的股权结构及控制关系

截至2008年6月30日，上市公司长城股份的总股本为75431.40万股。其中攀长钢持有长城股份的股份共计40281.67万股，占总股本的53.40%，为上市公司长城股份的控股股东。截至2008年6月底，上市公司长城股份的股权结构见表18－9。

表18－9　　截至2008年6月底上市公司长城股份的股权结构

股份类别	股数（万股）	持股比例（%）
一、有限售条件流通股份	40297.38	53.42
其中：攀长钢	40281.67	53.40
二、无限售条件流通股份	35134.02	46.58
其他无限售条件流通股份	35134.02	46.58
总计	75431.40	100

四、上市公司攀渝钛业的情况介绍

上市公司攀渝钛业为攀钢集团下属二级子公司，也是此次吸收合并的目标公司之一。吸收合并完成后，上市公司攀渝钛业的上市资格依法终止，法人资格也随之注销。

1. 上市公司攀渝钛业的基本情况

攀渝钛业设立于1990年9月，并于1993年7月12日在深圳证券交易所上市交易，成为深圳证券交易所的上市公司。上市公司攀渝钛业的基本情况见表18－10。

表18－10　上市公司攀渝钛业的基本情况

中文名称	攀钢集团重庆钛业股份有限公司
股票简称	攀渝钛业
股票代码	000515
上市日期	1993年7月12日
上市地点	深圳证券交易所
法定代表人	吴家成
注册地址	重庆市巴南区走马二村51号

2. 上市公司攀渝钛业的业务情况

上市公司攀渝钛业的主要业务为金红石型、锐钛型钛白粉及其副产品的生产和销售。上市公司攀渝钛业是我国最大、生产水平最先进的钛白粉生产基地之一，拥有两套年产1.8万吨硫酸法钛白粉装置，生产能力达3.6万吨/年。2005～2007年上市公司攀渝钛业主要产品产量情况见表18－11。

表18－11　上市公司攀渝钛业2005～2007年主要产品产量情况　单位：万吨

年　　度	钛白粉
2007年	4.0
2006年	3.8
2005年	3.4

3. 上市公司攀渝钛业的财务状况

根据《攀枝花新钢钒股份有限公司发行股份购买资产、换股吸收合并暨关联交易报告书》中披露的相关信息，上市公司攀渝钛业2006～2007年的简要财务信息见表18－12。

表18－12　上市公司攀渝钛业2006～2007年的简要财务信息

项　　目	2007年12月31日	2006年12月31日
总资产（万元）	68453.0624	67031.3758
总负债（万元）	31004.9674	29001.2892

续表

项　　目	2007 年 12 月 31 日	2006 年 12 月 31 日
股东权益（万元）	37448.0950	38030.0865
营业收入（万元）	77993.4478	61955.4426
税后利润（万元）	1164.0242	1868.0638
资产负债率（%）	45.29	43.27
净资产收益率（%）	3.11	4.91

4. 上市公司攀渝钛业的股权结构及控制关系

截至 2008 年 6 月 30 日，上市公司攀渝钛业的总股本为 18720.7488 万股。其中攀钢集团持有攀渝钛业的股份为 3814.2050 万股，占总股本的 20.38%，为上市公司攀渝钛业的第一大股东。截至 2008 年 6 月 30 日，上市公司攀渝钛业的股权结构见表 18－13。

表 18－13　　截至 2008 年 6 月底上市公司攀渝钛业的股权结构

股份类别	股数（万股）	持股比例（%）
一、有限售条件流通股份	7268.6420	38.83
其中：攀长钢	3814.2050	20.38
中国长城	3454.4370	18.45
二、无限售条件流通股份	11452.1068	61.17
总计	18720.7488	100

第二节　攀钢钢钒与长城股份及攀渝钛业三家上市公司吸收合并的基本思路

上市公司攀钢钢钒的资产重组及其与长城股份、攀渝钛业的吸收合并，是在其实际控制人攀钢集团的主导下完成的。为了更好地推动集团母子公司体系中钢铁钒钛业务的整合，并使其在统一的资本运营平台上经营发展，攀钢集团依托上市公司攀钢钢钒完成了一系列的资产重组。首先，攀钢集团及其下属相关子公司将部分资产出售给上市公司攀钢钢钒，使上市公司攀钢钢钒成为拥有完整产业链的大型钢铁钒钛联合企业；其次，上市公司攀钢钢钒以换股方式吸收合并攀钢集团下属另外两家上市公司长城股份与攀渝钛业，从而完成了攀钢集团下属三家上市公司之间的吸收合并，实现了攀钢集团资产业务的进一步整合。

一、攀钢集团及其下属相关子公司将部分资产出售给上市公司攀钢钢钒而放大其资产价值

攀钢集团及其下属攀钢有限、攀成钢、攀长钢等四家公司，将其钢铁钒钛相关的资产出售给上市公司攀钢钢钒，为资产重组的第一个阶段。在该阶段的操作中，攀钢集团及其下属攀钢有限、攀成钢及攀长钢等四家公司通过以资产认购上市公司攀钢钢钒非公开发行股份的方式，将其钢铁钒钛相关的资产成功注入上市公司攀钢钢钒。

1. 上市公司攀钢钢钒以非公开发行股份的方式收购攀钢集团及其下属相关子公司钢铁钒钛矿业等相关资产

上市公司攀钢钢钒向攀钢集团、攀钢有限、攀成钢及攀长钢非公开发行股份以收购上述公司钢铁钒钛矿业等相关资产。上市公司攀钢钢钒非公开发行股份的数量为75000万股，发行股份的价格为公司就发行股份购买资产作出决议公告日前20个交易日的股票交易均价9.59元/股。攀钢集团、攀钢有限、攀成钢及攀长钢以其名下钢铁钒钛相关的资产作为对价，认购上市公司攀钢钢钒非公开发行的股份。其中，攀钢集团认购非公开发行的股份共计18441.96万股；攀钢有限认购非公开发行的股份共计18688.49万股；攀成钢认购非公开发行的股份共计33467.53万股；攀长钢认购非公开发行的股份共计4402.02万股。攀钢集团、攀钢有限、攀成钢及攀长钢通过认购上市公司攀钢钢钒非公开发行的股份而成为上市公司攀钢钢钒的股东。

2. 资产收购完成后攀钢集团及其下属相关子公司的部分资产成功注入上市公司攀钢钢钒

资产收购完成后，攀钢集团、攀钢有限、攀成钢及攀长钢四家公司与钢铁钒钛相关资产成功注入上市公司攀钢钢钒，从而进一步放大资产价值。而上市公司攀钢钢钒通过此次资产收购，将在原产业结构中增加以矿业公司为主体的矿产业、以钛业公司为主体的钛产业。同时，上市公司攀钢钢钒的原钢铁产业将增加无缝钢管、建筑钢材、特种钢材等产品，使其成为具备年产780万吨铁、727万吨钢、700万吨钢材、550万吨铁精矿、2万吨钒制品（以五氧化二钒计）、30万吨钛精矿、8万吨钛白粉、6万吨高钛渣的以丰富矿产资源为基础，集钢铁产业、钒产业、钛产业于一体的大型钢铁钒钛联合企业。

二、上市公司攀钢钢钒以换股方式吸收合并攀钢集团下属两家上市公司而实现攀钢集团资产业务的进一步整合

上市公司攀钢钢钒以非公开发行股份的方式收购攀钢集团、攀钢有限、攀成钢及攀长钢的部分资产后，又在攀钢集团的推动下实施了与另外两家上市公司长城股份与攀渝钛业之间的吸收合并，最终实现了攀钢集团下属三家上市公司之间的整合重组。

1. 上市公司攀钢钢钒以换股方式吸收合并攀钢集团下属两家上市公司长城股份与攀渝钛业

为了进一步构建统一的资本运营平台，使上市公司攀钢钢钒的市场竞争力得到大幅提升，在攀钢集团的推动下，上市公司攀钢钢钒以换股方式吸收合并攀钢集团下属两家上市公司长城股份与攀渝钛业。换股吸收合并的股份来源为上市公司攀钢钢钒新增 A 股股份；换股比例分别为 1：1. 78 及 1：0. 82，其中每 1 股攀渝钛业股份可换取 1. 78 股攀钢钢钒股份、每 1 股长城股份的股份可换取 0. 82 股攀钢钢钒股份。为了保护非限售流通股股东的利益，此次吸收合并还对现金选择权的实施及权利受限股份的处理等操作细节进行了设计，从而进一步确保吸收合并的顺利推进。

2. 换股吸收合并完成后长城股份与攀渝钛业的全部资产业务人员划入上市公司攀钢钢钒

此次换股吸收合并完成后，吸收合并的存续方为上市公司攀钢钢钒，吸收合并目标公司长城股份及攀渝钛业的全部资产、业务、人员等均划入上市公司攀钢钢钒。长城股份及攀渝钛业因不符合上市条件而终止上市，并最终注销法人资格。通过换股吸收合并，一方面使上市公司攀钢钢钒的资产规模及盈利能力得到大幅提升；另一方面使另外两家上市公司长城股份及攀渝钛业的资产业务人员全部划入上市公司攀钢钢钒，而持续拥有资产融资的能力。与此同时，通过换股吸收合并，使三家上市公司的股东都可以分享资源整合带来的收益持续增长，而实现三家公司股东收益的最大化。

第三节　攀钢集团及其下属相关子公司将部分资产出售给攀钢钢钒

攀钢集团及其下属相关子公司都有部分资产从事钢、铁、钒、钛相关的业务，

形成了同业竞争，不利于资源的优化配置及竞争力的提升。为了实现钢铁钒钛业务的整合重组，攀钢集团于2007年10月10日审议通过了攀钢集团及下属相关子公司以标的资产认购上市公司攀钢钢钒股份的相关事宜，并于2009年完成了资产的交割手续。攀钢集团及其下属相关子公司出售资产的数额较大，且在重组过程中受地震影响而造成了部分标的资产的损失，使标的资产的情况更加复杂。为了确保标的资产对价的公平公正及交割的顺利进行，交易双方进行了深入沟通，并构建了有效的利益补偿机制。

一、资产出售方与资产受让方

本次交易的资产出售方为攀钢集团及其下属相关子公司，资产受让方为上市公司攀钢钢钒。

1. 资产出售方——攀钢集团及其下属相关子公司

本次交易的资产出售方共有四个，包括攀钢集团、攀钢有限、攀成钢及攀长钢。上述四个资产出售方的基本情况在本案例的第一部分中已有详细介绍，在此不再累述。

2. 资产受让方——上市公司攀钢钢钒

本次交易的资产受让方为上市公司攀钢钢钒。上市公司攀钢钢钒的基本情况在本案例的第一部分中已有详细介绍，在此不再累述。

二、标的资产及其评估值

本次交易的标的资产涉及攀钢集团、攀钢有限、攀成钢及攀长钢四家公司的多项资产。由于标的资产数额较大且情况较为复杂，交易双方还就部分资产剥离、标的资产价值调整等内容作出了明确约定，以确保交易的顺利进行。

1. 标的资产的分类及其评估值

本次交易的标的资产分属四家公司。在这四家公司中，除了攀长钢的标的资产只有股权资产外，其余四家公司的标的资产均包括股权资产及非股权资产两大类。

（1）归属于攀钢集团的标的资产及其评估值。归属于攀钢集团的标的资产包括两大类：一是非股权资产；二是股权类资产。其中非股权资产主要为热轧酸洗板厂；股权资产则包括攀钢集团持有的十五家公司的股权。经评估，归属于攀钢集团标的资产的价值合计182136.59万元。攀钢集团拟出售股权资产的情况详见表18－14。

表 18－14 攀钢集团拟出售股权资产情况

公司名称	注册资本（万元）	持股比例（%）	注册地
攀钢集团钛业有限责任公司	40000	100	四川攀枝花钒钛产业园区
攀钢集团成都板材有限责任公司	46000	84.71	成都市青白江区弥牟镇工业开发区
攀钢集团眉山冷弯型钢有限公司	3900	51.28	眉山市科技工业园
攀钢集团研究院有限公司	10000	90	成都高新区西部园区创新组团
攀钢集团攀枝花钢铁研究院有限公司	10000	100	攀枝花市东区桃源街 90 号
攀钢集团国际经济贸易有限公司	50000	49	四川省成都市一环路北三段新 167 号攀钢大厦
攀钢集团财务有限公司	100000	71.205	成都市沙湾路 266 号
攀钢集团成都钛业贸易有限公司	2000	49	成都市一环路北三段新 167 号
攀钢集团成都地产有限公司	10000	100	成都市一环路北三段新 167 号
攀钢集团攀枝花工科建设监理有限责任公司	118	50	向阳村攀钢机关六号楼
成都攀钢大酒店有限公司	400	100	成都市一环路北三段路新 167 号
攀钢集团国贸攀枝花有限责任公司	10000	5	攀枝花市东区大渡口综合楼 7－12 层
中冶赛迪工程技术股份有限公司	28676	13.34	重庆市渝中区双钢路 1 号
中联先进钢铁材料技术有限公司	11000	4.55	北京市海淀区大柳树南村 19 号南院主楼二层
北京中联钢电子商务有限公司	2939	3.40	北京市海淀区联慧路 99 号 1 号楼 A0402 室

（2）归属于攀钢有限的标的资产及其评估值。归属于攀钢有限的标的资产包括非股权资产与股权类资产。其中非股权资产包括销售处、设备处、物资处、发电厂、煤化工厂、汽车运输分公司、钢研院、运输部、保卫处、质量处、电调中心、管理干部学校、劳动卫生防护研究所、机关服务中心、传媒中心。股权资产则包括攀钢有限持有的九家公司的股权。经评估，归属于攀钢有限标的资产的价值合计 184571.67 万元。攀钢有限拟出售股权资产的情况详见表 18－15。

表 18－15　攀钢有限拟出售股权资产情况

公司名称	注册资本	持股比例	注册地
攀钢集团矿业有限公司	140000 万元	100%	四川省攀枝花市东区瓜子坪
攀钢集团国际经济贸易有限公司	50000 万元	51%	四川省成都市一环路北三段新 167 号攀钢大厦
攀钢集团冶金工程技术有限公司	19000 万元	100%	攀枝花市东区江南二路
攀钢集团信息工程技术有限公司	6600 万元	100%	攀枝花市东区弄弄坪
攀港有限公司	800 万港元	70%	香港铜锣湾轩尼诗道 555 号东角中心 1901
中山市金山物资有限公司	400 万元	51%	中山市西区中山一路 97 号
攀钢集团财务有限公司	100000 万元	12.16%	成都市沙湾路 266 号
广州攀兴金属加工有限公司	830 万元	30%	广州市天河区茅岗路 1008 号吉山成套仓
攀枝花市商业银行股份有限公司	21897.69 万元	4.57%	攀枝花市炳草岗新华街二村

（3）归属于攀成钢的标的资产及其评估值。归属于攀成钢的标的资产包括非股权资产与股权类资产。其中非股权资产包括炼铁厂、炼钢总厂、340 连轧管厂、508 周期轧管厂、159 连轧管厂、特种钢管加工厂、棒材厂、线材厂、钢管研究所、物资配送中心、动力厂、自动化部、铁路运输管理部、质量保证部、离退休服务中心、机关财务科、招标中心、供应部、销售部、攀成钢传媒中心、攀成钢金堂分公司、教育培训中心、生活服务中心。股权资产则包括攀成钢持有的十二家公司的股权。经评估，归属于攀成钢标的资产的价值合计 330531.3 万元。攀成钢拟出售股权资产的情况详见表 18－16。

表 18－16　攀成钢拟出售股权资产情况

公司名称	注册资本	持股比例	注册地
攀成伊红石油钢管有限责任公司	3000 万美元	60%	四川省成都市青白江区唐巴路
成都攀成钢建设工程有限公司	2393 万元	100%	成都市青白江区华金大道一段 400 号

续表

公司名称	注册资本	持股比例	注册地
成都攀成钢三利工业有限公司	600 万元	100%	成都市青白江区华严镇团结西路 90 号
成都市攀成钢物流有限责任公司	500 万元	100%	成都市青白江区大弯镇团结南路
成都攀成钢冶金工程技术有限公司	500 万元	100%	成都市牛市口
成都市青白江攀成钢大西南金属制品有限公司	600 万元	100%	成都市青白江区工业开发区
攀成钢旺苍金铁观矿业有限责任公司	300 万元	100%	旺苍县东河镇商业南街（金凤苑内）
成都攀成钢机电有限公司	35 万元	100%	成都市蜀都大道双桂路（大学内）
成都成钢梅赛尔气体产品有限公司	16045 万元	40%	成都市青白江区大湾镇团结南路
攀钢集团财务有限公司	100000 万元	0.83%	成都市沙湾路 266 号
攀钢集团成都板材有限责任公司	46000 万元	15.29%	成都市青白江区弥牟镇工业开发区
攀钢集团研究院有限公司	10000 万元	10%	成都高新区西部园区创新组团

（4）归属于攀长钢的标的资产及其评估值。归属于攀长钢的标的资产只有股权类资产，包括攀长钢持有的九家公司股权。经评估，归属于攀长钢标的资产的价值合计 43475.36 万元。攀长钢拟出售股权资产的情况详见表 18－17。

表 18－17　　攀长钢拟出售股权资产情况

公司名称	注册资本（万元）	持股比例（%）	注册地
四川长城钢管有限公司	12117.59	75.24	四川省江油市江东路 298 号
四川长城核能特殊钢有限公司	10000	85	四川省江油市（长城钢管有限公司综合楼四楼）
四川长钢运输有限公司	3000	100	四川省江油市建南路
四川长钢房地产有限公司	1312.0222	100	四川省江油市江东路
四川长城特钢进出口有限公司	99	100	四川省江油市江东路

续表

公司名称	注册资本（万元）	持股比例（%）	注册地
广州攀长钢贸易有限公司	2140	100	广州市天河区体育西路22号503房
江油长钢接待服务有限公司	12462	100	四川省江油市江东路
成都长城特钢招待所有限公司	130	100	成都市致民路48号
北京长兴凯达复合材料科技发展有限公司	1000	40	北京市丰台区南四环西路188号15区6号楼五层

2. 部分资产的剥离及地震损失的处理

为充分保护上市公司的利益，攀钢集团和攀钢有限同意将其标的资产中与钢铁钒钛生产经营不相关的资产进行剥离，并在资产剥离的基础上对标的资产的价值进行了调整。其中，温江疗养院业务资产自攀钢集团拟用于认购攀钢钢钒新增股份的拟购买资产中剥离，上述剥离将减少账面净资产7462110.48元，评估值为7534920.48元，需从攀钢集团拟购买资产经国务院国资委备案确认的评估值中扣减。北京宾馆业务资产自攀钢有限拟用于认购攀钢钢钒新增股份的拟购买资产中剥离，上述剥离业务减少账面净资产52189842.03元，评估值为51280723.08元，需从攀钢有限拟购买资产经国务院国资委备案确认的评估值中扣减。此外，由于交易期间发生汶川地震，部分标的资产在地震期间遭受损失。为了更好地保护投资者的利益，涉及地震损失的标的资产拥有方攀成钢及攀长钢同意对地震损失单独处理并向上市公司攀钢钢钒作出现金补偿。

三、攀钢钢钒受让资产的对价及支付方式

上市公司攀钢钢钒以非公开发行股份及现金支付的方式向攀钢集团及其下属相关子公司支付受让资产的对价。由于本次交易中的标的资产涉及部分资产剥离及地震损失的处理，因此，攀钢集团及其下属相关子公司还需就标的资产期间损益与地震损失等向上市公司攀钢钢钒支付现金补偿。

1. 上市公司攀钢钢钒受让攀钢集团及其下属相关子公司资产的对价

根据标的资产的评估价值，上市公司攀钢钢钒受让攀钢集团及其下属相关子公司资产的对价总计740714.92万元人民币。

2. 上市公司攀钢钢钒以非公开发行股份及现金支付的方式向攀钢集团及其下属相关子公司支付对价

上市公司攀钢钢钒支付标的资产对价的方式有两种，即非公开发行股份及现金支付。上市公司攀钢钢钒首先向标的资产出让方定向发行75000万股股份以支付资产受让对价；若非公开发行股份不足以支付全部对价，则差额部分应由攀钢钢钒以现金方式进行支付。

（1）上市公司攀钢钢钒以新增75000万股股份的方式向攀钢集团及其下属相关子公司支付对价。上市公司攀钢钢钒非公开发行股份数额为75000万股；非公开发行对象为攀钢集团、攀钢有限、攀成钢及攀长钢；发行股份价格为9.59元/股。根据标的资产的评估值及比例，攀钢集团认购攀钢钢钒新发行股份18441.9566万股；攀钢有限认购攀钢钢钒新发行股份18688.4866万股；攀成钢认购攀钢钢钒新发行股份33467.5348万股；攀长钢认购攀钢钢钒新发行股份4402.02万股。

（2）上市公司攀钢钢钒以现金的方式向攀钢集团及其下属相关子公司支付对价的差额部分。股份发行完成后，上市公司攀钢钢钒募集资金总额为719250万元人民币，不足以支付标的资产的全部对价。为此，上市公司攀钢钢钒还需以现金方式向标的资产出售方攀钢集团、攀钢有限、攀成钢及攀长钢支付剩余对价共计21464.92万元。其中，攀钢钢钒需要向攀钢集团支付现金对价5278.2223万元；需要向攀钢有限支付现金对价5349.0574万元；需要向攀成钢支付现金对价9577.6450万元；需要向攀长钢支付现金对价1259.9908万元。

3. 攀钢集团及其下属相关子公司就标的资产期间损益与地震损失等向上市公司攀钢钢钒支付现金补偿

根据资产交易双方的约定，标的资产出售方攀钢集团、攀钢有限、攀成钢及攀长钢就标的资产期间损益与地震损失等向上市公司攀钢钢钒支付现金补偿。其中，攀钢集团应向攀钢钢钒支付现金补偿9663.8755万元；攀钢有限应向攀钢钢钒支付现金补偿11924.6485万元；攀成钢应向攀钢钢钒支付现金补偿15132.7591万元；攀长钢应向攀钢钢钒支付现金补偿29181.1851万元。

四、资产受让完成后上市公司攀钢钢钒的业务结构及股权结构变化

资产受让完成后，上市公司攀钢钢钒的业务结构及股权结构相应地发生了变化。

1. 资产受让完成后上市公司攀钢钢钒的业务结构变化

资产受让完成后，上市公司攀钢钢钒的资源储备得以加强，资源优势得以凸显，依托公司独特的攀西地区区位优势及国内独一无二的钒钛磁铁矿资源大规模综合利用的核心技术，公司的核心竞争能力将得以大幅提升，形成以丰富矿产资源为基础的钢铁、钒、钛三大业务板块齐头并进的产业布局。具体而言，上市公司攀钢钢钒将形成以高速铁路用钢轨为代表的大型材系列；以 IF 钢板、汽车大梁板、高强度深冲镀锌板、GL 板等冷热轧板为代表的板材系列；以三氧化二钒、高钒铁、氮化钒、钛白粉为代表的钒钛系列；以优质无缝钢管为代表的管材系列；以高温合金、模具钢为代表的特殊钢系列和优质建筑钢材等六大系列标志性产品，并逐步发展成为国内外具有较强竞争力的现代化大型钒钛钢铁企业。

2. 资产受让完成后上市公司攀钢钢钒的股权结构变化

资产受让完成后，上市公司攀钢钢钒的股权结构及控制关系变化见图 18－2。

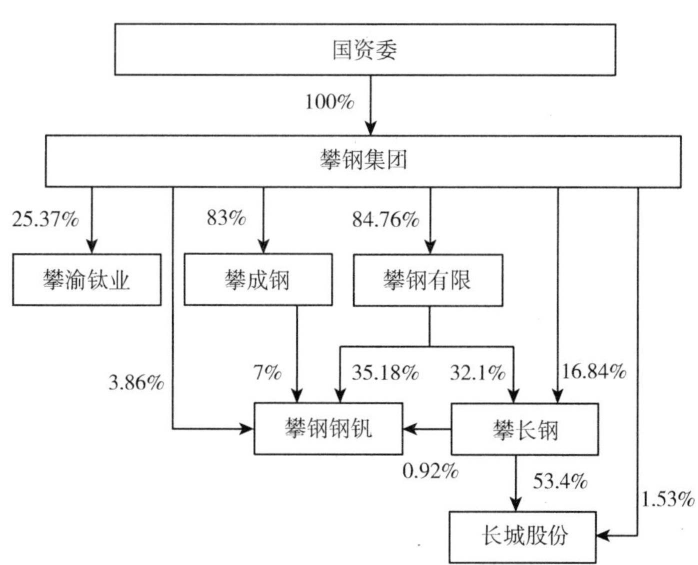

图 18－2　资产受让完成后上市公司攀钢钢钒的控制关系

第四节　攀钢钢钒对长城股份与攀渝钛业的吸收合并

为了进一步整合攀钢集团母子公司体系中的钢铁钒钛业务，搭建统一的资本市场运营平台，上市公司攀钢钢钒在受让攀钢集团及其下属相关子公司钢铁钒钛相关资产后，着手展开对攀钢集团下属另外两家上市公司长城股份与攀渝钛业的吸收合并。吸收合并完成后，上市公司攀钢钢钒的资产及业务规模将进一步扩大，其核心竞争力也将进一步增强。

一、吸收合并主体与吸收合并目标公司

本次吸收合并的交易方为攀钢集团下属三家上市公司。其中，上市公司攀钢钢钒为吸收合并的主体及吸收合并后的存续公司，而另外两家上市公司长城股份与攀渝钛业为吸收合并的目标公司。吸收合并完成后，上市公司长城股份与攀渝钛业的上市资格终止，其法人资格也相应注销。

1. 吸收合并主体——上市公司攀钢钢钒

上市公司攀钢钢钒为本次吸收合并的主体。由于攀钢钢钒的情况已在本案例的第一部分中有着较为详细的介绍，此处不再累述。

2. 吸收合并目标公司——上市公司长城股份与攀渝钛业

上市公司长城股份与上市公司攀渝钛业为本次吸收合并的目标公司。由于两家上市公司的情况已在本案例的第一部分中有着较为详细的介绍，此处不再累述。

二、换股价格及换股比例

上市公司攀钢钢钒与长城股份及攀渝钛业的吸收合并采用换股吸收合并的方式，即上市公司攀钢钢钒以新增 A 股股份换股吸收合并上市公司长城股份与攀渝钛业。

1. 换股价格的确定

三家上市公司的换股价格由吸收合并主体攀钢钢钒与吸收合并目标公司长城股份及攀渝钛业，以各自 A 股股票的二级市场价格为基础协商确定。其中，上市公司攀钢钢钒本次合并的首次董事会决议公告前 20 个交易日的交易均价为 9.59 元/股；上市公司长城股份本次合并的首次董事会决议公告前 20 个交易日的交易均价为 6.5 元/股；上市公司攀渝钛业本次合并的首次董事会决议公告前 20 个交易日的交易均价为 14.14 元/股。在换股价格确定时，考虑到参与换股的长城股份和攀渝钛业股东利益，作为对两家目标公司股东的补偿，各方同意在实施换股时给予其 20.79% 的风险溢价，即长城股份与攀渝钛业最终的换股价格为 7.85 元/股及 17.08 元/股。

2. 换股比例的确定

根据最终的换股价格，上市公司攀钢钢钒与长城股份的换股比例为 1：0.82，即长城股份的股东每持有 0.82 股长城股份的股份可换 1 股攀钢钢钒的股份。上市

公司攀钢钢钒与攀渝钛业的换股比例为1∶1.78，即攀渝钛业的股东每持有1.78股攀渝钛业股份可换1股攀钢钢钒的股份。换股后，吸收合并目标公司股东取得的攀钢钢钒股份应为整数。如吸收合并目标公司股东根据换股比例换取的攀钢钢钒股份数不为整数时，对于不足一股的余股按照小数点尾数大小排序，每位股东依次送一股，如遇尾数相同者多于余股时，则电脑抽签发放，直至实际换股数与攀钢钢钒拟新增换股股份数额一致。此外，对于已经设定了质押、其他第三方权利或被司法冻结的吸收合并目标公司股份，该股份在换股时一律转换成攀钢钢钒股份，原在吸收合并目标公司股份上设置的质押、其他第三方权利或被司法冻结的状况将在换取的攀钢钢钒股份上维持不变。

三、攀钢钢钒与长城股份及攀渝钛业无限售条件流通股股东现金选择权的实施

为了更好地保护上市公司攀钢钢钒与长城股份及攀渝钛业无限售条件流通股股东的利益，此次吸收合并为三家上市公司的无限售条件流通股股东设定了现金选择权。

1. 提供现金选择权的第三方为鞍钢集团

根据2008年5月7日鞍钢集团与上市公司攀钢钢钒签署的《关于提供现金选择权的合作协议》，攀钢集团同意担任本次重大资产重组的现金选择权第三方，并作出以下承诺：对按照攀钢钢钒、长城股份及攀渝钛业届时公告的现金选择权方案所规定的程序申报全部或部分行使现金选择权的攀钢钢钒、攀渝钛业及长城股份除攀钢集团及其关联方以及承诺不行使现金选择权的股东以外的其他所有股东，鞍钢集团将无条件受让其已申报行使现金选择权的股份，并分别按照9.59元/股的价格向攀钢钢钒行使现金选择权的股东支付现金对价，按照6.50元/股的价格向长城股份行使现金选择权的股东支付现金对价，按照14.14元/股的价格向攀渝钛业行使现金选择权的股东支付现金对价。第三方因此而受让的吸收合并目标公司的股份将于换股日按照上述换股比例换成上市公司攀钢钢钒的股份。为了更好地保护非限售流通股股东的利益，鞍钢集团又于2008年10月22日作出追加承诺，承诺在严格履行其于2008年5月7日作出的向有选择权股东提供现金选择权的承诺的基础上，将向有选择权股东追加提供一次现金选择权申报行权的权利。因此，于首次申报期未申报行使现金选择权的有选择权股东可以选择自现金选择权首次申报期截止日起两年后的特定期间第二次申报行权。

2. 现金选择权的分次申报与实施

此次交易中三家上市公司股东可以分两次申报行使现金选择权。第一次现金选择权的申报周期为2009年4月9～23日；现金选择权的价格为攀钢钢钒5.9元/股、长城股份6.5元/股、攀渝钛业14.14元/股；在申报期内，攀钢钢钒股东申报现金选择权的股份共计2633478股、攀渝钛业股东申报行使现金选择权的股份共计7701股、长城股份没有股东申报行使现金选择权。第二次现金选择权的申报周期为2011年4月25～29日；现金选择权的申报价格按照当时三家上市公司前20个交易日的平均价格确定为攀钢钢钒10.55元/股、长城股份8.73元/股、攀渝钛业8.73元/股；在申报期内，攀钢钢钒股东申报行使现金选择权的股份共计15511股、长城股份和攀渝钛业均没有股东申报行使现金选择权。

四、关于提议上市公司攀钢钢钒实施年度分红的承诺及承诺履行情况

为了进一步保护股东利益，并确保吸收合并的顺利实施。攀钢集团等单位就重大资产重组相关的事项作出了包括单方面避免同业竞争的承诺、赔偿上市公司长城股份与攀渝钛业土地房产权属瑕疵与诉讼风险损失的承诺，及提议上市公司攀钢钢钒实施年度分红等承诺。其中提议上市公司攀钢钢钒实施年度分红承诺的具体内容及履行情况如下，攀钢集团承诺在上市公司攀钢钢钒符合分红条件并仍然保留一定未分配利润的前提下，攀钢集团及攀钢集团一致行动人将向上市公司攀钢钢钒2008～2009年度股东大会提议分配现金红利，分配标准将不低于每10股派发1.2元（含税），攀钢集团及攀钢集团一致行动人承诺在审议该等事宜的股东大会上对该议案投赞成票。针对上述承诺，攀钢集团已于上市公司攀钢钢钒第五届董事会第二十六次会议提议2009年度利润分配方案，并经攀钢钢钒2008年度股东大会审议通过。至此，攀钢集团已按约定履行了关于提议上市公司攀钢钢钒2008年度分红的承诺。

五、吸收合并完成后上市公司长城股份与攀渝钛业资产业务人员的处置及法人资格的注销

吸收合并完成后，上市公司长城股份与攀渝钛业的全部资产业务均划入上市公司攀钢钢钒，而其所有员工也划入上市公司攀钢钢钒。根据长城股份和攀渝钛业分别与上市公司攀钢钢钒签署的《吸收合并协议》，长城股份和攀渝钛业的全体员工（包括退休、离休、内退员工）将由全部由上市公司攀钢钢钒接受。长城股份和攀

渝钛业作为各自现有员工的雇主的任何及全部权利和义务将自本次重大资产重组之交易交割日起由上市公司攀钢钢钒享有和承担。此外，吸收合并完成后，上市公司长城股份与攀渝钛业因不符合上市条件而终止上市，并最终进行了法人资格的注销。

六、吸收合并完成后上市公司攀钢钢钒公司名称与股票简称变更及股权结构变化

吸收合并完成后，上市公司攀钢钢钒作为存续公司，其公司名称及股票简称均发生相应变化，并且上市公司攀钢钢钒的股权结构及控制关系也发生了相应的变化。

1. 吸收合并完成后上市公司攀钢钢钒的公司名称及股票简称变更

吸收合并完成后，上市公司攀钢钢钒作为存续公司，于2010年4月30日进行了公司名称及股票简称的变更。其中，公司名称由“攀枝花新钢钒股份有限公司”变更为“攀钢集团钢铁钒钛股份有限公司”；股票简称也由“ST钢钒”变更为“ST钒钛”。吸收合并后经过一年的经营发展，上市公司攀钢钢钒成功实现扭亏为盈，其股票简称也于2011年3月28日由“ST钒钛”变更为“攀钢钒钛”。

2. 吸收合并完成后上市公司攀钢钢钒的股权结构及控制关系变化

吸收合并完成后，攀钢有限持有上市公司攀钢钢钒30.63%的股份，成为上市公司攀钢钢钒的控股股东，而攀钢集团仍为上市公司攀钢钢钒的实际控制人。吸收合并完成后，上市公司攀钢钢钒的股本结构见表18－18、控制关系见图18－3。

表18－18　　吸收合并完成后上市公司攀钢钢钒的股本结构

股东类型	持股数量（万股）	占总股本比例（%）
攀钢集团及其关联企业合计	274130.73	47.87
攀钢集团	27844.49	4.86
攀钢有限	175385.72	30.63
攀成钢	33467.53	5.84
攀长钢	37432.99	6.54
鞍山钢铁集团公司	298519.01	52.13
社会公众股东	0	0
合计	572649.74	100

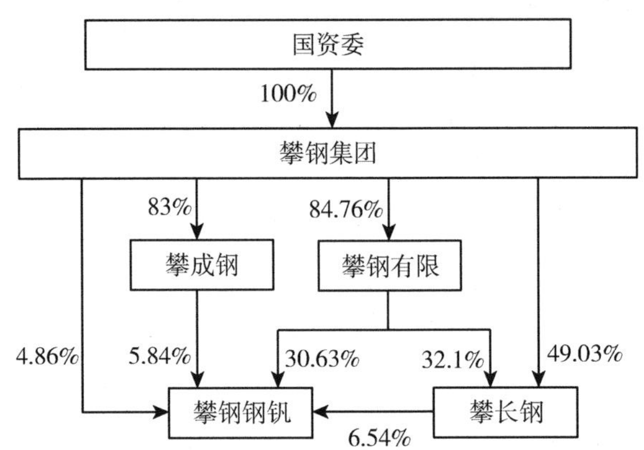

图 18－3 吸收合并完成后攀钢集团及其子公司的控制关系

第五节 攀钢钢钒与长城股份及攀渝钛业三家上市公司吸收合并产生的影响

攀钢钢钒与长城股份及攀渝钛业的吸收合并，涉及三方交易主体。其中上市公司攀钢钢钒为吸收合并的主体及吸收合并后的存续公司，而上市公司长城股份及攀渝钛业为吸收合并的目标公司、吸收合并后两家公司的上市资格终止、法人资格也相应注销。三家上市公司之间的吸收合并，会对各方交易主体产生巨大的影响，尤其对吸收合并后的存续公司攀钢钢钒而言，其资产规模和盈利能力都得到了大幅提升，成为此次吸收合并的最大受益者。

一、攀钢钢钒与长城股份及攀渝钛业三家上市公司吸收合并对攀钢钢钒的影响

上市公司攀钢钢钒作为此次吸收合并的主体及吸收合并后的存续公司，通过吸收合并不仅使其资产规模及盈利能力大幅提升，还完善了产品结构，使其成为拥有完整产业链的大型钢铁钒钛联合企业。

1. 通过吸收合并使上市公司攀钢钢钒的资产规模及盈利能力大幅提升

上市公司攀钢钢钒作为此次吸收合并的主体及存续公司，无论是从资产规模还是从盈利能力来讲，都会得到大幅提升。从吸收合并前后上市公司攀钢钢钒的资产总量来看，吸收合并前攀钢钢钒的总资产为 2282527.8429 万元，而吸收合并后上市公司攀钢钢钒的总资产规模增至 4910760.1446 万元，其中流动资产占总资产的

比重由 27. 43% 增至 33. 92%，不仅资产规模扩大将近一倍，而且资产的流动性也得到了明显提升。从盈利能力来讲，受益于矿山资源、煤化工等主要辅助性资产的注入，本次吸收合并有利于上市公司攀钢钢钒生产成本的降低和盈利质量的提升，根据 2007 年度经审计的财务资料，吸收合并后上市公司攀钢钢钒的毛利率将由 16. 11% 上升至 20. 66%。此外，攀钢集团内其他钢铁主业资产及钢铁生产配套资产、特钢资产以及钛产业资产的注入，有利于攀钢钢钒充分发挥钒钛磁铁矿资源储备和综合利用优势，丰富主业品种，提高生产流程完整性，从而使上市公司攀钢钢钒的持续经营能力得到进一步增强。

2. 通过吸收合并使上市公司攀钢钢钒成为拥有完整产业链的大型钢铁钒钛联合企业

吸收合并完成后，上市公司攀钢钢钒将形成更为完成的产业链。第一，矿产资源注入上市公司，保证公司的长期发展。吸收合并完成后，兰尖铁矿、朱家包包铁矿等矿山矿权将随攀钢集团矿业公司一并注入攀钢钢钒，加上白马矿的逐步达产和规划中新矿产资源的陆续开发，公司内部矿产资源将实现共享，给公司钒钛磁铁矿的综合开发利用带来一定提升作用，并为上市公司攀钢钢钒未来可持续发展提供了坚实的资源保障。第二，收购钢铁业务配套资产，提升主营业务一体化水平。吸收合并完成后，伴随煤化工、发电厂、汽运公司等配套资产的注入，上市公司攀钢钢钒的产业链趋于完整，“一体化”水平的不断提高将加速生产流程的优化、产品结构的升级、生产的集约化和管理的扁平化，有利于攀钢钢钒在新一轮发展和竞争的环境下，最大限度地发挥攀钢集团钢铁主业优势。第三，丰富钢铁产品结构，做精钢铁主业。吸收合并完成后，上市公司攀钢钢钒的粗钢产能将由原先的 600 万吨增长至 727 万吨，同比增长 21. 17%；钢材产量由原先的 600 万吨增长至 700 万吨，同比增长 16. 67%；产品品种也将在原有的热轧板卷、冷轧产品等单一品种基础上新增无缝钢管、建材、特种钢材等高附加值的优势品种。第四，钛产业链趋于完整，抵御行业风险能力增强。吸收合并完成后，攀钢集团下属的各钛产业主要实体均纳入同一上市公司攀钢钢钒，使上市公司攀钢钢钒将拥有包括钛精矿、高钛渣、钛白粉的多元化产品系列，钛产业链趋于完整。同时，攀钢集团钒钛磁铁矿资源的注入，将为未来上市公司攀钢钢钒钛业的可持续发展提供充足的资源供应。

二、攀钢钢钒与长城股份及攀渝钛业三家上市公司吸收合并对长城股份与攀渝钛业的影响

上市公司长城股份及攀渝钛业作为此次吸收合并的目标公司，虽然吸收合并完成后其股票终止上市并注销法人资格，但其现有资产通过吸收合并注入上市公司攀钢钢钒而具备持续融资能力，其股东也因换股吸收合并成为上市公司攀钢钢钒的股东，而可以继续分享上市公司的收益。

1. 通过吸收合并使上市公司长城股份与攀渝钛业的资产具备持续融资能力

上市公司长城股份及攀渝钛业通过换股吸收合并，将其资产、业务及人员等全部注入上市公司攀钢钢钒。吸收合并完成后，上市公司长城股份与攀渝钛业因不符合上市公司的条件而终止上市，并注销法人资格。虽然上市公司长城股份与攀渝钛业在吸收合并完成后终止上市，但由于其资产业务人员全部并入上市公司攀钢钢钒，使其资产仍然具备持续融资能力。资产融资能力的持续，一方面避免了因其终止上市及法人资格注销而带来的资产闲置及浪费等情况，有利于资源的优化配置；另一方面优质资产的注入，也使得上市公司攀钢钢钒的资产融资能力进一步增强，从而为吸收合并后上市公司攀钢钢钒经营业绩的持续增长创造有利条件。

2. 通过吸收合并使上市公司长城股份与攀渝钛业的股东利益实现最大化

上市公司长城股份与攀渝钛业通过吸收合并实现了其股东利益的最大化。具体表现为以下几个方面：第一，通过换股吸收合并，上市公司长城股份与攀渝钛业的股东成为吸收合并后上市公司攀钢钢钒的股东，从而使其股东能够持续分享上市公司攀钢钢钒的收益，进而实现股东利益的最大化。第二，在换股吸收合并的具体操作中，考虑到长城股份与攀渝钛业非限售流通股股东的利益，在确定换股价格及换股比例时，给予其一定程度的溢价，使其能够以持有的长城股份和攀渝钛业的股份换取更多的上市公司攀钢钢钒股份，从而保护了两家上市公司股东的利益，使其股东利益实现最大化。另外，现金选择权的设计等操作细节，也确保了换股吸收合并的顺利实施，从某种程度上讲，最大限度地保护了长城股份与攀渝钛业股东的利益，使其股东利益实现最大化。

第六节　攀钢钢钒与长城股份及攀渝钛业三家上市公司吸收合并的评价

自2007年10月10日攀钢集团董事会审议通过三家上市公司吸收合并的方案，到2009年6月30日上市公司攀钢钢钒完成工商注册变更登记，攀钢集团下属公司的整合重组及攀钢钢钒、长城股份、攀渝钛业三家上市公司的吸收合并共历时两年的时间。资产重组及攀钢钢钒与长城股份、攀渝钛业三家上市公司吸收合并的顺利完成，一方面实现了攀钢集团下属三家上市公司的整合重组；另一方面采取分步操作的方式，从而在操作细节上为同一集团控制下的资产重组及统一运营平台的搭建提供了可借鉴的模式。

一、实现了攀钢集团下属三家上市子公司之间的整合重组

上市公司攀钢钢钒、长城股份及攀渝钛业，在吸收合并前均为攀钢集团下属上市子公司，并且同在深圳证券交易所挂牌交易。通过吸收合并，上市公司攀钢钢钒成为吸收合并后的存续公司，使攀钢集团由原先控制三个上市公司转为仅控制一个上市公司，并成功搭建了以上市公司攀钢钢钒为主体的统一的资本运营平台。统一资本运营平台的搭建，提高了资源配置效率，并有效避免了同业竞争和关联交易，使攀钢集团的整体竞争力得到大幅提升。同一控制人下三家上市公司之间吸收合并的案例并不多见，并且由于同为上市公司涉及的交易情况更为复杂，使三家上市公司之间吸收合并成功的概率较低。而攀钢集团下属三家上市子公司之间的吸收合并，无疑为同一控制人下统一资本运营平台的搭建提供了成功范例。

二、采取定向增发股份及换股吸收合并等操作方式有效减轻了上市公司攀钢钢钒的现金支付压力

上市公司攀钢钢钒作为资产的收购方及吸收合并的主体，在整个案例中是最大的受益方，也是支付压力最大的一方。如何既能保护三家上市公司股东的利益，又能减轻上市公司攀钢钢钒的支付压力，就成为此次资产收购及吸收合并能否顺利推进的关键及核心。为此，在整个操作过程中，上市公司攀钢钢钒采取了“定向增发+换股吸收合并”的操作方式，一方面通过定向增发的方式，以新发行的股份作为资产收购的对价，从而减轻了在资产收购环节的现金支付压力；另一方面通过新

增股份换股吸收合并的方式，使上市公司长城股份及攀渝钛业股东直接以其持有的两家上市公司股份而换取上市公司攀钢钢钒的股份，从而在吸收合并的环节极大减轻了上市公司攀钢钢钒的现金支付压力，使上市公司攀钢钢钒得以承受巨额的支付压力，确保了吸收合并的顺利推进。

附表　　攀钢钢钒吸收合并长城股份与攀渝钛业时间

序号	日期	内　容
1	2007 年 10 月 10 日	攀钢集团董事会会议审议通过了攀钢集团以标的资产认购攀钢钢钒股份的相关事宜
		攀钢有限董事会会议审议通过了攀钢有限以标的资产认购攀钢钢钒股份的相关事宜
		攀长钢董事会会议审议通过了攀长钢以标的资产认购攀钢钢钒股份的相关事宜
2	2007 年 10 月 11 日	攀成钢董事会会议审议通过了攀成钢以标的资产认购攀钢钢钒股份的相关事宜
3	2007 年 11 月 2 日	攀钢钢钒第五届董事会第四次会议初步审议通过资产重组的主要事宜
		攀渝钛业第四届董事会第二十二次会议审议通过关于攀钢钢钒吸收合并攀渝钛业的议案
		长城股份第六届董事会第二十三次会议审议通过关于攀钢钢钒吸收合并长城股份的议案
4	2008 年 4 月 11 日	国资委对资产重组事项作出批复，原则同意资产重组事项
5	2008 年 5 月 15 日	攀钢钢钒第五届董事会第十一次会议审议通过了重大资产重组的具体方案
		攀渝钛业第四届董事会第二十七次会议审议通过攀钢钢钒吸收合并攀渝钛业的具体方案
		长城股份第六届董事会第二十八次会议审议通过攀钢钢钒吸收合并长城股份的具体方案
		攀钢钢钒与攀钢集团、攀钢有限、攀成钢和攀长钢签署了《发行股份购买资产协议》，与攀渝钛业及长城股份签署了《吸收合并协议》
6	2008 年 5 月 25 日	攀长钢 2008 年第二次临时股东会议审议通过了攀长钢以标的资产认购攀钢钢钒股份的相关事宜
7	2008 年 6 月 23 日	攀钢钢钒、攀渝钛业和长城股份分别召开临时股东大会审议通过了本次重大资产重组方案的相关事宜
8	2008 年 12 月 24 日	中国证监会下发相关批复，核准资产重组方案

续表

序号	日期	内　　容
9	2009 年 1 月 1 日～6 月 12 日	资产重组各方完成标的资产的交割及负债的交接
10	2009 年 4 月 9～23 日	第一次现金选择权申报期间
11	2009 年 4 月 27 日	第一次现金选择权申报股份过户事宜办理完毕
12	2009 年 5 月 6 日	攀渝钛业、长城股份终止上市
13	2009 年 6 月 30 日	攀钢钢钒完成工商注册变更登记
14	2009 年 7 月 22 日	攀钢钢钒完成 75000 万股新增股份登记
15	2010 年 4 月 24 日	攀钢钢钒股票简称变更为“ST 钢钒”
16	2010 年 4 月 30 日	公司名称由“攀枝花新钢钒股份有限公司”变更为“攀钢集团钢铁钒钛股份有限公司”，股票简称由“ST 钢钒”变更为“ST 钒钛”
17	2011 年 3 月 28 日	股票简称由“ST 钒钛”变更为“攀钢钒钛”
18	2011 年 4 月 25～29 日	第二次现金选择权申报期间
19	2011 年 5 月 3 日	第二次现金选择权申报股份过户事宜办理完毕

第十九章
盐湖工业集团依托数码网络与盐湖钾肥实现整体上市案例

一家非上市公司通过与一家上市公司重组完成上市后，导致了其与子公司的同业竞争，而其子公司也是上市公司；为此，已经是上市公司的母公司与作为其子公司的另一家上市公司再实施股权重组，通过两家上市公司的吸收合并，消除同业竞争并提高资源配置效率。盐湖工业集团依托数码网络与盐湖钾肥[①]实现整体上市就是类似的案例。数码网络是在深圳证券交易所挂牌的上市公司，因经营业绩下滑而连续两年亏损；为了使上市公司数码网络摆脱困境并实现盐湖工业集团的整体上市，在青海省政府的推动下盐湖工业集团与数码网络及盐湖钾肥实施了资产重组。盐湖工业集团与数码网络及盐湖钾肥的资产重组分两个步骤进行操作：第一步是上市公司数码网络吸收合并盐湖工业集团而重组为上市公司盐湖集团；第二步是上市公司盐湖钾肥吸收合并重组后的上市公司盐湖集团而完成资源整合。盐湖工业集团通过两次吸收合并，成功将其资产业务注入上市公司，从而实现整体上市。本案例的特点是一家非上市公司通过与两家上市公司之间的重组整合，完成了不同行业领域企业间的吸收合并，为非上市公司整体上市提供了可借鉴的操作模式。

第一节　盐湖工业集团依托数码网络与盐湖钾肥实现整体上市的相关方情况介绍

盐湖工业集团依托数码网络与盐湖钾肥实现整体上市案例涉及的交易主体主要

① 盐湖工业集团的公司全称为“青海盐湖工业（集团）有限公司”；数码网络的公司全称为“青海数码网络投资（集团）股份有限公司”；盐湖钾肥的公司全称为“青海盐湖钾肥股份有限公司”。

有三个，即盐湖工业集团、上市公司数码网络、上市公司盐湖钾肥。其中，盐湖工业集团是上市公司盐湖钾肥的控股股东，两家公司均从事盐湖资源的开发与利用；而上市公司数码网络从事商业经纪与代理行业，与盐湖工业集团及上市公司盐湖钾肥属于不同的行业领域。

一、盐湖工业集团的情况介绍

非上市公司盐湖工业集团是此次资产重组的重要交易主体。在盐湖工业集团依托数码网络与盐湖钾肥实现整体上市案例中，盐湖工业集团通过将资产业务及人员等全部注入上市公司，从而实现了整体上市。交易完成后，盐湖工业集团的法人资格将依法注销。

1. 盐湖工业集团的基本情况

盐湖工业集团的前身是成立于1982年的青海钾肥厂，1994年被国家计委、国家经贸委、财政部、劳动部、人事部、国家统计局批准为国有大型一档企业，同时被青海省批准为首批十四家现代企业制度试点单位之一。1996年7月29日，经青海省体改委青体改［1995］第032号文批准，青海钾肥厂整体改组为青海盐湖工业（集团）有限公司（即盐湖工业集团）。盐湖工业集团是国家西部大开发重点扶持企业及国内最大的盐湖资源综合开发企业，不仅是青海省四大支柱产业之一——盐湖化工的核心骨干企业，也是国内首家及最大的钾肥工业基地。盐湖工业集团的基本情况见表19－1。

表19－1　　盐湖工业集团的基本情况①

中文名称	青海盐湖工业（集团）有限公司
成立日期	1996年7月29日
法定代表人	安平绥
注册资本	224491.79万元
经营范围	氯化钾、氯化镁、硫酸钾制造、销售；钾镁盐矿开采、建设监理；设备安装工程施工；出口自产的化学产品；进口本企业生产、科研所需的原材料、机械设备、仪器仪表及零配件；房地产开发、物业管理

2. 盐湖工业集团的业务情况

盐湖工业集团主要从事察尔汗盐湖资源的综合开发利用，主要产品为氯化钾。

① 表19－1及以下本章所有表、图是根据上市公司公布的信息（包括数字、财务数据、相关指标等）整理形成。

1997 年，盐湖工业集团以钾肥业务相关资产作为出资，以募集设立的方式设立青海盐湖钾肥股份有限公司（即盐湖钾肥）。盐湖工业集团拥有年产 180 万吨氯化钾的生产能力，氯化钾的生产及销售业务全部由其下属子公司盐湖钾肥及相关企业经营。除钾肥业务外，盐湖工业集团的业务还包括向盐湖钾肥提供水电、劳务、药剂和编织袋等配套服务；氯化钠、氯化镁和氯化锂等其他盐湖资源的综合开发利用。

3. 盐湖工业集团的财务情况

根据五联方圆出具的《审计报告》（五联方圆审字［2007］第033 号），盐湖工业集团 2004 ~2006 年的主要财务指标见表 19 –2。

表 19 –2　　盐湖工业集团 2004 ~2006 年的主要财务指标

项　　目	2006 年 12 月 31 日	2005 年 12 月 31 日	2004 年 12 月 31 日
总资产（万元）	885633. 6884	509096. 1696	497984. 1216
资产负债率（%）	32. 71	39. 65	52. 75
主营业务收入（万元）	265466. 4035	165130. 4050	125436. 5403
利润总额（万元）	168085. 0168	110111. 0116	53840. 4764
净利润（万元）	74884. 0846	56912. 3656	29634. 5186
净资产收益率（%）	17. 60	25. 90	18. 04

4. 盐湖工业集团的股权结构及控制关系

截至 2007 年 6 月 30 日，盐湖工业集团的注册资本为 2244917943. 56 元。盐湖工业集团的控股股东为青海国投[①]，实际控制人为青海省国资委。盐湖工业集团的股权结构见表 19 –3，控制关系见图 19 –1。

表 19 –3　　截至 2007 年 6 月 30 日盐湖工业集团的股权结构

序号	股东名称	出资额（元）	比例（%）
1	青海国投	1086459367. 66	48. 40
2	中国中化集团公司	526315789. 47	23. 45
3	中国信达资产管理公司	253103163. 78	11. 27

① 青海国投的前身是于 2001 年组建的“青海企业技术创新投资管理有限责任公司”，其性质为国有独资公司。2005 年 12 月 28 日，公司名称变更为“青海省国资资产投资管理有限公司”。截至 2007 年 7 月，青海国投的注册资本为 158900 万元，法定代表人为姚洪仲。青海国投主要承担对青海特色经济和优势产业进行投资、受托管理和经营国有资产、构建企业融资平台和信用担保体系、发起设立科技风险投资基金、提供相关管理和投资咨询服务等五项主要职责。

续表

序号	股东名称	出资额（元）	比例（%）
4	深圳兴云信投资发展有限公司	169766788.93	7.56
5	中国建设银行股份有限公司青海省分行	137272833.72	6.11
6	中国华融资产管理公司	72000000.00	3.21
合计		2244917943.56	100.00

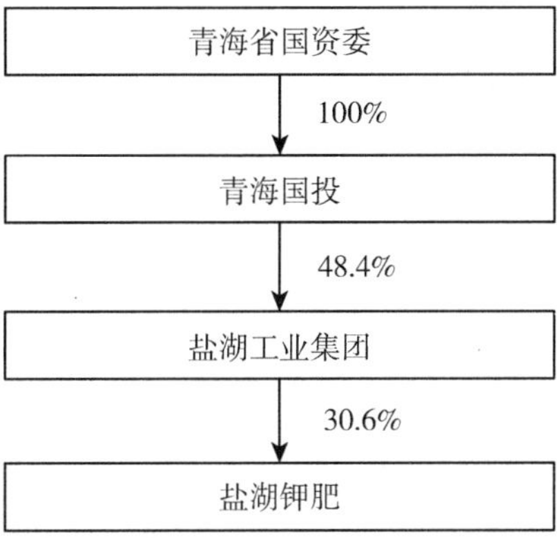

青海省国资委

↓ 100%

青海国投

↓ 48.4%

盐湖工业集团

↓ 30.6%

盐湖钾肥

图 19－1　截至 2007 年 6 月 30 日盐湖工业集团的控制关系

二、上市公司数码网络的情况介绍

上市公司数码网络是此次资产重组的重要交易主体之一，同时也是盐湖工业集团依托数码网络与盐湖钾肥实现整体上市的资本运营平台。资产重组完成后，上市公司数码网络将依法终止上市并注销其法人资格。

1. 上市公司数码网络的基本情况

上市公司数码网络的前身为创建于 1952 年的西北区百货公司青海支公司，并于 1962 年更名为“中国百货公司青海省公司”，于 1968 年更名为“青海省百货公司”。1993 年 11 月，青海省百货公司联合深圳蛇口天通实业有限公司、海南海虹企业股份有限公司、珠海神驰实业股份有限公司、北京天龙股份有限公司、北京亿隆实业股份有限公司、深圳南油物业股份有限公司、工行青海信托投资股份有限公司、建设银行青海省投资公司作为发起人，经青海省经济体制改革办公室青体改［1994］第 022 号文批准，实施以青海省百货公司为主体的股份制改组。1995 年 2 月 17 日，改组后的股份有限公司设立，并于 1995 年 3 月 3 日在深圳证券交易所上市。2000 年 6 月 19 日，公司更名为“青海数码网络投资（集团）股份有限公司”。

上市公司数码网络的基本情况见表 19－4。

表 19－4　　上市公司数码网络的基本情况

中文名称	青海数码网络投资（集团）股份有限公司
股票简称	SST 数码
股票代码	000578
成立日期	1952 年
上市地点	深圳证券交易所
公司负责人	张德雷
总股本	19815.34 万股
经营范围	百货、针纺织品、五金交电、化工产品（不含危险化学品）、日用杂货、仓储、计算机系统工程建设、软件开发、硬件销售、维护、计算机耗材销售、技术培训、有色金属、建材、钢材、汽车（不含小轿车）及配件销售

2. 上市公司数码网络的业务情况

上市公司数码网络从事的行业属于商业经纪与代理业，其主营业务为信息产品的生产及分销、水泥生产、商贸连锁等。在实施资产重组的过程中，上市公司数码网络的下属子公司所涉及的业务均未进行剥离，其中除子公司信诚科技所属业务为亏损外，其他业务均为非亏损业务。

3. 上市公司数码网络的财务情况

2004～2005 年，上市公司数码网络被债权银行相继起诉，其主要资产被质押、冻结，公司融资困难，营运资金严重短缺，公司连续两年出现亏损，并被证监会提示风险警示。经五联方圆审计，2004～2006 年上市公司数码网络的主要财务指标见表 19－5。

表 19－5　　上市公司数码网络 2004～2006 年的主要财务指标

项　　目	2006 年 12 月 31 日	2005 年 12 月 31 日	2004 年 12 月 31 日
总资产（万元）	84633.4071	95821.5713	97506.8094
主营营业收入（万元）	91634.4338	107444.1179	113920.5009
利润总额（万元）	－476.3866	－9085.1792	－15758.1504
净利润（万元）	－97.2445	－8458.7902	－15948.9615
净资产收益率（%）	－1.63	－130.40	－103.88

4. 上市公司数码网络的股权结构及控制关系

截至2006年12月31日，上市公司数码网络的总股本为19815.34万股，其中，有限售条件的流通股共计12938.9608万股，包括国有法人股1260万股，其他法人股11675.8896万股，高管股3.0712万股。上市公司数码网络的第一大股东为深圳友缘控股有限公司（简称“深圳友缘”）①，其持有上市公司数码网络5880.2641万股股份，占上市公司数码网络总股本的29.68%。由于上市公司数码网络的第二大股东上海丹阳商务咨询有限公司（简称“上海丹阳”）与深圳友缘存在关联关系，且实际由深圳友缘控制，因此，深圳友缘为上市公司数码网络的控股股东，深圳友缘的控股股东自然人钟小剑为上市公司数码网络的实际控制人。上市公司数码网络的前十大股东持股情况见表19－6。

表19－6　　截至2006年12月31日上市公司数码网络的前十大股东

序号	股东名称	股份性质	持股总数（万股）	持股比例（%）
1	深圳友缘	法人股	5880.2641	29.68
2	上海丹阳	法人股	3486.5046	17.59
3	青海省国有资产管理局	国有股	1260.0000	6.36
4	中远散货运输有限公司	法人股	474.6835	2.40
5	中海恒实业发展有限公司	法人股	356.9165	1.80
6	北京兆维科技股份有限公司	法人股	277.2000	1.40
7	北京市亿隆实业股份有限公司	法人股	277.2000	1.40
8	中国人民建设银行青海省信托投资公司	法人股	277.2000	1.40
9	青海中兴计算机服务部	法人股	277.2000	1.40
10	鞍山九建工程有限公司	法人股	193.1000	0.97
合计			12760.2687	64.40

三、上市公司盐湖钾肥的情况介绍

上市公司盐湖钾肥是盐湖工业集团的下属子公司，也是盐湖工业集团依托数码网络与盐湖钾肥实现整体上市案例的资本运营平台。资产重组完成后，上市公司盐

① 深圳友缘的注册资本2亿元，法定代表人为钟小剑，主营业务为对外投资业务。

湖钾肥为存续公司，承接盐湖工业集团与上市公司数码网络重组后的全部资产业务及人员等。

1. 上市公司盐湖钾肥的基本情况

上市公司盐湖钾肥成立于1997年8月25日，经青海省经济体制改革委员会青体改函字［1997］35号文与中国证监会证监发［1997］391号文及证监发字［1997］392号文批准，由盐湖工业集团为主发起人，联合北京华北电力实业总公司、中国农业生产资料成都公司、中国科学院青海盐湖研究所、化工部连云港设计研究院、化工部长沙设计研究院、湖北东方农化中心共同发起，以募集方式设立的股份有限公司。1997年9月4日，盐湖钾肥在深圳证券交易所上市。上市公司盐湖钾肥设立时的总股本为20000万股，经过多次增资扩股后，其总股本增至76755万股。上市公司盐湖钾肥是国内规模最大的氯化钾开发、生产和销售企业。上市公司盐湖钾肥的基本情况见表19－7。

表19－7 上市公司盐湖钾肥的基本情况

中文名称	青海盐湖钾肥股份有限公司
股票简称	盐湖钾肥
股票代码	000792
成立日期	1997年8月25日
上市地点	深圳证券交易所
法定代表人	郑长山
总股本	76755万股
经营范围	氯化钾的开发、生产和销售，光卤石、低纳光卤石及其他矿产品开发、加工、冶炼

2. 上市公司盐湖钾肥的业务情况

上市公司盐湖钾肥的主营业务为氯化钾的开发、生产及销售，其主要产品为氯化钾。氯化钾主要用于农业施肥。由于目前钾肥较为紧缺，因此上市公司盐湖钾肥的产品销售以直销为主。随着上市公司盐湖钾肥销售网络的建立与健全，其生产的“盐桥”牌氯化钾行销全国，并与全国上百家复合肥厂及全国各省区的各级农贸公司保持着良好的合作关系与业务往来。上市公司盐湖钾肥的钾肥业务主要通过本部的两个车间和三家控股子公司生产经营。2007～2009年，上市公司盐湖钾肥的氯化钾年均产量为141万吨，年均主营业务收入为387304万元。此外，上市公司盐湖钾肥还兼营光卤石、低纳光卤石及其他矿产品的开发、生产及冶炼等。

3. 上市公司盐湖钾肥的财务情况

根据上市公司盐湖钾肥2007年度报告及国富浩华出具的浩华审字［2010］第53号《审计报告》、浩华审字［2010］第1180号《审计报告》，2007～2009年上市公司盐湖钾肥的主要财务数据见表19－8。

表19－8　上市公司盐湖钾肥2007～2009年的主要财务指标

项　　目	2009年12月31日	2008年12月31日	2007年12月31日
总资产（万元）	948905.27	808888.15	678250.08
归属母公司所有者权益合计（万元）	3022660.75	299558.33	240106.92
每股净资产（元）	3.9432	3.9028	3.1282
营业收入（万元）	456011.55	406890.20	310937.37
利润总额（万元）	246259.91	295446.50	203642.80
净利润（万元）	122974.66	135356.01	99029.29
基本每股收益（元）	1.6023	1.7635	1.2902

4. 上市公司盐湖钾肥的股权结构及控制关系

截至2010年6月30日，上市公司盐湖钾肥的总股本为76755万股。其中，有限售条件的流通股共计37680.2657万股，占总股本的比重为49.09%；无限售条件的流通股共计39074.7343万股，占总股本的比重为50.91%。上市公司盐湖钾肥不存在控股股东，其第一大股东为盐湖工业集团，实际控制人为青海省国资委。上市公司盐湖钾肥前五大股东的持股情况见表19－9。

表19－9　截至2010年6月30日上市公司盐湖钾肥的前五大股东

序号	股东名称	股份性质	持股总数（万股）	持股比例（%）
1	盐湖工业集团	国有股	23483.9404	30.60
2	中化化肥有限公司	国有股	14190.7561	18.49
3	中国工商银行——广发聚丰股票型证券投资基金	法人股	2876.9568	3.75
4	北京华北电力实业总公司	国有股	1195.2157	1.56
5	中国农业银行——长盛同德主题增长股票型证券投资基金	法人股	874.5464	1.14
合计			42621.4154	55.54

第二节 盐湖工业集团依托数码网络与盐湖钾肥实现整体上市的基本思路

盐湖工业集团依托数码网络与盐湖钾肥实现整体上市案例分两个步骤进行操作，第一步为上市公司数码网络吸收合并盐湖工业集团而实现盐湖工业集团的整体上市，第二步为上市公司盐湖钾肥吸收合并更名后的上市公司盐湖集团（即重组后的上市公司数码网络）。两个操作步骤相辅相成，其中，上市公司数码网络吸收合并盐湖工业集团为后续的整合重组奠定了基础，上市公司盐湖钾肥吸收合并更名后的上市公司盐湖集团进一步实现了盐湖资源的整合，并确保了盐湖工业集团整体上市的顺利实施。

一、上市公司数码网络吸收合并盐湖工业集团而重组为上市公司盐湖集团

上市公司数码网络由于持续亏损，面临着退市的风险。而盐湖工业集团是青海省盐湖化工的核心骨干企业，也是青海省的财政支柱企业，财政状况良好。在青海省政府的支持下，2006 年 12 月 9 日，上市公司数码网络的控股股东深圳友缘与盐湖工业集团签订《重组协议》，拉开了盐湖工业集团整体上市的序幕。上市公司数码网络通过实施股权分置改革、出让部分股份及换股吸收合并等具体操作，实现了与盐湖工业集团的整合重组。重组完成后，上市公司数码网络为存续公司，而盐湖工业集团依法注销其法人资格。

1. 上市公司数码网络以“股权分置改革 + 股权转让 + 换股吸收合并”的方式完成与盐湖工业集团的资产重组

在上市公司数码网络吸收合并盐湖工业集团的操作中，包括数码网络股权分置改革、盐湖集团受让数码网络股份、数码网络以新增股份换股吸收合并盐湖工业集团并同时注销盐湖工业集团受让股份等多个具体操作，并且各个操作同步实施，互为前提。具体而言，2008 年 3 月 10 日，上市公司数码网络实施股权分置改革，上市公司数码网络除前三大股东以外的其他 26 家非流通股股东将其持有的 808. 1918 万股股份转送给上市公司数码网络的流通股股东，上市公司数码网络登记在册的流通股股东每持有 10 股流通股股份获付 1. 174791 股股份。与此同时，盐湖工业集团以支付 2. 7 亿元作为对价，受让上市公司数码网络前三大股东持有的 10626. 7687

万股股份（占上市公司数码网络总股本的53.63%）与上海富友房产有限公司（简称“上海富友”）100%的股权及对数码网络子公司信诚科技4826.44万元的债权。在盐湖工业集团受让上市公司数码网络53.63%股份的同时，上市公司数码网络以新增股份换股吸收合并盐湖工业集团。盐湖工业集团与上市公司数码网络按照1：0.7544的比例实施换股，上市公司数码网络以新增297573.0224万股股份换取盐湖工业集团100%的股权。根据相关法律的规定，上市公司数码网络吸收合并盐湖工业集团时，需将盐湖工业集团受让的10626.7687万股上市公司数码网络股份予以注销。

2. 吸收合并完成后盐湖工业集团的全部资产业务人员并入上市公司数码网络

上市公司数码网络换股吸收合并盐湖工业集团后，盐湖工业集团将注销法人资格，其全部资产业务人员等并入上市公司数码网络。上市公司数码网络为存续公司，将承接盐湖工业集团的全部资产业务及人员。通过实施此次重组，盐湖工业集团的资产业务成功注入上市公司数码网络，从而实现了其资产业务的整体上市。与此同时，上市公司数码网络由于承继了盐湖工业集团的优质资产，使其资产质量得以有效改善，盈利能力大幅提升，从而避免了其退市的风险。此外，由于盐湖工业集团整体并入上市公司数码网络，原盐湖工业集团控股的上市公司盐湖钾肥也相应地成为上市公司数码网络的下属子公司。换股吸收合并完成后，上市公司数码网络的公司名称变更为“青海盐湖工业集团股份有限公司”，证券简称变更为“盐湖集团”。

二、上市公司盐湖钾肥以换股方式吸收合并上市公司盐湖集团（原数码网络）而实现两家公司的资源整合

在上市公司数码网络吸收合并盐湖工业集团的实施过程中，盐湖工业集团的控股股东青海国投承诺提议启动上市公司盐湖集团（原数码网络）与盐湖钾肥的合并程序。为此，上市公司盐湖钾肥以换股的方式吸收合并上市公司盐湖集团（原数码网络），实现两家上市公司之间的资源整合及资产重组，以有效解决上市公司盐湖集团（原数码网络）与盐湖钾肥存在的资源权属矛盾，并减少双方的关联交易。

1. 上市公司盐湖钾肥以换股的方式吸收合并上市公司盐湖集团（原数码网络）

上市公司盐湖钾肥与盐湖集团（原数码网络）吸收合并的方式为上市公司盐湖钾肥以新增股份换股吸收合并上市公司盐湖集团（原数码网络）。由于交易双方均为上市公司，因此换股价格及换股比例以定价基准日的二级市场价格为基准协商确定。经交易双方协商同意，最终确定上市公司盐湖集团的换股价格为25.46元/股，

上市公司盐湖钾肥的换股价格为 73.83 元/股。根据上述换股价格，确定上市公司盐湖集团与盐湖钾肥的换股比例为 2.90∶1，即上市公司盐湖集团的股东每持有 2.90 股盐湖集团股份可换取 1 股上市公司盐湖钾肥的股份。换股吸收合并完成后，上市公司盐湖钾肥新增股份共计 105779.8607 万股。与此同时，根据相关法律规定，上市公司盐湖集团持有的上市公司盐湖钾肥 23483.9404 万股股份（占上市公司盐湖钾肥总股本的 30.6%）应依法注销。

2. 吸收合并完成后上市公司盐湖集团的全部资产业务人员并入上市公司盐湖钾肥

上市公司盐湖钾肥换股吸收合并上市公司盐湖集团完成后，上市公司盐湖集团的资产业务人员全部划入上市公司盐湖钾肥。上市公司盐湖集团因不符合上市条件，将依法终止上市，并注销法人资格。上市公司盐湖钾肥作为存续公司，承继上市公司盐湖集团的全部资产业务及人员，并对重组后的业务实施进一步整合。通过实施换股吸收合并，实现了两家上市母子公司之间的资源整合，形成了完整的产业链，并促进了盐湖资源的综合开发与循环利用，从而大幅提升了重组后的上市公司盐湖钾肥的核心竞争力及抵抗风险的能力。

第三节　上市公司数码网络吸收合并盐湖工业集团的具体操作

上市公司数码网络吸收合并盐湖工业集团包括三个同步实施的操作步骤：第一步是盐湖工业集团受让上市公司数码网络 53.63% 股权；第二步是上市公司数码网络的股权分置改革；第三步是上市公司数码网络换股吸收合并盐湖工业集团。通过重组重整操作，盐湖工业集团的资产及业务成功注入上市公司数码网络而实现整体上市，有效改善了上市公司数码网络的财务指标，大幅提升了其盈利能力及核心竞争力，使上市公司数码网络避免了退市的风险。

一、上市公司数码网络的股权分置改革

上市公司数码网络实施股权分置改革，是上市公司数码网络与非上市公司盐湖工业集团重组方案的一个组成部分。通过实施股权分置改革，充分保护上市公司数码网络流通股股东的利益，有利于整体重组方案的顺利推进。

1. 上市公司数码网络的 26 家非流通股股东将其持有的部分数码网络股份转送给流通股股东

上市公司数码网络共有 29 家非流通股股东，其中，前三大非流通股股东即深

圳友缘、上海丹阳①及青海省国资委②合计持有上市公司数码网络 10626.7687 万股股份，占数码网络总股本的 53.63%；除前三大非流通股股东外，其他 26 家非流通股股东合计持有上市公司数码网络 2309.1209 万股股份。此次股权分置改革中，上市公司数码网络除前三大非流通股股东外的其他 26 家非流通股股东将共计 808.1923 万股股份转送给流通股股东，上市公司数码网络登记在册的流通股股东每持有 10 股流通股股份获送 1.1747 股股份。股权分置改革完成后，上市公司数码网络非流通股股东持有的股份性质变更为有限售条件的流通股，限售期分别为 36 个月与 12 个月。非流通股股东持有的有限售条件流通股在限售期满后可上市流通。

2. 上市公司数码网络的非流通股股东北京市亿隆实业股份有限公司关于代垫股份的特别承诺

上市公司数码网络实施送股的 26 家非流通股股东中，上海龙垠实业有限公司、上海金亿房产经纪有限公司、上海依蓝计算机科技有限公司和上海迈尔路商务有限公司等四家非流通股股东对此次股权分置改革方案未明确表示意见。上述四家非流通股股东合计持有上市公司数码网络 25 万股股份，占上市公司数码网络总股本的 0.13%，占非流通股份总数的 0.19%。为了使股权分置改革得以顺利进行，上市公司数码网络的非流通股股东北京市亿隆实业股份有限公司同意先行代为垫付上述四家非流通股股东应执行的对价安排，合计代为垫付 8.75 万股股份；代为垫付后，上述四家非流通股股东所持股份如上市流通，应当向北京市亿隆实业股份有限公司偿还代为垫付的股份或款项，或者取得北京市亿隆实业股份有限公司的书面同意。

二、盐湖工业集团受让上市公司数码网络 53.63%股权及关联公司的股权与债权

2004~2005 年，上市公司数码网络连续两年亏损，并于 2006 年 5 月 9 日被实行退市风险警示，面临着退市的风险。自 2005 年以来，上市公司数码网络因违规担保、大股东占用资金等问题，相继被债权银行起诉，其主要资产已被质押及冻结。由于信用环境恶化、竞争加剧等原因，上市公司数码网络及其下属子公司面临着融资困难、营运资金严重短缺等困难局面。与此同时，受铁路运输与电力供应紧张、原材料及燃料价格持续上涨等因素的影响，上市公司数码网络的经营成本上

① 上海丹阳的全称为“上海丹阳商务咨询有限公司”。

② 青海省国资委的全称为“青海省国有资产管理委员会”，其前身为青海省国资局。

升，盈利能力削弱，规划项目难以推进，使其发展进程迟滞受阻，并危及到了公司的日常经营和各项发展规划的实施。为了使上市公司数码网络摆脱困境，在青海省政府的支持下，盐湖工业集团与上市公司数码网络实施资产重组，通过盐湖工业集团受让上市公司数码网络股权并向数码网络的债权银行支付对价的方式，以解决上市公司数码网络存在的违规担保及大股东资金占用等问题。

1. 标的出让方与标的受让方

2006 年 12 月 9 日，盐湖工业集团与上市公司数码网络的控股股东深圳友缘签署《重组协议》；2007 年 7 月 2 日，盐湖工业集团与上市公司数码网络的前三大股东深圳友缘、上海丹阳及青海省国资委签署《股份转让协议》。根据《重组协议》与《股份转让协议》及相关补充协议，盐湖工业集团以 2. 7 亿元作为对价，受让深圳友缘、上海丹阳及青海省国资委持有的上市公司数码网络 53. 63% 股权及其他关联公司的股权与债权。

（1）标的出让方——上市公司数码网络前三大股东深圳友缘与上海丹阳及青海省国资委、自然人师学霞。此次交易中，标的出让方包括上市公司数码网络的前三大股东深圳友缘、上海丹阳、青海省国资委，以及关联企业的股东自然人师学霞。其中，自然人师学霞是深圳友缘下属子公司上海富友房产有限公司（简称“上海富友”）的股东，其持有上海富友 10% 的股权。

（2）标的受让方——盐湖工业集团。此次交易中，标的受让方为盐湖工业集团。盐湖工业集团的基本情况在本案例的第一部分已作出详细说明，此处不再累述。

2. 标的分类

盐湖工业集团受让的标的资产包括股权与债权两部分。其中，标的股权包括深圳友缘、上海丹阳及青海省国资委持有的上市公司数码网络共计 53. 63% 股权，深圳友缘与自然人师学霞持有的上海富友 100% 股权；标的债权为深圳友缘对上市公司数码网络下属子公司 4826. 44 万元的债权。

（1）上市公司数码网络前三大股东持有的数码网络 53. 63% 股权。上市公司数码网络的前三大股东深圳友缘、上海丹阳、青海省国资委合计持有数码网络 10626. 7687 万股股份，占数码网络总股本的 53. 63%。其中，深圳友缘持有上市公司数码网络 5880. 2641 万股股份，占数码网络总股本的 29. 68%；上海丹阳持有上市公司数码网络 3486. 5046 万股股份，占数码网络总股本的 17. 59%；青海省国资委持有上市公司数码网络 1260 万股股份，占数码网络总股本的 6. 36%。此次交易中，深圳友缘与上海丹阳及青海省国资委将其持有的上市公司数码网络的股权全部转让给盐湖工业集团。交易完成后，深圳友缘与上海丹阳及青海省国资委将不再是上市公司数码网络的股东。

（2）上市公司数码网络第一大股东深圳友缘及自然人师学霞持有的上海富有100%股权。截至2006年12月31日，上海富友的注册资本为5000万元，其中，深圳友缘出资4500万元，占上海富友注册资本的90%，自然人师学霞出资500万元，占上海富友注册资本的10%。根据中科华出具的中科华评报字［2007］第001号《评估报告》，上海富友100%股权的评估价值为1054.96万元。在此次股权转让中，上海富友100%股权按0元作价。盐湖工业集团受让上海富友100%股权后，上海富友成为盐湖工业集团的全资子公司。

（3）上市公司数码网络的控股股东深圳友缘对上市公司数码网络下属子公司信诚科技4826.44万元债权。按照盐湖工业集团与深圳友缘签署《重组协议》的相关安排，盐湖工业集团受让的标的资产除深圳友缘与上海丹阳及青海省国资委合计持有的上市公司数码网络53.63%股权、深圳友缘与自然人师学霞合计持有的上海富友100%股权外，还包括深圳友缘持有的北京润和30%股权。但是，在实施股权转让前，为解决深圳友缘占用上市公司数码网络下属子公司信诚科技1.18亿元资金事项，深圳友缘已将其持有的北京润和30%股权作价4826.44万元抵偿给信诚科技的全资子公司上海信诚至典网络技术有限公司，并办理了股权变更登记。鉴于上述原因，为减少交易环节和成本，盐湖工业集团与深圳友缘于2007年7月2日签署《重组协议的补充协议》，对盐湖工业集团受让的标的资产进行了变更，将原标的资产"深圳友缘持有的北京润和30%股权"，变更为"对信诚科技的4826.44万元债权"。

3. 标的对价及支付方式

盐湖工业集团受让上述标的资产的对价为人民币2.7亿元。该2.7亿元直接支付给标的出让方的相关债权银行，用以解决上市公司数码网络存在的违规担保、资金占用问题，消除深圳友缘与上海丹阳持有的上市公司数码网络股份受限情形。根据盐湖工业集团、上市公司数码网络、深圳友缘。上海丹阳等相关方与各债权银行签订的《债权处置协议》，盐湖工业集团向中国农业银行深圳华侨城支行支付9220万元，用于解决上市公司数码网络违规为深圳友缘在该行2亿元借款提供担保事项，以及深圳友缘占用信诚科技在该行借款3000万元事项；盐湖工业集团向深圳市商业银行皇岗支行支付1亿元，用于解决深圳友缘占用信诚科技资金7000万元事项与深圳友缘在该行3000万元借款逾期未还事项，以及上海丹阳与深圳友缘所持有的上市公司数码网络股份被查封事项；盐湖工业集团向华夏银行深圳分行支付1780万元，用于解决深圳友缘持有的上市公司数码网络股份因借贷担保纠纷被查封事项；盐湖工业集团向兴业银行罗湖支行支付4000万元，用于解决深圳友缘占用信诚科技资金1800万元事项、上市公司数码网络违规为富林集团[①]在该行2200万元借款提供担保事项，以及解决深圳友缘持有的上市公司数码网络股份因该行借贷担保纠纷被查封事项；盐湖工业集团向广东发展银行深圳蛇口支行支付2000万元，用于解决深圳友缘为富林集团提供担保而产生的债务纠纷事项。

4. 盐湖工业集团要约收购义务的履行及豁免

盐湖工业集团因受让深圳友缘、上海丹阳及青海省国资委合计持有的上市公司数码网络共计10626.7687万股股份（占上市公司数码网络总股本的53.63%），触发了盐湖工业集团的全面收购要约义务，应按照相关规定向上市公司数码网络的所有股东发出全面收购要约。但是，盐湖工业集团受让上市公司数码网络的股份符合要约豁免条件，并依法向中国证监会提出要约豁免的申请。根据中国证监会证监许可［2008］128号文作出的批复，中国证监会核准豁免盐湖集团因受让上市公司数码网络53.63%的股份而应履行的要约收购义务。

5. 交易完成后上市公司数码网络的股权结构及控制关系变化

盐湖工业集团受让上市公司数码网络53.63%的股份后，上市公司数码网络的总股本没有发生变化，仍为19815.34万股。但是，上市公司数码网络的股权结构有所变化。具体而言，上市公司数码网络的前三大股东深圳友缘、上海丹阳及青海省国资委不再持有上市公司数码网络的股份，也不再是上市公司数码网络的股东，与此相适应，盐湖工业集团因受让上市公司数码网络的股份而成为其股东。由此，上市公司数码网络的控股股东由深圳友缘变更为盐湖工业集团，实际控制人变更为青海省国资委。交易完成后，上市公司数码网络的控制关系见图19－2。

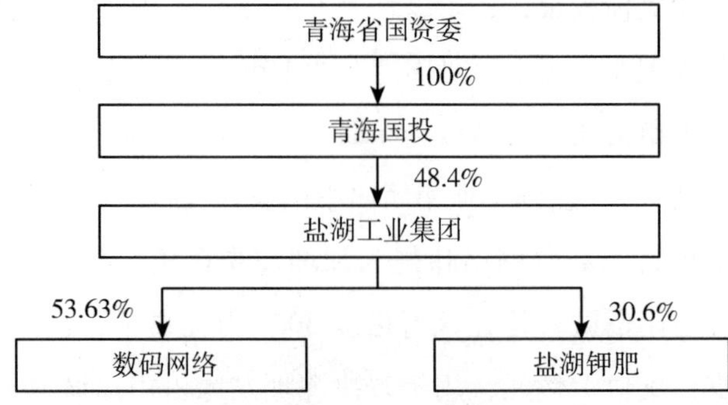

图19－2 盐湖工业集团受让上市公司数码网络股份后的控制关系

---

① 富林集团的全称为“富林集团（深圳）股份有限公司”，该公司为深圳友缘的关联公司。

三、上市公司数码网络以换股方式吸收合并盐湖工业集团

2007年7月2日，盐湖工业集团与上市公司数码网络签署《吸收合并协议书》，经双方协商一致，由上市公司数码网络以新增股份换股吸收合并盐湖工业集团。在上市公司数码网络吸收合并盐湖工业集团的同时，盐湖工业集团持有的上市公司数码网络的10626.7687万股股份予以注销。换股吸收合并后，上市公司数码网络为存续公司，盐湖工业集团的全部资产业务人员划入上市公司数码网络，并依法注销其法人资格。

1. 吸收合并主体与吸收合并目标公司

通过受让上市公司数码网络53.63%股份，盐湖工业集团成为上市公司数码网络的控股股东。因此，盐湖工业集团与上市公司数码网络之间的吸收合并，既是上市公司与非上市公司之间的资产重组，也是母子公司之间的资产重组。

（1）吸收合并主体——上市公司数码网络。此次换股吸收合并中，吸收合并主体为上市公司数码网络。上市公司数码网络的基本情况本案例第一部分已作出详细说明，此处不再累述。

（2）吸收合并目标公司——盐湖工业集团。此次换股吸收合并中，吸收合并目标公司为盐湖工业集团。盐湖工业集团的基本情况本案例第一部分已作出详细说明，此处不再累述。

2. 换股价格与换股比例的确定

在实施换股吸收合并的具体操作中，上市公司数码网络按照二级市场的价格确定其换股价格及换股比例，盐湖工业集团在资产评估价值的基础上综合考虑多方因素以确定其换股价格及换股比例，从而使换股价格与换股比例符合公允公正的原则，并且符合双方股东的利益。

（1）换股价格的确定。上市公司数码网络按照2006年12月5日停牌前20个交易日的均价，确定此次吸收合并的换股价格为3.57元/股。根据中科华出具的《青海盐湖工业（集团）有限公司整体资产评估项目资产评估报告书》，以2006年12月31日为评估基准日，盐湖工业集团整体资产价值为1081302.26万~1165203.60万元，考虑到盐湖工业集团的成长性，其合理评估价值应趋向评估结果的上限。在确定盐湖工业集团换股价格时，还考虑到盐湖工业集团存在现金流外溢的情况，以及盐湖工业集团因受让上市公司数码网络股权及其关联公司股权与债权而产生的合并成本，为此，在扣除上述两项成本因素后，确定其整体资产价值为1062335.69万

元，换股价格为4.73元/股（每元注册资本模拟1股）。

（2）换股比例的确定。按照上市公司数码网络与非上市公司盐湖工业集团的换股价格，确定其换股比例为1∶0.7544，即盐湖工业集团股东持有的每0.7544股盐湖工业集团股份换取1股上市公司数码网络的股份。根据上述换股比例，上市公司数码网络以新增297573.0224万股股份换取盐湖工业集团全体股东持有的盐湖工业集团100%的股权。

3. 上市公司数码网络无限售条件流通股股东现金选择权的实施

为了进一步保护上市公司数码网络无限售条件流通股股东的利益，由第三方向上市公司数码网络无限售条件的流通股股东提供现金选择权。符合条件的上市公司数码网络无限售条件流通股股东可在现金选择权申报期间内行权，并获得相应的现金对价。

（1）提供现金选择权的第三方为中化集团。为上市公司数码网络无限售条件流通股股东提供现金选择权的第三方为盐湖工业集团的原股东中国中化集团公司（简称“中化集团”）。在吸收合并方案生效后，中化集团将不低于需要履行的最大支付责任的20%的保证金（保证金=20%×流通股总数×行使现金选择权的股份价格）划入中国证券登记结算有限责任公司深圳分公司的指定账户，并根据上市公司数码网络流通股股东进行现金选择权有效申报的股份数额的统计结果，将超过保证金金额的资金及时划入登记公司的指定账户或将超过提供现金择权实际需要的金额划回中化集团账户。

（2）现金选择权价格的确定。上市公司数码网络无限售条件流通股股东实施现金选择权的行权价格为3.57元/股。不接受换股的上市公司数码网络无限售条件流通股股东可以选择将其所持有的数码网络股票按照3.57元/股的价格全部或部分转让给中化集团。现金选择权的行权价格以上市公司数码网络股票临时停牌日（2006年12月5日）前20个交易日的均价计算所得。中化集团提供现金选择权需履行的最大支付责任为24559.4458万元。

（3）现金选择权的申报时间及申报结果。现金选择权的申报时间为2008年2月1日~2008年2月14日。上市公司数码网络无限售条件流通股股东可以在上述期间内进行现金选择权的申报。实际操作中，上市公司数码网络无限售条件流通股股东均未进行现金选择权的申报。

4. 上市公司数码网络依法注销盐湖工业集团持有的数码网络股份

依据《公司法》第一百四十二条的相关规定，与持有本公司股份的其他公司合并，其他公司所持有的本公司股份应当在六个月内转让或者注销。为此，在实施换股吸收合并时或换股吸收合并完成后的六个月内，盐湖工业集团持有的上市公司数码网络股份共计 10626.7687 万股应依法进行转让或注销。在实际操作中，上市公司数码网络在实施换股吸收合并盐湖工业集团的同时，依法注销盐湖工业集团持有的上市公司数码网络共计 10626.7687 万股股份。

5. 盐湖工业集团控股股东青海国投要约收购义务的履行及豁免

换股吸收合并完成后，原盐湖工业集团的控股股东青海国投因此次换股吸收合并而持有上市公司数码网络 46.95% 的股份。按照相关法律法规的规定，青海国投应向上市公司数码网络的所有股东发出全面收购要约。同时，由于青海国投符合要约收购义务豁免的情形，根据中国证监会证监许可［2008］128 号文作出的批复，中国证监会核准豁免青海国投因持有上市公司数码网络 46.95% 的股份而应履行的要约收购义务。

6. 盐湖工业集团股东的相关承诺及承诺履行情况

为了确保资产重组事项的顺利推进并充分保护上市公司数码网络股东的权益，盐湖工业集团的相关股东作出了关于提议启动数码网络与盐湖钾肥合并程序的承诺，以及向上市公司数码网络无限售条件流通股股东追加对价的承诺。在承诺期限内，盐湖工业集团的股东不存在违背承诺的情形。

（1）盐湖工业集团控股股东青海国投关于提议启动数码网络与盐湖钾肥合并程序的承诺及承诺履行情况。盐湖工业集团的控股股东青海国投作出承诺，青海国投将在上市公司数码网络股权分置改革实施完成并经历一个完整的会计年度之后的 10 个工作日内提议启动数码网络和盐湖钾肥的合并程序，并在股东大会上对该议案投赞成票。若青海国投没有履行上述承诺，则其持有的上市公司数码网络有限售条件流通股将不能转让和上市流通。上市公司数码网络的股权分置改革于 2008 年完成，根据青海国投的承诺，其应在 2010 年 1 月 15 日前提议启动数码网络和盐湖钾肥的合并程序。但是，上市公司盐湖钾肥的股东中化化肥有限公司（简称“中化化肥”）于 2008 年 7 月已提议启动数码网络和盐湖钾肥的合并程序，并且盐湖钾肥根据中化化肥的提议，于 2008 年 12 月 26 日披露了《青海盐湖钾肥股份有限公司以新增股份换股吸收合并青海盐湖工业集团股份有限公司暨注销 ST 盐湖所持盐湖钾肥股份之预案》，又于 2009 年 7 月 25 日披露了《青海盐湖钾肥股份有限公司以新增股份换股吸收合并青海盐湖工业集团股份有限公司暨关联交易及注销盐湖集团所持盐湖钾肥股份报告书（草案)》。由于中化化肥提议启动数码网络与盐湖钾肥的合并程序与青海国投所作出的承诺目的一致，因此与青海国投的上述承诺并不冲突。

（2）盐湖工业集团股东青海国投与中化集团及深圳兴云信向上市公司数码网络流通股股东追加对价的承诺及承诺履行情况。在上市公司数码网络的股权分置改革中，青海国投、中化集团、深圳兴云信作出了附加条件的追加对价特别承诺，以充分保障上市公司数码网络中小投资者的利益。

①追加对价的股份总数。根据青海国投、中化集团、深圳兴云信作出的承诺，在中国证监会批准换股吸收合并后，对上市公司数码网络的无限售条件流通股东实施追加送股。上述三家公司追加送股的数额共计 1788.6577 万股数码网络股份，其中，青海国投追加对价的股份共计 1090.1869 万股；中化集团追加对价的股份共计 528.1215 万股；深圳兴云信追加对价的股份共计 170.3493 万股。在承诺履行期限内，青海国投、中化集团、深圳兴云信将上述股份向登记结算公司申请临时保管。

②追加对价的触发条件。在上市公司数码网络股权分置改革完成后，如果出现以下三种情况之一，将向追加对价股权登记日收市后登记在册的上市公司数码网络无限售条件的流通股股东追加对价 1 次。第一种情况为上市公司数码网络股权分置改革实施完成当年至 2010 年度财务报告被出具非标准无保留审计意见；第二种情况为上市公司数码网络未能按法定披露时间披露股权分置改革完成当年至 2010 年年度报告；第三种情况为如果上市公司数码网络吸收合并上市公司盐湖钾肥在 2007 年 12 月 31 日前完成，并且上市公司数码网络 2008 年实现的净利润低于 8.3 亿元，或 2009 年实现的净利润低于 10.7 亿元，或 2010 年实现的净利润低于 15 亿元；或根据具有证券从业资格的会计师事务所审核出具的专项审计报告，其 2010 年的非钾肥业务实现的利润总额占所有业务实现的利润总额之比低于 60%。

③追加对价的触发时点。触发追加对价条件的公司年度报告公告或专项审核报告公告后 5 个交易日内，上市公司数码网络发布确定追加对价股权登记日及追加对价实施公告。在追加对价股权登记日的次一交易日，上市公司数码网络完成追加对价的实施。追加对价股权登记日不迟于触发追加对价条件年度的公司年度报告或专项审核报告公告后的 10 个交易日。如果上市公司数码网络未能按法定披露时间披露年度报告，则以法定披露期限（即次年 4 月 30 日）后的 5 个交易日内发布确定追加对价股权登记日及追加对价实施公告，追加对价股权登记日不迟于法定披露期限后的 10 个交易日。若上市公司数码网络未能在 2011 年 4 月 30 日前（含当日）披露专项审核报告，则在 2011 年 4 月 30 日后的 5 个交易日内发布确定追加对价股权登记日及追加对价实施公告，追加对价股权登记日不迟于 2011 年 4 月 30 日后的 10 个交易日。

④追加对价的兑现情况。在承诺履行期限内，上市公司数码网络触发了追加对价的条件。青海国投、中化股份、深圳市兴云信在追加对价股权登记日收市后向登记在册的上市公司数码网络无限售条件的流通股股东追加对价的股份总数共计1788.6577万股股份，其中：青海国投追加对价1090.1869万股，中化股份追加对价528.1215万股，深圳市兴云信追加对价170.3493万股。追加对价的股份变更登记日为2011年3月9日，符合送股条件的流通股股东每持有10股上市公司数码网络可获得2.071671股追送股份。经中国证券登记结算有限责任公司深圳分公司确认，上述1788.6577万股追加对价股份事宜已于2011年3月10日实施完毕。

7. 吸收合并完成后盐湖工业集团资产业务人员的处置及法人资格的注销

上市公司数码网络在以新增股份换股吸收合并盐湖工业集团后，其现有资产、负债、业务和人员不进行剥离，仍保留在存续公司内。吸收合并完成后，盐湖工业集团依法注销法人资格，其全部资产业务及人员由上市公司数码网络承继；盐湖工业集团现有员工与上市公司数码网络重新签订劳动合同。此外，盐湖工业集团与上市公司数码网络于合并基准日起至吸收合并完成，其过渡期间形成的损益，扣除公司为实施合并所应承担的税费及其他成本、费用后，由上市公司数码网络享有或承担。

8. 吸收合并完成后上市公司数码网络股本总额及股权结构变化

通过换股吸收合并，上市公司数码网络的注册资本、股本总额、股权结构及控制关系等都发生重大变化。具体而言，吸收合并完成后，上市公司数码网络的注册资本由19815万元变更为306761.5959万元，股本总额由19815.3422万股变更为306761.5959万股，控股股东由深圳友缘变更为原盐湖工业集团的控股股东青海国投，相应的，其实际控制人变更为青海省国资委。吸收合并完成后，上市公司数码网络的控制关系见图19－3。

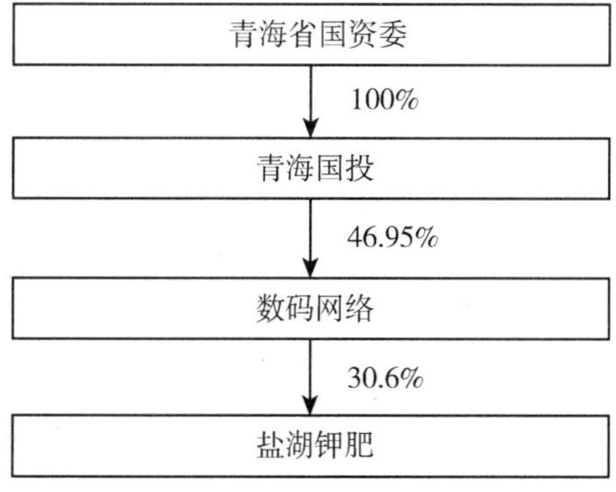

图19－3　上市公司数码网络吸收合并盐湖工业集团后的控制关系

9. 吸收合并完成后上市公司数码网络主营业务结构变化与公司名称及股票简称变更

盐湖工业集团与上市公司数码网络属于不同的行业领域且从事无关联的业务，吸收合并完成后，盐湖工业集团的资产及业务全部注入上市公司数码网络，使其主营业务发生重大变化。与此同时，上市公司数码网络的公司名称及股票简称也进行了变更。

（1）吸收合并完成后上市公司数码网络的主营业务结构变化。吸收合并完成后，上市公司数码网络承继盐湖工业集团的全部业务，其主营业务在原有信息产品的生产及分销、水泥生产、商贸连锁业务的基础上，增加了氯化钾的生产和销售、盐湖资源的综合开发利用等业务。从吸收合并后对上市公司数码网络主营业务收入和利润的贡献看，氯化钾的生产和销售及盐湖资源的综合开发利用业务将成为上市公司数码网络的主导业务。这就意味着，上市公司数码网络的主营业务由原来的信息产品的生产及分销、水泥生产、商贸连锁业务变更为氯化钾的生产和销售、盐湖资源的综合开发利用业务。

（2）吸收合并完成后上市公司数码网络的公司名称及股票简称变更。通过实施吸收合并，盐湖工业集团的优质资产成功注入上市公司数码网络，从而有效改善了上市公司数码网络的经营业绩，使上市公司数码网络退出风险警示板，相应的，其股票简称也于2008 年 1 月 16 日由“S * ST 数码”变更为“ST 数码”。2008 年 2 月 5 日，上市公司数码网络的公司名称由“青海数码网络投资（集团）股份有限公司”变更为“青海盐湖工业集团股份有限公司”，其股票简称于 2008 年 3 月 11 日变更为“ST 盐湖”，并于 2008 年 4 月 9 日变更为“盐湖集团”。上市公司数码网络历次证券简称变更情况见图 19 – 4。

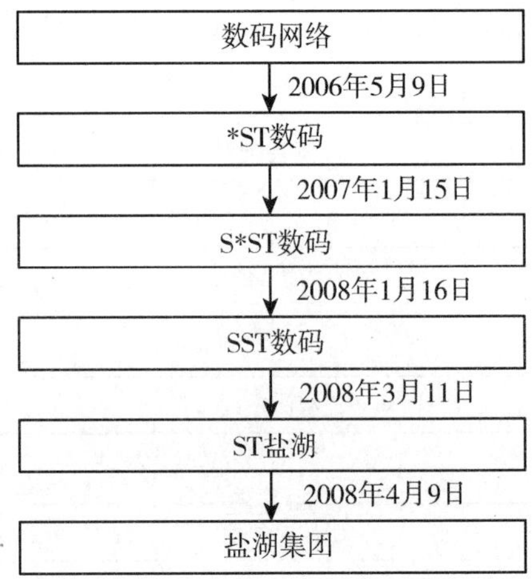

图 19 –4 上市公司数码网络历次证券简称变更

第四节　上市公司盐湖钾肥吸收合并上市公司盐湖集团（原数码网络）的具体操作

上市公司数码网络吸收合并盐湖工业集团后更名为“盐湖集团”，其成为上市公司盐湖钾肥的控股股东，主营业务变更为氯化钾的生产和销售业务。但是，上市公司盐湖集团（原数码网络）与盐湖钾肥的主营业务都以察尔汗盐湖资源为依托，两家公司之间存在资源权属不清晰及关联交易等问题。为了解决这一问题，按照此次资产重组的整体安排，2009 年 7 月 ~2011 年 3 月，上市公司盐湖钾肥与盐湖集团（原数码网络）启动了吸收合并程序。吸收合并完成后，上市公司盐湖钾肥为存续公司，而上市公司盐湖集团（原数码网络）依法终止上市并注销法人资格。

一、吸收合并主体与吸收合并目标公司

上市公司盐湖钾肥与盐湖集团（原数码网络）于 2009 年 7 月 24 日签署了《吸收合并协议》。经双方协商一致，上市公司盐湖钾肥以换股的方式吸收合并上市公司盐湖集团（原数码网络）。

1. 吸收合并主体——上市公司盐湖钾肥

此次交易中，吸收合并主体为上市公司盐湖钾肥。上市公司盐湖钾肥的基本情况本案例第一部分已作出详细说明，此处不再累述。

2. 吸收合并目标公司——上市公司盐湖集团（原数码网络）

此次交易中，吸收合并目标公司为上市公司盐湖集团（原数码网络）。上市公司盐湖集团（原数码网络）的基本情况本案例第一部分已作出详细说明，此处不再累述。

二、换股价格与换股比例的确定

由于吸收合并双方均为上市公司，因此上市公司盐湖钾肥与盐湖集团以其二级市场的均价为基础并配以一定比例的风险溢价，确定此次吸收合并的换股价格与换股比例，从而最大限度的保障吸收合并双方股东的利益。

1. 换股价格的确定

上市公司盐湖钾肥换股吸收合并上市公司盐湖集团（原数码网络）的换股价格和换股比例以交易双方 A 股股票于定价基准日（2009 年 7 月 25 日）的二级市场价

格为基准协商确定。上市公司盐湖集团（原数码网络）于定价基准日前20个交易日的A股股票交易均价为25.46元/股，由此确定盐湖集团的换股基准价格为25.46元/股。上市公司盐湖钾肥于定价基准日前20个交易日的A股股票交易均价为53.53元/股，同时，考虑到上市公司盐湖钾肥于2009年6月26日实施2008年度分红方案即每10股派发现金红利16.72元（含税），对上述价格进行除息调整，调整后的换股价格为51.86元/股。

2. 上市公司盐湖集团（原数码网络）与上市公司盐湖钾肥的换股比例为2.90∶1

根据上市公司盐湖集团（原数码网络）与盐湖钾肥最终确定的换股价格，计算出上市公司盐湖集团（原数码网络）与盐湖钾肥的换股比例为2.90∶1，即上市公司盐湖集团（原数码网络）的股东每2.90股盐湖集团（原数码网络）股份可以换取1股上市公司盐湖钾肥的股份。上市公司盐湖集团（原数码网络）的总股本为306761.5959万股，按照2.90∶1的换股比例计算得出，上市公司盐湖钾肥的换股数额共计105779.8607万股。上市公司盐湖钾肥以新增A股股份进行换股吸收合并，即上市公司盐湖钾肥以新增105779.8607万股A股股份换取上市公司盐湖集团（原数码网络）100%的股份。

3. 权利受限股份的处理

上市公司盐湖集团（原数码网络）的股份存在质押、冻结等权利受限情形。此次换股吸收合并的过程中，对于已经设定了质押与限售义务，以及被司法冻结的上市公司盐湖集团（原数码网络）的股份，其质押、限售及冻结等权利受限情形将在换取的上市公司盐湖钾肥的股份上继续有效存在。

三、异议股东的利益保护机制

为了保护上市公司盐湖集团（原数码网络）与上市公司盐湖钾肥异议股东的合法权益，此次吸收合并中，安排第三方向符合条件的上市公司盐湖集团（原数码网络）股东提供现金选择权，并安排第三方向符合条件的上市公司盐湖钾肥股东提供收购请求权。

1. 上市公司盐湖集团（原数码网络）异议股东现金选择权的实施

在吸收合并的案例中，实施现金选择权是异议股东的主要保护机制。与其他公司实施现金选择权相比，上市公司盐湖集团（原数码网络）现金选择权的行权条件更为严格，其异议股东需要满足相应的行权条件方可行使现金选择权。

（1）提供现金选择权的第三方。青海国投、中化股份、中国信达、深圳兴云信、华美丰收、深圳禾之禾、王一虹共同承诺担任现金选择权的第三方，向符合条件的上市公司盐湖集团（原数码网络）股东提供现金选择权。上市公司盐湖集团（原数码网络）异议股东申报行使现金选择权的股份将过户给第三方，并获得由第三方按照25.26元/股的价格支付的现金对价。

（2）现金选择权的行权条件。享有现金选择权的上市公司盐湖集团（原数码网络）股东需满足以下条件：①在审议此次换股吸收合并的上市公司盐湖集团（原数码网络）股东大会正式表决时投出有效反对票；②在上述股东大会召开之日至异议股东现金选择权实施日期间持续持有投反对票的上市公司盐湖集团（原数码网络）相应股份；③在异议股东现金选择权申报期内成功履行申报程序。符合上述条件的上市公司盐湖集团（原数码网络）股东可以其持有的全部或部分异议股份申报行使现金选择权。但以下上市公司盐湖集团（原数码网络）股东除外：①虽然在审议此次换股吸收合并的股东大会上投出有效反对票，但在上市公司盐湖集团（原数码网络）确定异议股东现金选择权实施日之前卖出所持盐湖集团（原数码网络）股份的股东；②其股份已经设定了质押、其他第三方权利或被司法冻结的股东；③向上市公司盐湖钾肥与盐湖集团（原数码网络）承诺选择换股并放弃现金选择权的盐湖集团（原数码网络）股东；④其他依法不得行使现金选择权的上市公司盐湖集团（原数码网络）股东。

（3）现金选择权价格的确定。行使现金选择权的上市公司盐湖集团（原数码网络）异议股东，可在现金选择权实施日获得由提供现金选择权的第三方支付的现金对价。现金选择权的价格按照定价基准日前20个交易日的股票交易均价确定为25.46元/股。但是，若上市公司盐湖集团（原数码网络）的股票在定价基准日后至现金选择权实施日期间发生除权、除息事项，则上市公司盐湖集团（原数码网络）异议股东现金选择权的价格将作相应调整。2010年4月，上市公司盐湖集团（原数码网络）实施了2009年度分配方案，为此，其异议股东现金选择权的价格相应调整为25.26元/股。

（4）现金选择权的申报时间及申报结果。上市公司盐湖集团（原数码网络）异议股东的现金选择权申报时间为2011年2月14日~2011年2月18日。现金选择权申报结束后，经中国证券登记结算有限责任公司深圳分公司确认，共计28.0794万股上市公司盐湖集团（原数码网络）股份进行现金选择权的申报。2011年2月23日，上述申报现金选择权的异议股份已完成相关资金清算及过户事宜。行使现金选择权的上市公司盐湖集团（原数码网络）股东，将不再持有申报行权的相关股份，根据此次换股吸收合并方案，行使现金选择权的股东也无法获得盐湖集团股权分置改革中青海国投、中化股份、兴云信承诺追送的股份。

2. 上市公司盐湖钾肥异议股东持有的异议股份收购请求权的实施

与现金选择权一样，收购请求权也是对异议股东的利益保护机制。经交易双方协商确定，由第三方向上市公司盐湖钾肥的异议股东提供收购请求权，以保障其合法权益。符合条件并提出申请的异议股东，可以行使异议股份的收购请求权，并由第三方向其支付异议股份的现金对价。

（1）提供收购请求权的第三方。青海国投、中化股份、中国信达、深圳兴云信、华美丰收、深圳禾之禾、王一虹共同承诺担任提供收购请求权的第三方，承担购买上市公司盐湖钾肥的异议股东持有的盐湖钾肥股份的义务。符合条件的上市公司盐湖钾肥股东有权将其持有的全部或部分异议股份申报行使收购请求权。有效申报行使异议股份收购请求权的盐湖钾肥股东，若接受上市公司盐湖钾肥确定的行权价格，则其申报股份将过户给第三方，并获得由第三方支付的相应对价。

（2）收购请求权的行权条件。享有异议股份收购请求权的上市公司盐湖钾肥股东须满足以下条件：①在审议此次换股吸收合并的上市公司盐湖钾肥股东大会正式表决时投出有效反对票；②在上述股东大会召开之日至异议股份收购请求权实施日期间持续持有投反对票的上市公司盐湖钾肥相应股份。任何符合上述条件的上市公司盐湖钾肥股东可以其持有的全部或部分盐湖钾肥异议股份申报行使收购请求权。但以下上市公司盐湖钾肥的股东除外：①虽然在审议此次换股吸收合并的股东大会上投反对票，但在上市公司盐湖钾肥确定异议股份收购请求权实施日之前卖出所持盐湖钾肥股份的股东；②其股份已经设定了质押、其他第三方权利或被司法冻结的股东；③向上市公司盐湖钾肥及盐湖集团（原数码网络）承诺选择换股并放弃异议股份收购请求权的盐湖钾肥股东；④其他依法不得行使异议股份收购请求权的上市公司盐湖钾肥股东。

（3）收购请求权价格的确定。根据《公司法》和上市公司盐湖钾肥公司章程的相关规定，对公司股东大会合并、分立决议投反对票的股东可以请求公司按照合理的价格收购其股权。为了避免因一次性巨额现金支付对上市公司盐湖钾肥正常经营造成困扰，上市公司盐湖钾肥安排第三方按合理价格收购盐湖钾肥异议股东所持有的股份。异议股份的收购请求权价格按照市场惯例确定。上市公司盐湖钾肥于定价基准日（2009 年 7 月 25 日）前 20 个交易日的 A 股股票交易均价为 53.53 元/股。由于上市公司盐湖钾肥于 2009 年 6 月 26 日实施 2008 年度分红方案即每 10 股派发现金红利 16.72 元（含税），并于 2010 年 4 月 28 日实施 2009 年度利润分配方案即每 10 股派现金 4.03 元（含税），在此基础上，对收购请求权的行权价格进行调整，调整后的收购请求权价格为 51.46 元/股。

（4）收购请求权的申报时间及申报结果。上市公司盐湖钾肥异议股东收购请求权的申报时间为 2011 年 2 月 14 日 ~2011 年 2 月 18 日，符合条件的上市公司盐湖钾肥异议股东可在上述期间内进行异议股份申报。在实际操作中，进行收购请求权申报的异议股份共计 2 股。异议股份经核准后，由第三方向申报异议股份的上市公司盐湖钾肥异议股东支付现金对价，共计 102.92 元。

四、上市公司盐湖钾肥依法注销上市公司盐湖集团（原数码网络）持有的盐湖钾肥股份

实施换股吸收合并前，上市公司盐湖集团（原数码网络）是上市公司盐湖钾肥的控股股东，持有的上市公司盐湖钾肥 30.6% 的股份，共计 23483.9404 万股。《公司法》第一百四十二条明确规定，与持有本公司股份的其他公司合并，应当在六个月内转让或者注销其持有的本公司股份。按照上述规定，上市公司盐湖钾肥应在规定期限内注销上市公司盐湖集团（原数码网络）持有的全部盐湖钾肥股份。为此，在换股吸收合并过程中，上市公司盐湖集团（原数码网络）持有的 23483.9404 万股上市公司盐湖钾肥股份依法注销。

五、青海国投要约收购义务的豁免及相关承诺的履行

上市公司盐湖钾肥吸收合并上市公司盐湖集团（原数码网络）的操作中，上市公司盐湖集团（原数码网络）的控股股东青海国投因持有上市公司盐湖钾肥 30.99% 股份而触发了其要约收购义务。此外，为了确保吸收合并事项的顺利实施，青海国投还作出了相关承诺，以保护双方股东的利益。

1. 青海国投因持有吸收合并后上市公司盐湖钾肥超过 30% 的股份而获得要约豁免批复

吸收合并完成后，青海国投持有的上市公司盐湖钾肥 49284.2862 万股股份，占盐湖钾肥总股本的比重为 30.99%。根据相关法律的规定，青海国投应向上市公司盐湖钾肥的全体股东发出全面要约收购义务。但是，青海国投符合要约收购义务豁免的情形，可依法向中国证监会提出要约收购义务豁免申请。经中国证监会证监许可［2010］1861 号文的批复，核准豁免青海国投的要约收购义务。

2. 青海国投的相关承诺及承诺履行情况

此次吸收合并中，青海国投作出了关于避免同业竞争、规范并减少关联交易及承担上市公司盐湖集团与盐湖钾肥债务等相关承诺。具体而言，在避免同业竞争方面，青海国投承诺，换股吸收合并完成后，青海国投及青海国投控制的公司将不直接或间接经营任何与上市公司盐湖钾肥及其下属子公司经营的业务构成竞争或可能构成竞争的业务，也不参与投资任何与上市公司盐湖钾肥及其下属子公司生产的产品或经营的业务构成竞争或可能构成竞争的其他企业；如青海国投及青海国投控制的公司业务范围与上市公司盐湖钾肥及其下属子公司经营业务产生竞争的，青海国投及青海国投控制的公司将以停止经营相竞争的业务的方式，或者将相竞争的业务纳入到上市公司盐湖钾肥经营的方式，或者将相竞争的业务转让给无关联关系的第三方的方式避免同业竞争。在规范及减少关联交易方面，青海国投承诺，在其作为上市公司盐湖钾肥的控股股东期间，青海国投将尽量减少并规范与上市公司盐湖钾肥的关联交易。若有不可避免的关联交易，双方将依法签订协议，履行合法程序，并将按照有关规定履行信息披露义务和办理有关报批程序，保证不通过关联交易损害上市公司盐湖钾肥及其他股东的合法权益。此外，对于上市公司盐湖集团（原数码网络）和盐湖钾肥的债务，青海国投承诺，对上市公司盐湖集团（原数码网络）与盐湖钾肥要求提前清偿债务的债权人，由青海国投承担债务清偿义务；对要求提供担保之债权人，由青海国投提供连带保证责任担保。青海国投依法履行了上述承诺，在承诺期限内不存在违背承诺的情形。

六、吸收合并完成后上市公司盐湖集团（原数码网络）资产业务人员的处置及上市资格的终止

上市公司盐湖集团（原数码网络）作为吸收合并目标公司，在换股吸收合并完成后，其资产、业务及人员全部划入存续公司即上市公司盐湖钾肥。上市公司盐湖集团（原数码网络）因不符合上市公司的要求，应依法终止上市。2011 年 3 月 16 日，上市公司盐湖集团（原数码网络）向深圳证券交易所提出股票终止上市的申请。经深圳证券交易所《关于青海盐湖工业集团股份有限公司人民币普通股股票终止上市的决定》同意，上市公司盐湖集团（原数码网络）的股票自 2011 年 3 月 22 日起终止上市。与此同时，盐湖集团（原数码网络）于 2011 年 3 月 21 日在青海省工商行政管理局办理完毕注销法人资格手续。

七、吸收合并完成后上市公司盐湖钾肥股权结构及控制关系变化

通过实施换股吸收合并，上市公司盐湖钾肥新增发了105779.8607万股股份，同时注销了上市公司盐湖集团（原数码网络）持有的上市公司盐湖钾肥23483.9404万股股份，使上市公司盐湖钾肥的股权结构发生重大变化，相应的，其控制股东也发生了变更。

1. 吸收合并完成后上市公司盐湖钾肥的股权结构变化

换股吸收合并前，上市公司盐湖钾肥的总股本为76755万股。在此次吸收合并的过程中，上市公司盐湖钾肥新增发105779.8607万股股份，用以换股吸收合并上市公司盐湖集团（原数码网络）100%的股份；与此同时，根据相关法律的规定，上市公司盐湖钾肥注销了其控股股东上市公司盐湖集团持有的23483.9404万股盐湖钾肥股份。换股吸收合并后，上市公司盐湖钾肥的总股本变更为159050.9203万股，其股权结构见表19－10。

表19－10 吸收合并后上市公司盐湖钾肥的股权结构

股东名称	持股数额（万股）	持股比例（%）
青海国投	49284.2862	30.99
中化股份及其一致行动人	38094.8723	23.95
社会公众股	71671.7618	45.06
合计	159050.9203	100.00

2. 吸收合并完成后上市公司盐湖钾肥的控股股东变更

换股吸收合并完成后，上市公司盐湖钾肥的控股股东也相应发生变化，由上市公司盐湖集团（原数码网络）变更为青海国投，其实际控制人没有发生变更，仍是青海省国资委。吸收合并后，上市公司盐湖钾肥的控制关系见图19－5。

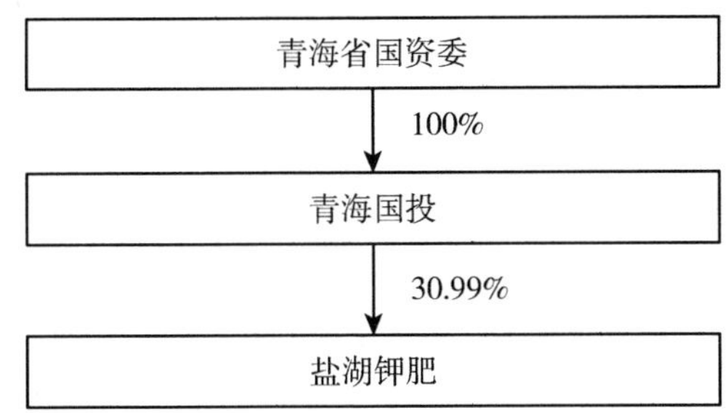

图19－5 吸收合并完成后上市公司盐湖钾肥的控制关系

第五节 盐湖工业集团依托数码网络与盐湖钾肥实现整体上市产生的影响

盐湖工业集团依托数码网络与盐湖钾肥实现整体上市，对各交易主体均带来深远的影响。通过盐湖工业集团与数码网络（后更名为“盐湖集团”）及盐湖钾肥之间的资产重组，不仅使非上市公司盐湖工业集团成功实现了整体上市，也有效化解了上市公司数码网络（后更名为“盐湖集团”）的退市风险并最终将其注入经营状况良好的上市公司盐湖钾肥，同时还实现了上市公司盐湖钾肥的资源整合，进一步提升了其资产规模及综合竞争力。

一、盐湖工业集团依托数码网络与盐湖钾肥实现整体上市对盐湖工业集团的影响

通过实施资产重组，非上市公司盐湖工业集团的资产及业务全部注入上市公司，从而实现了与资本市场的对接，不仅使其具备了上市融资的能力，也使其股东利益进一步放大。

1. 通过资产重组使盐湖工业集团顺利实现了与资本市场的对接

在实施资产重组前，盐湖工业集团为非上市公司，不具备在资本市场上市融资的资格。通过上市公司数码网络（后更名为“盐湖集团”）吸收合并盐湖工业集团，盐湖工业集团的资产业务及人员等全部并入上市公司数码网络（后更名为“盐湖集团”），使其成功实现了资产及业务的整体上市；通过上市公司盐湖钾肥吸收合并重组后的上市公司盐湖集团（原数码网络），盐湖工业集团的原有资产及业务等随重组后的上市公司盐湖集团（原数码网络）全部并入上市公司盐湖钾肥，使其资产及业务得以在资本市场持续上市融资。盐湖工业集团与资本市场的对接，将大大提升其融资能力，为未来业务的持续发展创造良好的条件。

2. 通过资产重组使盐湖工业集团的股东利益进一步放大

通过资产重组，盐湖工业集团的资产及业务成功注入上市公司，与此同时，盐湖工业集团的股东也相应成为上市公司的股东，从而能够持续分享上市公司的利益。尤其是通过上市公司盐湖集团（原数码网络）与盐湖钾肥之间的吸收合并，一方面，使盐湖工业集团的原股东变更为上市公司盐湖钾肥的股东，从而得以分享上市公司盐湖钾肥的收益；另一方面，有效整合了盐湖资源，使原来的资源权属和资

源使用费方面的矛盾得以化解，为存续公司即上市公司盐湖钾肥未来发展奠定良好的基础，在放大上市公司盐湖钾肥股东利益的同时，也有利于实现盐湖工业集团股东利益的最大化。

二、盐湖工业集团依托数码网络与盐湖钾肥实现整体上市对上市公司盐湖集团（原数码网络）的影响

上市公司盐湖集团（原数码网络）是此次资产重组的重要参与主体和资本运营平台。通过与盐湖工业集团的资产重组，上市公司盐湖集团（数码网络）有效避免了退市风险并大幅提升了其盈利能力；通过与上市公司盐湖钾肥的资产重组，上市公司盐湖集团（数码网络）将资产业务注入上市公司并终止上市及法人资格注销。此次资产重组对上市公司盐湖集团（原数码网络）的影响，主要集中体现在上市公司盐湖集团（原数码网络）与盐湖工业集团的资产重组所带来的影响。

1. 通过资产重组使上市公司盐湖集团（原数码网络）的财务指标得到了有效改善而避免了退市的风险

在资产重组前，上市公司数码网络持续亏损，其股票被实行退市风险警示，面临着退市的风险。通过上市公司数码网络（后更名为“盐湖集团”）与非上市公司盐湖工业集团的资产重组，上市公司数码网络（后更名为“盐湖集团”）因盐湖工业集团优质资产的注入，使其盈利能力和市场竞争力大幅提升，财务结构得以有效改善，财务风险也相应降低，有利于上市公司数码网络摆脱财务困境，规避其股票暂停上市和终止上市的风险，解决原大股东存在的大量的资金占用和违规担保问题，从而更好地保障公众投资者的合法利益，维护地区金融市场的稳定。

2. 通过资产重组将优质资产注入上市公司盐湖集团（原数码网络）而使其具备持续盈利的能力

在资产重组前，由于上市公司数码网络的经营状况及财务状况较差，其盈利水平也较差。而盐湖工业集团的资产及业务属于优质资产，具备良好的盈利能力和市场竞争力。通过上市公司盐湖集团（原数码网络）与盐湖工业集团的资产重组，上市公司盐湖集团（原数码网络）承接盐湖工业集团全部的资产、业务，在扩大其资产规模及业务范围的同时，其盈利水平也显著提高，从而使上市公司盐湖集团（原数码网络）具备持续盈利的能力，有利于其在资本市场继续上市融资。

三、盐湖工业集团依托数码网络与盐湖钾肥实现整体上市对上市公司盐湖钾肥的影响

通过资产重组，盐湖工业集团与上市公司数码网络重组后的上市公司盐湖集团的资产及业务全部注入上市公司盐湖钾肥，不仅实现了三家公司的资源整合，也大幅提升了上市公司盐湖钾肥的综合实力与核心竞争力。

1. 通过资产重组完成了资源整合并使上市公司盐湖钾肥形成完整的产业链

重组后的上市公司盐湖集团（原数码网络）的主营业务变更为氯化钾的生产和销售、盐湖资源的综合开发利用业务，同时还兼营信息产品的生产及分销、水泥生产、商贸连锁业务；而上市公司盐湖钾肥的主营业务为氯化钾的开发、生产及销售业务。通过吸收合并，上市公司盐湖钾肥承继上市公司盐湖集团（原数码网络）的全部资产及业务，一方面使上市公司盐湖钾肥的业务范围进一步扩大，并且由单一产品结构转变为多元化的产品结构，形成了比较完整的产业链条；另一方面也有利于减少重复纳税，降低上市公司盐湖钾肥的业务成本，从而大大提高了上市公司盐湖钾肥的盈利能力与抵抗风险的能力。

2. 通过资产重组有效解决了上市公司盐湖钾肥与关联方存在的矛盾并使其综合实力与核心竞争力得到大幅提升

重组后的上市公司盐湖集团（原数码网络）与上市公司盐湖钾肥的主营业务都以察尔汗盐湖资源为依托，虽然具体资源权属分属双方，但由于盐湖资源主要为液体资源，难以清晰切割，双方股东的利益因此较难平衡。与此同时，上市公司盐湖集团（原数码网络）与盐湖钾肥在水电、编织袋和药剂供应、工程和运输劳务、土地和房屋租赁、专利许可使用、原矿卤水采购等方面存在关联交易，并且双方股东对关联交易所产生使用费的缴纳额度持有不同观点，利益也难以平衡。通过实施上市公司盐湖钾肥吸收合并盐湖集团（原数码网络），两家上市公司将在统一的管理框架内进行资源及业务等方面的整合，从而有效解决了上述矛盾及问题，进一步提升存续公司即上市公司盐湖钾肥的综合实力及核心竞争力。

第六节 盐湖工业集团依托数码网络与盐湖钾肥实现整体上市的评价

盐湖工业集团依托数码网络与盐湖钾肥实现整体上市案例，涉及一家非上市

公司与两家上市公司之间的整合重组。三家公司之间的资产重组历时3年，不仅受到了较为广泛的关注，同时其采取的相关操作也为其他公司的整合重组提供了范例。

一、通过实施两次换股吸收合并而实现一家非上市公司与两家上市公司之间的整合重组

盐湖工业集团依托数码网络与盐湖钾肥实现整体上市案例中，盐湖工业集团为非上市公司，数码网络与盐湖钾肥为上市公司。通过实施上市公司数码网络吸收合并非上市公司盐湖工业集团及上市公司盐湖钾肥吸收合并重组后的上市公司盐湖集团（原数码网络），实现了盐湖工业集团与数码网络及盐湖钾肥的整合重组。三家公司之间的资产重组符合交易各方的利益，有利于实现其股东利益的最大化。此外，三家公司实施的两次吸收合并均采取换股的方式，从而大大降低了交易各方的现金压力，有利于资产重组的顺利推进。

二、采取追加对价的方式进一步保护流通股股东的利益

在两次换股吸收合并中，采取了追加对价、现金选择权及收购请求权等多种方式，以保护各交易方股东的利益。与其他吸收合并案例相比，盐湖工业集团依托数码网络与盐湖钾肥实现整体上市案例在保护股东利益方面的特点体现在追加对价的实施。具体而言，在上市公司数码网络吸收合并盐湖工业集团的实施过程中，包含了上市公司数码网络的股权分置改革、盐湖工业集团受让上市公司数码网络股份、上市公司数码网络换股吸收合并盐湖工业集团等具体操作。在此过程中，为了充分保护上市公司数码网络流通股股东的利益，采取了追加对价的方式，由上市公司数码网络的非流通股股东向流通股股东追送股份，以确保上市公司数码网络吸收合并盐湖工业集团的顺利实施。

三、采取以偿还债务作为对价的方式有效解决了历史遗留问题

在实施资产重组前，上市公司数码网络不仅面临着退市的风险，同时也面临着因大股东违规占用资金及违规担保而被债权银行起诉的风险。与此相应，上市公司数码网络的股份也存在质押、冻结的情形。在上市公司数码网络吸收合并盐湖工业集团的过程中，通过盐湖工业集团以偿还上市公司数码网络相关债务作为受让其股份的对价，使上市公司数码网络的资金占用及违规担保等历史遗留问题得以有效化

解，不仅有利于上市公司数码网络未来的可持续发展，也为后续的整合重组奠定了基础。

附表　　盐湖工业集团依托数码网络与盐湖钾肥实现整体上市时间

序号	日期	内　容
1	2007 年 6 月 26 日	盐湖集团第五届第四次董事会审议通过《关于受让数码网络 106267687 股股份的议案》《数码网络以新增股份换股吸收合并盐湖集团的议案》
2	2007 年 7 月 2 日	数码网络第五届第四次董事会审议通过《关于青海盐湖工业（集团）有限公司重组数码网络的议案》；深圳友缘、上海丹阳、青海省国资委与盐湖工业集团签署《股份转让协议》；数码网络与盐湖工业集团签署《吸收合并协议书》
3	2007 年 7 月 23 日	青海省国资委同意盐湖工业集团重组数码网络的方案及数码网络股权分置改革方案
4	2007 年 7 月 26 日	数码网络第一次临时股东大会暨股权分置改革相关股东会议，审议通过本次重组方案和股权分置改革的议案
5	2008 年 1 月 16 日	数码网络的股票简称由“S*ST 数码”变更为“SST 数码”
6	2008 年 1 月 25 日	中国证监会同意豁免盐湖集团受让的数码网络 106267687 股（占总股本的 53.63%）而应履行的要约收购义务，同意豁免青海国投因数码网络吸收合并盐湖工业集团而持有数码网络 1440146169 股（占总股本的 46.94%）而应履行的要约收购义务
7	2008 年 2 月 1 日	盐湖集团受让深圳友缘、上海丹阳、青海省国资局合计持有的本公司 10626.7687 万股股份的过户登记手续办理完毕
8	2008 年 2 月 1 日～2 月 14 日	数码网络流通股股东现金选择权的申报期间
9	2008 年 2 月 5 日	数码网络的公司名称由“青海数码网络投资（集团）股份有限公司”更名为“青海盐湖工业集团股份有限公司”
10	2008 年 2 月 15 日	数码网络与盐湖工业集团签订《交割协议书》
11	2008 年 3 月 10 日	数码网络原非流通股股东向流通股股东支付股份的股改股份变更登记日
12	2008 年 3 月 11 日	数码网络的股票简称由“SST 数码”变更为“ST 盐湖”
13	2008 年 12 月 26 日	盐湖钾肥披露《青海盐湖钾肥股份有限公司以新增股份换股吸收合并青海盐湖工业集团股份有限公司暨注销 ST 盐湖所持盐湖钾肥股份之预案》

续表

序号	日期	内　容
14	2009 年 4 月 9 日	盐湖集团的证券简称由“ST 盐湖”变更为“盐湖集团”
15	2009 年 7 月 24 日	盐湖钾肥与盐湖集团签署《吸收合并协议》；盐湖钾肥、盐湖集团分别召开董事会会议、临时股东大会，审议通过了本次换股吸收合并相关事宜。
16	2009 年 7 月 25 日	盐湖钾肥披露《青海盐湖钾肥股份有限公司以新增股份换股吸收合并青海盐湖工业集团股份有限公司暨关联交易及注销盐湖集团所持盐湖钾肥股份报告书（草案)》
17	2009 年 8 月 26 日	青海省人民政府作出批复，原则同意本次换股吸收合并事宜
18	2009 年 10 月 20 日	商务部出具了对本次换股吸收合并涉及的经营者集中申报无异议核准函
19	2010 年 1 月 6 日	国务院国资委作出批复，同意本次换股吸收合并方案
20	2010 年 1 月 18 日	青海省政府国有资产监督管理委员会作出批复，同意本次换股吸收合并方案
21	2010 年 1 月 26 日	盐湖钾肥、盐湖集团分别召开临时股东大会，审议通过本次换股吸收合并方案
22	2010 年 12 月 20 日	中国证监会作出批复，核准本次换股吸收合并及青海国投关于豁免要约收购盐湖钾肥
23	2011 年 2 月 14 日 ~ 2 月 18 日	现金选择权、异议股份收购请求权申报期间
24	2011 年 3 月 9 日	追加对价股份变更登记日
25	2011 年 3 月 15 日	本次换股吸收合并的交割日与换股股权登记日；盐湖钾肥与盐湖集团签署《关于换股吸收合并相关事宜的交割确认书》，盐湖集团的所有资产全部移交与盐湖钾肥
26	2011 年 3 月 21 日	盐湖集团在青海省工商行政管理局办理完毕注销法人资格手续；盐湖钾肥在青海省工商行政管理局办理完毕注册资本工商变更手续

第二十章
唐钢股份吸收合并邯郸钢铁与承德钒钛并实现河北钢铁整体上市案例

同一集团体系中有两家以上上市公司且几家上市公司分别在不同证券交易所上市，也可以通过实施吸收合并及整合重组，实现集团的整体上市。唐钢股份吸收合并邯郸钢铁与承德钒钛并实现河北钢铁整体上市就是类似的案例。这一案例的具体操作分为两个阶段，第一阶段是上市公司唐钢股份吸收合并邯郸钢铁与承德钒钛；第二阶段是吸收合并完成后，上市公司唐钢股份作为存续公司又与河北钢铁集团旗下非上市公司实施进一步的整合重组，最终实现河北钢铁集团的整体上市。该案例无论是从方案的整体设计层面看，还是方案的实施操作层面看，都具有区别于其他案例的显著特点。其中，最显著的特点为同一控制人下属三家上市公司之间“跨市场”的吸收合并，并且在吸收合并之后的后续整体上市操作中，采取了股权托管的重组模式，使重组操作得以在较短的时间内顺利完成。

第一节　唐钢股份吸收合并其他两家上市公司及河北钢铁整体上市的相关方情况介绍

唐钢股份吸收合并邯郸钢铁与承德钒钛及河北钢铁整体上市涉及多个交易主体。其中，河北省国资委为唐钢股份、邯郸钢铁及承德钒钛的实际控制人，而唐钢股份、邯郸钢铁及承德钒钛为河北钢铁集团下属三家上市子公司。

一、河北钢铁集团的情况介绍

河北钢铁集团是在河北省政府的主导下，由唐钢集团和邯钢集团①组建的大型钢铁集团。河北钢铁集团组建后，进行了一系列的内部整合与重组，并依托下属三家上市公司唐钢股份、邯郸钢铁、承德钒钛之间的吸收合并及后续的资产重组，顺利实现河北钢铁集团钢铁业务的整体上市。

1. 河北钢铁集团的基本情况

2008 年 6 月 14 日，河北省人民政府下发《关于同意组建河北钢铁集团有限公司的批复》（冀政函［2008］60 号），批准组建河北钢铁集团。2008 年 6 月 24 日，河北省国资委下发《关于组建河北钢铁集团有限公司产权划转和核定国家资本金有关问题的通知》（冀国资字［2008］86 号），将其持有的唐钢集团、邯钢集团的各 100% 国有产权整体划入河北钢铁集团，河北钢铁集团正式注册成立，注册地址为石家庄市，注册资本为 200 亿元。

2. 河北钢铁集团下属子分公司情况

河北钢铁集团组建后，唐钢集团与邯钢集团为其下属全资二级子公司。其中，唐钢集团是国有独资公司，法定代表人为王义芳，注册资本为 50 亿元，主要经营范围为资产经营、外经外贸、矿山开采、焦化产品、耐火材料制品制造等业务。截至 2008 年 12 月 31 日，唐钢集团总资产 1326.68 亿元，净资产 397.67 亿元，营业收入 1106.81 亿元，归属于母公司所有者的净利润 4.13 亿元。邯钢集团前身为 1958 年建成的邯郸钢铁总厂，1995 年 12 月 28 日经河北省冶金工业厅冀冶企字［1995］540 号文和河北省计划委员会冀计产［1995］1096 号文批准，改制成为国有独资的有限责任公司。邯钢集团注册资本 25 亿元，公司法定代表人为李连平，生产经营范围为黑色金属冶炼、钢坯、钢材轧制、铁路、公路货运以及尿素、焦炭及副产品制造等。截至 2008 年 12 月 31 日，邯钢集团总资产为 563.69 亿元，净资产 181.81 亿元，营业收入 563.52 亿元，归属于母公司所有者的净利润 5.17 亿元。河北钢铁集团在吸收合并前的控制关系见图 20－1。

① 唐钢集团全称“唐山钢铁集团有限责任公司”；邯钢集团全称“邯郸钢铁集团有限责任公司”。

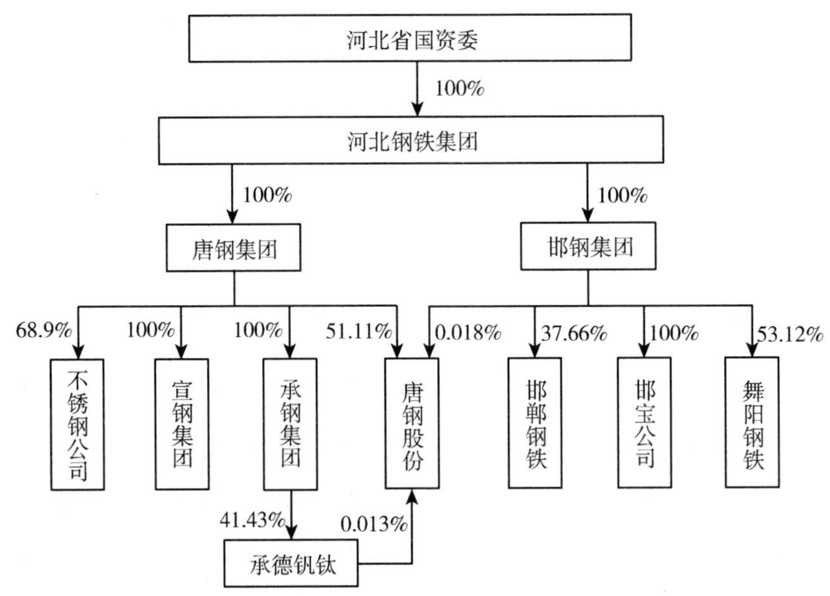

图 20－1　河北钢铁集团控制关系①

二、上市公司唐钢股份的情况介绍

上市公司唐钢股份为河北钢铁集团下属三级子公司，是此次吸收合并的主体，也是河北钢铁集团整体上市的资本运营平台。吸收合并完成后，上市公司唐钢股份将作为存续公司继续在国内 A 股资本市场上市融资。

1. 上市公司唐钢股份的基本情况

唐钢股份系经河北省经济体制改革委员会冀体改委股字［1994］3 号文和［1994］38 号文批准，由唐钢集团作为独家发起人，将主要生产经营性单位的净资产入股，并以定向募集的方式向 191 家法人单位和唐钢集团职工发行股份，于 1994 年 6 月注册成立的股份有限公司。1997 年 4 月 16 日，经中国证监会证监发字［1997］69 号文和证监发字［1997］70 号文批准，唐钢股份股票在深圳证券交易所挂牌交易。上市公司唐钢股份在吸收合并前的基本情况见表 20－1。

表 20－1　上市公司唐钢股份的基本情况

中文名称	唐山钢铁股份有限公司
股票简称	唐钢股份

① 图 20－1 及以下本章所有数、图是根据上市公司公布的信息（包括数字、财务数据、相关指标等）整理形成。

续表

股票代码	000709
成立日期	1994 年 6 月 29 日
上市地点	深圳证券交易所
法定代表人	王义芳
注册资本	362607.9217 万元
经营范围	钢铁冶炼、钢材轧制、其他黑色金属冶炼及其压延加工、耐火材料制品制造；金属结构及其构件制造、销售；氧气、氮气、氩气、氢气的生产、销售；冶金技术咨询、服务；电器机械修理；钢材、其他黑色金属及其压延产品、耐火材料、焦炭、化工产品（不含化学危险品）的批发、零售；危险货物运输、普通货运（以上两项限分支机构经营）；经营本企业自产产品及技术的出口业务和本企业所需的机械设备、零配件、原辅材料及技术的进口业务，但国家限定公司经营或禁止进出口的商品及技术除外

2. 上市公司唐钢股份的业务情况

上市公司唐钢股份主要经营钢铁冶炼和钢材轧制业务。2006～2008 年主要产品及产量见表 20－2。

表 20－2　上市公司唐钢股份 2006～2008 年主要产品及产量　单位：万吨

产品名称	2006 年	2007 年	2008 年
生铁	922	935	1112
粗钢	1010	1084	1137
钢材	877	1041	1007

3. 上市公司唐钢股份的财务情况

根据《唐山钢铁股份有限公司换股吸收合并暨关联交易报告书》中披露的相关信息，上市公司唐钢股份 2007～2008 年的简要财务数据见表 20－3。

表 20－3　上市公司唐钢股份 2007～2008 年的主要财务指标

项　目	2008 年 12 月 31 日	2007 年 12 月 31 日
总资产（万元）	4151932.84	3561383.20
总负债（万元）	2849586.20	2362176.74
股东权益（万元）	1302346.64	1199206.46
营业收入（万元）	5769732.03	4179233.52

续表

项　　目	2008 年 12 月 31 日	2007 年 12 月 31 日
税后利润（万元）	172423.36	214494.38
资产负债率（%）	68.63	66.33
净资产收益率（%）	14.60	19.30

4. 上市公司唐钢股份的股权结构及控制关系

截至 2008 年 12 月 31 日，上市公司唐钢股份的股份总数为 362607.9217 万股，其中唐钢集团持有上市公司唐钢股份 51.11% 的股份，成为唐钢股份的控股股东。而河北省国资委为上市公司唐钢股份的实际控制人。截至 2008 年 12 月 31 日，上市公司唐钢股份的股权结构见表 20 – 4。

表 20 – 4　　上市公司唐钢股份的股权结构

股份类别	股数（万股）	持股比例（%）
一、有限售条件流通股份	185621.4357	51.191
其中：国有法人持股	185340.9753	51.113
境内非国有法人持股	265.5744	0.073
境内自然人持股	14.8860	0.004
二、无限售条件流通股份	176986.4860	48.809
三、股份总数	362607.9217	100.00

三、上市公司邯郸钢铁的情况介绍

上市公司邯郸钢铁为河北钢铁集团下属三级子公司，也是此次吸收合并的目标公司之一。吸收合并完成后，上市公司邯郸钢铁的全部资产业务人员进入上市公司唐钢股份，并且邯郸钢铁因不符合上市条件而依法终止上市。

1. 上市公司邯郸钢铁的基本情况

邯郸钢铁系经河北省人民政府股份制领导小组冀股办［1997］27 号文批准，由邯钢集团作为独家发起人，于 1997 年采取公开募集方式设立的股份有限公司。1998 年 1 月 20 日，邯郸钢铁正式成立。1998 年 1 月 22 日，邯郸钢铁股票在上海证券交易所挂牌交易。上市公司邯郸钢铁在吸收合并前的基本情况见表20 – 5。

表 20－5 上市公司邯郸钢铁的基本情况

中文名称	邯郸钢铁股份有限公司
股票简称	邯郸钢铁
股票代码	600001
成立日期	1998 年 1 月 20 日
上市地点	上海证券交易所
法定代表人	李贵阳
注册资本	281645.6569 万元
经营范围	黑色金属冶炼、钢坯、钢材轧制烧结矿冶炼、焦炭及副产品制造、销售；冶金机械配件的加工、维修；经营本企业自产产品和技术的出口业务和本企业所需的原辅材料、机械设备、零配件及技术的进口业务（国家规定公司经营和禁止进出口的商品及技术除外）；本公司业务相关的技术开发、技术转让、技术咨询、技术服务

2. 上市公司邯郸钢铁的业务情况

上市公司邯郸钢铁主要经营钢铁冶炼和钢材轧制业务。2006～2008 年主要产品及产量见表 20－6。

表 20－6 上市公司邯郸钢铁 2006～2008 年主要产品及产量 单位：万吨

产品名称	2006 年	2007 年	2008 年
生铁	514	479	412
粗钢	640	600	602
钢材	547	562	561

3. 上市公司邯郸钢铁的财务情况

根据《唐山钢铁股份有限公司换股吸收合并暨关联交易报告书》中披露的相关信息，上市公司邯郸钢铁 2007～2008 年的简要财务数据见表 20－7。

表 20－7 上市公司邯郸钢铁 2007～2008 年的主要财务指标

项 目	2008 年 12 月 31 日	2007 年 12 月 31 日
总资产（万元）	2675585.87	2562343.71
总负债（万元）	1454186.87	1358624.33
股东权益（万元）	1221399.00	1203719.39
营业收入（万元）	3725932.10	2611248.14

续表

项　目	2008 年 12 月 31 日	2007 年 12 月 31 日
税后利润（万元）	59926.47	96186.56
资产负债率（%）	54.35	53.02
净资产收益率（%）	4.91	7.99

4. 上市公司邯郸钢铁的股权结构及控制关系

截至 2008 年 12 月 31 日，上市公司邯郸钢铁的股份总数为 281645.6569 万股，其中邯钢集团持有上市公司邯郸钢铁 37.66% 的股份，成为邯郸钢铁的控股股东。而河北省国资委为上市公司邯郸钢铁的实际控制人。

四、上市公司承德钒钛的情况介绍

上市公司承德钒钛为河北钢铁集团下属四级子公司，与上市公司邯郸钢铁一起成为此次吸收合并的目标公司。吸收合并完成后，上市公司承德钒钛的全部资产业务及人员等均进入上市公司唐钢股份，并且承德钒钛因不符合上市条件而依法终止上市。

1. 上市公司承德钒钛的基本情况

承德钒钛（原“承德钢铁股份有限公司”）是经河北省体改委冀体改委股字［1994］33 号文件批准组建，由承钢集团①独家发起，以定向募集方式设立的股份有限公司。承德钒钛于 1994 年 6 月 18 日办理工商注册登记正式成立，1999 年 7 月，经河北省人民政府股份制领导小组办公室冀股办［1999］23 号文和河北省冶金厅冀冶体改字［1999］236 号文批复，承德钒钛进行资产置换重组后，更名为现在的承德新新钒钛股份有限公司。2002 年 9 月 6 日，经中国证监会证监发行字［2002］84 号文核准，承德钒钛股份在上海证券交易所上市交易。上市公司承德钒钛在吸收合并前的基本情况见表 20－8。

表 20－8　　上市公司承德钒钛的基本情况

中文名称	承德新新钒钛股份有限公司
股票简称	承德钒钛
股票代码	600357

① 承钢集团全称“承德钢铁集团有限公司”。

续表

成立日期	1994 年 6 月 18 日
上市地点	上海证券交易所
法定代表人	李怡平
注册资本	98066.7040 万元
经营范围	钒渣、钒铁合金、钛精矿、高钛渣、金红石、合金铁粉、含钒低合金及普通带钢、圆钢、钢筋混凝土用热轧带肋钢筋、钢坯的生产、销售；钒钛系列高科技产品的开发、研制、生产和销售；本企业自产产品及相关技术的出口；本企业生产、科研所需的原辅材料、机械设备、仪器仪表、零配件及相关技术的进口；经营本企业的进料加工和“三来一补”业务，氧化钒、钒氮合金、钛黄粉、线材，人造富矿（烧结矿、烧结球）蒸汽、压缩空气、工业用高炉煤气的制造和销售，自动化及仪表工程设计安装、工程技术咨询、机械设备维修；产品检验化验、检斤计量服务；矿产品、焦炭、黑色金属、有色金属、合金产品、化工产品（不含危险化学品）；工业用水、电、润滑油、橡胶制品、耐火材料、建材、板材、五金工具、机械设备及零部件销售

2. 上市公司承德钒钛的业务情况

上市公司承德钒钛主要经营钢铁冶炼、钢材轧制和钒产品生产业务。2006～2008 年主要产品及产量见表 20－9。

表 20－9　上市公司承德钒钛 2006～2008 年主要产品及产量　单位：万吨

产品名称	2006 年	2007 年	2008 年
含钒钢材	263	365	371
钒渣	10.70	12.00	14.70
深加工钒产品	0.72	0.76	0.83
钛精矿	2.36	2.80	4.00

3. 上市公司承德钒钛的财务情况

根据《唐山钢铁股份有限公司换股吸收合并暨关联交易报告书》中披露的相关信息，上市公司承德钒钛 2007～2008 年的简要财务数据见表 20－10。

表 20－10　上市公司承德钒钛 2007～2008 年的主要财务指标

项　目	2008 年 12 月 31 日	2007 年 12 月 31 日
总资产（万元）	2116147.91	1246077.30
总负债（万元）	1754591.85	890068.92

续表

项　　目	2008 年 12 月 31 日	2007 年 12 月 31 日
股东权益（万元）	361556.06	356008.39
营业收入（万元）	1830531.54	1460909.74
税后利润（万元）	2808.45	48865.07
资产负债率（%）	82.91	71.43
净资产收益率（%）	0.81	12.78

4. 上市公司承德钒钛的股权结构及控制关系

截至 2008 年 12 月 31 日，上市公司承德钒钛的股份总数为 98066.7040 万股，其中承钢集团持有上市公司承德钒钛 40.46% 的股份，成为承德钒钛的控股股东。而河北省国资委仍为上市公司承德钒钛的实际控制人。截至 2008 年 12 月 31 日，上市公司承德钒钛的股本结构见表 20 - 11。

表 20 - 11　　上市公司承德钒钛的股本结构

股份类别	股数（万股）	持股比例（%）
一、有限售条件流通股份	39675.2710	40.46
其中：国家持股	39675.2710	40.46
二、无限售条件流通股份	58391.4330	59.54
三、股份总数	98066.7040	100.00

第二节　唐钢股份吸收合并其他两家上市公司及河北钢铁整体上市的基本思路

自 2008 年 6 月 24 日河北省国资委组建河北钢铁集团至 2012 年 8 月河北钢铁集团的钢铁业务完成整合重组及整体上市，历时将近四年的时间。在四年的时间里，河北钢铁集团钢铁业务的整合重组共经历了两个阶段：第一个阶段为 2008 年 12 月 ~2010 年 1 月，该阶段河北钢铁集团下属上市公司唐钢股份与另外两家上市公司邯郸钢铁与承德钒钛完成了吸收合并，实现了河北钢铁集团下属三家上市公司资产业务人员等的全面整合；第二个阶段为 2010 年 12 月 ~2012 年 8 月，在该阶段，河北钢铁集团依托上市公司唐钢股份对旗下其他从事钢铁业务的非上市公司实施进一步的整合重组，从而最终实现河北钢铁集团钢铁业务的整体上市。

一、唐钢股份吸收合并邯郸钢铁与承德钒钛而实现钢铁业务的整合重组

河北钢铁集团钢铁业务整合重组及整体上市的第一步就是进行旗下三家上市公司唐钢股份、邯郸钢铁及承德钒钛的吸收合并。在吸收合并完成后，上市公司唐钢股份为吸收合并的存续公司，而上市公司邯郸钢铁及承德钒钛因不符合上市条件而终止上市并注销法人。

1. 上市公司唐钢股份以换股的方式吸收合并上市公司邯郸钢铁与承德钒钛

为了有效推进河北钢铁集团钢铁业务的整合重组，河北钢铁集团首先实施了旗下三家上市公司之间的吸收合并。在吸收合并的过程中，上市公司唐钢股份为吸收合并的主体，上市公司邯郸钢铁与承德钒钛为吸收合并的目标公司。在三家上市公司吸收合并的操作中，上市公司唐钢股份采取了换股的方式吸收合并邯郸钢铁与承德钒钛，三家公司换股比例分别为1：0.77及1：1.089。为了确保换股吸收合并的顺利推进并保护上市公司非限售流通股股东的利益，在吸收合并的操作中对异议股东和债券持有人利益均采取了相应的保护措施。吸收合并完成后，上市公司邯郸钢铁与承德钒钛依法终止上市并注销法人资格，而上市公司唐钢股份成为河北钢铁集团旗下唯一的资本运营平台，并进行了公司名称及股票简称的变更，其中股票简称由“唐钢股份”变更为“河北钢铁”。

2. 换股吸收合并完成后河北钢铁集团实现了下属三家上市公司资产业务人员等的全面整合

换股吸收合并完成后，上市公司邯郸钢铁及承德钒钛的全部资产业务人员全部进入上市公司唐钢股份，从而实现了河北钢铁集团下属三家上市公司资产业务人员等的全面整合。依据吸收合并方案中的整合计划，吸收合并完成后，上市公司唐钢股份作为存续公司将完成对原三家上市公司的实质性整合，通过建立集中统一的战略规划和管理体系发挥协同效应，不断提高经营效率和综合竞争力。三家公司的整合主要包括以下几个方面：一是管理和人事整合。存续公司总部将对原三家上市公司的生产、采购、销售、研究开发和财务等职能进行统一管理，原三家上市公司分别成为存续公司的分公司，负责执行总部决策，开展具体运营。存续公司将以“河北钢铁”为统一品牌形象进行统一的品牌建设。二是生产运营整合，存续公司将对产品生产进行合理分工，其中唐钢股份主要定位于全国最大、最具竞争力的优质建材基地；邯郸钢铁主要定位于精品板材基地；承德钒钛主要定位于优质钒钛特钢基

地。除了上述内容外，三家上市公司的采购、销售、研究开发及财务等方面都将实施一系列整合，以实现三家上市公司吸收合并后的全面整合。

二、河北钢铁集团依托上市公司河北钢铁（原唐钢股份）对集团旗下非上市公司进一步的整合重组而实现钢铁业务的整体上市

吸收合并完成后，河北钢铁集团旗下的子公司与上市公司河北钢铁（原唐钢股份）之间仍然存在一定程度的同业竞争。为了解决与存续公司之间的同业竞争，河北钢铁集团于2009年8月20日出具《河北钢铁集团有限公司关于避免同业竞争的承诺函》，承诺立即启动竞争性业务与资产注入工作，把现有竞争性业务与资产在合适的市场时机以合理价格及合理方式全部注入存续公司。依据上述承诺，上市公司河北钢铁（原唐钢股份）在2010~2012年分别采取股权收购及股权托管等方式，分3次完成了与河北钢铁集团旗下钢铁业务相关子公司之间的业务整合及资产重组，使河北钢铁集团旗下全部钢铁业务及资产均注入上市公司河北钢铁（原唐钢股份）而实现河北钢铁集团钢铁业务的整体上市。

1. 上市公司河北钢铁（原唐钢股份）以股权收购的方式受让邯钢集团持有的邯宝公司100%股权

邯宝公司①为邯钢集团下属全资子公司，主要产品为热轧卷板和冷轧卷板，与存续公司上市公司河北钢铁（原唐钢股份）的产品规模部分重叠，两家公司之间存在同业竞争关系。为了履行河北钢铁集团避免同业竞争的承诺，上市公司河北钢铁（原唐钢股份）于2010年6月7日与邯钢集团签署协议同意以股权收购的方式受让邯钢集团持有的邯宝公司100%股权。股权收购完成后，邯宝公司成为邯钢集团100%持股的全资子公司，从而有效消除了两家公司之间的同业竞争。

2. 上市公司河北钢铁（原唐钢股份）受邯钢集团及唐钢集团委托对其持有的舞阳钢铁等三家公司的股权进行经营管理

除邯宝公司之外，舞阳钢铁、宣钢集团及不锈钢公司②与存续公司上市公司河北钢铁（原唐钢股份）之间也存在同业竞争。其中，舞阳钢铁为邯钢集团绝对控股的子公司，主要产品为厚板和特厚板，而中厚板产品与存续公司存在同业竞争关系；宣钢集团为唐钢集团的全资子公司，主要产品为线材、螺纹钢、小型材、窄钢

---

① 邯宝公司全称“邯钢集团邯宝钢铁有限公司”。

② 舞阳钢铁全称“舞阳钢铁有限责任公司”；宣钢集团全称“宣化钢铁集团有限责任公司”；不锈钢公司全称“唐山不锈钢有限责任公司”。

带及焊管，其大部分产品与存续公司产品类似，存在同业竞争关系；不锈钢公司为唐钢集团绝对控股的子公司，主要产品为热轧窄钢带和热轧卷板，与存续公司的该类产品规格和用途类似，存在同业竞争关系。为了消除同业竞争关系，上市公司河北钢铁（原唐钢股份）作为吸收合并后的存续公司，于 2010 年 12 月 28 日，分别受邯钢集团和唐钢集团委托管理经营其持有的舞阳钢铁及宣钢集团股权；于 2012 年 8 月受唐钢集团委托管理经营其持有的不锈钢公司 68.90% 股权。委托管理手续完成后，河北钢铁集团旗下全部钢铁业务和资产都进入或委托上市公司河北钢铁（原唐钢股份）经营管理，从而在有效避免同业竞争的同时，完成了河北钢铁集团钢铁业务的整体上市。

第三节　唐钢股份对邯郸钢铁及承德钒钛的吸收合并

上市公司唐钢股份与邯郸钢铁及承德钒钛同为河北钢铁集团的下属子公司。在河北钢铁集团的主导下，上市公司唐钢股份对邯郸钢铁及承德钒钛实施了吸收合并，为河北钢铁集团旗下钢铁业务的整体上市拉开了序幕。为了确保吸收合并的顺利实施，在吸收合并方案的设计及操作过程中，不仅充分考虑了三家上市公司地处不同证券交易所的情况，明确了“跨市场转登记”的操作，而且充分考虑了股东的利益，通过回购请求权及现金选择权的设置，有效保护了三家上市公司非限售流通股股东的利益。吸收合并完成后，上市公司邯郸钢铁及承德钒钛上市资格终止并注销法人，但仍作为存续公司的分公司而承担生产经营任务。

一、吸收合并主体与吸收合并目标公司

在河北钢铁集团下属三家上市公司之间的吸收合并中，上市公司唐钢股份为吸收合并的主体，上市公司邯郸钢铁及承德钒钛为吸收合并的目标公司。

1. 吸收合并主体——上市公司唐钢股份

本次吸收合并的主体为上市公司唐钢股份。上市公司唐钢股份为河北钢铁集团下属三级子公司，其控股股东为唐钢集团，实际控制人为河北钢铁集团。上市公司唐钢股份的具体情况在本案例中第一部分已有详细说明，此处不再累述。

2. 吸收合并目标公司——上市公司邯郸钢铁与承德钒钛

本次吸收合并的目标公司为上市公司邯郸钢铁与承德钒钛。其中，上市公司邯郸钢铁为河北钢铁集团下属三级子公司，其控股股东为邯钢集团，实际控制人为河

北省国资委；上市公司承德钒钛为河北钢铁集团下属四级子公司，其控股股东为承钢集团，实际控制人为河北省国资委。上市公司邯郸钢铁与承德钒钛的具体情况在本案例中第一部分已有详细说明，此处不再累述。

二、换股价格与换股比例的确定及“跨市场转登记”的操作

上市公司唐钢股份对上市公司邯郸钢铁及承德钒钛吸收合并的方式为换股吸收合并。由于唐钢股份为深圳证券交易所的上市公司，而邯郸钢铁及承德钒钛为上海证券交易所的上市公司，三家上市公司分属不同的证券交易所，因此，在换股吸收合并的操作中分为“证券转换”和“跨市场转登记”两部分进行。“证券转换”指对投资者持有的邯郸钢铁和承德钒钛股份按照换股吸收合并方案确定的换股比例转换成相应数量的唐钢股份；“跨市场转登记”指邯郸钢铁及承德钒钛从中国结算上海分公司退出登记后，唐钢股份根据上述退市持有人名册和投资者沪深证券账户对应关系，制作深市初始登记数据，向中国结算深圳分公司申请投资者持有唐钢股份的初始登记。

1. 换股价格及换股比例的确定

“证券转换”的操作首先要明确三家上市公司的换股价格及换股比例。其中，上市公司唐钢股份的换股价格为唐钢股份首次审议本次换股吸收合并事项的董事会决议公告日前20个交易日的A股股票交易均价，即5.29元/股；上市公司邯郸钢铁的换股价格为邯郸钢铁首次审议本次换股吸收合并事项的董事会决议公告日前20个交易日的A股股票交易均价，即4.10元/股；上市公司承德钒钛的换股价格为承德钒钛首次审议本次换股吸收合并事项的董事会决议公告日前20个交易日的A股股票交易均价，即5.76元/股。由此确定，上市公司邯郸钢铁与唐钢股份的换股比例为1∶0.775，即每股邯郸钢铁股份换0.775股唐钢股份的股份；上市公司承德钒钛与唐钢股份的换股比例为1∶1.089，即每股承德钒钛股份换1.089股唐钢股份的股份。

2. “跨市场转登记”的操作

上市公司邯郸钢铁和承德钒钛投资者沪深证券账户“跨市场转登记”的具体操作按照以下方式分类进行：

（1）股份托管在各证券公司客户托管单元的无限售流通股股东的“跨市场转登记”。对于持有邯郸钢铁和承德钒钛无限售流通股且该等股票托管在各证券公司客户托管单元的投资者，中国结算深圳分公司将根据邯郸钢铁、承德钒钛沪市股东

名册和两家公司股东所开立的深市 A 股证券账户等信息，对合格的深沪证券账户进行初次匹配，并将匹配的深沪账户对应关系数据库发送至各相关证券公司。如果投资者在证券公司的深沪账户使用相同的资金账户，并且投资者深市证券账户使用信息指定的交易单元所在的营业部与其沪市指定交易的交易单元所在的营业部一致，则表示该对应关系得到证券公司的确认。证券公司应将确认后的深沪账户对应关系向中国结算深圳分公司进行反馈，以便唐钢股份据此完成对该投资者的跨市场转登记工作，并在初始登记时将投资者股份托管至其深市证券账户使用信息所指定的交易单元所对应的托管单元。证券公司不确认的不需要反馈。唐钢股份参考上述经托管证券公司确认的投资者沪深证券账户匹配数据，收集该部分投资者深市证券账户及托管单元信息，据此制作深市初始登记数据。

（2）限售流通股股东以及持有无限售流通股且托管在各证券公司客户托管单元之外的金融机构股东的跨市场转登记。对于邯郸钢铁和承德钒钛的限售流通股股东，以及持有无限售流通股且托管在各证券公司客户托管单元之外的金融机构投资者（含证券公司自营机构、信托公司、保险公司、基金公司、社会保障类公司和合格境外机构投资者等），其跨市场转登记的账户信息由邯郸钢铁和承德钒钛收集，邯郸钢铁和承德钒钛将刊登该类投资者需填写的深圳证券账户信息表格，广大投资者应关注信息并及时办理填写确认工作。对于未能按上述方式完成跨市场转登记的邯郸钢铁和承德钒钛投资者，唐钢股份将采用补登记方式为这部分投资者进行跨市场转登记。

（3）换股完成后向中国结算深圳分公司申请初始登记。唐钢股份根据证券转换以及跨市场转登记的结果，填报换股后投资者持有唐钢股份的明细数据，并将向中国结算深圳分公司提交初始登记申请和投资者持股初始登记数据。中国结算深圳分公司将根据唐钢股份的初始登记申请及初始登记明细数据，完成此次换股后的初始登记。已经设定了质押、其他第三方权利或被司法冻结的邯郸钢铁、承德钒钛股票，在换股时一律转换成唐钢股份的股票，原在邯郸钢铁、承德钒钛股票上设置的质押、其他第三方权利或被司法冻结的状况将在相应换取的唐钢股份股票上维持不变。

（4）复牌前的余股补登记。对于未能按上述第 2 点提及的方式完成跨市场转登记的邯郸钢铁和承德钒钛投资者，其转换后的唐钢股份将以投资者沪市 A 股证券账户挂在原邯郸钢铁及承德钒钛的托管证券公司处，投资者可以在原邯郸钢铁和承德钒钛股票托管的证券公司营业部查询转换的唐钢股份情况，并在该营业部办理补登记，实现跨市场转登记。

(5) 换股新增股份上市流通。上述初始登记和余股补登记后，唐钢股份股票将在换股实施达到一定比例后复牌，换股新增股份开始上市流通。但在复牌前未确认深沪账户对应关系、并且未及时在营业部办理补登记的原邯郸钢铁、承德钒钛投资者转换后的唐钢股份将被继续以投资者沪市 A 股证券账户挂账，不能上市流通。

(6) 唐钢股份复牌后的余股补登记。唐钢股份复牌前未确认深沪账户对应关系、并且未及时在营业部办理补登记的原邯郸钢铁、承德钒钛投资者，在唐钢股份复牌后可以继续在原邯郸钢铁和承德钒钛股票托管的证券公司营业部办理补登记，实现股份跨市场转登记，其换得的唐钢股份股票将于补登记下一交易日起开始交易。

三、异议股东利益的保护

为了充分保护异议股东的合法权益，在吸收合并的具体操作中，特别设置了回购请求权和现金选择权。回购请求权和现金选择权都是对异议股东利益保护的有效措施及手段，二者的主要区别在于请求权的提供方不同，回购请求权的提供方为公司自身，而现金选择权的提供方为公司以外的第三方。在此次吸收合并中，对上市公司唐钢股份的异议股东设置了回购请求权，对上市公司邯郸钢铁与承德钒钛的异议股东设置了现金选择权。

1. 上市公司唐钢股份异议股东回购请求权的实施

回购请求权的实施对象为上市公司唐钢股份的异议股东，有权行使回购请求权的异议股东是指在作出本次换股吸收合并决议的上市公司唐钢股份 2009 年第二次临时股东大会正式表决换股吸收合并议案时投出有效反对票，并且在相关公告规定的时间里履行了有效申报程序的股东。回购请求权的提供方为上市公司唐钢股份。异议股东行使回购请求权的对价为 5.29 元/股。异议股东申请回购请求权的时间为 2009 年 12 月 16 日 ~2009 年 12 月 18 日。在回购请求权申报期间，没有异议股东申报行使回购请求权。

2. 上市公司邯郸钢铁与承德钒钛异议股东现金选择权的实施

现金选择权的实施对象为上市公司邯郸钢铁与承德钒钛的异议股东，有权行使现金选择权的异议股东是指在作出本次换股吸收合并决议的邯郸钢铁和承德钒钛股东大会正式表决换股吸收合并议案时投出有效反对票，且在有关现金选择权具体实施公告发布后，在规定时间里履行申报程序的股东。现金选择权的提供方为河北钢铁集团或其关联企业，即河北钢铁集团或其关联企业将向邯郸钢铁和承德钒钛的异议股东提供现金选择权。现金选择权的价格根据两家上市公司就本次换股吸收合并召开的首次董事会决议公告日前20个交易日的A股股票交易均价确定，即河北钢铁集团或其关联企业向邯郸钢铁异议股东提供的现金选择权价格为4.10元/股，向承德钒钛异议股东提供的现金选择权价格为5.76元/股。异议股东申请现金请求权的时间为2009年12月16日~2009年12月18日。在现金请求权申报期间，没有异议股东申报行使现金选择权。

四、债券持有人利益的保护

吸收合并前，上市公司唐钢股份和承德钒钛都存在发行债券未到期的情况。为了确保债券持有人的利益，在吸收合并的过程中，上市公司唐钢股份和承德钒钛均提供了两种债券持有人利益保护方案供债券持有人会议表决：一是由河北钢铁集团向两种债券的持有人分别提供不可撤销的、足以对到期债券还本付息的偿债担保；二是唐钢股份和承德钒钛分别按照债券面值与当期应计利息之和向债券持有人提前清偿债务。

1. 上市公司唐钢股份债券持有人利益的保护

上市公司唐钢股份于2007年12月24日发行了总额30亿元的可转换公司债券，债券简称为“唐钢转债”，债券代码为125709。根据《唐山钢铁股份有限公司可转换公司债券募集说明书》（简称《募集说明书》）第二章第一节第（三）部分的约定，“债券持有人会议需经持有公司该次发行的债券50%以上（不含50%）未偿还债券面值的债券持有人同意方能形成有效决议”。由于出席本次“唐钢转债”债券持有人会议的债券持有人（或代理人）代表的债券面值占未偿还公司债券面值的比例不足50%，所以本次“唐钢转债”债券持有人会议未能审议通过上述任何一种债券持有人保护方案。鉴于《募集说明书》对于债券持有人会议未能形成有效决议情形下如何保护债券持有人利益未作特殊约定，因此唐钢股份将“唐钢转债”按照一般债务制定债权人保护方案。《公司法》第174条规定，“公司应当自作出合并决议之日起十日内通知债权人，并于三十日内在报纸上公告。债权人自接到通知书之日起三十日内，未接到通知书的自公告之日起四十五日内，可以要求公司清偿债务或者提供相应的担保”。唐钢股份在《关于召开2009年第一次唐钢转债持有人会议的通知》中作出特别提示，“如果债券持有人会议未能形成有效决议，则根据《公司法》第174条的规定，公司将于股东大会作出合并决议后10日内公告债权人，每一单个债券持有人自公告之日起45日内，可以要求公司按照‘唐钢转债’债券面值与当期应计利息之和（即每张人民币101.1元的价格，含税）清偿债务或者提供相应担保（担保人为河北钢铁集团有限公司）”。上述方案已经唐钢股份2009年第二次临时股东大会审议表决通过。唐钢股份于2009年7月4日发布了债权人公告。截至2009年8月17日债权申报期满，合计持有15706955张（每张面值100元，占未偿还债券面值余额的52.36%）“唐钢转债”的债券持有人进行了有效申报，均要求河北钢铁集团提供担保，要求提前清偿的“唐钢转债”金额为零。河北钢铁集团已于2009年6月16日承诺将向有效申报的“唐钢转债”持有人提供不可撤销的、足以对到期债券还本付息的偿债担保。为进一步妥当保护“唐钢转债”持有人的利益，并充分考虑前述债权申报期内相关债券持有人均要求河北钢铁集团提供担保的一致选择，河北钢铁集团2009年10月9日作出以下补充承诺：“本次换股吸收合并完成后，本集团将向所有‘唐钢转债’持有人提供不可撤销的、足以对到期债券还本付息的偿债担保。如唐钢股份无法按期偿付‘唐钢转债’的本息，则本集团将按照有关法律、法规的规定承担担保责任，保证的范围包括‘唐钢转债’的本金及利息、违约金、损害赔偿金和实现债权的费用”。

2. 上市公司承德钒钛债券持有人利益的保护

上市公司承德钒钛于2008年2月28日发行总额13亿元的公司债券，债券简称“08钒钛债”，债券代码122005。经“08钒钛债”债券持有人会议和承德钒钛2009年第一次临时股东大会审议批准，由河北钢铁集团有限公司向“08钒钛债”持有人提供不可撤销的、足以对到期债券还本付息的偿债担保。

五、吸收合并完成后上市公司邯郸钢铁与承德钒钛资产业务人员的处置及上市资格的终止

吸收合并完成后，上市公司邯郸钢铁与承德钒钛的全部资产业务及人员并入上市公司唐钢股份，并且两家公司因不符合上市条件而终止上市，其法人资格也相应注销。

1. 吸收合并完成后上市公司邯郸钢铁与承德钒钛的全部资产业务及人员并入上市公司唐钢股份

根据《换股吸收合并协议》，换股吸收合并完成后，上市公司邯郸钢铁与承德钒钛的全部资产业务均并入上市公司唐钢股份，并且两家公司的全部人员也并入上市公司唐钢股份。两家上市公司的全体在册员工将由交易后的存续公司上市公司唐钢股份全部接收，上市公司邯郸钢铁与承德钒钛作为其现有员工雇主的任何及全部权利和义务将自本次换股吸收合并的交割日起由存续公司享有和承担。

2. 吸收合并完成后上市公司邯郸钢铁与承德钒钛依法终止上市并注销法人资格

吸收合并完成后，上市公司邯郸钢铁与承德钒钛因不符合上市条件而于2009年12月29日起终止上市，并且其法人资格也相应注销。法人资格注销后，邯郸钢铁与承德钒钛将作为存续公司唐钢股份的下属分公司继续进行生产经营活动。

六、吸收合并完成后上市公司唐钢股份公司名称与股票简称变更及股权结构变化

吸收合并完成后，上市公司唐钢股份作为存续公司，其公司名称与股票简称相应发生变化。此外，在吸收合并的过程中，上市公司唐钢股份的股权结构也随之变化。

1. 吸收合并完成后上市公司唐钢股份的公司名称及股票简称变更

2009年12月31日，上市公司唐钢股份的公司名称由“唐山钢铁股份有限公司”变更为“河北钢铁股份有限公司”。2010年1月25日，其证券简称由“唐钢股份”变更为“河北钢铁”。

2. 吸收合并完成后上市公司唐钢股份的股权结构及控制关系变化

吸收合并完成后，上市公司唐钢股份因换股吸收合并新增A股股份325070.0248万股，每股面值人民币1.00元，其中换股吸收合并邯郸钢铁新增A股股份218275.3841万股，换股吸收合并承德钒钛新增A股股份106794.6407万股。唐钢集团仍为上市公司唐钢股份的第一大股东，河北钢铁集团仍为上市公司唐钢股份的实际控制人。吸收合并完成后，河北钢铁集团及其下属子公司的控制关系见图20－2。

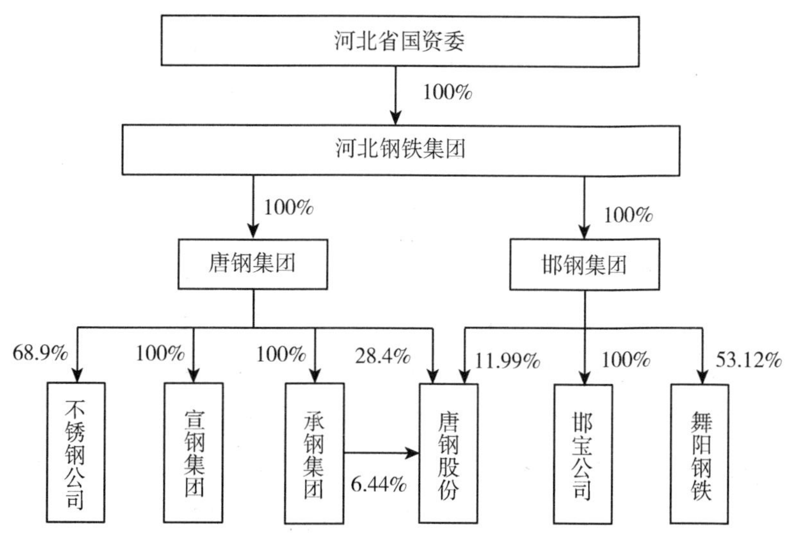

图20－2　吸收合并完成后的控制关系

第四节 河北钢铁集团的钢铁业务在唐钢股份邯郸钢铁承德钒钛吸收合并后的整体上市

吸收合并完成后，上市公司河北钢铁（原唐钢股份）作为存续公司，承接了另外两家公司的全部资产业务及人员，其资产规模及市场竞争力得到大幅提升。为了进一步消除同业竞争，履行河北钢铁集团关于避免同业竞争的承诺，在河北钢铁集团的主导及推动下，上市公司河北钢铁（原唐钢股份）通过股权收购及股权托管等方式，进一步实施了与河北钢铁集团旗下邯宝公司、舞阳钢铁、宣钢集团及不锈钢公司的业务整合及资产重组，从而实现了河北钢铁集团钢铁业务的整体上市。

一、上市公司河北钢铁（原唐钢股份）以现金收购邯钢集团持有的邯宝公司100%股权

2010年6月7日，上市公司河北钢铁（原唐钢股份）与其控股股东邯钢集团签署了《河北钢铁股份有限公司与邯郸钢铁集团有限责任公司关于收购邯钢集团邯宝钢铁有限公司股权的协议》，并按照协议的约定完成了对邯宝公司股权的收购。股权收购完成后，邯宝公司将成为上市公司河北钢铁（原唐钢股份）的全资子公司。

1. 股权收购方与股权出售方

（1）股权收购方——上市公司河北钢铁（原唐钢股份）。上市公司河北钢铁（原唐钢股份）是此次股权收购的收购方。上市公司河北钢铁（原唐钢股份）的基本情况在本案例第一部分中已有详细说明，此处不再累述。

（2）股权出售方——邯钢集团。此次交易的股权出售方为上市公司河北钢铁（原唐钢股份）的控股股东邯钢集团。邯钢集团的基本情况在本案例第一部分河北钢铁集团下属子分公司情况介绍中已有详细说明，此处不再累述。

2. 收购标的及标的价格

本次收购的标的为邯钢集团持有的邯宝公司100%股权。标的股权的价格根据资产评估报告结果确定为160.15亿元。邯宝公司成立于2007年9月25日，现持有邯郸市工商行政管理局于2009年9月14日核发的《企业法人营业执照》（注册号：130400000006383），注册资本为120亿元，住所为邯郸市复兴路232号，法定代表人为李贵阳，公司类型为有限责任公司（法人独资）。经营范围为钢铁冶炼、钢材轧制、其他金属冶炼及其压延加工和销售；烧结矿、球团、焦炭及深加工产品、其

他化工产品（不含危险化学品）的生产和销售；机械配件加工、维修；铁路运输、仓储、废旧物质处理、环保和三废技术开发；进出口贸易（国家禁止和限制经营的除外）；与本公司相关的技术开发、技术转让、咨询及服务；本公司资产运营管理；设备、房屋租赁（以上经营范围需专项审批的审批后经营）。

3. 收购对价及对价支付方式

此次股权收购的对价为 160.15 亿元。对价支付的方式为一次性现金支付，即上市公司河北钢铁（原唐钢股份）以现金方式一次性向邯钢集团支付全部对价。现金来源为上市公司河北钢铁（原唐钢股份）公开增发 A 股股份募集的全部资金，不足部分再由公司以自有资金补足。上市公司河北钢铁（原唐钢股份）公开发行股份的情况如下：增发股份数额为 374182.2429 万股人民币普通 A 股；发行股份的面值为每股 1.00 元；发行股份按照公司最近一期经审计的每股净资产确定价格，即发行股份的价格为 4.28 元/股；发行股份募集资金的总额约为 160.15 亿元，扣除承销费、报检费及发行登记费共计人民币 7582.4182 万元后，募集资金余额约为 159.39 亿元，该部分资金将全部用于向股东邯钢集团收购其持有的邯宝公司 100% 股权，本次发行实际募集资金净额低于收购价款的部分，将由上市公司河北钢铁（原唐钢股份）自筹资金补足。股权收购完成后，河北钢铁集团的控制关系见图 20－3。

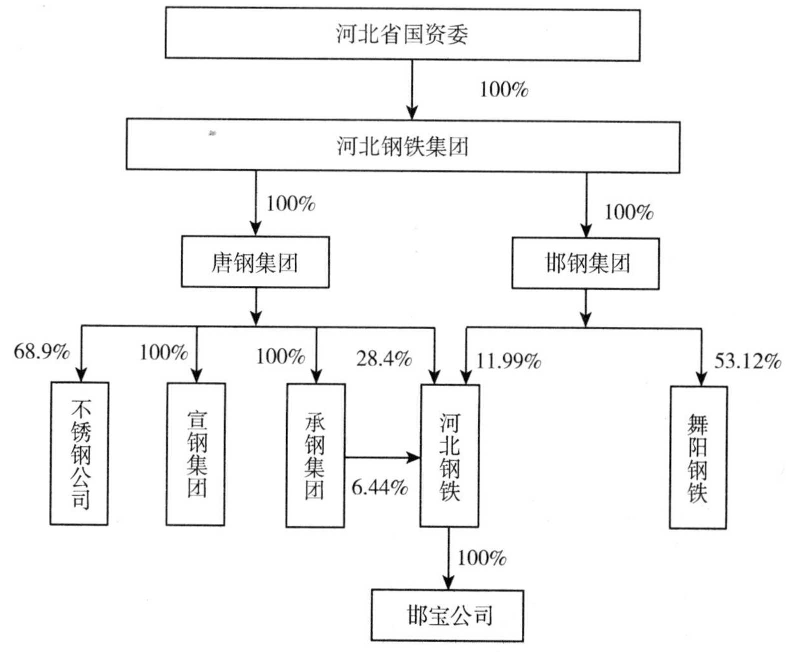

图 20－3　股权收购完成后河北钢铁集团的控制关系

二、上市公司河北钢铁（原唐钢股份）受托对邯钢集团持有的舞阳钢铁股权及唐钢集团持有的宣钢集团与不锈钢公司股权进行经营管理

为了履行承诺并解决同业竞争的问题，在河北钢铁集团的安排下，上市公司河北钢铁（原唐钢股份）分两次对唐钢集团及邯钢集团持有的宣钢集团100%股权、舞阳钢铁53.12%股权及不锈钢公司68.90%股权实施托管。其中，于2012年12月受唐钢集团委托经营管理其持有的宣钢集团100%股权、受邯钢集团委托经营管理其持有的舞阳钢铁53.12%股权（以下称为“首次托管”）；于2012年8月，再次受唐钢集团委托经营管理其持有的不锈钢公司68.90%股权（以下称为“第二次托管”）。由于上市公司河北钢铁（原唐钢股份）对三家具有同业竞争关系的公司都采取了股权托管的方式，因此，在本案例中将两次股权托管交易合并在一起做简单介绍与分析。

1. 股权托管委托方与受托方

综合两次股权托管交易，首次托管的委托方为唐钢集团与邯钢集团，第二次托管的委托方为唐钢集团，而两次股权托管的受托方均为上市公司河北钢铁（原唐钢股份）。唐钢集团与邯钢集团均为河北钢铁集团下属二级全资子公司，其基本情况在本案例中第一部分河北钢铁集团子分公司情况介绍部分已有详细说明，此处不再累述。上市公司河北钢铁（原唐钢股份）则为吸收合并后存续公司，其基本情况在本案例中第一部分也有详细说明，此处不再累述。

2. 托管标的及托管期限

首次托管的标的为唐钢集团持有的宣钢集团100%股权和邯钢集团持有的舞阳钢铁53.12%股权；第二次托管的标的为唐钢集团持有的不锈钢公司68.90%股权。两次股权托管的托管期限都是自《股权托管协议》生效之日起至委托方与受托方书面解除《股权托管协议》之日止，截至目前，双方并未签署书面解除股权托管的文件。

3. 托管费用及费用支付方式

上市公司河北钢铁（原唐钢集团）受托管理宣钢集团100%股权的费用为100万元/年，支付方式为每个会计年度结束后10日内由唐钢集团一次性支付。上市公司河北钢铁（原唐钢集团）受托管理舞阳钢铁53.12%股权的费用为100万元/年，支付方式为每个会计年度结束后10日内由邯钢集团一次性支付。上市公司河北钢

铁（原唐钢集团）受托管理不锈钢公司 68.05% 股权的费用为 100 万元/年，支付方式为每个会计年度结束后 10 日内由唐钢集团一次性支付。

4. 标的股权在托管期间的权利分配

标的股权在托管期间内的权利分配按照以下原则进行：第一，在托管期内，除《股权托管协议》的限制条件外，上市公司河北钢铁（原唐钢股份）作为受托方，将根据《中华人民共和国公司法》、公司章程的规定以及《股权托管协议》的约定，行使委托方对应托管股权所享有的除收益、处分权利以外的一切股东权利，并履行委托方对应托管股权的股东义务。第二，托管期限内宣钢集团、舞阳钢铁及不锈钢公司增资、公积金转增实收资本及其他方式形成的股权变动，委托方按托管股权比例所应获得的新增股权及收益均归委托方所有。第三，托管期限内未经委托方书面同意，受托方上市公司河北钢铁（原唐钢股份）不得处分托管股权或在托管股权上对任何人设置任何形式的担保、转让、还债或其他处置负担。

第五节　唐钢股份吸收合并其他两家上市公司及河北钢铁整体上市产生的影响

唐钢股份吸收合并其他两家上市公司及河北钢铁整体上市的操作，涉及同一控制人下三家上市公司之间的吸收合并、吸收合并后存续公司与同一控制人下其他非上市公司之间的资产重组。通过吸收合并及资产重组，使各个交易主体都达到了交易目的，并实现了多方共赢。尤其是河北钢铁集团及上市公司河北钢铁（原唐钢股份）更是此次吸收合并及整体上市的最大受益者，通过吸收合并及整体上市，使其市场影响力及行业竞争力得到了进一步的提升。

一、唐钢股份吸收合并其他两家上市公司及河北钢铁整体上市对河北钢铁集团的影响

河北钢铁集团是此次吸收合并及整体上市的统筹方及主导者。通过实施下属三家上市公司之间吸收合并及吸收合并后存续公司与其下属非上市公司之间的资产重组，一方面能够有效避免河北钢铁集团下属子公司之间的同业竞争，有利于资源优化配置及资源使用效率的提升；另一方面使河北钢铁集团实现了钢铁业务的整体上市，从而进一步提升河北钢铁集团的行业竞争力与国际竞争力。

1. 通过吸收合并及整体上市能够有效避免河北钢铁集团下属子公司之间的同业竞争

吸收合并及整体上市前，河北钢铁集团旗下上市公司唐钢股份与邯郸钢铁及承德钒钛、非上市公司邯宝公司与舞阳钢铁及不锈钢公司都存在不同程度的同业竞争。同业竞争的存在，一方面不利于资源的优化配置和资源整合；另一方面不利于河北钢铁集团主业的统筹规划、统一布局。此外，河北钢铁集团的组建是河北省人民政府为整合河北省钢铁产业，提升河北省钢铁行业竞争力的重要举措，因此，河北钢铁集团除了承担经营压力外，还承担一定的产业发展责任。这就意味着，河北钢铁集团组建后必须进行主业的整合重组，以避免河北钢铁集团下属子公司之间的同业竞争。通过吸收合并及整体上市，使河北钢铁集团旗下钢铁主业全部装入同一家上市公司，从而有效避免了下属各子公司之间的同业竞争。

2. 通过吸收合并及整体上市使河北钢铁集团的行业影响力与国际竞争力得到大幅提升

河北钢铁集团作为河北钢铁产业的带领者及龙头企业，肩负着提升河北省钢铁产业的行业地位及国际竞争力的重担。通过吸收合并，使河北钢铁集团旗下三家上市公司实施了资产重组，从而将邯郸钢铁及承德钒钛的优质资产及业务并入上市公司唐钢股份，在消除同业竞争的同时，实现了强强联合；通过吸收合并后存续公司与河北钢铁集团旗下非上市公司之间的股权重组及股权托管，又使河北钢铁集团与钢铁主业相关的非上市公司并入上市公司，从而在进一步提升上市公司经营能力的同时，也使河北钢铁集团实现了钢铁主业的整体上市。钢铁主业的整体上市，进一步提升了河北钢铁集团的经营实力及市场竞争力，同时也使河北钢铁集团的行业影响力及国际竞争力大幅提升。

二、唐钢股份吸收合并其他两家上市公司及河北钢铁整体上市对上市公司河北钢铁（原唐钢股份）的影响

上市公司河北钢铁（原唐钢股份）作为此次吸收合并后的存续公司及与其他非上市公司股权收购与股权托管的主要交易主体，是一系列资产重组的最大受益方。通过吸收合并及整体上市，不仅提高了融资效率，进一步增强了上市公司河北钢铁（原唐钢股份）抵御风险的能力；而且使上市公司河北钢铁（原唐钢股份）的市值及盈利能力得到大幅提升。

1. 通过吸收合并及整体上市进一步增强了上市公司河北钢铁（原唐钢股份）抵御风险的能力

吸收合并之前，河北钢铁集团旗下有三个资本运营主体，即唐钢股份、邯郸钢铁及承德钒钛；吸收合并之后，河北钢铁集团依托上市公司河北钢铁（原唐钢股份）将三个资本运营主体整合成为统一的资本运营平台。上市公司河北钢铁（原唐钢股份）作为统一的资本运营平台，因其优质资产的注入及资产规模的扩大而进一步提高了其资产融资的能力。资产融资能力的提升及资产融资效率的提高，能够为企业的经营发展提供源源不断的资金支持，从而使上市公司河北钢铁（原唐钢股份）抵御风险的能力得到进一步的提升。

2. 通过吸收合并及整体上市使上市公司河北钢铁（原唐钢股份）的市值及盈利能力大幅提升

吸收合并之前，唐钢股份、邯郸钢铁及承德钒钛三家上市公司均具有一定的比较优势。其中，唐钢股份生产规模较大，距离主要钢材市场较近，且靠近沿海，原材料和产品运输成本较低，具有一定的成本优势；邯郸钢铁高端产品占比较高，2008 年板材比达到 75%，高于唐钢股份和承德钒钛；承德钒钛的含钒钢材和钒钛产品在市场上具有较高的知名度。吸收合并完成后，上市公司河北钢铁（原唐钢股份）作为存续公司将整合三家上市公司的上述优势，行业地位和竞争实力大大增强。首先，行业地位大幅提升，存续公司 2008 年钢材产量 1939 万吨，营业收入 1132. 62 亿元，在国内钢铁行业上市公司中均排名第 2 位。其次，产品结构更加丰富，存续公司产品结构将涵盖螺纹钢、线材、型材、热轧板、冷轧板、中厚板及含钒高强度钢材等多个品种，高端产品的比重有所提高。最后，市场占有率大幅提高，因三家上市公司交易前的主要销售区域在华北和华东地区，合并后存续公司 2008 年在华北和华东地区的市场占有率均将大幅提高。此外，存续公司作为河北钢铁集团唯一的钢铁主业上市平台，将逐步获得大量优质钢铁主业资产的注入，实现跨越式增长，逐步发展成为具有世界竞争力的钢铁上市公司。

第六节　唐钢股份吸收合并其他两家上市公司及河北钢铁整体上市的评价

唐钢股份吸收合并其他两家上市公司及河北钢铁整体上市案例，可以划分为吸收合并和整体上市两个阶段。每个阶段的操作都具有自身的特点及可以为其他公司借鉴的模式。就吸收合并阶段而言，唐钢股份吸收合并其他两家上市公司是以河北钢铁集团为主导推动下属三家上市公司跨市场的整合重组，并且在吸收合并过程中通过回购请求权与现金选择权的设置充分保护了异议股东的利益；就整体上市阶段而言，在河北钢铁集团的主导及安排下，吸收合并后的存续公司通过股权收购和股权托管的方式成功实现河北钢铁集团钢铁主业的整体上市，这也为其他公司采取股权收购尤其是股权托管方式与上市公司实施重组提供了成功范例。

一、以河北钢铁集团为主导推动下属三家上市公司跨市场的整合重组

此次吸收合并，是同一控制人下属三家上市公司之间的吸收合并，吸收合并由同一控制人河北钢铁集团主导推动，使吸收合并能在统一的规划内推进实施，操作思路简单明确，进一步加快了三家上市公司吸收合并的进程。同时，三家上市公司分处不同的证券交易所，使此次吸收合并涉及三家上市公司跨市场的整合重组，从而为上市公司之间跨市场的整合重组提供了操作范本及可借鉴的模式。此外，在吸收合并的操作中，除了对异议股东进行现金选择权的设置外，还设置了异议股东的回购请求权，以充分保护异议股东的利益。这也为吸收合并的顺利推进创造了条件。

二、采取“股权收购+股权托管”的操作方式为集团整体上市提供了成功范例

吸收合并完成后，在同一控制人的推动及安排下，吸收合并存续公司又与非上市公司之间实施了进一步的整合重组。在该步操作中，双方采取了股权收购及股权托管的模式，尤其是将非上市公司的股权委托给上市公司管理的股权托管模式，一是使操作流程更为简单，有利于重组的快速推进；二是使受托方获得了股权托管收益，为其贡献了新的利润增长点；三是简化程序，使委托方仅支付少部分费用就可以获得资产经营的收益。可以说，股权托管的方式实现了交易双方的共赢，这为同一控制人下属上市公司与非上市公司的资产重组及集团整体上市创建了成功的模式。

附表　　唐钢股份吸收合并邯郸钢铁与承德钒钛并实现河北钢铁整体上市案例时间

序号	日期	内　容
1	2008 年 6 月 24 日	河北省国资委成立河北钢铁集团
2	2008 年 12 月 28 日	唐钢股份、邯郸钢铁及承德钒钛分别召开董事会会议并审议通过了换股吸收合并的相关事宜
3	2009 年 6 月 18 日	河北省政府作出《河北省人民政府关于河北钢铁集团下属上市公司换股吸收合并方案的批复》（冀政函［2009］62 号）
4	2009 年 6 月 24 日	河北省国资委同意吸收合并方案
5	2009 年 6 月 26 日	唐钢股份、邯郸钢铁及承德钒钛分别召开临时股东大会会议并审议通过了换股吸收合并的相关事宜
6	2009 年 9 月 21 日	中国证监会上市公司并购重组审核委员会有条件审核通过换股吸收合并方案
7	2009 年 12 月 9 日	中国证监会核准换股吸收合并方案
8	2009 年 12 月 16 ~ 18 日	回购请求权及现金选择权申报期间
9	2009 年 12 月 29 日	吸收合并的交割日及换股股权登记日；邯郸钢铁与承德钒钛终止上市
10	2009 年 12 月 31 日	公司名称由“唐山钢铁股份有限公司”变更为“河北钢铁股份有限公司”
11	2010 年 1 月 25 日	证券简称由“唐钢股份”变更为“河北钢铁”
12	2010 年 6 月 7 日	河北钢铁（原唐钢股份）与邯钢集团签署收购邯宝公司的协议
13	2010 年 12 月 28 日	邯钢集团委托河北钢铁（原唐钢股份）管理经营其持有的舞阳钢铁 53.12% 股权；唐钢集团委托河北钢铁（原唐钢股份）管理经营其持有的宣钢集团 100% 股权
14	2012 年 8 月 31 日	唐钢集团委托河北钢铁（原唐钢股份）管理经营其持有的不锈钢公司 68.90% 股权

第二十一章 东方电气集团主业重组及整体上市案例

国有集团的主业上市并整合到一个上市平台，不仅有利于做好做精主业，提升主业竞争力，还有利于在资本市场中培育蓝筹公司，提高证券市场的活力。中国东方电气集团公司（以下简称“东方电气集团”）依托两家上市公司、一家非上市公司的资产重组及资本运营，提供了一个国有集团主业重组及整体上市的样板案例。为了进一步提升企业的核心竞争力，实现“国内领先，世界一流”的战略目标，东方电气集团推动并完成旗下上市公司东方电机股份有限公司（以下简称“东方电机”）、上市公司东方锅炉（集团）股份有限公司（以下简称“东方锅炉”）、非上市公司东方汽轮机有限公司（以下简称“东方汽轮机”）的主业重组，成功使东方电气集团的主业资产全部注入上市公司。东方电气集团主业重组及整体上市涉及两家上市公司及一家非上市公司，被业界誉为最复杂的整体上市方案，并通过“股权分置改革”“非公开发行股份”“换股要约收购”等具体设计，进行了资本运营新的尝试，开创了中国证券市场的先例，为央企的整体上市提供了新的思路。

第一节 东方电气集团主业重组及整体上市相关方的情况介绍

东方电气集团主业重组及整体上市的案例共涉及四个交易主体，即东方电气集团、东方电气集团下属两家上市公司东方电机与东方锅炉、东方电气集团下属非上市公司东方汽轮机。在上述四个交易主体中，东方电气集团为其余三个交易主体的控股股东，而上市公司东方电机与东方锅炉及非上市公司东方汽轮机为东方电气集团的核心资产与主业，分别主营电机、汽轮机、锅炉等发电设备核心部件的生产与销售。

一、东方电气集团的情况介绍

东方电气集团是此次主业重组及整体上市的主导者与推动者。正是在东方电气集团的主导及推动下，旗下三家企业顺利完成了整合重组，并使主业资产全部注入上市公司。

1. 东方电气集团的基本情况

东方电气集团成立于1984年1月23日，注册资本为87274.3万元。其前身系于1984年经中华人民共和国机械工业部（84）机电函字96号文批准成立的东方电站成套设备公司，系以发电设备制造和电站工程承包为核心主业的特大型企业集团。集团经过近30年的发展，已经成为国家重大技术装备国产化基地，并于2001年被正式确认为国家级企业技术中心，拥有中国发电设备制造行业中一流的综合技术开发能力，成为中国发电设备制造行业中的龙头企业。东方电气集团的基本情况详见表21－1。

表21－1　东方电气集团的基本情况①

中文名称	中国东方电气集团公司
英文名称	DongFang Electric Corporation
成立日期	1984年1月23日
企业性质	全民所有制企业
法定代表人	王计
注册资本	87274.3万元
经营范围	生产、加工、销售汽轮机、水轮机、燃气轮机、压缩机、风机、泵及辅机、风力发电机组、太阳能及可再生能源；工业控制与自动化；电站及其设备的科研、设计、安装调试、改造、维修服务；机械设备及其配件；进出口业务

2. 东方电气集团的财务状况

根据《东方电机向特定对象发行股份购买资产暨关联交易报告书》中披露的相关数据，东方电气集团2004～2006年的简要财务信息见表21－2。

① 表21－1及以本章所有表、图是根据上市公司公布的信息（包括数字、财务数据、相关指标等）整理形成。

表 21－2　　东方电气集团 2004～2006 年的主要财务数据

项　目	2006 年 12 月 31 日	2005 年 12 月 31 日	2004 年 12 月 31 日
总资产（万元）	3893430. 7045	3673102. 0191	3011997. 9871
总负债（万元）	3005608. 6481	3100778. 1287	2656836. 1862
股东权益（万元）	648881. 7688	397940. 3916	251785. 7955
主营业务收入（万元）	2611525. 2057	1817444. 6192	1070803. 2511
税后利润（万元）	132215. 1068	120509. 1016	68072. 6179
资产负债率（%）	77. 2	84. 4	88. 5
应收账款周转率	5. 26	5. 64	4. 83
存货周转率	1. 98	1. 93	1. 66
净资产收益率（%）	20. 38	30. 28	31. 11

3. 东方电气集团的业务状况

东方电气集团的主要业务为对下属公司的股权投资、管理以及与之相关的其他经营活动。长期以来，东方电气集团坚持走自主创新和技术强企之路，通过提高重大技术装备自主化能力提升了集团公司的核心竞争力，促进了集团公司持续、健康、快速发展。目前，东方电气集团可批量生产单机 1000 兆瓦、600 兆瓦、300 兆瓦大型火电机组；400 兆瓦、550 兆瓦、700 兆瓦水轮发电机组；1000 兆瓦等级核电机组主设备；大型燃气轮机设备及大型电站锅炉烟气脱硫脱硝、军工产品、大型化工容器等产品。东方电气集团的产品质量优良，其中 300 兆瓦汽轮发电机、300 兆瓦煤粉锅炉及 320 兆瓦水轮发电机组均荣获国家优质产品金奖。

4. 东方电气集团下属子分公司情况

东方电气集团在下属子公司东方锅炉厂与东方电机厂尚未进行国有股划转及股权分置改革前，其全资子公司共有十家，分别为东方锅炉厂、东方电机厂、东方汽轮机厂、东方电气（广州）重型机器有限公司、四川东风电机厂有限公司、中州汽轮机厂、四川东方电力设备联合公司、东方电气集团财务有限公司、东方日立（成都）电控设备有限公司、新疆天山锅炉厂。其中，东方锅炉厂持有上市公司东方锅炉 74. 44% 的股权，为上市公司东方锅炉的控股股东；东方电机厂持有东方电机 48. 89% 的股份，为上市公司东方电机的控股股东。东方锅炉厂与东方电机厂尚未进行国有股划转时东方电气集团下属子分公司的控制关系见图 21－1。

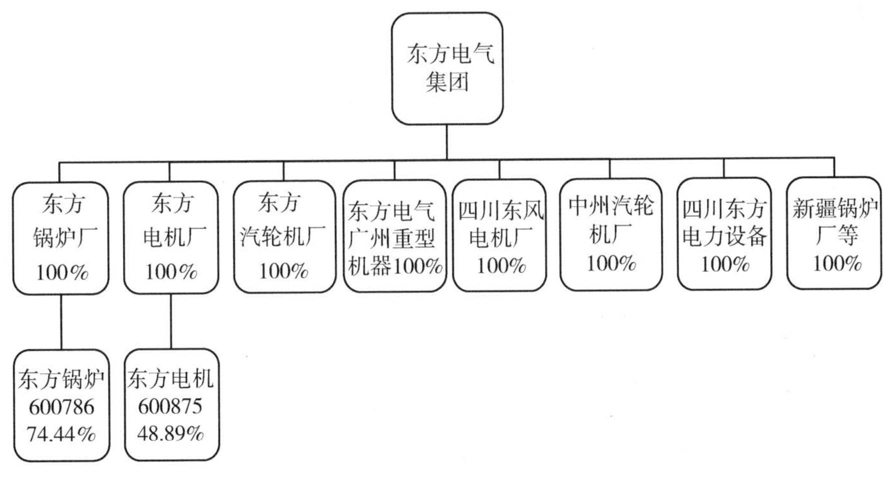

图 21－1　东方电气集团控制关系

二、东方电气集团下属上市公司——东方电机

东方电机作为国内 A 股上市公司，是此次东方电气集团主业重组及整体上市的资本运营平台。东方电气集团正是依托东方电机这一上市平台完成了主业的整合重组。

1. 上市公司东方电机的基本情况

东方电机是一家经国家经济体制改革委员会体改生［1992］67 号文和国家国有资产管理局国资企函发［1993］100 号文批准，由东方电机厂作为公司的独家发起人，将国家授权其持有的主要生产经营性资产（及其相关负债）折价入股，组建设立的股份有限公司。1994 年经国家经济体制改革委员会批准，公司于 1994 年 5 月 31 日在香港公开发行境外上市外资股（H 股）股票，并于 1994 年 6 月 6 日在香港联合交易所有限公司上市交易。1995 年 7 月 4 日，东方电机在中国境内公开发行境内上市内资股（A 股）股票，并于 1995 年 10 月 10 日在上海证券交易所上市交易。2007 年 10 月 26 日，上市公司东方电机在完成对东方电气集团持有的东方锅炉及东方汽轮机的股权收购后，东方电机的公司名称由“东方电机股份有限公司”变更为“东方电气股份有限公司”，其股票简称也由“东方电机”变更为“东方电气”。上市公司东方电机在名称及股票简称变更前的基本情况见表 21－3。

表 21－3　　上市公司东方电机的基本情况

中文名称	东方电机股份有限公司
股票简称	东方电机
股票代码	600875
成立日期	1993 年 12 月 28 日
上市地点	香港证券交易所、上海证券交易所
法定代表人	斯泽夫
注册资本	45000 万元
经营范围	水力发电设备、汽轮发电机、交直流电机、控制设备制造销售，普通机械、电器机械制造销售、氧气的制造销售，电站增容改造，电站设备安装，允许以下范围内的进出口业务：公司自产机电产品、成套设备及相关技术的出口业务、经营公司生产、科研所需的原辅材料、机械设备、仪器仪表、备品备件、零配件及技术的进口业务（国家规定的一、二类进出口商品除外），开展中外合资经营、合作生产及“三来一补”业务；泵、环境保护机械、工具、模具的设计、制造、销售；计算机及其外部设备制造销售、计算机网络系统开发；铸件制造、销售；铸件原辅材料（国家有专项规定的除外）销售；承包境外发电设备、机电、成套工程和境内国际招标工程；上述境外工程所需的设备、材料进口；对外派遣实施上述境外工程所需的劳务人员；风力发电设备制造销售，铸件、冲压件、绝缘件制造销售

2. 上市公司东方电机的财务状况

根据经德勤华永审计的公司 2004～2006 年年度报告（德师报（审）字（07）第 PSZ016 号），东方电机 2004～2006 年的简要财务信息详见表 21－4。

表 21－4　　东方电机 2004～2006 年的简要财务信息

项　　目	2006 年 12 月 31 日	2005 年 12 月 31 日	2004 年 12 月 31 日
总资产（万元）	962981.9871	846176.4967	636859.5000
总负债（万元）	711284.7480	662707.9963	509762.5546
股东权益（万元）	251518.8724	183341.0705	126993.8976
主营业务收入（万元）	469807.9417	304785.8001	205136.0454
税后利润（万元）	83019.9589	52805.6690	26472.0639
资产负债率（%）	73.65	77.71	79.41
应收账款周转率	4.39	3.43	2.48
存货周转率	1.34	1.31	1.74
净资产收益率（%）	33.01	28.80	20.85

3. 上市公司东方电机的业务状况

上市公司东方电机的主要业务为水力发电设备、汽轮发电机、交直流电机、控制设备制造销售、普通机械、电气机械制造销售，氧气制造销售，电站增容改造，电站设备安装等。公司还经营自产机电产品、成套设备及相关技术的出口，经营本企业生产及科研所需的原辅材料、机械设备、仪器仪表、备品备件、零配件及技术的进出口业务等。

4. 上市公司东方电机的股权结构及实际控制人

截至2007年3月31日，东方电机的总股本为45000万股，其中有限售条件的流通股共计20380万股，占总股本的45.29%；无限售条件的流通股共计7620万股，占总股本的16.93%；H股共计17000万股，占总股本的37.78%。东方电气集团持有东方电机45.29%的股份，成为东方电机的控股股东及实际控制人。截至2007年3月31日东方电机的前十大股东见表21－5。

表21－5　　截至2007年3月31日东方电机的十大股东

股东名称	股东性质	持股比例（%）	持股总数（万股）
东方电气集团	国有股东	45.29	20380.0000
香港中央结算（代理人）有限公司	外资股东	37.54	16893.9399
交通银行－富国天益价值证券投资基金	其他	1.37	618.0000
中国银行－嘉实成长收益型证券投资基金	其他	1.01	453.3785
中国建设银行－华安宏利股票型证券投资基金	其他	0.97	438.5392
中国银行－景宏证券投资基金	其他	0.82	367.9610
中国建设银行－海富通风格优势股票型证券投资基金	其他	0.74	333.2919
交通银行－海富通精选证券投资基金	其他	0.67	300.6637
中国银行－海富通收益增长证券投资基金	其他	0.67	300.0000
中国工商银行－博时精选股票证券投资基金	其他	0.55	247.1588

三、东方电气集团下属上市公司——东方锅炉

东方电气集团下属上市公司东方锅炉，为此次东方电气集团主业重组及整体上市中重要的交易主体。东方电气集团主业重组及整体上市完成后，东方锅炉成为上

市公司东方电机的全资子公司，而其上市资格也随之注销。

1. 上市公司东方锅炉的基本情况

1988 年 7 月，东方锅炉厂独家发起并以募集方式设立东方锅炉。1988 年 8 月 18 日和 1989 年 3 月 2 日，东方锅炉按面值 1.00 元人民币的价格向境内社会公众分别公开发行 3000 万股和 2400 万股人民币普通股，以进行公开发行股票的股份制企业试点。1996 年 12 月 20 日，中国证监会作出批复，批准东方锅炉向上海证券交易所提出上市申请。1996 年 12 月 27 日，东方锅炉 5400 万股社会公众股在上海证券交易所上市流通。上市公司东方锅炉的基本情况详见表 21 -6。

表 21 -6 上市公司东方锅炉的基本情况

中文名称	东方锅炉（集团）股份有限公司
股票简称	东方锅炉
股票代码	600786
成立日期	1989 年 1 月 6 日
上市地点	上海证券交易所
法定代表人	张晓仑
注册资本	401410 万元
经营范围	电站锅炉、电站辅机、工业锅炉、电站阀门、石油化工容器、核能反应设备、环境保护设备（脱硫、脱硝、废水、固废等）的开发、设计、制造、营销；项目成套及相关技术服务；锅炉岛工程成套、环境保护设备的安装调试、电站自控设备、工矿配件、计算机应用系统、机械设计及设备、出口本企业自产的机电产品、进口本企业生产、科研所需原辅材料、机械设备、仪器仪表及零配件

2. 上市公司东方锅炉的财务状况

根据经德勤华永审计的公司 2004 ~2006 年年度报告，上市公司东方锅炉2004 ~2006 年的简要财务信息见表 21 -7。

表 21 -7 上市公司东方锅炉 2004 ~2006 年的简要财务信息

项　目	2006 年 12 月 31 日	2005 年 12 月 31 日	2004 年 12 月 31 日
总资产（万元）	905602.6050	1081836.2379	886266.6594
净资产（万元）	208224.0549	157346.0540	72644.5336
资产负债率（%）	77.01	85.46	91.80
每股净资产（万元）	5.1872	3.9198	1.8097

续表

项　　目	2006 年 12 月 31 日	2005 年 12 月 31 日	2004 年 12 月 31 日
营业收入（万元）	1115421.1316	829668.3987	433083.4616
税后利润（万元）	45240.8925	78002.4161	36031.4522
每股收益（元）	1.127	1.9432	0.8976
净资产收益率（%）	21.73	49.57	53.63

3. 上市公司东方锅炉的业务状况

上市公司东方锅炉主要从事用于大型火电燃煤、燃油发电厂锅炉的设计、制造及销售；非发电工业用途的压力容器以及发电设备的配套设备及环保产品的制造。东方锅炉具备核岛设备（主要为反应堆压力容器及蒸汽发生器）及常规岛设备（主要为汽水分离再热器）的制造能力。根据中国机械工业联合会的资料，以 2006 年产量计，东方锅炉为我国电站锅炉的三大制造商之一，发电容量为 1000 兆瓦超临界锅炉的两大制造商之一。同时，东方锅炉也是我国发电容量为 300 兆瓦以上的大容量循环流化床锅炉的最大制造商。

4. 上市公司东方锅炉的股权结构及实际控制人

截至 2007 年 3 月 31 日，东方锅炉的总股本为 40141.5244 万股。其中，有限售条件的流通股共计 27316.5244 万股，占总股本的 68.05%[①]；无限售条件的流通股共计 12825 万股，占总股本的 31.95%。东方电气集团持有东方锅炉 68.05% 的股份，成为东方锅炉的控股股东及实际控制人。截至 2007 年 3 月 31 日，上市公司东方锅炉的前十大股东详见表 21－8。

表 21－8　截至 2007 年 3 月 31 日上市公司东方锅炉的前十大股东

股东名称	股东性质	持股比例（%）	持股总数（万股）
东方电气集团	国有股东	68.05	27316.5244
中国建设银行－华安宏利股票型证券投资基金	A 股流通股	1.59	640.0847
中国建设银行－海富通风格优势股票型证券投资基金	A 股流通股	1.49	599.9968
华西证券有限责任公司	A 股流通股	1.18	475.5271

① 此处东方锅炉有限售条件流通股股东持有的股份数额及持股比例为东方锅炉股权分置改革完成后的数额。

续表

股东名称	股东性质	持股比例（%）	持股总数（万股）
交通银行－安顺证券投资基金	A股流通股	1.17	469.5619
海通－中行－FORTIS BANK SA/NV	A股流通股	1.12	449.9973
中国工商银行－广发策略优选混合型证券投资基金	A股流通股	1.07	428.9652
中国银行－海富通股票证券投资基金	A股流通股	0.94	377.4400
中国工商银行－博时精选股票证券投资基金	A股流通股	0.72	287.5000
浙商证券有限责任公司	A股流通股	0.53	213.0103

四、东方电气集团下属非上市公司——东方汽轮机

东方汽轮机是东方电气集团100%控股的全资子公司。东方电气集团此次主业重组及整体上市的方案设计及具体操作中，东方汽轮机将通过股权转让的方式，将全部资产注入上市公司东方电机，从而实现东方电气集团主业资产的上市。

1. 非上市公司东方汽轮机的基本情况

东方汽轮机的前身为东方汽轮机厂。1965年5月29日，中华人民共和国第一机械工业部“（65）机密七字931号”《关于建立东方汽轮机等四个新厂筹建机构并下拨一九六五年筹建费的通知》批准由哈尔滨汽轮机厂包建。1996年1月1日起，该企业按照1995年度决算反映的国家资本金并入东方电气集团，东方汽轮机成为东方电气集团100%控股的全资子公司。2006年9月，东方汽轮机完成了公司制改革成为东方汽轮机有限公司。非上市公司东方汽轮机的基本情况见表21－9。

表21－9 非上市公司东方汽轮机的基本情况

中文名称	东方电气集团东方汽轮机有限公司
英文名称	Dongfang Turbine Co，Ltd.
成立日期	1989年10月26日
企业性质	国有独资公司
法定代表人	陈新有
注册资本	184600万元
经营范围	生产、加工、销售：汽轮机、水轮机、燃气轮机、压缩机、风机、泵及辅机、风力发电机组、太阳能及可再生能源；工业控制与自动化；电站及其设备的科研、设计、安装调试、改造、维修服务；机械设备及其配件，以及相关进出口业务

2. 非上市公司东方汽轮机的财务状况

根据经德勤华永审计的公司 2004～2006 年年度报告（德师报（审）字（07）第 PSZ017 号），非上市公司东方汽轮机 2004～2006 年的简要财务信息见表 21－10。

表 21－10　非上市公司东方汽轮机 2004～2006 年的简要财务数据

项　目	2006 年 12 月 31 日	2005 年 12 月 31 日	2004 年 12 月 31 日
总资产（万元）	1264458.1541	1260108.0227	1013382.3581
总负债（万元）	1079858.1541	1140408.3357	947534.9961
股东权益（万元）	184600.0000	119699.6870	65847.3619
主营业务收入（万元）	659323.4063	451529.1425	226332.9618
税后利润（万元）	80073.8326	54210.4154	35139.1231
资产负债率（%）	85.40	90.50	93.50
净资产收益率（%）	43.37	45.29	53.36

3. 非上市公司东方汽轮机的业务状况

东方汽轮机主要从事大型燃煤、燃气及核能发电厂所使用的汽轮机设计、制造及销售；风力发电机组的设计、制造及销售。根据中国机械行业联合会的资料，按 2006 年产量计算，东方汽轮机为中国三大汽轮机及燃气轮机制造商之一，也是国内三大风力发电设备制造商之一。

4. 非上市公司东方汽轮机的股权结构及实际控制人

非上市公司东方汽轮机是东方电气集团 100% 控股的全资子公司，其控股股东及实际控制人均为东方电气集团。

第二节　东方电气集团主业重组及整体上市的基本思路

东方电气集团主业重组及整体上市自 2005 年上市公司东方电机与上市公司东方锅炉完成国有股划转开始，到 2008 年东方锅炉退市，历时三年的时间。在 2005～2008 年，上市公司东方电机与东方锅炉分别完成了国有股划转及股权分置改革，并以上市公司东方电机为平台通过股权收购等方式顺利实现了东方电气集团主业重组及整体上市，达到了交易各方共赢的效果。东方电气集团主业重组及整体上市的具体操作可以分为三个方面内容，即东方电气集团下属两家上市公司的国有股划转与股权分置改革、东方电气集团的主业整合及注入上市公司、东方电气集团主业注入上市公司后的遗留问题处置。

一、东方电气集团下属两家上市公司的国有股划转与股权分置改革

东方电气集团下属两家上市公司的国有股划转与股权分置改革为东方电气集团主业重组及整体上市的前期阶段。在该阶段，首先，上市公司东方电机与东方锅炉的国有股分别划转至东方电气集团，从而实现东方电气集团对上市公司东方电机与东方锅炉的控股。其次，上市公司东方电机与东方锅炉按政策要求分别完成股权分置改革，从而为东方电气集团主业重组及整体上市奠定了股权基础。

1. 上市公司东方电机与东方锅炉的国有股分别划转至东方电气集团

按照国资委的相关批复，上市公司东方电机与东方锅炉分别于2006年2月及2006年5月完成国有股的划转工作。国有股划转完成后，东方电气集团成为上市公司东方电机与东方锅炉的直接控制主体。

（1）上市公司东方电机的国有股股东将其持有的国有股划转至东方电气集团。2005年12月30日，经国务院国有资产监督管理委员会以“国资产权［2005］1604号文”《关于东方电机股份有限公司国有股权划转有关问题的批复》批准，上市公司东方电机原第一大股东东方电机厂将其持有公司48.98%的股份计22000万股国有法人股划转至东方电气集团，并于2006年2月17日完成过户。国有股划转完成后，东方电气集团成为上市公司东方电机的直接控股股东。

（2）上市公司东方锅炉的国有股股东将其持有的国有股划转至东方电气集团。2005年12月22日，东方锅炉厂与东方电气集团签署了《国有法人股无偿划转协议》，约定东方锅炉厂将其持有的东方锅炉29881.5244万股国有法人股全部无偿划转至东方电气集团。国务院国资委于2006年2月8日以“国资产权［2006］126号文”批准了此次无偿划转，中国证监会于2006年3月24日以“证监公司字［2006］4号文”批准豁免东方电气集团的全面要约收购义务。2006年5月17日，此次无偿划转完成股份过户手续，东方电气集团持有东方锅炉29881.5244万股国有法人股，占东方锅炉全部股份的74.44%。国有股无偿划转完成后，东方电气集团成为上市公司东方锅炉的直接控股股东。

2. 上市公司东方电机与东方锅炉按政策要求分别完成股权分置改革

股权分置是指A股市场的上市公司股份，按能否在证券交易所上市交易被区分为非流通股和流通股，这是我国经济体制转轨过程中形成的特殊问题。由于股权分

置不能适应当前资本市场改革开放和稳定发展的要求，2005 年 8 月中国证监会、国务院国资委、财政部、中国人民银行、商务部联合颁布《关于上市公司股权分置改革的指导意见》，要求 A 股上市公司积极推进股权分置改革，以消除非流通股和流通股的流通制度差异，并最大限度地保护流通股股东的利益。按照政策要求，上市公司东方电机与东方锅炉也顺利推进并完成了股权分置改革，为流通股股东利益的保护及东方电气集团主业重组及整体上市奠定了良好的基础。

（1）上市公司东方电机非流通股股东将其持有的 1620 万股股份转送给流通股股东而完成股权分置改革。2006 年，上市公司东方电机的非流通股股东即东方电气集团以其持有的部分非流通股股份作为对价，支付给东方电机流通 A 股股东。其对价安排为：流通 A 股股东每持有 10 股东方电机流通股，可获得 2.7 股的股份对价。对价安排股份总数为 1620 万股。在股权分置改革实施后首个交易日，东方电气集团持有的东方电机非流通股股份即获得上市流通权。也就是说，上市公司东方电机的非流通股股东东方电气集团通过将其持有的 1620 万股东方电机股份转送给流通股股东的方式，获得了非流通股股份上市流通的权利。

（2）上市公司东方锅炉非流通股股东将其持有的 2565 万股股份转送给流通股股东而完成股权分置改革。2006 年 2 月 ~2006 年 5 月，上市公司东方锅炉的非流通股股东即东方电气集团向流通股股东送出 2565 万股作为股权分置改革的对价安排，即方案实施股权登记日登记在册的东方锅炉流通股股东每持有 10 股流通股将获得非流通股股东送出的 2.5 股股份的对价。该对价安排执行完成后，上市公司东方锅炉的非流通股股东即东方电气集团持有的非流通股股份即获得上市流通权。也就是说，东方锅炉的非流通股股东即东方电气集团通过将其持有的 2565 万股东方锅炉股份转送给流通股股东的方式，获得了非流通股股份上市流通的权利。

二、东方电气集团的主业整合及注入上市公司

东方电气集团的主业整合及注入上市公司，属于东方电气集团主业重组及整体上市的核心操作阶段。在该阶段，首先，上市公司东方电机通过收购东方电气集团持有的上市公司东方锅炉及非上市公司东方汽轮机的股权，而完成对上市公司东方锅炉的控股以及与非上市公司东方汽轮机的整合重组。其次，东方电气集团兑现其在东方锅炉股权分置改革时作出的承诺，即以换股要约收购的方式收购上市公司东方锅炉无限售条件流通股股东持有的流通股股份。最后，东方电气集团将要约收购获得的上市公司东方锅炉无限售条件流通股股份转让给更名后的上市公司东方电气

(原东方电机),完成了上市公司东方电机与东方锅炉之间的重组,并使上市公司东方锅炉因不符合条件而终止上市。至此,东方电气集团下属东方锅炉、东方汽轮机的全部股权都转给上市公司东方电机,从而以东方电机为平台完成了东方电气集团主业的重组,并使东方电气集团主业资产注入上市公司。

1. 上市公司东方电机通过非公开发行股份及现金方式收购东方电气集团持有的上市公司东方锅炉的股权及非上市公司东方汽轮机的股权

东方电气集团主业重组及整体上市的核心操作中,最重要的一步就是以上市公司东方电机为平台,通过东方电机收购东方电气集团持有的上市公司东方锅炉及非上市公司东方汽轮机的股权,完成东方电机与东方锅炉及东方汽轮机的重组整合。在该操作中,上市公司东方电机以非公开发行股份及现金的方式,收购东方电气集团持有的上市公司东方锅炉68.05%的股权以及东方电气集团持有的非上市公司东方汽轮机100%的股权。其中,东方电机向东方电气集团非公开发行3.67亿股A股股票以支付对价88.7亿元;而以现金方式向东方电气集团支付的股权对价为10亿元。股权收购完成后,上市公司东方电机持有上市公司东方锅炉68.05%的股权,持有非上市公司东方汽轮机100%的股权,成为东方锅炉及东方汽轮机的控股股东及实际控制人。此外,上市公司东方电机在完成股权收购后,公司名称由“东方电机股份有限公司”变更为“东方电气股份有限公司”,其A股股票简称也由“东方电机”变更为“东方电气”。

2. 东方电气集团换股要约收购上市公司东方锅炉无限售条件流通股股东持有的不超过31.95%的流通股股份

上市公司东方电机完成对东方电气集团持有上市公司东方锅炉及非上市公司东方汽轮机的股权收购后,东方电气集团将收购上市公司东方锅炉无限售条件流通股股东持有的不超过31.95%的流通股股份。东方电气集团收购上市公司东方锅炉无限售条件流通股股份的方式为换股要约收购并搭配现金选择权。换股要约收购的换股比例为1∶1.02,即东方锅炉无限售条件的流通股股东每持有1股东方锅炉股票可以选择在要约收购期限内换取东方电气集团持有的1.02股东方电气(原东方电机)的A股股票。同时,东方电气集团向东方锅炉无限售条件的流通股股东提供现金选择权,现金选择权的价格为25.40元/股。此次要约收购完成后,东方电气集团一共持有上市公司东方锅炉共计12690.573万股的流通股股份,占东方锅炉已发行股份的31.61%。由于要约收购完成后,东方电气集团与东方电气(原东方电机)合并持有的东方锅炉的股份超过东方锅炉总股份的90%,按照证监会的相关规定，东方锅炉的上市地位依法予以终止，并且其股票于2008年3月18日终止上市交易。

3. 东方电气集团将要约收购获得的上市公司东方锅炉无限售条件流通股股份转让给上市公司东方电气（原东方电机）

2007年5月16日，上市公司东方电气（原东方电机）与东方电气集团签署《股权收购协议》，在股权收购协议中就东方电气（原东方电机）收购东方电气集团要约收购获得上市公司东方锅炉无限售条件流通股股份共计12690.573万股的具体操作达成一致。根据《股权收购协议》的规定，更名后的上市公司东方电气（原东方电机）需向东方电气集团支付股份对价为人民币279988.4194万元，用于收购东方电气集团以要约收购获得的上市公司东方锅炉无限售条件流通股股份共计12690.573万股。东方电气（原东方电机）应于成交日的第1～第5年，以现金方式向东方电气集团等额支付对价。延期支付的价款，按每年6.08%的固定利率向东方电气集团每半年支付利息。此次股权收购完成后，上市公司东方电气（原东方电机）将持有东方锅炉31.61%的无限售条件流通股股份，合计持有东方锅炉99.67%的股份。至此，东方电气集团主业重组及整体上市的操作基本完成。

三、东方电气集团主业注入上市公司后的遗留问题处置

上市公司东方电气（原东方电机）完成对东方锅炉及东方汽轮机的股权收购后，东方电气集团主业重组及整体上市的具体操作基本完成。在核心操作完成后，东方锅炉因不符合证监会的相关规定而使其股票终止上市交易，为了保护无限售条件流通股股东的利益，东方电气集团在东方锅炉股票终止上市后，又以换股的方式分两次收购东方锅炉剩余的无限售条件流通股股份，从而通过余股收购使东方电气集团主业注入上市公司后的遗留问题得以合理处置。根据《证券法》第九十七条、《上市公司收购管理办法》第四十四条、《东方锅炉（集团）股份有限公司要约收购报告书》以及东方电气集团的相关安排，东方锅炉股票终止上市后，未于要约收购期限内接受收购要约的东方锅炉无限售条件流通股股东，可将其持有的东方锅炉股票（以下简称“余股”）出售给东方电气集团。东方电气集团以原要约收购价格分两次进行余股的收购：第一次收购期为2008年3月21日～2008年5月20日，流通股股东全部选择以换股的方式出售余股，收购余股股份67.9609万股，东方电气（原东方电机）以69.3233万股A股作为余股收购的对价。第二次收购期为2008年6月12日～2008年7月11日，流通股股东全部选择以换股的方式出售余

股，收购余股股份 8.2714 万股，东方电气（原东方电机）以 8.4371 万股 A 股作为余股收购的对价。在两次期限内未收购的余股，该余股股东将通过网下个别申报的方式出售其持有的东方锅炉股份，收购价格及收购方式与网上申报相同。

第三节 上市公司东方电机与上市公司东方锅炉的股权分置改革

上市公司东方电机与上市公司东方锅炉分别于 2006 年、2007 年相继按照相关政策的规定完成了股权分置改革。股权分置改革完成后，上市公司东方电机与上市公司东方锅炉的非流通股股东东方电气集团通过送股的方式使其持有的两家上市公司的股份获得了上市流通的权利，从而在保护了流通股股东利益的同时，为东方电气集团主业重组及整体上市奠定了基础。尤其是东方锅炉的股权分置改革为《东方电气集团主业重组及整体上市方案》的一部分，纳入东方电气集团主业重组及整体上市的操作范畴，开启了东方电气集团主业重组及整体上市的序幕。

一、上市公司东方电机的股权分置改革

上市公司东方电机的股权分置改革自 2006 年 3 月 16 日东方电机公告《东方电机股权分置改革说明书》及相关资料时起，至 2006 年 4 月 17 日对价股份上市流通止，共历时 1 个月的时间。东方电机的股权分置改革完成后，非流通股股东东方电气集团通过送股的方式获得限售流通股股份上市流通的权利。

1. 上市公司东方电机的非流通股股东东方电气集团将其持有的部分东方电机股份转送给流通股股东

根据相关政策规定及东方电机股东大会决议，上市公司东方电机的股权分置改革将采取由非流通股股东向流通股股东送股的方式进行操作。东方电机的唯一非流通股股东东方电气集团以其持有的部分非流通股股份作为对价，支付给东方电机流通 A 股股东。东方电机的流通 A 股股东每持有 10 股流通股可获得 2.7 股的股份对价。东方电气集团支付给东方电机流通 A 股股东的股份对价共计 1620 万股。股权分置改革方案实施后首个交易日，东方电气集团持有的东方电机非流通股股份即获得上市流通的权利。

（1）上市公司东方电机的非流通股股东向流通股股东送股对价的确定。根据有关股权分置改革的总体要求，东方电机对价水平的确定是以流通 A 股股东所持股票

的市值不因股权分置改革而受到损失为原则进行理论计算所得。假设 R 为非流通股股东向每持有 1 股 A 股流通股的流通股股东支付的理论股份数量，M 为股权分置改革方案实施前 A 股股价，N 为股权分置改革方案时 A 股的理论股价，则 R 至少满足下式要求：$M = N\times(1+R)$。由于东方电机在上交所和香港联交所两地上市，而香港市场是不存在股权分置的成熟市场，所以东方电机的 H 股价格反映了成熟市场上的合理价格水平。因此，用 H 股的股价预计股权分置改革方案实施后的 A 股股价将比较合理。为了减少股价波动对 M 和 N 的影响，计算时选择 2 月 27 日前 10 个交易日的 A 股均价作为 M 值，以前 10 个交易日的 H 股均价作为 N 值，则 M = 15.17 元，N = 12.18 港元，折算为人民币 12.67 元。将 M 值和 N 值代入公式 $M = N\times(1+R)$，可计算出 R = 0.198，即每 10 股 A 股流通股至少获付 1.98 股。为了维护流通 A 股股东的利益，东方电气最后确定向流通 A 股股东每 10 股股份实际支付 2.7 股对价，支付对价总计为 1620 万股。

（2）东方电气集团持有的限售流通股股份可上市流通的时间及比例。股权分置改革方案实施后首个交易日，东方电气集团持有的非流通股股份即获得上市流通权。为了更好地保护流通 A 股股东的权益，东方电气集团承诺，其持有的非流通股股份自股权分置改革方案实施之日起，在 12 个月内不在上海证券交易所上市交易或转让。在前项承诺期期满后，通过上海证券交易所挂牌交易出售股份，出售数量占公司股份总数的比例在 12 个月内不超过 5%，在 24 个月内不超过 10%，且在此期间出售价格不低于股权分置改革方案公告前 1 个交易日 A 股股票收盘价的 150%（即 23.39 元/股）。东方电气集团持有的东方电机有限售条件的股份可上市流通的时间及比例见表 21－11。

表 21－11　东方电机有限售条件的股份可上市流通的时间及比例

股东名称	持有有限售条件的股份数量（万股）	可上市流通时间
东方电气集团	2250	股权分置改革方案实施后首个交易日 +12 个月
	2250	股权分置改革方案实施后首个交易日 +24 个月
	15880	股权分置改革方案实施后首个交易日 +36 个月

2. 上市公司东方电机股权分置改革完成后的股权结构

上市公司东方电机股权分置改革完成后的股权结构详见表 21－12。

表 21－12　　股权分置改革完成后东方电机股权结构变动　　单位：万股

股份类别		变动前	变动数	变动后
非流通股	国有法人股	22000	－22000	0
有限售条件的流通股	国有法人股	0	20380	20380
无限售条件的流通股份	流通 A 股	6000	1620	7620
	H 股	17000	0	17000
	小计	23000	1620	24620
股份总额		45000	0	45000

二、上市公司东方锅炉的股权分置改革

根据国务院《关于推进资本市场改革开放和稳定发展的若干意见》（国发［2004］3 号）、《关于上市公司股权分置改革的指导意见》及中国证券监督管理委员会证监发［2005］86 号《上市公司股权分置改革管理办法》等相关文件精神，上市公司东方锅炉于 2007 年 2 月 5 日～3 月 23 日实施了股权分置改革。东方锅炉的股权分置改革是东方电气集团主业重组及整体上市的重要组成部分，并作为东方电气集团主业重组及整体上市具体操作的起点而具有重要意义。

1. 上市公司东方锅炉的非流通股股东东方电气集团将其持有的部分东方锅炉股份转送给流通股股东

上市公司东方锅炉的非流通股股东东方电气集团向流通股股东送出 2565 万股股份，作为股权分置改革的对价，即方案实施股权登记日登记在册的东方锅炉流通股股东每持有 10 股流通股将获得非流通股股东送出的 2.5 股股份的对价。股权分置改革方案实施后首个交易日，东方锅炉的非流通股成为有限售条件的流通股，并获得上市流通的权利。

（1）上市公司东方锅炉非流通股股东向流通股股东送股对价的确定。上市公司东方锅炉股权分置改革中送股对价的确定，以切实保护流通股股东利益不受损失为基本出发点。对价的确定主要考虑了几个方面的因素：一是方案实施后的理论股票价格，方案实施后的股票价格通过参考海外成熟市场及东方锅炉股票市盈率的方法来确定。根据比较，综合考虑国内 A 股市场在治理结构等方面与国外成熟市场存在一定差距的现实，以及东方锅炉在行业中的地位及综合竞争能力等因素，估算股权分置改革方案实施后东方锅炉股票市盈率水平应在 12 倍左右。二是方案实施后的理论股价，东方锅炉 2005 年每股收益为 2.0139 元，按照 12 倍的市盈率估值，东方

锅炉的理论股价预计为每股24.17元。三是对价水平的确定，东方锅炉股权分置改革中对价水平的确定标准及计算公式与东方电机股权分置改革中的相关内容基本一致，在此不再累述。综合考虑以上三个方面的因素，初步确定东方锅炉非流通股股东东方电气集团为获得流通权作出的对价安排应为每1股送0.232股。由于东方锅炉上市前未曾溢价发行，上市后至今也未进行股权融资，因此，为充分保护流通股股东的利益，东方锅炉非流通股股东将向每股流通股对价安排的股份数量提高至0.25股，即流通股股东每持有10股流通股可获得2.5股股份。

（2）上市公司东方锅炉非流通股股东向流通股股东作出的关于换股的承诺。为了进一步保护流通股股东的利益，上市公司东方锅炉的非流通股股东东方电气集团向无限售条件流通股股东承诺：将给予东方锅炉无限售条件的流通股股东将其持有的股份换为东方电机A股股份的机会。该承诺的提出为上市公司东方电机与东方锅炉的重组铺设了伏笔，并成为东方电气集团换股要约收购东方锅炉无限售条件流通股股份的主要依据之一。

（3）东方电气集团获得的限售流通股股份可上市流通的时间及比例。股权分置改革方案实施后首个交易日，东方锅炉的非流通股成为有限售条件的流通股，并获得上市流通的权利。东方锅炉唯一的非流通股股东东方电气集团将遵守《上市公司股权分置改革管理办法》有关股份限售的规定，分三次使其持有的东方锅炉有限售条件的股份全部上市流通。东方电气集团有限售条件的股份上市流通时间及股份比例见表21－13。

表21－13　东方电气集团持有东方锅炉有限售条件的股份上市流通时间及比例

股东名称	持有有限售条件股份数量（万股）	占总股本比例（%）	可上市流通时间
东方电气集团	2007.0762	5	股权分置改革方案实施后首个交易日＋12个月
	2007.0762	5	股权分置改革方案实施后首个交易日＋24个月
	23302.3720	58.05	股权分置改革方案实施后首个交易日＋36个月

2. 上市公司东方锅炉股权分置改革完成后的股权结构及控制关系

上市公司东方锅炉股权分置改革完成后的股权结构详见表21－14。

表 21－14 上市公司东方锅炉股权分置改革完成后的股权结构变动 单位：万股

股份类别		变动前	变动数	变动后
非流通股	国有法人股	299881.5244	－299881.5244	0
有限售条件的流通股	国有法人股	0	27316.5244	27316.5244
无限售条件的流通股	流通 A 股	10260	2565	12825
股份总额		40141.5244	0	40141.5244

上市公司东方锅炉股权分置改革完成后的控制关系见图 21－2。

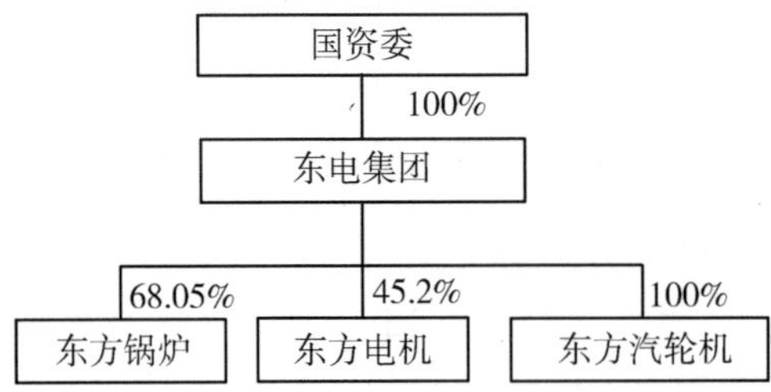

图 21－2 上市公司东方锅炉股权分置改革完成后的控制关系

第四节 上市公司东方电机对上市公司东方锅炉股权与非上市公司东方汽轮机股权的收购

为了提高东方电气集团主业的盈利能力，让上市公司东方电机的广大投资者能分享到中国电力设备行业快速增长带来的机遇。东方电气集团主业重组及整体上市将以上市公司东方电机为平台，并由东方电机以发行股份和现金为对价购买东方电气集团拥有的关键发电设备制造企业东方汽轮机和上市公司东方锅炉的股权，使东方电机成为一家有能力生产配套发电设备机组的，具有核心竞争能力和国际经营能力的上市公司，为实现东方电气集团的整体上市创造了条件。

一、股权购买方与股权出售方

上市公司东方电机收购东方电气集团持有的上市公司东方锅炉及非上市公司东方汽轮机的股权，从而完成东方电机与东方锅炉及东方汽轮机的重组。此次股权收购中，上市公司东方电机为股权购买方，而股权出售方为东方电机的控股股东东方电气集团。

1. 股权购买方—东方电机

上市公司东方电机为此次交易的股权购买方。由于东方电机的情况已在本案例的第一部分中有着较为详细的介绍说明，此处不再累述。

2. 股权出售方—东方电气集团

东方电气集团为此次交易的股权出售方。由于东方电气集团的情况已在本案例的第一部分中有着较为详细的介绍，此处不再累述。

二、标的股权及其比例

根据股权收购双方上市公司东方电机与东方电气集团于 2007 年 5 月 16 日签订的《收购协议》，此次股权收购的标的为东方电气集团持有的上市公司东方锅炉的全部有限售条件流通股股份及东方电气集团持有的非上市公司东方汽轮机 100% 的股权。

1. 东方电气集团持有的上市公司东方锅炉 68.05% 的有限售条件流通股股份

此次交易中，东方电机将以非公开发行股份及现金的方式收购东方电气集团持有的上市公司东方锅炉 68.05% 的有限售条件流通股股份，共计 27316.5244 万股。

2. 东方电气集团持有的非上市公司东方汽轮机 100% 的股权

上市公司东方电机除了收购东方电气集团持有的上市公司东方锅炉的股份外，还将收购东方电气集团持有的非上市公司东方汽轮机 100% 的股权。本次收购完成后，上市公司东方电机将成为东方汽轮机 100% 控股的股东，而东方汽轮机也相应地成为东方电机的全资子公司。

三、股权收购的对价及对价支付方式

此次交易中，股权收购方上市公司东方电机向东方电气集团购买股权的对价为人民币 121.8 亿元。东方电机将采取非公开发行股份及现金支付的方式向东方电气集团支付股权收购的对价。

1. 上市公司东方电机向东方电气集团购买股权的对价

上市公司东方电机购买东方汽轮机 100% 的股权及东方锅炉 68.05% 的股份，需向东方电气集团支付的对价总计为人民币 121.8 亿元。

2. 上市公司东方电机采取非公开发行股份及现金支付的方式向东方电气集团支付对价

上市公司东方电机采取非公开发行股份及现金支付的方式向东方电气集团支付

股权收购价款，共计人民币121.8亿元。该款项的具体支付方式如下：第一，上市公司东方电机于首次成交日向东方电气集团非公开发行3.67亿股A股股票，以支付股权价款88.7亿元。东方电机向东方电气集团非公开发行股票每股面值为1.00元，每股发行价格为24.17元。该发行价格以东方电机临时停牌公告日（2006年12月20日）前20个交易日收盘价的算数平均值计算所得。第二，上市公司东方电机于收购成交日以现金方式向东方电气集团支付人民币10亿元，以支付股权收购款项的一部分。第三，剩余23.1亿元价款由上市公司东方电机以延期现金支付的方式分5年等额支付，东方电机将按每年6.08%的固定利率向东方电气集团每半年支付一次利息。该利率按中国人民银行于2007年5月15日中午12时发布的中国商业银行五年期贷款的借款利率6.75%低10%厘定。

四、股权收购完成后上市公司东方电机的股本结构变化及公司名称变更

股权收购完成后，上市公司东方电机的股本结构及控制关系都发生了相应的变化，并且东方电机的公司名称及股票简称也进行了变更。

1. 股权收购完成后上市公司东方电机的股本结构及控制关系变化

股权收购完成后，上市公司东方电机的第一大股东即控股股东东方电气集团的持股数额增加，其对东方电机的股权控制加强，并且东方电机的实际控制人地位未发生变化。股权收购完成后上市公司东方电机的股本结构变化详见表21-15。

表21-15 上市公司东方电机股本结构变化

类　别	新股发行前		新股发行后	
	数量（万股）	比例（%）	数量（万股）	比例（%）
有限售条件流通股	20380	45.29	57080	69.86
其中：东方电气集团	20380	45.29	57080	69.86
无限售条件流通股	7620	16.93	7620	9.33
H股	17000	37.78	17000	20.81
总计	45000	100	81700	100

股权收购完成后，上市公司东方电机成为上市公司东方锅炉的控股股东，并成为非上市公司东方汽轮机100%控股的股东。股权收购完成后上市公司东方电机的控制关系见图21-3。

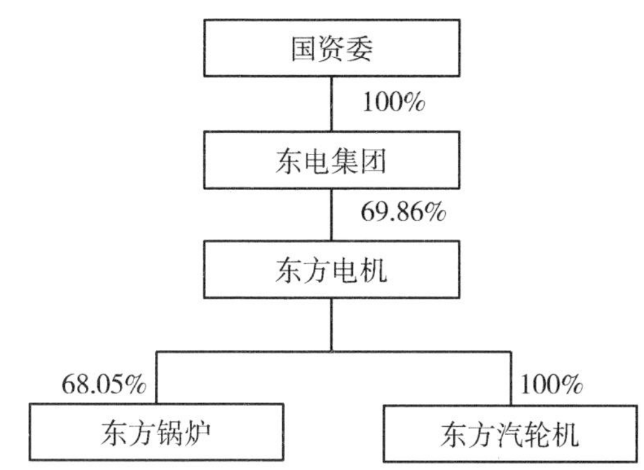

图 21－3　股权收购完成后东方电机的控制关系

2. 股权收购完成后上市公司东方电机的公司名称变更及股票简称变更

股权收购完成后，上市公司东方电机的公司名称由“东方电机股份有限公司”变更为“东方电气股份有限公司”，其股票简称也由“东方电机”变更为“东方电气”，股票代码不变，仍为600875。

第五节　东方电气集团要约收购上市公司东方锅炉无限售条件流通股股份

东方电气集团此次要约收购上市公司东方锅炉无限售条件流通股股份，为东方电气集团主业重组及整体上市操作的一部分。此次要约收购采取换股要约收购并搭配现金选择权的方式，是中国A股证券市场首例以换股方式进行要约收购的案例，开创了资本运营的先例。本次要约收购完成后，东方电气集团持有东方锅炉不超过31.95%的股份，东方锅炉因不符合证监会的相关规定而终止上市。

一、要约收购人与要约收购标的及要约收购期限

本次要约收购的收购人为东方电气集团，要约收购的标的为上市公司东方锅炉不超过31.95%的流通股股份，要约收购的期限为30个自然日。

1. 要约收购人

东方电气集团为此次要约收购的收购人。东方电气集团的基本情况在本案例中第一部分与第二部分都有介绍，在此不再累述。

2. 要约收购标的

本次要约收购的标的为上市公司东方锅炉不超过31.95%的无限售条件流通股股

份，约12825万股。要约收购完成后，东方电气集团最终收购的上市公司东方锅炉无限售条件的流通股股份共计12690.573万股，占东方锅炉已发行股份的31.61%。

3. 要约收购的期限

本次要约收购的期限为30个自然日，从2007年12月28日起~2008年1月26日。在要约收购期限内，上市公司东方锅炉无限售条件流通股股东可以通过上交所交易系统进行预售要约中请或撤回预售要约中报的具体操作。

二、要约收购采取换股要约收购并搭配现金选择权

东方电气集团收购上市公司东方锅炉无限售条件流通股股东持有的股份，采取换股要约收购并搭配现金选择权的方式。东方电气集团之所以采取此种方式进行要约收购，一方面是为了兑现东方电气集团在东方锅炉股权分置改革时的承诺，给予东方锅炉非流通股股东获取东方电气（原东方电机）A股股票的机会；另一方面使东方锅炉的流通股股东可自愿选择采取换股的方式或直接实施现金选择权，从而最大限度地保护东方锅炉无限售条件流通股股东的利益。

1. 东方电气集团以其持有的上市公司东方电气（原东方电机）非公开发行的A股股票换取上市公司东方锅炉无限售条件流通股股东持有的股份

换股要约收购的核心为东方电气集团以其持有的上市公司东方电气（原东方电机）非公开发行的A股股票换取上市公司东方锅炉无限售条件流通股股东持有的股份，从而使东方锅炉的非流通股股东可以通过换股要约收购获得相应比例的上市公司东方电气（原东方电机）的股份，分享上市公司东方电气（原东方电机）的收益。

（1）换股要约收购的换股比例为1∶1.02。本次全面换股要约收购的换股比例为1∶1.02，即上市公司东方锅炉无限售条件的流通股股东每持有1股东方锅炉股票可以选择在要约收购期限内换取东方电气集团持有的1.02股东方电气（原东方电机）的A股股票。

（2）上市公司东方锅炉的换股价格为31.79元。上市公司东方锅炉股票2006年12月19日的收盘价为28.90元，按照市场惯例给予要约收购溢价率为10%，得出东方锅炉换股要约价格为31.79元。该价格超过了东方锅炉2006年12月19日之前的最高价格31.47元；该价格比东方锅炉2006年12月19日收盘时5日均价高出了14.19%；比东方锅炉2006年12月19日收盘时10日均价高出了17.48%；比东方锅炉2006年12月19日收盘时30日均价高出了24.86%。

（3）上市公司东方电气（原东方电机）A股的换股价格为31.35元。上市公司

东方电气（原东方电机）A 股换股价格为其股票合理估值，其股票合理估值由以下分析得出。参考国内市场研究机构对东方电气（原东方电机）2007 年每股收益预测平均值为 2.09 元，参照国内国际发电设备制造行业平均市盈率取 15 倍市盈率测算东方电气（原东方电机）A 股合理估值为 2.09 元/股×15，计 31.35 元/股。

2. 东方电气集团向上市公司东方锅炉无限售条件流通股的股东提供现金选择权

为了进一步保护东方锅炉无限售条件流通股股东的利益，东方电气集团以东方电气 A 股股票支付收购价款的同时将向东方锅炉无限售条件的流通股股东提供现金选择权，现金选择权价格为 25.40 元/股。不接受换股的东方锅炉无限售条件流通股股东可以在要约收购期限内选择将其所持有的东方锅炉股票按照 25.40 元/股的价格全部或部分转让给东方电气集团。现金选择权的价格以东方锅炉股票临时停牌日（2006 年 12 月 20 日）前 30 个交易日的每日加权平均价格的算术平均值计算所得。东方电气集团提供现金选择权所需现金总额最多为 325755 万元。根据相关规定，东方电气集团应将不少于收购价款总额的 20%（65151 万元）的保函作为履约保证金交给登记公司。实际操作中，东方锅炉的非流通股股东均未进行现金选择权的申报。

三、要约收购完成后上市公司东方锅炉的股权变动及终止上市

要约收购完成后，东方电气集团收购上市公司东方锅炉无限售条件流通股股份共计 12690.573 万股，占东方锅炉已发行股份的 31.61%。东方锅炉也因不符合证监会有关公司上市的要求，于 2008 年 3 月 18 日终止上市。

1. 要约收购完成后上市公司东方锅炉的控制关系变化

要约收购完成后，上市公司东方锅炉的控制关系变化见图 21－4。

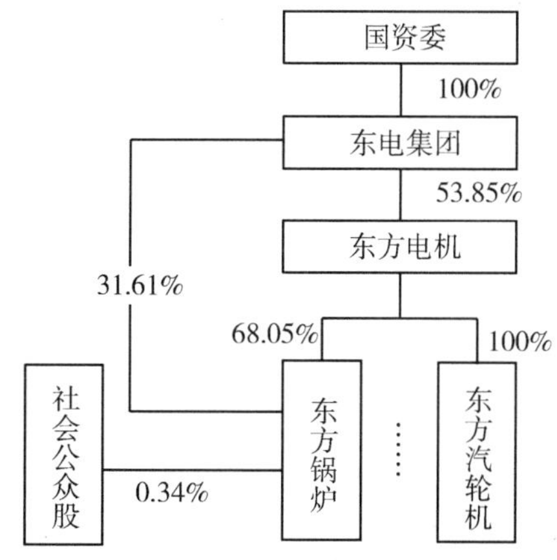

图 21－4　上市公司东方锅炉的控制关系

2. 要约收购完成后上市公司东方锅炉不符合上市条件而终止股票上市交易

根据《证券法》《上市公司收购管理办法》等相关法律法规的规定，如果要约收购的结果导致东方电气集团和东方电气（原东方电机）合并持有的东方锅炉股份高于东方锅炉总股本的90%，则东方锅炉的上市地位将依法予以终止。由于要约收购完成后，东方电气集团及东方电气（原东方电机）合计持有上市公司东方锅炉的股份共计40007.0974万股，占东方锅炉已发行股份总数的99.67%，因此，东方锅炉的股权分布不符合上市的条件而被终止上市。2008年3月12日，上海证券交易所签发上证上字［2008］22号《关于决定东方锅炉股票终止上市的通知》，东方锅炉股票自2008年3月18日起终止上市交易。

第六节　更名后的上市公司东方电气（原东方电机）受让上市公司东方锅炉的无限售条件流通股股份

东方电气集团以换股并配以现金选择权的方式要约收购东方锅炉无限售条件流通股股份后，更名后的上市公司东方电气（原东方电机）以现金支付的方式受让东方电气集团以要约收购获得的共计12690.573万股东方锅炉无限售条件的流通股股份。本次收购完成后，东方电气（原东方电机）将持有东方锅炉99.67%的股权，进一步强化了其对东方锅炉的控股地位，并最终实现了东方电气集团下属两家上市公司之间的整合与重组。

一、股权受让方与股权出售方

上市公司东方锅炉无限售条件流通股股份的受让方为更名后的上市公司东方电气（原东方电机），股份出售方为东方电气集团。

1. 股权受让方——东方电气（原东方电机）

更名后的东方电气（原东方电机）为本次股权收购的受让方。东方电气（原东方电机）的情况在本案例中第一部分、第三部分中有详细说明，在此不再累述。股权收购完成后，东方电气（原东方电机）几乎持有东方锅炉全部的股份，为东方锅炉的控股股东及实际控制人。

2. 股权出售方——东方电气集团

东方电气集团为本次股权收购的出售方。东方电气集团的情况在本案例中多个部分都有详细说明，在此不再累述。股权收购完成后，东方电气集团持有的东方锅炉股份将全部转让给东方电气（原东方电机），东方电气集团将不再持有东方锅炉的股份。

二、标的股份数额及对价

东方电气集团在要约收购期满，受让东方锅炉无限售条件的流通股股份共计12690.573万股。东方电气集团将其要约收购的东方锅炉的股份全部转让给更名后的上市公司东方电气（原东方电机）。东方电气（原东方电机）为此将支付对价共计279988.4194万元人民币。

1. 标的股份的数额

本次收购的标的为东方电气集团以要约收购方式持有的东方锅炉无限售条件的流通股12690.573万股，约占东方锅炉已发行股份总数的31.61%。

2. 标的股份的对价

上市公司东方电气（原东方电机）受让东方电气集团持有东方锅炉的全部股份，需向东方电气集团支付的对价为人民币279988.4194万元。该对价根据2007年5月16日东方电气（原东方电机）与东方电气集团签署的《收购协议》中有关本次股权收购标的对价数额的计算方式确定，即28.3亿×31.61/31.95得出东方电气（原东方电机）需向东方电气集团支付的对价为279988.4194万元。

3. 标的股份的支付方式

上市公司东方电气（原东方电机）以延期现金支付的方式完成对价的支付。东方电气（原东方电机）于成交日的第1～第5周年以现金方式向东方电气集团等额支付对价，延期支付价款按每年6.08%的固定利率向东方电气集团每半年支付利息。

三、股权收购完成后上市公司东方电气（原东方电机）的股权结构及控制关系变化

股权收购完成后，上市公司东方电气（原东方电机）持有东方锅炉99.67%的股份。东方电气（原东方电机）与东方锅炉的重组基本完成。股权收购完成后东方电气（原东方电机）的股权结构见表21-16。

表 21－16 股权收购完成后上市公司东方电气（原东方电机）的股权结构

类　　别	本次股权收购前		本次股权收购后	
	数量（万股）	比例（%）	数量（万股）	比例（%）
有限售条件流通股	57080	69.86	43998.5	53.85
其中：东方电气集团	57080	69.86	43998.5	53.85
无限售条件流通股	7620	9.33	20701.5	25.34
H 股	17000	20.81	17000	20.81
总计	81700	100	81700	100

股权收购完成后，上市公司东方电气（原东方电机）的控制关系见图 21－5。

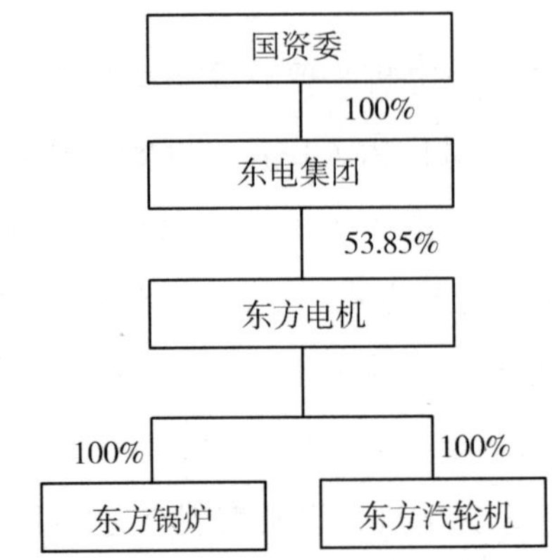

图 21－5 股权收购完成后东方电气（原东方电机）的控制关系

第七节 东方电气集团主业重组及整体上市的影响

东方电气集团主业重组及整体上市涉及东方电气集团、东方电气集团下属两家上市公司东方电气（原东方电机）与东方锅炉及东方电气集团下属非上市公司东方汽轮机等四个交易主体。各个交易主体通过东方电气集团主业重组及整体上市，均实现了盈利能力的大幅提升，尤其是东方电气集团及东方电气（原东方电机）更是此次主业重组及整体上市的最大受益者，并通过主业重组及整体上市，使其市场影响力及核心竞争力得到了进一步的提升。

一、东方电气集团主业重组及整体上市对东方电气集团的影响

东方电气集团作为此次主业重组及整体上市的主体及核心推动者，通过实施下属东方电气（原东方电机）、东方锅炉及东方汽轮机核心资产及业务的重组与整合，不仅使其控制地位得到进一步加强，而且使东方电气集团的市场影响力及核心竞争力大幅提升，为其进入国际市场并扩大国际竞争优势奠定了良好基础。

1. 通过主业重组及整体上市使东方电气集团的控股地位得到进一步加强

东方电气集团通过此次主业重组及整体上市，其控股地位得到了进一步的加强。东方电气集团控股地位的加强主要表现为两个方面：一是东方电气集团通过直接控股东方电气（原东方电机）而强化其对东方电气、东方锅炉及东方汽轮机等核心资产及业务的统一控制。在主业重组及整体上市前，东方电气集团作为集团公司直接持有东方锅炉68.05%的股份、东方电气（原东方电机）45.2%的股份及东方汽轮机100%的股份，而主业重组后，东方电气集团直接持有东方电气（原东方电机）53.85%的股份，并通过控股东方电气（原东方电机）而实现对东方锅炉及东方汽轮机的全面控制，使其对主业的控制地位进一步加强。二是东方电气集团通过主业重组及整体上市，使其持有上市公司东方电气（原东方电机）的股份由45.2%增至53.85%，从而成为东方电气（原东方电机）绝对控股的股东，从进一步控股并强化了其对上市公司的控制地位。

2. 通过主业重组及整体上市使东方电气集团的核心竞争力得到大幅提升

此次主业重组及整体上市，使东方电气集团的核心资产及业务得到充分重组与整合，使其核心竞争力得到大幅的提升。东方电气集团核心竞争力的大幅提升主要体现为以下几个方面：一是通过主业重组及整体上市，使东方电气集团形成了集水电、火电、气电、核电和风力发电等“五电”为一体的完整的业务模式，从而进一步扩大了业务范围，提升了核心竞争力，为东方电气集团成为行业内具有绝对竞争优势的龙头企业创造了有利条件。二是通过主业重组及整体上市，使东方电气集团完成了统一资本运营平台的搭建，为东方电气集团持续快速的发展提供了充足的资金与市场支持。三是通过主业重组及整体上市，使东方电气集团在避免同业竞争与关联交易造成的内耗的同时，实现了核心资源的优化配置，大幅提升了资源配置效率及管理效率，为东方电气集团的进一步发展提供了支撑与支持。

二、东方电气集团主业重组及整体上市对上市公司东方电气（原东方电机）的影响

上市公司东方电气（原东方电机）是此次主业重组及整体上市的主体之一，更是此次主业重组及整体上市的最大受益方。上市公司东方电气（原东方电机）通过主业重组不仅形成了多元化的业务结构，提升了其抵御风险的能力，而且使其资产规模及盈利能力大幅提升，其市值也在重组完成后得到了大幅的提升。

1. 通过主业重组及整体上市使上市公司东方电气（原东方电机）形成多元化业务结构

在此次东方电气集团主业重组及整体上市操作实施前，上市公司东方电气（原东方电机）主要从事制造及销售水轮发电机组以及燃煤汽轮发电机、燃气汽轮发电机及核能汽轮机发电机。而主业重组完成后，除了已有的生产规模将得到显著扩大外，东方电气（原东方电机）的产品范围也将扩大到水电、燃煤、火电、燃气、核能及风力等五大类发电设备，成为完整的水电、火电、气电、核电和风力发电等产品的成套设备研究开发和制造供应商，使东方电气（原东方电机）从单纯的电机生产企业转变成为一家以发电成套设备为主、更具有核心竞争能力和国际经营能力的上市公司，从而形成了多元化的业务结构，并使东方电气（原东方电机）成为目前中国乃至世界上少数几家具有制造上述五大类发电设备产品的综合能力制造商之一。

2. 通过主业重组及整体上市使上市公司东方电气（原东方电机）的资产规模迅速扩张与盈利能力大幅提升

东方电气集团此次主业重组及整体上市的核心步骤即为东方电气（原东方电机）收购东方锅炉及东方汽轮机的股权。股权收购完成后，东方锅炉及东方汽轮机的核心资产与业务均注入东方电机，从而使上市公司东方电气（原东方电机）的资产规模及盈利能力均得到了大幅的提升。股权收购完成后，上市公司东方电气（原东方电机）2007 年一季度的净资产从 25.51 亿元增加到 67 亿元，总资产从 94.62 亿元增长到 308.50 亿元，分别增加了 162.64% 和 226.04%；同期主营业务收入从 13.14 亿元增加到 58.04 亿元，净利润从 2.12 亿元增加到 5.82 亿元，分别增长了 341.70% 和 174.53%。公司 2007 年 1 ~ 10 月新增订单 500 亿元（不包括海外工程订单），在手订单约为 800 亿元，按照 2006 年合并收入计算，订单收入比超过 3 倍，为同业最高。

三、东方电气集团主业重组及整体上市对上市公司东方锅炉及非上市公司东方汽轮机的影响

东方电气集团主业重组及整体上市对上市公司东方锅炉及非上市公司东方汽轮机也产生了很大的影响。其中，上市公司东方锅炉在主业重组完成后成为上市公司东方电气（原东方电机）的全资子公司并成功退市；非上市公司东方汽轮机则通过主业重组使其资产注入上市公司，并成为上市公司东方电气（原东方电机）的全资子公司。

1. 东方电气集团主业重组及整体上市对上市公司东方锅炉的影响

东方电气集团主业重组及整体上市对上市公司东方锅炉的影响，主要体现为三个方面：一是主业重组及整体上市完成后，东方锅炉的控制主体及实际控制人发生了重大变更，其控制主体及实际控制人由东方电气集团变更为重组后的上市公司东方电气（原东方电机），并且东方锅炉成为东方电气（原东方电机）的全资子公司。二是主业重组及整体上市完成后，东方锅炉的股票因符合终止上市的条件而在上海证券交易所终止上市交易，这就意味着重组完成后东方锅炉不再具有上市资格，也不能再在A股证券市场上市融资。三是主业重组及整体上市完成后，东方锅炉原有的流通股股东通过换股等方式成为上市公司东方电气（原东方电机）的股东，而进一步分享上市公司东方电气（原东方电机）利润增值的收益。

2. 东方电气集团主业重组及整体上市对非上市公司东方汽轮机的影响

东方电气集团主业重组及整体上市对非上市公司东方汽轮机的影响，主要体现为两个方面。第一，东方汽轮机的控股股东及实际控制人在东方电气集团主业重组及整体上市前后发生了重大变化，即由东方电气集团变更为上市公司东方电气（原东方电机），并且东方汽轮机成为上市公司东方电气（原东方电机）的全资子公司。第二，东方汽轮机通过东方电气集团主业重组及整体上市，成功将其资产注入上市公司，从而完成主业资产的上市。东方汽轮机在重组前为非上市公司，重组完成后，东方汽轮机的全部资产、负债及人员均注入东方电气（原东方电机），成为上市公司东方电气（原东方电机）的全资子公司，从而依托控股股东东方电气（原东方电机）成功实现上市，为其盈利能力及核心竞争力的提升提供了有力的资金支持。

第八节 东方电气集团主业重组及整体上市的评价

2007 年 11 月 26 日，东方电气集团主业重组及整体上市仪式在上海证券交易所举行，标志着被市场誉为最复杂的整体上市方案——“东电模式”取得了成功，也为央企整体上市开创了新的资本运营模式。主业重组及整体上市的成功，一方面使东方电气集团完成了对下属两家上市公司东方锅炉及东方电气（原东方电机）的整合，另一方面实现了东方电气集团集约化经营的根本性转变，大大提升了集团公司与国际知名大公司同台竞技的综合实力。此外，东方电气集团在主业重组及整体上市过程中引入股权支付的方式进行资本运营创新的尝试，开创了中国资本市场换股要约收购的先例，具有里程碑式的意义。

一、东方电气集团通过主业重组完成了对下属两家上市公司的整合

东方电气集团此次主业重组及整体上市的最大特点在于涉及两家上市公司的整合。在东方电气集团主业重组及整体上市前，大多数资产重组或上市的案例，多发生在上市公司与非上市公司之间。而东方电气集团这种同一控制人下两家上市公司之间整合较为少见。因此，东方电气集团此次主业重组尤其是下属两家上市公司的整合与重组为中国证券市场同一控制人下两家上市公司的整合提供了成功范例。此外，东方电气集团下属两家上市公司的整合，还引发其中一家上市公司退市的情况，这为上市公司重组整合后的退市提供了实际操作的案例。

二、东方电气集团把主营业务注入上市公司更有利于其主营业务的做强做大

东方电气集团此次主业重组及整体上市，不仅完成了旗下主营业务的整合，还将主营业务全部注入上市公司，从而更有利于东方电气集团主营业务的做强做大。主营业务全部注入上市公司后，一方面，东方电气集团将拥有完整的发电设备产品系列，使其经营范围快速扩大，并且抵御行业周期性波动风险的能力进一步增强；另一方面，东方电气集团下属上市公司东方电气（原东方电机）将承继主业的优质资产，从而以其盈利水平的大幅提升，使东方电气集团主营业务的盈利能力也不断增强。此外，东方电气集团通过资产的整合与重组，使公司有效整合集团业务和管

理，降低关联交易，完善公司治理结构，从而为集团主营业务的持续快速发展创造有利条件。

三、东方电气集团主业重组中引入股权支付的方式进行资本运营创新的尝试

东方电气集团主业重组及整体上市，是新的《上市公司收购管理办法》颁布后设计的首例换股要约收购案例，开创了以证券方式支付要约收购价款的先河。通过换股要约收购的方式，一方面使东方锅炉的流通股股东有机会持有整体上市后东方电气（原东方电机）的股份，使东方锅炉的股权分置改革得以顺利推进；另一方面使东方电气集团成功完成下属上市公司东方电气（原东方电机）、东方锅炉及非上市公司东方汽轮机等资产与业务的重组及主业资产的上市，实现了东方电气集团、东方锅炉、东方电气（原东方电机）股东的多方共赢，为央企的改革提供了新的思路，为中国资本市场并购提供了创新的范例。

附表　　东方电气集团主业重组及整体上市时间

序号	整体上市步骤	时间	内　　容
1	东方电机完成国有股划转	2005年12月30日	国资委批准东方电机国有股权划转
		2006年2月17日	完成国有法人股的过户手续
2	东方锅炉完成国有股划转	2005年12月22日	东方锅炉厂与东方电气集团签署《国有法人股无偿划转协议》
		2006年2月8日	国资委批准此次国有股无偿划转
		2006年3月24日	中国证监会批准豁免东方电气集团全面要约收购义务
		2006年5月17日	完成国有法人股的过户手续
3	东方电机进行股权分置改革	2006年3月16日	东方电机公告《东方电机股权分置改革说明书》及相关资料
		2006年3月31日	东方电机股权分置改革方案获得国资委批准
		2006年4月6日	东方电机股东大会通过股权分置改革方案
		2006年4月13日	股权分置改革方案实施
		2006年4月17日	对价股份上市流通，股权分置改革完成

续表

序号	整体上市步骤	时间	内　　容
4	东方锅炉进行股权分置改革	2007 年 2 月 5 日	东方锅炉公告《东方锅炉股权分置改革说明书》及相关资料
		2007 年 3 月 6 日	东方锅炉股权分置改革获得国资委批准
		2007 年 3 月 8 ~ 12 日	东方锅炉召开股东会审议股权分置改革方案
		2007 年 3 月 23 日	股权分置改革方案实施
5	东方电机以非公开发行股份及现金的方式收购东方电气集团持有东方锅炉 68.05% 的股权及东方汽轮机 100% 的股权	2007 年 6 月 20 日	国资委签发同意收购人主业资产整体上市的方案
		2007 年 7 月 3 日	交易双方股东大会同意“东方电机以非公开发行股份及现金的方式收购东方电气集团持有东方锅炉 68.05% 的股权及东方汽轮机 100% 的股权收购方案”
		2007 年 8 月 27 日	此收购经中国证监会审核有条件通过
		2007 年 10 月 18 日	中国证监会核准此次收购
		2007 年 10 月 26 日	东方电机公司名称变更为“东方电气股份有限公司”
		2007 年 11 月 2 日	东方锅炉 68.05% 及东方汽轮机 100% 股份过户手续完成
		2007 年 11 月 5 日	东方电机注册资本变更为 81700 万元
		2007 年 11 月 7 日	完成非公开发行股份的登记及股份限售工作
		2007 年 11 月 20 日	东方电机股票简称变更为“东方电气”
6	东方电气集团以换股并配以现金选择的方式要约收购东方锅炉不超过 31.95% 的无限售流通股股份	2007 年 11 月 28 日	中国证监会对本次要约收购无异议
		2007 年 12 月 26 日	公布《东方锅炉要约收购报告书》
		2007 年 12 月 28 日 ~ 2008 年 1 月 26 日	实施要约收购
		2008 年 2 月 29 日	完成要约收购股份的过户
		2008 年 3 月 18 日	东方锅炉的股票终止上市交易
7	东方电气（原东方电机）以现金支付的方式收购东方电气集团以要约收购获得 12690.573 万股东方锅炉股份	2007 年 5 月 16 日	东方电气与东方电气集团签署《收购协议》，并在协议中就本次收购达成一致
		2008 年 2 月 29 日	确定要约收购股份总额为 12690.573 万股并且完成股份过户
		2008 年 3 月 22 日	东方电气与东方电气集团签署《关于东方锅炉股份二次成交之交割股份数量及对价金额确认函》

续表

序号	整体上市步骤	时间	内　　容
8	东方电气集团对东方锅炉非限售流通股股东持有的余股进行收购	2008 年 3 月 21 日 ~ 5 月 20 日	第一期余股收购
		2008 年 5 月 29 日	完成第一期余股收购相关股份过户手续
		2008 年 6 月 6 日	余股收购中换得的东方电气 A 股股票上市流通
		2008 年 6 月 12 日 ~ 7 月 11 日	第二期余股收购
		2008 年 7 月 28 日	完成第二期余股收购相关股份过户手续
		2008 年 8 月 4 日	余股收购中换得的东方电气 A 股股票上市流通

第二十二章 鲁信高新以股权重组与定向增发控股山东高新投案例

从事制造业的实体公司可以依托资本市场通过重组与重整转型为创投类公司。鲁信高新以股权重组与定向增发控股山东高新投案例的特点在于，在母公司鲁信集团的主导下通过股权重组与定向增发的方式，将以磨料磨具生产与销售为主营业务的鲁信高新转型为非实体类的创投公司。鲁信高新以股权重组与定向增发控股山东高新投案例的具体操作分两个步骤：一是鲁信集团以现金方式收购山东高新投持有的上市公司鲁信高新股份；二是上市公司鲁信高新向鲁信集团非公开发行股份，鲁信集团以其持有的山东高新投股权认购上市公司鲁信高新非公开发行的股份。通过实施资产重组，既放大了鲁信集团所持股份的价值，也实现了山东高新投的资产业务与资本市场的对接，还完成了上市公司鲁信高新的业务转型，符合交易各方的共同利益。随着依托股权重组与定向增发而实现业务转型，上市公司鲁信高新名称相应变更为“鲁信创投”。

第一节 鲁信高新以股权重组与定向增发控股山东高新投的相关方情况介绍

鲁信高新以股权重组与定向增发控股山东高新投案例，共涉及三个主要交易主体，即鲁信集团、上市公司鲁信高新、山东高新投。其中，上市公司鲁信高新及非上市公司山东高新投都是鲁信集团下属的子公司。

一、鲁信集团的情况介绍

鲁信集团作为集团母公司，是此次交易的重要参与主体，也是此次资产重组的主导方及推动方。正是在鲁信集团的推动下，其下属两家子公司之间完成了资产重组及业务整合。

1. 鲁信集团的基本情况

鲁信集团成立于2002年1月31日，由山东省发展计划委员会出资设立，设立时公司名称为"山东省鲁信投资控股有限公司"，注册资本为30亿元。2004年山东省国资委成立后，鲁信集团归属山东省国资委管理。2005年8月，经山东省国资委鲁国资企改函［2005］67号文批准，公司名称变更为"山东省鲁信投资控股集团有限公司"。经过多年发展，鲁信集团已成为以投资、金融及资本经营为主营业务的大型国有投资控股公司，拥有11家控股及参股的子公司。鲁信集团的基本情况见表22－1。

表22－1　　鲁信集团的基本情况[①]

中文名称	山东省鲁信投资控股集团有限公司
成立日期	2002年1月31日
企业性质	国有独资企业
法定代表人	赵奎
注册资本	30亿元
经营范围	对外投资（不含法律法规限制行业）及管理，投资咨询（不含证券、期货的咨询），资产管理、托管经营，资本运营，担保，酒店管理，房屋出租，物业管理

2. 鲁信集团的业务情况

鲁信集团的经营范围覆盖信托、投行、证券、基金管理、担保、实业投资、创业投资、文化投资、产权交易等诸多领域，主要从事国有资产及国有股权经营，进行对外融资、投资及管理、投资咨询、资产管理、托管经营和资本运营，受托经营管理山东省基本建设基金等。在众多业务类型中，其核心业务为投资、金融和资本运营。

① 表22－1及以下本章所有表、图是根据上市公司公布的信息（包括数字、财务数据、相关指标等）整理形成。

3. 鲁信集团的财务情况

根据《山东鲁信高新技术产业股份有限公司向特定对象发行股份购买资产暨关联交易报告书》披露的相关信息，2007~2008年鲁信集团的主要财务指标见表22-2。

表22-2　　鲁信集团2007~2008年的主要财务指标　　单位：万元

项　目	2008年12月31日	2007年12月31日
总资产	3612754.26	2590145.43
股东权益	501521.22	464739.57
营业收入	106202.50	126379.56
利润总额	41872.88	37673.19
净利润	36072.12	28169.50

4. 鲁信集团下属子分公司情况

鲁信集团的控股股东及实际控制人为山东省国资委。截至2008年12月31日，鲁信集团拥有的下属子公司共计11家，包括山东鲁信高新技术产业股份有限公司、山东鲁信国际招标有限公司、山东省高新技术投资有限公司（即山东高新投）、山东鲁信实业集团公司、山东鲁信投资集团股份有限公司（即鲁信高新）、山东鲁信天一印务有限公司、山东鲁信恒基投资有限公司、山东云门药业有限责任公司。其中，鲁信集团下属的全资子公司共计2家，即山东高新投与山东鲁信实业集团公司；其下属的上市子公司共计1家，即上市公司鲁信高新。鲁信集团与部分下属子公司的控制关系见图22-1。

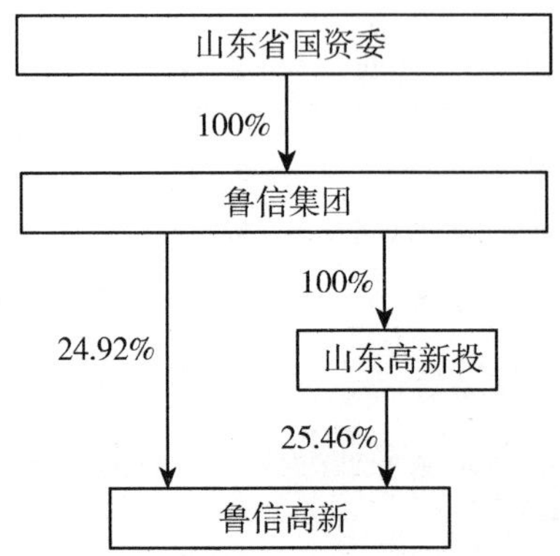

图22-1　鲁信集团及其部分下属子公司的控制关系

二、山东高新投的情况介绍

山东高新投是鲁信集团下属全资子公司，也是上市公司鲁信高新的第一大股东。交易完成后，山东高新投成为上市公司鲁信高新的全资子公司，从而依托上市公司鲁信高新顺利实现在资本市场上市融资。

1. 山东高新投的基本情况

山东高新投成立于2000年6月16日，是由山东省发展计划委员会出资设立的国有独资企业，其设立时的注册资本为60000万元。2002年1月31日，鲁信集团成立后，根据山东省财政厅鲁财国投［2001］53号文《关于省国际信托投资公司和省高新技术投资有限公司国有资产划转山东省鲁信投资控股有限公司的批复》批准，将山东高新投的100%股权划转给鲁信集团，使山东高新投成为鲁信集团的全资子公司。2002年7月，鲁信集团向山东高新投增资56572万元，由此，山东高新投的注册资本变更为116572万元。山东高新投的基本情况见表22－3。

表22－3　　山东高新投的基本情况

中文名称	山东省高新技术投资有限公司
成立日期	2000年6月16日
企业性质	国有独资企业
法定代表人	孟凡利
注册资本	116572万元
经营范围	对外投资及资本运营（不含金融部分），投资管理及咨询，上市公司策划

2. 山东高新投的业务情况

山东高新投主要从事对外投资，尤其是高新技术产业的投资。作为专业创投公司，山东高新投主要从事对处于成长期和扩张期企业的股权投资，并在所投资企业发育成熟或相对成熟后通过股权转让获得资本增值收益的业务。山东高新投的投资项目分为两类：一类是以自有资金投资的项目；另一类是以受托管理的资金投资的项目。截至2009年年底，山东高新投以自有资金投资的项目共计51个，累计投资额为155722万元。其中，13个项目已经退出，累计投资37500万元，累计回收40658.22万元；8个项目拟退出或正在履行退出程序，累计投资9112万元，预计可回收5020.02万元；其余30个项目累计投资109109万元，上述项目总体经营情况良好。

3. 山东高新投的财务情况

经中瑞岳华会计师事务所审计及其出具的审计报告（中瑞岳华审字［2009］第00773号、中瑞岳华审字［2009］第05704号），山东高新投2007～2008年度的财务数据及主要财务指标见表22－4。

表22－4　山东高新投2007～2008年度的主要财务指标　单位：万元

项　目	2008年12月31日	2007年12月31日
总资产	17000.49	201106.97
归属于母公司所有者权益	130485.58	142587.48
营业收入	781.73	782.69
利润总额	7603.23	8117.18
净利润	12017.62	8918.16

4. 山东高新投的股权结构及控制关系

截至2009年年底，山东高新投的注册资本为116572万元，其控股股东为鲁信集团（持有山东高新投100%股权），实际控制人为山东省国资委。此外，山东高新投持有上市公司鲁信高新25.46%的股权，是上市公司鲁信高新的第一大股东。

三、上市公司鲁信高新的情况介绍

鲁信高新作为上市公司，既是此次资产重组的主要交易主体，也是资产重组所依托的资本运营平台。

1. 上市公司鲁信高新的基本情况

鲁信高新的前身为第四砂轮厂，1988年11月11日经山东省体改委鲁体改字［1988］第57号文《关于同意建立“山东泰山磨料磨具股份有限公司”的批复》的批准，以第四砂轮厂为主体，向社会公开募集方式设立山东泰山磨料磨具股份有限公司。1995年7月，公司名称变更为“四砂股份有限公司”。1996年12月，经中国证监会证监发字［1996］387号文批准《关于四砂股份有限公司申请股票上市的批复》，四砂股份有限公司发行人民币普通股2560万股，发行后总股本为8682.2万股；与此同时，经上海证券交易所上证上（96）字第114号文《关于四砂股份有限公司人民币股票上市交易的通知》批复，其股票在上海证券交易所上市交易，证券简称为“四砂股份”，股票代码为600783。2005年1月20日，公司名称由“四砂股份有限公司”变更为“山东鲁信高新技术产业股份有限公司”，相应的，其证券简称变更为“鲁信高新”，股票代码不变。经过多次的股本变动及股东变更，截至2008年12月31日，上市公司鲁信高新的总股本为20227.89万股。上市公司鲁信高新的基本情况见表22-5。

表22-5　上市公司鲁信高新的基本情况

中文名称	山东鲁信高新技术产业股份有限公司
成立日期	1993年11月20日
证券简称	鲁信高新
股票代码	600783
法定代表人	李功臣
总股本	20227.89万股
经营范围	磨具、磨料、硅碳棒、金属镁、耐火材料及制品的生产与销售；建筑材料、钢材、五金交电、百货、机电产品、塑料的销售；农牧林开发；矿山及化工机械制造、销售；车辆维修及配件销售（仅限分支机构经营）；货物公路运输（仅限分支机构经营）、食宿服务（仅限分支机构经营）、技术开发及咨询服务；农副产品（不含专营）加工、销售；机电产品安装、维修（不含电梯）

2. 上市公司鲁信高新的业务情况

上市公司鲁信高新的主营业务为磨料、磨具的生产和销售。上市公司鲁信高新的磨料磨具业务经过多年的发展，已经具有一定的业务规模，其生产的“泰山”“MT”牌磨料磨具产品被认定为山东名牌产品，在磨料磨具行业中享有较高的声誉。但是，由于磨料、磨具的生产和销售业务属于一般竞争性领域，市场竞争激烈，加之产品结构未能及时升级等原因，上市公司鲁信高新的业务难以做大做强，盈利能力一直在低水平徘徊。

3. 上市公司鲁信高新的财务情况

根据山东正源和信有限责任会计师事务所审计的年度报告，2007~2008年上市公司鲁信高新的主要财务数据及财务指标见表22-6。

表22-6　上市公司鲁信高新2007~2008年的主要财务指标

项　　目	2008年12月31日	2007年12月31日
总资产（万元）	66210.55	113288.10
股东权益（万元）	31967.25	35762.83

续表

项　　目	2008 年 12 月 31 日	2007 年 12 月 31 日
营业收入（万元）	34547.05	75569.04
利润总额（万元）	859.87	1280.22
净利润（万元）	711.89	1187.88
基本每股收益（元）	0.0230	0.0276
资产负债率（%）	51.72	68.43
净资产收益率（%）	1.50	1.79

4. 上市公司鲁信高新的股权结构及控制关系

截至 2008 年 8 月 31 日，上市公司鲁信高新的总股本为 20227.89 万股，且均为无限售条件的流通股。其中，山东高新投持有上市公司鲁信高新 5149.4674 万股股份，占上市公司鲁信高新总股本的比重约为 25.46%，是上市公司鲁信高新的第一大股东；鲁信集团持有上市公司鲁信高新 5040.5448 万股股份，占上市公司鲁信高新总股本的比重约为 24.92%；社会公众股共计 10037.8778 万股，占上市公司鲁信高新总股本的比重约为 49.62%。由此可见，上市公司鲁信高新没有控股股东，其实际控制人为山东省国资委。截至 2008 年 8 月 31 日上市公司鲁信高新的股权结构见表 22－7。

表 22－7　截至 2008 年 8 月 31 日上市公司鲁信高新的股权结构

股东名称	持股数额（万股）	持股比例（%）	股份性质
山东高新投	5149.4674	25.46	无限售条件的流通股
鲁信集团	5040.5448	24.92	无限售条件的流通股
社会公众股	10037.8778	49.62	无限售条件的流通股
合计	20227.8900	100.00	—

第二节　鲁信高新以股权重组与定向增发控股山东高新投的基本思路

为了实现鲁信集团及其下属子公司之间的整合，推动上市公司鲁信高新的业务转型，鲁信集团与山东高新投及上市公司鲁信高新以上市公司为资本运营平台，通过股权重组及定向增发等方式，完成了三家公司的整合重组。鲁信集团及其下属子公司之间的资产重组包括两个操作步骤，一是鲁信集团收购其全资子公司山东高新投持有的上市公司鲁信高新全部股份，以实现鲁信集团对上市公司鲁信高新的直接控股；二是鲁信集团以其持有的山东高新投全部股权认购上市公司鲁信高新定向增发的股份，从而实现上市公司鲁信高新对山东高新投的绝对控股。

一、鲁信集团通过收购山东高新投的股权而直接控股上市公司鲁信高新

资产重组前，鲁信集团是上市公司鲁信高新的第二大股东。通过收购山东高新投持有的上市公司鲁信高新股权，鲁信集团合计持有上市公司鲁信高新 50.38% 的股权，成为上市公司鲁信高新的绝对控股股东。

1. 鲁信集团以现金方式收购山东高新投持有的上市公司鲁信高新股份

在实施股权收购前，鲁信集团直接持有上市公司鲁信高新 24.92% 的股权，并通过其全资子公司山东高新投而间接持有上市公司鲁信高新 25.46% 的股权。为了确保资产重组的顺利实施，根据鲁信集团与山东高新投签订的《股权转让协议》，鲁信集团收购山东高新投持有的上市公司鲁信高新 25.46% 的股权，共计 5149.4674 万股股份，并为此支付 85049659.32 元的股权收购对价。

2. 股份收购完成后鲁信集团成为上市公司鲁信高新的绝对控股股东

股份收购完成后，鲁信集团直接持有上市公司鲁信高新 10190.0122 万股股份，约占上市公司鲁信高新总股本的 50.38%，成为上市公司鲁信高新的绝对控股股东。相应的，山东高新投不再持有上市公司鲁信高新的股份。通过鲁信集团收购山东高新投持有的全部上市公司鲁信高新股份，使上市公司鲁信高新的股权结构发生重大变化，其第一大股东及控股股东变更为鲁信集团，但其实际控制人没有发生变化，仍为山东省国资委。

二、山东高新投以鲁信集团认购股份的方式而成为上市公司鲁信高新的全资子公司

按照鲁信集团与上市公司鲁信高新的相关安排，自鲁信集团收购山东高新投持有的上市公司鲁信高新股份的收购报告书签署日起 12 个月内，上市公司鲁信高新向特定对象鲁信集团非公开发行股份，同时，鲁信集团以其持有的山东高新投股权认购上市公司鲁信高新定向增发的股份。交易完成后，山东高新投的控股股东由鲁信集团变更为上市公司鲁信高新。

1. 鲁信集团以其持有的山东高新投全部股权认购上市公司鲁信高新非公开发行的股份

由于上市公司鲁信高新的主营业务受市场及公司财务状况的限制，其规模难以做大，并且盈利能力相对较低。为了实现公司业务转型，上市公司鲁信高新向其控股股东鲁信集团非公开发行股份，而鲁信集团以其持有的山东高新投 100% 股权作为对价，认购上市公司鲁信高新非公开发行的全部股份。上市公司鲁信高新非公开发行股份前，鲁信集团持有其 50.38% 的股份，是上市公司鲁信高新的控股股东。认购股份完成后，鲁信集团将增持上市公司鲁信高新的股份至 27180.09 万股，占上市公司鲁信高新非公开发行股份后总股本的 73.03%。由此可见，上市公司鲁信高新的控股股东没有发生变化，仍为鲁信集团。但是，鲁信集团的持股比例大幅增加，其对上市公司鲁信高新的控制力进一步增强。

2. 山东高新投在鲁信集团认购股份完成后成为上市公司鲁信高新的全资子公司

上市公司鲁信高新非公开发行股份前，山东高新投为鲁信集团的全资子公司。鲁信集团以其持有的山东高新投 100% 股权认购上市公司鲁信高新非公开发行的股份后，鲁信集团不再持有山东高新投的股份，也不再是山东高新投的股东。与此相适应，上市公司鲁信高新持有山东高新投 100% 的股权，成为山东高新投的控股股东。这就意味着，鲁信集团认购股份完成后，山东高新投 100% 的股权全部注入上市公司鲁信高新，成为上市公司鲁信高新的全资子公司，从而实现了山东高新投的上市。

第三节 鲁信集团通过收购股份而控股上市公司鲁信高新

为了进一步提升集团公司的资产运营效率并增强其综合竞争力，鲁信集团通过收购其全资子公司山东高新投持有的上市公司鲁信高新股份，实现对上市公司鲁信高新的绝对控股，从而强化其对上市公司鲁信高新的控制力。此外，鲁信集团收购山东高新投持有的上市公司鲁信高新全部股份，也为鲁信集团及其下属子公司的后续整合创造了有利条件。

一、股份收购方与股份出售方

在鲁信集团收购山东高新投持有的上市公司鲁信高新股份的交易中，鲁信集团为股份收购方，其全资子公司山东高新投为股份出售方。

1. 股份收购方——鲁信集团

此次交易的股份收购方为鲁信集团。鲁信集团的基本情况在本案例的第一部分已作出详细说明，此处不再累述。

2. 股份出售方——山东高新投

此次交易的股份出售方为山东高新投。山东高新投的基本情况在本案例的第一部分已作出详细说明，此处不再累述。

二、收购标的与标的对价及对价支付方式

在鲁信集团收购山东高新投持有的上市公司鲁信高新股份的交易中，收购标的为山东高新投持有的上市公司鲁信高新 25.46% 的股份。上述标的股份的对价共计 85049659.32 元，鲁信集团以现金方式向山东高新投支付股份收购对价。

1. 收购标的为山东高新投持有的上市公司鲁信高新 25.46%股份

此次交易的标的股份为山东高新投持有的上市公司的股份，共计 5149.4674 万股。

2. 标的股份的对价为 85049659.32 元

在实施上市公司股份转让时，其标的股份对价的确定有多种方式。通常而言，大多数采用以下两种方式：一是按照上市公司停牌前的交易均价确定标的股份的对价，同时也可以综合考虑其他因素，在二级市场交易均价的基础上给予一定的风险溢价；二是以上市公司的净资产值、每股净资产值等财务指标为基础，并综合考虑其他因素，经交易双方协商而最终确定标的对价。在实际操作中，往往更多地采用第一种方式确定上市公司股份的对价。在鲁信集团收购山东高新投持有的上市公司鲁信高新股份的操作中，交易双方采取了第二种方式，即以上市公司鲁信高新的净资产为基础，综合考虑其每股净资产值、净资产收益率及相关期间损益和资产调整可能造成的损失等因素，最终确定上市公司鲁信高新 25.46% 股份的对价为 85049659.32 元。

3. 鲁信集团以现金方式向山东高新投支付标的股份的对价

按照鲁信集团与山东高新投的约定，鲁信集团采取一次性现金全额支付的方式向山东高新投支付标的股份的对价。具体而言，自《股份转让协议书》生效后 5 个工作日内，鲁信集团将收购股份的对价即人民币 85049659.32 元支付给山东高新投。鲁信集团支付收购对价所需的资金，全部来源于其自有资金。

三、鲁信集团关于股份锁定与股份转让的承诺及要约收购义务的豁免

为了保护上市公司鲁信高新非限售流通股股东的利益，鲁信集团作出了关于股份锁定与股份转让的承诺。按照上述承诺，鲁信集团增持的上市公司鲁信高新股份的限售期为 12 个月。此外，鲁信集团因收购山东高新投持有的上市公司鲁信高新股份而导致其合计持有上市公司鲁信高新 50.38% 的股份，触发了鲁信集团的要约收购义务，上述要约收购义务因鲁信集团符合要约收购义务豁免的情形而予以豁免。

1. 鲁信集团关于股份锁定与股份转让的承诺

此次收购的标的股份存在股份锁定的情形。上市公司鲁信高新于 2006 年 4 月实施股权分置改革，其第一大股东山东高新投作出承诺，自上市公司鲁信高新股权分置改革实施之日（2006 年 4 月 26 日）起，山东高新投持有的上市公司鲁信高新 25.46% 的股份在 12 个月内不上市交易或转让，在上述承诺期限届满后 24 个月内，不通过证券交易所挂牌交易出售原非流通股股份。在鲁信集团收购山东高新投持有的上市公司鲁信高新股份时，山东高新投关于标的股份的锁定承诺并未履行完毕。为此，股份收购方鲁信集团作出承诺，自收购完成之日起至 2009 年 4 月 26 日，鲁信集团持有的鲁信高新 25.46% 的股份不通过证券交易所挂牌出售，并且该股份在收购完成后的 12 个月内不进行转让。截至股份限售期届满，鲁信集团依法履行了关于股份锁定与股份转让的承诺。

2. 鲁信集团收购上市公司鲁信高新股份符合要约豁免的条件并获得收购要约豁免的批复

鲁信集团通过收购山东高新投持有的上市公司鲁信高新 25.46% 的股份，导致其合计持有的上市公司鲁信高新股份为 50.38% 。按照相关法律的规定，鲁信集团应向上市公司鲁信高新的全体股东发出全面收购要约。但是，鲁信集团符合法律规定的要约收购豁免的情形，并向中国证监会提出了全面要约收购义务豁免的申请。经中国证监会证监许可［2008］1389 号文《关于核准山东省鲁信投资控股集团有限公司公告山东鲁信高新技术产业股份有限公司收购报告书并豁免其要约收购义务的批复》的批准，核准豁免鲁信集团的要约收购义务。

四、股份收购完成后上市公司鲁信高新的股权结构及控制关系变化

通过鲁信集团收购山东高新投持有的上市公司鲁信高新股份，上市公司鲁信高新的股权结构及控制关系均发生重大变化。

1. 股份收购完成后上市公司鲁信高新的股权结构变化

股份收购完成后，山东高新投将持有的上市公司鲁信高新股份全部转让给鲁信集团，而不再持有上市公司鲁信高新的股份。与此相适应，鲁信集团受让山东高新投持有的上市公司鲁信高新股份，其持有的上市公司鲁信高新股份大幅增加，并成为上市公司鲁信高新的控股股东。股份收购完成后，上市公司鲁信高新的股权结构见表22－8。

表22－8　股份收购完成后上市公司鲁信高新的股权结构

股东名称	持股数额（万股）	持股比例（%）	股份性质
鲁信集团	10190.0122	50.38	有限售条件的流通股
社会公众股	10037.8778	49.62	无限售条件的流通股
合计	20227.8900	100.00	—

2. 股份收购完成后上市公司鲁信高新的控制关系变更

在股份收购前，上市公司鲁信高新没有控股股东，其第一大股东及第二大股东分别为山东高新投与鲁信集团。股份收购完成后，山东高新投不再是上市公司鲁信高新的股东，而鲁信集团变更为上市公司鲁信高新的第一大股东及绝对控股股东。上市公司鲁信高新的实际控制人没有发生变化，仍为山东省国资委。股份收购完成后，上市公司鲁信高新的控制关系见图22－2。

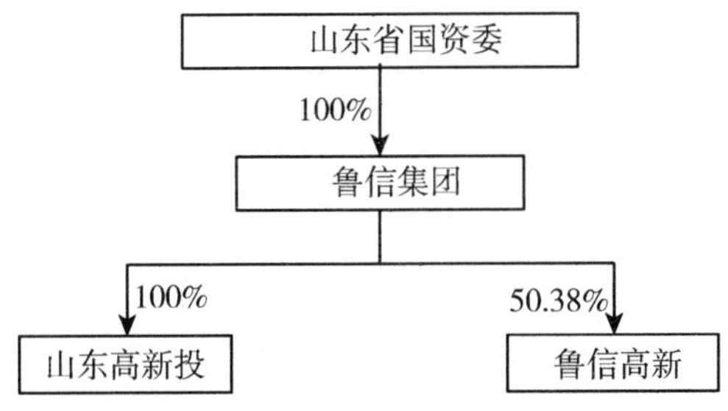

图22－2　股份收购完成后上市公司鲁信高新的控制关系

第四节　山东高新投通过鲁信集团认购股份而重组为上市公司鲁信高新的全资子公司

2008年9月1日，鲁信集团与上市公司鲁信高新签署了《发行股份购买资产协议书》。按照交易双方的相关约定，上市公司鲁信高新向特定对象鲁信集团非公开发行股份，而鲁信集团以其持有的山东高新投100%股权认购上市公司鲁信高新非公开发行的股份。非公开发行股份完成后，山东高新投成为上市公司鲁信高新的全资子公司，既实现了山东高新投的上市，也使上市公司鲁信高新的盈利能力与综合竞争力得到大幅提升。

一、上市公司鲁信高新非公开发行股份

鲁信集团与山东高新投及上市公司鲁信高新之间的整合重组，以上市公司作为资本运营平台，采取上市公司鲁信高新向鲁信集团非公开发行股份的方式，为鲁信集团下属全资子公司山东高新投100%股权注入上市公司鲁信高新创造条件。

1. 发行人及发行对象

此次发行股份采取向特定对象非公开发行股份的方式，其中，发行人为上市公司鲁信高新，发行对象为鲁信集团。

（1）发行人——上市公司鲁信高新。上市公司鲁信高新是非公开发行股份的发行人，其基本情况在本案例第一部分已作出详细说明，此处不再累述。

（2）发行对象——鲁信集团。鲁信集团是上市公司鲁信高新非公开发行股份的发行对象，其基本情况在本案例第一部分已作出详细说明，此处不再累述。

2. 发行股票的种类及发行数量

上市公司鲁信高新非公开发行的股票种类为境内上市人民币普通股即A股，每股面值为人民币1元。上市公司鲁信高新此次非公开发行股份的数量为16990.0747万股。非公开发行完成后，上市公司鲁信高新的总股本增加到37217.9647万股，占发行后总股本的比重为45.65%。

3. 发行价格的确定

根据《重组管理办法》第四十二条的规定，上市公司发行股份的价格不得低于本次发行股份购买资产的董事会决议公告日前20个交易日公司股票交易的均价。为此，上市公司鲁信高新按照其第六届董事会第六次会议决议公告日前20个交易

日（2008年2月1日公司股票停牌日前20个交易日）的股票交易均价，确定此次非公开发行的股票价格为11.81元/股。

4. 股份限售期的规定

上市公司鲁信高新非公开发行股份的限售期为36个月。这就意味着，非公开发行股份完成后，鲁信集团所认购的上市公司鲁信高新16990.0747万股股份，自非公开发行结束之日起36个月内不得转让。股份限售期满后，上述股份才可进入市场流通交易。此外，鲁信集团还作出追加承诺，非公开发行股份完成后，鲁信集团原持有的上市公司鲁信高新10190.0122万股股份，自此次非公开发行结束之日起12个月内不进行转让。

二、鲁信集团以其持有的山东高新投全部股权认购上市公司鲁信高新非公开发行的股份

鲁信集团认购上市公司鲁信高新非公开发行的股份共计16990.0747万股，按照11.81元/股的发行价格计算，鲁信集团应向上市公司鲁信高新支付200652.78万元的对价。鲁信集团以其持有的山东高新投100%股权作为对价认购上市公司鲁信高新非公开发行的股份。按照中联资产评估公司以资产基础法作出的价值评估，截至评估基准日（2008年12月31日），山东高新投的总资产为232869.74万元，评估增值率为42.23%。其中，流动资产评估值为27260.93万元，评估增值率为3.23%；长期投资的评估值为204053.03万元，评估增值率为50.49%；固定资产的评估值为69.59万元，评估增值率为182.20%；其他资产的评估值为1486.19万元，评估增值率为-12.53%。山东高新投的总负债为32216.96万元。由此，确定山东高新投100%股权的评估值为200652.78万元。

三、鲁信集团要约收购义务的履行及豁免

鲁信集团认购上市公司鲁信高新非公开发行的股份后，触发了鲁信集团的要约收购义务，应向上市公司鲁信高新的全体股东发出全面收购要约。但是，由于鲁信集团符合要约收购义务豁免的条件，经中国证监会批准，豁免其要约收购义务。

1. 鲁信集团应按照相关法律规定向上市公司鲁信高新的所有股东发出全面收购要约

上市公司鲁信高新非公开发行股份前，鲁信集团持有上市公司鲁信高新10190.0122万股股份，占鲁信高新总股本的50.38%。非公开发行完成后，鲁信集

团因认购上市公司鲁信高新 16990.0747 万股股份，而导致其合计持有上市公司鲁信高新 27180.0869 万股股份，占鲁信高新非公开发行后总股本的 73.03%。按照相关法律的要求，鲁信集团应向上市公司鲁信高新的全体股东发出全面收购要约。

2. 鲁信集团因符合要约豁免的条件而获得全面收购要约豁免的批复

按照《上市公司收购管理办法》的规定，符合条件的收购人可以向中国证监会申请免除发出全面收购要约。鲁信集团符合相关法律规定的要约豁免的情形，并依法向中国证监会提出免除发出要约的申请。经中国证监会证监许可［2010］4 号文《关于核准豁免山东省鲁信投资控股集团有限公司要约收购山东鲁信高新技术产业股份有限公司股份义务的批复》的批准，同意豁免鲁信集团应履行的要约收购义务。

四、鲁信集团与上市公司鲁信高新的相关承诺及承诺履行情况

为了充分保障交易双方股东的权益，鲁信集团与上市公司鲁信高新均作出了一系列承诺，以确保此次资产重组的顺利推进。其中，鲁信集团作出的相关承诺包括股权转让、评估值差异、产权不完善、国有股转持等多项承诺；上市公司鲁信高新作出的承诺主要为关于未来红利分配计划的承诺。截至 2014 年 2 月，鲁信集团及上市公司鲁信高新均依法履行了相关承诺。

1. 鲁信集团的相关承诺及承诺履行情况

鲁信集团作为山东高新投与上市公司鲁信高新的控股股东，在鲁信集团及其下属子公司的整合重组中发挥了重要的推动作用。为了确保整合重组的顺利实施并保障交易各方股东的利益，鲁信集团对其下属子公司山东高新投所涉及的事项作出了相关承诺。

（1）关于对仁康药业等四家公司股权转让事项的相关承诺及承诺履行情况。山东高新投长期股权投资中，仁康药业、中新消防、康威通信和双凤股份[①]等四家公司的股权拟转让。由于上述股权评估值根据山东省国资委批复规定的转让底价或股权转让意向书约定的转让价格确定，为防止因上述项目的成交不确定性风险而影响其股权作价，并保护上市公司的利益，鲁信集团承诺：“若山东高新投转让所持有的仁康药业、康威通信、中新消防、双凤股份等四家公司股权的价格低于山东省国

① 仁康药业的全称为“潍坊仁康药业有限公司”；中新消防的全称为“山东中新消防科技有限公司”；康威通信的全称为“山东康威通信技术有限公司”；双凤股份的全称为“山东双凤股份有限公司”。

资委核准的转让底价或上述股权转让意向书中约定的股权转让价格，其差额部分由鲁信集团在上述四家公司股权转让交割之日起5个工作日内，以现金方式向鲁信高新补足。”截至2014年2月，除了仁康医药与中新消防未完成转让外，其余两家公司均以相同或略高于山东省国资委批复的转让底价进行了全部股权转让。对于仁康医药与中新消防的股权转让事项，鲁信集团将继续履行上述承诺。

（2）关于对部分项目评估值差异的承诺及承诺履行情况。山东高新投长期持有的投资项目中，华东数控和民生证券[①]在进行评估时尚未正式出具审计报告。为了保证评估中使用相关数据的合理性，评估机构与上述公司及其审计师进行了充分沟通，并在评估报告中作了特别提示：在本次评估出具报告前，评估机构未能收到正式的审计报告，如正式审计报告有较大调整，将对本评估结果产生影响。为此，鲁信集团作出承诺：“依据华东数控和民生证券的审计报告测算的评估值低于《资产评估报告书》中该项资产的评估值，其差额部分由鲁信集团在山东高新投股权过户到鲁信高新之日起5个工作日内，以现金方式向鲁信高新补足。”2009年2月27日，华东数控公告了2008年度经营业绩，经过核对，年报中的财务数据与评估报告中使用的数据是一致的，不存在影响该公司评估结论的事项。依据民生证券审计后的财务报告测算，其评估值与《资产评估报告书》中相应的股权价值存在140.80万元的差额。鲁信集团按照上述承诺，已向上市公司鲁信高新共计支付现金140.80万元。

（3）关于山东高新投对外投资企业产权不完善情况的承诺及承诺履行情况。山东高新投的长期投资项目中存在产权不完善的情况，包括鲁信药业、星华氨纶、青湖电子、山东金鼎、汇丰电子、新风光、神思电子、科汇电力[②]等八家公司。为了保证上市公司鲁信高新的利益，鲁信集团承诺：“对于项目公司在完善产权过程中所发生的费用，或因产权不完善而形成损失的，按照山东高新投所持股权比例计算相关费用或损失金额，由鲁信集团在接到鲁信高新书面通知之日起5个工作日内，以现金方式向鲁信高新补足。”截至2014年2月，鲁信集团已履行鲁信药业、星华氨纶、神思电子、新风光、星华氨纶、青湖电子等项目的承诺，向上市公司鲁信高

---

① 华东数控的全称为“威海华东数控股份有限公司”；民生证券的全称为“民生证券有限责任公司”。

② 鲁信药业的全称为“山东鲁信药业有限公司”；星华氨纶的全称为“烟台星华氨纶有限公司”；青湖电子的全称为“烟台青湖电子股份有限公司”；山东金鼎的全称为“青岛金鼎机械有限公司”；汇丰电子的全称为“日照市汇丰电子有限公司”；新风光的全称为“山东新风光电子科技发展有限公司”；神思电子的全称为“泰安市农星种业有限公司”；科汇电力的全称为“山东科汇电力自动化有限公司”。

新支付了相应的费用；科汇电力、汇丰电子产权不完善的情况尚未有进展，鲁信集团将继续履行上述承诺。

（4）关于国有股转持办法的承诺及承诺履行情况。为确保此次交易所涉及的山东高新投的资产产权完整及评估值不受影响，并保护上市公司鲁信高新中小股东的利益，鲁信集团承诺："根据财政部、国资委、证监会、社保基金会关于《境内证券市场转持部分国有股充实全国社会保障基金实施办法》的（财企［2009］94号）要求，鲁信集团作为国有独资公司，愿意承担山东高新投的国有股转持义务，同意以鲁信高新的分红或自有资金一次或分次上缴中央金库的方式替代山东高新投的转持国有股。"截至2014年2月，山东高新投涉及华东数控和新北洋①两家公司的国有股转持事项，但尚未正式实施，因此鲁信集团关于国有股转持的相关承诺尚未触发，其将继续履行上述承诺。

2. 上市公司鲁信高新关于未来红利分配计划的承诺及承诺履行情况

为了保障广大投资者的利益，上市公司鲁信高新承诺，3年内公司以现金方式分配的利润不少于最近3年实现的年均可分配利润的30%。2011~2013年，上市公司鲁信高新向股权登记日登记在册的全体股东派发现金红利分别为0元、11165.39万元、7443.95万元，三年派发的现金红利共计18609.34万元；2011~2013年，上市公司鲁信高新归属于母公司所有者的净利润分别66118.40万元、17796.30万元、21891.80万元，归属于母公司所有者的年均净利润为35268.83万元。由此可见，上市公司鲁信高新2011~2013年以现金方式分配的利润占年均可分配利润的比重为52.76%，履行了其作出的关于红利分配计划的承诺。

五、交易完成后上市公司鲁信高新的业务范围变化及股权结构变更

通过鲁信集团以其持有的山东高新投100%股权认购上市公司鲁信高新非公开发行股份，使山东高新投的全部资产及业务成功注入上市公司鲁信高新并成为上市公司鲁信高新的全资子公司，从而使上市公司鲁信高新的业务范围扩大至创投领域。与此同时，非公开发行股份完成后，上市公司鲁信高新的总股本大幅增加，股权结构也相应地发生变化。

① 新北洋的全称为"山东新北洋信息技术股份有限公司"。

1. 交易完成后上市公司鲁信高新的业务范围变化

在实施交易前，山东高新投与上市公司鲁信高新从事不同的业务。其中，山东高新投以对外投资尤其是高新技术产业的投资为主业，上市公司鲁信高新以磨具磨料的生产与销售为主业。交易完成后，山东高新投重组为上市公司鲁信高新的全资子公司，相应的，山东高新投的业务也成为上市公司鲁信高新的业务。这就意味着，上市公司鲁信高新的业务范围将增加对外投资及资本运营（不含金融业务），投资管理及咨询等，从而形成创业投资业务与磨具磨料业务并存的业务格局。资产重组后，上市公司鲁信高新将对自身业务进行进一步调整，其主业变更为以创业投资业务为主，兼顾磨料、磨具的生产与销售等业务。

2. 交易完成后上市公司鲁信高新的股权结构及控制关系变更

交易完成后，上市公司鲁信高新的总股本变更为37217.96万股，其控股股东鲁信集团持有27180.09万股，占总股本的73.03%。由此可见，上市公司鲁信高新的控股股东没有发生变化仍为鲁信集团，但是，其控股股东持股比例大幅增加，控股地位进一步增强。此外，上市公司鲁信高新的实际控制人也没有发生变化，仍为山东省国资委。交易完成后，上市公司鲁信高新的股权结构见表22－9，控制关系见图22－3。

表22－9　　交易完成后上市公司鲁信高新的股权结构

股东名称	持股数量（万股）	持股比例（%）
鲁信集团	27180.09	73.03
社会公众股	10037.88	26.97
总股本	37217.96	100

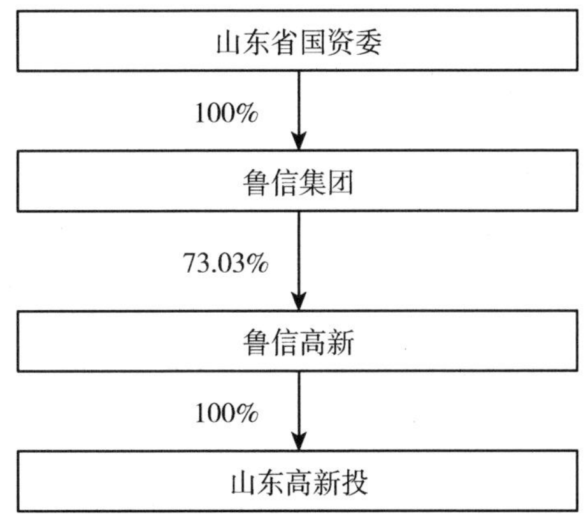

图22－3　交易完成后上市公司鲁信高新的控制关系

六、交易完成后上市公司鲁信高新的公司名称与股票简称变更

交易完成后，上市公司鲁信高新的主营业务发生了重大变化。按照《企业名称登记管理规定》等相关法律法规的要求，公司的名称应体现行业或经营特点。为此，上市公司鲁信高新进行了公司名称与股票简称的变更。

1. 交易完成后上市公司鲁信高新的公司名称变更为“鲁信创业投资集团股份有限公司”

上市公司鲁信高新2011年第一次临时股东大会审议通过了《关于公司变更注册名称及证券简称的议案》，并在山东省工商行政管理局办理了名称变更登记手续，其公司名称由“山东鲁信高新技术产业股份有限公司”变更为“鲁信创业投资集团股份有限公司”。

2. 交易完成后上市公司鲁信高新的股票简称变更为“鲁信创投”

经上海证券交易所核准，自2011年3月21日起，公司股票简称由“鲁信高新”变更为“鲁信创投”，证券代码不变，仍为600783。

第五节　鲁信高新以股权重组与定向增发控股山东高新投产生的影响

鲁信高新以股权重组与定向增发控股山东高新投案例，对各交易主体都产生了较大的影响。通过鲁信集团收购山东高新投持有的上市公司鲁信高新股权及鲁信集团以其持有的山东高新投股权认购上市公司鲁信高新非公开发行的股份，既强化了鲁信集团的控股地位并提升了其综合竞争力，也拓展了上市公司鲁信高新的业务范围并提升了其持续盈利能力，还实现了山东高新投资产及业务的上市。

一、鲁信高新以股权重组与定向增发控股山东高新投对鲁信集团的影响

作为集团母公司的鲁信集团，通过与下属子公司之间的整合重组，进一步强化了其对上市公司鲁信高新的控股地位，并依托上市公司鲁信高新这一资本运营平台，大幅提升了鲁信集团的资产运营效率，使其综合竞争力得以大幅提高。

1. 通过资产重组使鲁信集团的控股地位进一步加强

实施资产重组前，鲁信集团是上市公司鲁信高新的第二大股东，其通过直接持

股和间接持股两种方式持有上市公司鲁信高新的股份，并且直接持有的上市公司鲁信高新股份比例相对较低，对上市公司鲁信高新的控制力较弱。通过资产重组，鲁信集团不断提升对上市公司鲁信高新的持股比例，使其持有的上市公司鲁信高新股份的比例由24.92%增加到50.28%，最终增加到73.03%，成为上市公司鲁信高新的绝对控股股东。鲁信集团通过强化对上市公司鲁信高新的控股地位，进一步增强了对上市公司鲁信高新的控制力，同时也得以分享更多的上市公司鲁信高新的收益。

2. 通过资产重组使鲁信集团的资产运营效率及综合竞争实力大幅提升

鲁信集团作为控股型集团公司，控股或参股多家从事不同业务的子公司，并且拥有一家上市子公司鲁信高新。鲁信集团以上市公司鲁信高新为依托，通过提高对上市公司鲁信高新的持股比例及将山东高新投资产业务注入上市公司鲁信高新等具体操作，不仅大幅提升了鲁信集团的融资能力，也有效整合了鲁信集团下属上市公司与非上市公司的资产及业务，从而使鲁信集团的资产运营效率大幅提升，进一步增强了鲁信集团的综合竞争力。

二、鲁信高新以股权重组与定向增发控股山东高新投对上市公司鲁信高新的影响

实施资产重组前，上市公司鲁信高新的业务具有一定的市场局限性，其财务状况也相对较差，从而限制了上市公司鲁信高新的快速发展壮大。通过实施股权重组与定向增发，上市公司鲁信高新的业务范围进一步拓展，且盈利能力大幅提升，为上市公司鲁信高新做大做强创造了良好条件。

1. 通过资产重组使上市公司鲁信高新的业务范围拓展至创投领域而为未来的业务转型创造条件

实施股权重组与定向增发前，上市公司鲁信高新的主营业务为磨具、磨料的生产与销售业务。由于磨料磨具业务属于一般竞争性领域，市场竞争激烈，加之上市公司鲁信高新的融资能力受到一定的限制，使其产品结构未能及时升级，因此上市公司鲁信高新的业务难以做大做强。资产重组完成后，山东高新投成为上市公司鲁信高新的全资子公司，相应的，上市公司鲁信高新拥有山东高新投的全部资产及业务，成为以创业投资业务为主，兼具磨料、磨具生产与销售业务的上市公司。上市公司鲁信高新业务范围向新领域的拓展，将进一步增强其抵抗风险的能力，为未来上市公司鲁信高新转型为创投类上市公司创造了良好条件。

2. 通过资产重组使上市公司鲁信高新的持续盈利能力及投资价值大幅提升

受行业竞争及自身融资能力的限制，上市公司鲁信高新的盈利能力一直在低水平徘徊。通过资产重组，山东高新投的资产及业务全部注入上市公司鲁信高新，使上市公司鲁信高新的资产规模及业务规模得以大幅提升。由于山东高新投的创投资产及业务具有较强的盈利能力，该优质资产注入上市公司鲁信高新后，能够大大改善上市公司鲁信高新的财务状况及现金流状况，使上市公司鲁信高新的盈利能力及再融资能力得到进一步提高，进而增强上市公司的综合竞争力和抵抗风险的能力。此外，通过资产重组，还可以有效解决上市公司鲁信高新的磨料磨具业务发展过程中的资金“瓶颈”问题，有利于公司整体业绩的提高，并为投资者带来较高的投资回报，从而大幅提升上市公司的投资价值。

三、鲁信高新以股权重组与定向增发控股山东高新投对山东高新投的影响

通过鲁信集团以其持有的高新投100%股权认购上市公司鲁信高新非公开发行股份的操作，山东高新投成为上市公司鲁信高新的全资子公司，从而实现了山东高新投的上市。此外，山东高新投依托上市公司平台，其行业知名度及品牌影响力将得以大幅提升，有利于山东高新投未来的可持续发展。

1. 通过资产重组使山东高新投成功实现在国内A股市场的上市融资

资产重组前，山东高新投是鲁信集团下属的全资子公司，同时也是上市公司鲁信高新的第一大股东。虽然山东高新投因持有上市公司的股份而具有一定的融资能力，但是，由于山东高新投持有的上市公司鲁信高新的股份比例较低，并且上市公司鲁信高新的融资能力较弱，因此，山东高新投难以通过上市公司平台实现融资的需求。资产重组完成后，山东高新投成为上市公司鲁信高新的全资子公司，其资产及业务等全部注入上市公司，从而成功实现在国内A股市场的上市。山东高新投的上市，将实现其在A股市场的融资，进一步提升其融资能力，为山东高新投未来的发展奠定资金基础。

2. 通过资产重组使山东高新投的行业知名度及品牌影响力大幅提升

通常而言，上市公司在一定范围内具有较高的知名度与影响力。山东高新投通过资产重组成为上市公司鲁信高新的全资子公司而成功上市融资，转变为上市公司鲁信高新的一个重要组成部分。依托上市母公司平台，山东高新投将借助上市公司

鲁信高新的知名度及影响力，带动其行业知名度及品牌影响力进一步提升。此外，由于上市公司需要按照相关法律法规的要求进行信息披露，山东高新投在成功注入上市公司鲁信高新后也将按照相关规定进行信息披露，使更多的投资者及社会公众了解山东高新投的信息，从而进一步提升山东高新投的行业知名度及品牌影响力。

第六节　鲁信高新以股权重组与定向增发控股山东高新投的评价

鲁信高新以股权重组与定向增发控股山东高新投案例，是同一集团公司旗下的母子公司之间的整合重组。鲁信集团与山东高新投及上市公司鲁信高新的整合重组，不仅符合交易各方的利益，也为其他集团公司的整合重组及上市提供了可借鉴的操作模式。

一、采取分步操作的方式实现控股股东利益的最大化

两家公司之间的整合重组有多种方式，在鲁信高新以股权重组与定向增发控股山东高新投的案例中，想要实现上市公司鲁信高新对山东高新投的控股，除了采取股权重组与定向增发的分步操作方式，也可以直接采用上市公司鲁信高新以定向增发购买山东高新投100%股权的方式。比较而言，采取股权重组与定向增发的分布操作方式实施重组，更有利于实现鲁信集团利益的最大化。具体而言，采用分步操作的方式，能够使鲁信集团持有的上市公司鲁信高新的股份数额及持股比例大幅增加，从而强化了鲁信集团的控股地位，有利于其融资能力及综合竞争力的提升。此外，在资产重组中，山东高新投作为交易标的，其评估增值率较高；而上市公司鲁信高新作为发行人，其发行价格按二级市场的交易价格确定，并没有给予风险溢价。因此，一定程度上，这种操作方式更符合鲁信集团股东的利益。

二、以股权重组与定向增发的方式成功实现创投类公司的上市而为创投类公司进入资本市场提供了有效途径

在实施鲁信集团与山东高新投及上市公司鲁信高新的资产重组前，由于创投类公司绝大多数实行轻资产化且投资风险较大，因此，国内A股市场中并没有创投类上市公司。通过资产重组，以创业投资业务为主业的山东高新投成功注入上市公司鲁信高新，从而实现了创业投资业务的上市。资产重组完成后，上市公司鲁信高新

还将进一步调整其业务结构，使创业投资业务成为上市公司鲁信高新的主营业务及主要收入来源，力争将其打造成为国内 A 股第一家创投类上市公司。通过持有创投类公司股权而实现创投类公司上市的操作模式，为其他创投类公司进入资本市场提供了有效的途径。目前，绝大多数创投类公司都作为上市公司的子公司而实现与资本市场的对接。

附表　鲁信高新以股权重组与定向增发控股山东高新投时间

序号	日期	内　容
1	2008 年 9 月 1 日	鲁信集团与高新投的董事会分别同意股权收购方案，双方签订《股份转让协议书》；鲁信集团与鲁信高新的董事会分别同意发行股份购买资产方案，双方签订《发行股份购买资产协议书》
2	2008 年 11 月 18 日	国务院国资委作出批复，同意高新投将其持有的鲁信高新股权转让给鲁信集团
3	2008 年 12 月 18 日	中国证监会核准鲁信集团受让鲁信高新股份并豁免鲁信集团的要约收购义务
4	2008 年 12 月 24 日	鲁信集团完成受让股份的过户登记手续
5	2009 年 2 月 26 日	山东省国资委作出批复，原则性同意鲁信高新重组方案
6	2009 年 3 月 12 日	山东省国资委核准交易涉及的目标资产的评估结果
7	2009 年 3 月 19 日	鲁信高新第一次临时股东大会审议通过鲁信高新发行股份购买资产暨关联交易的相关议案
8	2010 年 1 月 11 日	中国证监会核准鲁信高新发行股份购买资产方案，并豁免鲁信集团的要约收购义务
9	2010 年 1 月 12 日	鲁信高新在山东省工商行政管理局完成高新投的股东变更登记手续
10	2010 年 1 月 14 日	鲁信高新非公开发行股份办理完毕股份登记手续
11	2010 年 2 月 1 日	鲁信高新在山东省工商行政管理局办理了注册资本变更及公司章程修订等工商变更登记手续
12	2011 年 3 月 15 日	鲁信高新的公司名称由“山东鲁信高新技术产业股份有限公司”变更为“鲁信创业投资集团股份有限公司”
13	2011 年 3 月 21 日	鲁信高新的证券简称由“鲁信高新”变更为“鲁信创投”

参考文献

［1］ 曹洪军等著:《资本运营新论》, 经济管理出版社 2004 年版。

［2］ 崔永梅著:《并购市场指数》, 中国经济出版社 2010 年版。

［3］ 韩复龄编著:《资本运营的财务技巧》, 云南大学出版社 2011 年版。

［4］ 李俊杰著:《中国企业跨境并购》, 机械工业出版社 2013 年版。

［5］ 林勇著:《资本运营理论与实务》, 科学出版社 2011 年版。

［6］ 刘焰著:《企业并购模式的动态选择》,《经济管理》2011 年第 2 期。

［7］ 毛勇春编著:《市值管理》, 同济大学出版社 2012 年 1 版。

［8］ 田笑丰著:《资本运营学》, 经济管理出版社 2011 年版。

［9］ 文宗瑜著:《证券场外交易的理论与实务》, 人民出版社 1998 年版。

［10］ 文宗瑜著:《产权证券化与创业板（二板）融资》, 中国金融出版社 2000 年版。

［11］ 文宗瑜著: 《公司股份期权与员工持股计划》, 中国金融出版社 2000 年版。

［12］ 文宗瑜著:《产权制度改革与产权架构设计案例教程》, 经济管理出版社 2003 年版。

［13］ 文宗瑜著:《现代公司的统一财务控制与统一收支结算》, 经济科学出版社 2004 年版。

［14］ 文宗瑜著:《现代公司治理: 董事会与 CEO 的较量及制衡》, 经济科学出版社 2005 年版。

［15］ 文宗瑜著:《企业战略与资本运营》, 经济科学出版社 2007 年版。

［16］ 朱宝宪著:《公司并购与重组》, 清华大学出版社 2006 年版。

［17］ 张秋生著:《并购学: 一个基本理论框架》, 中国经济出版社 2010 年版。

［18］ 刘焰:《企业并购模式的动态选择》,《经济管理》2011 年第 2 期。

［19］ 汤欣: 《我国并购法规中的基础性规定及其检讨》, 《证券市场导报》

2009 年第 11 期。

［20］于炳、华曾等：《中国上市公司并购信息披露制度优化问题分析》，《宏观经济研究》2011 年第 1 期。

［21］侯格等著，唐旭等译：《兼并重组与公司控制》，经济科学出版社 1998 年版。

［22］［美］查理德·B. 蔡斯、尼古拉斯 J. 阿奎拉诺斯等著，宋国防等译：《生产与运作管理：制造与服务》，机械工业出版社 1999 年版。

［23］［美］弗雷德·R. 戴维著，李克宁译：《战略管理（第八版）》，经济科学出版社 2001 年版。

［24］［美］弗兰克·J. 法博齐、费朗哥·莫迪利亚尼著，唐旭等译：《资本市场：机制与工具（第二版）》，经济科学出版社 1998 年版。

［25］［美］哈罗德·孔茨、海因茨·韦韦里克著，张晓君等编译：《管理学（第十版）》，经济科学出版社 1998 年版。

［26］［美］J. 弗雷德·威斯通、苏珊·E. 侯格等著，唐旭等译：《兼并重组与公司控制》，经济科学出版社 1998 年版。

［27］［美］K. 托马斯·利奥著，周刚、姜浩译：《投资银行业务指南》，经济科学出版社 2000 年版。

［28］［美］肯特·B. 门罗著，孙忠译：《定价》，中国财政经济出版社 2005 年版。

［29］［美］罗伯特·考特、托马斯·尤伦著，张军等译：《法和经济学》，上海三联书店、上海人民出版社 1994 年版。

［30］［美］鲁迪格·多恩布什、斯坦利·费希尔等著，王志伟译：《宏观经济学（第十版）》，中国人民大学出版社 2010 年版。

［31］［美］N. 格里高利·曼昆著，梁小民、梁砾译：《经济学原理（第 5 版）：宏观经济学分册》，北京大学出版社 2009 年版。

［32］［美］N. 格里高利·曼昆著，梁小民、梁砾译：《经济学原理（第 5 版）：微观经济学分册》，北京大学出版社 2009 年版。

［33］［美］萨缪尔·韦弗、弗雷德·威斯顿著，张秋生、周绍妮等译：《兼并与收购》，中国财政经济出版社 2003 年版。

［34］［美］威廉·N. 戈兹曼、K. 哥特·罗文霍斯特编著，王玉、王文宇译：《价值起源》，北方联合出版传媒（集团）股份有限公司、万卷出版公司 2010

年版。

[35]［美］小约翰·科利、乔治·洛根等著，李维安等译：《公司治理》，中国财政经济出版社 2004 年版。

[36]［英］菲利普·萨德瑞著，段盛华译：《管理咨询：优绩通鉴》，中国标准出版社、科文（香港）出版有限公司 2000 年版。

[37]［英］凯伦·凯西著，张皓译：《正思维》，中国友谊出版公司 2013 年版。

后　记

案例教程更多的是直接用于教学，但是，一本好的案例教程会有更广的读者面与受众面。《并购重组与资本运营案例教程》从着手搜集案例开始，就定位于更广的读者面与受众面，除了用作研究生学位课程的教材，也考虑到会有其他的读者，更希望从事并购重组与资本运营的从业人员及专业人士也能从中受益。因此，在兼顾理论性及基本原理的同时，更注重实务操作性。为了提高案例教程的实务操作性，精心筛选案例，案例的搜集整理分析差不多花了近 10 年的时间，从最初的 45 个案例压缩到 20 个案例，又经过了反复的比较筛选，最终在本案例教程中选定 10 个案例。在案例的压缩及比较筛选中，一是看案例的独特性；二是看案例涉及的上市公司是否从事实体经济；三是看案例所涉及的上市公司后续的财务数据完整及信息公开性。之所以从中国 A 股证券市场选择案例而且选择 2005 年中国 A 股证券市场股权分置改革后的案例，是考虑能够直接观察甚至现场调研这些案例所涉及上市公司的后续运营、可以长期跟踪分析评价其资产重组与资本运营后的竞争力变化。从选定的这 10 个案例所涉及的 10 家上市公司 2010 年以来的运营看，在中国经济这一轮的持续下行中，其中的 7 家上市公司仍保持着业绩持续增长，且这 7 家上市公司中的 3 家比较好地完成了产品结构调整与业务转型，在某种意义上可以说，这些上市公司的资产重组与资本运营是成功的。

如果把视觉拓展到最初收集资料所覆盖的 45 个案例看，除选定到本案例教程以外的其他案例所涉及的 35 家上市公司，其并购重组与资本运营的操作，有的是严重违规违法，有的是以并购重组或资本运营之名而操纵股价，有的是用编概念“讲故事”的“所谓资本运营”从证券市场超额融资及高价套现，等等。总体而言，到目前为止的中国 A 股证券市场中上市公司并购重组与资本运营，成功的少，失败的多。因此，本案例教程除了精心筛选案例，仍强调基本原理对并购重组与资本运营实务操作的指导，要求并购重组与资本运营要遵守资本市场的基本规则、遵循经济运行的内在规律。

当然，《并购重组与资本运营案例教程》中选定的案例，只是中国A股证券市场中有代表性的案例。随着中国A股证券市场的继续发展及不断成熟，仍然会出现许多新的资产重组与资本运营案例。《并购重组与资本运营案例教程》此次出版后，还会继续收集中国A股证券市场相关案例资料，力争每隔5年补充10个案例，用10年时间把本案例教程的案例补充到30个，使其成为一本能够真实全面反映中国A股证券市场资产重组与资本运营的案例教程，也使学习或阅读这本教程的人更受益。

文宗瑜

2017年7月